Dieter Borchmeyer
Das Theater Richard Wagners

Dieter Borchmeyer

Das Theater Richard Wagners

Idee – Dichtung – Wirkung

Mit 13 Abbildungen

Philipp Reclam jun. Stuttgart

CIP-Kurztitelaufnahme der Deutschen Bibliothek

Borchmeyer, Dieter:
Das Theater Richard Wagners: Idee – Dichtung – Wirkung / Dieter Borchmeyer. –
Stuttgart: Reclam, 1982.
  ISBN 3-15-010313-4

Alle Rechte vorbehalten. © 1982 Philipp Reclam jun., Stuttgart
Satz: Wilhelm Röck, Weinsberg. Druck und Bindung: Reclam, Ditzingen
Umschlaggestaltung: Jürgen Reichert, Stuttgart, unter Verwendung einer Porträtzeichnung
Richard Wagners von Paul von Joukowsky (Richard-Wagner-Archiv, Bayreuth)
ISBN 3-15-010313-4

Meiner lieben Frau

Inhalt

»Und was ist denn die Kunst? Sie gleicht den schönen blauen
flackernden Flammen, die zuweilen über dem Herd sich
erheben, alles übrige aber ist Zerstörung, Vernichtung. Daß
sie bildend leuchten soll während einer tatenreichen Zeit,
das ist freilich der Traum.«

Richard Wagner zu Cosima am 21. Dezember 1870.

Vorwort

In T. S. Eliots Gedicht *The Waste Land* (1922), das oft als das wesentlichste und
folgenreichste englische Gedicht der ersten Hälfte unseres Jahrhunderts bezeichnet
worden ist – sein Thema ist das brüchig gewordene Sinngefüge der Welt, die Wüste der
Illusionslosigkeit nach der Erschütterung des Ersten Weltkriegs –, stoßen wir auf einige
deutsche Zitate: es sind Originalverse aus *Tristan* sowie Reminiszenzen an *Rheingold*
und *Götterdämmerung*. Im ersten Teil des Gedichts verbindet sich die Erinnerung an
ein Liebeserlebnis mit vier Versen aus dem Lied des Steuermanns zu Beginn des
Tristan:

> »Frisch weht der Wind
> der Heimat zu:
> mein irisch Kind,
> wo weilest du?« (VII,1.)

Die Desillusionierung der Liebe schließlich wird assoziiert mit der Trostlosigkeit am
Anfang des dritten Aufzugs – Tristans verfallene Burg, ein wüstes Land auch hier – und
dem Vers des Hirten: »Öd und leer das Meer!« (VII,58.) In dieser Öde taucht nun
freilich kein Schiff der Hoffnung mehr am Horizont auf. Im dritten Teil des Gedichts
wiederholen die geschändeten Töchter der Themse in leichter Variation, aber tief
pessimistischer Umkehrung seines affirmativen Sinns – das ganze Gedicht ist ja »a heap
of broken images« – das »Wiegenlied der Welt« (CT I,129), wie es die Rheintöchter zu
Beginn des *Rheingold* singen: »Weialala leia/Wallala leialala« (so die abgewandelte
Wagnersche Lautpoesie in Eliots Dichtung).
Deutsche Verse in einer englischen Dichtung – ein ungewöhnlicher Fall und vor
allem für deutsche Leser erstaunlich oder befremdend, pflegt man doch hierzulande
Wagner als Dichter nicht ernst zu nehmen. Das ist gewiß einer der Punkte, in
denen das deutsche und das europäische Wagner-Bild divergieren. Während kaum
einer der großen deutschen Dramatiker und Romanciers nach dem Ende der Goethe-
zeit Eingang ins imaginäre Museum der Weltliteratur gefunden hat, ist von Wagner,
nicht nur dem Komponisten, sondern eben auch dem Dichter, eine weltweite Wirkung ausgegangen, mit deren Intensität sich die Ausstrahlung keines anderen deutschen Schriftstellers bis an die Schwelle unseres Jahrhunderts vergleichen läßt. Die
Rolle, die Wagner zumal in der französischen Literatur des späten 19. Jahrhunderts
gespielt hat, ist mit der Bedeutung Vergils für das Mittelalter, Shakespeares für das
deutsche 18. Jahrhundert verglichen worden. Es läßt sich nicht bezweifeln: das Werk
Wagners ist der wirkungsmächtigste Beitrag des deutschen 19. Jahrhunderts zur Weltliteratur.
Dennoch – das ist ein Paradox und Skandalon zugleich – gibt es heute im Unterschied
zur Zeit vor und nach der Jahrhundertwende im deutschen Sprachraum eine literatur-

geschichtliche Wagner-Forschung nur in Ansätzen; die wesentlichsten Anregungen dazu kommen fast stets von französischer und angelsächsischer Seite oder aber von Komparatisten und Mediävisten. Unter den deutschen Neugermanisten sind es – sieht man einmal vom besonderen Rang der Studien Hans Mayers ab – fast nur Außenseiter, die sich mit Wagner befassen, und sie ziehen es meist vor, ihre Beiträge als Essays in Programmheften, namentlich der Bayreuther Festspiele, zu veröffentlichen. »Des Philologen Recht auf Richard Wagner«, auf das Peter Wapnewski pocht,[1] ist immer noch umstritten. Eine modernen wissenschaftlichen Ansprüchen genügende systematische Gesamtdarstellung sowohl des poetisch-dramatischen als auch des theoretischen Opus Wagners aus literaturhistorischer Perspektive gibt es nicht, und die bedeutenden Beiträge, die von musikwissenschaftlicher Seite auch zur literarischen Interpretation Wagners geleistet worden sind – hier ist vor allem Carl Dahlhaus zu nennen –, werden von den Zunftgermanisten kaum zur Kenntnis genommen. Schlägt man neuere Epochendarstellungen oder Literaturgeschichten auf, in denen Wagner schlecht übergangen werden kann (obwohl auch das geschieht!), da sich ja schwerlich leugnen läßt, daß es ihn gegeben hat, so findet man nur selten Würdigungen, die über Vorurteile, Gemeinplätze, Un- oder Mißverständnisse hinausgehen.

Um Argumente gegen Wagner ist man nicht verlegen: die verkrampften Stabreimverse (ist das denn Dichtung?), der unerträgliche Schwulst, die präfaschistischen Tendenzen – und überhaupt: Hat Nietzsche nicht schon gesagt …

Was dieser Nietzsche wirklich gesagt hat, wird freilich meist unzulässig vergröbert. Die scharfen Attacken auf Wagner in den späten Schriften lassen sich nicht von ihrem Kontext ablösen; bereits Thomas Mann hat sie als versetzte Panegyrik dechiffriert; immer wieder schlagen sie in enthusiastische Rühmung Wagners um – ja die bedeutendsten der affirmativen Urteile Nietzsches finden sich in den späten Antiwagneriana, nicht etwa in der vierten *Unzeitgemäßen Betrachtung*, wo die Rühmung oft wie durch eine Maske hindurchtönt. Wer den *Fall Wagner* oder *Nietzsche contra Wagner* einseitig auf seine negativen Urteile hin absucht und die entsprechenden Zitate, unbekümmert um den ständigen dialektischen Lichtwechsel, in dem das Werk Wagners hier erscheint, isoliert, verfehlt die Intention Nietzsches. Er verhält sich wie jemand, der einem unglücklich Verliebten, welcher sich zu heftigen Äußerungen gegen die geliebte Frau hinreißen läßt, zustimmend auf die Schulter klopft und sagt: »Wie gut, daß du dich von dem unwürdigen Gegenstand deiner Neigung, die ich ohnehin nie begriffen habe, mit so wohlgesetzten Worten befreist!« Der Angeredete würde solche wohltemperierte Zustimmung gewiß ebenso von sich weisen wie Nietzsche viele der Wagner-Gegner, die sich auf ihn berufen. »Was bei ihm lebendige, blutige Erfahrung war, jedes bittere Wort ein Dorn im eigenen Fleische, das nahm sich hohl aus bei jenen, die nicht an Wagner gelitten hatten wie er« (Martin Gregor-Dellin).[2]

Das Unglück Nietzsches war es, daß er nie aufgehört hat, Wagnerianer zu sein, daß es für ihn nie eine musikalische Alternative zu Wagner gegeben hat. In seinem Brief an Carl Fuchs von 27. Dezember 1888 hat er die Bizet-Huldigung im *Fall Wagner*, der viele Leser immer noch auf den Leim gehen, unmißverständlich als rhetorischen Kunstgriff decouvriert: »Das, was ich über Bizet sage, dürfen Sie nicht ernst nehmen; so wie ich bin, kommt Bizet tausend Mal für mich nicht in Betracht. Aber als ironische Antithese gegen Wagner wirkt es sehr stark [...].« Auch dem Leser, der von diesem

Brief nicht gehört hat, müßte auffallen, daß Bizet nach den ersten Seiten der Streitschrift nicht mehr vorkommt, und in der »zweiten Nachschrift« wird mit einem bösen
Seitenhieb auf Brahms, den Nietzsche Wagner doch einst hatte nahebringen wollen,
deutlich genug gesagt: »[...] wenn ich für den Bayreuther Kretinismus harte Worte
habe, so möchte ich am allerwenigsten irgendwelchen *andren* Musikern damit ein Fest
machen. *Andre Musiker kommen gegen Wagner nicht in Betracht.*«[3]
Der Polemiker Nietzsche zeigt überdies nicht weniger histrionische Züge als er sie von
Wagner behauptet hat. Das bekannteste Beispiel neben der Bizet-Finte ist die dramaturgische Erfindung des Parsifal-Chocs, als Peripetie seines Verhältnisses zu Wagner.
In Wirklichkeit kannte er längst den Entwurf der Dichtung und schrieb noch am
10. Oktober 1877 an Cosima: „Die herrliche Verheißung des Parcifal mag uns in allen
Dingen trösten, wo wir Trost bedürfen.« – Charakteristisch für Nietzsches Polemik
gegen Wagner ist, daß er einige der wesentlichsten Argumente von ihm selbst entlehnt
hat. Wagner hat schon 1878 behauptet: »Alles hat dieser schlechte Mensch von einem,
selbst die Waffen, die er nun gegen mich führt.« (CT II,153.) So hat er aus Wagners
Verleugnung seines musikalischen Jugendwerks und der Selbststilisierung zu einem
Uomo universale im Sinne Goethes, der – erst relativ spät – auf der Grundlage einer
allgemeinen ästhetisch-literarischen Bildung zur Musik gelangt sei, die Konsequenz
gezogen, daß Wagner kein ›geborener‹ Musiker gewesen sei. Auch die Kritik am
»Histrionen«, der das Leben zum Schauspiel macht, stammt von Wagner; sie ist ein
wichtiger Bestandteil seines Traktats *Über Schauspieler und Sänger*; Nietzsche wendet
sie nun auf Wagner selbst an. Die mimisch-poetische Determination der musikalischen
Abläufe, wie Wagner sie in *Oper und Drama* fordert, ist für Nietzsche der Anlaß, seine
Musik als (absolute) Musik herabzusetzen usw. Wagners Musik sei »einfach schlechte
Musik, die schlechteste überhaupt, die vielleicht gemacht worden ist«, heißt es im *Fall
Wagner*. Auch das ist im Sinne Thomas Manns ein umgestülpter Panegyrikus. Warum
ist es die schlechteste Musik? Weil Wagner am meisten von allen Komponisten die
Musik ›versprachlicht‹ hat. Wenige Zeilen zuvor bemerkt Nietzsche nämlich (unter
wörtlicher Anspielung auf Wagners Theorie vom Sprachvermögen des Orchesters in
Oper und Drama): »[...] *er hat das Sprachvermögen der Musik ins Unermeßliche
vermehrt* [...].«[4]
Das ist die wesentliche Formel für das Verständnis von Wagners ›Dichtertum‹, das aus
dem sprachlichen Material allein nicht zu erschließen ist. Wer glaubt, Wagners Rang als
Dichter durch den Hinweis auf einige Stabreimabsonderlichkeiten und jene Passagen,
die man zu Recht als schwülstig zu bezeichnen pflegt, negieren zu können, erliegt
einem Irrtum, den schon Nietzsche und Thomas Mann – aber auch Wagner selbst –
schlüssig aufgedeckt haben. In der vierten *Unzeitgemäßen Betrachtung: Richard
Wagner in Bayreuth* bemerkt Nietzsche:

> »Wo eine solche allerseltenste Macht [der Verfügung »über zwei Welten, so verschieden an
> Form, Farbe, Fügung als an Seele«, wie poetische Sprache und Musik es sind,] sich äußert, wird
> der Tadel immer nur kleinlich und unfruchtbar bleiben, welcher sich auf einzelnes Übermütige
> und Absonderliche oder auf die häufigeren Dunkelheiten des Ausdruckes und Umschleierungen
> des Gedankens bezieht. [...] Vor allem aber sollte niemand, der über Wagner, den Dichter und
> Sprachbildner, nachdenkt, vergessen, daß keines der Wagnerischen Dramen bestimmt ist,
> gelesen zu werden, und also nicht mit den Forderungen behelligt werden darf, welche an das
> Wortdrama gestellt werden.«[5]

Wagner hat das selbst immer wieder betont und nicht selten Skrupel gehabt, die Texte vor der Musik zu publizieren. In seinem *Epilogischen Bericht über die [...] Ausführung des Bühnenfestspiels »Der Ring des Nibelungen« bis zur Veröffentlichung der Dichtung desselben* schreibt Wagner z. B.: »Ich ließ die vollendete Dichtung in einer sehr geringen Anzahl von Exemplaren auf meine Kosten drucken und teilte davon an meine näheren und entfernteren Bekannten mit. Meine Abneigung dagegen, mein Gedicht als ein literarisches Produkt betrachtet und beurteilt zu wissen, war so lebhaft, daß ich in einem kurzen Vorworte mich ausdrücklich hiergegen verwahrte [...].« (VI,260 f.) In einem Brief an Mathilde Wesendonk vom 15. April 1859 äußert Wagner anläßlich einer Lektüre des *Tasso* von Goethe, »daß es unüberlegt von mir war, den *Tristan* jetzt schon zu veröffentlichen. Zwischen einem Gedicht, das ganz für die Musik bestimmt ist, und einem rein dichterischen Theaterstück muß der Unterschied in Anlage und Ausführung so grundverschieden sein, daß das erstere, mit demselben Auge wie das letztere betrachtet, seiner eigentlichen Bedeutung nach fast unverständlich bleiben muß, ehe es eben nicht durch die Musik vollendet ist.« Es sei denn, so räumt Wagner ein, der Leser ist »so begabt«, daß er die musikalische Dimension beim Lesen ergänzt.[6] Wagner läßt keinen Zweifel daran, daß seine Dichtung zu *Tristan und Isolde* sich vom autonom-literarischen Standpunkt aus mit der Vollkommenheit des Goetheschen *Tasso* nicht vergleichen läßt.

»Richard Wagner – ein Dichter?« Diese Frage hat Klaus Günther Just 1976 in einem Vortrag gestellt, und er kommt zu dem überraschenden, weil durch seinen assoziativ-diffusen Gedankengang keineswegs gerechtfertigten Schluß: »Ja er ist ein Dichter, ein großer Dichter sogar [...].«[7] Wagner selbst hätte und hat auf diese Frage anders geantwortet: »Ich bin kein Dichter, und es ist mir ganz gleich, ob man meiner Diktion Vorwürfe macht, bei mir ist alles Aktion; es ist mir bis zu einem gewissen Grad gleichgültig, ob man die Verse versteht, meine Handlung wird man schon begreifen.« (CT I,344 f.) Von der großen Szene zwischen Alberich und Hagen in der *Götterdämmerung* sagt er, gewiß im Übermut: »Das wird wirken, wie wenn zwei seltsame Tiere miteinander sprechen, man versteht nichts, und alles ist interessant.« (CT I,770.) Die Reduktion der Wortverständlichkeit, die »Umschleierung« des sprachlichen Ausdrucks gehören zu den Konditionen der Opernsprache. Man möchte von einer musikdramatischen Unschärferelation sprechen. Sprachlicher und musikalischer Ausdruck lassen sich nicht zugleich präzisieren.

Ist damit aber nicht das Gegenteil dessen bewiesen, was zu Beginn behauptet wurde – hat Wagner nicht selbst zugegeben, daß er kein Dichter ist? Also Richard Wagner doch ein reiner Musiker? Was hätte er selbst auf diese Frage geantwortet? »Richard bleibt dabei, er selbst sei kein Musiker!« So notiert Cosima am 23. Februar 1876 (CT I,971); ähnliche Äußerungen wiederholen sich immer wieder. Wenn er aber nicht Dichter, nicht Musiker gewesen sein will, was war er also nach seinem Selbstverständnis? »Die Hauptsache ist«, sagt er am 19. August 1869 zu Cosima, »daß man außerordentlich sei. Bei mir ist der Akzent auf die Vereinigung des Dichters und des Musikers zu legen, als bloßer Musiker hätte ich nicht viel zu bedeuten.« (CT I,141.) Ja, seine lebenslange Aversion gegen den Nur-Musiker geht so weit, daß er ausruft: »Der Musiker, der von früh bis abends nichts als Musik treibt, muß ein Vieh sein, es fehlt ihm ungleich mehr als demjenigen, welcher nichts von Musik wissend die übrige Welt beachtet.« (CT I,189.) »Wäre ich nur nicht Musiker«, bemerkt er ein andermal, als er erwägt, ein Schauspiel über den Tod Alexanders des Großen zu schreiben; »diese elende Notenschreiberei, in welche Kategorie von ungebildeten Menschen hat sie mich geworfen.« (CT I,210.) Oder: »Meine Freude beginnt erst da, wo ich aufhöre, Musiker zu sein.« (CT II,616.) Es dürfte kaum einen bedeutenden Komponisten der Musikgeschichte geben, der so oft und so vehement sein Metier verleugnet hat. Die Ausdrücke »Vieh« und »ungebildet« zeigen, daß Wagner den reinen Musiker als Produkt jener modernen ›Teilung der Arbeit‹ ansieht, die den Zerfall der humanistischen Universalbildung und der Totalität des Menschen zur Folge gehabt hat. Für Wagner soll demgegenüber die Musik wieder zum Bestandteil einer integralen Bildung werden und der ›Musiker‹ sich als Uomo universale legitimieren.

Wenn Wagner sagt, als bloßer Musiker habe er nicht viel zu bedeuten, so drückt sich darin auch sein oft bekundetes Gefühl der Unterlegenheit gegenüber den großen Meistern der Instrumentalmusik, gegenüber Bach, Haydn, Mozart und vor allem Beethoven aus. Worin er sich selbst aber unübertrefflich dünkte, das war die »Vereinigung« von Musik und Dichtung, das bedeutet nicht: von ›Vertonung‹ und ›Libretto‹ (aufgrund der Personeneinheit von Textdichter und Komponist), sondern einmal das, was Hofmannsthal als das »Vorwalten« der Musik in Wagners dramatischer Dichtung bezeichnet hat,[8] zum andern – und natürlich mehr noch – die ›Literarisierung‹ der Musik, besonders durch die sprachähnliche Semantisierung der (Leit-)Motive, die nicht mehr autonom musikalisch, sondern als poetische Chiffren, Symbole, Bedeutungsraster zu begreifen sind. Durch eine derartige ›Vereinigung‹ der musikalischen und poetischen Ausdrucksmedien hat Wagner ein Idiom geschaffen, dessen evokatorische Leistungen, Bild- und Gestaltenschöpfungen in der Tat im höheren und im höchsten Sinne Dichtung – und mit rein musikwissenschaftlichen Methoden nicht zu interpretieren sind. Der szenisch-mythischen Phantasie Wagners verdankt das Welttheater Charaktere, Situationen und Konstellationen, die zum dichterisch Größten in der Geschichte des Dramas gehören.

»Wagners Dichtertum anzuzweifeln, schien mir immer absurd«, hat Thomas Mann in seinem *Ring*-Vortrag von 1937 geschrieben.

> »Was gibt es dichterisch Schöneres und Tieferes als Wotans Verhältnis zu Siegfried, die väterlich spottende und überlegene Neigung des Gottes zu seinem Vernichter, die Liebesabdankung der alten Macht zugunsten des Ewig-Jungen? Die wundervollen Laute, die hier der Musiker findet, verdankt er dem Dichter. Aber was auch wieder dankt nicht dieser alles dem Musiker, wie scheint er sich oft erst selbst zu verstehen, wenn er seine zweite deutende und ergänzende Sprache hinzuzieht, die bei ihm recht eigentlich das Reich unterschwelligen, droben im Wort unbekannten Wissens ist!«[9]

Bereits in seinem Vortrag *Leiden und Größe Richard Wagners* (1933) hat Thomas Mann Rang und Grenze des Wagnerschen Dichtertums so gültig bezeichnet, daß es schmerzlich ist, wenn eilfertige Polemiker immer wieder hinter einen längst erreichten Erkenntnisstand zurückfallen. Das ›Dichterische‹ sei bei Wagner nie aus dem Rein-Sprachlichen abzuleiten, sondern aus der Integration von Sprache, Gebärde und Musik. »Rein sprachlich gesehen, haben seine Werke oft etwas Schwulstiges und Barockes, auch Kindliches, etwas von großartiger und selbstherrlicher Unberufenheit, – mit Einlagerungen von absoluter Genialität, von Kraft, Gedrungenheit, Urschönheit, die jeden Zweifel entkräften«; Thomas Mann verweist zumal auf die »ins kühn Dilettantische eingesprengten Sprachgenialitäten« der *Ring*-Tetralogie.«[10]

»Daß Wagners Verhältnis zur Sprache nicht dasjenige unserer großen Dichter und Schriftsteller war, daß es der Strenge und Delikatesse entbehrt, die dort walten, wo die

Sprache als höchstes Gut und [einziges] anvertrautes Mittel der Kunst empfunden wird
[...]«, wie Thomas Mann konstatiert,[11] das gilt gewiß für den Prosaschriftsteller
Wagner, sieht man von den – ein einziges Mal literarisch ambitionierten – Pariser
Novellen und Feuilletons ab. Die Prosa ist für Wagner, gewissermaßen wie das Papier,
auf das er schrieb, bloßes Mittel zum Zweck der Mitteilung seiner allgemein-ästheti-
schen, kulturpolitischen und dramaturgischen Anschauungen gewesen. Um stilistische
Vollkommenheit hat er sich nie gekümmert. So gibt es im barocken Faltenwurf seiner
hypotaktischen Satzperioden immer wieder Brüche, ja Fehler, die zu korrigieren er
nicht für nötig hielt. Bei der Revision eines Manuskripts sagt er zu Cosima, er werde
»im Stil so gut wie nichts« ändern: »Ich bin kein Schriftsteller.« (CT II,575 f.) Er, der
in seinen Musikdramen nach Nietzsches Worten die Sprache »in einen Urzustand
zurück«[12] zwang, parataktisch vereinfachte, schreibt in seinen theoretischen Schriften
eben die Kanzlei-Prosa, welche er (in *Oper und Drama*) einer so vehementen Kritik
unterzogen hat; »eine Art von Widerwilligkeit des Schreibenden liegt wie ein Schatten
auf ihnen [jenen Schriften], gleich als ob der Künstler des begrifflichen Demonstrierens
sich schämte.« (Nietzsche.)[13] Wagner selbst hat in seinem Aufsatz »*Zukunftsmusik*« in
der Tat festgestellt, nichts könne »der künstlerischen Natur fremder und peinigender
sein« als das Theoretisieren. »Er gibt sich ihm daher nicht mit der nötigen kühlen Ruhe
hin, die dem Theoretiker von Fach zu eigen ist; ihn drängt vielmehr eine leidenschaftliche Ungeduld, die ihm verwehrt, die nötige Zeit auf sorgfältige Behandlung des Stiles
zu verwenden«; später redet er »von den Leiden meines mühseligen Ausfluges in das
Gebiet der spekulativen Theorie« (VII,113 f.).
Trotz der von Wagner zugegebenen stilistischen Indifferenz gibt es in seinen Schriften,
auch und zumal in *Mein Leben*, Passagen von ungewöhnlicher sprachlicher und
epischer Kraft: »dann verschwindet die künstliche, schwere und mit Nebenworten
reich geschwellte Periode, und es entschlüpfen ihm Sätze und ganze Seiten, welche zu
dem Schönsten gehören, was die deutsche Prosa hat.« (Nietzsche.)[14] Daß sich auch im
rein sprachlichen Medium Wagners Charakterisierungskunst immer wieder bewährt,
zeigen seine grandiosen Porträts von Spontini, Rossini, Halévy u. a. in der Autobiographie. Seine außerordentliche plastische Formulierungskraft dokumentieren auch die
Tagebücher Cosimas fast auf jeder Seite.
Wagner hat nach eigener Aussage manche seiner Schriften, so namentlich *Oper und
Drama*, mehr zu seiner Selbstverständigung als für die Öffentlichkeit geschrieben:
»Das sind Studien, Forschungen, die man für sich macht, die man aber nicht veröffentlichen sollte«, bemerkt er am 4. Juni 1882 zu Cosima über *Oper und Drama*
(CT II,953). Gerade aber als ›Studien‹, die sich von der Strenge eigenständiger theoretischer Untersuchung dispensieren (sie ist in der Regel nicht die Sache des Künstlers, dem
doch in erster Linie an seiner Praxis liegt), gehören Wagners ästhetische und dramaturgische Schriften zu den faszinierendsten kunsttheoretischen Dokumenten des bürgerlichen Zeitalters. Es ist schwer verständlich, daß kein Verlag es bisher gewagt hat, eine
neue Gesamtausgabe dieser Schriften vorzulegen, die außer Wagner-Spezialisten nur
wenigen bekannt sind.

Das vorliegende Buch sucht auf der Basis von *Oper und Drama* Wagners ästhetisch-
dramaturgisches ›System‹ mit seinen theoretischen Selbstoppositionen, zumal in den
späten Schriften, unter bestimmten Gesichtspunkten systematisch und historisch ver-

gleichend zu analysieren. Schwerpunkte sind die dialektische Spannung zwischen ›dramaturgischer‹ und ›absoluter‹ Musikästhetik bei Wagner (in Konfrontation mit den Theorien Hanslicks und Nietzsches, dessen erst durch die kritische Ausgabe von Colli und Montinari gültig präsentierter Nachlaß eine Fülle von bisher noch nicht oder unzureichend ausgewerteten musikästhetischen Einsichten vermittelt), die romantheoretische Fundierung der musikalischen Dramaturgie – die das Musikdrama als versetzten Roman erscheinen läßt, wirklich als das Pendant der großen sozialen Romankunst des 19. Jahrhunderts, an der Wagner wesentlich mehr interessiert war als an der deutschen Sondertradition des Bildungs- und Künstlerromans –, ferner seine Idee des Gemeinstils und der »antiken Kunstform«, die facettenreiche, vom Modell des Puppen- und Volkstheaters ausgehende Improvisationstheorie und schließlich sein eminenter, immer noch nicht ganz durchschauter Anteil an Nietzsches *Geburt der Tragödie*, die hier unter Einbeziehung des Nachlasses einer neuen kritischen und historisch vergleichenden Analyse unterzogen wird. In diesem wie in allen Teilen des Buchs werden die 1976/77 veröffentlichten Tagebücher Cosimas umfassend unter philologisch-ästhetischen Gesichtspunkten ausgewertet.

Wagners Ästhetik ist, inspiriert durch die linke Hegel-Nachfolge, auf eine bisweilen deterministisch anmutende Weise soziologisch fundiert. Daß seine Theorie der sozialen Determinanten der Kunst aus moderner Perspektive dilettantisch und vielfach indiskutabel ist, das soll nicht geleugnet werden; dennoch ist diese Theorie ihrer Intention nach zukunftsweisend und in einzelnen spekulativen Ausblicken von verblüffender Hellsichtigkeit. Wagners ›Kunstsoziologie‹ wird im Zusammenhang mit seinen teils praktischen, teils utopischen Theaterprojekten bis hin zu den Bayreuther Festspielen (die auch aus seiner Sicht mehr Konzession als Ideal sind) im ersten Teil des Buchs untersucht, der den Titel eines Pariser Essays von Wagner trägt.

Das Kernstück der Untersuchung sind selbstverständlich die Kapitel über Wagners »romantische Opern« und »musikalische Dramen« (die Opern vor dem *Fliegenden Holländer* sind nur beiläufig berücksichtigt). Während einige Werke nur unter einem begrenzten Gesichtspunkt untersucht werden – eine erschöpfende Interpretation der *Ring*-Tetralogie etwa hätte den Rahmen dieses Buchs völlig gesprengt –, werden von anderen (das gilt zumal für *Tristan und Isolde*, aber auch für *Tannhäuser* und *Meistersinger*) möglichst umfassende literarische Gesamtinterpretationen unter Einbeziehung der Entwürfe geboten. Wie bei der Exegese der theoretischen Schriften wird hier nicht nur ›werkimmanent‹ verfahren, sondern Wagners dramatische Dichtung wird sozusagen zum Gegenstand einer weltliterarischen Spektralanalyse. In diesen Kapiteln soll auch die Rolle der in den ersten Teilen der Abhandlung nachgezeichneten wichtigsten Theoreme Wagners an der praktisch-dramatischen Wirklichkeit gemessen werden (etwa, um nur ein Beispiel zu nennen, die Improvisationstheorie an der Genese des Preislieds in den *Meistersingern*).

Die Nachweise der literarischen Filiationen des Wagnerschen Musikdramas sind im letzten Teil komplementiert durch eine Darstellung seiner literarischen Wirkungen in Deutschland, vor allem in der Zeit um die Jahrhundertwende. Wir müssen uns hier auf wenige, darunter bisher kaum analysierte, ja unbekannte – aber doch repräsentative – Beispiele beschränken. Daß Nietzsche und vor allem Thomas Mann, die als Wegweiser an den meisten Stationen dieses Buches auftauchen, auch hier nicht fehlen konnten, versteht sich von selbst. Thomas Manns Prosawerk ist gewissermaßen die ›Rückversetzung‹ des musikalischen Dramas in den Roman – Wagners Dramaturgie gegen den Strich gekämmt. Auch das bedeutendste Exempel der musikalisch-theatralischen Rezeption Wagners in unserm Jahrhundert – das Werk von Richard Strauss – sollte nicht unberücksichtigt bleiben. Es wird hier freilich vom literarischen, dem Hofmannsthalschen Anteil her auf seine Wagner-Reminiszenzen untersucht. (Welche Rolle Wagner teils unmittelbar, teils via Nietzsche auch für den frühen Hofmannsthal gespielt hat, wird an bisher z. T. kaum bekannten Dokumenten belegt.)

Ein Wagner also aus literaturgeschichtlicher Sicht. Vom Ideal des Wagner-Forschers, der den Literatur- mit dem Musikwissenschaftler vereint, wie Wagner den Dichter mit dem Musiker, ist der Verfasser dieses Buches allerdings entfernt. In Dingen der Musik ist er Dilettant und kann daher nur wie die Helden am Ende der Schauspiele Calderons um Verzeihung für manche Mängel bitten. Was ihm in dieser Beziehung fehlt, hofft er jedoch durch neue Einsichten in das Phänomen Wagner im Rahmen der allgemeinen Ästhetik und Literaturhistorie (nicht zuletzt auch durch die Berücksichtigung einiger mehr oder weniger unbekannter Quellen) wettzumachen.

Gewissermaßen die beiden elliptischen Punkte der Abhandlung sind die Ausstrahlung des Modells der antiken Kunst, Mythologie und Lebenswelt auf Wagners Denken und Imagination sowie die Verankerung seiner Denkformen in der klassisch-romantischen Tradition, d. h. vor allem im ästhetischen Kosmos Goethes und Schillers. Ein Beitrag also zu einem der wesentlichsten Kapitel in der Rezeptionsgeschichte der Weimarer Klassik!

Wagner hat sein Jahrhundert gern verleugnet. Er sei zehn Jahre zu spät geboren, bemerkt er im Gespräch mit Cosima am 12. April 1879; »er hätte müssen zu Beethoven im Verhältnis von Schubert stehen, dann wäre er auch im Verkehr mit Leuten wie Carlyle und Schopenhauer gestanden. In der Musik habe er noch Weber gekannt, aber von Schriftstellern und Dichtern nichts« (CT II,331). Wie sehr er es bedauert hat, Goethe nicht mehr begegnet zu sein (als er starb, war Wagner 19 Jahre alt und hatte schon Kompositionen zu *Faust I* verfaßt), verrät ein Traum, den er am 15. Februar 1870 Cosima erzählt: »Richard träumte von Goethe, daß er mit ihm wandelte, sich mit ihm unterhielt und bei ihm bleiben wollte, ›da habe ich meine Bestimmung gefunden im Umgange mit einem solchen Menschen‹.« (CT I,198.) Wenigstens mit dem letzten genialen Überlebenden der klassisch-romantischen Periode ist Wagner 1847 noch zu einem langen und fruchtbaren Gespräch zusammengekommen: mit Ludwig Tieck, dessen Werk sein eigenes so vielfältig beeinflußt hat.

Carlo Schmid hat in seinem großartigen Gespräch mit Patrice Chéreau und Pierre Boulez im Jahre 1977 das Werk Wagners als »Summa artium saeculi« bezeichnet.[15] Es ist überdies eine Summe des Welttheaters, und wir dürfen seinen Autor als den bedeutendsten schöpferischen Vermittler der deutschen Literatur ans europäische Publikum zwischen Heine und Thomas Mann bezeichnen. Zu dieser Erkenntnis möchte das vorliegende Buch beitragen. Es wendet sich nicht nur an ein Fachpublikum, sondern will auch – zumal in den Werkinterpretationen – den philologisch nicht geschulten oder ambitionierten Leser erreichen. Es ist deshalb so aufgebaut, daß die abstrakten theoretischen Kapitel (besonders im zweiten Hauptteil) in den Werkinterpretationen in ›publikumsfreundlicher‹ Form noch einmal zusammengefaßt werden. Diese Interpretationen lassen sich ebenso wie die wirkungsgeschichtlichen Kapitel auch unabhängig von den Theorie-Teilen lesen. Einige Vorstudien sind bereits in Fachzeitschriften und in Programmheften der Bayreuther Festspiele sowie der Bayerischen Staatsoper veröffentlicht worden. Sie sind sämtlich in mehr oder weniger stark überarbeiteter Form in den systematischen Zusammenhang des Ganzen integriert.

In vielfältiger Hinsicht inspiriert ist dieses Buch durch meine Seminare zu Werk und Wirkung Wagners, die ich zusammen mit Egon Voss, Stephan Kohler und Werner Vordtriede an der Münchener Universität gehalten habe. Für manches fruchtbare Gespräch danke ich neben den Genannten besonders Heide Eilert (Augsburg), Jörg Brosig (Ottobeuren), Hartmut Reinhardt (Würzburg) und den Mitarbeitern der Wagner-Gesamtausgabe in München, nicht zuletzt aber Rudolf Hirsch für seine großzügigen Mitteilungen aus dem Hofmannsthal-Nachlaß. Für seine unermüdliche Unterstützung und reiche musikalisch-literarische Belehrung während der Konzeption des Buchs bin ich Stephan Kohler zu besonderem Dank verpflichtet.
Die vorliegende Untersuchung, die aus Anlaß des Wagner-Jahrs 1983 erscheint, ist im März 1982 abgeschlossen worden, in dem Monat, da Goethes Todestag sich zum 150. Male jährt. In dieser Berührung der Gedenkjahre der beiden universalsten Künstler der deutschen Geschichte und der Moderne überhaupt sehe ich ein Symbol der Intention meiner Wagner-Exegese, die sein Werk in so vielfältige Beziehung zu Goethes Dichtung und Ideenwelt setzt. Wenn das Symbol ursprünglich die zusammengefügten Ringhälften bezeichnet, an deren Zusammenpassen die Freunde sich wiedererkennen, so möge das Sym-bol der Gedenkjahre auch ein gutes Omen für eine neue Wertschätzung des ›literarischen‹ Wagner sein! »R[ichard] lesend« hat Cosima Wagner unter die Porträtzeichnung geschrieben, die Paul von Joukowsky am Tage vor Wagners Tod geschaffen hat. Es ist dessen letztes Bildnis, das nicht nur aus graphischen Gründen auf dem Umschlag dieses Buches steht. Den lesenden Wagner sucht es vor allem zu vermitteln – und einen Wagner auch für Leser.

D. B.

Der Künstler und die Öffentlichkeit

Unter diesem Titel, freilich in französischer Übersetzung, veröffentlichte Wagner 1841 in der *Revue et Gazette musicale* eines seiner Pariser Feuilletons aus dem fingierten Nachlaß des Ich-Erzählers der Novelle *Eine Pilgerfahrt zu Beethoven.* (Seinen Tod schildert die Erzählung *Ein Ende in Paris*.)[1] Diese halb novellistischen, halb theoretischen Skizzen, die von Fiktion, Stil und Inhalt her unverkennbar romantischer Tradition, vor allem dem Vorbild E. T. A. Hoffmanns, folgen, kreisen um das ästhetische Grundproblem Wagners, das er bis zu seinem Aufsatz *Publikum und Popularität* (1878) immer von neuem theoretisch reflektiert, aber auch in seinen musikalischen Künstlerdramen gespiegelt hat: Was drängt den Künstler in die Öffentlichkeit, wie kann er dort sein Talent rein bewahren?

> »Wenn ich allein bin und in mir die musikalischen Fibern erbeben, bunte, wirre Klänge zu Akkorden sich gestalten und endlich daraus die Melodie entspringt, die als Idee mir mein ganzes Wesen offenbart; wenn das Herz dann in lauten Schlägen seinen ungestümen Takt dazu gibt, die Begeisterung in göttlichen Tränen durch das sterbliche, nun nicht mehr sehende Auge sich ergießt – dann sage ich mir oft: Welch großer Tor bist du, nicht stets bei dir zu bleiben, um diesen einzigen Wonnen nachzuleben, statt daß du dich nun hinaus vor jene schauerliche Masse, welche Publikum heißt, drängst, um durch eine gänzlich nichtssagende Zustimmung die absurde Erlaubnis zur fortgesetzten Ausübung deines Kompositionstalentes dir zu gewinnen!« (I,181.)

Das Paradox, das Werk der Einsamkeit einer indolenten oder rohen Öffentlichkeit preisgeben zu müssen, hat Wagner noch bei der Komposition seines letzten Werks im Gespräch mit Cosima wiederholt bedacht und beredet – ohne doch wirklich zur Klarheit zu kommen. Am Ende seiner Künstlerlaufbahn steht die gleiche Ratlosigkeit wie zu Anfang. Skepsis und Resignation sind das Ergebnis einer jahrzehntelangen, nach jedem Scheitern unter anderen ideologischen und praktischen Vorzeichen neu ansetzenden Bemühung, eine ›Öffentlichkeit‹ zu bilden, die den Künstler aus seiner Einsamkeit herausführen und zum nicht mehr entfremdenden Gefäß seines Werks werden soll.

1. Kunstwerk und Warenmarkt – Festspiel contra Repertoiretheater

> »Das ist die Kunst, wie sie jetzt die ganze zivilisierte Welt erfüllt! Ihr wirkliches Wesen ist die Industrie, ihr moralischer Zweck der Gelderwerb, ihr ästhetisches Vorgeben die Unterhaltung der Gelangweilten.«
>
> *Die Kunst und die Revolution.*

In seinem Artikel *Der Künstler und die Öffentlichkeit* (1841) sucht Wagner das »dämonische Geheimnis« der »Selbstverleugnung«, Selbstentfremdung des Künstlers in seinem »Drang zur Öffentlichkeit« zu erraten. Das Gefühl gesellschaftlicher Verpflichtung kann diesem Drang nicht zugrunde liegen, denn »das Genie ist im Betreff der

Pflicht das gewissensloseste Wesen: nichts bringt es aus ihr zustande«, ebensowenig aus dem Bedürfnis nach Ehre, das allenfalls Virtuosenleistungen, aber keine wahren Kunstwerke hervorruft. Einzig »der göttliche Trieb zur Mitteilung der eigenen inneren Beseligung an menschliche Herzen« erklärt und rechtfertigt jene Hinwendung zur Öffentlichkeit. Aber müßte das Genie sich nicht sofort zurückziehen, wenn es einem gleichgültigen, gelangweilten, eitlen, vergnügungssüchtigen und ignoranten Publikum begegnet, das von »neidischen, käuflichen Rezensenten« beherrscht wird – einer Öffentlichkeit, welche sich als Markt darstellt, auf der das Kunstwerk als Ware gehandelt wird? Wenn die Sorge um das tägliche Brot und die Erhaltung der Familie Triebfedern sind, die nur »den Tagelöhner, den Handwerker«, aber nicht das Genie bestimmen, wieso läßt dieses sich dazu verleiten, sein Werk »auf den öffentlichen Markt zu führen«? – Der wahre Künstler »fühlt sich frei« und will daher auch im Leben »mit seiner Not nichts gemein haben; er will getragen sein, leicht und jeder Sorge ledig«, um eben »sein Genie rein beglückend walten zu lassen«. Die Bedingung der Freiheit aber ist in der modernen Gesellschaft das Geld! Deshalb bleibt dem Genie rebus sic stantibus nichts übrig, als sein Werk »zu Markte zu bringen« und sich mit den Institutionen einer verachteten Öffentlichkeit zu arrangieren. Das Geld freilich ist der »Werbesold der Hölle«, und das Streben nach Mitteilung, nach Anerkennung durch ein Gegenüber, dessen der Künstler auch dann um seiner Freiheit willen bedarf, wenn es sich als »schauerliche Masse« darstellt, verstrickt ihn in ein »infames Quid-pro-quo«, in dem nur der Stärkste sein Künstlertum ohne Schaden bewahrt (I,181 ff.).

Der letzte Teil des Artikels enthält eine satirische Schilderung des »rasenden« Genies, welches, im sicheren Gefühl, ein Werk geschaffen zu haben, das alle Welt entzücken muß, seine Einsamkeit mit der Öffentlichkeit vertauscht und nun in der Welt der Konvention und des Geldes herumstolpert.

> »Man hatte geglaubt, du wärest ein vernünftiger Mensch und würdest dich akkommodieren, da du doch eben so dringend einen ›Succes‹ wünschtest: hier ist er garantiert; mache nur dies und jenes uns zurecht; da ist die Sängerin, da die Tänzerin, hier der große Virtuose: arrangiere dich mit diesen! Da stehen sie und gruppieren sich zu der wunderlich drapierten Pforte, durch welche du zu dem einen Großen, zu dem Publikum selbst gelangen sollst. Sieh, jeder, der hier durchschritt und nun selig wurde, hat sein Opferchen gebracht.« (I,186.)

»Hundert große Meister, die wir auf den Knien bewundern, haben sich ihre erste Aufführung mit noch ganz anderen Opfern erkauft.« So der Tanzmeister zu dem derangierten Komponisten im Vorspiel zu Richard Strauss' und Hugo von Hofmannsthals *Ariadne auf Naxos*.[2] Diesem Komponisten werden zum Teil Formulierungen in den Mund gelegt, die Hofmannsthal sich aus Wagners *Gesammelten Schriften* exzerpiert hat. (Der Komponist ist deshalb sogar als »heimliche Wagner-Karikatur« interpretiert worden.[3]) Es ist nicht ausgeschlossen, daß auch die soeben zitierte Passage aus *Der Künstler und die Öffentlichkeit* Hofmannsthals Vorspiel inspiriert hat, dessen Handlung sie in aller Knappheit vorwegnimmt.

Wagner hat im hier referierten Pariser Feuilleton mit ebenso scharfem Sinn wie satirisch-scharfer Zunge die Ambiguität der modernen Künstlerexistenz umrissen, die von der Marktsituation der Kunst geprägt ist, ja deren Unabhängigkeit trotz der Inkompatibilität des Kunstwerks mit seiner Warenform[4] von dessen Vermittlung durch den Markt abhängig ist. – Der freie Künstler, der sich durch beträchtlichen Absatz seiner Werke materiell sicherstellen kann, ist ein Produkt des späten 18. Jahrhunderts.

Erst die Entstehung des Kunstmarkts ermöglicht die Unabhängigkeit von Amt und Mäzen, welche das Kunstwerk zuvor fremden Bestimmungen unterwarfen, es auf einen festen Formen- und Themenkanon verpflichteten oder zum Organ der Repräsentation des Fürsten machten. Die Autonomie der Kunst ist also dialektisch mit der Warenform verbunden. Der Künstler, so erkennt der fingierte Autor jenes Feuilletons selbst, scheint nur unabhängig sein zu können, solange es das zahlende »Publikum« gibt, das als solches von Wagner doch in zahllosen Abhandlungen befehdet worden ist.

Dieses »Publikum« hat sich erst im Verlauf des 18. Jahrhunderts herausgebildet. Vor allem das Konzertpublikum ist eine spezifisch moderne Erscheinung; es entsteht mit den regelmäßigen öffentlichen Konzerten, die seit etwa 1725 von unternehmungsfreudigen Kaufleuten – besonders in den ehemaligen Hansestädten – gegründet wurden, so auch 1743 in Leipzig die »Großen Konzerte«, die später so genannten »Gewandhauskonzerte«. Jürgen Habermas hat diese Entwicklung folgendermaßen charakterisiert:

> »Bis zum ausgehenden 18. Jahrhundert blieb [...] alle Musik an die Funktion repräsentativer Öffentlichkeit gebunden, blieb, wie man sagt, Gebrauchsmusik. Ihrer gesellschaftlichen Funktion nach beurteilt, diente sie der Andacht und Würde des Gottesdienstes, der Festlichkeit höfischer Gesellschaften, überhaupt dem Glanz der feierlichen Szene. Die Komponisten waren als Kirchen-, Hof- oder Ratsmusiker angestellt und arbeiteten, wie die bediensteten Schriftsteller für ihre Mäzene, die Hofschauspieler für die Fürsten, nach Auftrag. Bürger hatten kaum Gelegenheit, außer in der Kirche oder in Gesellschaft des Adels, Musik zu hören. Zunächst emanzipierten sich private Collegia Musica; bald etablierten sie sich als öffentliche Konzertgesellschaften. Der Eintritt gegen Entgelt machte die Musikdarbietung zur Ware; zugleich entsteht so etwas wie zweckfreie Musik: zum erstenmal versammelt sich ein Publikum, um Musik als solche zu hören, ein Liebhaberpublikum, zu dem jeder, Besitz und Bildung vorausgesetzt, Zutritt hat. Kunst, von ihren Funktionen der gesellschaftlichen Repräsentation entlastet, wird zum Gegenstand der freien Wahl und der wechselnden Neigung.«[5]

Wagner hat freilich durchschaut, daß die Unabhängigkeit der Kunst unter den Bedingungen des Warenmarkts in neue Abhängigkeit umschlägt, daß der moderne Künstler, der nach dem Geld gehen muß, schlimmer daran ist als der alte, der sich nach der Gunst des Fürsten zu richten hatte. Was ist das für eine Freiheit, die »nach nicht viel anderem als einfach nach – Geld« (I,185) aussieht? Es gilt eine Form der Gesellschaft zu finden, die dem Menschen wie dem Künstler wahre, durch dialektische Fallstricke nicht wiederum verhinderte Autonomie ermöglicht.

Wagners Ideologie ist aus Widersprüchen zusammengesetzt. Kein Zweifel, daß sich in ihr im Laufe der Jahrzehnte revolutionäre, reaktionäre und konservative, autoritäre, liberale und sozialistische Tendenzen teils ablösen, teils überlagern. Zumindest in einem Punkt ist Wagner jedoch konsequent geblieben, in dem immer neu ansetzenden Versuch, die Kunst aus dem Circulus vitiosus des Markts herauszulösen, ihre Warenform zu vernichten. Seine Hoffnung auf eine radikale, revolutionäre Neugestaltung der ›Öffentlichkeit‹ nach 1848 dient diesem Ziel ebenso wie etwa jene monarchistische Konzeption einer »exemten« Oberschicht der Gesellschaft, die zum Träger der zweckfreien ästhetischen Bildung werden soll (in dem noch eingehend zu würdigenden Traktat *Deutsche Kunst und Deutsche Politik* von 1867/68). Daß Wagner nach 1864 sich an einen königlichen Mäzen gebunden hat, ist nicht nur äußere Notwendigkeit gewesen (unter der Wagner, wie die Tagebücher Cosimas zeigen, oft schwer gelitten hat), sondern entspricht einer schon zuvor von ihm artikulierten ideologischen Überzeugung.

Wagner wollte gewissermaßen das »Weimarische Wunder« (VIII,38) der Beziehung Goethes zu Herzog Carl August wiederholen, wie es ihm in idealisierter Gestalt aus dem oft gelesenen *Tasso* entgegentrat. Zu schaffen wie der fiktive Tasso am Hofe zu Ferrara: in einer Art Niemandsland zwischen dem alten, ständischen (von Amt und Mäzen abhängigen) und dem modernen, freien, vom Ertrag der eigenen Produktion existierenden Künstlertum, allein dem Werk hingegeben, in seinem Dichten keinen Weisungen unterworfen, aller Sorgen um die materielle Existenz ledig, aus dem »engen Leben« zu einer »schönen Freiheit« erhoben (V. 417f.) – das mußte für Wagner nahezu ein Ideal sein, mochte es auch kühle Schatten auf das konkrete Leben werfen. Die für das Bayreuther Festspielunternehmen konzipierte Patronatsidee suchte noch gewisse Züge vom persönlichen Charakter des Mäzenatentums zu bewahren, im Widerspruch zur Anonymität des Warenverkehrs und des durch ihn konstituierten Publikums. Der Patronatsverein als kollektiver Mäzen! Daß von diesem Ideal für die Realisierung der Festspiele Abstriche gemacht werden mußten, hat Wagner freilich zu seinem Leidwesen erfahren müssen. »Alles ist Konzession«, stellt er angesichts der kommerziellen ›Veroperung‹ seiner musikalischen Jugenddramen, im Gespräch mit Cosima am 8. April 1870, als Tantiemen aus Hamburg eintreffen, fest. »Furchtbar« sei es, daß er *Lohengrin* und *Tannhäuser*

> »als Opern gehen lasse [...]; wäre ich frei, Rentier, keinem Theater würde ich die Sachen geben. Es sollte eigentlich ein Prytaneum in Deutschland gebildet werden, welches z. B. zu mir sagte: Deine Sachen werden überall gegeben, dafür sollst du die und die Rente haben, die Werke gehören dafür der Nation an, denn es ist eine Schande, für so etwas Geld zu empfangen, das als Ware betrachtet zu sehen.« (CT I,217f.)

Die Gattungsbezeichnung ›Oper‹ wird hier (wie im Falle des noch zu erörternden Begriffs ›Literatur‹) zu einem Synonym für ›Kunstware‹ – ein Zeichen dafür, daß Wagners Gegenbegriff des »musikalischen Dramas« die kommerzielle Verwertbarkeit, ja das Marktprinzip schlechthin negiert. Seine Reform von »Oper und Drama« ist als solche Gesellschaftsreform. Die Oper unterscheidet sich vom »Kunstwerk der Zukunft« wie das im Pariser Feuilleton *Der Virtuos und der Künstler* (1840) beschriebene »magische Juwel« in der Tiefe des Berges, nach dem die verschütteten Bergleute aus Salzburg und Bonn (gemeint sind natürlich Mozart und Beethoven) einst suchten, von den »ergiebigen Goldadern«, auf welche die Nachgrabenden stießen (eine symbolische Gegenüberstellung des Künstlers und des Virtuosen) – oder wie das Rheingold von dem daraus geschmiedeten Ring. Selbst das ›Tiefste‹ vermag an die Oberfläche geholt und zum Objekt der gemeinen Habgier zu werden. So auch der »Genius der Musik«, den Wagner durch das magische Juwel chiffriert. Weder dieses noch die verschütteten Bergleute findet man wieder – statt dessen prägt man aus den Goldadern Dukaten! (I,167ff.)

Mit der Herauslösung aus der repräsentativen Öffentlichkeit kirchlich-kultischer oder höfisch-zeremonieller Provenienz und seiner Vermittlung durch den Markt verliert das Kunstwerk seine »Aura« in dem spezifischen Sinn, den dieser Begriff durch Walter Benjamins Essay *Das Kunstwerk im Zeitalter seiner technischen Reproduzierbarkeit* (1936) erhalten hat. Dieser Essay hat einen erstaunlichen Vorläufer in Richard Wagners *Brief an Franz Liszt über die »Goethe-Stiftung«* (1851). Hier wie dort wird der

Warencharakter des Kunstwerks auf die Reproduktionstechnik zurückgeführt. In seinen theoretischen Schriften (so schon ausführlich in *Das Kunstwerk der Zukunft*, 1849) hat Wagner immer wieder beschrieben, welch verhängnisvolle Veränderung der Erscheinungs- und Rezeptionsweise der Künste durch die Möglichkeit ihrer Reproduzierbarkeit bewirkt worden ist. Auch in diesem Punkt folgt er romantischer Tradition. So hat August Wilhelm Schlegel in seinem Aufsatz *Über Literatur, Kunst und Geist des Zeitalters* (1803) den Verfall der Poesie auf Buchdruck und Buchmarkt zurückgeführt, die den einst »öffentlichen« Vortrag nicht nur der dramatischen Poesie (auf der Bühne), sondern auch der lyrischen (»im Gesang«) und der epischen (»im Munde der Rhapsoden«) durch das »einsame ungesellige Lesen« verdrängt haben. Mit der massenhaften Herstellung von Literatur anstelle des einmaligen oder periodisch wiederkehrenden Vortrags sei die »Andacht« des Hörers der »Zerstreuung« des Lesers gewichen.[6] (Walter Benjamin wird später diese »Zerstreuung« als »Spielart sozialen Verhaltens« der »Ablenkung« und »Sammlung« als einer »Schule asozialen Verhaltens« gegenüberstellen, um den nur in der Reproduktion existierenden Film als die soziale Kunst der Moderne legitimieren zu können. »Der vor dem Kunstwerk sich Sammelnde versenkt sich darein; er geht in dieses Werk ein, wie die Legende es von einem chinesischen Maler beim Anblick seines vollendeten Bildes erzählt. Dagegen versenkt die zerstreute Masse ihrerseits das Kunstwerk in sich.«[7])

Andacht und Sammlung statt Zerstreuung sollen auch die Haltung des Publikums vor dem »Kunstwerk der Zukunft« prägen, wobei Wagner in diametralem Gegensatz zu Benjamin eben diese Sammlung für den sozialen Rezeptionsmodus, die Zerstreuung hingegen für die Haltung des modernen ästhetischen »Egoisten« hält. Die aus der Aufhebung der Marktgesetze hervorgehende Kunst wird wieder eine »gemeinsame« sein, im Gegensatz zur »einsamen Dichtkunst« des Buchdruckzeitalters, die ihre einstige, elementare, aber auch sinnlich und sittlich läuternde Wirkung verloren hat, wie Wagner in folgender satirischer Skizze der Reformschrift *Das Kunstwerk der Zukunft* dem Leser drastisch vor Augen führt:

> »Die Lyrik des Orpheus hätte die wilden Tiere sicher nicht zu schweigender, ruhig sich lagernder Andacht vermocht, wenn der Sänger ihnen etwa bloß gedruckte Gedichte zu lesen gegeben hätte: ihren Ohren mußte die tönende Herzensstimme, ihren nach Fraß spähenden Augen der anmutig und kühn sich bewegende menschliche Leib derart erst imponieren, daß sie unwillkürlich in diesem Menschen nicht mehr nur ein Objekt ihres Magens, nicht nur einen fressenswerten, sondern auch hörens- und sehenswerten Gegenstand erkannten, ehe sie fähig wurden, seinen moralischen Sentenzen Aufmerksamkeit zu schenken.« (III, 103.)

Erst der öffentlich-lebendige Vortrag der Poesie verwandelt also die wilden Tiere in Kantianer, die den schönen Menschen als ästhetische Rezipienten: mit »interesselosem Wohlgefallen« wahrnehmen.

Durch die Reproduzierbarkeit sind die Künste nach Wagner zu dem geworden, was er in einem umfassenden – und stets verächtlichem Sinne – als »Literatur« bezeichnet. Literatur, das ist die durch den Buchdruck ermöglichte, auf dem Markt verbreitete Kunst. »Wir haben keine Dichtkunst, sondern nur eine poetische Literatur«, schreibt Wagner in seinem schon erwähnten öffentlichen Brief an Franz Liszt. ›Literatur‹ wird hier (wie die Gattungsbezeichnung ›Oper‹) fast zum Synonym für ›Ware‹: »vermittels des Buchhandels teilt sie sich in weiter Verbreitung mit und macht sich zu Geld«. In diesem Sinne kann Wagner auch von »Literaturmusik« reden, ja selbst die bildende

Kunst als Literatur bezeichnen, da sie sich in Gestalt von »Kupferstichen und Lithogra-
phien« ebenfalls »durch den Kunsthandel unter das Publikum« verbreite. Dennoch ist
in der bildenden Kunst die Bedeutung des »Originals«, das nur »in *einem* Exemplare
besteht«, sich also nicht in gleicher Weise vermarkten läßt wie das reproduzierte
Kunstwerk, weit größer als in der Poesie und Musik. Die Überzeugung, »daß ihre
Kunstprodukte in Originalexemplaren bestehen, die nicht vervielfältigt werden können, ohne ihre wirkliche künstlerische Eigenschaft zu verlieren« (V,6 f.), stellt die
bildenden Künstler allerdings vor das kaum lösbare Problem, wovon sie leben sollen,
da die Versorgungsmöglichkeit des Künstlers, der sein Werk eben nicht als massenhaft
hergestellte Waren veräußert, mit dem Verfall des fürstlichen Mäzenatentums mehr und
mehr schwindet. (Dieser ökonomischen Aporie des bildenden Künstlers abzuhelfen ist
eines der Ziele der von Liszt initiierten »Goethe-Stiftung«, mit deren Entwurf Wagner
sich auseinandersetzt.)
Wagners Versuch, das Kunstwerk von seinem Warencharakter vollkommen zu
befreien, bedeutet: ihm die Einzigkeit des Originalwerks der bildenden Kunst zu
verleihen. – »Noch bei der höchst vollendeten Reproduktion fällt eines aus: das Hier
und Jetzt des Kunstwerks – sein einmaliges Dasein an dem Orte, an dem es sich
befindet« (Walter Benjamin). Diese »Aura« der Einmaligkeit, die »auratische Daseins-
weise des Kunstwerks«, welche nach Benjamin im Kult gründet,[8] sucht Wagner im
ästhetischen Ritual des Festspiels zu restituieren, das die Erscheinungsweise des
Dramas vom kommerziell standardisierten Routinetheater abhebt.

Das Ideal der »außerordentlichen, eximierten Aufführungen« hat Wagner sozialpro-
grammatisch am anspruchsvollsten in *Deutsche Kunst und Deutsche Politik* (1867/68)
expliziert. Diese Abhandlung verbindet ebenso abenteuerlich wie geistreich Wagners
einstige, anarchistisch-revolutionäre Überzeugungen mit einer monarchistisch-aristo-
kratischen Utopie. Daß sich schon für den Dresdner Revolutionär Republikanismus
und Monarchismus nicht ausschlossen, ist bekannt.[9] Von seinem Ideal einer »monarchischen Republik« redet er im Brief an Eduard Avenarius vom 15. Juni 1848. Wagner steht
hier in einer gut revolutionären Tradition, wie sich an zahllosen Schriften aus dem Kreis
der Apologeten der Französischen Revolution zeigen läßt.[10] Der Traktat von 1867/68
greift manche Positionen der Revolution von 1848 unmittelbar noch einmal auf, so die
Absage an die »deutsche Restauration« und »Reaktion«, die Verurteilung der Karlsbader
Beschlüsse (VIII,38 ff.) oder die Idee der »Volksbewaffnung« (VIII,53). Der Schlußteil
der Abhandlung entwirft eine Art Utopia nicht etwa außerhalb, sondern oberhalb der
bestehenden staatlich-gesellschaftlichen Ordnung. Der Staat, dessen Aufhebung Wagner
in *Oper und Drama* gefordert und prophezeit hatte, wird nun als materielle Basis jener
idealen Organisation anerkannt; er gleicht dem gestrandeten Schiff Robinson Crusoes,
aus dem dieser sich die Materialien für seine Inselexistenz holt, welche ohne die Produkte
der modernen Zivilisation gar nicht erst möglich wäre.
Der Staat ist nach Wagner »der Vertreter der absoluten Zweckmäßigkeit«, der notwendig alles von sich abstößt, »was nicht einen unmittelbar nützlichen Zweck nachweisen
kann«. Aus diesem Grunde ist es ein Irrtum, »den Staat unmittelbar für die Kunst in
Anspruch nehmen zu wollen« (VIII,103). Möglicherweise erinnert Wagner sich hier an
Schillers Briefe *Über die ästhetische Erziehung des Menschen* (1795), wo von der
»absoluten Immunität« der Kunst gegenüber dem Staat gesprochen wird, der »das Übel

veranlaßt hat«, das sie aufheben will. »Der politische Gesetzgeber kann ihr Gebiet sperren, aber darin herrschen kann er nicht.«[11] (In seiner Abhandlung *Wollen wir hoffen?* aus dem Jahre 1879 hat Wagner den Verfasser der »Ästhetischen Briefe« den »ersten« genannt, der die moderne Staatsverfassung als »durchaus kunstfeindlich erkannte und bezeichnete«; X,121.) Wagner hebt hervor, daß der Staat als »Zweckmäßigkeitsorganisation« ein spätabsolutistisches Produkt ist. Er denkt vor allem an den von Friedrich dem Großen geschaffenen preußischen Staat, dessen Tendenzen und Folgen im »modernen französischen Kaiserstaat« am schärfsten ausgeprägt seien. »Nach dem Erlöschen des reichsständischen Lebens war nichts als der auf dem Territorialbesitz gegründete Patriarchalstaat übriggeblieben: dem Lande eine solche Verwaltung zu geben, daß es als bloßes bevölkertes Territorium den möglichsten Ertrag abwürfe, war die Aufgabe der Regierung.« (VIII,104.) In der bayerischen Monarchie sei nun eine Tendenz zur »Veredelung der Staatstendenz« erkennbar, die sich in einem tieferen Verständnis der »idealen Bedeutung des Königtums« (VIII,105) zeige. Die Idealität des Königtums ist für Wagner nun die alleinige Garantie der Theaterreform, überhaupt der Möglichkeit, die Kunst ihrer wahren Bestimmung entgegenzuführen, welche jenseits des »Nützlichkeitszweckgesetzes« (VIII,114) der modernen Gesellschaft, also des Prinzips des Warenmarkts, liegt; solange sie diesem unterworfen bleibt, ist die Kunst sich selbst entfremdet.

»Die wahre Bedeutung des Königtums drückt sich in dem der Krone allein zustehenden Rechte der Begnadigung aus.« Durch die Ausnahmeerscheinung der Gnade ist der König »von dem den ganzen Staat bindenden Zweckmäßigkeitsgesetze entbunden [...]. Er stellt somit das dem Staate einzig erkenntliche und allen seinen Tendenzen vorschwebende Ideal der erreichten negativen Freiheit dar« (VIII,106 f.). Aus dem »Recht der Gnade« als dem »Typus« der Wirksamkeit des Königs im und über dem Staat deduziert Wagner die Idee eines Ordens an der Spitze der Gesellschaft. Die königliche Gnade verleiht nicht mehr nur Orden, sondern schafft einen »wirklichen Ordenskörper« als eine »vom gemeinen Nützlichkeitsgesetz durch ordenspflichtige Aufopferung eximierte Körperschaft« (VIII,108 ff.).

Wer aber soll zum »Stand des Eximierten« als des »Stands der Gnade« (VIII,114) gehören? Wagner glaubt, daß in ihm vor allem der Adel eine seiner Tradition angemessene soziale Existenz führen könnte, durch die seine restaurativen Ambitionen aufgefangen würden. Auf diese Weise »wäre Deutschland durch die Erhaltung eines jetzt fast überflüssig, ja schädlich dünkenden Standes eine unermeßlich wohltätig wirksame geistige Charaktermacht gewonnen«. Wagner erinnert daran, daß das traditionelle Standesethos des Adels die Erwerbstätigkeit ausschließt. Noch im vorangegangenen Jahrhundert galt das Derogationsprinzip, demzufolge seinen Adel verlor, wer sich kommerziell betätigte. Umgekehrt verzichtete der nobilitierte Bourgeois auf seine bisherige wirtschaftliche Aktivität. »Der reich gewordene Financier«, stellt Wagner in seinem historischen Rückblick fest, »der nun sein nutzenbringendes Geschäft nicht mehr fortzuführen nötig hat und dafür auf den reinen Genuß seines Reichtums und der ihm dadurch ermöglichten Muße ausgeht, sucht hierfür im Adelstitel gewissermaßen eine sogar zur Aufgabe des Geschäfts nötigende Autorisation« (VIII,113). Das herkömmliche Wertsystem des Adels perhorresziert die produktive Tätigkeit zum Zweck des Kapitalerwerbs. Sein »Wahrzeichen« ist das Otium cum dignitate bzw. eine

Tätigkeit, die sich »auf solche erhöhete Zwecke richtet, welche der rein bürgerlichen und selbst der staatsbeamtlichen Tendenz fernliegen müssen«. (Diese historisch an sich zutreffenden Bemerkungen Wagners gelten freilich mehr für den vorrevolutionären französischen als für den deutschen Adel. Im Staat Friedrichs des Großen z. B. galt es für den Geburtsadel durchaus nicht als ständisch disqualifizierend, in die Staatsbeamtenschaft einzutreten.) Durch die von Wagner beschriebene Werthaltung tritt der Adel »von selbst in die von uns bezeichnete eigentliche Sphäre der königlichen Gnade« (VIII,113).

Wagner leitet aus der Funktionslosigkeit des Adels im modernen Staat (infolge der Liquidierung seiner Privilegien) geradezu seine historische Chance her, die traditionelle Lebensform fortzusetzen, deren Stigma die »Exemtion vom gemeinen Nützlichkeitszweckgesetz« ist. Das diesem Stande bereits abgenötigte »Aufgeben seiner bürgerlichen Vorrechte« wäre gewissermaßen »das bei jedem Ordensgelübde unerläßliche Opfer«, durch das er sich das Recht jener Exemtion sicherte. Dem aufgrund seines Reichtums in den Orden Aufgenommenen würde diese Auszeichnung durch die königliche Gnade zur »Aufmunterung« dienen, seinen materiellen Besitz den höheren, idealen Aufgaben der Gemeinschaft zuzuwenden (VIII,114).

Der König und der durch seine Gnade konstituierte Stand der Eximierten repräsentieren und fördern die »ideale« Tendenz des Gemeinwesens gegenüber seiner »realistischen«, das »Schöne« gegenüber dem »Nützlichkeitszweck« (VIII,110.118 f.), sie verkörpern gewissermaßen den »ästhetischen Staat« im Sinne Schillers, der sich über die Welt des Zwangs und Nutzens erhebt; oder sie bilden jene »Klasse von Menschen«, die am Ende der Abhandlung *Über naive und sentimentalische Dichtung* (1795/96) von Schiller als der ideale Träger der ästhetischen Bildung beschrieben wird: es ist eine Klasse, »welche, ohne zu arbeiten, tätig ist«, d. h. handelt, ohne erwerbstätig zu sein,

> »welche alle Realitäten des Lebens mit den wenigstmöglichen Schranken desselben in sich vereiniget und vom Strome der Begebenheiten getragen wird, ohne der Raub derselben zu werden. Nur eine solche Klasse kann das schöne Ganze menschlicher Natur, welches durch jede Arbeit augenblicklich und durch ein arbeitendes Leben anhaltend zerstört wird, aufbewahren [...].«[12]

Schiller stellt hier ähnlich wie Wagner eine neue Art von Adel vor, wie überhaupt die ästhetische Restitution gewisser aristokratischer Grundwerte ein Konstituens des Gesellschaftsideals der Weimarer Klassik gewesen ist.[13] Wagner, der *Über naive und sentimentalische Dichtung* immer wieder gelesen und zitiert hat, ist die Verbindung zwischen seinen und Schillers gesellschaftsutopischen Ideen gewiß bewußt gewesen.

Es ist aufschlußreich, Wagners Ordensidee mit seiner Dresdener Rede *Wie verhalten sich republikanische Bestrebungen dem Königtume gegenüber?* aus dem Jahre 1848 zu konfrontieren. Dort hatte er noch »das Ziel fest ins Auge« gefaßt, »den Untergang auch des letzten Schimmers von Aristokratismus« herbeizuführen.

> »Sind unsre Herren von Adel keine Feudalherren mehr, die uns knechten und schinden konnten, wie sie Lust hatten, so sollen sie, um alles Ärgernis zu verwischen, auch den letzten Rest einer Auszeichnung aufgeben, die ihnen an einem hitzigen Tage leicht zu einem Nessusgewande werden könnte, das sie bis auf die Knochen verbrennt, wenn sie es nicht beizeiten weit von sich geworfen haben würden.« (XII,220.)

Ein integrierender Bestandteil der »Emanzipation des Menschengeschlechts« soll die »Emanzipation des Königtums« vom Adel, vom »Hofe der müßigen Adelsversorgung« sein. Der König würde, dergestalt unmittelbar ans Volk gebunden, »der erste und allerechteste Republikaner« (XII,223 ff.). Im Traktat *Deutsche Kunst und Deutsche Politik* tritt nun an die Stelle der Liquidierung des Adels dessen ästhetische Umfunktionierung; diese verhindert vermeintlich nicht die unmittelbare Verbindung des Monarchen mit dem Volk. Das Ideal eines Volkskönigtums bleibt also erhalten. Gemeinsam mit dem König soll der Stand der Eximierten durch Aufhebung des kommerziellen Routinetheaters die Wiedergeburt des Dramas »aus dem eigentlichen Volksgeiste« (VIII,65) herbeiführen.

Zur vollkommenen Gestalt des Theaters ist die »Verminderung der Anzahl der theatralischen Vorstellungen« erforderlich, die dem Prinzip des kontinuierlichen (Kunst-)Warenverkehrs natürlich widerstreitet. Zu der von Wagner erstrebten beispielhaften Wirkung des Dramas

> »ist auf dem Wege des täglichen Verkehres zwischen Theater und Publikum, namentlich auf der Basis der Erwerbsinteressen, unmöglich zu gelangen [...]. Dieses Beispiel kann nur auf einem von den Bedürfnissen und Nötigungen des alltäglichen Theaterverkehres gänzlich eximierten Boden gegeben werden, auf dem Boden, welcher nur in der Sphäre der in einem großen Sinne von uns gedeuteten königlichen Gnade liegen kann. Bedingung hierfür ist die Außerordentlichkeit in allem und jedem, wie sie in erster Linie nur durch größere Seltenheit gewährleistet werden kann. [...] Die gewerbliche Tendenz im Verkehre zwischen Publikum und Theater wäre hier vollständig aufgehoben: der Zuschauer würde nicht mehr von dem Bedürfnisse der Zerstreuung nach der Tagesanspannung, sondern dem der Sammlung nach der Zerstreuung eines selten wiederkehrenden Festtages geleitet, in den von seinem gewohnten allabendlichen Zufluchtsorte für theatralische Unterhaltung abgelegenen, eigens nur dem Zwecke dieser außerordentlichen, eximierten Aufführungen sich erschließenden, besonderen Kunstbau eintreten, um hier seiner höchsten Zwecke willen die Mühe des Lebens in einem edelsten Sinne zu vergessen.« (VIII,121 ff.)

Das Theater übernimmt als Bauwerk und Veranstaltung die Funktion des antiken Tempels und des religiösen Festes. Wie der Tempel – der Etymologie des Wortes nach: das ›Ausgeschnittene‹ – der aus einer durch Acker und Siedlung genutzten Bodenfläche ausgesonderte und als Eigentum der Götter eingehegte Flächenraum ist, so schneidet das Fest einen bestimmten, der Nutzung entzogenen Zeitraum aus der werktäglich verwendeten Zeit heraus.

In Wagners Festtheater (er hat hier natürlich noch das Münchener Festspielhaus-Projekt Sempers von 1864 vor Augen) werden Tempel und Kult ästhetisch aufgehoben, heiliger Raum und heilige Zeit vor dem Despotismus des »Nützlichkeitszweckgesetzes« in die Kunst gerettet, welcher es dem Traktat *Religion und Kunst* (1880) zufolge überhaupt vorbehalten ist, »den Kern der Religion zu retten« (X,211). In der schließlich zu Bayreuth verwirklichten Festspielidee gipfeln die Tendenzen der Kunstreligion, wie sie sich in der Ästhetik sowie in der Theater- und Museumsarchitektur seit der zweiten Hälfte des 18. Jahrhunderts mehr und mehr durchgesetzt haben. Selten freilich ist diese Kunstreligiosität, wie problematisch sie ihrer Idee und vor allem ihren Wirkungen nach auch sein mag, mit einem solchen gesellschaftskritischen Aufwand begründet worden wie bei Wagner: in Opposition gegen eine vom Marktprinzip beherrschte Gesellschaft, gegen die vernutzte Zeit und die Angleichung auch vermeintlich ›unschätzbarer‹ Güter an den Seriencharakter der (vom Tauschwert her stets schätzbaren) Warenform.

Deutsche Kunst und Deutsche Politik erschien 1867 als Artikelserie in der halboffiziösen *Süddeutschen Presse*. Die beiden letzten der fünfzehn Artikel, die Wagners Theaterutopie enthalten, blieben der Öffentlichkeit jedoch vorerst unbekannt, da nach der dreizehnten Folge die weitere Veröffentlichung der (vom König anfänglich mit Begeisterung aufgenommenen) Artikel verboten wurde. Kein Zweifel, Wagners politisch-kulturelle Kritik, die ja immer noch deutliche Spuren der Positionen von 1848 zeigt, aber auch die merkwürdige Ordensutopie enthielten zu viel politischen Zündstoff, als daß ihr Abdruck in einem staatlich geförderten, vom König subventionierten Presseorgan widerspruchslos hingenommen werden konnte. Wagners politisch-ästhetische Artikel ließen sich nicht als unverbindliche Zukunftsträume ›genießen‹, denn der utopische Fernblick wechselt hier immer wieder mit einem auf die konkrete zeitgeschichtliche Situation bezogenen Nahblick.[14] Dieser Wechsel der Blickrichtung – die Verbindung einer die Gegenwart überfliegenden Idealschau mit konkreten Verbesserungsvorschlägen, denen man sich nicht einfach als unverbindlichen Träumereien entziehen konnte – prägt alle Reformprojekte Wagners. Das ist einer der Hauptgründe für ihre unerhört provozierende Wirkung auf die Zeitgenossen.

2. Ein Theater im Winkel – Wagners Reformprojekte und der »deutsche Geist«

> »Wenn aber irgendwo ein öffentlicher Zustand durch politischen Fleiß und Glück gelungen ist und seine Genossen zufrieden macht, so läßt die Frage nach volksmäßigen Spielen, welche die entscheidenden Momente des Gelingens kunstgerecht fixieren und das Gewordene, von der Schwere der Not und Sorge befreit, noch einmal werden lassen in schöner Beschaulichkeit, nie lange auf sich warten.«
> Gottfried Keller, *Am Mythenstein*.

»In Deutschland ist wahrhaftig nur der ›Winkel‹, nicht aber die große Hauptstadt produktiv gewesen«, schreibt Wagner 1878 in seiner Einführung zum ersten Stück der *Bayreuther Blätter* (X,22). Bereits in seinem frühen Feuilleton *Über deutsche Musik* (1840) hat er dem französischen Publikum verständlich zu machen versucht, daß »das wahrhaft Eigentümliche des Deutschen« in gewissem Sinne »immer provinzial« bleibe. Der Komponist, »der seine Werke in Berlin aufführte«, bleibe »schon deswegen in Wien oder München gänzlich unbekannt« (I,153). (Daß das nicht einmal eine Übertreibung ist, wird die Rezeption des *Rienzi* in den nächsten Jahren zeigen: der spektakuläre Erfolg des Werks bleibt in der Tat auf Dresden beschränkt.)

Die Werke der deutschen Komponisten sind also, sofern es letzteren nicht gelingt, »vom Ausland aus auf das gesamte Deutschland zu wirken«, immer »Provinzialerzeugnisse«. Zumal dem Opernkomponisten bleibt die »höhere Öffentlichkeit« durch die »politische Einrichtung« Deutschlands verschlossen. Wagner stimmt hier das alte Klagelied über die ›Misere‹ der kleinstaatlichen Zersplitterung Deutschlands an, über den »Mangel an Zentralisation«, aufgrund dessen »nie ein großes Nationalmusikwerk zum Vorschein kommen wird«. Freilich sieht er in dem durchweg ›provinzialen‹ Charakter der deutschen Musik auch einen Vorteil:

> »Dieser Mangel an Zentralisation [...] ist nichtsdestoweniger der Grund, daß die Musik bei den Deutschen einen so innigen und wahren Charakter durchaus erhalten hat. Eben weil es z. B. an einem großen Hofe fehlt, der alles um sich versammelte, was Deutschland an künstlerischen Kräften besitzt, um diese vereint nach einer Richtung zum höchsterreichbaren Ziele zu treiben – eben deshalb finden wir, daß jede Provinz ihre Künstler aufzuweisen hat, die selbständig ihre teure Kunst pflegen. Die Folge ist also die allgemeine Verbreitung der Musik bis in die unscheinbarsten Ortschaften, bis in die niedrigsten Hütten.« (I,153.)

Paradoxerweise scheint es zudem gerade diese Provinzialität und die in ihr gründende Verinnerlichung der deutschen Musik zu sein, die ihre Weltbedeutung erklärt. Sie hat gewissermaßen über die Nation hinweg eine Brücke von der Provinz zur Welt geschlagen.

Das Paradigma provinzial-welthaltiger Kultur ist für Wagner die Weimarer Klassik Goethes und Schillers gewesen, das »Weimarische Wunder«, wie er selbst sagt (VIII,38). Schon Goethe hat auf die zugleich paradoxe und symbolische Situation, ja die ›Erwählung‹ Weimars – trotz oder gerade wegen seiner Kleinheit, seines politischen Mindergewichts – hingewiesen: »O Weimar! dir fiel ein besonder Los: / Wie Bethlehem in Juda, klein und groß!« (*Auf Miedings Tod*, 1782.)[15] Provinzialität und Weltbürgerlichkeit treten hier zusammen. (Es sei an Goethes Idee der »Weltliteratur« erinnert.) Die Verschwisterung jener Extreme ist oft als das Stigma des deutschen Künstlers überhaupt bezeichnet worden. Die Verbindung von »Kosmopolitismus und Provinzialismus« sei eines der prägenden Merkmale des »deutschen Wesens«, heißt es in Thomas Manns Essay *Deutschland und die Deutschen* (1945).[16] Im »Leben des deutschen Tonsetzers Adrian Leverkühn« hat er jene Verbindung (des »Provinzialismus von Kaisersaschern« und eines »ausgesprochenen Gesinnungskosmopolitismus«, wie es in Kapitel XX des *Doktor Faustus* heißt) als paradigmatisch für den Charakter des deutschen Komponisten dargestellt. Wie sehr sie auch Thomas Manns eigenen Schriftstellercharakter prägt, bekundet seine Huldigungsrede auf seine Vaterstadt: *Lübeck als geistige Lebensform* (1926).

Im 15. Buch von *Dichtung und Wahrheit* (1814) hat Goethe unter Berufung auf Justus Mösers *Patriotische Phantasien* (1774–78) bemerkt, die »Menge kleiner Staaten« in Deutschland zeuge nicht von »Zersplitterung, Anarchie und Ohnmacht«, sondern sei »höchst erwünscht zu Ausbreitung der Kultur im einzelnen, nach den Bedürfnissen, welche aus der Lage und Beschaffenheit der verschiedenen Provinzen hervorgehn«.[17] In ähnlichem Sinn äußert Goethe sich noch im Gespräch mit Eckermann vom 23. Oktober 1828: er hält zwar die »Einheit Deutschlands« im Hinblick auf Außenpolitik, Währung, Handel, Verkehr usw. für wünschenswert, von einem zentralistischen Einheitsstaat »mit einer einzigen großen Residenz« will er jedoch mit Rücksicht auf eine alle Provinzen erfassende »Kultur« nichts wissen. Freilich hat er auch die Nachteile nicht verschwiegen, die das Fehlen eines »Mittelpunkts gesellschaftlicher Lebensbildung« zur Folge hat. Wo eine »allgemeine Nationalkultur« fehlt, schreibt er in seinem Aufsatz *Literarischer Sansculottismus* (1795), können »klassische Werke« kaum entstehen.[18]

Diese ambivalente Wertung der deutschen Kleinstaaterei vom Standpunkt der Kunst aus kehrt mit ähnlichen Formulierungen bei Wagner wieder. Eine Theater- und

Kulturreform hält er aus den genannten historisch-politischen Gründen nur vom »Winkel« aus für erreichbar. Fast hätte er die Möglichkeit gehabt, in Verbindung mit Franz Liszt das »Weimarische Wunder« am gleichen Orte zu wiederholen. Wenn sich diese Illusion schließlich auch zerschlagen hat, ist für Wagner Weimar – die Verwirklichung einer Weltkunst im Rahmen der Provinz, geschützt und gefördert von einem fürstlichen Mäzen, der ihr materielle und geistige Unabhängigkeit sichert – ein kulturpolitisch-ästhetisches Ideal und noch ein Modell seines Bayreuther Festspielunternehmens geblieben. – Als Franz Liszt 1842 zum weimarischen »Hofkapellmeister in außerordentlichen Diensten« ernannt wurde und 1848 ganz nach Weimar übersiedelte, suchte er unmittelbar an die große literarische Tradition der Residenz anzuknüpfen. Das zeigen vor allem seine im Zusammenhang mit den Säkularfeiern 1849 und 1859 entstandenen symphonischen Dichtungen und Chorkompositionen zu Werken Goethes und Schillers sowie die 1850 geplante »Goethe-Stiftung«. Diese sollte Weimar erneut zur Kunstmetropole machen, ihm nach Liszts Worten seinen Ruf eines »Neu-Athen« erhalten und »einen zentralisierenden Einfluß auf dem Gebiete der Literatur und der Künste«, mithin »einen Charakter deutscher Einheit« sichern.[19] Dieser »Goethe-Stiftung« gilt der im vorhergehenden Kapitel erörterte reformtheoretische Brief Wagners aus dem Jahre 1851.

Man hat die Ära Liszt als das Silberne Zeitalter Weimars bezeichnet. »Zu einer bestimmten Zeit«, schreibt er selbst in seinem von Resignation geprägten Testament vom 14. September 1860, »hatte ich für Weimar eine neue Kunstepoche geträumt, ähnlich der von Carl August, wo Wagner und ich die Führer gewesen wären, wie einst Goethe und Schiller [...].«[20] Zehn Jahre zuvor hat Liszt in Weimar die »romantische Oper« *Lohengrin* uraufgeführt. Gérard de Nerval bemerkt zu diesem Ereignis, es habe »ganz den Bemühungen des jetzigen Großherzogs« entsprochen, »in Weimar jenes Erbe an Kunstgesinnung zu wahren, die dieser Stadt zu dem Namen ›das Athen Deutschlands‹ verholfen hat«.[21] Und Wagner selbst schreibt am 24. Dezember 1850 aus Zürich an Liszt: »Wahrlich, teurer Freund, Du hast aus diesem kleinen Weimar für mich einen Feuerherd des Ruhms gemacht [...].« Nicht nur künstlerisch, auch finanziell ist Wagner während der Emigrationsjahre von Weimar aus unterstützt worden, ja der Großherzog Carl Alexander hat sich persönlich für seine Begnadigung eingesetzt. (Er gehörte übrigens auch zu den Besuchern der ersten Bayreuther Festspiele.) Es hat nicht viel gefehlt, und die Goethe-Stadt Weimar wäre auch zur Wagner-Stadt geworden.

An fast allen Stätten seines Wirkens hat Wagner Theaterreformpläne entwickelt, die weitgespannte Zukunftsvisionen mit den provinzialen Gegebenheiten vermitteln. Der Weltverbesserer Wagner wartet immer mit detaillierten Organisationsvorschlägen auf, um nur ja nicht in den Verdacht zu geraten, er beschreibe ein bloßes Utopia. Daß dieser zugleich utopische und praktisch-gegenwartsbezogene Elan Wagners in Bayreuth schließlich zum Erfolg geführt hat, ist von den Zeitgenossen, die den Theoretiker Wagner für einen realitätsfernen Abenteurer hielten, mit ungläubigem Erstaunen aufgenommen worden und gehört gewiß zu den frappierendsten Tatsachen der neueren Kulturgeschichte. In seinem *Bericht an Seine Majestät den König Ludwig II. von Bayern über eine in München zu errichtende deutsche Musikschule* (1865) hat Wagner die einheitliche Intention seiner diversen Reformprojekte folgendermaßen beschrieben:

»Außerdem habe ich an den Orten, an denen ich wirkte oder auch nur längere Zeit mich aufhielt, wiederholt mich bemüht, mit besonderer Beachtung der lokalen Gegebenheiten auf den Weg der Reform hinzuweisen, und zwar mit genauem Eingehen auf diese lokalen Gegebenheiten, indem ich mit bestimmten praktischen Angaben nachwies, wie aus ihnen das nötige Gute für das Gedeihen der Kunstpflege zu entwickeln sei.« (VIII,175.)

Wagner verweist zumal auf seinen *Entwurf zur Organisation eines deutschen National- theaters für das Königreich Sachsen* (1848), den Aufsatz *Ein Theater in Zürich* (1851), den bereits referierten *Brief an Franz Liszt über die »Goethe-Stiftung«* (1851), das Projekt *Das Wiener Hof-Operntheater* (1863) und schließlich mit besonderer Genug- tuung auf sein *Vorwort zur Herausgabe der Dichtung des Bühnenfestspiels »Der Ring des Nibelungen«* (1862), das sich an einen unbekannten deutschen Fürsten wendet: ihm schlägt er vor, das projektierte Festtheater für die Tetralogie zu realisieren. Seine Frage am Ende jenes Vorworts, die als verdeckt rhetorische im Grunde ein resigniertes Nein einschloß: »Wird dieser Fürst sich finden?« (VI,281), hat nun durch Ludwig II. eine Antwort erhalten, auf die Wagner nicht zu hoffen wagte.

Der kulturhistorisch interessanteste jener Reformpläne ist wohl das Projekt *Ein Thea- ter in Zürich*, das sich als einziges auf eine bestehende Volkstheatertradition stützen kann, also den Nährboden des ›Volksgeistes‹, aus dem nach Wagner alle lebendige Dramatik hervorgeht, nicht synthetisch herstellen muß. Der Züricher Plan findet ein merkwürdiges Pendant in Gottfried Kellers Aufsatz *Am Mythenstein* (1861), der sich an einer Stelle ausdrücklich auf Wagner bezieht, dessen Reformschriften Keller genau studiert hat.
Keller gehörte zu Wagners Freundeskreis während der Emigrationsjahre in der Schweiz. Daß die wechselseitigen Beziehungen nicht von ungetrübter Sympathie und Hochschätzung geprägt waren, zeigen auf seiten Wagners die herablassenden Äußerun- gen in *Mein Leben*. Keller erscheint hier als ein Schriftsteller von zwar »sehr originellen Anlagen«, aber mit geringer Begabung, sie zur künstlerischen Entfaltung zu bringen (ML 543). Keller seinerseits hat ebenfalls nicht mit spöttisch-herablassenden Äußerun- gen über Wagner gespart. Erinnert sei an den zum festen Zitatrepertoire aller Anti- wagnerianer gehörenden Brief an Ferdinand Freiligrath vom 30. April 1857, in dem Wagner als »ein sehr begabter Mensch, aber auch etwas Friseur und Charlatan« bezeichnet wird. (Der Kontext des Briefes zeigt freilich, daß diese Äußerung als übermütiger Scherz gemeint ist.)[22] Kein Zweifel, daß Keller Wagners Theorie und Dichtung als bedeutende Herausforderung ernst genommen hat. Die konzise Hand- lung des *Tristan* hat er ebenso bewundert (ML 568) wie die Konzeption der *Nibelun- gen*-Tetralogie. »Sie werden finden«, schreibt er am 16. April 1856 an Hermann Hettner, »daß eine gewaltige Poesie, urdeutsch, aber von antik-tragischem Geiste geläutert, darin weht.«[23] Fünf Tage danach bemerkte er in einem Brief an Ludmilla Assing, diese »glut- und blütenvolle Dichtung« habe »einen viel tieferen Eindruck auf mich gemacht als alle anderen poetischen Bücher, die ich seit langem gelesen«.[24] Diese Äußerungen werden von Keller allerdings fünf Jahre später im Aufsatz *Am Mythen- stein* deutlich relativiert; hier heißt es:

»Richard Wagner hat den Versuch gemacht, eine Poesie zu seinen Zwecken selbst zu schaffen, allein ohne aus der Schrulle der zerhackten Verschen herauszukommen, und seine Sprache, so poetisch und großartig sein Griff in die deutsche Vorwelt und seine Intentionen sind, ist in

ihrem archaistischen Getändel nicht geeignet, das Bewußtsein der Gegenwart oder gar der Zukunft zu umkleiden, sondern sie gehört der Vergangenheit an.«[25]
Während Keller sich in späteren Jahren von Wagner mehr und mehr distanziert hat, ist diesem der außerordentliche künstlerische Rang des einstigen Züricher Freundes im Alter voll zu Bewußtsein gekommen. Als er am 16. Januar 1879 in den *Züricher Novellen* liest, gesteht er Cosima anschließend: »Ich habe eine der angenehmsten Stunden meines Lebens zugebracht.« Und am nächsten Tag spielt er Keller gegen seine komponierenden Zeitgenossen aus: »O wenn ich so etwas von einem Mitlebenden in der Musik erführe!« (CT II,293.) Die Lektüre des *Verlornen Lachens* einige Monate später erschüttert ihn so, daß er bemerkt, die Novelle enthalte Züge, die »selbst bei den allergrößten Dichtern wie Schiller und Goethe« nur selten zu finden seien (CT II,436). Ähnliche Äußerungen wiederholen sich in den Gesprächen der letzten Jahre. Wagner hat wohl keinen Schriftsteller des 19. Jahrhunderts, sieht man einmal von dem über alles bewunderten Balzac ab, so emphatisch gewürdigt wie Keller, wenn es ihm auch schwergefallen ist, dessen Werk mit der in seiner Erinnerung offenbar etwas dürftigen Person des Dichters in Verbindung zu bringen. (»Wenn er einmal sprach und etwas Gutes sagte, da kam es wie Kartoffeln aus einem Sack heraus«; CT II,294.) Obwohl Keller selbst die dramatische Begabung fehlte, stand das Theater doch im Mittelpunkt seines ästhetischen Interesses. In seinem Aufsatz *Am Mythenstein* entwirft er, angeregt durch die Schillerfeier an jenem Naturdenkmal des Vierwaldstätter Sees, ein »soziales Gesamtkunstwerk« (Adolf Muschg)[26], das unverkennbar ein Gegenprojekt zu Wagners *Kunstwerk der Zukunft* (1849) sein soll.[27] Diese Reformschrift war Keller ebenso bekannt wie *Ein Theater in Zürich*. Mit dem letztgenannten »Schriftchen« erklärt er sich in einem Brief an Wilhelm Baumgartner vom September 1851 sogar »ganz einverstanden«, fühlt sich dadurch »mit Freuden« in seinen eigenen Hoffnungen und Ideen bestärkt; er verwirft nur die »letzten Konsequenzen von Wagners Ideen über die Kunst der Zukunft«, d. h. den Gedanken, daß das dramatische Gesamtkunstwerk – wie es auch Keller erstrebt – die einzelnen Kunstarten für immer aufhebe.[28] Warum Keller Wagners Züricher Projekt im Unterschied zu dessen genereller Theaterutopie durchaus gebilligt hat, liegt eben daran, daß Wagner hier von den konkreten provinzialen, volkstümlichen Traditionen ausgeht, die nach Keller zum Wesen des Mythos gehören[29] – wohingegen sich Volk und Mythos bei Wagner sonst meist zur raum- und zeitlosen Idee verflüchtigen, eine bloße ideologisch-ästhetische Konstruktion bleiben.
Während Wagners Kunstwelt von der Publikumswirklichkeit zunächst geschieden bleibt, also von der Bühne her eine ästhetische Öffentlichkeit erst zu bilden ist, soll das dramatische Festspiel Kellers unmittelbar aus dem republikanischen Gemeingeist hervorwachsen. Volk und Kunstwerk werden eins, die Wirklichkeit, das bürgerliche Ganze selbst stellt sich gewissermaßen als Gesamtkunstwerk dar. Die Mythenstein-Utopie bildet das theoretische Pendant zur farbigen Schilderung des Tell-Spiels im *Grünen Heinrich*, wo nicht nur die Bürgerschaft, wo Stadt und Land, Gebäude und Plätze, Flüsse, Wiesen und Wege mitspielen. Das hier episch beschworene Natur- und Volkstheater wird im Aufsatz *Am Mythenstein* zur politisch-ästhetischen Utopie monumentalisiert. Unter dem Eindruck der eidgenössischen Turn-, Sänger- und Schützenfeste dieser Jahre, in denen sich der demokratische Gemeingeist manifestiert, sieht Keller das Schillerfest nach den Worten von Adolf Muschg

»als Nukleus einer Festivität im nationalen Maßstab, einer durch Laienchöre und Spieltruppen getragenen, in alle Landesgegenden fortzupflanzenden Einübung der Bürger ins Festliche der eigenen Existenz; einer allmählichen Verwandlung der Schiller-Landschaft beim Rütli in eine nationale Festwiese, wo Arbeit- und Feierkleid aus *einem* Stoff geschnitten sein sollen. Es soll ein Gesamtkunstwerk sein, die kühne Übersetzung einer romantischen Utopie ins Republikanische, der Wagnerschen Zukunftsmusik wohl verwandt, aber mit ihr nicht zu verwechseln. Wenn die Wendung von der ›progressiven Universalpoesie‹ jemals in schweizerischem Mund beim Wort genommen wurde – mit politischer Betonung auch des Beiworts –, dann hier.«[30]

Wer bei Wagner ein adäquates Gegenstück zu dieser Vision sucht, wird es weniger in seinen theoretischen Schriften als in der Schlußszene der *Meistersinger* finden. Hier wird einmal das Fest wirklich zum spontanen volkstümlichen Gesamtkunstwerk, in das die musikalisch-poetische Schöpfung des genialen Einzelnen (Preislied) integriert ist. Kein Zweifel, daß die Festwiesenszene Wagners ästhetisches Idealziel antizipiert. Seine eigene Festspielkonzeption ist von diesem Idealziel freilich noch weit entfernt, bleibt auf die gegenwärtige, praktische Realisation bezogen. Vor dem Hintergrund einer kunstwidrigen Öffentlichkeit läßt sich das Fest nur von der Bühne her synthetisch schaffen; nicht mehr das Fest bringt das Drama, sondern das Drama das Fest hervor. Daher grenzt sich die Bühne durch eine ideale Scheidewand von der ins Dunkel des Zuschauerraums gehüllten Realität ab, wird also nicht wie im alten Volks- und Festtheater in deren Mitte offen aufgeschlagen.

Das folgende Kapitel soll freilich zeigen, daß es in Wagners Schriften die viel zu wenig beachtete Konzeption einer alternativen Form des Theaters gibt, deren Realisierung er sich selbst versagte, aber der zukünftigen dramatischen Kunst doch deutlich vorgezeichnet hat. Es ist ein Theater, das unmittelbar aus der volkstümlichen mimischen Improvisationskunst hervorgeht und eine scheidende Grenze zwischen Bühne und Publikum noch nicht (oder nicht mehr) kennt. Dieses widerspruchsvolle Nebeneinander zweier Theaterkonzeptionen ist im Auge zu behalten, wenn man den ganzen Wagner fassen will.

Kellers Utopie *Am Mythenstein* bleibt übrigens nicht bei der Beschwörung eines kollektiven Kunstfestes stehen, sondern beschreibt dasselbe als Nährboden einer neuen, individuell-aristokratischen Kunst: einer Wiedergeburt der griechischen Tragödie. Eines Tages wird das Bedürfnis entstehen, »ein bleibendes monumentales Gebäude zu errichten, welches ein solches Spiel würdig zu fassen imstande wäre«. Das Fest aller wird schließlich durch die Kunstleistung des Einzelnen verdrängt werden:

> »Aus diesem Stadium der Feste, der Blüte der Volksherrlichkeit, würde sich endlich die persönliche Meisterleistung der einzelnen sozusagen aristokratisch ausscheiden; die Menge, gesangesmüde, würde sich in passiv Genießende verwandeln, und nun erst, auf abwärtsgehender Linie, würde sich das Festgedicht in eine eigentliche Handlung verdichten, die Soli und Halbchöre zu rezitierenden Personen werden (zwar immer noch Leute mit mächtigen, klangvollen Stimmen), und auf dem gewaltigen Umwege wäre die Tragödie wieder da als etwas Neues und Verjüngtes, bis auch diese immer noch tüchtige Zeit vorbei wäre und der Kleinmalerei und dem täglichen Vergnügen das Feld räumte.«[31]

Die »persönliche Meisterleistung« einer neuen Tragödie erscheint also nicht als der Gipfel der Entwicklung, sondern »auf abwärtsgehender Linie«, als Produkt der Décadence, des Ermüdens der Kollektivkräfte. Die Utopie endet mit einer resignativen

Kadenz; die Bahn des geschichtlichen Fortschritts krümmt sich zum Kreise und führt zur Wiederkehr des Gleichen.

Wagners Projekt geht von einem wesentlich anderen Ansatz aus, nämlich von der Kritik der gegenwärtigen Theatersituation, insbesondere der »Großen Oper«. Dem »theatralischen Paris« als dem »einzigen wirklichen Produktor unserer modernen dramatischen Literatur« (V,25) setzt Wagner ein Theater entgegen, das sich, anders als das bestehende Züricher Institut, auf die lokalen volkstümlichen Traditionen des Schauspiels besinnt. Eine in ihnen gründende dramatische Kunst soll die Übermacht der modernen »Oper«, die für Wagner nichts als die Sumpfblume der großstädtischen, namentlich der französischen Zivilisation ist, wirksam untergraben. An dieser Stelle seiner Argumentation begegnet Wagner sich nun mit Keller. Auch dieser verwirft – mit Formulierungen, die er teilweise wohl von Wagner übernommen hat – das zeitgenössische Routinetheater, das der »künftigen Volksbühne nichts abgeben« könne »als ausrangierte Kleider, eine grundverfälschte Deklamation und sonstige schlechte Sitten«. Die folgenden Sätze könnten von Stil und Inhalt her ohne weiteres auch in einer Abhandlung Wagners stehen, berühren sie doch den Angelpunkt seiner Theorie des Theaters:

> »Ein Theater, das jahraus, jahrein wöchentlich siebenmal geöffnet ist, entbehrt jeder Feierlichkeit, das Festliche ist zum gemeinen Zeitmord herabgesunken. Die Unmäßigkeit im Theatergenuß hat ein eigenes Publikum geschaffen, welches einem Volke gleicht wie eine Katze einem Löwen und, obgleich mit stumpfem Ekel erfüllt, dennoch hungerhohl verschlingt, was ihm in unseliger Hast täglich neu geboten wird.«[32]

Im Geiste der gleichen nationalen und lokalen Einrichtungen, auf die Keller seine Hoffnungen setzt, sucht auch Wagner das Theater zu erneuern. Er verweist auf die öffentlichen »Turnwettspiele«, die »weite Ausbreitung der Gesangvereine« und vor allem auf die »fortgeerbte uralte Volkssitte« dramatischer Darstellungen bei städtischen und ländlichen Festen:

> »Bei heiteren wie ernsteren Anlässen zu einer öffentlichen Feier greift man ganz von selbst [...] zur Anordnung von Festzügen in charakteristischen Trachten: Darstellungen aus dem Volksleben oder aus der Geschichte, mit großer Treue und sprechender Natürlichkeit ausgeführt, bilden den Hauptbestandteil dieser Aufzüge. Noch entschiedener tritt die Richtung auf das Dramatische in der öffentlichen Volksbildung da hervor, wo in ländlichen Gemeinden von der Jugend sowohl wie vom gereifteren Alter geradesweges Schauspiele aufgeführt werden.« (V,47.)

Wagner verweist darauf, daß die Volkstradition sich hier bereits mit dem Kunstdrama berührt. Die ländliche Aufführung von Schillers *Wilhelm Tell*, wie sie in Kellers *Grünem Heinrich* wiedergegeben wird, ist dafür das anschaulichste Beispiel.

Ein institutionell in den lokalen Traditionen verankertes Theater würde aufhören, eine »industrielle Anstalt zu sein, die um des Gelderwerbs willen ihre Leistungen so oft und dringend wie möglich ausbietet; vielleicht würde das Theater dann den höchsten und gemeinsamsten gesellschaftlichen Berührungspunkt eines öffentlichen Kunstverkehres ausmachen« (V,49). Wagner erwartet unter solchen Bedingungen sogar »das allmähliche Erlöschen des Schauspielerstandes als einer besonderen, von unserem bürgerlichen Leben geschiedenen Kaste und sein Aufgehen in eine künstlerische Genossenschaft, an der nach Fähigkeit und Neigung mehr oder weniger die ganze bürgerliche Gesellschaft teilnimmt«. Das Erlöschen des Schauspielerstandes bedeutete die Aufhebung der Trennung von »Kunst« und »Leben«. »Wir sind dieser gesellschaftlichen Vermenschlichung der Kunst oder dieser künstlerischen Ausbildung der Gesellschaft näher, als wir glauben«; der »Beweis für diese Behauptung« sind nach Wagner die erwähnten eidgenössischen Turn-, Gesangs- und Theaterfeste (V,46 f.). Kein Zweifel, daß diese Gedanken Kellers republikanische Festspielidee unmittelbar inspiriert, ja sie im Grundsätzlichen vorweggenommen haben.

Unter den Theaterprojekten Wagners in den Jahren nach der Revolution von 1848 wirkt der Züricher Plan, rein als Gedankengebäude betrachtet, am überzeugendsten, weil Wagner hier ein Gemeinwesen vorfand, das aufgrund seiner überschaubaren Dimensionen, man möchte sagen: von seiner Polis-Struktur her (das Modell der griechischen Öffentlichkeit liegt ja, wie wir noch sehen werden, allen Reformplänen Wagners zugrunde), und nicht zuletzt wegen des in diesen Jahren sich immer wieder theatralisch-sinnfällig manifestierenden republikanischen Gemeingeistes den günstigsten Boden für ein vom Erlebnis der Revolution geprägtes Reformprojekt zu bieten schien. Der Dresdener, der Wiener und später der Münchener Plan Wagners kranken demgegenüber an ideellen Inkonsequenzen und kaum glaubwürdigen Konzessionen. Im Grunde ließ sich Wagners Idee des Theaters nur im ›Winkel‹ realisieren. In dem eingespielten, von zahllosen kommerziellen und gesellschaftlichen Faktoren abhängigen großstädtischen Theaterbetrieb mußte jene Idee notwendig aufgerieben werden.

Das ist Wagner wohl stets bewußt gewesen und findet seinen klarsten Ausdruck in seinem Vorwort zur *Ring*-Dichtung (1862), in dem das landschaftliche und gesellschaftliche Ambiente der späteren Festspiele hellsichtig vorweggenommen ist; man meint fast schon eine Beschreibung Bayreuths und seiner Umgebung zu lesen (VI,276 f.) – längst bevor Wagner auf die Idee gekommen ist, die markgräfliche Residenz zur Stätte seines dramatischen Ideals zu machen. Höchst merkwürdig übrigens, daß sich für Wagner mit dem Namen »Bayreuth« eine Reminiszenz an die Schweiz verbindet. In seinem Aufsatz *Das Bühnenfestspielhaus zu Bayreuth* (1873) verweist er auf die etymologische Verwandtschaft von »Reuth« – d. i. Rodung, Reutung, also »der Wildnis abgerungene, urbar gemachte Stätte« – mit dem Rütli der Urschweiz: »um dem Namen eine immer schönere und ehrwürdigere Bedeutung abzugewinnen« (IX,332). Die Schiller-Landschaft um das Rütli hat, wie Kellers Aufsatz *Am Mythenstein* zeigt, in den von Wagner unmittelbar miterlebten Jahren einer neuen republikanisch-nationalen Selbstbesinnung der Schweiz eine bedeutende symbolische Rolle gespielt.[33]

Im Vorwort zur *Ring*-Dichtung nennt Wagner als Bedingung für die Aufführung seiner Tetralogie die äußere und innere Distanz zum stehenden Repertoiretheater. Sie wäre in einer »der minder großen Städte Deutschlands« gewährleistet. Hier könnte man ein »außerordentliches« Publikum zusammenrufen, das mit »einem eigentlichen großstädtischen Theaterpublikum und seinen Gewohnheiten« nichts zu schaffen hätte. »Hier sollte nun ein provisorisches Theater, so einfach wie möglich, vielleicht bloß aus Holz und nur auf künstlerische Zweckmäßigkeit des Inneren berechnet, aufgerichtet werden.« (VI,273.) Den Plan eines provisorischen Theaters hat Wagner schon mehr als ein Jahrzehnt zuvor konzipiert. Im November 1851 schreibt er an Theodor Uhlig: »Die nächste Revolution muß notwendig unserer ganzen Theaterwirtschaft das Ende bringen [...]. Am Rheine schlage ich dann ein Theater auf und lade zu einem großen

dramatischen Feste ein: Nach einem Jahre Vorbereitung führe ich dann im Laufe von vier Tagen mein ganzes Werk auf.«[34]
Noch in seiner Rede zur Grundsteinlegung des Festspielhauses und der ihm gewidmeten Schrift aus dem Jahre 1873 redet Wagner von dem »provisorischen Theater«, das den Besucher etwa an die »flüchtig gezimmerten Festhallen« gemahne, »welche in deutschen Städten zuzeiten für Sänger- und ähnliche genossenschaftliche Festzusammenkünfte hergerichtet und alsbald nach den Festtagen wieder abgetragen wurden« (IX,326). In seiner »Schmucklosigkeit« (IX,326) hat dieses Theater also nichts von einem Repräsentationsbau – wenngleich Wagner nun nicht ausschließt, daß das Provisorium einer »monumentalen Gehäusung« weichen könnte (IX,328): in einer utopisch anmutenden Zukunft, wenn – wie im »Mythos des Städtebaus durch Amphions Lyra« – die Architektur »durch den Geist der Musik [...] zu einer neuen Bedeutung geführt« wäre. Dann könnte sich mit einem den gegenwärtigen Stilsynkretismus überwindenden originalen »deutschen Baustil« eine gänzlich neue »architektonische Ornamentik« entwickeln, welche die »überkommenen Ornamente« für immer ablöste. Bis dahin hat es freilich noch »gemächlich Zeit«. (IX,342 f.)

Wagner sieht in dem »provisorischen Theater« ein Symbol der deutschen Geschichte, ist doch »seit Jahrhunderten alle äußere Form des deutschen Wesens eine provisorische gewesen« (IX,329). Er vergleicht den deutschen Geist mit dem Gott der Juden, welcher nur im Zelt wohnte, bis ihm nach Jahrhunderten ein Tempel errichtet wurde. – In den ›Gründerjahren‹, da sich allenthalben eine parvenühaft-monumentale Architektur aufbläht, beharrt Wagner – und das gewiß nicht nur aus Geldmangel – auf einem Theater von der »naivsten Einfachheit eines Notbaues« (IX,343), das auf jeden ostentativen Anspruch verzichtet – anders als jenes machtvolle Gebäude, durch dessen Bau die Götter sich zugrunde richten: das Thema der Tetralogie, für deren Aufführung Wagner sein Theater errichten will. Nicht Wagners Festspielhaus, sondern Wotans Walhall ist ›Gründerzeitarchitektur‹! Als wie wohltuend Wagner den Gegensatz zwischen den großen Repräsentationsgebärden des Kaiserreichs und der nach seiner Meinung antikischen Einfachheit des Festspielhauses in späteren Jahren empfunden hat, zeigt eine Bemerkung im Gespräch mit Cosima am 29. Juli 1879. Befremdet betrachtet er die Photographien von der Goldenen Hochzeit des Kaiserpaars und denkt an sein Festspielhaus: »Unser Theater [im Gegensatz] dazu, unser schlichtes großartiges!« (CT II,374.)
Auch den Namen eines »Nationaltheaters« verwirft Wagner für sein Unternehmen. »Wo wäre die ›Nation‹, welche dieses Theater sich errichtete?« (IX,328.) Diese rhetorische Frage ist wohl eine Reminiszenz an das letzte Stück von Lessings *Hamburgischer Dramaturgie:* »Über den gutherzigen Einfall, den Deutschen ein Nationaltheater zu verschaffen, da wir Deutsche noch keine Nation sind!« Doch hatte Wagner das Recht, ein Jahr nach der Reichsgründung den Begriff der Nation noch in Anführungszeichen zu setzen? Auf diese denkbare Frage hätte er den unmittelbar folgenden Satz Lessings als Antwort zitieren können: »Ich rede nicht von der politischen Verfassung, sondern bloß von dem sittlichen Charakter. Fast sollte man sagen, dieser sei: keinen eigenen haben zu wollen. Wir sind noch immer die geschwornen Nachahmer alles Ausländischen, besonders noch immer die untertänigen Bewunderer der nie genug bewunderten Franzosen [...].«[35] In der Tat geht die folgende Argumentation Wagners in seiner Rede zur Grundsteinlegung in ebendiese Richtung.

Im Jahr seiner Schrift über das Festspielhaus bemerkt er Edouard Schuré gegenüber: »Ich bin nicht auf den Rang der Tagespatrioten zu zählen, denn was einer unter den jetzigen deutschen Verhältnissen leiden kann, das leide ich, ich hänge gleichsam am Kreuze des deutschen Gedankens.« (4. September 1873.) Es ist freilich nicht zu leugnen, daß Wagner durch den Deutsch-Französischen Krieg und die Reichsgründung eine Zeitlang in einen wahren chauvinistischen Rausch versetzt wurde, der ihn seine früheren, föderalistischen und antipreußischen Überzeugungen vergessen ließ. Er brauche »einen Kaiser [...] für das Kunstwerk der Zukunft«, sagt er am 12. Dezember 1870 zu Cosima; das solle sie in seinem Namen an die Gräfin Bismarck schreiben (CT I,323). Dieselbe *Ring*-Dichtung, mit der er 1851 »den Menschen der Revolution«, deren radikalen Ausbruch er in der nächsten Zeit erwartete, »die Bedeutung dieser Revolution nach ihrem edelsten Sinne zu erkennen« geben wollte,[36] soll nun gewissermaßen das ästhetische Pendant des deutschen Kaiserreichs sein. Es sei kein Zufall, sagt ihm Cosima am 20. Juni 1871, »daß das Nibelungenwerk [d. h. der Abschluß seiner Komposition] zusammenfällt mit den deutschen Siegen« (CT I,403). Ähnliche Äußerungen sind immer wieder aus ihrem Munde zu hören.[37] (Wagner selbst äußert sich sehr viel vorsichtiger.) Was Cosima affirmativ konstatiert, wird Nietzsche im *Fall Wagner* (1888) in kritischer Absicht wiederholen: »Es ist voll tiefer Bedeutung, daß die Heraufkunft Wagners zeitlich mit der Heraufkunft des ›Reichs‹ zusammenfällt [...].«[38]

Spätestens seit der Mitte des Jahrzehnts hat Wagner seine Reichsillusion deutlich als solche durchschaut. Immer wieder äußert er im Gespräch mit Cosima die Beschämung über seinen historischen Irrtum. »Unser Gespräch«, berichtet Cosima am 7. Oktober 1878, »führt ihn zu der Beschämung, welche er Constantin Frantz und Schuré gegenüber empfindet,[39] welche, der eine aus Kenntnis, der andre aus Instinkt, gewußt hätten, was aus dem deutschen Reich unter Preußens Leitung« würde (CT II,193). Constantin Frantz (1817–91), einer der bedeutendsten politischen Publizisten des 19. Jahrhunderts, hat Wagners politisches Denken seit den sechziger Jahren tiefgreifend beeinflußt. Seine föderalistischen Konzeptionen hat er sich vor 1870 weitgehend zu eigen gemacht. Als Frantz die preußisch-kleindeutsche Reichsgründung, sich selber treu bleibend, entschieden verwarf, wandte Wagner sich von ihm ab. In seinen letzten Lebensjahren hat er das als Irrtum eingesehen und Frantz für seine scharfe Bismarck-Kritik 1878 sogar die *Bayreuther Blätter* als Forum zur Verfügung gestellt. (Daraufhin traten eine Reihe von Wagnerianern, darunter Thomas Manns Schwiegervater Pringsheim, aus dem Patronatsverein aus.[40]) »So schnell haben sich es allerdings wohl nur wenige gedacht, daß die Öde des preußischen Staatsgedankens uns als deutsche Reichsweisheit aufgedrängt werden sollte!« schreibt Wagner am 10. Februar 1878 an Ludwig II. »Ach! Alles Deutsche ist ein Traum«, ruft er im gleichen Jahr im Gespräch mit Cosima aus (CT II,225). »Auf Deutschland gebe ich gar nichts mehr.« (CT II,542.) Derartige Feststellungen durchziehen leitmotivisch seine Gespräche in den letzten Lebensjahren.

Daß sich das Deutsche nur jenseits der politischen Sphäre, allein in der Kunst ungetrübt bekunde – daher ihr fruchtbarstes Gedeihen im ›Winkel‹ –, ist eine Grundüberzeugung Wagners gewesen, zu der er nach dem Zerbrechen seiner Reichsillusionen in den siebziger Jahren nur um so vehementer zurückgekehrt ist. In *Deutsche Kunst und Deutsche Politik* (1867/68) zitiert er Schillers Gedicht *Die deutsche Muse* (1803) und versieht es mit einem eingehenden historischen Kommentar (VIII,33):

>»Kein Augusteisch Alter blühte,
Keines Mediceers Güte
Lächelte der deutschen Kunst,
Sie waret nicht gepflegt vom Ruhme,
Sie entfaltete die Blume
Nicht am Strahl der Fürstengunst.«

Und in den Aufzeichnungen *Was ist deutsch?* (1865–78) heißt es: »Mit dem Verfalle der äußeren politischen Macht, d. h. mit der aufgegebenen Bedeutsamkeit des römischen Kaisertumes, worin wir gegenwärtig den Untergang der deutschen Herrlichkeit beklagen, beginnt dagegen erst die rechte Entwickelung des wahrhaften deutschen Wesens.« (X,39.) Das ist wohl eine Reminiszenz an den Schluß der *Meistersinger*: »Zerging in Dunst / das heil'ge röm'sche Reich, / uns bliebe gleich / die heil'ge deutsche Kunst!« (VII,271.) Thomas Mann hat aus diesen Versen in seiner Rede *Leiden und Größe Richard Wagners* (1933) gewiß etwas zu schönfärbend »die vollendete Geistigkeit und Politikfremdheit des Wagnerschen Nationalismus« herausgelesen; »sie bekunden eine schlechthin anarchische Gleichgültigkeit gegen das Staatliche, falls eben nur das geistig Deutsche, die ›deutsche Kunst‹ bewahrt bleibt.«[41]

Noch nie ist bemerkt worden, daß es ein frappierendes Pendant zu den zitierten Versen in Schillers Gedichtfragment [*Deutsche Größe*] (1797) gibt:[42] »Abgesondert von dem politischen hat der Deutsche sich einen eigenen Wert gegründet, und wenn auch das Imperium unterginge, so bliebe die deutsche Würde unangefochten.«[43] Das Schillersche Fragment, das Wagner noch nicht bekannt gewesen ist, nimmt einige seiner Grundgedanken vorweg. Das ist kein Zufall, ist Wagners Idee des ›Deutschen‹ doch von anderen Äußerungen Schillers deutlich inspiriert. Erinnert sei nur an die Xenien *Deutscher Nationalcharakter* (»Zur Nation euch zu bilden, ihr hofft es, Deutsche, vergebens; / Bildet, ihr könnt es, dafür freier zu Menschen euch aus«) und *Das deutsche Reich* (»Deutschland? aber wo liegt es? Ich weiß das Land nicht zu finden. / Wo das gelehrte beginnt, hört das politische auf«).

In dem genannten Gedichtfragment charakterisiert Schiller die »deutsche Würde« als »eine sittliche Größe, sie wohnt in der Kultur und im Charakter der Nation, die von ihren politischen Schicksalen unabhängig ist. [...] indem das politische Reich wankt, hat sich das geistige immer fester und vollkommener gebildet.« Demgemäß ist es nicht »des Deutschen Größe / Obzusiegen mit dem Schwert«, sondern »In das Geisterreich zu dringen« und für alle Völker die »Freiheit der Vernunft« zu erkämpfen. Schiller entwickelt hier eine Art aufgeklärten chiliastischen Nationalmythos. Der Deutsche sei

>»erwählt von dem Weltgeist, während des Zeitkampfs an dem ewgen Bau der Menschenbildung zu arbeiten, zu bewahren, was die Zeit bringt. Daher hat er bisher Fremdes sich angeeignet und es in sich bewahrt. Alles, was Schätzbares bei andern Zeiten und Völkern aufkam, mit der Zeit entstand und schwand, hat er aufbewahrt, es ist ihm unverloren, die Schätze von Jahrhunderten.«[44]

Das gemahnt an Hegels Idee des »absoluten Wissens«, in dem alle bisherigen Gestalten des Bewußtseins ›aufgehoben‹ sind. Während für Hegel jedoch das Ziel der Geschichte des Geistes erreicht ist, verlegt Schiller das absolute Wissen in die letzte Phase der Geschichte. Der »Tag des Deutschen« sei »die Ernte der ganzen Zeit – wenn der Zeiten Kreis sich füllt«.[45] Die Deutschen sind für Schiller also das eschatologische Volk, ihre Sprache wird die Welt- und Endzeitsprache sein, gewissermaßen die allen verständliche

pfingstliche Sprache des Geistes, welche die babylonische Sprachenverwirrung überwindet. Wagner wird (z. B. 1860 in *»Zukunftsmusik«*, wo er unmittelbar auf die
übernationalen Bestrebungen Goethes und Schillers verweist) jene »allgemein verständliche, jeder Nation zugängliche« Sprache (VII,95) mit der deutschen Musik identifizieren! – Deutschland ist Utopia. »Sie sind von vorgestern und von übermorgen – sie
haben noch kein Heute!« wird Nietzsche anläßlich der Ouvertüre zu den *Meistersingern* über die Deutschen sagen *(Jenseits von Gut und Böse).*[46]
In einem Brief an Nietzsche vom 24. Oktober 1872 erklärt Wagner, sein Nachdenken
über die Frage »Was ist deutsch?« führe ihn immer mehr dazu, das »Deutschsein« für
ein »reines Metaphysicum« zu halten, das »jedenfalls ganz einzig in der Weltgeschichte« sei – »vielleicht mit dem einzigen Pendant des Judentums zur Seite«. Man
meint hier beinahe, schon Fitelberg in Thomas Manns *Doktor Faustus* (Kap. XXXVII)
reden zu hören. Was Fitelberg freilich auf die Idee einer welthistorischen Wahlverwandtschaft der Deutschen und Juden bringt,[47] motiviert im Falle Wagners seinen
Antisemitismus: zwei Metaphysica können nicht nebeneinander bestehen. – Daß das
«Weltdeutschtum« (Thomas Mann), [48] die messianische Überziehung der Nationalidee
– auch wenn sie wie bei Schiller allem politischen Nationalismus und Militarismus
ausdrücklich entgegengesetzt ist –, gefährliche Möglichkeiten des Mißbrauchs in sich
birgt, zeigt der Schluß von Wagners *Beethoven*-Festschrift (1870). Der »deutsche
Geist« sei »berufen«, so heißt es hier, die Völker zu »beglücken«. Ein Beweis dafür sei
die unerhörte Wirkung Beethovens in Frankreich. Die »Weltbeglückung« wird nun
unverhohlen als »Welteroberung« bezeichnet, welche geistig vorbereitet habe, was
gegenwärtig von den deutschen Truppen verwirklicht werde, nämlich die Aufhebung
der französischen Zivilisation durch die deutsche Kultur. »Dort, wohin jetzt unsere
Waffen dringen, an dem Ursitz der ›frechen Mode‹ hatte *sein* [Beethovens] Genius
schon die edelste Eroberung begonnen.« Die Apotheose des Geistig-Deutschen schlägt
in die Apologie der militärischen Gewalt um. (Wie hatte es noch in Schillers Fragment
geheißen? »Das ist nicht des Deutschen Größe, / Obzusiegen mit dem Schwert«.)
Freilich betont Wagner im Schlußsatz seiner Schrift: »Dem Weltbeglücker gehört der
Rang noch vor dem Welteroberer.« (IX,125 f.)
Nach seinen desillusionierenden Erfahrungen mit dem Deutschen Reich wird Wagner
von »Welteroberung« nichts mehr wissen wollen. »Wir Deutschen werden nie eine
Weltmacht sein«, sagt er am 18. Januar 1880 zu Cosima; die Aufgabe der Deutschen sei
statt dessen die »Kulturverbreitung« (CT II,481). Hier erscheint das Deutsche wiederum in seiner Politikferne und ›rein geistigen‹ Gestalt, wie sie sich im ›Winkel‹
ausgebildet hat. Dieser Winkel hat sich für Wagner in seinen letzten Lebensjahren
zunehmend verengt. Das Deutsche wird ihm mehr und mehr zum bloßen »Traum«,
den er nur noch in den großen Erscheinungen der deutschen Dichtung und Musik der
vergangenen Jahrhunderte zu finden glaubt. »Es gibt keine Deutschen«, konstatiert er
mit diesen und anderen Worten immer wieder im Gespräch mit Cosima (CT II,312).
Wie sein Rienzi sich als »letzter Römer« fühlt (I,88), so glaubt Wagner schließlich in
dunklen Stunden, das Deutsche nur noch allein zu repräsentieren.

3. Faszination des Kasperl – Wagner und das Volkstheater

>»Er instrumentiert, macht Fidi-Musik, wie er sagt. Fidi [Siegfried] bei uns am Mittagstisch. Nachher mit den drei Mädeln zum Jahrmarkt; große Freude am Kasperltheater, dessen Mann sich durch lebendigen (schlesischen) Dialekt, sehr gute Einfälle, die Puppen durch drastische Bewegungen auszeichnen.«
>
> Cosima Wagner, Tagebuch vom 14. Oktober 1870.

Eines der ästhetisch-dramaturgischen Hauptdogmen Wagners ist die Entstehung aller großen Erscheinungen des Theaters aus dem »Volksgeist«. Die Urform der Bühne ist für ihn deshalb das mitten im Volk aufgeschlagene, vom Publikum zumindest von drei Seiten umgebene Spielgerüst und -podium. Ist das aber nicht angesichts der strikten Trennung von Bühne und Zuschauerraum im Bayreuther Festspielhaus eine verwegene, ja abwegige Behauptung? In der Tat läßt sie sich durch isolierte Zitate aus Wagners Schriften ebenso oft widerlegen wie stützen. Es ist nicht zu leugnen, daß es bei Wagner zwei gegensätzliche Grundkonzeptionen des Theaters gibt (die sich freilich wechselseitig beeinflußt haben).

Man wird etwas verallgemeinernd sagen können, daß Wagners Bühnenideal im Falle des Schauspiels das Ineinander von Bühnen- und Publikumsbereich, im Falle des musikalischen Dramas deren strenge Scheidung ist. Das hängt damit zusammen, daß Wagner die Musik als spezifisch moderne Kunst für die ideale Gegenwelt der depravierten zeitgenössischen Zivilisation hält, welcher sich das aus ihr hervorgehende Drama auch formal entgegenzusetzen hat; das Schauspiel hingegen ist nach Wagner in seinen großen Epochen, vor allem natürlich in seiner Ursprungsphase bei den Griechen inmitten einer »schönen Öffentlichkeit« (III,29) entstanden, mit der die Kunst in voller Harmonie stand, so daß sich auch die Bühne nicht gegen sie abschließen mußte. Damit sind freilich die Aporien und Widersprüche in Wagners Ästhetik des Theaters noch nicht auf den alles klärenden Begriff gebracht. Müßte nicht, wenn die Öffentlichkeit durch den Geist der Musik und des Festspiels wieder ›ästhetisch‹ geworden ist, die ideale Scheidemauer zwischen Bühne und Zuschauerraum fallen? In der Tat deutet sich diese Idee – als Endziel der Wagnerschen Theaterutopie – in seinen Schriften verschiedentlich an.

Die Divergenz der beiden Theaterkonzeptionen Wagners ließe sich mit Schillerschen Kategorien folgendermaßen erläutern: Die Einheit von Bühne und Publikum entspricht der verlorenen Identität des Dichters mit der Natur in der naiven Poesie. Diese Identität ist aber nicht nur das Verlorene, sondern ebenso das der modernen, sentimentalischen, im Zeichen der Trennung von der Natur stehenden Dichtung aufgegebene Ideal. Entsprechend ließe sich in bezug auf Wagners Theaterkonzeption sagen, daß die moderne Bühne von der Zuschauerrealität (d. h. der naturfremden Zivilisation) getrennt ist, in der Absicht und mit dem Ziel jedoch, diese Trennung aufzuheben. (Daß bereits Schiller diese dramaturgische Konsequenz gezogen hat, wird im Zusammenhang mit seiner und Wagners Theorie des Chors später zu zeigen sein.) So ist auch zu erklären, daß Wagner von den Formen des naiven Volkstheaters, das zwischen Bühnen- und Publikumsrealität noch nicht unterscheidet, stets fasziniert ist – während er die Verletzung der Grenzen zwischen beiden Bereichen auf dem Musiktheater rigoros verwirft. Was beim Kind beglückt, befremdet beim Erwachsenen. »In dem Kinde«, so lesen wir in Schillers Abhandlung *Über naive und sentimentalische Dichtung* (1795/96),

> »ist die Anlage und Bestimmung, in uns [im Erwachsenen] ist die Erfüllung dargestellt, welche immer unendlich weit hinter jener zurückbleibt. Das Kind ist uns daher eine Vergegenwärtigung des Ideals, nicht zwar des erfüllten, aber des aufgegebenen, und es ist also keineswegs die Vorstellung seiner Bedürftigkeit und Schranken, es ist ganz im Gegenteil die Vorstellung seiner reinen und freien Kraft, seiner Integrität, seiner Unendlichkeit, was uns rührt.«[49]

Dieses Zitat könnte als Motto über den merkwürdigen theoretischen Versuchen Wagners in den frühen siebziger Jahren – also in der Frühphase der Konzeption der Bayreuther Festspiele – stehen, welche darauf zielen, das Volkstheater in seiner naivsten Form zum Nukleus eines Theaters der fixierten Improvisation werden zu lassen. Diese bisher kaum beachteten Versuche[50] gipfeln in Wagners Spekulationen über eine *Faust*-Bühne, auf der Goethes Summum opus die angemessene Realisierung finden würde. Inspiriert ist dieses Projekt, das seit der Mitte des Jahrzehnts durch die Bayreuther Konzeption fast völlig verdrängt worden ist, jedoch wesentlich zum Gesamtbild des Wagnerschen Theaterkosmos gehört, nicht zuletzt durch sein Interesse am Kasperltheater.

Im April und Mai des Jahres 1871 unternehmen Richard und Cosima Wagner von Tribschen aus eine Reise nach Deutschland, deren äußere Höhepunkte der entscheidende, das Festspielunternehmen initiierende Besuch in Bayreuth und Wagners Empfang durch Bismarck in Berlin sind. Die beiden letzten Tage vor ihrer Rückkehr in die Schweiz verbringen sie in Heidelberg, und hier haben sie ein Erlebnis, das Cosima im Tagebuch vom 14. Mai als den »schönsten Moment« ihrer bedeutungsvollen Reise bezeichnet. Bei einem abendlichen Spaziergang zur Neckarbrücke hören sie plötzlich von einem Platz her lautes Gelächter. Davon angelockt, bemerken sie ein Kasperltheater. »Ich frage Richard«, so schreibt Cosima in ihrem unverwechselbaren, holprig-geschraubten Deutsch,

> »ob wir es uns nicht ansehen wollten, und da er darauf einging, hatten wir das herrlichste Abendvergnügen. Bis um 10 Uhr und darüber standen wir gefesselt da und nahmen von den einzigen Einfällen einen förmlichen Trost mit; der deutsche Volkswitz lebt noch. Besonders ergötzlich war die Wechselwirkung des Publikums (meist Buben) und des Kasperl, sie redeten miteinander, und die kleinsten Kinder mischten sich in die Handlung. Richard gab der sammelnden Frau einen Gulden, das mag wohl den Mann begeistert haben, denn er war unerschöpflich, bis endlich Kasperle im Heroldsmantel meldete: ›Jetzt wird nicht mehr geguckt; warum? Weil die Lichter werden ausgespuckt.‹« (CT I,388.)

Wagner ist von diesem Puppenspielabend so fasziniert, daß er am nächsten Morgen vor seiner Abreise noch versucht, »Kasperls Herr zu sehen«. Er trifft ihn jedoch nicht an. Ein Mädchen, das bei der Bude sitzt, antwortet auf die Frage, ob der Puppenspieler aus Heidelberg sei, geheimnisvoll: »Nein, von weit her.« (CT I,388.)
Die Faszination des Kasperltheaters rührt für Wagner offenbar von jenem improvisatorischen Zusammenspiel zwischen Puppen und Zuschauern, von deren »Einmischung« in die Handlung her. Man fühlt sich an Goethes Begegnung mit der Commedia dell'arte in Venedig 1786 erinnert. Auch ihn faszinierte das extemporierte Miteinander von Bühne und Publikum: das »Volk« als »Base, worauf dies alles ruht«, denn »die

Zuschauer spielen mit, und die Menge verschmilzt mit dem Theater in ein Ganzes«.[51] –
Wie nachhaltig das Puppenspielerlebnis auf Wagner gewirkt hat, zeigen nicht nur die
Tagebücher Cosimas[52] – sie selbst spielte oft mit Wagners Unterstützung für ihre
Kinder Kasperltheater; sogar das *Rheingold* wurde 1877 auf der Puppenbühne in Szene
gesetzt –, sondern vor allem der im nächsten Jahr, 1872, geschriebene Aufsatz *Über
Schauspieler und Sänger,* eine der sprachlich und inhaltlich fesselndsten Schriften
Wagners. Einer ihrer ersten begeisterten Leser: Nietzsche – mit dem Wagner am Tag
nach seiner Abreise von Heidelberg in Basel zusammengetroffen ist, der also gewiß von
jenem Puppenspielerlebnis erfahren hat[53] – rühmt in seinem Brief an Erwin Rohde vom
25. Oktober 1872, »daß hier ein ganz neu entdecktes Bereich der Ästhetik« eröffnet
werde.
Wagner gibt in diesem Aufsatz eine pessimistische Schilderung des deutschen Schau-
spielwesens; selbst das »Volkstheater« verkomme unter dem Einfluß des kommerziellen Theaters immer mehr, und so offenbare sich der »originale theatralische deutsche
Volksgeist« schließlich nur noch im »Kasperltheater unserer Jahrmärkte«. Zweifellos
ist von jenem Heidelberger Erlebnis die Rede, wenn Wagner über seine »zufällige
Begegnung mit einem solchen Theater« schreibt:

> »In dem Spieler dieses Puppentheaters und seinen ganz unvergleichlichen Leistungen, mit denen
> er mich atemlos fesselte, während das Straßenpublikum in seiner leidenschaftlichsten Teilnahme
> an ihm alle gemeinen Lebensverrichtungen zu vergessen schien, ging mir seit undenklichen
> Zeiten der Geist des Theaters zuerst wieder lebendig auf. Hier war der Improvisator Dichter,
> Theaterdirektor und Akteur zugleich, und seine armen Puppen lebten durch seinen Zauber mit
> der Wahrhaftigkeit unverwüstlich ewiger Volkscharaktere vor mir auf. Mit der gleichen
> Situation wußte er uns ganz nach Belieben festzuhalten, indem er uns stets wieder neu mit ihr
> überraschte, wobei es sich in der Hauptsache um ein so merkwürdiges, bis in das Dämonische
> gesteigerte Wesen wie diesen deutschen Kasperle handelte, der vom ruhig gefräßigen Hans
> Wurst sich bis zum unüberwindlichen Teufels- und Pfaffenspukbanner erhebt, dem wunderlich
> affektiert redenden Herren Grafen durch unwiderleglichen witzigen Verstand beikommt, Hölle
> und Tod besiegt und das römische Recht in jeder Form der Justiz sich fest vom Leibe hält. – Es
> gelang mir nicht, den wundertätigen Genius dieses echtesten aller Theaterspiele, die ich noch je
> angetroffen, persönlich ausfindig zu machen: vermutlich war mir dadurch eine schwere Prüfung
> meines Urteils erspart.« (IX,181 f.)

Hier war der Improvisator Dichter, Theaterdirektor und Akteur zugleich. Diese
Bemerkung Wagners ist der Schlüssel zum Verständnis seines Puppenspiel-Enthusias-
mus. Kurz vor seiner Deutschlandreise, am 24. März 1871, hat er seinen Aufsatz *Über
die Bestimmung der Oper* abgeschlossen, den er am 28. April in der Berliner Akademie
der Künste einem Kreis von Künstlern vorträgt. In diesem Traktat hat Wagner die
überraschende Theorie einer Geburt der Kunst aus dem Geiste der Improvisation
entwickelt, die seine späteren Abhandlungen und Gespräche nachhaltig prägt. (In
seinen großen Reformschriften aus den Jahren nach 1848 finden sich dazu noch kaum
Ansätze.) Das »Improvisieren« sei das »Naturverfahren bei den Anfängen aller Kunst«,
zumal der dramatischen und musikalischen. Der Ursprung des Dramas sei die »mimische Improvisation«, der »improvisierende Mime« (IX,142 f.). In ihm verkörpere sich
der kollektiv dichtende »Volksgeist«, der für Wagner im Sinne Herders und der
Romantik der Urgrund aller legitimen Kunstäußerungen ist.
Bereits in seiner Abhandlung *Deutsche Kunst und Deutsche Politik* (1867/68) hat
Wagner zur Bestätigung seiner Theorie von der Geburt des Dramas »aus dem eigentli-

chen Volksgeiste« auf die Inspiration und Befruchtung aller großen Erscheinungsformen des Schauspiels durch Wander- und Stegreiftheater, Spielmann und Possenreißer verwiesen, angefangen von dem sagenhaften Thespiskarren bei den Griechen über die mittelalterlichen Mysterienspiele bis hin zum großen spanischen und englischen Theater, das durch die mimische Kunst des Volks belebt und getragen worden sei. Wagners Überlegungen kreisen ständig um den »idealen Punkt der Berührung des Mimen mit dem Dichter« (VIII,85). So sehr der Dichter sich gegen den Mimen auflehnt – die Theaterverachtung der von Wagner verworfenen reinen »Literaturpoeten«! –, kann er doch nur durch ihn zu allgemeiner Wirkung gelangen. »Was die Kunst des Mimen in den Augen der anderen Künstler so tief stellt, ist dasselbe, was seine Leistungen und Wirkungen so allgemein macht.« Denn: »Jeder Mensch fühlt sich dem Schauspieler verwandt«, ist zu vielfältigem Rollenspiel im Leben genötigt, verspürt in sich selbst »die Anlagen zur gleichen Kunstfertigkeit«. (Daß diese Anlagen gerade in Wagner, dem geborenen Histrionen, besonders stark ausgeprägt gewesen seien, ist der berühmte Vorwurf Nietzsches.) Die Freude aber an mimischer Kunstfertigkeit: an der täuschenden ›Nachahmung‹, bildet den »Zauber« und das »eigentliche Vergnügen« am Theater. Nicht der Dichter, sondern der verschmähte Mime beherrscht im Schauspiel die Geister! »Man könnte das Theater, auf dieser natürlichen Grundlage betrachtet, dem Erfolge einer geglückten Sklavenempörung, einer Umwälzung des Verhältnisses zwischen Herrn und Diener vergleichen.« (VIII,67 f.)

Wagner selbst liegt daran, den Gegensatz zwischen Herr und Knecht aufzuheben, dem Mimen und dem Poeten ihr gleiches Recht einzuräumen und sie dadurch ihrer höchsten Entfaltung zuzuführen. Das Drama darf sich also niemals als ›reine Dichtung‹ von der mimischen Kunst absondern, sondern muß an das elementare Lebensbedürfnis anknüpfen, das diese Kunst befriedigt. Was für den Leser des folgenden Zitats nach ›materialistischer‹ Ästhetik klingen mag, bildet keinen Einzelfall in Wagners Dramaturgie, wie die vorhergehenden Kapitel bereits gezeigt haben. Zu den zukunftsträchtigsten Zügen seiner Kunsttheorie gehört die ständige Herleitung der ästhetischen Erscheinungsformen aus mehr oder weniger genau umrissenen sozialen Bedingungen – das, was Wagner selbst in seiner Schrift *Die Kunst und die Revolution* (1849) als die Aufgabe bezeichnet hat, »die Kunst als soziales Produkt zu erkennen« (III,9). In diesem Sinne schreibt er in *Deutsche Kunst und Deutsche Politik* über das moderne Theater:

> »Der täglich angespannte Verbrauch seiner geistigen Kräfte für die unmittelbaren Nützlichkeitszwecke des Lebens gestattet der bürgerlichen Welt keine zwecklose Beschäftigung mit Literatur und Kunst; desto mehr bedarf sie der Erholung durch abziehende, in einem guten Sinne zerstreuende Unterhaltung, welche ihr wenig oder gar keine Vorbereitung kosten darf. Dies ist das Bedürfnis. Ihm zu entsprechen, stellt sich sofort der Mime ein; ihm dient das Bedürfnis des Publikums sogar zum Erwerbsquell, wie dem Bäcker der Hunger. Er schlägt das Gerüst auf: das Theater steht da. Hier ist alles naiv und ehrlich: der Mime bietet seine Kunst, das Publikum belohnt ihm die gewährte Unterhaltung. In diesem Verhältnisse ist alles unmittelbar: der Zuschauer hält sich an das, was er vor sich sieht und hört; die Erzählung, die Geschichte wird ihm hier zu einer angenehm anregenden Tatsache: er lacht mit dem Fröhlichen, weint mit dem Traurigen und klatscht, von dem Gewahrwerden der Täuschung zu seiner Erheiterung überrascht, dem gewandten Gaukelspiele seinen Beifall zu. Auf dieses Verhältnis und seine Benützung zu höchsten, idealen Zwecken gründet sich die Entstehung der erhabensten Kunstwerke der größten Dichter aller Zeiten.« (VIII,116.)

Das hier beschriebene Verhältnis zwischen dem Mimen und seinem Publikum hat freilich ein »Gebrechen«, das sich in seinen naiven Anfängen noch nicht ausprägt, durch die »Anwendung des Nutzzweckgesetzes des bürgerlichen Verkehres« jedoch zu seiner völligen Korruption führt: es gerät unter das Gesetz von Angebot und Nachfrage; durch seine Kommerzialisierung aber verdirbt das Theater sowohl sittlich als auch künstlerisch. Und doch, sofern dieser »Grundschaden« sich beseitigen läßt, bietet jenes Verhältnis, »in welchem sich die ästhetische Anlage des Volksgeistes in seiner naivsten Form als ein wirkliches bürgerliches« – man ist geneigt zu sagen: materielles – »Bedürfnis ausspricht, den einzigen, unvergleichlichen, durch nichts anderes zu ersetzenden Ausgangspunkt für eine höchste gemeinsame Wirksamkeit der geistigen und sittlichen Seelenkräfte eines Volkes und seiner bevorzugten Geister.« (VIII,116 f.)

An diese Gedanken knüpft Wagner drei Jahre später in seinem Aufsatz *Über die Bestimmung der Oper* wieder an. Das »moderne Schauspiel« habe sich »bei den Spaniern und Engländern aus dem eigentlichen Volksgeiste« entwickelt, »nachdem die antikisierende Richtung der gelehrten Dichter sich zu einer lebhaften Einwirkung auf die Nation unfähig erwiesen hatte« (IX,135 f.). Wagner sieht die Geschichte des modernen Dramas als eine Pendelbewegung zwischen der spontan aus dem Volksgeist, d. h. aus der mimischen Kunst entwickelten dramatischen Form, die dem improvisatorischen Charakter der mimischen Kunstfertigkeit gemäß aus einem a priori aufgestellten Kunstideal nicht zu deduzieren ist, und dem aus rein ästhetischer Reflexion geborenen, an der griechischen Tragödie orientierten, nach einem vorgefaßten Formmodell zugeschnittenen »Literaturdrama« – zu dem nach Wagner auch das Schauspiel Goethes und Schillers zeitweilig tendierte – zu dem Drama ohne elementare mimische Motivation.

Wagner läßt also keinen Zweifel daran, daß nur auf der Basis der mimischen Kunst das Drama zu vollgültiger Gestalt gelangt. Das, was ihn an dem Heidelberger Puppenspieler fesselte, ist für ihn der – anscheinend nur noch im Kasperltheater eintretende – Idealfall des Schauspiels: daß Theaterdirektor, Dichter und Akteur eine Einheit bilden. In diesem Sinne hat Thomas Mann in seinem *Versuch über das Theater* (1908), der eine genaue Kenntnis von Wagners Aufsatz *Über Schauspieler und Sänger* verrät, geschrieben: Im »ursprünglichsten Volksschauspiel, im Kasperltheater«, sei »Goethes Auseinandersetzung zwischen Direktor, Theaterdichter und lustiger Person hinfällig [...], weil alle drei in einer Person das Spiel betreiben«.[54] Was Thomas Mann nicht wissen konnte: Wagner hat in einem Gespräch mit Cosima am 24. Juli 1872 über Goethes »Theaterprolog« zum *Faust* gesagt, an ihn knüpfe »das ganze Kunstwerk der Zukunft« an: »da ist alles angegeben« (CT I,553).

Wagner ist der Überzeugung, daß alle großen Dramatiker der Weltliteratur seit Aischylos – »der mitten in seinem erhabenen Kunstwerke [...] als Führer des tragischen Chores« stand – zu ihrer Größe nur durch jene Einheit von Dichtung und Theaterpraxis gelangt sind. Das bedeutendste Beispiel ist ihm der »rätselhafte Dramatiker« Shakespeare, dem er – die zahllosen Aufzeichnungen Cosimas bezeugen es – im Alter geradezu verfallen ist. In Tribschen und Bayreuth vergeht fast kein Tag ohne Shakespeare-Lektüre. Der »Schauspieler und Theaterunternehmer« Shakespeare habe sich und seiner Truppe seine Stücke unter oft zufälligen Umständen hergerichtet. Das gleiche gelte für Lope de Vega, »den fast nicht weniger Wunderbaren«, den Wagner ebenso wie sein von ihm ansonsten verachteter Antipode Grillparzer und im Gegensatz

zur Zeitmeinung (für Hebbel etwa war Lope kein »Dichter«, sondern ein »Verdünner«)
noch über Calderón stellt. Von den französischen Klassikern gilt Wagners Bewunderung allein dem »Schauspieler Molière«, den er gegen Corneille und Racine als die
»Dichter der Fasson« und des angeblich rein akademisch, nach antikisierenden Kunst-
schemata abgezirkelten Literaturstücks ausspielt (IX,141 f.).
Wagner leugnet, daß sich die »Natur des Dramas« in erster Linie vom »Dichter« her
erklären lasse. Der »Dramatiker« stehe »dem eigentlichen Dichter nicht näher als dem
Mimen selbst, aus dessen eigenster Natur er hervorschreiten muß, wenn er als Dichter
dem Leben seinen Spiegel vorhalten will« (IX,142). Wie Wagner einst in *Oper und
Drama* (1851) das Verhältnis der Musik zum Drama im angestrebten »musikalischen
Drama« durch das des »Mittels« zum »Zweck« bestimmte, so geschieht es hier auch in
bezug auf das Verhältnis der Dichtung zum Drama. Dieses allein ist, mit *Oper und
Drama* zu reden (III,231), der »Zweck des Ausdrucks«;[55] die »Mittel« aber, diesen
Zweck zu erreichen, sind gleichermaßen die mimische Kunst, die Dichtung und die
Musik. (Sie integrieren sich zum ›Gesamtkunstwerk‹, der vermeintlich wiederherge-
stellten μουσική der Griechen, in der Dicht-, Ton- und Tanzkunst noch nicht getrennt
waren.[56])
Schreitet nun der Dichter aus der Natur des Mimen hervor, so bedeutet das, daß er
dessen »Naturverfahren«: die Improvisation, zu seinem eigenen Verfahren machen
muß, »so daß jetzt der Mime mit seiner vollsten Eigentümlichkeit in die höhere
Besonnenheit des Dichters eintritt«. Offenbart sich in der Improvisationskunst des
Mimen der unbewußt schaffende Volksgeist, so wirkt der Dichter mit »Besonnenheit«
(IX,142). Wagner verwendet hier einen Begriff, der schon in der romantischen Poetik
eine bedeutende Rolle als Komplement zur Idee der unbewußten Imagination gespielt
hat.[57] Aus dem Wechselverhältnis zwischen Unbewußtheit des Volksgeistes und
Bewußtheit der Kunst entsteht das höchste Kunstwerk: das Drama als »fixierte
mimische Improvisation« (IX,143), wie es für Wagner vorbildlich im Schauspiel
Shakespeares verkörpert ist.
Obwohl Wagners Shakespeare-Bild von manchen bühnengeschichtlichen und ideologischen Irrtümern seiner Zeit geprägt ist, scheint er doch in einem wesentlichen Punkt
den Erkenntnissen neuerer Shakespeare-Forschung – namentlich Robert Weimanns
Buch über *Shakespeare und die Tradition des Volkstheaters*[58] – nahezukommen: in
seiner Einsicht nämlich, wie stark Shakespeare von der vorliterarischen, mimischen
Volkskultur abhängig war, die in dem mimischen Improvisationsgenie Richard Tarl
tons gipfelte. Wagners Paradox der fixierten Improvisation scheint der Struktur des
Shakespeareschen Dramas, soweit es jene populären Traditionen literarisiert, nicht
ganz unangemessen zu sein.
Wagner hat den Gedanken der mimischen Improvisation im Aufsatz *Über Schauspieler
und Sänger* sowie in seinem *Brief über das Schauspielerwesen an einen Schauspieler*
(1872) konkretisiert:

> »Üben Sie sich im Improvisieren von Szenen und ganzen Stücken. Unstreitig liegt im Improvi-
> sieren der Grund und Kern aller mimischen Begabung, alles wirklichen Schauspielertalentes.
> Der dramatische Autor, welcher nie zu der Vorstellung gelangt ist, welche Kraft seinem Werk
> innewohnen würde, wenn es durchaus nur improvisiert vor sich aufgeführt sehen könnte, hat
> auch nie wirklichen Beruf zur dramatischen Dichtkunst in sich empfinden können. Der geniale
> Gozzi erklärt es geradezu für unmöglich, gewisse Charaktere seiner Stücke in Prosa, noch

weniger in Versen für die Darstellung vorzuschreiben, und begnügte sich damit, ihnen nur den Inhalt der Szenen anzugeben. Mag bei solchem Verfahren auch auf die ersten Anfänge der dramatischen Kunst zurückgegangen sein, so sind dies aber eben die Anfänge einer wirklichen Kunst, auf welche bei ihrer ferneren Ausbildung immer zurückgetreten werden können muß, wenn sich der Boden der Kunst nicht in wesenlose Künstlichkeit auflösen soll.« (IX,262 f.)

Carlo Gozzi, dessen Anknüpfung an das Stegreifspiel der Commedia dell'arte hier dramaturgisch gerechtfertigt wird, ist von Wagner zeitlebens bewundert worden. Schon das Libretto von Wagners erster Oper *Die Feen* geht auf Gozzis *La donna serpente* zurück. In den Tagebüchern Cosimas ist von ihm immer wieder die Rede. Ausdrücklich verteidigt Wagner ihn gegen seinen Antipoden Goldoni (CT II,88)[59] und sieht ihn aufgrund seiner Opposition gegen das »Literaturtreiben« (CT I,580), d. h. gegen die ›literarisierte‹ Komödie, als Wegbereiter des ›Kunstwerks der Zukunft‹.
In der Abhandlung *Über Schauspieler und Sänger* geht Wagner anläßlich seiner Untersuchungen über die »künstlerische wie soziale Stellung« der Schauspieler sogar so weit, daß er vom Dramatiker verlangt, den Ausgangspunkt seiner Kunst in die unmittelbaren Lebensumstände des Mimen, in ihrer ganzen Trivialität, zu verlegen, denn das »ganze Wesen« des Mimen sei »Reproduktivität, deren Wurzel wir als den Trieb zur möglichst täuschenden Nachahmung fremder Individualitäten und ihres Benehmens in den Vorgängen des gemeinen Lebens erkennen«. Wer den Beruf zum dramatischen Dichter in sich fühle, dürfe »gerade an der niedrigsten Sphäre des Schauspielerwesens nicht vorübergehen«, denn

> »hier, wo der Mime seinen Hauswirt, den Bierzapfer, den Polizeikommissarius, und wen ihm sonst der schwierig zu durchlebende Tag vorführte, täuschend nachahmt, um des Abends für alle Not sich zu rächen, während er euch damit gut gelaunt zu unterhalten scheint – hier hat der Dichter ungefähr das zu erlernen, was Shakespeare erlernte, ehe er die armen Komödianten zu Königen und Helden umschuf« (IX,216 f.).

Der Mimus, die realistische Reproduktion von Situationen und Personen des banalen Alltagslebens aus dem elementaren Bedürfnis übertreibender Nachahmung heraus, ist für Wagner die Wurzel aller, selbst der sublimsten dramatischen Kunst. Wächst sie nicht aus solchen subliterarischen Untergründen hervor, bleibt sie sterile Artistik.
Die wichtigste Forderung, die Wagner ans Schauspiel stellt, ist »mimisch-dramatische Natürlichkeit«. Sie steht als Ausdruck der »populären Naturanlagen« in Widerspruch zum »überkommenen Dogma der antiken Kritik«. Diese hat ein bestimmtes »Stilschema« aufgestellt, das jede Handlung – namentlich in der Hofkunst der Tragédie classique – in eine streng geschlossene Form zwingt (IX,161.191). Einer derart akademischen und sozial als Luxuskunst der ›reichen Gesellschaft‹ eingestuften dramatischen Kunst stellt Wagner das populär-mimische Schauspiel Shakespeares gegenüber, das seinen Ausgang nicht von der luxurierenden Einbildungskraft der Vornehmen, sondern vom konkreten Lebensinteresse der »unteren Volksschichten« nimmt, von denen Wagner auch die »Läuterung und Reinigung« der modernen Zivilisation erwartet (CT I,87). Bei Shakespeare löst sich »jedes Stilschema, das heißt: jede von außen angenommene oder durch Reflexion vorgestellte Tendenz für Form und Ausdruck«, in das »Grundgesetz« der mimischen Kunst auf (IX,191). Die dramatischen Gebilde Shakespeares entziehen sich also, wie es im Aufsatz *Über die Bestimmung der Oper* heißt, »jeder Bemessung mit einem der antiken Form bisher unmißverständlich entnommenen Maßstabe« (IX,136).

Es ist freilich nicht zu verkennen, daß Wagner selbst sich diesen Maßstab lange Zeit weithin zu eigen gemacht hat. Seine Reformschriften nach 1848, die so stark im Zeichen eines namentlich an der aischyleischen Tragödie orientierten Kunstideals stehen, sind in vielen Punkten von klassischen Formvorstellungen geprägt, von dem, was er in *Oper und Drama* als »antike Kunstform« bezeichnet (IV,15 ff.). In den Schriften der frühen siebziger Jahre tritt nun das Vorbild der »einheitvollen Form« der griechischen Tragödie (VI,34), welche im Gegensatz zum modernen Klassizismus dem Volksgeist noch durchaus gemäß war, hinter dem der offenen Form des elisabethanischen Schauspiels zurück. Zweifellos hängt das mit Wagners Erfahrungen bei der Bearbeitung der Nibelungensage zusammen. Als er *Oper und Drama* schrieb, stand das hier theoretisch vorbereitete Musikdrama noch als *Siegfrieds Tod* vor seinen Augen. Erst in der Folgezeit weitete sich ihm das *eine* Drama zur Tetralogie aus.[60] Mit der Erfahrung der Unmöglichkeit aber, den dramatischen Plan in die Form eines einzigen geschlossenen Dramas zu fassen, treten offensichtlich auch manche der ›klassischen‹ Formvorstellungen Wagners zurück. Die Abhandlungen, die uns in diesem Zusammenhang vornehmlich beschäftigen, sind während der Komposition des zweiten Teils der *Ring*-Tetralogie entstanden und reflektieren in vielen Punkten eigene produktive Erfahrungen Wagners, die Unmöglichkeit zumal, nach einem apriorischen Formschema zu verfahren.

Der Enthusiasmus für das Puppenspiel, das genuine Volkstheater, vor allem aber für Shakespeare in den frühen siebziger Jahren hat sich auch in einem neuen Bühnenideal Wagners ausgedrückt. Bereits in *Oper und Drama* hat er sich eingehend mit der Shakespearebühne, ihrer bloß »angedeuteten«, der »Phantasie« überlassenen »Darstellung der Szene« beschäftigt. Tiecks Idee ihrer Wiederherstellung hält er zu dieser Zeit jedoch noch für einen ästhetischen Irrtum (IV,16 ff.). Im Aufsatz *Über Schauspieler und Sänger* drückt sich in dieser Hinsicht nun ein erstaunlicher Wandel im Urteil Wagners aus: das Abrücken vom Absolutheitsanspruch der Illusionsbühne. Wagner leitet nämlich sein an Shakespeare orientiertes Idealprinzip der »mimisch-dramatischen Natürlichkeit« aus der »Beurteilung des *einen* Umstandes« ab,

> »daß Shakespeares Schauspieler auf einer von allen Seiten von Zuschauern umgebenen Bühne spielten, während nach dem Vorgange der Italiener und Franzosen die moderne Bühne die Schauspieler immer nur von einer, und zwar von der Vorderseite, wie die Theaterkulissen, zeigt. Hier sehen wir das mit Mißverstand der antiken Bühne nachgebildete akademische Theater der Kunstrenaissance, in welchem die Szene durch das Orchester vom Publikum geschieden wird.« (IX,191 f.)

Was für Bayreuth gefordert wird, erscheint also hier – auf der Sprechbühne – als Fehlentwicklung. Das Publikum nimmt jetzt den Akteur nicht mehr freiplastisch, von allen Seiten wahr, sondern als Teil eines »theatralischen Bildes [...], wie es von der Geschicklichkeit des Dekorateurs, Maschinisten und Kostumiers gegenwärtig fast zu dem Range eines besonderen Kunstwerkes erhoben worden ist«. Nur auf dieser Art von Bühne konnte jenes »unnatürliche Pathos« gedeihen, das die gegenwärtige Schauspielkunst beherrsche. Von der »primitiven Volksbühne Shakespeares« herab, »welche alles täuschenden Blendwerkes der Dekoration entbehrte«, auf der die »spärlich verkleideten« Darsteller sich »nach jeder Richtung hin voll und ganz wie im gemeinen Leben vor dem Zuschauer« bewegten, wäre jenes Pathos, wären die heutigen »affektierenden Schauspieler in dieser nackten Nähe nicht zu ertragen« gewesen (IV,187.191 ff.).

Man mag bei Wagners Kritik der Illusionsbühne an Bert Brecht denken. Dessen Antiillusionismus bezieht sich freilich auch auf die mimische Täuschung; der Schauspieler soll, der Verfremdungstheorie zufolge, ja gewissermaßen neben seine Rolle treten, während Wagner ganz im Gegenteil aus dem Fehlen der »helfenden Täuschung« der Kulissen und Kostüme eine unerhörte Steigerung der »Natürlichkeit« und »Wahrhaftigkeit« des Spiels (IX,192), also der Täuschungskraft des Schauspielers ableitet. – Wagner hat in den siebziger Jahren wiederholt die Möglichkeit einer zeitgemäßen Anverwandlung der Shakespeareschen Plattformbühne ins Auge gefaßt. Seine in diese Richtung tendierenden Reformideen kreisen immer wieder um das Werk, das ihm dafür wie geschaffen scheint und das er überhaupt für den Gipfel aller Theaterkunst hält: Goethes *Faust*.

4. Idee eines »Faust«-Theaters

> »Ursprung und Wesen alles Theaters ist die mimische Stegreif-Produktion.«
>
> Thomas Mann, *Versuch über das Theater*.

Die Faszination durch Goethes *Faust* gehört zu den von der Jugend bis ins hohe Alter unter wechselnden Vorzeichen immer wiederkehrenden ästhetischen Elementarerlebnissen Richard Wagners.[61] Davon zeugen zahllose Brief- und Gesprächsäußerungen und die häufigen *Faust*-Reminiszenzen oder -zitate in den theoretischen Schriften – nicht zuletzt aber die musikalische Aneignung des Summum opus der Weimarer Klassik. Noch als Zeitgenosse Goethes, 1831, hat Wagner einige ›Nummern‹ des ersten Teils vertont – unreife, wenig markante Kompositionen. Von ganz anderem Rang ist die geplante »*Faust*-Symphonie«, von der Wagner freilich nur den ersten Satz (1839/40) abgeschlossen hat.[62] In einer Neufassung (1855) hat er diesem Satz den Titel *Eine Faust-Ouvertüre* gegeben. Der unbestimmte Artikel scheint zu signalisieren, daß seine Komposition, vielleicht das bedeutendste reine Instrumentalwerk Wagners, nicht den Anspruch erheben will, ›die‹ Musik zu Goethes inkommensurabler Dichtung zu sein.[63] Schon daß die ursprünglich geplante Symphonie Fragment geblieben ist (was Wagner durch die selbständige Herausgabe des Kopfsatzes als Ouvertüre verschleiert), deutet darauf hin, daß er wie so viele Komponisten vor und nach ihm, von Schumann bis Busoni, die Suche nach einer musikalischen Form, die Goethes Weltdichtung in all ihren poetischen Facetten widerzuspiegeln vermöchte, schließlich aufgegeben hat.

Das einzige musikalische Äquivalent des *Faust* ist für ihn allenfalls Beethovens *Neunte Symphonie* geblieben, für die er anläßlich der von ihm dirigierten Dresdener Aufführung im Jahre 1846 ein Programm verfaßt hat, das ihren musikalischen Ablauf fortlaufend durch vermeintlich analoge *Faust*-Zitate kommentiert (II,56 ff.). »*Faust* [...] und die Beethovensche Symphonie, darauf einzig kann Deutschland stolz sein«, sagt Wagner am 4. September 1874 zu Cosima; »denn das ist ganz deutsch, populär deutsch und umfaßt die ganze Welt, es ist das größte Meisterwerk.« Cosima wendet ein: »Doch nicht über Shakespeare.« Darauf Wagner: »Shakespeare ist das wahrhaftigste Bild der Welt, der *Faust* ist der Kommentar zu dem Bild, der Kommentar zu Shakespeare.« (CT I,849.).

Die grenzenlose Bewunderung der *Faust*-Dichtung, vor allem des zweiten Teils, hat Wagner freilich nicht gehindert, an ihr mitunter auch Kritik zu üben. Der soeben zitierte Vergleich mit Shakespeare zeigt, daß Wagner *Faust* der modernen Reflexionspoesie zuzählt. Bereits in seinem Brief an Eduard Hanslick vom 1. Januar 1847 setzt er Goethes Opus dem »bewußtlos produzierten Kunstwerk« vergangener Perioden entgegen. Was hier noch als ein Vorzug erscheint, wird Wagner später bisweilen zum Signal erschlaffender künstlerischer Gestaltungskraft des modernen Dichters – gemessen zumal am Werk Dantes und Shakespeares. *Faust* sei »einem viel wertvoller als die *Divina Commedia*«, sagt er am 17. Oktober 1876 zu Cosima, doch läßt er keinen Zweifel daran, daß in Goethes Hauptwerk »weniger Gestaltungsvermögen« sei (CT I,1008). Einige Monate später, angesichts einer erneuten »Wiederlesung« des *Faust*, beschreibt er mit der Hand eine aufsteigende und abfallende Kurve, um die Kulturentwicklung von Dante über Shakespeare zu Goethe zu beschreiben: »Shakespeare noch einem Kulminationspunkt der Kultur angehörend, Goethe nicht minder groß, schon einer Décadence-Zeit angehörig« (CT I,1026). Bemerkenswert, daß Wagner, der zum Idol der literarischen ›Décadence‹ werden sollte, diesen von ihm häufig verwendeten Begriff noch ausschließlich negativ – als Synonym für ›Verfall‹ – wertet![64] Naive Produktivität auf seiten Shakespeares steht dem größeren ›Kunstverstand‹ Goethes gegenüber. Bei diesem sehe man »den großen Dichter, wie er seinen Stoff anordnet, wie er ihn gestaltet«. Shakespeare hingegen bleibe als komponierendes Subjekt »unbegreiflich«; darin sei er Homer ähnlich. »Deshalb ist auch den Menschen der Gedanke gekommen, es habe kein Homer existiert, ja auch kein Shakespeare.« (CT II,500.)

Das wichtigste Beispiel für Wagners *Faust*-Kritik ist sein Brief an Mathilde Wesendonk vom 7. April 1858, in dem er sich mit Nachdruck gegen die Auffassung der Freundin wehrt, Faust sei »der bedeutendste Menschentypus, der bisher von einem Dichter geschaffen« wurde. Für Wagner repräsentiert er im Gegenteil »die versäumte Gelegenheit«, nämlich »des Heiles und der Erlösung« durch die Liebe – Wagners Lebensthema –, die Faust sich durch die Abwendung von Gretchen verscherzt hat. Daß das »Versäumte« im »Schlußtableau« künstlich nachgeholt wird – »so außerhalbliegend, nach dem Tode« –, überzeugt Wagner nicht mehr: In seinem Erdenleben sehen wir Faust nur in den Kreisen der »großen Welt«, der »antiken Kunstwelt« und endlich auf seinem Lebensgipfel – in der »praktisch-industriellen Welt« agieren, in der Sphäre des vom Innern getrennten »Objektiven« – während Wagner auf der Basis der Philosophie Schopenhauers den Angelpunkt des Lebens im »Mitleiden«, das die Trennung von Subjekt und Objekt aufhebt, das Außen dem Innen anverwandelt, also im »Weltwerden des Subjekts« sieht.[65]

Jenem Faust, für den in der tätigen Bewältigung des Außen die Lebenserfüllung bestehe, hält Wagner entgegen: »Nur Innen, im Innern, nur in der Tiefe wohnt das Heil!«[66] Das ist natürlich eine Reminiszenz an die Schlußverse der Rheintöchter im *Rheingold*: »Traulich und treu / ist's nur in der Tiefe / [...]« (V,268). Faust wird für Wagner zur Personifikation der modernen Entfremdung zwischen Ich und Welt, die durch sein musikalisches Drama, im Erlösungsmythos der Liebe, in welcher Subjekt und Objekt verschmelzen, aufgehoben sein soll. (Bedeutungsvoll sind in diesem

Zusammenhang die Reminiszenzen an das »Schlußtableau« des *Faust* in *Tristan und Isolde*, die unsere Interpretation des Musikdramas noch erhellen wird. Was Wagner im zitierten Brief an Mathilde Wesendonk kritisch bemerkt, wird im Liebesmysterium seiner *Tristan*-Dichtung poetisch chiffriert.)
Aus dem »jämmerlichen Faust einen edelsten Menschentypus machen zu wollen«[67], erscheint Wagner mithin absurd. *Faust* als Dichtung hingegen, als theatralisches Kunstwerk, stellt für ihn, sieht man einmal von Shakespeare ab, den er mit nichts vergleichen möchte, spätestens seit der Tribschener Zeit das Nonplusultra der dramatischen Dichtung dar. In einem Gespräch mit Cosima in seinem letzten Lebensjahr äußert er sich noch einmal ganz ähnlich wie 25 Jahre zuvor im Brief an Mathilde Wesendonk: Er könne nicht recht begreifen, wie Goethe Faust »nach dieser furchtbaren Erschütterung durch Gretchen [...] durch alle Abgeschmacktheiten ziehen [...] und mit einer dürftigen Werktätigkeit enden« lasse.[68] Als Cosima – wie einst Mathilde – Fausts Partei ergreift, ist er einen Moment verstimmt, »doch verhindert seine Auffassung des Wesens des *Faust* nicht die größte Bewunderung für die Durchführung des Planes« der ganzen Dichtung (CT II,929).
Die Tagebücher aus den letzten vierzehn Lebensjahren Wagners dokumentieren eine nahezu ununterbrochene *Faust*-Lektüre. »Wer wird je dieses Werk genügend kennen?« fragt er sich am 14. November 1873 (CT I,751). Als das »einzige wahrhaft deutsche Originalstück von allerhöchstem dichterischen Werte« bezeichnet er es im Aufsatz *Über Schauspieler und Sänger* (1872). Wagners Bewunderung gilt, wie gesagt, vor allem dem »immer noch ebenso verketzerten als unverstandenen zweiten Teil der Tragödie«, den die Koryphäen der »ästhetischen Kritik« glauben parodieren zu dürfen (IX,182 f.214). Natürlich denkt er hier an den *Faust III* (1862) seines einstigen Züricher Freundes Friedrich Theodor Vischer. – In seinem Gespräch mit Cosima am 4. Juni 1871 stellt Wagner einen Kanon der absolut »unentbehrlichen« Werke der Weltliteratur auf; dazu gehört – nach Homer, den attischen Tragikern (außer dem stets scharf kritisierten Euripides), Platons *Symposion*, Shakespeare und *Don Quijote* von Cervantes (daß Dantes *Divina Commedia* nicht genannt wird, ist zweifellos ein Versehen) – nur ein einziges Werk der deutschen Literatur: eben *Faust* (CT I,395).
Wiederholt bedauert Wagner, daß Goethe nicht um der Singularität dieser Dichtung willen darauf verzichtet hat, noch andere Werke zu schreiben (CT II,60). Nur die *Wahlverwandtschaften* schätzt er eine Zeitlang ähnlich hoch.[69] »Der *Faust* sollte eigentlich die Bibel sein, ein jeder sollte jeden Vers daraus auswendig wissen«, bemerkt er 1873 (CT I,658). »Das deutsche Monument, das deutsche Meisterwerk«, nennt er ihn zwei Jahre zuvor. Wie seine eigene *Ring*-Tetralogie möchte er ihn zu dieser Zeit – 1871 – offensichtlich zum ästhetischen Pendant des ›Reichs‹ monumentalisieren. – »Er möchte sich«, berichtet Cosima, »den *Faust* auf schönem Vélinpapier herrlich drucken lassen, als symbolisches heiliges Buch« (CT I,417). »Wie eine Art Evangelium ist dieses merkwürdige Buch in seiner seltsamen Form« (CT II,228). Derartige Huldigungen, die dem Werk einen quasi sakralen Charakter verleihen, kontrastieren mit den – zahlreicheren – Äußerungen, die den volkstümlich-naiven Ursprung seiner Theaterform (auch im zweiten Teil) hervorheben.
Wagners Sympathie gilt freilich nicht allen Teilen der Dichtung. Im Gespräch mit Cosima ist meist nur von *Faust II* und den Prologen die Rede. Die Mummenschanz und vor allem den Helena-Akt schätzt er merkwürdigerweise nicht,[70] um so mehr

fesselt ihn der spröde vierte Akt, der selbst die größten *Faust*-Enthusiasten vielfach gleichgültig läßt. »Von der Klassischen Walpurgisnacht gleich zu der Szene, wo Mephisto aus den Siebenmeilenstiefeln steigt, und bis zum Schluß, so müsse man ihn [*Faust II*] lesen.« (CT II,224.) Was Wagner immer von neuem in hellstes Entzücken versetzt, sein unbestrittenes Lieblingsstück im *Faust*, ist die »Klassische Walpurgisnacht«,[71] deren mythologischer Humor »unsere ganze Weltansicht« darstelle (CT I,760). Alles sei »dramatisch darin, für die Bühne gedacht mit Vergessen aller Bühnen, und in Ermangelung einer populären Kunst, wie die Griechen sie hatten, [sei hier] eine Popularität für Gebildete geschaffen« (CT II,395). Während Goethes mythischer Ernst Wagner mißfällt – vom Helena-Akt schätzt er nur den grotesken Auftritt Mephistos als Phorkyas (CT I,761), also den Nachklang des ungeheuren mythischen Witzes der Klassischen Walpurgisnacht –, gilt seine ganze Liebe dem mythologischen Satyrspiel. (Daher übrigens auch seine Begeisterung für Aristophanes.)

Thomas Mann hat in seinem Vortrag *Richard Wagner und »Der Ring des Nibelungen«* (1937) Wagners »selbstlose Altersbewunderung für Goethes griechische Phantasmagorie« mit Staunen und Freude über die Begegnung der beiden »großen Mythiker« zitiert. Doch er kennt nur die Äußerungen Wagners aus den letzten Lebensjahren und wähnt, dieser habe erst aus der Distanz zu der eigenen Sagendichtung Verständnis für Goethes humoristische Behandlung des Mythos gewonnen. Nichts könne »unwagnerischer sein als Goethes ironische Art, den Mythos zu beschwören, und dem jüngeren, selbst noch werkgebundenen Wagner hat die ›Klassische Walpurgisnacht‹ gewiß wenig oder nichts zu sagen gehabt«.[72] Daß das ganz einfach nicht zutrifft, daß Wagners hingerissene Lektüre der Goetheschen Phantasmagorie gerade in die Zeit der Komposition des *Ring* fällt, wird durch die Tagebücher Cosimas deutlich belegt. Wagner hat seine »urgermanischen« Gestalten keineswegs in so großem Gegensatz zu Goethes »ureuropäischen« Mythenbildern gesehen, wie Thomas Mann wähnt.[73] Immer ließ er durch den germanischen den griechischen Mythos durchscheinen.[74] Und überdies finden sich neben den tragisch-pathetischen auch in seiner *Ring*-Tetralogie komödiantische und ironische Elemente genug, die an Goethes »mythische Belustigung«[75] gemahnen. Sind die grotesken Gestalten der Nibelungenwelt von der subolympischen mythischen Sphäre der Greifen, Sphinxe, Pygmäen und Phorkyaden wirklich so weit entfernt? Die von Thomas Mann aufgestellte Antinomie, Wagner zelebriere den Mythos, Goethe scherze mit ihm, dürfte doch eine Vereinfachung sein.

Das auf die Klassische Walpurgisnacht gemünzte Paradox Wagners von der »Popularität für Gebildete« trifft den Kern seiner Deutung des *Faust* als Theaterwerk. »Ihr wisset«, ruft er den Lesern seines Aufsatzes *Über Schauspieler und Sänger* in Erinnerung, »ein Puppenspiel gab Goethe seinen *Faust* ein!« (IX,217.) Diese Herkunft haftet nach seiner Überzeugung selbst den sublimsten Momenten des zweiten Teils noch an. Immer wieder entdeckt er im Gespräch mit Cosima Stellen, die ihm zeigen, »wie sehr Goethe immer das Kasperltheater vor Augen behalten« (CT I,593), seine Figuren »förmlich auf Kasperl aufgebaut« habe (CT I,574). Diese Äußerungen sind natürlich durch sein Heidelberger Puppenspiel-Erlebnis (1871) inspiriert, doch schon vorher (am 23. Februar 1869) hat er einmal Cosima gegenüber den sonderbaren Plan eines eigenen »Kasperl« auf der Grundlage des Faust-Stoffs entwickelt, »das er Lust hätte, zu dichten und zu komponieren. Kasperl und Wagner sind die Hauptfiguren, Faust im Hintergrund« (CT I,62).

Kurz vorher hat er mit Cosima das »Faust-Puppenspiel« (in der Fassung von Karl Simrock) »unter herzlichem Lachen und wirklichem Interesse« gelesen. »Ein ganz andres Wesen als der spanische Grazioso und der italienische Harlekin ist doch der Kasperl, und wie zeugt er für die dramatische Befähigung der Deutschen.« (CT I,41.) Im Aufsatz *Über Schauspieler und Sänger* wird Wagner das »Kasperltheater« als die »Geburtsstätte des deutschen Theaterspieles« (VIII,182) bezeichnen. Diesem »originalen deutschen Theater«, nicht aber der modernen italienisch-französischen Kulissenbühne gehöre Goethes *Faust* an (CT I,182 f.). Es wurde schon erwähnt, daß Cosima im Februar 1877 mit den Kindern sogar das *Rheingold* für das Puppentheater einstudierte. Es ist also gewiß kein Sakrileg, wenn Thomas Mann in seinem *Versuch über das Theater* (1908), auf die Charakterisierung des Puppenspiels in *Über Schauspieler und Sänger* anspielend, den *Ring des Nibelungen*, an dem Wagner ja komponierte, als er den Aufsatz schrieb, ein »ideales Kasperltheater« nennt: »Hat denn noch niemandem die hohe Ähnlichkeit dieses Siegfried« – des »unbedenklichen Helden« – »mit dem kleinen Pritschenschwinger vom Jahrmarkt eingeleuchtet?«[76]

Die Puppenspiel-Verwandtschaft erklärt nach Wagner auch die Bühnenform, welche Goethe für seinen *Faust* im Auge gehabt habe. Es ist die in Kapitel 3 erörterte typische Form des Volkstheaters, das entsprechend der ursprünglichen improvisatorischen Aktion und Reaktion zwischen Schauspielern und Publikum eine strenge architektonische Abgrenzung des Zuschauerbereichs von der Bühne nicht kennt. Wagner hat vor allem die Shakespearebühne und das spanische Theater vor Augen. Auf dem »modernen Halbtheater mit seiner nur im Bilde, en face uns vorgeführten Szene«, also auf der Guckkastenbühne, sei *Faust* szenisch nicht überzeugend zu realisieren, heißt es in *Über Schauspieler und Sänger.* »Vor dieser Bühne bleibt der Zuschauer gänzlich unmitwirksam in sich zurückgezogen und erwartet nun dort oben, und gar endlich dort hinten, praktische Phantasmagorien, die ihn mitten in eine Welt hineinreißen sollen, welcher er andererseits ganz unberührt fern bleiben will.« (VIII,194.) Wagner denkt hier noch an die aktive Rolle des Zuschauers vor der Bühne des Stegreiftheaters, das sich auf die imaginative Beweglichkeit des Zuschauers verlassen kann und deshalb nicht illusionistischer »Ausführungen«, sondern bloß »sinnreicher Andeutungen« der Schauplätze bedarf. Für eine adäquate Inszenierung von Goethes *Faust* ist also eine »fundamentale Umwandlung« der Bühne notwendig, welche die »moderne Ausbildung aller mechanischen Künste« mit den »einfachen architektonischen Gegebenheiten des Shakespeareschen Theaters« verbindet. »So möchte schließlich nur noch ein kühner Appell an die mitwirkende Einbildungskraft des Zuschauers nötig sein, um ihn mitten in die Zauberwelt zu versetzen, in welcher vor seinen Augen ›mit bedächtiger Schnelle vom Himmel durch die Welt zur Hölle‹ gewandelt wird.« (IX,194 f.) (Die berühmten Verse aus dem »Theaterprolog« des *Faust*, an den nach Wagner ja »das ganze Kunstwerk der Zukunft« anknüpft; CT I,553.) Wie Wagner sich eine derartige Inszenierung, in welcher die theatralischen Vorgänge dem Publikum nicht mehr en face vorgeführt werden, sondern »uns von allen Seiten gleichsam umdrängen sollen« (IX,194), vorgestellt hat, dafür gibt es ein verblüffendes Zeugnis in Cosimas Tagebüchern (7. November 1872). Wagner entwickelt hier die Idee eines eigenen »Fausttheaters« mit einer bloß andeutenden, beweglichen Bühne, einer Art Podium »wie im Zirkus«; einige Vorgänge sollen sich gar »hinter dem Zuschauer«

abspielen, denn »das Umdrehen des Publikums belebte den Vorgang, sie wären Teilnehmende« (CT I,592 f.). Diese durch die Abwendung von der Guckkastenbühne bewirkte intensivere, quasi improvisatorische »Teilnahme« des Publikums ist natürlich nicht im Sinne der kritisch-rationalen Aufmerksamkeit Bert Brechts zu verstehen, sondern als stärkere imaginative Aktivität des – mobilen – Zuschauers. (»Die Zuschauer spielen mit, und die Menge verschmilzt mit dem Theater in ein Ganzes«, hat einst Goethe über die Commedia dell'arte geschrieben.)[77]

Der Gedanke eines *Faust*-Theaters – das eine Alternativ-Bühne zum Bayreuther Festspielhaus hätte werden können, die Verwirklichung der hier erläuterten ›anderen‹ Theateridee Wagners – hat ihn nie mehr losgelassen, wenn ihm auch die Konzentration auf das eigene Werk und seine szenische Realisierung ganz einfach keine Zeit, keine Kraft – und vor allem kein Geld ließ, jenes Projekt in die Tat umzusetzen. Noch wenige Monate vor seinem Tode liest Wagner erneut aus dem vierten Akt des *Faust II* vor, und zwar das Gespräch zwischen Faust und Mephisto vor der Schlacht. Immer wieder bricht er in bewundernde Ausrufe über Goethes »Witz« und Tiefe aus. »Einzig göttlich« sei das Werk, ja überhaupt »das schönste Buch, welches in deutscher Sprache geschrieben«. Und er verweist beglückt auf die Regiebemerkung nach V. 10 234: »Trommeln und kriegerische Musik im Rücken der Zuschauer, aus der Ferne, von der rechten Seite her.« Diese Anweisung »hebt Richard hervor als Beweis, wie richtig die Bühne war, die er für *Faust* sich gedacht«, berichtet Cosima (CT II,1010): Der Zuschauer soll die Bühnenvorgänge nicht nur vor sich, sondern auch hinter sich haben; von allen Seiten hat die Szene ihn zu umgeben. Die Vorstellung eines totalen Theaters, wie sie im 20. Jahrhundert vielfach verwirklicht worden ist! Eine solche Inszenierung des *Faust* würde Wagners Aufsatz *Über Schauspieler und Sänger* zufolge im Gegensatz zum gängigen Vorurteil beweisen, »daß kein Theaterstück der Welt eine solche szenische Kraft und Anschaulichkeit aufweist« wie gerade *Faust II* (IX,214).

Mit der Guckkastenbühne, so hofft Wagner, würde auch das allein auf ihr beheimatete »rhetorische Pathos« verschwinden (IX,192): Wenn es »selbst für den lieben Gott, der so ›menschlich mit dem Teufel spricht‹, keines Pathos in der Rede bedarf«, um wieviel weniger dürfen die Erdenbürger hier pathetisch deklamieren. Dem Direktor des Wiener Burgtheaters hat Wagner, wie er selbst berichtet, anläßlich einer durch Pathos ruinierten *Faust*-Aufführung geraten, die Schauspieler ihre Verse »noch einmal so schnell, wie sie es getan«, sagen zu lassen »und diese Maßregel mit der Uhr in der Hand durchzusetzen« (IX,183 f.). »Ich hasse das Pathos!« ruft er einmal im Gespräch mit Cosima aus (CT II,304). Nach einer eigenen Rezitation aus dem *Faust* bemerkt er, daß der »Ton«, in welchem Goethes Dichtung »gesprochen werden sollte, durchaus einfach, natürlich« zu sein habe; »alles sei verloren, wenn der Schauspieler zu verstehen gebe, daß er den metaphysischen Gehalt ahne« (CT I,573). In *Deutsche Kunst und Deutsche Politik* (1867/68) äußert Wagner gar zynisch den Verdacht, daß die »seltsam gedehnte« Deklamation der deutschen Schauspieler »nur aus der Schwierigkeit, dem Souffleur zu folgen«, entstehe (VIII,47).

Nicht im Burgtheater, sondern auf der Wiener Vorstadtbühne, der Geburtsstätte des Kasperl, glaubt Wagner die idealen *Faust*-Darsteller zu finden, denn hier, zumal in den Stücken des von ihm besonders geliebten, ja als »genial« bezeichneten Ferdinand Raimund,[78] sieht er schon eine Spielart jener Synthese des Populär-Naiven mit dem Sublimen, die er an *Faust* bewundert. »Aus der Wiener Volksposse, mit ihren dem

Kasperl und Hanswurste noch deutlich erkennbar nahestehenden Typen, sehen wir die Raimundschen Zauberspiele bis in das Gebiet einer wahrhaft sinnigen theatralischen Poesie sich erheben.« (IX,186.) Der Volksschauspieler wird am ehesten den »populären« Grund der Goetheschen Dichtung erfassen, der sich im Knittelvers des Beginns der *Faust*-Tragödie manifestiert und in dem sie sich mit der »rohen Kunst unseres alten Volksdichters Hans Sachs« trifft.

> Der Wunderbau [...], den Goethe auf jenem sogenannten Knittelverse aufführte, [...] scheint diese Grundlage vollendetster Popularität nie zu verlassen, während er sich auf ihr bis in die höchste Kunst der antiken Metrik schwingt, Glied um Glied mit Erfindungen einer selbst von den Griechen ungekannten Freiheit ausfüllend, vom Lächeln zum Schmerz, von der wildesten Derbheit zur erhabensten Zartheit hinüberleitend.« (IX,214 f.)

Im Gespräch mit Cosima am 13. Dezember 1878 redet Wagner noch einmal unter Hinweis auf den von Hans Sachs übernommenen Knittelvers über das »ungeheuer Volkstümliche« bei Goethe, das noch nie angemessen gewürdigt worden sei (CT I,256). Das Ideal »vollendetster Popularität« gemahnt an die Wagner wohlbekannte Rezension Schillers *Über Bürgers Gedichte* (1791), die ebenfalls um die Idee einer »Popularität« kreist, welche den »ungeheuren Abstand« zwischen der »Auswahl« (Elite) und der »Masse« einer Nation überbrückt.[79]

In *Eine Mitteilung an meine Freunde* (1851) hat Wagner Hans Sachs als »die letzte Erscheinung des künstlerisch produktiven Volksgeistes« bezeichnet (IV,284). Er selbst hat aus diesem Grunde die »rohe Kunst« des Nürnberger Meisters in gewisser Weise zur stofflichen Basis seines Musikdramas gemacht. Der Dichter der Tristan- und Siegfried-Stücke (die in Wagners Dresdener Bibliothek gestanden haben) betritt in den *Meistersingern* persönlich die Bühne, spielt auf sein »traurig Stück« von Tristan und Isolde an (VII,254) und wird im »Wach auf«-Chor in seinen eigenen Versen gefeiert. Wie sehr aber dieser Hans Sachs aus dem Geiste Goethes, nämlich seines Gedichts *Hans Sachsens poetische Sendung*, gebildet ist, das hat z. B. schon Hugo von Hofmannsthal in seiner liebevollen *Meistersinger*-Huldigung im Brief an Richard Strauss vom 1. Juli 1927 eindrucksvoll belegt.[80] Bei Wagner waltet mithin ein vieldeutiger Beziehungszauber zwischen der historischen Gestalt des Hans Sachs und seinen Schauspielen, zwischen seiner poetischen Deutung durch Goethe und dessen eigener dichterischer Anknüpfung an die ›rohe Kunst‹ des Nürnberger Meisters, zwischen der Wagnerschen Dramatisierung einiger auch von Sachs bearbeiteter Sagenstoffe und der Vertonung seiner eigenen Verse – bis hin zu seiner Beschwörung als dramatische Gestalt, in der sich Historisches, Goethesches und Wagnersches untrennbar verbinden.

Hans Sachs bildet für Wagner also das gemeinsame populäre Fundament der Goetheschen *Faust*-Dichtung und seines eigenen musikalischen Dramas. Auch dies erklärt seine Faszination durch Goethes Lebenswerk. »Wie Sphinxe ragen solche Werke in unsere unfähige Kultur hinein«, äußert er am 30. Januar 1874 zum *Faust*. »Nachgeholt kann das deutsche Schauspiel nicht werden, das ist versäumt worden, die Musik ist da und hat alles überschwemmt.« (CT I,787.) Das ›Versäumnis‹ des deutschen Dramas besteht darin, daß es, mit *Oper und Drama* zu reden (IV,16), »Hörspiel« und nicht »Schauspiel« geworden, als »Literaturdrama« dem mimisch-improvisatorischen Volkstheater entfremdet ist. Allein *Faust* hat sich nach Wagners Überzeugung vom populären Grund des Schauspiels nicht entfernt, obwohl Goethe auf diesem Grunde einen höchst

sublimen Bau errichtet, dessen Spitze sich vor dem alltäglichen Blick in metaphysische Fernen entzieht. *Faust* ist indessen eine Ausnahme geblieben. Das musikalische Drama hat alle volkstümlichen Tendenzen an sich gezogen und das rezitierte Drama als lebenden Anachronismus in das Schattenreich der ›Literatur‹ versinken lassen.
Gewiß hat Wagner, der Liebhaber der Fiabe dramatiche Gozzis und der »Zauberspiele« Raimunds, im *Ring des Nibelungen* eine ähnliche Verbindung des Sublimen mit dem Populären eines naiv-phantastischen Realismus erstrebt wie Goethe im *Faust*. Die märchenhaften Züge zumal im *Rheingold* und *Siegfried* sind durch einen vorherrschend statuarischen oder abstrahierenden Regiestil lange verdunkelt worden. Die Berichte über die *Ring*-Proben 1876 lassen jedoch keinen Zweifel daran, daß Wagner von den Sänger-Darstellern einen nicht selten drastischen Realismus verlangte. So berichtet Heinrich Porges, Wagner habe dem Darsteller des Mime, der die Anweisung, er habe sich den Rücken zu streichen, nicht deutlich genug ausführte, zugerufen: »Sie können das Streichen des Rückens schon weiter ausdehnen und sich herzhaft den Arsch streichen! Die Piccolo-Flöte hat ohnedies so verdächtige Trillerchen.«[81] Das entspricht durchaus Wagners Auffassung von der naiv-drastischen Spielweise des Volkstheaters – ebenso die Tatsache, daß ihm Märcheneffekte wie das Erscheinen des Drachen so wichtig waren. Paul Lindau schüttelte verwundert den Kopf darüber, »daß ein großer Künstler wie er sich dazu hergibt, zu einer Sehenswürdigkeit, die auf den Jahrmarkt taugt, Musik zu machen. In die Kulisse mit dem Lindwurm!«[82] Aber hat Wagner sich seine Inspirationen nicht tatsächlich vielfach vom Jahrmarkt geholt? Seine Kasperltheater-Begeisterung beweist es.
Steht Wagners Personenregie in ihren Grundelementen also durchaus mit seiner Theorie in Einklang, so scheint der Kulissen- und Kostümrealismus der Bayreuther Inszenierungen derselben radikal zu widersprechen. Indessen ist nicht zu verkennen, wie skeptisch Wagner der Bühnen- und Kostümbildnerei seiner Zeit gegenüberstand. An den Bayreuther Bühnenbildentwürfen kritisiert er einmal »die Hintansetzung der dramatischen Intentionen, einer landschaftlichen Detailführung zulieb«; im Falle der Gibichungenhalle tadelt er die »äußere Pracht«, von der er nichts mehr wissen wolle: von Gegenständen wie *Tannhäuser* und *Lohengrin* habe er sich ganz entfernt und suche den Menschen »ohne jede konventionelle Zutat« vorzuführen (CT I,758). Cosima kritisiert später an den Kostümen das »plastisch zu Deutliche«, das »der Wirkung der Musik und der Tragödie« schade (CT I,974), oder sie bemerkt zu den Figurinen, in ihnen drücke sich zu sehr »der spielerische Trieb des Archäologen« aus, »zum Schaden des Tragischen und Mythischen. Ich möchte alles viel einfacher, primitiver haben« (CT I,994). »Die Kostüme erinnern durchweg an Indianer-Häuptlinge und haben neben dem ethnographischen Unsinn noch den Stempel der Kleinen-Theater-Geschmacklosigkeit!« (CT I,997.) Die völlige Depression Wagners nach den Festspielen (CT I,1001 f.) dokumentiert, wie weit die Inszenierung des *Rings* von seinem Ideal entfernt gewesen ist, das in der Synthese aus mimischem Realismus und ›andeutender‹ Szene, naiver Phantastik und mystisch-symbolischer Abstraktion bestanden haben mag.
Während der Arbeit am *Parsifal* lesen wir in den Tagebüchern Cosimas immer wieder unmutige Ausrufe Wagners wie: »Nie nie nie sich wieder mit Aufführungen draußen abgeben« (CT II,111)![83] »Es graut mir vor allem Kostüm- und Schminke-Wesen; wenn ich daran denke, daß diese Gestalten wie Kundry nun sollen gemummt werden, fallen

mir gleich die ekelhaften Künstlerfeste ein, und nachdem ich das unsichtbare Orchester geschaffen, möchte ich auch das unsichtbare Theater erfinden!« (CT II,181.) Bereits in seinem *Brief über das Schauspielerwesen an einen Schauspieler* (1872) berichtet Wagner von dem »übermäßig beklemmenden Eindrucke« bei der Betrachtung von Kostümen und Masken:

> »Es gibt vielleicht wenig Grauenhafteres für uns Laien der heutigen Zeit als ein Besuch der Garderoben unserer Schauspieler vor dem Beginn einer Theatervorstellung, namentlich wenn wir dort etwa einen Freund aufsuchen, mit welchem wir kurz zuvor noch auf der Straße verkehrten. Am mindesten abschreckend wirken hier noch die grausamen, alten oder krüppelhaften Masken, wogegen die jugendlichen Helden und Liebhaber mit ihren falschen Locken, verführerisch gemalten Gesichtern und überzierlich ausstaffierten Anzügen uns zu wahrhaftem Entsetzen bringen können.« (IX,260 f.)

Aus diesem Entsetzen resultiert Wagners Sympathie für die vermeintlich »spärlich verkleideten« Schauspieler des elisabethanischen Theaters und für das Fehlen »alles täuschenden Blendwerkes der Dekoration« dortselbst; eine solche Kostüm- und Kulissenkargheit ist nach seiner Überzeugung dem mimischen Realismus nur förderlich (IX,191 ff.).

Man darf nie vergessen, daß die beiden Bühnenformen, an denen Wagners Konzeption des Theaters sich immer orientiert hat: attisches Amphitheater und Shakespearebühne, den denkbar größten Gegensatz zur modernen Kulissenbühne bilden, von der sich Wagner in Bayreuth trotz seiner kühnen, weit in die Zukunft weisenden Pläne zur architektonischen Umgestaltung des (Sprech-)Theaters noch nicht zu lösen vermochte. – Überdies hat Wagner die musikalischen Inspirationen für sein dramatisches Ideal weit weniger von der als künstlerischer Wechselbalg abgelehnten Oper als vom gleichsam »unsichtbaren Theater« der Instrumentalmusik empfangen, die er, wie seine literarisch-theatralische Deutung der Symphonien Beethovens zeigt, als eine Art defiziente Dramatik aufgefaßt hat.[84] Aufschlußreich in diesem Zusammenhang sind auch die in den Tagebüchern Cosimas immer wiederkehrenden Bemerkungen Wagners, er wolle nach *Parsifal* nur noch Symphonien schreiben.[85]

Wie sehr Wagner sich die Aufführung von nicht dramatischen musikalischen Werken als unsichtbares Theater vorstellte, dafür gibt es ein faszinierendes Zeugnis in den Tagebüchern Cosimas: den Plan einer Präsentation von Beethovens *Missa solemnis*. Wagners musikalische ›Regie‹ orientiert sich hier an der gleichen zirkusartigen Podiumsbühne, die das Kernstück seines »Fausttheaters« sein sollte. Diese Bühne hebt die Trennung von aktivem Künstler und passivem Publikum auf; wie im Stegreiftheater gibt es nur noch »Teilnehmende«. »Er wolle«, sagt er am 6. Januar 1872 zu Cosima, »das Orchester in der Mitte des Saales aufstellen und den Chor ringsherum zirkusartig, alles müsse mitsingen [...], denn diese Musik sei nicht zum Zuhören, den eigentlichen Eindruck habe nur, wer mit rase [...]; überhaupt sei alle Musik für die Ausübenden gemacht!« (CT I,478.) Daß diese Idee einer Verschmelzung von Ausübenden und Zuhörenden – das Publikum als dionysischer Chor! – unter dem Eindruck von Nietzsches *Geburt der Tragödie aus dem Geiste der Musik* (1872) konzipiert ist, darf sicher angenommen werden. Der Zirkus als Modell des Wagnerschen Idealtheaters, das nicht nur die bestehende Schauspiel- und Opernbühne, sondern auch die für die Inszenierung des musikalischen Dramas entworfene Festspielbühne mit ihrer Trennung von Szene und Publikum utopisch transzendiert!

5. »Absichtliche Zufallsproduktion« – Wagners Theorie der fixierten Improvisation

>»Wagners Musik ist im streng musikalischen Sinn mehr Improvisation als Konstruktion.«
>
> Igor Strawinsky, *Musikalische Poetik*.

Wagners intensive Beschäftigung mit Goethes *Faust* in den siebziger Jahren hängt nicht zuletzt damit zusammen, daß er hier eine dramatische Form vorzufinden glaubt, die seiner Idee der fixierten Improvisation – im Gegensatz zum Formmodell der antiken Tragödie – in besonderem Maße entspricht. Immer wieder ist in den Gesprächen mit Cosima von Goethes Verteidigung der »barbarischen Avantagen« (in den Anmerkungen zu *Rameaus Neffe*)[86], von der »barbarischen Komposition« die Rede, die Goethe seinem Brief an Schiller vom 26. Juni 1797 zufolge im *Faust* nicht gescheut hat, obwohl er damit, wie er zugibt, gegen die »höchsten Forderungen« der Ästhetik verstößt, die sich nun einmal an der antiken Kunstform orientieren.[87] Als Cosima am 8. Februar 1872 wieder einmal jene barbarischen Avantagen erwähnt, »von denen Goethe sagt, daß wir mutig auf sie bestehen müßten«, antwortet Wagner: »Ja, der *Faust*, die *Neunte*, die Passionsmusik von Bach sind solche barbarischen Werke, d. h. solche, die als Kunstwerke nicht mit einem griechischen Apollon oder einer griechischen Tragödie verglichen werden können.« Ihnen rechnet er auch seine Konzeption des »Kunstwerks der Zukunft« zu (CT I,488). Wenig später nennt er *Faust* gar »eine Art Skizze, die Goethe selbst mit Verwunderung betrachtet, als ein sonderbares Produkt – als vollendetes Kunstwerk gab er es nicht aus« (CT I,491 f.). Die Parallele zu Beethovens *Neunter Symphonie* – für ihn der Gipfel der Kunstgeschichte – zeigt, daß diese fehlende Vollendung im Sinne des griechischen Kunstideals, daß die »barbarische« Öffnung der Form seiner Überzeugung nach eine neue und höhere ästhetische Gesetzmäßigkeit offenbart.

Beethovens Spätwerke sind für Wagner gewissermaßen Fixationen seiner Improvisationen, freien Phantasien am Klavier, welche die Zeitgenossen so beredt beschrieben haben. »Das ist das Ungeheure an Beethoven, daß er in seinen letzten Quartetten das Phantasieren festzuhalten gewußt hat, was nur durch höchste, höchste Kunst zu erreichen war.« (CT I,319.) Etwas Ähnliches behauptet Wagner einmal von Bach: »Gewisse Traits sind in Bach nur dadurch zu erklären, daß er ein großer Improvisator war und daß er das, was er leichthin phantasierte, festhalten wollte.« (CT I,169.) Was ex improviso, ›unversehens‹, zufällig, vom Augenblick eingegeben scheint, ist also Produkt höchster, bewußter Kunstabsicht. Darin scheinen romantische Formideen nachzuwirken: Poesie als »absichtliche Zufallsproduktion« im Sinne von Novalis, der diese Idee bezeichnenderweise im Bilde des Tasteninstruments beschreibt: »Der Poet braucht die Dinge und Worte wie Tasten, und die ganze Poesie beruht auf tätiger Ideenassoziation – auf selbsttätiger, absichtlicher, idealischer Zufallsproduktion [...].«[88] Die musikalische Idee des Phantasierens beim späten Wagner ist zweifellos aus romantischem Geiste gedeutet, als das Vermögen, alle Beschränkung durch etablierte Normen zu durchbrechen und sich gewissermaßen, Friedrich Schlegels Worten im *Gespräch über die Poesie* (1800) gemäß, »in die schöne Verwirrung der Phantasie, in das ursprüngliche Chaos der menschlichen Natur zu versetzen«.[89]

Die Improvisationsidee taucht tatsächlich in einer Wagners Spekulationen sehr verwandten Gestalt schon in der Romantik auf. So hat Brentano in einem Brief an Tieck vom 11. Januar 1802 den Plan eines deutschen Stegreiftheaters nach dem Muster der Commedia dell'arte entwickelt.[90] Am ausführlichsten von allen Romantikern hat sich Adam Müller über das Stegreifspiel geäußert. Seine Abhandlungen kommen der Ästhetik des späten Wagner so nahe wie keine andere Theorie des Theaters. Hier finden wir in nuce bereits die beiden konkurrierenden Bühnenkonzeptionen Wagners. Während im Trauerspiel traditionsgemäß »Bühne und Publikum streng voneinander geschieden« seien, bleibe letzteres in der Komödie unmittelbar in das Bühnengeschehen einbezogen. Hier sei also »das echte Improvisieren oder Extemporieren [...] an seinem wahren Ort«. In der Tragödie »spricht die Bühne allein«, sie ist also »mehr monologischer, monarchischer Natur«, während die Komödie durch die Wechselwirkung von Bühne und Publikum »mehr dialogischer, demokratischer Natur« ist. (Diesen »demokratischen« Charakter der Improvisation will Richard Wagner nicht mehr der Komödie vorbehalten, sondern auf das Schauspiel schlechthin übertragen.) Adam Müller sieht eine Zeit kommen, »wo das wirkliche Leben im Parterre und das idealische Leben auf der Bühne so einig sind [...], daß die Schauspieler nur die Tonangeber eines großen Dialogs sind, der zwischen dem Parterre und der Bühne geführt wird«, wo »improvisierende Wortführer des Publikums« in das Werk des Dichters eingreifen, während »Improvisatoren auf der Bühne« dasselbe verteidigen. Ziel eines solchen republikanischen »Universallustspiels« – dessen Vorbilder Müller wie Wagner vor allem im Wiener Volkstheater findet – wird es sein, daß alle »hineingerissen [...] werden in das gewaltige Leben der Poesie, nicht außerhalb sitzen und kalt und kritisch hineinschauen« (die durch das »Guckkasten-Prinzip unsrer Bühne« bedingte Haltung).[91] Die Kongruenz der dramaturgischen Maximen Adam Müllers und Wagners ist ebenso evident wie ihr radikaler Gegensatz zum gleichfalls auf die Überwindung des Guckkastenprinzips zielenden epischen Theater Bert Brechts.
In der Improvisation haben die Romantiker nach den Worten Walter Hincks »die archetypische Form eines eigenen Schaffens- und Gestaltungsprinzips gefunden«, das als ein solches »absoluter künstlerischer Freiheit« den augenblicksentsprungenen Einfall auf Kosten der feststehenden, kanonischen künstlerischen Formen verabsolutiert – in Widerspruch zu aller antik-klassischen Geschlossenheit und Vollendung.[92] Während die antike Kunst »eine harmonische Verkündigung der auf immer festgestellten Gesetzgebung einer schön geordneten [...] Welt« sei, heißt es in August Wilhelm Schlegels *Vorlesungen über dramatische Kunst und Literatur* von 1811 (die Wagner genau studiert hat), sei die romantische »der Ausdruck des geheimen Zuges zu dem immerfort nach neuen und wundervollen Geburten ringenden Chaos, welches unter der geordneten Schöpfung, ja in ihrem Schoße sich verbirgt: der beseelende Geist der ursprünglichen Liebe schwebt hier von neuem über den Wassern.«[93]
Daß die Improvisation in der vorromantischen Musik und Stegreifkomödie freilich etwas ganz anderes war, ist nicht zu bezweifeln. Das extemporierte Spiel entfaltete sich einst wie die Redekunst in einem bereitgestellten, durchaus konventionellen Rahmen[94] – als »symbolische Konventionalbegriffe« bezeichnet Justus Möser in seiner Apologie des *Harlekin* die Masken der Commedia dell'arte[95] –, während die Romantik, und Wagner, gewissermaßen auch jenen ursprünglich fixierten Rahmen für die Improvisation freigeben. Das Improvisieren, freie Phantasieren ist für Wagner somit der Weg, die

konventionellen Gattungen und Formen, in der Musik zumal das herkömmliche Periodenschema zu durchbrechen.[96] »Was ist das Geschriebene gegen die Inspiration, was ist das Phantasieren gegen das Notieren«, so äußert er im Gespräch mit Cosima am 4. Dezember 1870; »letzteres tritt unter bestimmte Gesetze der Konvention, ersteres ist frei, grenzenlos« (CT I,319). Deshalb gilt an die Musiker derselbe Rat wie an die Schauspieler: »Improvisieren soll ein jeder, in der Improvisation kann jeder gute Musiker etwas Interessantes leisten; aufschreiben aber ist ein ganz andrer Prozeß, da muß es Sonate werden, Suite etc.« – d. h. konventionelle Form; »und um eine alte bestimmte Form beleben zu können, dazu gehört viel« (CT I,345).

Was Beethoven durch die Improvisation gelungen sei, das hat Wagner sich auf dramatischem Gebiet zum Ziel gesetzt: »Bei mir ist es das Drama, das immer die Konvention bricht.« (CT I,319.) Das »Kunstwerk der Zukunft« soll nun das Außerordentlichste leisten: die Verschmelzung der musikalischen mit der mimisch-dramatischen Improvisation. Das »von uns in Aussicht genommene Kunstwerk« wird im Aufsatz *Über die Bestimmung der Oper* (1871) definiert als »durch die höchste künstlerische Besonnenheit fixierte mimisch-musikalische Improvisation von vollendetem dichterischen Werte« (IX,151 f.). Hier greift Wagner die namentlich in seiner Beethoven-Festschrift von 1870 entfaltete These von der »Urverwandtschaft« Shakespeares und Beethovens (IX,106 ff.) wieder auf, nun unter dem Gesichtspunkt der improvisatorischen Form ihrer Kunst, die sich – die dramatische und die musikalische – zu der »ungemeinen Neuheit der Form« eines Kunstwerks verbinden würden, in welchem die »Quadratur einer konventionellen Tonsatzkonstruktion« ebenso »vor einer idealen Anordnung von allerhöchster Freiheit vollständig verschwinden« könnte, wie analog seine dramatische Gestalt, »mit ihrer erhabenen Unregelmäßigkeit zu dem antiken Drama gehalten, fast in dem Lichte einer Naturszene gegenüber einem Werke der Architektur« erscheinen würde (IX,149).[97] Angesichts des mühevollen Entstehungsprozesses der Wagnerschen Musikdramen von der poetischen Ausarbeitung über Kompositions- und Orchesterskizze bis hin zur ausgearbeiteten Partitur[98] scheint die Idee des improvisatorischen Theaters freilich nichts anderes zu sein als das Sehnsuchtsbild einer Kunst, die für Wagner das zwar höchste, ihm selbst jedoch weithin verschlossene ästhetische Feld ist – die ›verlorene Natur‹ der Musik, die er als das im Medium der »Besonnenheit« wiederzufindende Ideal dem Kunstwerk der Zukunft zum Ziel setzt.

Wie wenig Wagner die Leichtigkeit des Improvisierens beschieden war, davon zeugen zahllose Stellen in den Tagebüchern Cosimas, an denen er von dem förmlichen »Grauen« vor der Arbeit des Partiturschreibens spricht (CT I,428). »Freude machen mir meine Sachen nur bis zu der ersten Tintenausarbeitung, wenn der nebelhafte Bleistiftgedanke plötzlich klar und deutlich vor mir steht.« (CT I,338.) »Beim Phantasieren habe ich alles, endlos, nun heißt es fixieren, da kommen einem die physischen Griffe schon in den Weg; wie war es denn, heißt es dann, nicht wie es ist, wie soll es sein, wie war es, und nun suchen, bis man es wiederfindet.« (CT I,404.)[99] Hier vor allem muß er gespürt haben, daß ihm etwas fehlte, was Bach, Beethoven – oder Franz Liszt, den er in diesem Zusammenhang freilich nie erwähnt – so selbstverständlich zu Gebote stand: die unmittelbare Realisierung der musikalischen Eingebung, das Phantasieren auf dem Klavier, von dem nur noch ein Schritt ist zur »fixierten Improvisation« der Partitur. Wagner hingegen vermochte aufgrund seiner dürftigen Fähigkeiten als

Pianist nur auf einer imaginären Tastatur zu phantasieren. Um so weiter der Weg zur unverfälschten »Fixierung« der Eingebung!

Merkwürdigerweise betont Wagner wiederholt, daß das Geschäft des »Schriftstellerns« und Dichtens ihm weit weniger Mühe bereite als das Komponieren. »Wie gern würde ich jetzt dichten«, sagt er am 10. Mai 1870 zu Cosima, »welche leichte rasche Arbeit, was ist das im Vergleich zum Partiturschreiben« (CT I,229). Auf der anderen Seite hat er wohl gespürt, daß auch sein Dichten, die literarische Konzeption des Musikdramas, weit von der improvisatorischen Leichtigkeit entfernt gewesen ist, die er an Shakespeare oder Lope de Vega bewundert hat. Anläßlich einer Unterhaltung mit Cosima über das römische Lustspiel bemerkt er: »Ja, ja, wir sind alle Römlinge, Shakespeare war ein Atellane!« (CT I,613.)[100] Damit spielt er auf das nach der kampanischen Kleinstadt Atella benannte altitalienische Stegreiflustspiel an, das später zur römischen Kunstkomödie stilisiert wurde und dessen Charaktertypen in der Commedia dell'arte wiederaufleben sollten. Erneut ein Beispiel dafür, daß die Kunst des Extemporierens für Wagner die höchste Kunst überhaupt gewesen ist.

Es ist freilich nicht zu verkennen, daß Wagner den Begriff der Improvisation vielfach rein metaphorisch verwendet, daß die improvisatorische Gestalt des Dramas nur der Schein seiner – unregelmäßigen – Form, wie die romantische Zufallsproduktion in Wahrheit eben genau kalkuliert sein soll – ein paradoxes ästhetisches Strukturprinzip. In diesem Sinne hat Thomas Mann in seinem *Versuch über das Theater* (1908) Wagners Kunst tatsächlich als »fixierte theatralische Improvisation« bezeichnet.[101] – Was Wagner an der Improvisation fasziniert, das ist, um eines seiner Lieblingswörter zu verwenden, das »Unwillkürliche« im Gegensatz zu aller vorgeprägten Norm und Routine des »Metiers«. Man darf an Siegfried, die personifizierte Unwillkür, denken, als er das Schwert schweißt, das der gelernte Schmied Mime nicht zu richten vermag. Was sonst nur dem Metier beschieden scheint, gelingt hier aus dem Augenblick heraus, ja es glückt etwas, das weit über die Möglichkeiten des Metiers hinausgeht. Eben das aber erhofft Wagner auch von der Improvisation. Ferruccio Busoni hat von ihr gesagt, sie »stünde dem eigentlichen Wesen der Kunst am nächsten, wenn es in des Menschen Fähigkeiten läge, die Eingebung aus dem Stegreife zu meistern«.[102] Dieses im Irrealis formulierte Ideal der gemeisterten Eingebung liegt aber auch Wagners Paradox der fixierten Improvisation, der kalkulierten Unwillkür zugrunde. Ein einziges Mal hat er dieses Ideal unverkürzt realisiert – freilich nur im Bereich der Fiktion: Stolzings Preislied in den *Meistersingern* ist in der Tat fixierte Improvisation. Davon wird in unserer Interpretation der musikalischen Komödie noch die Rede sein.

Im übrigen hat Wagner wirklich geglaubt, daß er trotz aller zugegebenen Mühsal und Kalkulation beim Komponieren doch in gewisser Weise »improvisiere«, ohne »Voraussicht« des Kommenden verfahre. Davon zeugt z. B. eine Äußerung, die Cosima am 1. September 1871 aufgezeichnet hat:

> »Der Improvisator wie der Mime muß ganz dem Augenblick angehören, an das, was nachkommt, gar nicht denken, ja es gleichsam nicht kennen. Das Eigentümliche meiner Kunst z. B. ist, daß ich jede Einzelheit als Ganzes betrachte und mir nicht sage: Da dies oder jenes nachfolgen wird, mußt du es so und so machen, etwa so und so modulieren; ich denke, das andre wird sich schon finden, anderswie wäre ich verloren; und doch weiß ich, daß ich unbewußt einem Plane gehorche. Das sogenannte Form-Genie hingegen überlegt sich: ›Dies

und jenes folgt, so muß ich so und so machen‹, und macht es mit Leichtigkeit.«
(CT I,433.)[103]

Wagner zeigt sich hier ganz und gar als musikalischer Epiker; die Einzelheit als Ganzes, die Selbständigkeit der Teile haben Goethe und Schiller als das Strukturmerkmal der Epik dem streng auf das Nachfolgende ausgerichteten Finalprinzip der dramatischen Dichtung gegenübergestellt. Wie Wagner sich beim *Ring* von der Eigendynamik des Stoffes und der Gesetze seiner musikalischen Vergegenwärtigung über den präjudizierten dramatischen Zuschnitt (*Siegfrieds Tod*) gewissermaßen ›episch‹ hinwegtragen ließ, so weigert er sich nun prinzipiell, die Apriorität der ›Form‹ zuzugeben.

In dieser Weigerung, im Nichtwissenwollen, daß »dies und jenes folgt«, kommt nichts anderes zum Ausdruck als die Ablehnung der absoluten, in sich selbst gegründeten Musik oder, positiv betrachtet: die Determination der Musik durch Sprache und szenische Aktion, die man als *das* Prinzip der Wagnerschen Musikdramatik bezeichnen darf. Die »tragende Maxime von Wagners Ästhetik« ist nach Carl Dahlhaus der Grundsatz, daß die »musikalische Form« eine Raison d'être, das »Formmotiv« der Sprache oder Gebärde braucht.[104] In *Oper und Drama* (1851) hat Wagner dieses Verhältnis von Musik und Sprache im Bild der Geschlechtspolarität ausgedrückt: »Aller musikalische Organismus ist seiner Natur nach [...] ein weiblicher, er ist ein nur gebärender, [...] die zeugende Kraft liegt außer ihm, und ohne Befruchtung von dieser Kraft vermag sie eben nicht zu gebären.« Die Musik muß also den »zeugenden Keim des Dichters« in sich aufnehmen (III,314), darf die Sprache nicht mehr unter ihre autonomen Gesetze zwingen, sondern muß sich prosodisch wie semantisch nach derselben richten. Die Periodenstruktur der »absoluten Musik« sucht Wagner durch die »dichterisch-musikalische Periode« (IV,154)[105] zu ersetzen. Kann der absolute Musiker – ihn meint Wagner mit dem »Form-Genie« – sehr wohl voraussehen, daß dies und jenes folgt, weil er sich nur nach den formalen Schemata seiner eigenen Kunst zu richten hat, so verschwindet das Moment der Vorhersehbarkeit aus den musikalischen Abläufen notwendig, wenn der Musiker gewissermaßen auf den »zeugenden Keim«, das poetische (oder gestische) Motiv warten muß. Die Musik hat mit ihrer Absolutheit auch die Providentia verloren – der Komponist verfährt als solcher in der Tat ex improviso.

Uns scheint, daß hinter Wagners Improvisationsidee nicht zuletzt eine kunstsoziologische Einsicht steht: Improvisatorische Musik und Theaterpoesie sind das radikale Gegenbild des durch Buchdruck und Buchmarkt zur Ware denaturierten Kunstwerks – das im früher erörterten Sinn zu ›Literatur‹ geworden ist. Das improvisierte Werk ist ja schlechterdings nicht als Ware zu reproduzieren und zu standardisieren, sondern steht und fällt mit dem einmaligen Augenblick, dem unverwechselbaren hic et nunc, zu dem Poesie, Musik und szenische Künste als »Gesamtkunstwerk« zusammentreten. Diese improvisatorische Einmaligkeit kann nicht dem abgeschlossenen, schriftlich fixierten Werk zukommen, sondern nur seiner Aufführung. Und so geht Wagner in seinem Aufsatz *Über Schauspieler und Sänger* (1872) so weit, daß er vom Dichter und schaffenden Künstler verlangt, sich selbst und sein Werk gänzlich zugunsten der mimischen Vergegenwärtigung desselben zu vergessen. Nicht in der Vergegenständlichung seiner selbst im Werk, sondern in seiner »Selbstaufopferung« (zugunsten des Mimen) vollendet sich der Dichter (IX,226).[106] Das Werk des schaffenden Künstlers findet sein Telos erst jenseits seiner selbst: im improvisatorischen Moment seiner

Präsentation. Gewiß will das nicht ganz in das Bild des werkbesessenen Künstlers Wagner passen, wie es etwa Thomas Mann im Kontrast zu Goethe, dem das Leben über das Werk gegangen sei, entworfen hat[107] – schon gar nicht aber zu der fixen Idee vulgärer Antiwagnerianer, die den ihnen unbekannten Meister zum selbstsüchtig-eitlen Popanz im Atlasgewand ausgestopft haben.

Wagners Idee der Vollendung des Dichters im Schauspieler (durch sie widersetzt er sich provokativ der Degradierung des Mimen zum buchstabentreuen Exekutor eines sich allein wichtig dünkenden »Literaturdichters«) mag in einer besonderen Affinität seines Charakters zur mimischen Kunst gründen, wie sie Nietzsche zunächst (in der vierten *Unzeitgemäßen Betrachtung*[108]) bewundert und später zum Anlaß der Polemik genommen hat. Den »begeistertsten Mimomanen, den es gegeben hat, auch noch als Musiker!« nennt er ihn in der *Fröhlichen Wissenschaft*.[109] Wenn er im *Fall Wagner* von ihm behauptet, er sei selber »ein unvergleichlicher histrio, der größte Mime«,[110] dann denkt er gewiß an die einst bewunderte Abhandlung *Über Schauspieler und Sänger.* Hier wird der »Histrione« (IX,213) und »Komödiant« (IX,163 f. 180 f.) freilich deutlich vom echten Schauspieler unterschieden. Dieser zeichnet sich durch »Wahrhaftigkeit« (IX,221) aus, da er die Grenze zwischen Schein und Wahrheit, Kunst und Leben nicht verwischt; aufgrund des »befreienden Bewußtseins des Spieles« gelangt er zur Haltung jener »Heiterkeit« (IX,218 f.), die Schiller als die Stimmung des Scheins bezeichnet hat. Der Histrione dagegen sucht, mit Schiller zu reden, den Schein der Wahrheit betrüglich zu unterschieben.[111] Nietzsche hat nun in polemischer Verdrehung der Intentionen Wagners die Kritik am Histrionen auf ihn selbst angewandt. Darin zeigt sich freilich, wie wenig er sich von Wagner zu befreien vermocht hat: noch das Repertoire seiner Polemik entlehnt er zu einem guten Teil Wagners eigener Ästhetik. »Alles hat dieser schlechte Mensch von einem, selbst die Waffen, die er nun gegen mich führt«, bemerkt Wagner selbst im Gespräch mit Cosima am 3. August 1878 (CT II,153).

Wagners Idee des improvisatorischen Theaters geht über den Spielraum seiner musik-dramatischen Praxis zweifellos weit hinaus. Es ist merkwürdig, daß er sich auf dem Wege der Theorie der Konzeption eines musikalischen Theaters nähert, das sich ausdrücklich dem Geist und der Gestalt seines Werks widersetzt hat: wir denken an das musikalische und theoretische Opus Ferruccio Busonis. Dieser hat sich in seiner Abkehr von der Musik und dem Theater des »Tiefsinns, der Gesinnung und der Metaphysik« stets als Antipoden Wagners empfunden. Gerade da, wo er ihm gewiß am fernsten zu stehen wähnte, kommt er ihm jedoch überraschend nah: in der Idee des Improvisierens als der höchsten künstlerischen Äußerung. »Die Notation, die Aufschreibung von Musikstücken ist zuerst ein ingeniöser Behelf, eine Improvisation festzuhalten, um sie wiedererstehen zu lassen. Jene verhält sich aber zu dieser wie das Portrait zum lebendigen Modell. Der Vortragende hat die Starrheit der Zeichen wieder aufzulösen und in Bewegung zu bringen«, heißt es im *Entwurf einer neuen Ästhetik der Tonkunst* (1906). Die Idee der in der Notation festgehaltenen Improvisation steht Wagners Theorie der frühen siebziger Jahre ebenso nahe wie die Überzeugung, daß eine Komposition erst im Vortrag zu sich selbst gelangt: daß also die Improvisation der Anfang und das Ende des musikalischen Werks ist, jener als die schöpferische Eingebung des Komponisten, dieses als die ex tempore geborene Ausführung des Interpreten. Eben sie setzt Busoni dem Verlangen der »Gesetzgeber« entgegen, »daß der Vortragende die Starrheit der Zeichen wiedergebe«, ihrem Dogma, die Wiedergabe sei um so vollkommener, »je mehr sie sich an die Zeichen hält«. Busoni ist im Gegenteil der Meinung: »Was der Tonsetzer notgedrungen von seiner Inspiration durch die Zeichen einbüßt, das soll der Vortragende durch seine eigene wiederherstellen.«[112] Aus der Improvisation geboren, soll der musikalische Vortrag gleichsam auf einer Kreisbahn zum Ursprung des Werks zurückkehren.

Der Ursprung ex tempore verbindet die Musik für Busoni wie für Wagner mit dem Schauspiel. Und so ist es kein Wunder, daß er, der Deutschitaliener, für sein Musiktheater auf die Stoffe und Gestalten des ›teatro all'improvviso‹ zurückgreift, das von der Atellane über die Commedia dell'arte bis in unsere Gegenwart – denken wir an das politische Improvisationstheater des Dario Fo – seine Heimat und lebendigste Tradition in Italien hat. Der Autor des *Arlecchino* und der *Turandot* hat gewiß nicht geahnt, daß die Anknüpfung an Gozzi und die Commedia dell'arte ihn mit einer ausgeprägten Vorliebe Wagners verbindet. »Er hat den ganzen Instinkt des Volkes gegen das Literaturtreiben gehabt«, bemerkt Wagner in einem Gespräch über Gozzi mit Cosima am 13. Oktober 1872, und diese hebt hervor, wie sehr jener dadurch »Richards Idee vom Theater« entspreche (CT I,580). Noch weniger aber kann Busoni geahnt haben, daß auch seine musikdramatische Bearbeitung des Faust-Stoffs von Prämissen ausgeht, die Wagners Ideen nahe verwandt sind. Busonis *Doktor Faust* ist ebenfalls durchs Puppenspiel inspiriert. Im Prolog des Fragments weist der Dichter den Weg noch des Goetheschen *Faust* aus diesen Puppenspielanfängen nach: das Werk des großen »Zauberers« bleibt bei aller mystischen Überhöhung und Versenkung »in den alten Spuren«, freilich werden diese zum unnachahmlichen Sinnbild des Lebens sublimiert. – »Doch was vermöcht', gen Zauberer, ein Meister!« Ihm – Busoni, der auf die eigentlich geplante Vertonung des Goetheschen *Faust* unter Schmerzen verzichtet hat – bleibt nur, hinter jenes Sinnbild wieder zurückzugehen, zum »Puppenursprung« zurückzukehren und in seinem naiven Geist den alten Stoff neu zu beleben.[113] Mit eben dieser Idee scheint aber auch Wagner in jenem Gespräch gespielt zu haben, in dem er ein Faust-Stück als musikalisches Puppenspiel mit Kasperl im Vordergrund entwirft (CT I,62). Gewiß ist das nur ein Augenblickseinfall gewesen, aber – wie wäre daran angesichts so vieler Zeugnisse über Wagners Inspiration durch Puppenspiel und improvisatorisches Theater zu zweifeln – ein Einfall von paradigmatischer Bedeutung.

6. *»Schöne Öffentlichkeit« – Die Griechen und »Das Kunstwerk der Zukunft«*

> »Wir haben keine Öffentlichkeit!«
> Richard Wagner zu Cosima, Tagebuch vom 4. März 1874.

Wagners Improvisationstheorie gründet im Ideal einer Öffentlichkeit, die dem Künstler nicht wie der verdunkelte Zuschauerraum der erleuchteten Bühne gegenübersteht – Symbol der Entfremdung zwischen Kunst und Realität –, sondern die das Kunstwerk selbstverständlich aus sich erzeugt, als integrierenden, vom ›Publikum‹ noch nicht getrennten Bestandteil ihrer selbst. Der »mystische Abgrund« (IX,338) zwischen Szene und Zuschauerbereich im Bayreuther Festspielhaus ist moderne Notwendigkeit, die mit Wagners utopischem *Ideal* der Beziehung zwischen Theater und Publikum nicht verwechselt werden darf. Die Inkarnation dieses Ideals aber ist für ihn stets die griechische Öffentlichkeit gewesen, wie sie sich im tragischen Festspiel und in der Architektur des Amphitheaters manifestiert hat.

In seiner Schrift *Die Kunst und die Revolution* (1849) hat Wagner die »öffentliche Kunst des modernen Europa« mit der »öffentlichen Kunst der Griechen« konfrontiert (III,23). Er kommt zu dem Schluß, »in der modernen Öffentlichkeit« sei die Kunst ganz einfach »nicht vorhanden«. Diese provozierende These wird folgendermaßen expliziert:

> »Bei den Griechen war sie im öffentlichen Bewußtsein vorhanden, wogegen sie heute nur im Bewußtsein des Einzelnen im Gegensatze zu dem öffentlichen Unbewußtsein davon da ist. Zur Zeit ihrer Blüte war die Kunst bei den Griechen daher *konservativ*, weil sie im öffentlichen Bewußtsein als ein gültiger und entsprechender Ausdruck vorhanden war: bei uns ist die echte Kunst *revolutionär*, weil sie nur im Gegensatze zur gültigen Allgemeinheit existiert.« (III,28.)

Dieser ›Gegensatz‹ drückt sich im Gegenüber von Bühne und Zuschauerraum aus, während letzterer im Amphitheater die Szene von drei Seiten umschloß. »In der vom Amphitheater fast vollständig umgebenen antiken Orchestra stand der tragische Chor wie im Herzen des Publikums«, wird Wagner später im Aufsatz *Über Schauspieler und Sänger* (1872) ausführen (IX,197). Eben diese Stellung wird die Szene im Kunstwerk der Zukunft wieder einnehmen müssen. Dieses Kunstwerk wird nicht mehr – wie notwendig im gegenwärtigen Zeitmoment – revolutionär, sondern »wieder konservativ sein« (III,35).

Der Zuschauer der attischen Tragödie durfte sich angesichts der szenischen Vorgänge noch sagen: Tua res agitur. »Denn in der Tragödie fand er sich ja selbst wieder, und zwar das edelste Teil seines Wesens, vereinigt mit den edelsten Teilen des Gesamtwesens der ganzen Nation« (III,12). Das griechische Volk

> »strömte von der Staatsversammlung, vom Gerichtsmarkte, vom Lande, von den Schiffen, aus dem Kriegslager, aus fernsten Gegenden zusammen, erfüllte zu Dreißigtausend das Amphitheater, um die tiefsinnigste aller Tragödien, den *Prometheus*, aufführen zu sehen, um sich vor dem gewaltigsten Kunstwerke zu sammeln, sich selbst zu erfassen, seine eigene Tätigkeit zu begreifen, mit seinem Wesen, seiner Genossenschaft, seinem Gotte sich in innigste Einheit zu verschmelzen und so in edelster, tiefster Ruhe *das* wieder zu sein, was es vor wenigen Stunden in rastlosester Aufregung und gesondertster Individualität ebenfalls gewesen war.« (III,11.)

Dieses Sichwiederfinden des Volks im Kunstwerk, der Einklang von Theater und Zuschauerwelt hat seinen Grund in der ästhetischen Organisation der ganzen Gesellschaft. Die griechische Öffentlichkeit war nach Wagner eben noch »schöne Öffentlichkeit« (III,29). Hier kehrt eine Grundidee der klassischen Ästhetik wieder, wie sie vor allem von Schiller und Hegel entfaltet worden ist. Schon in seinen frühen Jenaer Vorlesungen (1805/06) hat Hegel die griechische Polis als Kunstwerk mit der kunstwidrigen Realität des modernen Staats kontrastiert: »In der alten Zeit war das schöne öffentliche Leben die Sitte aller, Schönheit [als] unmittelbare Einheit des Allgemeinen und Einzelnen, ein Kunstwerk, worin kein Teil sich absondert vom Ganzen.«[114]

Dieser politische Schönheitsbegriff, der in Hegels reifer Ästhetik, Geschichts- und Rechtsphilosophie differenziert wiederkehrt, prägt bereits Schillers Briefe *Über die ästhetische Erziehung des Menschen* von 1795 (die ja zugleich eine Art politische Propädeutik sind).[115] Auch hier wird der griechische Staat als politisches Kunstwerk dem modernen bürokratischen Staat gegenübergestellt, der aufgrund seiner Abstraktheit dem konkreten Individuum entfremdet ist. Da das Schöne die Einheit des Geistig-Allgemeinen und Sinnlich-Individuellen ist, fehlt dem modernen Staat – der »seinen Bürgern fremd« bleibt, »weil ihn das Gefühl nirgends findet«[116] – die ästhetische Qualifikation.

In seiner Vorrede zur *Braut von Messina* (1803) hat Schiller den Verlust der sinnfällig-schönen Öffentlichkeit des Lebens, durch welche sich die griechische Polis auszeichnete, plastisch beschrieben:

> »Der Palast der Könige ist jetzt geschlossen, die Gerichte haben sich von den Toren der Städte in das Innere der Häuser zurückgezogen, die Schrift hat das lebendige Wort verdrängt, das Volk selbst, die sinnlich lebendige Masse ist, wo sie nicht als rohe Gewalt wirkt, zum Staat, folglich zu einem abgezogenen Begriff geworden, die Götter sind in die Brust des Menschen zurückgekehrt.«

Der Dramatiker aber darf sich mit dieser Situation nicht abfinden; er muß die verlorene ›schöne Öffentlichkeit‹ auf der Bühne wiederherstellen,[117] wenn die Tragödie nicht zu einer ihr unangemessenen Privatheit und Partikularität der Handlung verflachen soll:

> »Der Dichter muß die Paläste wieder auftun, er muß die Gerichte unter freien Himmel herausführen, er muß die Götter wieder aufstellen, er muß alles Unmittelbare, das durch die künstliche Einrichtung des wirklichen Lebens aufgehoben ist, wieder herstellen und alles künstliche Machwerk *an* dem Menschen und *um* denselben, das die Erscheinung seiner innern Natur und seines ursprünglichen Charakters hindert, wie der Bildhauer die modernen Gewänder, abwerfen und von allen äußern Umgebungen desselben nichts aufnehmen, als was die höchste der Formen, die menschliche, sichtbar macht.«[118]

Diese dem intensiven Schiller-Leser Wagner wohlbekannten Gedanken kommen seinen eigenen Reformschriften recht nahe. Vor allem *Die Kunst und die Revolution* und *Das Kunstwerk der Zukunft* (1849) beschreiben den Typus der ästhetischen Öffentlichkeit der Griechen nicht nur als Fundament des »Gesamtkunstwerks der Tragödie« (III,12.29), sondern zugleich als Modell des Gesellschaftszustandes, welcher aus der bevorstehenden »großen Menschheitsrevolution« (III,29) hervorgehen soll: als Bedingung des »Kunstwerks der Zukunft«. Der Geist des Griechen »lebte nur in der Öffentlichkeit, in der Volksgenossenschaft: die Bedürfnisse dieser Öffentlichkeit machten seine Sorge aus«; zu ihrem »Genusse [...] schritt der Grieche aus einer einfachen, prunklosen Häuslichkeit: schändlich und niedrig hätte es ihm gegolten, hinter prachtvollen Wänden eines Privatpalastes der raffinierten Üppigkeit und Wollust zu frönen, wie sie heutzutage den einzigen Gehalt des Lebens eines Helden der Börse ausmachen« (III,26). Die Besorgung der häuslich-privaten Angelegenheiten übertrug der griechische Bürger dem Sklaven, damit sein Geist völlig frei blieb für die politischen und ästhetischen Zwecke der Öffentlichkeit.

Bei den Griechen sei der eigentliche »Privatmensch« der Sklave gewesen, hat wenige Jahre vor Wagner Karl Marx in seiner *Kritik der Hegelschen Rechtsphilosophie* (1841/42) geschrieben; »die wirkliche Privatangelegenheit, der wirkliche Inhalt der Bürger« hingegen sei die »res publica« gewesen.[119] Ähnlichen Gedanken begegnen wir schon in Schillers Jenenser Vorlesung *Die Gesetzgebung des Lykurgus und Solon*

(1790): Die Einrichtung, »daß die Gemüter, durch keine Privatsorge zerstreut, nur dem Staate lebten«, sei durch die Institution des Sklaventums ermöglicht worden. Damit »die Sorge der Arbeit oder die Freude an häuslichen Geschäften« den Geist der Bürger nicht von dem »Interesse des Vaterlandes« abziehen konnte, wurden durch die Gesetzgebung Lykurgs in Sparta die »Geschäfte des gewöhnlichen Lebens«, die Besorgung von Haus und Acker den Heloten übertragen.[120] – Die Griechen konnten also das individuelle Leben mit dem Interesse des Gemeinwesens widerspruchslos in Einklang bringen, weil der Privatmensch sich noch nicht emanzipiert hatte: Sklave blieb. In der modernen Welt hingegen, so bemerken Karl Marx und Friedrich Engels in der *Heiligen Familie* (1844/45), sei aufgrund der Spaltung des Menschen in ein privates (bourgeois) und ein öffentliches Wesen (citoyen) »jeder zugleich Mitglied des Sklaventums und des Gemeinwesens«. Ruhte also die antike Polis »auf der Grundlage des wirklichen Sklaventums«, so der moderne Staat »auf dem emanzipierten Sklaventum: der bürgerlichen Gesellschaft«.[121]

»Wir bilden eine Nation von Heloten, und es gibt keine Freien unter uns«, hat schon Adam Ferguson in seiner *History of Civil Society* (1767) ausgerufen. Karl Marx zitiert diese Äußerung im ersten Band seines Werks *Das Kapital* (1867), wo von der »Parzellierung« des modernen Menschen aufgrund der »Ausbildung des Fachwesens, der Spezialitäten« die Rede ist, welche den Verlust der menschlichen Totalität zur Folge gehabt habe.[122] »Der Sklave ist nicht frei, sondern der Freie ist Sklave geworden«, konstatiert in gleichem Sinne Wagner in *Die Kunst und die Revolution* (III,27). Daß er hier Gedanken aus dem Umkreis der Linkshegelianer und wohl auch von Karl Marx verarbeitet hat, ist nicht zu bestreiten.[123] Das Sklaventum sei »die verhängnisvolle Angel alles Weltgeschickes« geworden. »Der Sklave hat, durch sein bloßes, als notwendig erachtetes Dasein als Sklave, die Nichtigkeit und Flüchtigkeit aller Schönheit und Stärke des griechischen Sondermenschentums aufgedeckt« (III,26). Hier distanziert Wagner sich deutlich vom herkömmlichen Griechenlandmythos, der die materielle Bedingung der ästhetischen Totalität des griechischen Menschen vernachlässigt hat. Die Einrichtung des Sklaventums sei die »Sünde der Geschichte« an der menschlichen Natur (III,27). Für sie habe die griechische Kultur mit ihrem Untergang büßen müssen. Dieser – das Ende der Freiheit und Totalität des griechischen Elitemenschen – habe freilich nicht dazu geführt, daß alle Menschen frei, sondern daß alle Sklaven geworden seien.

Diese Feststellung ist der Ausgangspunkt für Wagners Kritik an der modernen Kunst, welche diesen Namen nicht mehr verdiene, da sie – als bezahlbare Ware, durch deren Verkauf der Künstler sich seinen Lebensunterhalt verdient – unter das ›sklavische‹ Gesetz der Lebensvorsorge trete. (Wir erinnern an Marx' Wort vom »emanzipierten Sklaventum« der von der politischen Sphäre getrennten bürgerlichen Markt-Gesellschaft.)

> »Wo der griechische Künstler, außer durch seinen eigenen Genuß am Kunstwerke, durch den Erfolg und die öffentliche Zustimmung belohnt wurde, wird der moderne Künstler gehalten und – *bezahlt*. Und so gelangen wir denn dahin, den wesentlichen Unterschied fest und scharf zu bezeichnen, nämlich: Die griechische öffentliche Kunst war eben *Kunst*, die unsrige – künstlerisches *Handwerk*.« (III,24.)

Auf das »eigentliche Handwerk«, auf die »Beschaffung der sogenannten notwendigen Lebensbedürfnisse« seine Aufmerksamkeit zu richten habe der griechische Bürger verachtet. »Sein Geist lebte nur in der [politischen] Öffentlichkeit« (III,26) – und dieser

Öffentlichkeit gehört die ›Kunst‹ ihrem Begriff nach an; durch ihre ökonomische Privatisierung hingegen wird sie zum Handwerk und der Künstler zum Handwerker, zum ›Banausen‹! Das hat weitreichende Folgen für seine Haltung beim Produzieren und für sein Verhältnis zum hervorgebrachten Werk:

> »Der *Künstler* hat, außer an dem Zwecke seines Schaffens, schon an diesem Schaffen, an der Behandlung des Stoffes und dessen Formung selbst Genuß, sein Produzieren ist ihm an und für sich erfreuende und befriedigende Tätigkeit, nicht Arbeit. Dem *Handwerker* gilt nur der Zweck seiner Bemühung, der Nutzen, den ihm seine Arbeit bringt; die Tätigkeit, die er verwendet, erfreut ihn nicht, sie ist ihm nur Beschwerde, unumgängliche Notwendigkeit, die er am liebsten einer Maschine aufbürden möchte: seine Arbeit vermag ihn nur aus Zwang zu fesseln; deshalb ist er auch nicht mit dem Geiste dabei gegenwärtig, sondern beständig darüber hinaus bei dem Zwecke, den er so gerade wie möglich erreichen möchte.« (III,24 f.)

Wagners Konfrontierung der Tätigkeiten des Künstlers und Handwerkers entspricht genau der griechischen (aristotelischen) Unterscheidung zwischen Handeln (πρᾶξις) und Herstellen (ποίησις).[124] Während die Praxis eine ihr Ziel in sich selbst tragende Tätigkeit ist, zielt die Poiesis auf ein vom Vorgang der Verrichtung ablösbares Werk. Mit dieser sachlichen Unterscheidung verbindet sich seit Aristoteles eine soziale: Das in sich selbst beschlossene – vornehmlich politische – Handeln ist der Vorzug der Freien, während das produzierende Arbeiten dem Unfreien ansteht (die Herstellung von Gegenständen für den Gebrauch des Freien). Der soziale Vorrang des Adels drückte sich demgemäß stets in seiner Selbsteinschätzung als einer nicht-arbeitenden (aber sehr wohl ›tätigen‹) Schicht aus, während die produktive Arbeit den ›niedrigen‹ Ständen zugewiesen wurde.

Karl Marx hat der Arbeit im *Kapital* den »zweckmäßigen Willen« zugeordnet, welcher weithin ausschließt, daß sie »durch den eignen Inhalt und die Art und Weise ihrer Ausführung den Arbeiter mit sich fortreißt«, daß er sie also etwa »als Spiel seiner eignen körperlichen und geistigen Kräfte genießt«. Sie hat ein »Produkt« zum Zweck, in dem der Arbeitsprozeß »erlischt«.[125] Eben das ist nach Wagner beim eigentlichen Künstler nicht der Fall. Obwohl dessen Tätigkeit auf ein Werk zielt, geht sie doch nicht in diesem ›Zweck‹ völlig auf, sondern befriedigt den Ausübenden durch den Tätigkeitsvollzug als solchen. Demgegenüber bleibt die Tätigkeit des Handwerkers Arbeit im Schweiße des Angesichts, ›labor improbus‹, da sie eben nicht Selbstzweck ist.

Wagner scheint hier die handwerkliche Produktion freilich schon mit der modernen, entfremdeten Arbeit gleichzusetzen. Im folgenden unterscheidet er indessen sehr wohl zwischen dieser und jener Erscheinungsform der Arbeit:

> »Ist nun aber der unmittelbare Zweck des Handwerkers nur die Befriedigung eines eigenen Bedürfnisses, z. B. die Herstellung seiner eigenen Wohnung, seiner eigenen Gerätschaften, Kleidung usw., so wird ihm mit dem Behagen an den ihm verbleibenden nützlichen Gegenständen allmählich auch Neigung zu einer solchen Zubereitung des Stoffes, wie sie seinem persönlichen Geschmacke zusagt, eintreten; nach der Herstellung des Notwendigsten wird daher sein auf weniger drängende Bedürfnisse gerichtetes Schaffen sich von selbst zu einem künstlerischen erheben; gibt er aber das Produkt seiner Arbeit von sich, verbleibt ihm davon nur der abstrakte Geldeswert, so kann sich unmöglich seine Tätigkeit je über den Charakter der Geschäftigkeit der Maschine erheben; sie gilt ihm nur als Mühe, als traurige, saure Arbeit. Dies letztere ist das Los des Sklaven der Industrie.« (III,25.)

Die Kunst, die ihrem Wesen nach in diametralem Gegensatz zur entfremdeten Arbeit steht, hat sich nun in der modernen Gesellschaft unter deren Joch gebeugt und damit aufgehört, im wahren Sinne Kunst zu sein. Der Künstler, der wie der Lohnarbeiter sein Produkt als Ware von sich gibt, ist sich selbst abhanden gekommen. Die Aufgabe der Revolution wird es sein, ihn wieder zu sich selbst zurückzuführen und den Menschen überhaupt »aus dem entehrenden Sklavenjoche des allgemeinen Handwerkertums« zum »freien künstlerischen Menschentume« zu befreien (III,30). Die »Sorge« aber – für die materielle Existenz – wird er, wie der Grieche dem Sklaven, der Maschine zuweisen, »diesem künstlichen Sklaven des freien, schöpferischen Menschen« (III,33).

»Muß sich nicht die Kunst von dem Künstler entfernen, wenn das Werk wie ein ausgestattetes Kind nicht mehr auf den Vater zurückwirkt?« fragt sich Ottilie in Goethes *Wahlverwandtschaften* – Wagners Lieblingsroman. Besonders der bildende Künstler habe unter der Paradoxie zu leiden, daß er »sich das am wenigsten zuzueignen vermag, was ihm ganz eigens zugehört. Seine Werke verlassen ihn so wie die Vögel das Nest, worin sie ausgebrütet worden.« Das »wunderlichste Schicksal« habe in dieser Hinsicht der Architekt. »Wie oft wendet er seinen ganzen Geist, seine ganze Neigung auf, um Räume hervorzubringen, von denen er sich selbst ausschließen muß! Die königlichen Säle sind ihm ihre Pracht schuldig, deren größte Wirkung er nicht mitgenießt.« Diese paradoxe Trennung des Produkts vom Produzierenden verschwindet in einem Gemeinwesen, das den Künstler nicht mehr zwingt, für den Privatbedarf des »Reichen« zu schaffen – dem er »mit dem Schlüssel des Palastes alle Bequemlichkeit und Behäbigkeit« übergibt, »ohne irgend etwas davon mitzugenießen« –, sondern das ihn für die Allgemeinheit wirken läßt, deren Teil er selber ist. »Und wie sehr mußte die Kunst sich selber befördern, als sie fast allein mit dem Öffentlichen, mit dem, was allen und also auch dem Künstler gehörte, sich zu beschäftigen bestimmt war!«[126] Natürlich denkt Goethe hier an die griechische Kunst. Das Zitat aus Ottilies Tagebuch könnte beinahe einer Schrift Wagners entnommen sein, ist es doch seine erste Forderung an die Kunst – deren Erfüllung diesen Begriff überhaupt erst legitimiert –, daß sie »Ausdruck einer freien, selbstbewußten Allgemeinheit« ist, also nicht von Mächten »in Dienst genommen« wird, welche diese Allgemeinheit in ihrer »freien Selbstentwicklung« hindern. Die schlimmste jener Mächte aber – die Kirche und die Fürsten waren »immerhin respektable Herren« – ist die »Industrie«, welche die Kunst auf das Niveau des gemeinen Warenverkehrs herabzieht (III,18).

Das bedeutendste Symbol und die vollkommenste Verwirklichung freier Allgemeinheit ist für Wagner das »Gesamtkunstwerk«, das »in das öffentliche politische Leben eintretende Volkskunstwerk« (III,104) der griechischen Tragödie. Der Begriff des Gesamtkunstwerks gilt bis heute als Zentralwort der Wagnerschen Kunsttheorie, obwohl er in seinen Reformschriften nur beiläufig, und keineswegs als echter Terminus, verwendet wird, ja in einem gesellschaftsutopischen Kontext steht, von dem er sich nach seiner Aneignung der Philosophie Schopenhauers (1854) mehr oder weniger distanziert hat.[127] Wagner hat sich häufig darüber beklagt, daß Anhänger wie Gegner ihn immer wieder auf Begriffe festlegen wollten, die er entweder nur en passant gebraucht hat, wie eben »Gesamtkunstwerk« oder »unendliche Melodie«, oder die gar nicht von ihm stammen, ja mehr oder weniger von ihm kritisiert worden sind, wie »Musikdrama« oder »Leitmotiv«. Dennoch sind es eben die zitierten Begriffe, welche bis heute als Schlüssel zum angemessenen ästhetischen Verständnis seines ›Musikdramas‹ angesehen werden. Die Leute seien außerstande, seine Schriften richtig zu lesen, bemerkt Wagner resigniert in seinem Brief an Franz Liszt vom 16. August 1853. »Es wäre sonst ganz unmöglich, daß als Frucht von allen meinen Bemühungen diese unglückliche ›Sonderkunst‹ und ›Gesamtkunst‹ herausgekommen wäre.« Die Vulgärmeinung verbindet mit dem Begriff des Gesamtkunstwerks vielfach eben das – als angebliches theatralisches Ziel Wagners –, was er selbst ausdrücklich verworfen hat: die Maximierung des Effekts durch die Addition der Künste in der »Großen Oper«.

Man muß bei Wagner demgegenüber zwei verschiedene Vorstellungen des ›Gesamtkunstwerks‹ unterscheiden. Wo dieser Begriff ausdrücklich verwendet wird, bezeichnet er eine Kulturutopie – die Synthese aller Künste –, die über die konkrete künstlerische Realisierbarkeit weit hinausgreift. Wo hingegen eine Vereinigung der Künste als durchaus strukturbestimmendes Programm des musikalischen Dramas erscheint, wie in Teil II von *Das Kunstwerk der Zukunft* (1849) oder in *Oper und Drama* (1851), ist nichts anderes gemeint als die Wiederherstellung des »ursprünglichen Vereins« der »drei reinmenschlichen Kunstarten«: der im griechischen Begriff der μουσική vereinigten »urgeborenen Schwestern« Tanz-, Ton- und Dichtkunst (III,67) – also die Integration des mimisch-gestischen, sprachlichen und musikalischen Mediums, an der Wagner ungeachtet seiner ideologischen Wandlungen, seines Wegs von Feuerbach zu Schopenhauer festgehalten hat. Nur im Hinblick auf diese Integration (und nicht als Additionssumme aller Künste) ist der Begriff des Gesamtkunstwerks – wenn man ihn überhaupt noch verwenden will, da Wagner ihn in diesem Zusammenhang bezeichnenderweise nie gebraucht – mit einem konkreten musikdramaturgischen Sinn zu füllen.

Im Zusammenhang dieses Kapitels bleibe die dramaturgische Variante des zweifelhaften Begriffs ausgeklammert (von ihr wird im nächsten Hauptteil die Rede sein); hier soll nur der Blick auf die spätestens seit 1854 aufgegebene kulturutopische Idee des »Gesamtkunstwerks« fallen. Als dessen Urbild bestimmt Wagner die griechische Tragödie. Sie ist für ihn das genaue ästhetische Pendant des griechischen Gemeinwesens, mit dessen Verfall auch sie – durch den Zerfall in die Einzelkünste, aus denen sie sich zusammensetzte – zugrunde gehen mußte.

> »Genau mit der Auflösung des athenischen Staates hängt der Verfall der Tragödie zusammen. Wie sich der Gemeingeist in tausend egoistische Richtungen zersplitterte, löste sich auch das große Gesamtkunstwerk der Tragödie in die einzelnen, ihm inbegriffenen Kunstbestandteile auf: auf den Trümmern der Tragödie weinte in tollem Lachen der Komödiendichter Aristophanes [seine komische Abrechnung mit Euripides in den *Fröschen*!], und aller Kunsttrieb stockte endlich vor dem ernsten Sinnen der Philosophie, welche über die Ursache der Vergänglichkeit des menschlichen Schönen und Starken nachdachte. (III,12.)

Die Vereinzelung und Autonomisierung der Künste entspricht dem modernen gesellschaftlichen »Egoismus« wie ihre Einheit dem »Kommunismus« (III,70 u. ö.) als dem an der griechischen Polis orientierten und dem Kunstwerk der Zukunft vorgeschriebenen gesellschaftlichen Ideal (das mit dem *Kommunistischen Manifest* freilich nichts zu tun hat).[128]

Wagner vergleicht im *Kunstwerk der Zukunft* den Zerfall des griechischen Gesamtkunstwerks mit dem Mythos vom babylonischen Turmbau. Wie jedes der hier beteiligten Völker, »als ihre Sprachen sich verwirrten und ihre Verständigung unmöglich wurde«, seinen eigenen, isolierten Weg ging, so schieden und verselbständigten sich die Einzelkünste, als das gemeinsame patriotische Interesse, das sie auch ästhetisch verei-

nigte, »in tausend egoistische Besonderheiten sich zersplitterte« (III,76). Erst infolge
der – revolutionären – Wiedergewinnung einer freien Allgemeinheit wird sich auch das
Gesamtkunstwerk der Griechen wiederholen lassen. Dieses, und so auch das »Kunstwerk der Zukunft«, ist an eine echte »Öffentlichkeit« gebunden, d. h. an eine solche,
die nicht nur die »gemeinsame Äußerung des allgemeinen Egoismus« (III,127) ist – wie
die moderne, entpolitisierte bürgerliche Gesellschaft als die Sphäre des Warenverkehrs
und des ökonomischen Nutzens –, sondern Res publica, in der das private Interesse mit
dem öffentlichen zusammenfällt.

Das »höchste gemeinsame Kunstwerk« kann nach Wagner nur das Drama sein, da es
allein sinnlich-unmittelbare Mitteilung an eine »gemeinsame Öffentlichkeit« ist. (»Die
Öffentlichkeit [...] hält sich immer nur an das Unmittelbare und sinnliche Wirkliche;
ja die Wechselwirkung des Sinnlichen macht im Grunde nur das aus, was wir Öffentlichkeit nennen«; III,113.) Wagner weist an den einzelnen Künsten die Möglichkeit
ihrer »Erlösung« (III,122) im musikalischen Drama nach, durch die sie angeblich zu
ihrer höchsten Vollkommenheit reifen. Die Architektur vollendet sich im Theaterbau,
der Landschaftsmaler wird mit seinem Werk, das bisher die »einsame Zimmerwand des
Egoisten« zierte, den »weiten Rahmen der tragischen Bühne erfüllen« (III,150 ff.), an
der Plastik wird sich das Wunder der Statue Pygmalions wiederholen: die »Entzauberung des Steines in das Fleisch und Blut des Menschen«, nämlich des Tänzers, des
singenden und sprechenden mimischen Darstellers (III,140) usf. Wagner scheut sich
nicht, die Selbstaufhebung der Einzelkünste durch das christlich-mystische Paradox
vom Tod als dem wahren Leben zu verklären (III,122).

Das Gesamtkunstwerk der Zukunft kann nur von einer »Genossenschaft aller Künstler« verwirklicht werden (III,162). Die Zeit der »vereinzelten Genies«, so schreibt
Wagner in seinen Skizzen *Das Künstlertum der Zukunft* (1849), ist damit vorbei: »alle
werden am Genie tätig teilhaben, das Genie wird ein gemeinsames sein« (XII,264).
Hier zeigt sich mehr als deutlich, daß Wagners Idee des »Gesamtkunstwerks«, wo sie
wirklich auf eine Vereinigung *aller* Künste zielt, eine bloße (bald aufgegebene) ideologi-
sche Konstruktion ist – ohne irgendwelche konkrete Bedeutung für seine Dramaturgie.
Mit diesem Inhalt wird sie denn auch nur in einer einzigen seiner Hauptschriften, eben
in *Das Kunstwerk der Zukunft*, breiter entfaltet. Die utopische Idee der Auflösung aller
Künste im Drama widerspricht überdies, wie schon Thomas Mann bemerkt hat,
Wagners wirklichem Verhältnis zu den Einzelkünsten. Seine zahllosen, bewundernden
Äußerungen über Werke der ›absoluten Musik‹, der bildenden Kunst und vor allem der
Literatur zeigen, daß er sie durchaus nicht als defiziente Produkte angesehen hat, die
erst im Jenseits des Gesamtkunstwerks ihr wahres Leben erlangen. – Nur wenn man
den Begriff des Gesamtkunstwerks in dem soeben referierten Sinn als utopische
Summierung der Einzelkünste versteht, wird man sie mit Thomas Mann »schlechtes
neunzehntes Jahrhundert« nennen dürfen (dem letzterer seine Überzeugung entgegensetzt, die Kunst sei »ganz und vollkommen in jeder ihrer Erscheinungsformen«).[129] Dieses Verdikt trifft aber schwerlich die für Wagners Strukturbestimmung
des musikalischen Dramas – auch nach der Absage an die kulturutopischen Tendenzen der Revolutionsschriften – verbindliche Theorie der Integration von Gestik,
Poesie und Musik. Um es noch einmal zu sagen: Die Ideologie des Gesamtkunstwerks (nach 1848) ist von der Ästhetik und Dramaturgie desselben wohl zu unterscheiden.

Wagners ideologischer Entwurf einer Aufhebung der Einzelkünste im Gesamtkunstwerk des Dramas hat in den letzten Jahrzehnten in der kunsthistorischen Schule Hans Sedlmayrs eine merkwürdige Rezeption gefunden. In seinem Buch *Verlust der Mitte* (1948) zitiert Sedlmayr ausführlich aus dem *Kunstwerk der Zukunft*, das für ihn neben den theoretischen Schriften Sempers eines der bedeutendsten Gegenmodelle zur modernen »Zerspaltung der Künste« ist: zu ihrer Vereinzelung und Autonomisierung seit dem späten 18. Jahrhundert, die Sedlmayr als Symptom des Verlusts der Mitte, einer (religiös interpretierten) übergreifenden Ordnung deutet. Diesem Prozeß der Desintegration stellt Sedlmayr die Einbettung der einzelnen Kunstwerke in die architektonischen »Gesamtkunstwerke« der alten Kirchen, Schlösser und Paläste gegenüber, aus deren ikonologisch-programmatischer und räumlicher Verweisungsganzheit sie nun heraustreten. Das ist die museale und Markt-Situation der Künste.[130] Obwohl Sedlmayr sich vom illusionistischen Charakter des Wagnerschen Gesamtkunstwerks distanziert, verfällt er im Grunde der gleichen ästhetischen Ideologie. Das gesellschaftliche Verweisungsganze, in das die Künste vor der Begründung der Autonomieästhetik im späten 18. Jahrhundert selbstverständlich integriert waren (Kult, repräsentative Öffentlichkeit des Hofes usw.), wird als eine Art Über-Kunstwerk gedeutet, das die Einzelkünste noch zusammenband und auf einen gemeinsamen Zweck verpflichtete.

Was für Wagner das musikalische Drama soll für seinen Freund und Kampfgenossen während der Dresdener Revolution, Gottfried Semper, den »architektonischen Bahnbrecher der neuen Epoche« (Sedlmayr)[131], die Baukunst leisten, nämlich die Einbeziehung und Verschmelzung der Einzelkünste – auch der dramatischen Kunst. Das Theater wird zur führenden Aufgabe der Architektur! Hier trifft Wagner sich auf der Mitte des Weges mit Semper, dessen *Bemerkungen über vielfarbige Architektur und Skulptur bei den Alten* (1834) seine Idee des Gesamtkunstwerks und der griechischen Öffentlichkeit entscheidend geprägt haben (vgl. *Zur Empfehlung Gottfried Sempers*; XVI,18). Ob man in der Architektur oder im Drama die bestimmende Kunst sieht, bleibt im Gesamtkunstwerk des Theaters als offene Frage stehen, wobei nicht zu bezweifeln ist, daß Sempers monumentales Münchener Projekt eines Festspielhauses die Dominanz des Architektonischen sehr viel stärker hat hervortreten lassen, als Wagner eigentlich genehm sein konnte. Für ihn war der Theaterbau eben kein repräsentativer Selbstzweck, sondern das (in seiner Ausgestaltung bescheidene) Mittel zum Zweck der dramatischen Veranstaltung, wie die Architektur des Bayreuther Festspielhauses zeigt.

Übrigens hat Wagner in seinem *Brief an Franz Liszt über die »Goethe-Stiftung«* (1851) das architektonische Gesamtkunstwerk, das die bildenden Künste versammelt, durchaus als legitimes Pendant des dramatischen Gesamtkunstwerks beschrieben, ohne das erstere und die in ihm vereinigten Werke der Plastik und Malerei nun unbedingt wieder, wie zwei Jahre zuvor in der Abhandlung *Das Kunstwerk der Zukunft*, im musikalischen Drama ›aufheben‹ zu wollen. Maler und Bildhauer sollten vielmehr, schreibt er in jenem Brief, angeregt durch die wechselseitige Ergänzung der Zeitkünste im musikalischen Drama, das die ›fragmentarischen‹ Gattungen des Schauspiels und der Oper aufhebt, zu der Einsicht gelangen, daß auch ihre Werke nur »Bruchstücke der Kunst« sind, die der Integration in eine allumfassende Raumkunst bedürfen:

»Sie würden dann vielleicht darauf geraten, daß sie diese Bruchstücke ebenfalls zu einem Ganzen vereinigen müßten, und für dieses Ganze würden sie dann vom *Architekten* sich das Gesetz vorschreiben zu lassen haben, dessen bindender Obhut sie sich jetzt mit so eitlem Stolze fortfahren zu entziehen. Über die Stellung dieses jetzt so aus der Acht gelassenen Architekten, des eigentlichen Dichters der bildenden Kunst, mit dem sich Skulptor und Maler so zu berühren haben wie Musiker und Darsteller mit dem wirklichen Dichter – über die Stellung dieses so zu seiner würdigsten Wirksamkeit beförderten Architekten zu dem verwirklichten Kunstwerke des Dichters würden wir uns dann zu vereinigen haben.« (V,17.)

Das Gesamtkunstwerk ist bei Wagner eine quasi politische Idee, orientiert an der Struktur der griechischen Polis: wie das Individuum sich hier selbstverständlich in das Gemeinwesen integrierte, noch nicht seine privaten von den öffentlichen Interessen absonderte, so vereinigten sich die Tendenzen der Einzelkünste zum Gesamtkunstwerk der Tragödie. Diese bildete gewissermaßen die Res publica der Küste. Ihre Zersplitterung bedeutet mithin den Verfall ihrer Öffentlichkeit. Dieser Prozeß der Privatisierung erreicht seinen Höhepunkt in der Vermittlung der von der Allgemeinheit isolierten Kunstwerke für die Privatbedürfnisse des modernen »Egoisten« durch den Kunstmarkt.

Die ›Öffentlichkeit‹ der Kunst durch die Reintegration ihrer einzelnen Erscheinungsformen wie durch die Einheit des in Egoisten zersplitterten Publikums wiederherzustellen bleibt das Ziel Wagners auch nach seiner ›Konversion‹ zu Schopenhauer. Der Weg zu den Griechen zurück ist natürlich versperrt. (»Nein, wir wollen nicht wieder Griechen werden«, heißt es schon in *Die Kunst und die Revolution*; III,30). Es gilt eine Bühnenform zu finden, die an das Modell des griechischen Schauspiels anknüpft, ohne die modernen Gegebenheiten des Theaters zu vernachlässigen. Daß es bei Wagner zwei grundsätzlich verschiedene Wege in die Zukunft des Theaters gibt, haben die letzten Kapitel gezeigt. Für die Realisierung seines eigenen musikalischen Dramas hat Wagner die andernorts von ihm erwogene Möglichkeit der Verschmelzung von Bühnen- und Zuschauerraum verworfen. Hier beharrt er darauf, daß »die Realität von der Idealität zu trennen« sei (IX,337). Das soll durch den »mystischen Abgrund« des versenkten, unsichtbaren Orchesters geschehen; der soeben zitierte Ausdruck (IX,337) ist nach Wagner von ihm und Semper gemeinsam gefunden worden. Letzterer hat in seinem Brief vom 20. Oktober 1865 an den Staatsrat von Pfistermeier ganz im Sinne Wagners für das projektierte Münchener Festspieltheater die »möglichste Trennung der idealen Bühnenwelt von der durch den Zuschauer repräsentierten realen Welt« gefordert, das »gänzliche Beseitigen jedweden Übergriffes der Realität in den Bereich der Idealität«.[132]

In seinem Aufsatz *Ein Einblick in das heutige deutsche Opernwesen* (1872) übt Wagner scharfe Kritik an der Einrichtung vieler Opernhäuser, in denen »keine scheidende Linie aufzufinden« sei, »welche den angeblichen künstlerischen Vorgang von denjenigen, für welche er vorgeht, auseinanderhielte. Beides verschmilzt zu einem Brei von widerlichster Mischung, in welchem nun der Kapellmeister seinen Taktstock als Zauberquirl des modernen Hexensudels herumdreht.« Was Wagner in anderen Schriften an der Architektur des attischen oder des elisabethanischen Theaters gerade rühmt, erscheint hier als Manko: »Von nirgends her bietet sich hier ein Blick auf die Bühne, in welchem man nicht einen großen Teil des Publikums mit einschließen müßte [...].« Warum er das im modernen (Musik-)Theater verurteilt, während er es im alten preist, erhellt aus dem folgenden Satz: »Die hellerleuchtete Rampe der Vorderbühne ragt mitten in die Proszeniumsloge herein; unmöglich ist es, dort die Sängerin zu beachten, ohne zugleich das Lorgnon des sie begaffenden Opernfreundes mit in Ansicht nehmen zu müssen« (IX,279). Das genußsüchtige, zudem durch die Logen nach Ständen oder Klassen abgesonderte Opernpublikum spiegelt eben den kunstwidrigen Charakter der modernen ›Öffentlichkeit‹ (die eigentlich keine ist) wider. Sein Anblick verträgt sich daher nicht mit dem des Kunstwerks, während die griechische Öffentlichkeit nach Wagners Überzeugung ja schon an sich selbst Kunst war, so daß es die ›scheidende Linie‹ zwischen Szene und Zuschauer nicht zu geben brauchte. Man darf spekulativ folgern: Erst wenn es das ›Publikum‹ (ein von Wagner fast stets pejorativ verwendeter Begriff) als isolierte Größe, der die Kunst *gegenüber*tritt, nicht mehr gibt, wenn jenes wieder ›Volk‹, d. h. freie Allgemeinheit, ist, wird es keine ästhetische Beleidigung des Auges mehr sein, wenn sein Blick den Zuschauer zugleich mit der Szene einschließt.

In seinem Bericht *Das Bühnenfestspielhaus zu Bayreuth* (1873) hat Wagner das »Verhältnis des Zuschauers zu dem szenischen Bilde« in dem schließlich von Otto Brückwald (nach dem Vorbild der Semperschen Pläne) errichteten Theater eingehend beschrieben. Auffallend ist, daß er dieses durchaus ungriechische, dem Umschließen der Szene durch den Zuschauer im attischen Theater diametral entgegengesetzte Verhältnis mit antiken Begriffen und mythischen Chiffren zu charakterisieren strebt, um es vor seinem griechischen Kunstgewissen zu rechtfertigen:

> »Jener [der Zuschauer] befindet sich jetzt, sobald er seinen Sitz eingenommen hat, recht eigentlich in einem ›Theatron‹, d. h. einem Raume, der für nichts anderes berechnet ist, als darin zu schauen, und zwar dorthin, wohin seine Stelle ihn weist. Zwischen ihm und dem zu erschauenden Bilde befindet sich nichts deutlich Wahrnehmbares, sondern nur eine zwischen den beiden Proszenien durch architektonische Vermittlung gleichsam im Schweben gehaltene Entfernung, welche das durch sie ihm entrückte Bild in der Unnahbarkeit einer Traumerscheinung zeigt, während die aus dem ›mystischen Abgrunde‹ geisterhaft erklingende Musik, gleich den unter dem Sitze der Pythia dem heiligen Urschoße der Gaia entsteigenden Dämpfen, ihn in jenen begeisterten Zustand des Hellsehens versetzt, in welchem das erschaute szenische Bild ihm jetzt zum wahrhaftigsten Abbilde des Lebens selbst wird.« (IX,337 f.)

Die Szene als Traumbild, der Zuschauer als Hellseher, mystisch entrückt in die Bühnenwelt, sein Blick in eine einzige Richtung gezwungen (»dorthin, wohin seine Stelle ihn weist«), die Verwirklichung der Einheit der Zuschauer untereinander und mit der Bühne nicht durch Versenkung der Szene in die Lebensrealität des ›Volks‹, sondern durch kollektive Versenkung des Publikums in den Illusionsraum des Dramas – diese Konzeption des Theaters scheint in radikalem Gegensatz zu der in den letzten Kapiteln umrissenen ›anderen‹ Bühnenvorstellung Wagners zu stehen. Allerdings hält er an der demokratischen »Anordnung des antiken Amphitheaters« fest. Das bedeutet – zum erstenmal seit der Renaissance – eine Absage an das »System unserer Logenränge« (IX,336 f.). (Der Bayreuther Zuschauerraum wird lediglich durch eine einzige, säulengegliederte Logenreihe abgeschlossen, über der sich noch eine kleine Galerie befindet.) Freilich erlaubt die Guckkastenbühne keine echte Kreisform des Zuschauerraums, sondern nur die Keil- oder Kreissegmentform mit steil ansteigenden Sitzreihen, die jedem Zuschauer die gleiche Sicht gewähren sollen.[133] Nach Wagners Worten konnte wegen der »in ihrer vollen Tiefe benutzten Szene«, welche die Scenae frons mit der

vorgelagerten, vom Chor umschrittenen Orchestra abgelöst hat, »von einer wirklichen
Ausführung der nach den beiden Seiten weit sich vorstreckenden Form des Amphitheaters, wodurch es zu einem sogar überschrittenen Halbkreis ward, nicht die Rede sein«
(IX,337). In dieser Vermittlung von antikem Zuschauerraum und moderner Tiefen-
bühne dokumentieren sich Nähe wie Ferne des griechischen Ideals der ›Öffentlichkeit‹
und ihrer ästhetischen Äquivalente in Wagners Theorie und Praxis des Theaters.

Oper – Schauspiel – Musikalisches Drama

»Vor welcher Erscheinung stehen wir aber mit demütigenderer Empfindung von der Unfähigkeit unserer frivolen Kultur als vor der Kunst der Hellenen?« fragt Wagner in *Das Kunstwerk der Zukunft* (1849). »Auf die herrliche griechische Kunst blicken wir hin, um aus ihrem innigen Verständnis zu entnehmen, wie das Kunstwerk der Zukunft beschaffen sein müsse!« (III,62.) Die griechische ›Öffentlichkeit‹ ist für Wagner das Vorbild der Kultur der Zukunft, der gesellschaftlichen Bedingungen des wahren Kunstwerks. Das »Theater des alten Athen« bietet ihm »ein typisches Modell« für das erstrebte »ideale Verhältnis des Theaters zur Öffentlichkeit« (»*Zukunftsmusik*«, 1860; VII,99). Zugleich ist die griechische Kunstform für ihn die höchste ästhetische Norm – freilich unter praktisch-künstlerischem Vorbehalt, mit den Einschränkungen, welche bezüglich jeder Analogie zwischen zwei Kulturstufen und Kunstphänomenen gelten. Wagner betont immer wieder auch das Nicht-Identische, ja Gegensätzliche zwischen dem antiken und dem Kunstwerk der Zukunft, das geschichtlich Einmalige, Unwiederholbare der ästhetischen Welt der Griechen, zu der wir nicht zurückkehren können und wollen. Daher verteidigt Wagner häufig Formprinzipien – wir erinnern an seine Theorie der Improvisation –, die der antiken Norm, wie er sie interpretiert, entgegenstehen.

Freilich meldet sich auch in solchen Fällen sein hellenisches Kunstgewissen. Abweichungen vom griechischen Modell werden bei ihm von den Bedingungen des modernen Weltzustandes her häufig mehr konzediert als prinzipiell gerechtfertigt – als eine Art zweite Praxis, die an der Gültigkeit der ersten nichts ändert. In diesem Punkt trifft Wagner sich mit Goethe, dessen Wort von den »barbarischen Avantagen« der modernen Kunst, die wir nicht missen können, wenn sie auch dem höchsten ästhetischen Begriff widersprechen, im Gespräch mit Cosima von ihm so gerne zitiert werden (CT I,488 u.ö.). Wagner trägt gewissermaßen die für die Geschichte der modernen Künste so folgenreiche »Querelle des anciens et des modernes« in sich selbst aus, ohne doch zu einem Ausgleich der Prinzipien zu gelangen. Die ›Alten‹ bilden gleichsam seinen ästhetischen Heiligenkalender, die unmittelbaren künstlerischen Wegweiser aber sind für ihn zumal Beethoven und Skakespeare als die beiden größten Repräsentanten der modernen, im christlichen Mittelalter gründenden Kunst. Diese doppelte ästhetische Orientierung bleibt nicht auf die Theorie beschränkt, sondern wirkt sich z. B. in der *Ring*-Tetralogie in der wechselseitigen Überlagerung ›klassisch‹-geschlossener und ›romantisch‹-offener Strukturen unmittelbar dramaturgisch aus.[1]

Wagners Rückblick zu den Griechen ist nicht der wehmütige Blick, der ausdrückt: »Könnten wir doch wieder werden wie sie!«, sondern ein abschätzender Blick: am Gewesenen wird das Zukünftige gemessen. Oder um ein anderes Bild zu verwenden: Wagners Rückkehr zu den Griechen gleicht dem Zurücktreten des Athleten, der den Schwung für den Sprung nach vorn oder in die Höhe gewinnen will. Seine Intention stimmt in diesem Punkt mit der seines Antipoden Guiseppe Verdi überein, der während seiner Arbeit am *Falstaff* seinem Librettisten Arrigo Boito schreibt: »Kehren wir zur Antike zurück, und es wird ein Fortschritt sein!«

1. Auf der Suche nach dem verlorenen Stil – Wagners Ideal der »antiken Kunstform«

> »Die Antike ist ein umgekehrter Antäus; je höher die Zeit sie
> über ihren Mutterboden emporgehoben hat, desto gewalti-
> ger wurde sie.«
>
> Hofmannsthal, Aufzeichnung aus dem Nachlaß 1920.

> »Das Griechentum hat für uns den Wert wie die Heiligen für
> die Katholiken.«
>
> Nietzsche, Fragment aus dem Nachlaß 1869.

In Wagners Brief an Friedrich Nietzsche vom 12. Juni 1872, der durch das Pamphlet von Ulrich von Wilamowitz-Moellendorff gegen die *Geburt der Tragödie* veranlaßt wurde, schildert Wagner seine Begeisterung für das »klassische Altertum«, die griechische Sprache, Mythologie, Poesie und Geschichte seit den Knabenjahren. Obwohl ihm eine gründliche philologische Schulung versagt geblieben sei, habe er sich aus der Antike – und das ist für ihn immer nur die griechische, während er der römischen meist mit Geringschätzung oder sogar schroffer Ablehnung begegnet – allmählich »ein Ideal für meine musische Kunstanschauung« herausgearbeitet (IX,296). In *Mein Leben* sind die griechischen Einflüsse auf sein Weltbild und ästhetisches Denken im einzelnen nachgewiesen. Bezeichnend, daß diese Einflüsse sich wie im Falle Hölderlins, dessen *Hyperion* er freilich wenig geschätzt hat (I,768 u. ö.), schon in der Kindheit mit zeitgeschichtlichen Eindrücken vermischen, nämlich mit dem Enthusiasmus für den neugriechischen Befreiungskampf.

> »Meine Liebe für Griechenland, die sich späterhin mit Enthusiasmus auf die Mythologie und
> Geschichte des alten Hellas warf, ging somit von der begeisterten und schmerzlichen Teilnahme
> an Vorgängen der unmittelbaren Gegenwart aus. Ich entsinne mich, später in dem Kampf der
> Hellenen gegen die Perser immer die Eindrücke dieses neuesten griechischen Aufstandes gegen
> die Türken wiederempfunden zu haben.« (ML 12.)

Als Sekundaner der Nicolai-Schule in Leipzig verfaßt Wagner sogar »einen Chorgesang in griechischer Sprache auf den neuesten griechischen Freiheitskampf« (ML 42). Die einzelnen Phasen der Beschäftigung Wagners mit der griechischen Antike und der klassischen Altertumswissenschaft, die in der Dresdener Kapellmeisterzeit und den ersten Jahren des Exils geradezu wissenschaftlich-professionelle Gründlichkeit verrät, sind wiederholt, am kompetentesten wohl von Wolfgang Schadewaldt, dargestellt worden.[2] Das eigentlich ›griechische Jahr‹ Wagners ist das Jahr 1847 gewesen, in dem er an der Orchesterskizze des *Lohengrin* arbeitet. In *Mein Leben* berichtet er, seine Freunde seien »um jene Zeit verwundert« gewesen, »mich oft zwar sehr lebhaft, aber nie über Musik, sondern namentlich über die griechische Literatur und Geschichte sprechen zu hören«. Seine einstige jugendliche Begeisterung für die »ewigen humanistischen Bildungselemente« sucht er nun durch das »systematische Neubefassen mit dieser allerwichtigsten Bildungsquelle« in objektive Bahnen zu lenken (ML 352 f.). Daß Wagner gleichzeitig an der Vollendung des *Lohengrin* arbeitet und als dramatischer Komponist seine Stoffe weiterhin aus der germanischen und mittelalterlichen Sage wählt, ist nicht verwunderlich. Mittelalterforschung und klassische Philologie bilden damals für viele Altertumsforscher eine selbstverständliche Einheit – so auch für

Wagners Pariser Freund Samuel Lehrs, der ebenso altphilologische wie mediävistische Studien betrieben und Wagner die stofflichen Anregungen zu *Tannhäuser, Lohengrin* und den *Meistersingern* gegeben hat.[3] Wagner begründet seine klassischen Studien ausdrücklich mit dem Bedürfnis, zu einem tieferen Verständnis des Mittelalters zu gelangen.

»Um mich mit dem rechten Sinne den mir zum Ziel gesetzten alt- und mittelhochdeutschen Studien zu nähern, begann ich von neuem mit dem griechischen Altertum und war nun von diesem allerdings mit solch überwältigender Begeisterung erfüllt, daß ich, wenn ich überhaupt zum Reden gebracht wurde, mit Wärme nur sprechen konnte, sobald ich gewaltsam nach jener Sphäre hinlenkte.« (ML 353.)

Vom klassischen Altertum geht Wagner in seinen »historischen Studien« konsequent »zu den deutschen Altertümern über« (ML 356). Wie stark er diese und so auch die von ihm bearbeiteten dramatischen Stoffe in antikem Sinne deutet, das geht zumal aus seiner *Mitteilung an meine Freunde* (1851) hervor, in der er die griechischen Archetypen hinter den Gestalten seiner musikalischen Jugenddramen nachweist (den Odysseus-Mythos im *Fliegenden Holländer*, den Mythos von Zeus und Semele im *Lohengrin* usw.).

Das Herzstück der klassischen Lektüre Wagners bildet von nun an bis zu seiner offenbar überwältigenden Rezitation der *Orestie* in der Villa Angri bei Neapel im Jahre 1880 die Tragödie des Aischylos. Im Gespräch mit Cosima am 24. Juni 1880 erklärt er die *Orestie* »als das Vollendetste in jeder Beziehung, religiöser, philosophischer, dichterischer, künstlerischer« (CT II,552). Seine Begegnung mit Aischylos im Sommer 1847 habe seine Idee des Theaters entscheidend geprägt, berichtet Wagner in *Mein Leben*:

»Namentlich die beredten Didaskalien Droysens [in dessen Übersetzung Wagner Aischylos las] halfen mir, das berauschende Bild der athenischen Tragödienaufführungen so deutlich meiner Einbildungskraft vorzuführen, daß ich die *Oresteia* vorzüglich unter der Form einer solchen Aufführung mit einer bisher unerhört eindringlichen Gewalt auf mich wirken fühlen konnte. Nichts glich der erhabenen Erschütterung, welche der *Agamemnon* auf mich hervorbrachte: bis zum Schluß der *Eumeniden* verweilte ich in einem Zustande der Entrücktheit, aus welchem ich eigentlich nie wieder gänzlich zur Versöhnung mit der modernen Literatur zurückgekehrt bin. Meine Ideen über die Bedeutung des Dramas und namentlich auch des Theaters haben sich entscheidend aus diesen Eindrücken gestaltet.« (ML 356.)

Selten hat ein bedeutender produktiver Künstler der Moderne sein Werk so emphatisch-unbedingt unter das Zeichen der griechischen Kunst gestellt wie Wagner in dieser Huldigung der attischen Tragödie. Die Lektüre der Aischylos-Übertragung von Droysen hat ihre deutlichen poetischen Spuren in der *Ring*-Tetralogie hinterlassen, nicht nur in der Handlung und Personenkonstellation, in denen sich eine Fülle von Parallelen zwischen griechischem und germanischem Mythos entdecken läßt, sondern auch sprachlich. (Selbst für die Verwendung des Stabreims fand Wagner Vorbilder in Droysens Übersetzung![4])

Daß die Beschäftigung mit den Griechen das tägliche Brot Wagners bis in seine letzten Lebensjahre gewesen ist, wird eindrucksvoll durch die Tagebücher Cosimas dokumentiert. Die Lektüre der klassischen Schriftsteller, vor allem des Homer, Aischylos, Artistophanes (den er laut Cosima als »das größte griechische Genie« bezeichnet hat; CT II,651) und Platon füllt zahllose Abende in Tribschen und Wahnfried. Anläßlich

Tagebuchnotiz Wagners vom 7. Februar 1866 aus dem »Braunen Buch«. (Transkription s. Abbildungsverzeichnis.) Zur »Heiligkeit des Nachtgefühles« vgl. auch das Kapitel »Welt im sterbenden Licht – ›Tristan‹ und der Mythos der Nacht« S. 261–287.

eines erneuten Studiums von Droysens Buch über Alexander den Großen bemerkt Wagner am 6. März 1870 bei Tisch: »Wenn ich eingesperrt würde, würde ich mir einzig griechische Literatur und alles, was auf Griechenland Bezug hat, erbitten. Aus diesem Volk bezieht man die Freude; ich weiß sehr wohl, daß sie nicht den letzten Tupf aufs i gesetzt, aber aus ihnen gewinnen wir Glück, sie sind sündenlos.« (CT I,205 f.) Hier klingt noch einmal der Griechenlandmythos des 18. Jahrhunderts nach – die Griechen als ›naives‹ Kulturvolk –, wider das bessere, realistische Wissen, das Wagner aufgrund seiner Lektüre der großen wissenschaftlichen Werke von Johann Gustav Droysen, Friedrich Gottlieb Welcker, August Boeckh und Karl Otfried Müller von der griechischen Zivilisation gewonnen hat. Daß er die Griechen im Alter, nicht zuletzt inspiriert durch Nietzsches *Geburt der Tragödie*, mehr und mehr als sentimentalisches Volk aufgefaßt hat, ist trotz solcher verklärenden Äußerungen im allgemeinen nicht zu verkennen. »In der antiken Welt war es die Freude an der Überwindung der Welt, die sie erfüllte«, bemerkt er in einem Schopenhauer-Gespräch am 13. Juni 1873 über die Griechen; »sie gaben zu, Leben und Welt sei abscheulich, aber ich bin stärker als sie; die stärkste Bejahung des Willens.« (CT I,399.) Hier ist für eine ›naive‹ Deutung der Griechen kein Raum mehr.

Wie stark Wagners Weltbild und Sehweise vom griechischen Mythos bestimmt sind, wird nicht nur durch seine Lektüre und den Leseplan für die Kinder, in dem die klassische Sagenwelt einen festen Platz hat, sondern vor allem durch die ständigen Reminiszenzen an mythische Vorstellungen bezeugt, die Wagners Äußerungen über die alltäglichsten Ereignisse durchziehen. Immer wieder entdeckt er hinter ihnen griechische Archetypen, oder er spielt die antike Formenwelt gegen die Prosa des modernen Lebens aus. »Bei Tisch bemerkt Richard den alten Mann, welchen wir angestellt haben, um das noch mit Eisen behaftete Wasser auszupumpen«, berichtet Cosima am 8. Mai 1874, »es gemahnt ihn an die Magd in der *Odyssee*, welche nachts mahlt. Er ist mit Mitleiden überfüllt, ›das Geräusch ist für mich urelementarisch, es ist wie Sphärenquietschen‹.« (CT I,816.) Während eines Spaziergangs in Italien »zeigt mir Richard plötzlich auf einem erhöhten Weg einsam einen Landmann seinen Karren führen am sonnenerleuchteten Horizont; ›ganz antik‹, ruft Richard aus« (CT II,605). »Wie ich von der Treppe des Saales [in Wahnfried] heruntergehe zu ihm mit den Freunden, sagt er: Kirke zu Odysseus und den Gefährten kommend!« (CT II,943) usw. Ständig fallen Wagner auf Spaziergängen, bei Tischgesprächen und sonstigen alltäglichen Anlässen solche Bilder, ja sogar originalsprachliche Wendungen aus den Homerischen Epen ein (vgl. CT II,74). Einmal setzt er sich gar in den Kopf, Cosima einen »Apollon-Knoten« zu machen, »will vorher Kupferstiche nach der Antike sich ansehen« (CT II,127) und ähnliches mehr. Wagner bewundert, »daß alle diese Sagen immer fortgelebt hätten bei den Griechen; bei uns lebt nichts mehr« (CT II,306). Das moderne Leben ist mythen- und formenlos geworden. »Ja, wer in der Kindheit nichts von den ›alten Griechen‹ gehört hat, der ist für die Schönheit verloren«, sagt er am 4. Mai 1870 zu Cosima. »Alle meine späteren Empfindungen von der Häßlichkeit unsrer jetzigen Welt stammen von dem Anblick der Bilder in der Mythologie von Moritz« – der 1791 erschienenen *Götterlehre* von Karl Philipp Moritz, die auch für Goethe und Schiller von großer Bedeutung gewesen ist. »Perseus mit dem schönen Helm und sonst in nackter Gestalt entzückte mich und flößte mir Abscheu ein vor unsrem ganzen Militärwesen, zugeknöpft ausgestopft mit ihren Orden.« (CT I,227.) Das Bild des nackten Perseus mit dem Helm ist übrigens auch für Grillparzer eine Inkarnation

antiker Schönheit gewesen. In seinen Notizen zum *Goldenen Vlies* (1818) bemerkt er über die Gestalt Jasons: »Erinnere dich immer der griechischen Heroenstatuen und denk dir ihn nackt, bloß den Helm auf dem Kopf und das Schwert in der Hand.«[5] (In ebendieser urbildlichen Haltung läßt er auch im vierten Aufzug seines Trauerspiels *Des Meeres und der Liebe Wellen* Leander aus seiner Hütte stürzen.)
Anspielungen auf Mythos und Geschichte der Griechen durchziehen immer wieder Wagners Exegese musikalischer Werke. Am 11. März 1873 deutet er z. B. Beethovens *Siebte Symphonie* als »ein vollständiges Bild des Dionysos-Festes«:

> »Zuerst der Herold und die Tibien-Spieler, darauf das sich sammelnde Volk (die Scala), darauf das reizvolle Thema, welches den Sinn der Prozession in einer schwungvollen Bewegung darstellt usw. Das Andante ist die Tragödie, das Opfer des Gottes, Erinnerungen an Zagreus, auch du hast gelitten, darauf ländliche Feier, die Winzer und sonstige Landleute mit Thyrsusstäben, und als Schluß das Bacchanal.« (CT I,650.)

Auch zeitgeschichtliche Erscheinungen mißt Wagner am antiken Maßstab. Bei Bismarck und der deutschen Reichspolitik will ihm freilich nichts Griechisches einfallen. Doch den emphatisch verehrten Garibaldi, den er in Italien selbst sieht (CT II,917 f.), nennt er ein »antikes Wesen«, das in die Zeit Timoleons gehört hätte (CT II,953). Das Bild des korinthischen Feldherrn verdankt Wagner natürlich Plutarch, mit dessen Zeit er eine besondere Wahlverwandtschaft empfindet. »Wenn er sich eine Zeit und ein Verhältnis denken könne, wo er gern gewesen wäre«, sagt er am 6. Dezember 1881 zu Cosima, »das wäre in Cheronea mit Plutarch, der sei beinahe dicht an dem Höchsten gewesen, habe so viel erfahren gehabt, und nun unter dem Flügelschlag der Antonine, aber gerade in Cheronea.« (CT II,842.)

Wagners Rezeption der griechischen Mythologie und Kunst zielt auf die Gewinnung einer verbindlichen modernen »Kunstform«. Er hat sich, wie später Nietzsche, immer wieder über die Tatsache Gedanken gemacht, daß der moderne Künstler – vor allem der deutsche – durch keine normativ gültige gesellschaftliche und ästhetische Form gestützt werde. »Wenn ich eine Anfrage an die Zukunft hätte, würde ich fragen: Ob aus den Deutschen noch etwas wird? Ob sie die Form finden? Diese Frage interessiert mich grenzenlos«, sagt er am 24. Dezember 1872 zu Cosima (CT I,616). Und am 12. November 1879: »Wir sind so gar keine Künstler; die Novellen von Lope und Cervantes, auch wenn sie unbedeutend sind, welch eine feste Form haben sie; während selbst Goethe und Schiller immer nur suchend, experimentierend waren.« (CT II,440.) Mit Sicherheit hat Nietzsche aus solchen Gesprächsäußerungen manche Anregung für seine Erörterung des Formproblems bei Romanen und Deutschen empfangen. Sogar sein Dilettantismus-Begriff klingt schon bei Wagner an. »Das Dilettantische interessiere ihn in Deutschland immer«, äußert er am 5. Januar 1871; »denn bis zu einem gewissen Grade seien alle unsre größten Dichter Dilettanten, die immer wie Versuche anstellten, im Vergleich zu den Griechen, bei denen alles vollendet und sicher erscheint.« (CT I,337.) Das »Dilettantisieren« wird Nietzsche in seiner vierten *Unzeitgemäßen Betrachtung: Richard Wagner in Bayreuth* als einen Grundzug auch der künstlerischen Entwicklung Wagners bezeichnen.[6]
Die aufschlußreichste Äußerung Wagners zum Problem der nationalen ›Form‹ findet sich in seiner vornehmlich für französische Leser bestimmten Abhandlung »*Zukunftsmusik*« (1860):

»Unstreitig sind die romanischen Nationen Europas zeitig zu einem großen Vorzug vor den germanischen gelangt, nämlich in der Ausbildung der *Form*. Während Italien, Spanien und Frankreich für das Leben wie für die Kunst diejenige gefällige und ihrem Wesen entsprechende Form sich bildeten, welche für alle Äußerung des Lebens und der Kunst schnell eine allgemein gültige, gesetzmäßige Anwendung erhielt, blieb Deutschland nach dieser Seite hin in einem unleugbar anarchischen Zustande, der dadurch, daß man jener fertigen Form der Ausländer selbst sich zu bedienen suchte, kaum verdeckt, sondern nur vermehrt werden konnte. Der offenbare Nachteil, in welchen hierdurch die deutsche Nation für alles, was Form betrifft (und wie weit erstreckt sich dieses!), geriet, hielt sehr natürlich auch die Entwickelung deutscher Kunst und Literatur so lange zurück, daß er [sic!] seit der zweiten Hälfte des vorigen Jahrhunderts in Deutschland sich eine ähnliche Bewegung erzeugte, wie die romanischen Nationen sie seit dem Beginn des Zeitalters der Renaissance erlebt hatten.« (VII,93 f.)

Auf der Suche nach einer eigenen Form mußte der deutsche Kunstgeist zunächst einmal die nur imitierte »romanische Form« – Wagner denkt hier zweifellos vor allem an die bis Lessing die deutsche dramatische Bühne beherrschenden ›Regeln‹ des französischen classicisme – von sich abstoßen. Das war vor allem deshalb notwendig, weil diese Form ein spezifisch nationales Gepräge hatte, in der Kunst eines anderen Volks also immer ein Fremdkörper bleiben mußte.

Die ›Deutsche Bewegung‹ des späten 18. Jahrhunderts zielte nach Wagner nun nicht wiederum auf eine spezifisch nationale, ›deutsche Form‹, sondern suchte nach dem Muster der griechischen eine die Grenzen der Nationalität transzendierende, »rein menschliche« Kunstform zu konstituieren.

»So drängte die Bewegung entschieden zum Auffinden einer idealen, rein menschlichen, einer Nationalität nicht ausschließlich angehörenden Form hin. Die ganz eigentümliche, neue und in der Kunstgeschichte nie dagewesene Wirksamkeit der beiden größten deutschen Dichter, Goethe und Schiller, zeichnet sich dadurch aus, daß zum ersten Male ihnen dieses Problem einer idealen, rein menschlichen Kunstform in ihrer umfassendsten Bedeutung Aufgabe des Forschens wurde, und fast ist das Aufsuchen dieser Form der wesentlichste Hauptinhalt auch ihres Schaffens gewesen. Rebellisch gegen den Zwang der Form, die noch den romanischen Nationen als Gesetz galt, gelangten sie dazu, diese Form objektiv zu betrachten, mit ihren Vorzügen auch ihrer Nachteile innezuwerden, von ihr aus auf den Ursprung aller europäischen Kunstform, derjenigen der Griechen, zurückzugehen, in nötiger Freiheit das volle Verständnis der antiken Form sich zu erschließen und von hier aus auf eine ideale Kunstform auszugehen, welche, als rein menschliche, vom Zwange der engeren nationalen Sitte befreit, diese Sitte selbst zu einer rein menschlichen, nur den ewigsten Gesetzen gehorchenden ausbilden sollte.« (VII,94.)

Wagner sieht sich in seiner Suche nach einer so beschaffenen Form als unmittelbaren, legitimen Erben der Weimarer Klassik. Einerseits betont er also die negativen Folgen der ästhetischen Anarchie, d. h. des Verlusts eines gemeinverbindlichen, alle Lebens- und Kunstäußerungen prägenden epochalen Stils und Formprinzips – der vielen ästhetischen Schriftstellern des 19. Jahrhunderts teils schmerzlich, teils, im Blick auf die Emanzipation des Personalstils, freudig zu Bewußtsein gekommen ist[7] –, andererseits sieht er im Interesse der künstlerischen Freiheit in diesem Verlust einen Vorteil. Die von ihm erstrebte ideale Kunstform soll die Beschränkungen, welche eine starr-apriorische Form wie die ›romanische‹ dem produktiven Künstler auferlegt, hinter sich lassen und zugleich die Avantagen eines regulativen Stilprinzips in sich vereinigen. (In der Tat ist dies auch ein Ziel Goethes und Schillers gewesen, wie ihr Briefwechsel vielfach dokumentiert.)

»Der Nachteil, in welchem sich bis hierher der Deutsche dem Romanen gegenüber befand, schlüge demnach so zu einem Vorteil um. Während z. B. der Franzose, einer vollständig ausgebildeten, in allen Teilen kongruent sich abschließenden Form vollkommen befriedigt und ihren unabänderlich dünkenden Gesetzen willig gehorsam gegenüberstehend, sich selbst nur zur steten Reproduktion dieser Form, somit (in einem höheren Sinne) zu einer gewissen Stagnation seiner inneren Produktivität angehalten fühlt, würde der Deutsche, mit voller Anerkennung der Vorteile einer solchen Stellung, dennoch auch ihre bedeutenden Nachteile erkennen; das Unfreie in ihr würde ihm nicht entgehen und die Aussicht auf eine ideale Kunstform sich eröffnen, in welcher das ewig Giltige einer jeden Kunstform, befreit von den Fesseln des Zufälligen und Unwahren, sich ihm darstellte.« (VII,94 f.)

Diese ideale Kunstform – die, »des beschränkenden Momentes der engeren Nationalität entbehrend, eine allgemein verständliche, jeder Nation zugängliche wäre« – ist nach Wagner auf dem Boden der Literatur nicht erreichbar, da die Verschiedenheit der Sprachen der kosmopolitischen Intention hier Grenzen setzt. Allein die Musik – »diese allen Menschen gleich verständliche Sprache« – ist das Medium, in dem sich die Idealität der Form verwirklichen läßt (VII,95). »Das jetzige einzig mögliche Katholikon«, sagt Wagner am 7. Juni 1874 zu Cosima, »ist die Musik« (CT I,826). Das musikalische Drama ist für ihn mithin die Vollendung der ›Deutschen Bewegung‹, zumal der ästhetischen Bestrebungen Goethes und Schillers.

Das Paradigma der »idealen Kunstform« sieht Wagner stets in der »antiken Form«, so wie sie im deutschen 18. Jahrhundert beschrieben und gedeutet worden ist. In seinen Aufzeichnungen *Was ist deutsch?* (1865–78) vertritt er den Standpunkt, »daß der Begriff der Antike erst seit der Mitte des vorigen Jahrhunderts besteht, nämlich seit Winckelmann und Lessing.« Wagner folgt hier der seit Schiller (vgl. das S. 38 zitierte Gedichtfragment *Deutsche Größe*) immer wieder vertretenen Auffassung von der Universalität des deutschen Geistes, der alle fremden Geister in sich aufzuheben vermöge, dem es, wie Wagner sagt, bestimmt sei, »das Fremde, ursprünglich ihm Fernliegende, in höchster objektiver Reinheit der Anschauung zu erfassen und sich anzueignen« – zumal die ›Antike‹, die nach Wagner eben ein deutscher Begriff ist, welcher seinen Inhalt der vermeintlichen Affinität des griechischen und deutschen Geistes verdankt (auch dies eine im Umkreis der Weimarer Klassik oft geäußerte Idee).

»Man kann ohne Übertreibung behaupten, daß die Antike nach ihrer jetzt allgemeinen Weltbedeutung unbekannt geblieben wäre, wenn der deutsche Geist sie nicht erkannt und erklärt hätte. Der Italiener eignete sich von der Antike an, was er nachahmen und nachbilden konnte; der Franzose eignete sich wieder von dieser Nachbildung an, was seinem nationalen Sinne für Eleganz der Form schmeicheln durfte: erst der Deutsche erkannte sie in ihrer reinmenschlichen Originalität und der Nützlichkeit gänzlich abgewandten, dafür aber der Wiedergebung des Reinmenschlichen einzig förderlichen Bedeutung. Durch das innigste Verständnis der Antike ist der deutsche Geist zu der Fähigkeit gelangt, das Reinmenschliche selbst wiederum in ursprünglicher Freiheit nachzubilden, nämlich nicht durch die Anwendung einer antiken Form einen bestimmten Stoff darzustellen, sondern eine Anwendung der antiken Auffassung der Welt die notwendige neue Form zu bilden.« (X,40 f.)

Eine genauere Erklärung, wie das zu verstehen sei, glaubt Wagner sich durch die Aufforderung zum Vergleich der Euripideischen mit der Goetheschen *Iphigenie* (ein von ihm ansonsten wenig geschätztes Werk[8]) ersparen zu können.

Das letzte Zitat belegt, daß die antike Form für Wagner nicht etwas unmittelbar ›Anwendbares‹, sondern nur Ansporn zur Gewinnung einer »neuen Form« ist. Die historische Distanz zu den Griechen verliert er nie aus den Augen. Das Antike kann nicht in seinem An-und-für-sich-Sein, sondern nur durch die Zeit gebrochen, nach unserem ›Begriff‹ auf die moderne Kunst wirken. In diesem Zusammenhang sei auf einen der bedeutendsten Aufsätze des späten Wagner verwiesen, der die Gebundenheit auch des größten, über seine Zeit weit hinauswirkenden Kunstwerks an seinen historischen Ort und Augenblick zum Thema hat: *Das Publikum in Raum und Zeit* (1878).

Am Beispiel Platons, Dantes, Calderóns, der Renaissancemalerei und der Werke Mozarts weist Wagner die »Unterworfenheit jeder individuellen Erscheinung unter die Bedingungen von Zeit und Raum« als eine für den bedeutenden Künstler »tragische« Gegebenheit nach (X,92). Das Substantielle seiner Werke liegt keineswegs, wie die moderne Philisterphrase von der ›Überzeitlichkeit‹ großer Kunst will, jenseits seiner Zeit, sondern ist zeitgebunden und zeitüberlegen zugleich. Das Kunstwerk auf seine überzeitlichen Bedeutungsgehalte zu reduzieren und diese gar für sein wahres Wesen auszugeben bedeutet, es seinem Lebensgrund zu entfremden. »An den Opern Mozarts können wir deutlich ersehen, daß das, was sie über ihre Zeit erhob, sie in den sonderbaren Nachteil versetzt, außer ihrer Zeit fortzuleben, wo ihnen nun aber die lebendigen Bedingungen abgehen, welche zu ihrer Zeit ihre Konzeption und Ausführung bestimmten.« Den »Stempel der Unsterblichkeit« nennt Wagner deshalb gar »ein verhängnisvolles Weihegeschenk«.

> »Welchen Qualen des Daseins ist die abgeschiedene Seele solch eines Meisterwerkes nicht ausgesetzt, wenn sie durch ein modernes Theatermedium zum Behagen des nachweltlichen Publikums wieder hervorgequält wird! Wohnen wir einer Aufführung des *Figaro* oder des *Don Juan* bei, möchten wir dem Werke dann nicht gönnen, es hätte einmal voll und ganz gelebt, um uns die Erinnerung hieran als schöne Sage zu hinterlassen, statt dessen wir es jetzt durch ein ihm ganz fremdes Leben als zur Mißhandlung Wiedererweckten hindurchgetrieben sehen?« (X,96.)

Angesichts der uns zur Selbstverständlichkeit gewordenen Allgegenwart der Kunstwerke aller Zeiten in dem vom modernen Kulturbetrieb präsentierten imaginären Museum eine herausfordernde Anschauung! Für Wagner ist eine solche museale Gleichgegenwart und Gleichgültigkeit der Kunstwerke verschiedenster Zeiten durchaus noch ein Unding. »Wer am meisten erstaunt wäre, daß man aus Sachen, die er für eine ›Akademie‹, einen Konzertabend schrieb, ewige Meisterwerke machte«, stellt er am 26. Juni 1882 im Gespräch mit Cosima fest, »das ist Mozart selbst« (CT II,970). Der Eindruck eines Werks auf die Späteren ist nach Wagner immer nur der Todesschatten seiner Wirkung auf die Zeitgenossen. »Wenn auch der Eindruck, den Shakespeare mache, z. B. auf ihn, jetzt bedeutsamer sei als damals auf das Publikum, so sei es doch nicht mehr *Leben*.« (CT II,1051.)

Bereits in seiner Selbstrechtfertigung *Eine Mitteilung an meine Freunde* (1851) hat Wagner jenen Standpunkt scharf kritisiert, von dem aus alles nach einem »monumentalen Maßstabe« beurteilt wird: diesem zufolge »stehen die Künstler und die Werke aller Zeiten und Völker neben- und untereinander da«, ohne daß die Unterschiede zwischen ihnen noch »lebendig und warm« empfunden werden; »denn bei wirklicher Empfindung muß uns die gleichzeitige Wahrnehmung derselben eine geradesweges unerträgliche sein, ungefähr so peinlich unangenehm, wie wenn wir in einer Musikaufführung Sebastian Bach neben Beethoven hören« (IV,244). Eine für Wagner noch paradoxe

Vorstellung! Wie in der Abhandlung von 1878 belegt Wagner am Beispiel der Mozart-schen Oper, daß ein Künstler, »der sein Werk als monumentales behandelt sieht, das gleichgültig zu jeder beliebigen Zeit oder vor jeder beliebigen Öffentlichkeit vorgeführt wird, jeder denkbaren Gefahr des Mißverständnisses ausgesetzt sein« muß, da die »ermöglichenden Bedingungen« des Werks, sein Zusammenhang mit dem »Leben« auf diese Weise negiert werden (IV,243).

Kein Zweifel, daß diese Kritik Wagners an der Monumentalisierung des Kunstwerks, d. h. an seiner Trennung von Ort, Zeit und den lebendigen Umständen seiner Entste-hung, Nietzsche zur zweiten seiner *Unzeitgemäßen Betrachtungen: Vom Nutzen und Nachteil der Historie für das Leben* inspiriert hat, die Wagner wiederum mit großer Aufmerksamkeit gelesen hat (CT I,794 f.). Auch hier spielt ja die Kritik an der »monumentalen Historie« in einem nahe verwandten Sinne eine bedeutende Rolle. (Nietzsche hat allerdings in einer nachgelassenen Aufzeichnung von 1878 Wagners Monumentalismus-Kritik eine Inkonsequenz vorgehalten: »Wagner kämpft gegen das Monumentale aber glaubt an das allgemein Menschliche«[9] – also doch an das ›Überzeit-liche‹.) – Für Wagner besteht zwischen dem wahren und dem »monumentalen Kunst-werke« der gleiche Unterschied wie zwischen dem lebendigen Menschen und der Marmorstatue. Die Eigenschaft des ersteren besteht darin, »daß es nach Ort, Zeit und Umständen auf das Schärfste bestimmt sich kundgibt; daß es daher in seiner lebendig-sten Wirkungsfähigkeit gar nicht zur Erscheinung kommen kann, wenn es nicht an einem bestimmten Orte, zu einer bestimmten Zeit und unter bestimmten Umständen zur Erscheinung kommt« (IV,237). All diese Bedingungen des Kunstwerks fallen bei Wagner unter den Begriff des »Lebens«. Der entschiedenste Gegner der »Neigung für das Monumentale« ist also der unmittelbare »Lebenstrieb« (IV,238 f.); gerade dieser Gedanke aus *Eine Mitteilung an meine Freunde* weist auf Nietzsches zweite *Unzeitge-mäße Betrachtung* voraus.

Das Musterbeispiel für die Monumentalisierung eines ursprünglich nicht-monumenta-len Kunstwerks ist für Wagner die 1842 von Friedrich Wilhelm IV. veranlaßte Potsda-mer Aufführung der Sophokleischen *Antigone* mit der Musik von Mendelssohn. Bereits in *Oper und Drama* (1851) hat er dieses antiquarische Theaterexperiment als »grobe künstlerische Notlüge« geschmäht (IV,29). In *Eine Mitteilung an meine Freunde* verspottet er den Wahn, ein Werk, das »vor zweitausend Jahren für die athenische Demokratie gedichtet worden« ist, könne unbedenklich »heute vor dem preußischen Hofe in Potsdam aufgeführt werden; in der Vorstellung unserer Ästhetiker muß es ganz denselben Wert, ganz dieselben wesenhaften Eigenschaften haben, gleichviel ob hier oder dort, heute oder damals«. Und Wagner fügt sarkastisch hinzu, man bilde sich wohl noch ein, »daß es, wie gewisse Weinsorten, durch Ablagerung gewinne und erst heute und hier so recht und ganz verstanden werden könne« (IV,236).

Diese Gedanken greift Wagner in der Abhandlung *Das Publikum in Raum und Zeit* (1878) wieder auf. Die attische Tragödie habe »schon zur Zeit ihrer Blüte in Syrakus ganz anders [gewirkt] als in Athen«. Um wieviel anders, fremder muß sie auf der modernen Bühne wirken! »Wir ersehen nämlich, daß dieselbe Zeitumgebung, welche den großen Geist in seiner Kundgebung nachteilig beeinflußte, andererseits einzig die Bedingungen für die anschauliche Erscheinung des Geistesproduktes enthielt, so daß, seiner Zeit und Umgebung entrückt, dieses Produkt des wichtigsten Teiles seiner lebendigen Wirkungsfähigkeit beraubt ist.« Das gilt im Falle der griechischen Tragiker um so mehr, als sie – eine glückliche »ausnähmliche Erscheinung« der Geschichte – »von der Zeit und dem Raum ihrer Umgebung so glücklich umschlossen waren, daß diese eher produktiv als behindernd ihre Werke beeinflußten« (X, 94 f.).

Vor diesem Hintergrund ist Wagners Theorie der »antiken Kunstform« zu sehen. Sie ist ein im Hinblick auf die griechische Kunst konzipiertes Formmodell, das doch deren Unwiederholbarkeit, die historische Distanz zu den Griechen nicht verschleiert. Die attische Tragödie etwa sei als Gesamterscheinung »ein so bestimmtes Originalprodukt des hellenischen Geistes, seiner Religion, ja seines Staates«, heißt es im Aufsatz *Über die Bestimmung der Oper* (1871), »daß die Annahme einer Nachahmbarkeit derselben notwendig zu den größten Verirrungen führen mußte« (IX, 151). Diese Feststellung gemahnt an Schillers berühmten Brief an Johann Wilhelm Süvern vom 26. Juli 1800, in dem es heißt, die sophokleische Tragödie sei trotz ihres unerreichbaren Rangs »eine Erscheinung ihrer Zeit, die nicht wieder kommen kann, und das lebendige Produkt einer individuellen bestimmten Gegenwart einer ganz heterogenen Zeit zum Maßstab und Muster aufdringen, hieße die Kunst, die immer dynamisch und lebendig entstehen und wirken muß, eher töten als beleben«. Nichtsdestoweniger ziehen weder Schiller noch Wagner die vorbildliche Rolle der griechischen Tragödie – als eines frei und produktiv zu rezipierenden formalen Paradigmas – in Zweifel. Daß sich hier Widersprüche einstellen, ist nicht zu verkennen und wurde bereits im Zusammenhang mit den antiklassischen Elementen der Wagnerschen Improvisationstheorie erörtert.

Die wesentlichen Eigenschaften der antiken Kunstform hat Wagner in seinem Hauptwerk *Oper und Drama* (1851) beschrieben, dessen Gedankengang die nächsten Kapitel vornehmlich gewidmet sein sollen; ihr Hauptkennzeichen ist die Konzision, Einheit und plastische Geschlossenheit der Gestaltung, durch die sich namentlich die attische Tragödie auszeichnet. Diese ist in ihrer »einheitvollen Form« (IV, 34) für den Autor von *Oper und Drama* mithin *das* Strukturmodell des erstrebten musikalischen Dramas – das Gegenbild zu den beiden repräsentativen, vom Standpunkt des ›Kunstwerks der Zukunft‹ aus jedoch nicht-sein-sollenden Kunstformen der Moderne: der *Oper* und des *Romans*, deren diffuse Gestalt zwar der äußeren Struktur des modernen Lebens entspricht, vor seinem Formgewissen jedoch nach Wagner nicht bestehen kann.

2. Die Oper als unmoralische Anstalt betrachtet

> »Man hat die moderne italienische Opernmusik sehr treffend eine Lustdirne genannt. [...] Die französische Opernmusik gilt mit Recht als Kokette. [...] Aber noch einen Typus entarteter Frauen gibt es, der uns gar mit widerwärtigem Grauen erfüllt: das ist die Prüde, als welche uns die sogenannte deutsche Opernmusik gelten muß.«
>
> Wagner, *Oper und Drama*. Erster Teil.

Keine Kunstform hat Wagner in seinen Reformschriften nach 1848 so heftig befehdet wie die »Oper«. Alle Ressentiments gegen diese ›unmögliche‹ Gattung, wie sie – zumal von den rationalistischen Poetikern des 18. Jahrhunderts – seit eh und je gehegt worden sind, scheint er zu teilen. Zum »Narrenhaus für allen Wahnsinn der Welt« sei sie geworden (III,226). Die Schilderung ihrer verwerflichen Form, Entstehungsbedingungen und Rezeption bildet den finstern Fond seiner Konzeption des vermeintlich in jeder Beziehung ganz anderen musikalischen Dramas. Dieses soll seine Struktur weder der Oper noch dem modernen »Literaturdrama«, sondern einerseits der lebendigen, noch ganz in der theatralischen Repräsentation aufgehenden dramatischen Kunst der Griechen und Shakespeares, andererseits der modernen Instrumentalmusik, d. h. vor allem der symphonischen Form verdanken. Redet Wagner von der Oper, denkt er meist ans italienisch-französische Musiktheater und sein spezifisches Publikum, spricht er vom Schauspiel, so hat er in der Regel das nachklassische, der Bühne entfremdete deutsche ›Lesedrama‹ im Auge. Zwischen der Skylla einer verflachten musikalischen und der Charybdis einer entsinnlichten literarischen Dramatik sucht Wagner sein nach dem Vorbild der alten Tragiker gezimmertes Schiff, dem der Geist der Beethovenschen Symphonie die Segel bläht, auf das »Kunstwerk der Zukunft«: das musikalische als das einzig legitime »Drama« zuzusteuern.

»Ich schreibe keine *Opern* mehr«, hat Wagner in *Eine Mitteilung an meine Freunde* verkündet (IV,343); erst in seinen späten Schriften, wie *Über die Bestimmung der Oper* (1871), hat er sich diesem Gattungsterminus gegenüber wieder konzilianter verhalten. Wenn auch zuzugeben sei, heißt es in der zuletzt genannten Schrift, »daß die Oper den Verfall des Theaters offenbar gemacht« habe, so sei »an ihrer jetzigen vorherrschenden Wirksamkeit doch deutlich zu erkennen, daß sie allein berufen sein kann, unser Theater wiederaufzurichten« (IX,135). Diese Ansicht hätte Wagner in früheren Jahren energisch zurückgewiesen. Noch in »*Zukunftsmusik*« (1860) nennt er das Operntheater »das bedenklichste und zweideutigste öffentliche Kunstinstitut unserer Zeit« (VII,89). Das ist ein zugleich ästhetisches und moralisches Werturteil.

Zu den bisher noch kaum gewürdigten Grundpfeilern der Wagnerschen Kunsttheorie gehört die Identifizierung des moralisch und ästhetisch ›Guten‹, die Entlarvung künstlerischer als sittlicher Mißstände. Damit leugnet er die für die moderne Ästhetik seit Karl Philipp Moritz, Kant und Schiller konstitutive Trennung des moralischen und ästhetischen Urteils. Die Bühne wird für ihn wieder im Sinne des von Schiller so formulierten, seit seiner Rezeption der ästhetischen Schriften von Moritz und Kant aber überwundenen Standpunkts eine »moralische Anstalt«. Freilich ist bei Wagner weniger von einer Identifizierung als von einer Verfilzung des Ästhetischen und Moralischen zu reden; seine vermeintlich moralischen sind doch immer wieder verdeckt ästhetische oder kulturtheoretische Urteile. Jedenfalls gibt es kaum eine Schrift Wagners, die künstlerische Zustände nicht eindeutig mit sittlichen gleichsetzt. Das »Gute in der Kunst«, heißt es im Aufsatz *Publikum und Popularität* (1878), »ist ganz gleich dem moralisch Guten« (X,75). Von den Bayreuther Festspielen erwartet Wagner, dem Bericht zufolge, der seine *Gesammelten Schriften und Dichtungen* abschließt, eine Hebung der »nationalen Sittlichkeit«. »Denn gewiß ist es, daß die öffentliche Sittlichkeit sehr wohl nach dem Charakter der öffentlichen Kunst einer Nation beurteilt werden kann.« (X,318.) Ähnliche Äußerungen finden sich in nahezu jeder Schrift Wagners (aus fast allen Phasen seiner künstlerischen Entwicklung). Es ist daher nicht verwunderlich, daß er sogar auf Maximen der Aufklärung zurückgreift, welche durch die klassische Ästhetik antiquiert worden sind. So beruft er sich immer wieder auf die Forderung Josephs II.: »Das Theater soll zur Veredelung der Sitten und des Geschmakkes der Nation beitragen.« (VII,274.280 f. u. ö.) An dieser Forderung sei jede künstlerische Erscheinung zu messen.

Die Aufklärung hat durch die Erhebung der Schaubühne zur moralischen Anstalt der sittlichen Verdammung des Theaters von seiten der protestantischen Orthodoxie die Grundlagen entziehen wollen. Es ist nun recht merkwürdig zu verfolgen, wie Wagner immer dann, wenn es um das von ihm verworfene kommerzielle Vergnügungstheater, zumal um das »frivole Institut« der Oper (VII,98) geht, das Gewand des Aufklärers, der die moralische Funktion der Bühne verkündet, gegen den Pastorentalar vertauscht und teils mit erhobenem Zeigefinger, teils mit den beschwörenden Gesten eines Teufelsbanners dem Komödiantenunwesen den Garaus zu machen sucht. In *Deutsche Kunst und Deutsche Politik* (1867/68) hat Wagner den ganzen Spielraum der moralischen und ästhetischen Möglichkeiten des Theaters vom blutigen Unflat der Gladiatorenspiele bis zum »himmlischen Regenbogen« des Auto sacramentale umrissen und angesichts dieses Pandämoniums die Bedenken der Kirche geradezu gerechtfertigt:

> »Treten wir in ein Theater, so blicken wir, sobald wir mit einiger Besonnenheit einblicken, in einen dämonischen Abgrund von Möglichkeiten des Niedrigsten wie des Erhabensten. [...] Mit Grauen und Schauder nahten von je die größten Dichter der Völker diesem furchtbaren Abgrunde; sie erfanden die sinnreichsten Gesetze, die weihevollen Zaubersprüche, um den dort sich bergenden Dämon durch den Genius zu bannen, und Aischylos führte selbst mit priesterlicher Feierlichkeit die gebändigten Erinnyen als göttlich verehrungswerte Eumeniden zu dem Sitze ihrer Erlösung von göttlichen Flüchen. [...] Aber an diesem Abgrunde, sobald die großen, heiligen Zauberer von ihm weichen, tanzen auch die Furien der Gemeinheit, der niedrigsten Lüsternheit, der scheußlichsten Leidenschaften, die tölpelhaften Gnomen des entehrendsten Behagens. Bannt von hier die guten Geister [...] so überlaßt ihr den Schauplatz, auf welchem Götter wandelten, den schmutzigsten Fratzen der Hölle – und diese kommen von selbst, auch ungerufen – denn sie sind immer heimisch da, von wo sie eben nur durch die göttliche Herabkunft verscheucht werden konnten. – Und dieses Ungeheuer, dieses Pandämonium, dieses furchtbare Theater überlaßt ihr gedankenlos dem Betriebe durch eine handwerksmäßige Routine [...] Dieses Theater, vor welchem mit sehr richtigem Blicke die protestantischen Geistlichen des vorigen Jahrhunderts wie vor einer Schlinge des Teufels warnten [...]!« (VIII,60–62.)

Vor einem solchen moralischen Gericht findet zumal die Oper keine Gnade. Sie ist die unmoralische Anstalt par excellence. Zu welchen verbalen Exzessen Wagner in seiner sozialen und moralischen Verurteilung dieser Anstalt fähig ist, zeigen seine Äußerungen anläßlich des grauenvollen Brands im Wiener Ringtheater, bei dem am 8. Dezember 1881 vor Beginn einer Aufführung von Offenbachs *Hoffmanns Erzählungen* ungefähr 400 Menschen zu Tode kamen. Zwei Tage danach äußert sich Wagner folgendermaßen über die Katastrophe:

> »Das nichtsnutzigste Volk säße in einem solchen Opernheater; wenn in einer Kohlengrube arme Arbeiter verschüttet würden, das ergriffe und empöre ihn, aber solch ein Fall berühre ihn kaum.« (CT II,845.)

Und noch unerbittlicher ergeht er sich einige Tage später »über seinen Mangel an Anteil an der Katastrophe in Wien«:

> »Es klingt hart und geht fast über die Natur hinaus, aber die Menschen sind zu schlecht, um daß es einem nahegehen kann, wenn Massen untergehen. Wie gesagt, wenn in Kohlengruben Menschen verschüttet werden, da kommt mich das Entsetzen an über eine Gesellschaft, die sich mit solcher Hilfe Heizung verschafft; und ob so oder so viele, die einer Offenbachschen

Operette beiwohnen, aus dieser Gesellschaft dabei umkommen, wobei sich auch nicht ein Zug von moralischer Größe zeigt, das läßt mich gleichgültig.« (CT II,849.)

Verbaler Terrorismus im Namen sozialkritischer Mitleidsmoral!

Worin besteht nun das Unsittliche des modernen Operntheaters zumal italienisch-französischer Provenienz? Es handelt sich um »ein Institut, welches in seiner öffentlichen Wirksamkeit fast ausschließlich auf Zerstreuung und Unterhaltung einer aus Langeweile genußsüchtigen Bevölkerung bestimmt und außerdem auf Geldgewinn zur Erschwingung der Kosten der hierfür berechneten Schaustellungen angewiesen ist« (VII,98). Die durch das Repertoiretheater standardisierte Oper ist also die moderne Kunstware katexochen. Schon der volksferne Ursprung der Oper »an den üppigen Höfen Italiens« (III,231) – von ihren tatsächlichen Anfängen hat Wagner nur dürftige, ja irrige Vorstellungen, der Name Monteverdi etwa kommt in seinen Schriften nicht ein einziges Mal vor – offenbare, daß der eigentliche Rezipient dieser Gattung der zerstreuungssüchtige »Luxusmensch« (III,249) sei. Aus dieser Sucht nach Zerstreuung resultiert Wagner zufolge aber auch die ›zerstreute‹, der poetisch-dramatischen »Einheit« abholde Form der Oper:

> »In der Oper versammelte sich in Italien ein Publikum, welches seinen Abend mit Unterhaltung zubrachte; zu dieser Unterhaltung gehörte auch die auf der Szene gesungene Musik, der man von Zeit zu Zeit in Pausen der Unterbrechung der Konversation zuhörte; während der Konversation und der gegenseitigen Besuche in den Logen fuhr die Musik fort, und zwar mit der Aufgabe, welche man bei großen Diners der Tafelmusik stellt, nämlich durch ihr Geräusch die sonst schüchterne Unterhaltung zum lauteren Ausbruch zu bringen. Die Musik, welche zu diesem Zwecke und während dieser Konversation gespielt wird, füllt die eigentliche Breite einer italienischen Opernpartitur aus, wogegen diejenige Musik, der man wirklich zuhört, vielleicht den zwölften Teil derselben ausmacht. [...] Wie sollte nun diesem Publikum verdacht werden können, wenn es, plötzlich einem Werke sich gegenüber befindend, welches während seiner ganzen Dauer und für alle seine Teile eine gleiche Aufmerksamkeit in Anspruch nimmt, aus allen seinen Gewohnheiten bei musikalischen Aufführungen sich gerissen sieht.« (IV,225.)

So Wagner in »*Zukunftsmusik*« (VII,124f.). Das strukturbestimmende Merkmal der italienischen Oper ist danach also die Trennung von konversationellem, zerstreut zu rezipierendem Rezitativ und aufmerksam zu hörender Arie, während das musikalische Drama die Konzentration des Publikums nicht bloß auf einzelne ›Nummern‹, sondern ungeteilt auf das gesamte dramatische Kunstwerk verlangt. Dieses ist eine (durch die leitmotivische Struktur garantierte) integrale musikalisch-poetische Ganzheit, die entsprechend auch die Aufmerksamkeit und ›Andacht‹ des ganzen Menschen fordert. Die konzentrierte Gestalt des musikalischen Dramas gegenüber der diffusen Form der Nummernoper resultiert also aus gegensätzlichen Umständen und Anlässen der theatralischen Veranstaltung. Ist die Oper nach Wagner »das Mittel« der *Konversation* (als des »Hauptzwecks des Opernabends«; VII,125), so bildet das musikalische Drama den Zweck der *Kontemplation* des sich versammelnden und sammelnden Volks. Das dramatische Kunstwerk paßt sich also nicht mehr an vorgegebene, institutionell stabilisierte gesellschaftliche Anlässe an, sondern ist selbst der Anlaß; es kommt nicht mehr zum ›Publikum‹, sondern läßt dieses zu sich kommen. Um an früher zitierte Worte Walter Benjamins anzuknüpfen: das Publikum versenkt das Kunstwerk nicht in sich, sondern sich in das Kunstwerk.

3. Die Geburt der Oper aus der »absoluten Melodie«: Wagners Genetik des Musiktheaters

Die ausführlichste Auseinandersetzung Wagners mit dem herkömmlichen Musiktheater ist der erste Teil seines theoretischen Hauptwerks *Oper und Drama:* »Die Oper und das Wesen der Musik«. Die Titel der beiden anderen Teile (»Das Schauspiel und das Wesen der dramatischen Dichtkunst«; »Dichtkunst und Tonkunst im Drama der Zukunft«) offenbaren, daß der Gedankengang von *Oper und Drama* dem beliebten dialektischen Dreischritt von These, Antithese und Synthese folgt. Oper und Schauspiel sollen in dem »Drama«, das allein diesen Namen verdient, ›aufgehoben‹ sein. Wagner verschreibt sich hier einem Systemzwang, den er außerhalb seines Hauptwerks, vor allem in seinen Brief- und Gesprächsäußerungen, immer wieder durchbricht. Er argumentiert im Hegelschen Sinne vom Standpunkt eines »absoluten Wissens« aus, das sich im »Drama der Zukunft« manifestieren soll. Dieses verweist alle bisherigen Formen des musikalischen und poetischen Theaters – ja der Ton- und Dichtkunst überhaupt – ins Reich des Gewesenen, stellt sie unter das Zeichen des ›Noch-Nicht‹, der schmerzlichen Differenz zum wahren Telos der Kunst; sie sind also nichts als Annäherungen an das nun erst realisierbare Ideal. Wagners Systemzwang hat begreiflicherweise zur Folge, daß er »nur von den Toten Gutes reden zu können, die Lebenden aber mit schonungsloser Bitterkeit verfolgen zu müssen« wähnt (III,295 f.). Es geht ihm hier wie den meisten Geschichtsteleologen. Die Köpfe der Toten lassen sich nun einmal in jede Richtung drehen, sie können sich nicht mehr abwenden oder schütteln, wie das die musikalischen und dramatischen Zeitgenossen Wagners kräftig getan haben – Grund genug für ihn, sie vom Heilsweg der Geschichte auszuschließen. Dieser Weg wird immer schmaler, je mehr er sich dem Ziel nähert. Am Ende findet nur noch einer auf ihm Platz.

Es ist freilich subaltern, die »endgeschichtliche Konstruktion«[10] der Wagnerschen Ästhetik des Musiktheaters mit persönlicher Überheblichkeit in eins zu setzen. Wagner war, was seine Person betrifft, weit weniger eitel, als das Vorurteil ihm angedichtet hat. Vor allem aus späteren Jahren gibt es eine Fülle von Zeugnissen für seine Abneigung gegen öffentliche Ehrungen, durch die er seine Anhänger nicht selten gekränkt hat. Es sei ihm unerträglich, sein eigenes Lob zu hören, betont er immer wieder.[11] »Das Produzieren ist alles, der Ruhm, das ist wie die Austernschalen«, pflegt er bei solcher Gelegenheit mit einem Schopenhauerschen Bild zu sagen (CT II,69.286.910). Wagners Aversion gegen Ovationen hängt auch mit seinem förmlichen »Abscheu vor dem geschminkten Komödiantenwesen« zusammen (IV,251), den er in Gesprächen und Schriften häufig bekundet hat. »Die Idee, mich geschminkt vor das Publikum zu stellen und mich beklatschen zu lassen, wäre mir ein Grauen« (CT I,799). »Ich kann mir gar nicht vorstellen, wie ich eine Rolle spielen könnte, mich hinstellen und beklatschen lassen. Unmöglich.« (CT I,808.) Wagners Antipathie gegen das Histrionische ist Nietzsche wohlbekannt gewesen. Um so zynischer, daß er gerade ihn später als den Histrionen par excellence hinstellt.

Niemals läßt Wagner sich durch sein – im Alter ohnehin immer offener werdendes – System in seinen spontanen künstlerischen Eindrücken und der Begeisterung für fremde Werke beeinflussen. »Er war ein größerer Bewunderer«, hat Thomas Mann 1937 mit Recht bemerkt – »nicht nur im klassischen Lebensalter des Enthusiasmus, der Jugend, sondern, seiner gewaltigen Vitalität gemäß, bis ins hohe Alter hinein und bis an sein Ende.«[12] Die Tagebücher Cosimas bestätigen das auf jeder Seite. Hier finden wir auch immer wieder Äußerungen Wagners, die dokumentieren, daß sein eigenes Werk für ihn selbst weder in rein musikalischer noch in rein dramatischer Hinsicht das Nonplusultra der Kunstgeschichte gewesen ist. Er hat nie daran gezweifelt, daß Beethoven und vor allem Shakespeare größere Künstler als er selbst gewesen sind. Als er am 7. Mai 1870 in einer Wiener Zeitung einen Artikel über sich liest, in dem verkündet wird, die *Eroica* sei ein prophetischer Hinweis auf Richard Wagner, wendet er sich peinlich berührt ab: »Wenn man mich mit Beethoven vergleicht, ist es mir schauderhaft, da möchte ich immer sagen: Was wißt ihr von Beethoven?« (CT I,228.) Anläßlich seiner Aufführung der *Neunten* im Bayreuther Markgräflichen Opernhaus (1872) sagt er zu sich selbst: »So etwas hast du nicht gemacht.« (CT I,516.) Als ihn jemand mit Shakespeare und Beethoven auf eine Stufe stellt, äußert er abwehrend, er sei nicht wert, ihnen die Schuhriemen zu lösen (CT II,794) u. ä.
Nach dem Abschluß des *Parsifal* empfindet er es geradezu als Befreiung, sich nicht mehr auf das eigene Werk konzentrieren zu müssen. »Es sei schön, daß die Ahnen einem immer das Höchste blieben«, äußert er am 11. Juni 1882, nachdem er seine »Lieblingsszene« aus Shakespeares *Heinrich IV.* (Falstaff – Oberrichter) rezitiert und aus Beethovens Sonaten op. 101 und 111 vorgespielt hat; »ihm fielen immer die Werke der anderen, nie die seinen ein« (CT II,959). Bemerkenswert ist, daß solche uneinge-schränkt rühmenden Äußerungen aus seinem Munde nur relativ selten Erscheinungen des Musiktheaters betreffen. Das hängt mit Wagners ästhetischer Grundüberzeugung zusammen, daß die Oper weder musikalisch noch dramatisch an die bedeutendsten Erscheinungen der Kunstgeschichte heranreicht.[13] Daß das von ihm geschaffene musi-kalische Drama als Gattung auf einer höheren ästhetischen Stufe steht als die bisherige Oper, auf deren musikalische Vollkommenheiten selbst bei Mozart oder Weber für ihn doch häufig der Schatten des apokryphen Genres fällt, von dieser Überzeugung sind Wagners Gespräche bis in seine letzten Lebensjahre geprägt.

In *Oper und Drama* hat Wagner mit fast messianischer Attitüde den »Tod der Oper« (III,230) wie den des Schauspiels verkündet (IV,29). Die »fundamentale Fehlerhaftig-keit des eigentlichen Operngenres« sei nicht mehr zu leugnen, bemerkt er später, auf seine Hauptschrift zurückblickend, im Aufsatz »*Zukunftsmusik*« (VII,102). Worin besteht dieser Grundirrtum der Gattung? Im Glauben an die Möglichkeit, »auf der Basis der absoluten Musik das wirkliche Drama zustande zu bringen« (III,233). Auch die Opernreform Glucks und seiner Nachfolger macht Wagner nicht in der Über-zeugung irre, daß in diesem Genre »ein Mittel des Ausdruckes (die Musik) zum Zwecke, der Zweck des Ausdrucks (das Drama) aber zum Mittel gemacht« worden ist (III,231). (Um hier gleich ein so lange Zeit dominierendes Mißverständnis auszuräu-men: Mit dem ›wirklichen Drama‹ als dem Zweck der Musik ist nicht der Text des Li-brettisten – auch er ist nur ›Mittel‹ –, sondern die ganze szenische Ausdruckswelt ge-meint. Das »Drama nach seiner höchsten Fülle« ist erst geboren, so heißt es im dritten

Teil von *Oper und Drama*, wenn Dichter und Musiker »gegenseitig in sich untergehen«; IV,207.)

Die angebliche »Revolution Glucks«, der in seiner Vorrede zur *Alceste* bekanntlich den Primat des poetischen Textes in der Oper behauptet hat, habe es doch »in bezug auf den ganzen unnatürlichen Organismus der Oper durchaus beim alten« bleiben lassen. »Arie, Rezitativ und Tanzstück stehen, für sich gänzlich abgeschlossen, ebenso unvermittelt nebeneinander in der Gluckschen Oper da, als es vor ihr und bis heute fast immer noch der Fall ist.« (III,237 f.) Einen wesentlichen Fortschritt in die Richtung des musikalischen Dramas sieht Wagner freilich in der von ihm bis ins Alter besonders geschätzten Pariser Oper um 1800: in den Werken von Luigi Cherubini, Étienne Méhul – dessen *Joseph in Ägypten* (1807) man beinahe als seine Lieblingsoper bezeichnen könnte[14] –, Gasparo Spontini sowie in den an anderem Ort gewürdigten Spielopern von Daniel Auber und François Adrien Boieldieu,[15] ja sogar noch in der nach seiner Ansicht in dieser guten Tradition stehenden *Jüdin* von Jacques Fromental Halévy, über die er sich Cosima gegenüber erstaunlich überschwenglich geäußert hat.[16] Wagner lobt an der älteren französischen Oper die Modifizierung und Differenzierung der herkömmlichen Nummern, deren organischere Verbindung und die Einführung des »dramatisch-musikalischen Ensembles« (III,239 f.). Auch das Leitmotiv verdankt er – in dessen einfacher, etiketthafter Form, wie es in seinen frühen Werken erscheint – der Pariser Oper vor und nach 1800.

Eine gewisse Sonderstellung räumt Wagner in der Geschichte der Oper dem Werk Mozarts ein. Um die Einseitigkeit Wagners bloßzulegen, wird häufig die Äußerung aus *Oper und Drama* zitiert, »nur für die Geschichte der Musik allgemeinhin« sei »Mozart von so überraschend wichtiger Bedeutung, keineswegs aber für die Geschichte der Oper als eines eigenen Kunstgenres im besonderen« (III,248). Es hat jedoch wenig Sinn, dieses Urteil anzuführen, ohne seinen Kontext zu berücksichtigen. Denn andererseits konzediert Wagner, »gerade der absoluteste aller Musiker, Mozart«, hätte »längst schon das Opernproblem uns klar gelöst«, wenn ihm der kongeniale Dichter begegnet wäre; in der »Wahrheit des dramatischen Ausdruckes, in der unendlichen Mannigfaltigkeit seiner Motivierung« nämlich habe er »das unerschöpfliche Vermögen der Musik [...], jeder Anforderung des Dichters an ihre Ausdrucksfähigkeit in undenklichster Fülle zu entsprechen, [...] in bei weitem reicherem Maße aufgedeckt als Gluck und alle seine Nachfolger« (d. h. also die gerühmte Pariser Oper der Jahrhundertwende). Wagner wird freilich durch sein System gezwungen, zu bestreiten, daß Mozart »im Grundsätzlichen« etwas am »formellen Gerüst der Oper« geändert habe (III,247 f.). Im Falle des *Don Juan* hat Wagner jedoch schon an einer anderen Stelle seiner Hauptschrift unter Berufung auf E. T. A. Hoffmanns Novelle von der »überraschend glücklichen Beziehung zwischen Dichter und Komponisten« gesprochen (III,288).

Im Alter ist seine Bewunderung für Mozarts dramatische Hauptwerke, gerade auch für *Le nozze di Figaro*, dessen dichterische Vorlage er Cosima gegenüber »ausgezeichnet« nennt (I,198), immer mehr gewachsen. Als den »letzten Mozartianer« bezeichnet er sich gar am 12. November 1878 (CT II,228). »Er hätte Mozart zum Contemporain haben mögen«, ruft er aus, als die Rede auf die von ihm grenzenlos bewunderte Rosenarie Susannes und das »Perdona Contessa« des Grafen im *Figaro* kommt (CT II,217). »Wie groß steht Mozart da! Nicht nur seinen Vorgängern, auch seinen

Nachfolgern gegenüber!« – zu denen er selbst sich ausdrücklich zählt (CT II,247), so daß es ihm absurd vorkommt, »daß man ihm z. B. heute Mozart entgegenhalte« (CT II,219). Sogar das zärtliche »Mozartl«, das der sterbende Gustav Mahler geflüstert haben soll, hören wir schon aus seinem Munde (CT II,688). In den Gesprächen der letzten Lebensjahre und in seinem Aufsatz *Über das Opern-Dichten und Komponieren im Besonderen* (1879) rühmt er *Don Juan* und vor allem *Figaro* trotz mancher Einschränkungen als vollendetes Musiktheater, ohne noch die prinzipielle Differenz zwischen Oper und musikalischem Drama hervorzuheben. Wagner erkennt nun, daß namentlich angesichts der weitgespannten Ensembleszenen der Mozartschen Finales nicht mehr einfach von ›Nummernoper‹ gesprochen werden kann.

> »Mit welcher Sicherheit verfuhr er [...] bei *Le nozze di Figaro*: auf der bestimmten Grundlage der italienischen opera buffa errichtete er einen Bau von so vollendeter Korrektheit, daß er seinem Streichungen verlangenden Kaiser mit vollem Rechte nicht eine Note preisgeben zu können erklärte. Was der Italiener als banale Zwischen- und Verbindungsphrasen den eigentlichen Musikstücken zugab, verwendete Mozart hier zur drastischen Belebung des szenisch-musikalischen Vorganges in der zutreffend wirksamsten Übereinstimmung gerade mit diesem ihm vorliegenden ungewöhnlich ausgearbeiteten Lustspieltexte. Wie in der Beethovenschen Symphonie selbst die Pause beredt wird, beleben hier die lärmenden Halbschlüsse und Kadenzphrasen, welche der Mozartschen Symphonie füglich hätten fern bleiben können, in ganz unersetzbar scheinender Weise den musikalisierten szenischen Vorgang, in welchem List und Geistesgegenwart mit Leidenschaft und Brutalität – liebelos – kämpfen. Der Dialog wird hier ganz Musik und die Musik selbst dialogisiert, was dem Meister allerdings nur durch eine Ausbildung und Verwendung des Orchesters möglich wurde, von welcher man bis dahin und vielleicht noch bis heute [und das nach *Tristan* gesagt!] keine Ahnung hatte. Hieraus konnte wiederum ein die früher vereinzelten Musikstücke zu einem Gesamtkomplexe verbindendes Musikwerk entstanden scheinen, so daß das vortreffliche Lustspiel, welches ihm zugrunde lag, ganz übersehen und nur noch Musik gehört werden konnte.« (X,154.)

In dieser erstaunlichen Mozart-Huldigung des späten Wagner ist das teleologische System von *Oper und Drama* vollends gesprengt. Was er vom musikalischen Drama verlangt, die integrale Ganzheit, die Identität des Poetisch-Szenischen und Musikalischen, die fundamentale Bedeutung des Orchesters, ist dieser Äußerung zufolge bei Mozart bereits vollkommen erreicht.[17]

In *Oper und Drama* hingegen gebietet es das System, keineswegs in dem »Nichts-als-Musiker« Mozart (III,246), sondern in der von Gluck ausgehenden Richtung der französischen Oper den Endpunkt einer auf rein musikalischem Wege erreichbaren ›Dramatik‹ zu sehen. Demnach ist es der musikalisch weit hinter Mozart zurückstehende Spontini, der in seinen Opern bis an die äußerste Grenze der absoluten Musik vorgestoßen sein soll. Was von ihrem Terrain aus für das Drama geleistet werden konnte, hat Spontini getan. Doch erst jenseits dieser Grenze beginnt das wahrhafte Drama, das nicht um der Musik, sondern in dem die Musik um des Dramas willen da ist. (Um die Verwechslung von Mittel und Zweck zu verhindern, hat Wagner den Terminus ›Musikdrama‹ verworfen und auch Nietzsche davon abgehalten, ihn in seiner *Geburt der Tragödie* zu verwenden; CT I,243.)

> »Aus Spontini spricht die ehrliche, überzeugte Stimme des absoluten Musikers, der da zu erkennen gibt: ›Wenn der Musiker für sich, als Anordner der Oper, das Drama zustande bringen will, so kann er, ohne sein gänzliches Unvermögen hierzu darzulegen, nicht einen Schritt weiter gehen, als ich gegangen bin.‹ Hierin liegt aber unwillkürlich des weiteren die

Aufforderung ausgesprochen: ›Wollt ihr mehr, so müßt ihr euch nicht an den Musiker, sondern – an den Dichter wenden.‹« (III,241.)

Der Dichter hat trotz aller Reformtendenzen in der Oper bisher ein Schattendasein gefristet. In »*Zukunftsmusik*« (1860) faßt Wagner die diesbezüglichen Ausführungen seines Buchs *Oper und Drama* folgendermaßen zusammen:

»Der Dichter, der eben nicht selbst Meister war, traf in der Oper ein festgezimmertes Gerüst musikalischer Formen an, welches ihm von vornherein ganz bestimmte Gesetze für die Erfindung und Ausführung der zu liefernden dramatischen Unterlage gab. An diesen Formen konnte nicht er, sondern nur der Musiker etwas ändern; welcher Art ihr Gehalt war, das deckte der zu Hilfe gerufene Dichter, ohne es zu wollen, aber dadurch auf, daß er in Erfindung des Sujets und der Verse sich zu einer auffallenden Herabstimmung seines poetischen Vermögens bis zur offenbaren und von Voltaire deshalb gegeißelten Trivialität veranlaßt sah. In Wahrheit wird es nicht nötig sein, die Mißlichkeit und Flachheit, ja Lächerlichkeit des Opernlibrettos aufzudecken; selbst in Frankreich bestanden die besten Versuche dieser Art mehr darin, diesen Übelstand eher zu verdecken als ihn zu heben. Das eigentliche Gerüst der Oper blieb somit dem Dichter stets ein unantastbarer, fremder Gegenstand, zu dem er sich fremd und nur gehorchend verhielt, und es haben sich deshalb, mit seltenen und ungünstigen Ausnahmen, wahrhaft große Dichter nie mit der Oper zu tun gemacht.« (VII,103.)

Mit um so größerer Verwunderung hat Wagner es immer wieder registriert, daß Goethe und Schiller ausgerechnet von der Oper die Reinigung des Theaters erwarteten. Goethe nennt in den *Tag- und Jahresheften* zu 1789 »die reine Opernform [...] vielleicht die günstigste aller dramatischen«,[18] und Schiller geht, seinem Brief an Goethe vom 29. Dezember 1797 zufolge, in seinem »Vertrauen zur Oper« so weit, daß er wähnt, aus ihr könnte »wie aus den Chören des alten Bacchusfestes das Trauerspiel in einer edlern Gestalt sich loswickeln« (eine Äußerung, in der Wagner und Nietzsche eine Vorahnung des musikalischen Dramas als der wiedergeborenen Chortragödie gesehen haben – davon später mehr). Die hohe Erwartung von der Oper ist jedoch nach Wagner durch Goethes eigene Operntexte widerlegt worden; sie mußte an der »fundamentalen Fehlerhaftigkeit« des ganzen Genres zuschanden werden (VII,102). Die Goethe und Schiller vorschwebende »ideale Vollendung der Oper« verlange eben die Überschreitung ihrer Gattungsgrenzen, d. h. »eine gänzliche Veränderung des Charakters der Teilnahme des Dichters an dem Kunstwerke«. Erst in dem von ihm konzipierten »Drama der Zukunft« wird nach Wagner die Wirksamkeit des Dichters »eine freiwillige und von diesem selbst ersehnte« sein können (VII,103 f.), da er hier nicht mehr der Knecht der (ihm aufgezwungenen) Form, sondern deren Herr ist.

Wagner erklärt die idealen Erwartungen, die große Dichter wie Goethe und Schiller bezüglich der Oper hegten, aus der immanenten Tendenz der poetischen Sprache zur Musik: sie manifestiere sich im sinnlich-bildlichen Ausdruck, in der rhythmischen Struktur sowie endlich im »fast schon musikalischen Schmuck des Reimes«. »In dieser seinem eigensten Wesen notwendigen Tendenz des Dichters sehen wir ihn endlich an der Grenze seines Kunstzweiges anlangen, auf welcher die Musik unmittelbar bereits berührt wird, und als das gelungenste Werk des Dichters müßte uns daher dasjenige gelten, welches in seiner letzten Vollendung gänzlich Musik würde.« So im Aufsatz »*Zukunftsmusik*«, der die dramaturgischen Anschauungen von *Oper und Drama* noch einmal referiert und im Geiste Schopenhauers differenziert (VII,104).

Am Beispiel der Dramen Schillers hat Wagner im Gespräch mit Cosima diese musikalische Tendenz häufig nachgewiesen, und er begegnet sich hier merkwürdig mit den Komponisten des 19. Jahrhunderts (Rossini, Donizetti, Verdi, Tschaikowsky), die Schillersche Dramen zu Opernvorlagen wählten. Cosimas Tagebuch vom 13. Dezember 1869 verzeichnet die Bemerkung Wagners über Schiller, »daß nach seiner Dichtung nur noch das musikalische Drama möglich war, zu welchem er gleichsam den Übergang bildet« (CT I,178). »Goethe und Schiller zielen auf die Musik«, heißt es am 17. Januar 1870; in ihnen »fühlen wir die Grundlage zum Musikdrama« (dieses *Wort* hat Wagner jedoch schwerlich verwendet; CT I,189).

Als das am meisten zur Musik strebende Drama Schillers hat Wagner die *Jungfrau von Orleans* empfunden. Schon seinem Brief an Mathilde Wesendonk vom 29. Oktober 1859 zufolge fühlte er sich »so musikalisch gestimmt, daß ich namentlich das Stillschweigen Johannas, als sie öffentlich angeklagt wird, vortrefflich mit Tönen ausfüllen konnte«.[19] (Die Affinität zum Stillschweigen der angeklagten Elsa sowohl im ersten als auch im dritten Akt des *Lohengrin* ist nicht zu verkennen. »Die *redende Pause*, das ist das Eigentum der Musik«, bemerkt Wagner einmal im Gespräch; CT II,65.) Am 29. Mai 1870 lesen Wagner und Cosima die *Jungfrau* erneut, und wiederum stellt er fest: »Ja, das drängt alles zur Musik, das will aber nicht sagen, daß das Kunstwerk hier verfehlt sei.« Schiller und Goethe »wollten der deutschen Sprache das ideale Pathos abringen und die deutsche Sprache von der gemeinen Realistik befreien« (CT I,236 f.). In der Tat hat Schiller im angeführten Brief sein Vertrauen auf die Oper durch ebendiese Tendenz begründet: »In der Oper erläßt man wirklich jene servile Naturnachahmung«; durch die Verwendung ihrer Mittel könnte sich also »das Ideale auf das Theater stehlen«.

Im Aufsatz *Über die Bestimmung der Oper* (1871) hat Wagner die eben zitierten Gesprächsäußerungen in ein umfassendes theoretisches Konzept gebracht. »Unsre größten Dichter« seien in gewissem Sinne »Vorarbeiter für die Oper« gewesen. Das musikalische Telos ihrer Dichtung manifestiere sich in deren »idealer Tendenz«, »welche für den Ausdruck als poetisches Pathos zu realisieren war« (IX,138 f.). Gegen die Sentenzen Schillers, aber auch etwa in Goethes *Iphigenie* hatte Wagner eine unverhüllte Abneigung, wie seine übermütige Verspottung und Parodie der klassischen Sentenzensprache in den Gesprächen mit Cosima zeigt.[20] Wagner empfindet es als charakteristisch, daß der Enthusiasmus Goethes und Schillers für die Oper sich gerade an Werken entzündet hat, die sich vom Terrain der absoluten Musik aus dem Ideal des Dramas am meisten annähern: Mozarts *Don Juan* (im Falle Goethes) und Glucks *Iphigenie auf Tauris* (im Falle Schillers). Wagners Urteil über Gluck fällt hier sehr viel positiver aus als in *Oper und Drama*: der Autor der *Iphigenie* habe das »zerstreute Formengewirr« der Oper zu einem »ergreifenden Ganzen zusammengefaßt« (IX,138 f.), das Schillers Vertrauen auf das Musiktheater verständlich mache. Durch Mozart und Gluck sind Goethe und Schiller also bis an die Pforte des »Dramas der Zukunft« geführt worden.

Im Aufsatz »Zukunftsmusik« konstatiert Wagner beiläufig, die Diskussion über den Weg zum »Ideal des Dramas in der Oper« sei in Deutschland »von Lessing zuerst angeregt« worden (VII,102). Möglicherweise bezieht er sich hier auf die nachgelassenen Materialien zum *Laokoon*, von dessen Studium er kurz zuvor berichtet hat (VII,100). In Wagners Dresdener Bibliothek hat die Lachmannsche Lessing-Ausgabe gestanden, welche die Paralipomena zum *Laokoon* enthält.[21] Schwerlich ist ihm entgangen, daß Lessing dort eine Fortsetzung seiner Untersuchungen »Über die Grenzen der Malerei und Poesie«, die gegen das Horazische »ut pictura poesis«-Prinzip gerichtet sind, skizziert hat: einen Gattungsvergleich zwischen Poesie und Musik. Eine solche Fortsetzung hat übrigens 1819 auch Grillparzer ins Auge gefaßt, der bekanntlich ein engagierter Gegner des ›Musikdramas‹ (und als solcher ein Kronzeuge Eduard Hanslicks) gewesen ist. Grillparzer hoffte, mit dem gleichen Erfolg wie Lessing, das seiner Ansicht nach schon bei Weber vorwaltende ›ut poesis musica‹-Prinzip zu widerlegen:

> »Ein Gegenstück zu schreiben zu Lessings Laokoon: Rossini oder über die Grenzen der Musik und Poesie. Es müßte darin gezeigt werden, wie unsinnig es sei, die Musik bei der Oper zur bloßen Sklavin der Poesie zu machen und zu verlangen, daß erstere mit Verleugnung ihrer eigentümlichen Wirksamkeit sich darauf beschränke, der Poesie unvollkommen nachzulallen mit ihren Tönen, was diese deutlich spricht mit ihren Begriffen.«[22]

Rossini erscheint hier wie bei Wagner, allerdings mit genau entgegengesetzter Wertung, als Exempel einer Oper, in der die Musik klar die Vorherrschaft vor der Poesie behauptet – wie es in dieser Gattung nach Grillparzer nicht anders sein kann. Ebenso wie er dachte übrigens auch Schopenhauer, der seinem angeblichen Adepten Wagner, unter offenkundiger Anspielung auf den ersten Teil von *Oper und Drama*, durch François Wille mitteilen ließ, er bleibe Rossini und Mozart treu.[23] (Nebenbei bemerkt hat Wagner im Alter sein Urteil über Rossini im Vergleich mit *Oper und Drama* erheblich differenziert und ihn zu den allergrößten Komponisten der Musikgeschichte gezählt. »Über Rossini geht nur Beethoven«, äußert er am 1. März 1873; CT I,645. Zumal dem *Barbier von Sevilla* gilt seine »unbedingte Bewunderung«; CT I,1074.) Hätte Grillparzer die Materialien zum *Laokoon* gekannt, wäre ihm freilich schmerzlich bewußt geworden, daß Lessing keineswegs als Bundesgenosse im Kampf gegen das Musikdrama geeignet war, will er doch im Gegensatz zu seiner Beschreibung der Gattungsunterschiede zwischen Malerei und Poesie die letztere mit der Musik eng verbunden wissen. Wagner hat also nicht ganz unrecht, wenn er in der Einleitung des zweiten Teils von *Oper und Drama* die Übereinstimmung seiner Theorie mit dem *Laokoon* behauptet und betont, die Trennung des Dramas, als eines bloßen »Literaturzweigs«, von der Musik heiße »aus der Lessingschen Definition eine Konsequenz ziehen, von deren Berechtigung in dieser nicht eine Spur vorhanden ist« (IV,4). – Die »Natur«, so führt Lessing aus, scheine »Poesie und Musik [...] nicht sowohl zur Verbindung als vielmehr zu einer und derselben Kunst bestimmt zu haben«.

> »Es hat auch wirklich eine Zeit gegeben, wo sie beide zusammen nur eine Kunst ausmachten. Ich will indes nicht leugnen, daß die Trennung nicht natürlich erfolgt sei, noch weniger will ich die Ausübung der einen ohne die andere tadeln, aber ich darf doch bedauern, daß durch diese Trennung man an die Verbindung fast gar nicht mehr denkt, oder wenn man ja noch daran denkt, man die eine Kunst nur zu einer Hülfskunst der andern macht und von einer gemeinschaftlichen Wirkung, welche beide zu gleichen Teilen hervorbringen, gar nichts mehr weiß. Hernach ist noch auch dieses zu erinnern, daß man nur eine Verbindung ausübet, in welcher die Dichtkunst die helfende Kunst ist, nämlich in der Oper, die Verbindung aber, wo die Musik die helfende Kunst wäre, noch unbearbeitet gelassen hat.«

In einer Fußnote zu dieser frappierend auf *Oper und Drama* vorausweisenden Notiz erinnert Lessing allerdings an »ein wesentliches Unterscheidungszeichen zwischen der französischen und italienischen Oper«. Von der Opernreform Glucks weiß er noch nichts, im Falle der französischen Oper bezieht er sich noch auf die Tragédie lyrique des 17. Jahrhunderts, zumal (am Schluß des folgenden Zitats) auf die Werke von Lully:

> »In der französischen Oper ist die Poesie weniger die Hülfskunst; und es ist natürlich, daß die Musik derselben sonach nicht so brillant werden könne. In der italienischen hingegen ist alles der Musik untergeordnet. Dieses sieht man selbst aus der Einrichtung der Opern des Metastasio; u. a. aus der übeln Gewohnheit, jede Szene, auch die allerpassionierteste, mit einer Arie zu schließen. (Der Sänger will beim Abgehen für seine Kadenze geklatscht sein.) Man müßte in dieser Absicht die besten französischen Opern als *Atys* und *Armide* gegen die besten des Metastasio untersuchen.«[24]

Die Reform Glucks setzt diese originale französische Tradition der Oper fort (was man schon daran sieht, daß er seiner eigenen *Armide* das von Lessing erwähnte Libretto Quinaults zu Lullys Oper zugrunde legt). – Daß ausgerechnet Lessing, der die Gesetze des modernen Schauspiels in schroffem Gegensatz zu den Regeln der klassischen französischen Tragödie entwickelt, eine Erneuerung der Oper von der Anknüpfung an das französische Vorbild erwartet, ist bemerkenswert.

Auch der erste Teil von Wagners *Oper und Drama* spielt auf den traditionellen Unterschied zwischen dem italienischen und dem französischen Operntypus an; Wagner leugnet freilich ihren prinzipiellen Gegensatz; beide sind für ihn eine Anwendung der absoluten Musik auf die Szene.

> »Sehr wichtig ist es, zu beachten, daß alles, was auf die Gestaltung der Oper bis in die neuesten Zeiten einen wirklichen und entscheidenden Einfluß ausübte, lediglich aus dem Gebiete der absoluten Musik, keineswegs aber aus dem der Dichtkunst oder aus einem gesunden Zusammenwirken beider Künste sich herleite.« (III,276.)

Die »ernsten musikalischen Dramatiker« zwischen Gluck und Spontini erlagen einer fundamentalen Selbsttäuschung, »wenn sie die Wirkung ihrer Musik weniger der rein melodischen Essenz ihrer Arien als der Verwirklichung der von ihnen denselben unterlegten dramatischen Absichten zuschrieben« (III,257). Dem Sinn nach fast das gleiche, freilich mit genau umgekehrtem Vorzeichen, lesen wir in Hanslicks Versuch *Vom Musikalisch-Schönen* (1854):

> »Selbst der strengste Dramatiker, Gluck, stellte zwar die falsche Theorie auf, die Opernmusik habe nichts anderes zu sein als eine gesteigerte Deklamation – in der Ausübung bricht aber die musikalische Natur des Mannes oft genug durch, und stets zum großen Vorteil seines Werkes. Dasselbe gilt von Richard Wagner.«[25]

Hanslick hält Wagner also die gleiche Selbsttäuschung vor, die dieser von Gluck oder Spontini behauptet: auch die Verdienste seiner vermeintlichen Musikdramen liegen in ihrer absolut musikalischen Essenz. Der Wesensunterschied zwischen Oper und musikalischem Drama wird von Hanslick geleugnet.

Mit Spontini geht nach Wagner die (fehlgeleitete) dramatische Richtung der Oper zu Ende. Den Gegenpol der Gluckschen Tradition verkörpert für ihn Rossini: Hat Spontini die musikalischen Mittel in dramatischem Interesse eingesetzt, so Rossini dramatische Mittel zum Zweck rein musikalischer Wirkung. Vom Standpunkt des ästhetischen Fortschritts ist Rossini also der typische »Reaktionär«, während Gluck und seine Nachfolger als (freilich machtlose) »Revolutionäre« anzusehen sind. Wagner zieht hier eine unmittelbare Parallele zur politischen Programmatik der Zeit: Rossini opponierte

> »ebenso erfolgreich gegen die doktrinären Revolutionsmaximen Glucks, als Fürst Metternich, sein großer Protektor, [...] gegen die doktrinären Maximen der liberalen Revolution reagierte, welche innerhalb dieses Staatswesens, und ohne gänzliche Aufhebung seines unnatürlichen Inhaltes, in denselben Formen, die diesen Inhalt aussprachen, das Menschliche und Vernünftige herstellen wollten« (III,254 f.).

Wagner hält den politischen wie den Opern-Revolutionären also vor, daß sie diesen Namen schwerlich verdienen, weil sie das bestehende System nicht wirklich außer Kraft gesetzt haben. Die eigentlich revolutionäre Tat auf dem Feld des Theaters ist also erst die Konzeption des vom Dichter initiierten musikalischen Dramas. Das ›Reaktionäre‹ der Rossinischen Oper liegt nach Wagner darin, daß er die Arie ganz und gar zu ihrem Angelpunkt machte – die Arie, welche aus der »Volksweise« entwickelt und bei Rossini gewissermaßen auf Parfumfläschchen zum Genuß des gelangweilten Theaterpublikums abgezogen worden sei, während die Webersche »Volksoper« (III,261) sie wieder zu ihrer Naturgestalt zu befreien versucht habe (angesichts des zu »lasterhafter Eleganz« verkommenen Opernpublikums, das die Bedeutung des »Volks« verloren hat, ein sinnloses Unterfangen; III,254). Mit Rossini sei »die eigentliche Geschichte der Oper zuende« gegangen (III,255). Was dann noch folgte, zumal die eklektizistische Effektoper Meyerbeers, sei nur noch die Galvanisierung des in Verwesung übergegangenen Leichnams jenes Kunstgenres (III,266). Mit dieser Todeserklärung hat Wagner Tabula rasa gemacht, um nun auf vermeintlich freiem Grund den »Dichter« die Grundmauern des noch nie dagewesenen Gebäudes eines wahren musikalischen Dramas errichten zu lassen.

Das Wesen des bisherigen Musiktheaters ist nach Wagner die Arie, die »Opernmelodie«. Ihr »Grundcharakter« ist immer »ein absolut musikalischer« (III,249), nämlich die vier- oder achttaktige Periodisierung, der sich die Verse des Librettisten anzupassen haben. Dieser hat mithin keine andere Aufgabe, als »der musikalischen Arienform den nötigen Wortversbedarf zu liefern« (III,232). Der achttaktigen Periode des absoluten Musikers – des »Quadratmusikers«, wie er im Aufsatz *Über das Opern-Dichten und Komponieren im Besonderen* (1879) zynisch genannt wird (X,174) – setzt Wagner die »dichterisch-musikalische Periode« (*Oper und Drama*, IV,154) oder die »unendliche Melodie« (»*Zukunftsmusik*«, VII,130) entgegen, d. h. eine solche, die nicht immanent musikalisch, sondern poetisch determiniert ist und deshalb eine nicht geradtaktik geschlossene, sondern offene Struktur aufweist. Hatte Wagner, wie er in »*Zukunftsmusik*« schreibt, im *Fliegenden Holländer* die Verse noch als »Unterlage« für die in ihrer Taktzahl a priori abgegrenzte Melodie berechnet (bei Wagner waltet das achttaktige Periodenschema als Grundriß der musikalischen Syntax freilich noch bis zum *Lohengrin* vor),[26] so sei im *Tristan* »im Gewebe der Worte und Verse bereits die ganze Ausdehnung der Melodie vorgezeichnet, nämlich diese Melodie dichterisch bereits konstruiert« (VII,123).

In seinen letzten Lebenjahren hat Wagner den zunehmend bewunderten Bach wiederholt als Vater der unendlichen Melodie gewürdigt (CT II,229.308.1047), während ihm bis dahin Beethoven als ihr entscheidender Wegbereiter galt. Noch wenige Monate vor seinem Tod spielt er die vermeintliche »Unendlichkeit« der Melodieführung bei Bach (und beim späten Beethoven) gegen die »Quadrat-Melodie« aus, die nach dem Schema verlaufe: »hier vier Takte schrumm schrumm, dann wieder vier Takte« und so fort (CT II,1047).[27] Er denkt hier nicht nur an die Struktur der Opernmelodie, sondern auch an die Syntax der klassischen Instrumentalmusik. Selbst die Symphonien Mozarts irritieren ihn stets durch den angeblich konventionellen Perioden- und Kadenzenschematismus, durch den seiner Ansicht nach die bedeutendsten melodischen Eingebungen trivialisiert werden. So spricht er einmal von dem »prachtvollen, nie überbotenen« Fugensatz im Finale der *Jupiter-Symphonie* und beklagt (offenbar am Vorbild der Bachschen Fuge orientiert[28]), »daß gleich darauf das banale ›schrumm schrumm‹ kommt, was das Ganze so stillos mache« (CT I,1080). Die Klage über diesen Widerspruch zwischen der »göttlichen Anmut seiner Themen« und dem »schrecklichen Formalismus ihrer zuweilen Durchführung« (CT I,757) prägt fast alle Äußerungen des späten Wagner über Mozarts Satztechnik. Es sei »Beethovens Verdienst gewesen, die Zwischenspiele [die er andernorts als »schrumm schrumm« karikiert] aufzuheben, bei ihm gehört alles zur Melodie« (CT II,75). Deren ›Unendlichkeit‹ besteht also im Wegfall der (von Wagner in ihrer syntaktischen Funktion zweifellos verkannten) »Halbschlüsse und Kadenzphrasen« bei Mozart (X,154).

Im Aufsatz »*Zukunftsmusik*« gesteht Wagner, es ergehe ihm »bei den so stabil wiederkehrenden und lärmend sich breitmachenden Halbschlüssen der Mozartschen Symphonie, als hörte ich das Geräusch des Servierens und Deservierens einer fürstlichen Tafel in Musik gesetzt« (VII,126). Der vermeintliche Formalismus Mozarts resultiert seiner Ansicht nach aus der Verankerung seiner Musik in der Welt höfischer Konventionalität, von der sie sich nie ganz habe lösen können. Aus dieser musikalischen Not wird der Überzeugung des späten Wagner zufolge jedoch die dramatische Tugend Mozarts. In der schon zitierten Passage aus dem Aufsatz *Über das Opern-Dichten und Komponieren im Besonderen* heißt es, daß jene Halbschlüsse und Kadenzphrasen, »welche der Mozartschen Symphonie füglich hätten fern bleiben können«, in der »wirksamsten Übereinstimmung« mit dem Sujet seiner Oper (*Figaro*) stehen: sie dienen dort der »drastischen Belebung des szenisch-musikalischen Vorganges«, der die höfische Welt in ihrem Kampf zwischen List und Leidenschaft widerspiegelt (X,154). Die vom rein musikalischen Standpunkt aus überholten ›gesellschaftlichen‹ Schematismen der Mozartschen Satztechnik erhalten auf der Bühne, wo eben gesellschaftliche Rituale und Spannungen thematisiert werden, eine unvergleichliche szenische Evidenz. Der späte Wagner scheint die These aus *Oper und Drama*, daß Mozart zwar in der Geschichte der Musik im allgemeinen, jedoch nicht auf dem Gebiet der Oper eine innovatorische Rolle gespielt habe, genau umkehren zu wollen!

In Wagners Kritik an der »Quadratur« der »konventionellen Tonsatzkonstruktion« (IX,149) haben sich seit seiner Schopenhauer-Rezeption die Akzente bedeutsam verschoben. Wirft er ihr in *Oper und Drama* den undramatischen Charakter vor, so später unter Schopenhauers Einfluß ihre Korrespondenz zu den Gesetzen der Erscheinungswelt (so daß die Periodenstruktur, wie die Neueinschätzung Mozarts und auch Rossinis zeigt, mit dem dramatischen Ausdruck zumindest in der Opera buffa nicht mehr prinzipiell unvereinbar scheint). Im *Beethoven*-Essay (1870) leitet Wagner das Periodenschema aus der Verbindung der Musik mit dem Tanz her. Durch die »regelmäßige Anordnung in der Wiederkehr rhythmischer Perioden« tritt die Musik also »in eine Berührung mit der anschaulichen plastischen Welt, nämlich vermöge der Ähnlichkeit der Gesetze, nach welchen die Bewegung sichtbarer Körper unserer Anschauung verständlich sich kundgibt« (IX,80.76). Die Musik verliert hierdurch, konstatiert Wagner im Geiste Schopenhauers, »die Kraft der Erlösung von der Schuld der Erscheinung, d. h., sie ist nicht mehr Verkünderin des Wesens der Dinge, sondern sie selbst wird in die Täuschung der Erscheinung der Dinge außer uns verwebt« (IX,81). Die unendliche Melodie, die Aufhebung der herkömmlichen Periodizität bedeutet also die Zurücknahme der Entfremdung der Musik infolge ihrer Anpassung an die Erscheinungswelt.

Dieser metaphysische Aspekt spielt in *Oper und Drama* noch keine Rolle. Hier wird die ›Quadratmelodie‹ noch ausschließlich vom ›Zweck‹ des Dramas her verworfen. Die Periodenstruktur der Arie als der Grundform der Oper signalisiert nach Wagner den Widerspruch der ganzen Gattung, sofern sie sich als dramatisches Genre versteht. »Absolute, ganz für sich genügende Melodie und durchgehends wahrer dramatischer Ausdruck« sind unvereinbare Gegensätze (III,293). Da die Oper den ihr immanenten Widerspruch nicht lösen kann, hat das »Drama der Zukunft« nicht von ihr seinen Ausgang zu nehmen, sondern einerseits von der klassischen Tragödie, andererseits von der Symphonie des Komponisten, der die absolute Musik nach Wagner wirklich schon über sich selbst hinausgeführt hat: Beethoven. Dieser gehe in seinen späteren Werken über das »absolut Musikalische« hinaus, »um in einer Sprache zu reden, die [...], einem rein musikalischen Zusammenhange unangehörig, nur durch das Band einer dichterischen Absicht verbunden ist, die mit dichterischer Deutlichkeit in der Musik aber eben nicht ausgesprochen werden konnte« (III,279) – ist doch »der Ausdruck eines ganz bestimmten, klar verständlichen individuellen Inhaltes in dieser, einer Empfindung nur nach ihrer Allgemeinheit gewachsenen, Sprache unmöglich« (III,277). Aus diesem Grunde erwecke der späte Beethoven immer wieder den Eindruck, daß er »uns etwas zu sagen hat, was er aber nicht deutlich mitteilen kann« (III,281).

Diese Selbstaufhebung der absoluten Musik innerhalb ihrer eigenen Grenzen – eine spekulative These, die vor allem von Hanslick und Nietzsche energisch zurückgewiesen worden ist – findet ihren monumentalen symbolischen Ausdruck in der Wortwerdung der Symphonie am Ende der *Neunten*, die nach Wagner das Ende der Symphonie überhaupt signalisiert. Wie im Falle der Oper wird Wagner durch sein System gezwungen, alles, was nach Beethoven an symphonischer Musik entstanden ist, als galvanisches Experiment zu disqualifizieren. (»Niemals werden Symphonien mehr geschrieben werden«, sagt er noch am 1. März 1873 zu Cosima nach erneutem Studium zweier Beethoven-Partituren; CT I,645.) Der einzig legitime Erbe der Beethovenschen Symphonie ist für ihn das musikalische Drama. (Freilich hat sich unter dem Einfluß Schopenhauers auch Wagners Einstellung zur Symphonie in späteren Jahren wesentlich gewandelt. So hat er, wie schon erwähnt, in zahllosen Gesprächen mit Cosima bis wenige Tage vor seinem Tod bekundet, nach dem *Parsifal* nur noch Symphonien schreiben zu wollen.)

Die Aufführung der *Neunten Symphonie* im Markgräflichen Opernhaus 1872 ist für Wagner gewissermaßen die geistige Grundsteinlegung der Bayreuther Festspiele gewesen. Allein der Symphoniker Beethoven, nicht der Opernkomponist, wird von ihm als ›Vater‹ des musikalischen Dramas anerkannt. Über *Fidelio* sagt Wagner noch am

25. Dezember 1880 zu Cosima, Beethovens bezeichnenderweise einzige Oper sei »des Komponisten der Symphonien nicht würdig« (CT II,647).

Im *Beethoven*-Essay von 1870 heißt es, allein die dritte *Leonoren*-Ouvertüre offenbare wirklich,

> »wie Beethoven das Drama verstanden haben wollte. Wer wird dieses hinreißende Tonstück anhören, ohne nicht von der Überzeugung erfüllt zu werden, daß die Musik auch das vollkommene Drama in sich schließe? Was ist die dramatische Handlung des Textes der Oper *Leonore* anderes als eine fast widerwärtige Abschwächung des in der Ouvertüre erlebten Dramas, etwa wie ein langweilig erläuternder Kommentar von Gervinus zu einer Szene des Shakespeare?« (IX,105.)

In seiner frühen, humoristischen Novelle *Eine Pilgerfahrt zu Beethoven* (1840) hat Wagner den Autor des *Fidelio* selbst sein Mißbehagen am Operngenre, so auch an seinem einzigen Versuch in dieser Gattung, und in diesem Zusammenhang seine Entscheidung für eine »Symphonie mit Chören« folgendermaßen begründen lassen:

> »Ich bin kein Opernkomponist, wenigstens kenne ich kein Theater der Welt, für das ich wieder eine Oper schreiben möchte! Wenn ich eine Oper machen wollte, die nach meinem Sinne wäre, würden die Leute davonlaufen; denn da würde nichts von Arien, Duetten, Terzetten und alle dem Zeug zu finden sein, womit sie heutzutage die Opern zusammenflicken, und was ich dafür machte, würde kein Sänger singen und kein Publikum hören wollen. Sie kennen alle nur die glänzende Lüge, brillanten Unsinn und überzuckerte Langeweile. Wer ein wahres musikalisches Drama machte, würde für einen Narren angesehen werden, und wäre es auch in der Tat, wenn er so etwas nicht vor sich behielte, sondern es vor die Leute bringen wollte.« (I,109.)

Der Begriff des »musikalischen Dramas« findet sich schon in der Erzählung *Der Dichter und der Komponist* aus E. T. A. Hoffmanns Zyklus *Die Serapionsbrüder* (1819–21).[29] Dieser in eine novellistische Handlung eingebettete kunsttheoretische Dialog hat formal und inhaltlich bei der Konzeption von Wagners Novellen aus der Pariser Zeit – die ihrem Vorbild z. T. durchaus ebenbürtig sind – Pate gestanden. Hier ist es der Dichter Ferdinand, der sein Unbehagen ausdrückt, sich dem Zwang der vorgeprägten Formen und Nummern der Oper unterwerfen zu müssen. Es falle dem Dichter »gar sehr zur Last«, gesteht Ferdinand seinem Freund, dem Komponisten Ludwig, »sich so genau um eure Bedürfnisse, um die Struktur eurer Terzetten, Quartetten, Finalen etc. zu bekümmern, um nicht, wie es dann leider uns nur zu oft geschieht, jeden Augenblick gegen die Form, die ihr nun einmal angenommen, mit welchem Recht, mögt ihr selbst wissen, zu sündigen«. Diese Kollision zwischen poetischem und musikalischem Recht ist nach den Worten Ludwigs indessen in der wahrhaften, in der »romantischen Oper« ausgeschlossen, denn in ihr wird »die Musik unmittelbar aus der Dichtung als notwendiges Erzeugnis derselben« entspringen.[30] Hier scheint Wagners Dramaturgie schon vorweggenommen; freilich bezieht Hoffmanns Komponist sich weniger auf die sprachliche Vorprägung des musikalischen Ablaufs als auf den Inhalt der Oper. Seine Vorstellung vom »musikalischen Drama« orientiert sich an den »Fiabe dramatiche« Gozzis: »In seinen dramatischen Märchen hat er das ganz erfüllt, was ich von dem Operndichter verlange, und es ist unbegreiflich, wie diese reiche Fundgrube vortrefflicher Opernsujets bis jetzt nicht mehr benutzt worden ist.«[31]

Wagner wird dieser Anregung folgen und seine musikdramatische Laufbahn mit den *Feen,* einer Bearbeitung von Gozzis Märchendrama *La donna serpente,* beginnen. In der *Beethoven-*Novelle geht es jedoch nicht mehr um den idealen Opernstoff, sondern um die szenische Struktur des musikalischen Dramas, und für sie bezieht der fiktive Beethoven sich nun auf das Vorbild Shakespeares. (Die These von der Korrelation zwischen Beethoven und Shakespeare, die im ästhetischen Denken des späten Wagner eine so bedeutende Rolle spielen wird, ist übrigens ebenfalls romantischer Herkunft.[32])

Wie stark Wagners frühe Schriften der Musikästhetik E. T. A. Hoffmanns verpflichtet sind, zeigen die Argumente, mit denen letzterer seinen Komponisten das Problem erörtern läßt, wie sich die »unnennbare Wirkung der Instrumentalmusik« zu den Gesetzen der Bühne verhalten soll: »Aber nun soll die Musik ganz ins Leben treten, sie soll seine Erscheinungen ergreifen und Wort und Tat schmückend von bestimmten Leidenschaften und Handlungen sprechen.«[33] Wie eine unmittelbare Fortsetzung dieses Gedankens wirken in Wagners Novelle die Worte Beethovens über das Verhältnis von Instrument und menschlicher Stimme:

> »In den Instrumenten repräsentieren sich die Urorgane der Schöpfung und der Natur; das, was sie ausdrücken, kann nie klar bestimmt und festgesetzt werden, denn sie geben die Urgefühle selbst wieder, wie sie aus dem Chaos der ersten Schöpfung hervorgingen, als es vielleicht noch nicht einmal Menschen gab, die sie in ihr Herz aufnehmen konnten. Ganz anders ist es mit dem Genius der Menschenstimme; diese repräsentiert das menschliche Herz und dessen abgeschlossene, individuelle Empfindung. Ihr Charakter ist somit beschränkt, aber bestimmt und klar. Man bringe nun diese beiden Elemente zusammen, man vereinige sie! Man stelle den wilden, in das Unendliche hinausschweifenden Urgefühlen, repräsentiert von den Instrumenten, die klare, bestimmte Empfindung des menschlichen Herzens entgegen, repräsentiert von der Menschenstimme.« (I,110.)

Diese Worte des fiktiven Beethoven, welche die Konzeption der *Neunten* rechtfertigen sollen, sind die vorweggenommene Bestätigung der von Wagner in seinem *Bericht über die Aufführung der Neunten Symphonie von Beethoven im Jahre 1846* (II,61) und in seinen Reformschriften um 1850 vorgetragenen These vom Hinausstreben der absoluten (Instrumental-)Musik über sich selbst im Spätwerk Beethovens. Wagners theoretischem Hauptwerk zufolge führt die Beethovensche Symphonie die Gestalt der Melodie im musikalischen Drama urbildhaft vor:

> »In seinen wichtigsten Werken stellt er die Melodie keinesweges als etwas von vornherein Fertiges hin, sondern läßt sie aus ihren Organen heraus gewissermaßen vor unseren Augen *gebären* [...]. Das Entscheidenste, was der Meister in seinem Hauptwerke uns endlich aber kundtut, ist die von ihm *als Musiker* gefühlte Notwendigkeit, sich in die Arme des Dichters zu werfen, um den Akt der Zeugung der wahren unfehlbar wirklichen und erlösenden Melodie zu vollbringen.« (III,312.)

Im Rahmen dieser Geschlechtsmetaphorik beschreibt Wagner in *Oper und Drama* die Strukturgesetze des musikalischen Dramas. Der »Akt der Gebärung der Melodie« ist ohne den Zeugungsakt nicht denkbar:

> »Aller musikalische Organismus ist seiner Natur nach [...] ein weiblicher, er ist ein nur gebärender, nicht aber ein zeugender; die zeugende Kraft liegt außer ihm, und ohne Befruchtung von dieser Kraft vermag sie eben nicht zu gebären. – Hier liegt das ganze Geheimnis der Unfruchtbarkeit der modernen Musik!« (III,316.)

»Wahnsinn« also ist es, wenn der Komponist glaubt, »das Drama aus absolut musikalischem Vermögen für sich allein, mit nur dienender Hilfe des Dichters« erschaffen zu
können (III,286). In Wirklichkeit ist dieses Ziel nur erreichbar, wenn Dichtung und
Tonkunst sich nicht ›absolut‹ setzen oder die eine Kunst sich zum Herren über die
andere aufwirft, sondern wenn beide einen gemeinsamen Herren anerkennen: eben das
Drama als szenisch-poetisch-musikalische Ganzheit.

4. »Absolute Musik« als heimliches oder offenes Ideal – Nietzsche, Hanslick und die Ästhetik des späten Wagner

> »Die Verbindung der Poesie mit der Musik und der Oper ist
> eine Ehe zur linken Hand. Je näher wir diese morganatische
> Ehe betrachten, welche die musikalische Schönheit mit dem
> ihr bestimmt vorgeschriebenen Inhalt eingeht, desto trügeri-
> scher dünkt uns ihre Unauflöslichkeit.«
>
> Eduard Hanslick, *Vom Musikalisch-Schönen.*

Die Idee der »absoluten Musik« ist älter als der Begriff. Ihre Heimat ist die romantische
Musikästhetik; das hat jüngst Carl Dahlhaus überzeugend dargelegt.[34] Der Begriff
taucht freilich erst um die Mitte des 19. Jahrhunderts auf; offenbar ist er von Richard
Wagner eingeführt worden. Sein Gegenspieler Hanslick hat ihn aufgegriffen – er redet
von »reiner, absoluter Tonkunst«[35] – und zum Angelpunkt seiner Musiktheorie
gemacht, freilich unter radikaler Umwertung des Attributs »absolut«, das bei Wagner
ausschließlich ein negatives Vorzeichen hat. (Darin drückt sich die Distanz seiner
Reformschriften um 1850 zu seinen frühen, von Tieck, Wackenroder und vor allem von
E. T. A. Hoffmann beeinflußten Pariser Feuilletons aus.)
Absolute Musik ist für Wagner das Produkt der Desintegration der Künste, der
Trennung von ihren »urgeborenen Schwestern« Tanzkunst und Dichtkunst (III,67 ff.),
mit denen sie im ›Gesamtkunstwerk‹ der griechischen μουσική vereint war. »Wir haben
uns gewöhnt«, heißt es in Wagners Brief *Über musikalische Kritik* (1852), »unter *Musik*
nur noch die Tonkunst [...] zu begreifen; daß dies eine willkürliche Annahme ist,
wissen wir, denn das Volk, welches den Namen ›Musik‹ erfand, begriff unter ihm [...]
alle künstlerische Kundgebung des inneren Menschen überhaupt, soweit er seine
Gefühle und Anschauungen [...] durch das Organ der tönenden Sprache ausdrucksvoll
mitteilte« (V,59 f.). Die ›absolute‹ ist also nur die Schrumpfform jener umfassenden
›Musik‹ der Griechen. Im gleichen pejorativen Sinne redet Wagner im *Kunstwerk der
Zukunft* (1849) auch vom »absoluten *Schauspiel*«: der »vereinsamten egoistischen
Kunstart« der Pantomime (III,80), ferner im Zusammenhang mit der erwähnten
Parallele zwischen der Metternichschen Restauration und der Oper Rossinis von der
»absoluten [d. h. vom Volk getrennten] Monarchie«, als dem Pendant der »absoluten
Melodie« (III,255), oder vom »absoluten Kunstwerk« der Moderne, das sich »monu-
mental« vom Leben isoliert (IV,235 ff.). Immer bezeichnet der Begriff des Absoluten
eine schlechte Abstraktheit, die Ablösung einer Erscheinung vom ursprünglichen
Lebenszusammenhang, in dem sie erst ihren Sinn erhält und ihre Vollendung erfährt.

Zum vollen Verständnis des Begriffs der absoluten Musik bei Wagner ist es erforderlich, seine Kritik des »absoluten Kunstwerks« in der Schrift *Eine Mitteilung an meine Freunde* (1851) zu beachten.

»Das absolute Kunstwerk, das ist das Kunstwerk, das weder an Ort und Zeit gebunden noch von bestimmten Menschen unter bestimmten Umständen an wiederum bestimmte Menschen dargestellt und von diesen verstanden werden soll, ist ein vollständiges Unding, ein Schattenbild ästhetischer Gedankenphantasie. Von der Wirklichkeit der Kunstwerke verschiedener Zeiten hat man den Begriff der Kunst abgezogen.«

In der Tat ist der singularische Begriff der ›Kunst‹ erst eine Schöpfung der Autonomieästhetik des 18. Jahrhunderts, der mit den alten ›Künsten‹ (artes) nicht in eins zu setzen ist![36]

»Um diesem Begriffe wieder eine gedachte Realität zu geben, [...] hat man ihn mit einem eingebildeten Körper bekleidet, der als absolutes Kunstwerk [...] das Spukgebild im Hirne unserer ästhetischen Kritiker ausmacht. Wie dieser eingebildete Körper alle Merkmale seiner gedachten sinnlichen Erscheinung nur den wirklichen Eigenschaften der Kunstwerke der Vergangenheit entnimmt, so ist der ästhetische Glaube an ihn auch ein wesentlich konservativer, und die Betätigung dieses Glaubens daher an sich die vollständigste künstlerische Unfruchtbarkeit. Nur in einer wahrhaftig unkünstlerischen Zeit konnte der Glaube an jenes Kunstwerk in den Köpfen – natürlich nicht in den Herzen – der Menschen entstehen.« (IV, 234 f.)

Das absolute ist also das »monumentale« Kunstwerk im früher erörterten Sinne. Was Wagner mit dem konservativen Charakter dieses Kunstwerks und dem zu künstlerischer Unfruchtbarkeit führenden Glauben an dasselbe meint, sei durch folgendes Zitat aus Nietzsches Essay *Vom Nutzen und Nachteil der Historie für das Leben* (1874) erhellt, der, wie erwähnt, durch Wagners Gedanken über das Monumentale inspiriert ist: Durch die »monumentalische Künstlerhistorie« werde den produktiven Künstlern »der Weg verlegt; denen wird die Luft verfinstert, wenn man ein halb begriffenes Monument irgendeiner großen Vergangenheit götzendienerisch und mit rechter Beflissenheit umtanzt, als ob man sagen wollte: ›Seht, das ist die wahre und wirkliche Kunst: was gehen euch die Werdenden und Wollenden an!‹« Der »Kanon der monumentalen Kunst, das heißt [...] der Kunst, die zu allen Zeiten ›Effekt gemacht hat‹«, steht der Entwicklung des Großen in der eigenen Zeit im Wege. Man beruft sich auf die »Auctorität des Monumentalen aus der Vergangenheit« und argumentiert: »Seht das Große ist schon da!«[37] Das gleiche meint Wagner mit dem konservativen und sterilen Charakter des Glaubens an das absolute, d. h. monumentale Kunstwerk.

Der »absolute Künstler« ist für Wagner der repräsentative Künstlertypus der Moderne. Die Beschreibung der ästhetischen Prinzipien desselben in *Eine Mitteilung an meine Freunde* entspricht genau dem, was man in Frankreich seit Victor Cousin (1836), inspiriert durch die deutsche Autonomieästhetik, als »l'art pour l'art« bezeichnet hat – eine Bewegung, unter deren späteren Ausläufern (Décadence) wir gerade die leidenschaftlichsten Wagnerianer finden. Die Sphäre des absoluten Künstlers

»ist die vom Leben schlechtweg abgesonderte Kunstwelt, in welcher die Kunst mit sich selbst spielt, vor jeder Berührung mit der Wirklichkeit – d. h. nicht eben nur der Wirklichkeit der modernen Gegenwart, sondern der Lebenswirklichkeit überhaupt – empfindlich sich zurückzieht und diese als ihren absoluten Feind und Widersacher in der Meinung betrachtet, daß das

Leben überall und zu jeder Zeit der Kunst widerstrebe und daher auch jede Mühe, das Leben selbst zu gestalten, eine für den Künstler vergebliche und demgemäß unanständige sei.« (IV,247.)

Das absolute Kunstwerk, das Wagner weitgehend mit dem monumentalen identifiziert, ist also einmal das aus der Lebenswirklichkeit herausgerissene, »unbedingte«, d. h. »weder an Ort und Zeit noch an bestimmte Umstände« gebundene, nicht mehr in konkrete, geschichtlich-gesellschaftliche Zusammenhänge eingebettete Kunstwerk (IV,236), zum andern das Produkt der aus ihrem »ursprünglichen Vereine« (III,67) herausgetretenen Einzelkünste.

Der junge Nietzsche hat sich Wagners Kritik an der »traurigen modernen Unart« der absoluten Kunst zu eigen gemacht.[38] »Wir sind gleichsam durch die absoluten Künste in Stücke zerrissen und genießen nun auch als Stücke, bald als Ohrenmenschen, bald als Augenmenschen usw.«, heißt es in Nietzsches Vortrag *Das griechische Musikdrama* (1870).[39] (Den Begriff des Musikdramas hat er später auf Wagners Wunsch nicht mehr verwendet.) In einem nachgelassenen Fragment von 1869 vergleicht er die gemeinsame Organisation der »Künste als Gesamtkunst«[40] mit einem Baum, die Einzelkünste mit dessen Früchten. Das »Auseinanderfallen der Künste«, die »absolute Kunst«, ist ihm nun das »Anzeichen, daß der Baum die Früchte nicht mehr halten kann; zugleich Verfall der Künste«.[41] Im Kontext dieser Kritik an der Verselbständigung der Einzelkünste (und anderer gesellschaftlicher Teilbereiche: »absoluter Staat«, »absolute Wissenschaft«[42]) ist auch Nietzsches Auseinandersetzung mit der Idee der »absoluten Musik« zu sehen. In diesem Punkt hat sich sein Urteil zwischen 1869 und 1871 freilich wesentlich gewandelt. Anfänglich trägt der Begriff der absoluten Musik bei ihm ganz im Sinne Wagners ein negatives Vorzeichen. »Die absolute Musik und das Alltagsdrama: die beiden auseinandergerissenen Stücke des Musikdramas«, so lautet eine Notiz vom Herbst 1869.[43] Im antiken Drama genoß man »die Musik nie absolut, sondern immer hineingestellt in die Verbindung mit Kult und Umgebung oder Gesellschaft. Es war kurz Gelegenheitsmusik.«[44] (In einer anderen Aufzeichnung hat Nietzsche freilich im Hinblick auf den »für alle Zeiten« gültigen, »allgemeinen beschaulich-objektiven Inhalt« der lyrisch-musikalischen Partien des griechischen Musikdramas hier bereits »eine Vorstufe der absoluten Musik, eine Form in dem ganzen Prozeß« gesehen.[45])

In einer Reihe von nachgelassenen Fragmenten Nietzsches aus den Jahren 1870/71 und 1874 spaltet sich von diesem negativen Begriff der absoluten Musik ein ganz anderer ab, der bezeichnenderweise – lange vor dem Bruch mit Wagner – ein deutliches Abrücken von dessen musikalisch-dramatischen Maximen signalisiert. In einem Fragment vom Frühjahr 1871 stellt Nietzsche die Frage: »Was sollen wir [...] von jenem ungeheuerlichen ästhetischen Aberglauben halten, daß Beethoven mit jenem vierten Satz der *Neunten* selbst ein feierliches Bekenntnis über die Grenzen der absoluten Musik abgegeben, ja mit ihm die Pforten einer neuen Kunst gewissermaßen entriegelt habe, in der die Musik sogar das Bild und den Begriff darzustellen befähigt und damit dem ›bewußten Geiste‹ erschlossen worden sei?«[46] Obwohl der letzte Gedanke Wagner durchaus fremd ist, kann kein Zweifel bestehen, daß dieses Zitat vornehmlich gegen seine Deutung des Finalsatzes der *Neunten Symphonie* gerichtet ist. In einer Aufzeichnung vom Frühjahr 1874 hat Nietzsche Wagners These, das »Hinzuziehen der Worte«

sei die »Haupttat« der *Neunten Symphonie*, ausdrücklich als »ein starkes Stück« zurückgewiesen.[47] In dem Fragment von 1871 wird der eigentliche Urheber der verworfenen Deutung der *Neunten* indessen nicht genannt, ja Nietzsche beruft sich sogar auf Wagners Ausführungen über die *Missa solemnis* in der *Beethoven*-Schrift von 1870, um sein eigenes Verständnis der *Neunten* zu untermauern. In der Tat läßt sich nicht verkennen, daß Wagners Anschauungen über das Verhältnis von Wort und Musik sich unter dem Einfluß Schopenhauers tiefgreifend gewandelt haben. Unmittelbar nach der von Nietzsche zitierten Passage aus *Beethoven* bemerkt Wagner in erstaunlicher Übereinstimmung mit den entsprechenden Nachweisen Hanslicks in dessen Versuch *Vom Musikalisch-Schönen* (1854):

> »Durch die Erfahrung, daß eine Musik nichts von ihrem Charakter verliert, wenn ihr auch sehr verschiedenartige Texte unterlegt werden, erhellt sich [...] das Verhältnis der Musik zur Dichtkunst als ein durchaus illusorisches, denn es bestätigt sich, daß, wenn zu einer Musik gesungen wird, nicht der poetische Gedanke, den man namentlich bei Chorgesängen nicht einmal verständlich artikuliert vernimmt, sondern höchstens das von ihm aufgefaßt wird, was er im Musiker als Musik und zu Musik anregte. Eine Vereinigung der Musik und der Dichtkunst muß daher stets zu einer solchen Geringstellung der letzteren ausschlagen, daß es nur wieder zu verwundern ist, wenn wir sehen, wie namentlich auch unsere großen deutschen Dichter das Problem einer Vereinigung der beiden Künste stets von neuem erwogen oder gar versuchten.« (IX,103 f.)

Dieses Zitat enthält in nuce das ganze zuletzt zitierte Fragment Nietzsches. Dieser sucht also Wagner durch Wagner, den Musikbegriff von *Oper und Drama* durch den des *Beethoven*-Essays zu widerlegen. In einem Fragment aus dem Frühjahr 1874 unterscheidet er ausdrücklich Wagners frühere und jetzige Definition des Verhältnisses von Musik und Dichtung (Drama): »Mittel und Zweck – Musik und Drama – ältere Lehre. Allgemeines und Beispiel – Musik und Drama – neuere Lehre.« Zur älteren Lehre (*Oper und Drama*) bemerkt Nietzsche: »Wagner bezeichnet als den Irrtum im Kunstgenre der Oper, daß ein Mittel des Ausdrucks, die Musik, zum Zwecke, der Zweck des Ausdrucks aber zum Mittel gemacht war. Also die Musik gilt ihm als Mittel des Ausdrucks – sehr charakteristisch für den Schauspieler.«[48] (Also nicht erst in den späten Antiwagneriana sondern schon in diesen frühen kritischen Aphorismen wird Wagner als »versetzter Schauspieler«, »Schauspieler-Natur« u. ä. bezeichnet[49] – noch ohne jede diffamierende Absicht, betont Nietzsche doch in Übereinstimmung mit Wagners wiederholt bekundeter Aversion gegen das geschminkte Komödiantenwesen, daß Wagner »*nie* im persönlichen Leben« Schauspieler sei.[50])
Ohne das Drama, ohne ein außermusikalisches ›Worumwillen‹ ist die Musik für Wagner nach seiner älteren Lehre ein »Unding«. Aus diesem Grunde, so hebt Nietzsche wiederum hervor, »hielt er die *Neunte Symphonie* für die eigentliche Tat Beethovens, weil er hier durch Hinzunahme des Wortes der Musik ihren Sinn gab, Mittel des Ausdrucks zu sein.«[51]
Die »neuere Lehre« Wagners hat Nietzsche bereits in den Fragmenten von 1870/71 nachgezeichnet. Folgt man der Auffassung Schopenhauers, daß aus der Musik der ›Wille‹, das Ding an sich tönt, während die anderen Künste nur dessen Erscheinung reproduzieren, so leuchtet ein, daß »das Drama im Verhältnis zur Musik als ein Schema, als ein Exempel zu einem allgemeinen Begriff« aufzufassen ist.[52] »Die Musik kann Bilder aus sich erzeugen, die dann immer nur Schemata, gleichsam Bilder ihres

eigentlichen allgemeinen Inhaltes sein werden. Wie aber sollte das Bild, die Vorstellung aus sich heraus Musik erzeugen können!« Der letzte Gedanke dünkt Nietzsche so absurd wie die Vorstellung, ein Sohn könnte seinen Vater zeugen. »Welche verkehrte Welt!«[53] Die hier von Nietzsche betonte Vorgängigkeit der Musik ist auch von Wagner wiederholt hervorgehoben worden. Sie sei die »Zauberlaterne«, aus der »das Drama projiziert wird« (CT I,648). Seine eigenen dramatischen Werke nennt er im Aufsatz *Über die Benennung »Musikdrama«* (1872) »ersichtlich gewordene Taten der Musik« (IX,306).

Diese bildet mithin den »Mutterschoß auch des Dramas« (eine Metapher, die freilich schon in *Oper und Drama* eine zentrale Rolle spielt): »Sie tönt, und was sie tönt, möget ihr dort auf der Bühne erschauen; dazu versammelte sie euch, denn was sie ist, das könnt ihr stets nur ahnen; und deshalb eröffnet sie euren Blicken sich durch das szenische Gleichnis wie die Mutter den Kindern die Mysterien der Religion durch die Erzählung der Legende vorführt.« (IX,305.) (Als eine mißglückte Legende dieser Art, als verfehlte Sichtbarmachung der ›Taten der Musik‹ stellt sich nach Wagners oben zitierter Deutung gewissermaßen die Oper *Fidelio* im Verhältnis zu dem in der dritten *Leonoren*-Ouvertüre erlebten Drama dar.) »Die Musik, welche nicht die in den Erscheinungen der Welt enthaltenen Ideen darstellt, dagegen selbst eine, und zwar eine umfassende Idee der Welt ist, schließt das Drama ganz von selbst in sich«, heißt es in *Beethoven* (IX,105). Sie ist gewissermaßen im Sinne der (von Wagner zweifellos nicht unmittelbar rezipierten, sondern durch Schopenhauer vermittelten) Kantschen Transzendentalphilosophie die Bedingung der Möglichkeit des Dramas.

»Wir dürften somit nicht irren, wenn wir in der Musik die aprioristische Befähigung des Menschen zur Gestaltung des Dramas überhaupt erkennen wollten. Wie wir die Welt der Erscheinungen uns durch die Anwendung der Gesetze des Raumes und der Zeit konstruieren, welche in unserem Gehirne aprioristisch vorgebildet sind, so würde diese wiederum bewußte Darstellung der Idee der Welt im Drama durch jene inneren Gesetze der Musik vorgebildet sein, welche im Dramatiker ebenso unbewußt sich geltend machten wie jene ebenfalls unbewußt in Anwendung gebrachten Gesetze der Kausalität für die Apperzeption der Welt der Erscheinungen.« (IX,106.)

Diese metaphysische Neubewertung der Beziehung zwischen Musik und Drama läßt eine Disqualifizierung der absoluten Musik im Sinne von *Oper und Drama* nicht mehr zu. Das hat schon Nietzsche nachdrücklich betont. Mit Argumenten des späten Wagner verdeutlicht er die Konsequenzen, die dieser selbst zu ziehen meidet, um die Prinzipien seines theoretischen Hauptwerks nicht gänzlich desavouieren zu müssen. Ist die oben skizzierte »neuere Lehre« wahr, schreibt Nietzsche 1874, »so darf das Allgemeine ganz und gar nicht abhängig vom Beispiel sein, d. h. die absolute Musik ist im Recht, auch die Musik des Dramas muß absolute Musik sein«.[54] In seiner Streitschrift *Zur Genealogie der Moral* (1887) hat Nietzsche später den durch Wagners ›Konversion‹ zu Schopenhauer bedingten »theoretischen Widerspruch zwischen seinem früheren und seinem späteren ästhetischen Glauben [...] – ersterer zum Beispiel in *Oper und Drama* ausgedrückt, letzterer in den Schriften, die er von 1870 an herausgab«, folgendermaßen ironisch decouvriert:

»Insonderheit änderte Wagner, was vielleicht am meisten befremdet, von da an rücksichtslos sein Urteil über Wert und Stellung der Musik selbst: was lag ihm daran, daß er bisher aus ihr ein

Mittel, ein Medium, ein ›Weib‹ gemacht hatte, das schlechterdings eines Zwecks, eines Mannes bedürfe, um zu gedeihn – nämlich des Dramas!«

Das ist freilich falsch referiert: der Mann (d. h. die Dichtung) ist Wagners dramaturgischer Geschlechtsmetaphorik zufolge ebenfalls nur ›Mittel‹, also nicht mit dem Zweck des Dramas identisch.

> »Er begriff mit einem Male, daß mit der Schopenhauerschen Theorie und Neuerung mehr zu machen sei in majorem musicae gloriam – nämlich mit der Souveränität der Musik, so wie sie Schopenhauer begriff: die Musik abseits gestellt gegen alle übrigen Künste, die unabhängige Kunst an sich, nicht wie diese Abbilder der Phänomenalität bietend, vielmehr die Sprache des Willens selbst redend, unmittelbar aus dem ›Abgrunde‹ heraus [vgl. Wagners »mystischen Abgrund« im Bayreuther Festspielhaus], als dessen eigenste, ursprünglichste, unabgeleitetste Offenbarung. Mit dieser außerordentlichen Wertsteigerung der Musik, wie sie aus der Schopenhauerschen Philosophie zu erwachsen schien, stieg mit einem Male auch der Musiker unerhört im Preise: er wurde nunmehr ein Orakel, ein Priester, ja mehr als ein Priester, eine Art Mundstück des ›An-sich‹ der Dinge, ein Telephon des Jenseits – er redete fürderhin nicht nur Musik, dieser Bauchredner Gottes – er redete Metaphysik: was Wunder, daß er endlich eines Tages asketische Ideale redete? ...«[55]

Der letzte Satz ist natürlich eine Anspielung auf *Parsifal*. Hier wird freilich der theoretische Widerspruch in der Ästhetik Wagners überspitzt. So ›rücksichtslos‹, wie Nietzsche behauptet, hat sich sein Urteil über die Stellung der Musik doch nicht geändert. Die ›ältere Lehre‹ verliert ihre relative Bedeutung bezüglich der musikdramatischen Praxis – als kompositionsmethodische Maxime – auch für den Schopenhauerianer Wagner niemals ganz. Ferner übersieht Nietzsche, daß die Mittel-Zweck-Relation zwischen Musik und Drama eben nur auf dramaturgischer Ebene gilt. Bereits in *Oper und Drama* entwickelt Wagner einen Mythos der Musik – »Die Tonsprache ist Anfang und Ende der Wortsprache wie [...] der Mythos Anfang und Ende der Geschichte« (IV,91) –, der jene wertmäßig weit über die nur funktionale Bindung an den Zweck des Dramas hinaushebt, ja sie als dessen Mutterschoß bestimmt. Die Philosophie bzw. Mythologie der Musik überkreuzt sich also schon hier mit ihrer empirisch-dramaturgischen Einschätzung.

Die von Nietzsche im letzten Zitat ironisierte Metaphysik des späten Wagner ist seine eigene in der Entstehungszeit der *Geburt der Tragödie* (1872) gewesen. Er hat aus Schopenhauers Philosophie der Musik die radikale Konsequenz gezogen, daß auch die Musik des Dramas »absolute Musik« sein muß. In den nachgelassenen Aufzeichnungen von 1870/71 behauptet er, auch der Wert einer Oper werde »um so höher sein, je freier, unbedingter, dionysischer die Musik sich entfaltet und je mehr sie alle sogenannten dramatischen Anforderungen verachtet«. Nietzsche setzt den Begriff der »dramatischen« Musik (bis in seine späten Aufzeichnungen) immer in Anführungszeichen, um seinen illusorischen Charakter, den Abstand zu dem, was Musik (»reine Musik«) an und für sich ist, hervorzuheben.[56] In merkwürdiger Umkehrung der Kardinalthese von *Oper und Drama* sieht er den Irrtum des Kunstgenres »Oper« darin, daß hier die Musik »als Mittel zum Zweck« mißbraucht worden sei (»eine Unmöglichkeit!«)[57] – während sie, die »absolute Musik«, nach Wagner immer der Zweck gewesen ist, dem sich das Drama als Mittel unterzuordnen hatte. In diametralem Gegensatz zur Hauptforderung von *Oper und Drama* konstatiert Nietzsche: »Die Musik *kann* nie Mittel werden, man mag sie stoßen, schrauben, foltern: als Ton, als Trommelwirbel, auf ihren rohesten und einfachsten Stufen überwindet sie noch die Dichtung und erniedrigt sie zu ihrem Widerscheine.« Das gleiche gilt für das Drama als szenische Aktion: »In jedem Momente, wo einmal die dionysische Gewalt der Musik in den Zuhörer einschlägt, umflort sich das Auge, das die Aktion sieht [...]: der Zuhörer vergißt jetzt das Drama und wacht erst wieder für dasselbe auf, wenn ihn der dionysische Zauber losgelassen hat.«[58] Durch die Musik, so heißt es in dem Fragment, das sich gegen Wagners einstige Deutung der *Neunten Symphonie* wendet, werde der Hörer »für Bild und Wort völlig depotenziert«.[59] Das bedeutet im Grunde eine Absage an die Idee des ›Gesamtkunstwerks‹ aus Dichtung, Tanz (Gebärde) und Musik. Letztere erhält eine solche metaphysische Dignität, daß sie schlechterdings nicht mehr als prima inter pares mit jenen ›Sonderkünsten‹ eine geschwisterliche Einheit bilden kann.

Die beiden letzten Zitate Nietzsches gehen zurück auf Wagners Theorie von der »Depotenzierung des Gesichtes« durch die Wirkung der Musik (IX,110) in der *Beethoven*-Schrift. Hier sind bereits eingehend die im Vergleich mit der Rezeption des Schauspiels andersartigen Wahrnehmungsgesetze im Musiktheater beschrieben. Auf der Grundlage der Schopenhauerschen Traumtheorie entwickelt Wagner jene Gesetze nach der Analogie des Träumens und somnambulen Hellsehens. Die Idee der Bühnenhandlung als einer Traumvision hat Nietzsches *Geburt der Tragödie*, seine Deutung der Personen und Vorgänge der attischen Tragödie als »Scheingestalten der apollinischen Phantasie des Chores«[60] entscheidend beeinflußt und kommt bereits Stéphane Mallarmés Ideal eines imaginären Theaters nahe.

Wie das Auge ›umflort‹ sich nach Nietzsche gewissermaßen aber auch das Ohr des Musikhörers, so daß »der Wortinhalt ungehört in dem allgemeinen Klangmeere untergeht«. Unter Berufung auf Wagners Ausführungen über die *Missa solemnis* bemerkt er: Nur der Mitsingende realisiere den Text der Vokalmusik; »der Zuhörer steht ihr gegenüber als einer absoluten Musik«.[61] Es gibt Äußerungen des späten Wagner, die fast das gleiche zum Inhalt haben. »Ich bin kein Dichter«, sagt er am 23. Januar 1871 zu Cosima, »es ist mir bis zu einem gewissen Grad gleichgültig, ob man die Verse versteht, meine Handlung wird man schon begreifen.« (CT I,344 f.) »Vormittags spielt er die Szene zwischen Alberich und Hagen und freut sich des Eindruckes, den sie machen würde, wenn Hill und Scaria sie singen würden«, berichtet Cosima am 27. Dezember 1873 und gibt folgenden Ausspruch Wagners wieder: »Das wird wirken, wie wenn zwei seltsame Tiere miteinander sprechen, man versteht nichts, und alles ist interessant.« (CT I,770.) Immer wieder betont Wagner, »wie wenig die Worte zum Drama beitrügen« (CT II,88), wesentlich sei immer nur die »Aktion« (CT II,235), die »Handlung« (d. h. das Drama).

> »Wir wissen, daß nicht die Verse des Textdichters, und wären es die Goethes und Schillers, die Musik bestimmen können; dies vermag allein das *Drama*, und zwar nicht das dramatische Gedicht, sondern das wirklich vor unseren Augen sich bewegende Drama, als sichtbar gewordenes Gegenbild der Musik, wo dann das Wort und die Rede einzig der Handlung, nicht aber dem dichterischen Gedanken mehr angehören«,

heißt es in *Beethoven* (IX,111 f.). Diese Anschauung widerspricht freilich der Kernthese von *Oper und Drama* nicht so radikal, wie es zunächst den Anschein hat. Zu den fundamentalen Mißverständnissen der Wagnerschen Theorie gehört die Auffassung, er habe die Musik in den Dienst des ›Textes‹ stellen wollen. Selbst Franz Liszt hat dieser Meinung Vorschub geleistet, wenn er in seiner Schrift *Richard Wagners ›Lohengrin‹*

und ›*Tannhäuser*‹ schreibt: »Wagner würde sicher die Zueignung der *Alceste* geschrieben haben, hätte es Gluck nicht schon getan.«[62] In Wirklichkeit ist für Wagner auch die Wortdichtung, nicht weniger als die Musik, Mittel zum Zweck. Dieser Zweck ist allein das »Drama«, dem Wort, Ton und Gebärde als Ausdrucksmittel zugeordnet sind.

Nietzsche wähnt sich in Übereinstimmung mit Wagner, wenn er in einer nachgelassenen Aufzeichnung von 1871 nicht die bestimmende Wirkung des Textes auf die Musik, sondern den »Parallelismus von Musik und Drama« für das wesentliche Prinzip der Wagnerschen Dramatik hält: »Er legt Wert auf das An-sich-Verständliche der *Handlung*, des *Mimus*.«[63] Nietzsches dramaturgische Sprachskepsis und im Zusammenhang damit sein Interesse am Mimus weisen auf die gleiche Ideenverbindung bei Hofmannsthal voraus, wie in einem späteren Kapitel gezeigt werden soll. »Wir müssen erst wieder den Mimus haben, um zum Drama zu kommen.«[64] Dem Vorrang des Mimischen bei Wagner – von dem schon im Zusammenhang mit seiner Improvisationstheorie ausführlich die Rede war – entspricht nach Nietzsche der Primat des Bildes innerhalb seiner dramatischen Poesie. »Die Musik in der Wagnerschen Oper bringt die Poesie in eine neue Stellung. Es kommt vielmehr auf das *Bild* an, das sich immer verändernde belebte *Bild*, dem das Wort dient. Dem Worte nach sind die Szenen nur skizziert.«[65] (Das gemahnt an Verdis Idee der »*parola scenica*«.)

Nietzsche hat sich durch Wagners Polemik gegen die absolute Musik in der Überzeugung nicht beirren lassen, daß jener doch »unbewußt eine Kunstform« anstrebt, die vom Geist der absoluten Musik geprägt ist. Wagners uneingestandenes Ziel sei nämlich »die allergrößte Symphonie, deren Hauptinstrumente einen Gesang singen, der durch eine Handlung versinnlicht werden kann«.[66] Das Musterbeispiel einer solchen als Oper verkleideten, »sich mit dem Drama deckenden Symphonie«[67] ist für Nietzsche *Tristan und Isolde*,[68] »das eigentliche opus metaphysicum aller Kunst«, wie es in den *Unzeitgemäßen Betrachtungen* nennt.[69]

Wagner selbst hat in seinen letzten Lebensjahren wiederholt bemerkt, daß es ihn im *Tristan* gedrängt habe, »sich musikalisch auszurasen, wie wenn ich eine Symphonie geschrieben hätte« (CT II,185), vor allem deshalb, »weil er in den *Nibelungen* durch das Drama gezwungen gewesen war, sehr oft den musikalischen Ausdruck einzuengen« (CT II,188). Oder: »Er habe das Bedürfnis gehabt, einmal sich ganz symphonisch gehenzulassen, das habe ihn zum *Tristan* geführt.« (CT II,256.) Hier habe er »ununterbrochen der Musik sich hingegeben« (CT II,803) u. ä. Daß die Symphonie Wagners musikalisches Ideal gewesen ist, hat vor allem Egon Voss überzeugend belegt. Wagner hat nicht nur seine musikalischen Dramen als »verkappte Symphonien« konzipiert,[70] deren thematische Arbeit sich vermeintlich am Modell der klassischen Instrumentalmusik orientiert, sondern sein »symphonischer Ehrgeiz« (Voss)[71] wird auch durch seine nicht dramatischen musikalischen Projekte belegt, vor allem natürlich durch den Symphonienplan nach Abschluß des *Parsifal*.

Freilich hat Wagner die Symphonie im Unterschied zu Nietzsche nicht ohne weiteres als absolute Musik aufgefaßt. »Marsch oder Tanz ist alles, es gibt kaum absolute Musik«, bemerkt er noch im Gespräch mit Cosima am 1. Januar 1881 über die Introduktion der *Eroica*. Mit ihr verbindet er die Vorstellung »einer Prozession, die ich so deutlich und in ihren verschiedenen Teilen sehe, daß ich sie aufführen könnte« (CT II,655). Mit dem Finale der *Achten Symphonie* assoziiert Wagner Goethes »Klassische Walpurgisnacht«: »Da kommt Galathea! Darauf die Delphine und das Meergezücht, spielend, lärmend und zankend.« (CT I,939.) Die *Siebte Symphonie* hat er bereits in *Das Kunstwerk der Zukunft* (1849) als »Apotheose des Tanzes« gedeutet (III,94), der für ihn überhaupt das Movens und Modell der symphonischen Form ist (vgl. V,189 u. ö.). In den Gesprächen mit Cosima vergleicht er den Ablauf der *Siebten* immer wieder bis ins szenische Detail mit den Phasen eines »Dionysos-Fests« (CT I,650.921; II,289). »Ich könnte förmlich die Bilder davon ausführen.« (CT II,234.) Freilich hebt Wagner stets hervor, daß Beethoven selbst diese bildlichen Vorstellungen nicht gehabt habe, daß seine Musik sie zwar erwecke, aber nicht durch dieselben Bilder erzeugt sei (CT II,234).

In diesem Falle steht Wagners szenisch-bildliche Deutung der Beethovenschen Symphonie aber durchaus in Einklang mit Nietzsches Postulat der »absoluten Musik«, empfindet letzterer es in ausdrücklichem Gegensatz zu Hanslick doch durchaus als angemessen, »wenn eine Beethovensche Symphonie immer und immer wieder den einzelnen Zuhörer zu einer Bilderrede nötigt«. Selbst die Tatsache, daß »der Tondichter in Bildern über eine Komposition« redet, hält Nietzsche – anders als »jene Herren«, natürlich Hanslick und seine formalistischen Anhänger, die an diesem Phänomen nur ihren »armen Witz« üben, ja dasselbe nicht einmal »erklärenswert« finden – für völlig legitim, sofern es sich nur um »gleichnisartige, aus der Musik geborene Vorstellungen« handelt[72] – die mit den szenischen Visionen des dionysisch erregten Chors in der attischen Tragödie korrespondieren. (Diese Apologie der musikalisch stimulierten Bilderrede ist wörtlich in die *Geburt der Tragödie* aufgenommen worden.[73]) Hanslicks Theorie von der Musik als »tönend bewegter Form« setzt Nietzsche 1874 die These vom »bewegten Gefühl des Musikers in Tönen« entgegen, das sich sehr wohl in Bildern ›entladen‹ kann.[74] Erst wenn solche bildhaften Vorstellungen dem musikalischen Ablauf nicht folgen, sondern ihn determinieren wollen, wird die Musik sich selbst entfremdet. Eben diese determinierende Funktion haben die »Musikbilder« (CT I,415) für Wagner indessen trotz seiner Schopenhauer-Rezeption niemals ganz verloren. »Mir bedeutete Richard«, berichtet Cosima am 1. März 1871, »wie der Musiker durch eine Idee, ein Bild bestimmt wird, demgemäß seine Musik entwirft« (CT I,365).

Wagner scheint hier noch ganz den 1857 in seinem Brief *Über Franz Liszts symphonische Dichtungen* vorgetragenen Standpunkt zu teilen,

> »daß die Musik sich nur in Formen vernehmen läßt, die einer Lebensäußerung entnommen sind, welche, ursprünglich der Musik fremd, durch diese eben nur ihre tiefste Bedeutung erhalten, gleichsam vermöge der Offenbarung der in ihnen latenten Musik. Nichts ist (wohlgemerkt: für seine Erscheinung im Leben) weniger absolut als die Musik, und die Verfechter einer absoluten Musik wissen offenbar nicht, was sie meinen; zu ihrer Verwirrung hätte man sie nur aufzufordern, uns eine Musik außerhalb der Form zu zeigen, die sie der körperlichen Bewegung oder dem Sprachverse (dem kausalen Zusammenhange nach) entnahm.«

Wagner erinnert an die »Marsch- und Tanzform« als »unverrückbare Grundlage der reinen Instrumentalmusik«. »Hierüber sind wir also einig und gestehen zu, daß der göttlichen Musik in dieser menschlichen Welt ein bindendes, ja [...] bedingendes Moment für die Möglichkeit ihrer Erscheinung gegeben werden mußte.« (V,191 f.) Die Einschränkungen in den Klammern des eingerückten Zitats zeigen, ein wie heikles Problem die außermusikalischen ›Bedingungen‹ musikalischer Abläufe für Wagner seit seiner Schopenhauer-Lektüre gewesen sind. Eine klare Vermittlung zwischen der von Nietzsche skizzierten älteren und neueren Lehre über das Verhältnis zwischen der

Musik und ihren Determinanten (bzw. Parallelen) auf der Ebene des dichterischen Wortes und Bildes oder der rhythmischen und mimischen Gebärde hat Wagner nicht gefunden. Dieses Verhältnis ist bei ihm nur in Widersprüchen faßbar. Carl Dahlhaus hat in der Dramaturgie des späten Wagner eine metaphysische und eine empirische Deutung der Relation zwischen Musik und poetisch-mimischer Motivik unterschieden: »Daß Musik empirisch, ›in dieser menschlichen Welt‹, ein begründendes Formmotiv braucht, um Gestalt anzunehmen, schließt nicht aus, daß sie metaphysisch [...] das ›innerste Wesen der Welt‹ ausspricht, um mit Schopenhauer zu reden. Empirisch ›bedingt‹, ist sie metaphysisch ›bedingend‹.«[75] Jene Formmotive mögen also zwar die Produktionsbedingung, aber nicht das »essentielle Moment«[76] der Musik bilden. Eben das meint Wagner offenbar, wenn er in seinem Brief über Liszts symphonische Dichtungen die Absolutheit der Musik nur innerhalb der vom Kausalitätsprinzip beherrschten Erscheinungswelt bestreitet.

Freilich erfährt die Beziehung zwischen Musik und Wortdichtung bei Wagner nicht erst durch den Schopenhauer-Einfluß, sondern schon in *Oper und Drama* eine doppelte Begründung. Einerseits soll die Tonsprache im musikalischen Drama durch die Wortsprache determiniert sein, andererseits ist sie doch das »Mutterelement, aus dessen Schoße [...] das Wort und die Wortsprache« hervorgegangen sind. Also bereits in *Oper und Drama* ist die Musik bedingend und bedingt zugleich. Wagner vergleicht die Tonsprache im Sinne seiner erwähnten dramaturgischen Geschlechtsmetaphorik (das musikalische als das weibliche, das sprachlich-dichterische als das männliche Prinzip) mit Iokaste, die den Ödipus (d. i. die Wortsprache) gebar, der sich wiederum mit ihr vermählte und Antigone (d. i. das »Drama«) zeugte (IV,102). Die Implikationen dieser frappierenden Inzestmetapher, welche die höchst komplizierten Korrespondenzverhältnisse zwischen Musik und Dichtung wenn nicht auf den Begriff, so doch wenigstens in ein Bild bringen sollen, werden uns im Zusammenhang mit Wagners Exegese des Ödipus-Mythos noch beschäftigen. – Man wird angesichts dieser ambivalenten Bestimmung des Abhängigkeitsverhältnisses zwischen Ton- und Wortsprache in *Oper und Drama* nicht mehr undifferenziert mit Nietzsche behaupten können, erst die Schopenhauer-Rezeption habe Wagner in einen diesbezüglichen theoretischen Widerspruch verwickelt. Aus der romantischen Musikästhetik, in der Schopenhauers Metaphysik ihrerseits gründet, war ihm die Idee der Musik als der Sprache des Urgrunds aller Dinge bereits vertraut, mag er sie in der Zeit der Reformschriften auch vielfach verdrängt haben. Das Schopenhauer Erlebnis ist in mancher Hinsicht nur die Wiedererweckung halbvergessener Einsichten Wagners, wie er sie in seinen frühen, romantisch inspirierten Schriften dargelegt hat.

Vom Dichter des musikalischen Dramas sei zu verlangen, heißt es in *»Zukunftsmusik«*, daß er »die Tendenz der Musik und ihres unerschöpflichen Ausdrucksvermögens vollkommen inne hat und sein Gedicht daher so entwirft, daß es in die feinsten Fasern des musikalischen Gewebes eindringen [...] kann« (VII,112). Hier ist eine Präexistenz der Musik vorausgesetzt, deren Gesetze sich im Dichter unbewußt geltend machen. Das letzte Zitat erinnert an Wagners Brief an Karl Gaillard vom 30. Januar 1844, in dem er die »Art meiner Produktion« beschreibt: Es sei nicht so, daß er erst den Stoff wähle, ihn versifiziere und dann komponiere, sondern derselbe müsse sich ihm gleich in seiner spezifisch »musikalischen Bedeutung« darstellen. »Ehe ich daran gehe, einen Vers zu machen, ja eine Szene zu entwerfen, bin ich bereits in dem musikalischen Dufte meiner Schöpfung berauscht«; die Oper sei eigentlich schon mit dem Textbuch fertig, »und die detaillierte musikalische Behandlung [sei] mehr eine ruhige und besonnene Nacharbeit [...], der der Moment des eigentlichen Produzierens bereits vorangegangen ist.«[77] Wagner hat also bei der Konzeption einer Oper bereits eine dunkle musikalische Totalvorstellung ohne festen melodischen und harmonischen Umriß (sieht man von einzelnen, oft schon bei der Abfassung des Textes notierten Motiven ab), die Wort und Szene strukturell mitbestimmt. Diese vage Formidee konkretisiert sich wiederum unter dem Einfluß des Textes, so daß man von einer »gleichmäßigen gegenseitigen Durchdringung der Poesie und der Musik« (VII,116) reden kann. Die Formel, Wagner habe der Musik eine metaphysische Apriorität eingeräumt, sie produktionsästhetisch und praktisch jedoch stets außermusikalischen Determinanten nachgeordnet, dürfte eine Vereinfachung sein. Auch beim Kompositionsvorgang geht die rein musikalische Eingebung häufig voraus und schafft sich dann erst das szenisch-poetische Gewand. Nicht nur theoretisch, sondern auch praktisch ist eine ständige Wechselwirkung musikalischer und außermusikalischer Motivation anzunehmen.

Während der Komposition des *Parsifal* hat Wagner, wie Cosima berichtet, ständig melodische Eingebungen, die er dramatisch nicht verwerten kann und sich deshalb für seine Symphonien ›aufspart‹: »Ich möchte Symphonien schreiben, wo ich schreiben könnte, was mir einfällt, denn an Einfällen fehlt es mir nicht.« (CT II,234.) »Jeden Augenblick flögen ihm Themen an, die ihm dann entfielen, weil er sie nicht benutzte, zuweilen wünschte er, nur Musiker zu sein und nicht [dramatische] Nebengedanken zu haben.« (CT II,412.) »Abends schreibt er an der Partitur, indem er immer wieder sagt, wieviel lieber er Symphonien schreiben würde, ›jeden Augenblick des Dramas wegen lege ich Themen weg‹.« (CT II,685.) »Daß er sich sehne, Instrumentalkompositionen zu machen, sagt er wieder; aus einer ähnlichen Stimmung sei der *Tristan* entstanden.« (CT II,687.) Hier hatte er sich ja, wie zitiert, symphonisch ›ausrasen‹ wollen, da er sich gleichsam als musikalischer Prometheus an den dramatischen Felsen der *Ring*-Tetralogie gefesselt fühlte.

Wagner sucht sich also aus dem musikalischen Drama in dessen Ermöglichungsgrund: das ›Urdrama‹ der Symphonie, zurückzuziehen.[78] Als er am 7. März 1882 das Drama als höchste Kunstgattung preist, ergänzt Cosima: »Und die absolute Musik«. Die hier eindeutig positive Verwendung des Begriffs läßt Wagner erstaunlicherweise gelten, fügt Cosimas Bemerkung freilich den Relativsatz hinzu: »Die eine Art Drama ist, dafür stehe ich ein, das Thema und Gegenthema, die sich zum Tanz verbinden.« (CT II,905.) Das Merkwürdige ist nun freilich, daß Wagner in seinen eigenen Symphonien eben nicht an die ›dramatische‹ Form Beethovens anzuknüpfen sucht; vielmehr denkt er an »eine Melodie, in einem Satz ausgesponnen« (CT II,1091). Die viersätzige Form sei durch Beethoven ebenso erschöpft (CT II,234) wie die ›dramatische‹ Themenkombination: »Wenn wir Symphonien schreiben, Franz«, sagt er am 17. Dezember 1882 anläßlich der bevorstehenden Wiederaufführung seiner C-Dur-Symphonie zu Liszt, »nur keine Gegenüberstellungen von Themen, das hat Beethoven erschöpft, sondern einen melodischen Faden spinnen, bis er ausgesponnen ist; nur nichts vom Drama.« (CT II,1073.) Wagners letzter musikalischer Plan, wenige Wochen vor seinem Tod (am 13. Januar 1883 kommt er noch einmal darauf zurück), ist vollkommen der Idee der einst perhorreszierten ›absoluten Musik‹ verpflichtet. Nicht einmal strukturelle Analogien zum Drama, die selbst Nietzsche keineswegs für unvereinbar mit der absoluten Musik hielt, sind hier zugelassen.

Man möchte behaupten, daß Wagners lebenslanges Vorbild Beethoven nun verdunkelt wird von dem mächtigen Schatten eines anderen, ›absoluteren‹: Johann Sebastian Bach, der ihm in seinen letzten Lebensjahren »wie die Stimme des Ding an sich« gilt; »bei Beethoven wird alles schon dramatisch. Mir ist zuweilen, als ob ich gar nichts von Beethoven mehr hören möchte«, bemerkt er am 12. November 1878 (CT II,227). Mozart und Beethoven »näherten sich dem Dichter«, heißt es ein andermal; Bach hingegen sei »der eigentliche Musiker« (CT II,730), weil seine Werke, die nach Wagner gewissermaßen das »Vormenschliche«, also auch vordramatische Universum symbolisch zum Ertönen bringen,[79] sich von den Gesetzen der Erscheinungswelt vollkommen zu lösen scheinen, in denen der Dichter und der ihm verwandte dramatische Komponist befangen bleiben. »Das ist Musik in ihrer Essenz, alles, was wir machen, ist angewendete Musik.« (CT II,264.) Daß die absolute Musik nun Wagners heimliches Ideal ist, geht aus diesen Worten unmißverständlich hervor – ebenso, daß Bach diesem Ideal näher kommt als der ›Dramatiker‹ Beethoven.

Man wird, um zu Wagners Symphonienplan zurückzukehren, allerdings daran zweifeln dürfen, ob ihm eine ›undramatische‹, also monothematische Komposition, wie er sie ins Auge faßt, geglückt wäre. Im Gegensatz zu dieser Selbsteinschätzung als Quasi-Symphoniker hat Egon Voss in seinen Strukturanalysen Wagnerscher Instrumentalkompositionen (z. B der *Faust-Ouvertüre*, des *Siegfried-Idylls* und des Trauermarsches der *Götterdämmerung*) nachgewiesen, daß ihre Themen und Motive kaum symphonisch entwickelt werden, daß an die Stelle echter thematischer Arbeit die transponierte Wiederholung oder die Einführung neuer Motive tritt.[80] Dieses Reihungsprinzip läßt die Stimmungs- und Ausdrucksqualität der Themen stärker hervortreten, untergräbt hingegen ihre traditionelle formale Funktion, übergeordnete musikalische Zusammenhänge herzustellen. Was die Motive innerhalb der Musikdramen an ›Entwicklung‹ durchmachen, ist eher literarischer Art; ihnen wächst im Verlauf der dramatischen Handlung jener »Hof von Bedeutungen und Assoziationen« zu (Egon Voss),[81] den Thomas Mann als »Beziehungszauber« rühmt.[82] – Bereits Nietzsche hat in einem nachgelassenen Fragment von 1878 zynisch übertreibend auf die mangelnde Entwicklungsfähigkeit der Wagnerschen Themen hingewiesen: »Nach einem *Thema* ist Wagner immer in Verlegenheit, wie *weiter*.« Und eine andere Aufzeichnung: »Die *Stimmung* ersetzt die Komposition.«[83] Hinter diesen Bemerkungen steht der Vorwurf, den Nietzsche in seinen späten Antiwagneriana so exzessiv repetiert: daß Wagner keine ›absolute Musik‹ schreiben konnte, sondern auf szenische Stimulanzien angewiesen war. »Bei Wagner steht im Anfang die Halluzination: nicht von Tönen, sondern von Gebärden«, heißt es im *Fall Wagner* (1888). »Zu ihnen sucht er erst die Ton-Semiotik.« Hier sei er wahrhaft »bewunderungswürdig«; jedoch »seine Art zu ›entwickeln‹« zeuge von der »Unfähigkeit zum organischen Gestalten«, vom »Unvermögen zum Stil«. Das Ganze sei »kein Ganzes mehr«. Das aber ist für Nietzsche »das Gleichnis für jeden Stil der décadence« (im Sinne von Paul Bourget).[84]

»Man errät, ich bin wesentlich antitheatralisch geartet – aber Wagner war umgekehrt wesentlich Theatermensch und Schauspieler, der begeistertste Mimomane, den es gegeben hat, auch noch als Musiker!« So lesen wir in Nietzsches *Fröhlicher Wissenschaft*.[85] Um diese fixe Idee – die in ironischem Widerspruch zu Wagners erklärter

Antipathie gegen Stand und Typus des modernen Schauspielers steht – kreisen die Streitschriften gegen Wagner in einer Karussellfahrt schriller Paradoxien und Hyperbeln. »Tatsächlich hat er sein ganzes Leben *einen* Satz wiederholt«, heißt es im *Fall Wagner*, »daß seine Musik nicht nur Musik bedeute! [...] ›Motive‹, Gebärden, Formeln, Verdopplungen und Verhundertfachungen, er blieb Rhetor als Musiker – er mußte grundsätzlich deshalb das ›es bedeutet‹ in den Vordergrund bringen. ›Die Musik ist immer nur ein Mittel‹: das war seine Theorie, das war vor allem die einzige ihm mögliche Praxis.« Bewußte Eulenspiegelei ist es, daß Nietzsche Wagners Schopenhauer-Rezeption, also die durch sie bedingten bedeutenden Akzentverschiebungen in seiner Theorie, hier negiert und ihn wenige Zeilen später statt dessen als »den Erben Hegels« ausgibt.[86]

Nietzsches Streitschriften gegen Wagner bewegen sich in einem ständigen dialektischen Lichtwechsel. Greller Hohn schlägt plötzlich bei der Erläuterung ein und desselben Sachverhalts durch Austausch der Wertungsvorzeichen in emphatische Rühmung – oder Lob in Schmähung um: So, wenn es heißt: »Wagner dürfte uns hier als Erfinder und Neuerer ersten Ranges gelten – er hat das Sprachvermögen der Musik ins Unermeßliche vermehrt« – doch dann: »Immer vorausgesetzt, daß man zuerst gelten läßt, Musik dürfe unter Umständen nicht Musik, sondern Werkzeug, sondern ancilla dramaturgica sein. Wagners Musik, nicht vom Theatergeschmack [...] in Schutz genommen, ist einfach schlechte Musik, die schlechteste überhaupt, die vielleicht gemacht worden ist. Wenn ein Musiker nicht mehr bis drei zählen kann, wird er ›dramatisch‹, wird er ›Wagnerisch‹.«[87]

Hinter dieser sardonisch übertreibenden Polemik, die man, wie Thomas Mann mit Recht konstatiert, sehr wohl gegen den Strich lesen darf, »als einen Panegyrikus mit umgekehrtem Vorzeichen, als eine andere Form der Verherrlichung«,[88] steht das schon vom jungen Nietzsche in Widerspruch zu *Oper und Drama* entwickelte Ideal der absoluten Musik. Bereits in den zitierten Aufzeichnungen von 1869/70 wird die heteronome Motivierung der Musik kategorisch abgelehnt. Die ›ältere Lehre‹ Wagners ist durch die von Schopenhauer inspirierte neuere schlechterdings außer Kraft gesetzt. Der philosophische Musikbegriff fällt bei Nietzsche mit dem empirisch-praktischen zusammen. Die Musik steht nicht nur metaphysisch, sondern auch im Verlauf der musikalisch-dramatischen Produktion am Anfang, ist also nicht nur absolut, sondern auch innerhalb der Erscheinungswelt ›bedingend‹. In dieser rigorosen Ausschaltung aller szenischen und poetischen Motivation musikalischer Abläufe kündigt sich die spätere Wagner-Polemik Nietzsches deutlich an. Als Wagnerianer wie als Antiwagnerianer ist er der unbedingte Ideologe der absoluten Musik.

Kein Zweifel jedoch, daß weder Schopenhauer noch Hanslick anerkannt hätten, daß Nietzsches Begriff der Musik überhaupt das Attribut »absolut« verdient. Die Möglichkeit, das symphonisch erzeugte Drama in den Begriff der absoluten Musik einzuschließen, hätte Schopenhauer bestritten, der Wagner deutlich genug zu verstehen gegeben hat, er wolle von einer »Gütergemeinschaft« zwischen Poesie und Musik nichts wissen.[89] Nietzsches Idee des Dramas als eines visionären Gleichnisses der Musik ist nicht unmittelbar aus Schopenhauers Metaphysik der Musik, sondern aus ihrer – auf die Legitimation des musikalischen Dramas zielenden – Erweiterung und Korrektur in Wagners *Beethoven*-Schrift abgeleitet. – Hanslick hat die Berechtigung bildlicher

Assoziationen beim Hören von Musik rigoros geleugnet und hätte deshalb in Nietzsches Philosophie der Musik ebenfalls eine Spielart der Ästhetik des Wagnerschen *Beethoven*-Essays gesehen, den er in späteren Auflagen des Versuchs *Vom Musikalisch-Schönen* in seine Kritik einbezieht.

Hanslicks Abhandlung hat Wagner freilich mehr zu denken gegeben, als er eingesteht. So sind die Bemerkungen des *Beethoven*-Essays über das »illusorische« Verhältnis zwischen Musik und Poesie, die sich auf die »Erfahrung« stützen, »daß eine Musik nichts von ihrem Charakter verliert, wenn ihr auch sehr verschiedenartige Texte unterlegt werden« (IX,103), gewiß angeregt durch ebendieses Experiment Hanslicks[90]. Trotz der relativen Annäherung des späten Wagner an das Ideal der absoluten Musik bestehen dennoch unüberbrückbare Gegensätze zwischen ihm und seinem Wiener Erzfeind in nahezu allen ästhetischen Prinzipienfragen.

Hanslick vertritt den Standpunkt einer radikalen Autonomieästhetik, die schon in der Deduktion allgemeiner Schönheitsgesetze aus dem Begriff ›der‹ Kunst eine Gefahr für die Erkenntnis der »eigenen technischen Bestimmungen« der einzelnen Künste sieht. Hanslick beruft sich in den späteren Auflagen seines Versuchs hier wie oft auf Grillparzer: »Der übelste Dienst, den man in Deutschland den Künsten erweisen konnte, war wohl der, sie sämtlich unter den Namen der Kunst zusammenzufassen.«[91] Von diesem Standpunkt aus muß Hanslick im Gesamtkunstwerk schier den ästhetischen Antichristen sehen. Seine Beschränkung auf eine reine Spezialästhetik der Musik, die auf induktivem Wege, an der »naturwissenschaftlichen Methode« orientiert, von den »Eigentümlichkeiten ihres Materials, ihrer Technik« aus zu den ästhetischen Gesetzen der Tonkunst gelangt,[92] impliziert die radikale Trennung des »ästhetischen Beurteilens« und des »historischen Begreifens«,[93] mithin die Verabsolutierung einer ›werkimmanenten‹ Betrachtungsweise. In diametralem Gegensatz zu Wagners Kritik an der Ideologie des »absoluten Kunstwerks«, welche dasselbe von seinem historisch-sozialen Kontext unzulässig isoliere, stellt Hanslick apodiktisch fest: »Die ästhetische Untersuchung weiß nichts und mag nichts wissen von den persönlichen Verhältnissen und der geschichtlichen Umgebung des Komponisten; nur was das Kunstwerk selbst ausspricht, wird sie hören und glauben.« Das »Parallelisieren künstlerischer Spezialitäten mit bestimmten historischen Zuständen« sei »ein kunstgeschichtlicher, kein rein ästhetischer Vorgang«. Ohne Wagner beim Namen zu nennen, führt Hanslick als Beispiel einer Verwechslung des historischen mit dem ästhetischen Standpunkt (den er auch Hegel vorwirft) die Parallelisierung der Oper Rossinis und der »politischen Restauration« in *Oper und Drama* an.[94] »Wie der Jurist aus der Welt hinausfingiert, was nicht in den Akten liegt, so ist für die ästhetische Beurteilung nicht vorhanden, was außerhalb des Kunstwerks lebt.«[95] Dieses wird in Hanslicks Ästhetik zur fensterlosen Monade.

In der Beschränkung der ästhetischen auf eine werkimmanente Betrachtung gründet auch Hanslicks Ablehnung der »Gefühlsästhetik«. Diese hat eine inhaltliche und eine Wirkungskomponente. Hanslick leugnet einmal, daß die Musik Gefühle zum Inhalt habe; was sie von denselben darzustellen vermöge, sei lediglich ihre – bei heterogenen Affekten identische – physiologische Dynamik, aus der aber nicht auf ein bestimmtes Gefühl geschlossen werden könne; dieses werde bloß vom Hörer in den musikalischen Ablauf hineinprojiziert. Zum andern verwirft Hanslick den Standpunkt, daß der ›Zweck‹ der Musik die Erregung von Gefühlen sei. Mit Recht bemerkt er, daß sich in der Musiktheorie länger als in den anderen Spezialästhetiken der »Standpunkt jener älteren ästhetischen Systeme« gehalten habe, »welche das Schöne nur in bezug auf die dadurch wachgerufenen Empfindungen betrachteten und bekanntlich auch die Philosophie des Schönen als eine Tochter der Empfindung (αἴσθησις) aus der Taufe hoben«.[96] Diese einleitende Passage aus Hanslicks Schrift ist offenbar eine Reminiszenz an Hegels *Vorlesungen über die Ästhetik,* die ebenfalls mit einer Kritik des Begriffs »Ästhetik« beginnen. Dieser stamme aus der Zeit, »als man in Deutschland die Kunstwerke mit Rücksicht auf die Empfindungen betrachtete, welche sie hervorbringen sollten.«[97] Die Ablehnung der Empfindungslehre steht im Zusammenhang mit Hegels Überwindung der subjektiven, d. h. vom Gefühl der Lust und Unlust ausgehenden Ästhetik Kants, an deren Stelle eine objektive Bestimmung des Schönen treten soll. Um diese geht es auch Hanslick, der freilich Hegels idealistische Lösung verwirft und durch eine quasi positivistische zu ersetzen sucht. Die Bestimmung des Schönen wird bei Hanslick mithin konsequent von der Untersuchung des durch das Kunstwerk ausgelösten Gefühls getrennt. »Das Schöne ist und bleibt schön, auch wenn es keine Gefühle erzeugt, ja wenn es weder geschaut noch betrachtet wird.«[98] Das bedeutet die Ablehnung sowohl der alten rhetorischen Affektenlehre – und der in ihr gründenden Theorie der »moralischen Wirkungen« der Musik,[99] an der auch Wagner noch festhält – als auch der modernen Gefühlsästhetik. Am Ende seines ersten Kapitels stellt Hanslick eine Blütenlese aus älteren und neueren Musiktheoretikern von Johann Matthesons *Vollkommenem Kapellmeister* (1739) bis Wagners *Beethoven*-Essay (1870) zusammen, welche die von ihm verworfene Wirkungstheorie artikulieren. In Widerspruch zu dem Topos der musikalischen Rhetorik, daß der »Hauptzweck« oder »Endzweck« der Musik die Affekterregung sei, stellt Hanslick fest: »Das Schöne hat überhaupt keinen Zweck, denn es ist bloße Form« – im Falle der Musik eben »tönend bewegte« Form, welche keinen anderen Inhalt hat »als sich selbst«.[100] (In der Musik, heißt es später, sind »Form und Inhalt ungetrennt«.[101])

Diese Ablehnung der wirkungsästhetischen Bestimmung der Musik als unvereinbar mit ihrer Autonomie gemahnt an Goethes *Nachlese zu Aristoteles' Poetik* (1827), in der die Tragödie bekanntlich durch die kathartische Entladung von Furcht und Mitleid definiert wird. Goethe vertritt nun die (philologisch nicht haltbare) Ansicht, daß Aristoteles überhaupt nicht an die Wirkung auf den Zuschauer gedacht habe; Furcht, Mitleid und Katharsis seien vielmehr immanente dramatische Momente. Goethe deutet in seinem Brief an Karl Friedrich Zelter vom 29. Januar 1830 die Differenzen in der Erklärung der aristotelischen Tragödiendefinition als Modellfall der Opposition zweier ästhetischer »Parteien«. »Wir kämpfen für die Vollkommenheit eines Kunstwerks in und an sich selbst, jene denken an dessen Wirkung nach außen, um welche sich der wahre Künstler gar nicht bekümmert.« In dieser Hinsicht folgt Hanslick also durchaus der Goetheschen ›Partei‹. Das Schöne ist das Prädikat des freien, in sich selbst ruhenden Seins. Die Bestimmung des Kunstwerks von seiner Wirkung her verfehlt also die Qualität, durch die es überhaupt zum Kunstwerk wird: das Schöne.

Bereits Schiller – für den die psychagogische Definition der Tragödie in der aristotelischen Poetik noch unbedingt verbindlich ist – unterscheidet die »rührenden« (d. h. affekterregenden) von den »schönen« Künsten.[102] Im 22. Brief *Über die ästhetische Erziehung* (1795) heißt es, die »Künste des Affekts, dergleichen die Tragödie ist«, aber auch die Musik, seien »keine ganz freien Künste, da sie unter der Dienstbarkeit eines besonderen Zweckes [...] stehen«, nämlich dem der Affekterregung.[103] In seinem Aufsatz *Über das Pathetische* (1793) hat Schiller gerade am Beispiel der »Musik der Neuern« nachgewiesen, welche Gefahr für die ästhetische ›Freiheit‹ in der affektiven Wirkung der Musik liegt, wie leicht sich im Hörer die »Symptome der Berauschung« einstellen.[104] Dem Sinne nach dasselbe konstatiert Hanslick: Die Produkte keiner anderen Kunst lassen einen so »geistlosen Genuß« zu wie die der Musik. »Ein Bild, eine Kirche, ein Drama lassen sich nicht schlürfen, eine Arie sehr wohl.«[105] Und die Gefühlsästhetik leistet dieser Art von Rezeption, die für Hanslick im »Opiumrausch« der Wagnerschen Musik gipfelt,[106] theoretisch Vorschub. Die Bestimmung der Musik allein vom Gesetz des Schönen her schließt das »pathologische Ergriffenwerden« aus.[107] Die Ausführungen Hanslicks über die dem Schönen allein angemessene Rezeptionshaltung laufen auf eine Art musikalischen Stoizismus oder Quietismus hinaus, der sich an der ruhigen Betrachtung von Werken der bildenden Kunst orientiert. Er redet gar vom »reinen Anschauen [!] eines Tonwerks«.[108] (In einer Annäherung der musikalischen Gemütswirkung an die der bildenden Kunst hat auch Schiller im oben zitierten »Ästhetischen Brief« das Korrektiv gegen die allzu sinnlichen Eindrücke der Musik gesehen, ohne freilich deren affektive Wirkung ganz ausschalten zu wollen, soll diese Wirkung umgekehrt doch auch, im Sinne der wechselseitigen Annäherung der Künste aneinander, ein Korrektiv gegen die Affektruhe des Betrachters bildender Kunst sein.) »In affektlosem, doch innig-hingebendem Genießen sehen [!] wir das Kunstwerk an uns vorüberziehen«, schreibt Hanslick. So bestätige sich, was Schelling »die erhabene Gleichgültigkeit des Schönen« genannt habe.[109]

An diesem Punkt setzt, wie zuerst wohl Klaus Kropfinger erkannt hat,[110] die Kritik an der – freilich nicht beim Namen genannten – Hanslickschen Theorie in Wagners *Beethoven*-Schrift ein. Im Geiste von Lessings *Laokoon* wird hier die Verwechslung der Produktions- und Rezeptionsgesetze der bildenden und der Ton-Kunst getadelt, die in einem ästhetischen Traktat, welcher so stark auf die Eigengesetzlichkeit der einzelnen Künste pocht, in der Tat merkwürdig ist. Die Rollen scheinen vertauscht; der Ideologe des Gesamtkunstwerks wirft, wenn auch verschleiert, dem radikalen Theoretiker der Gattungsautonomie eine Vermischung der Kunstgenres vor! Das Element der bildenden Kunst ist nach Wagner, der sich hier Schopenhauerscher Ideen in seinem Sinne bedient, die reine, den »Willensaffekt« nicht tangierende Anschauung der Dinge. Erst wenn wir dieselben auf den individuellen Willen beziehen, entstehen »Erregungen des Affekts«. Das zu vermeiden ist aber das Prinzip der bildenden Kunst. Ihr gebührt die »Ruhe« der »willenfreien ästhetischen Anschauung« des Scheins der Dinge. »Diese Beruhigung beim reinen Gefallen am Scheine ist es auch, welche, von der Wirkung der bildenden Kunst auf alle Künste hinübergetragen, als Forderung für das ästhetische Gefallen überhaupt hingestellt worden ist, und vermöge dieser den *Begriff der Schönheit* erzeugt hat« – der nach Wagner indessen seine Berechtigung allein in der bildenden Kunst hat. Die Grundlage der Musik ist die Affizierung unseres Willens durch die (gehörte) Außenwelt, daher gehorcht sie auch »ganz anderen ästhetischen Gesetzen«. Aus der Äußerung des »Willensaffekts«, also aus einem vermeintlich »rein pathologischen Elemente«, eine Kunst herzuleiten, mag für die »Ästhetiker« freilich anstößig sein. Daß Wagner hier an Hanslick denkt, ist evident. Die »grundverschiedene Wirkung der Musik und der Malerei« ist »hier tiefste Beschwichtigung, dort höchste Erregung des Willens« (IX,71 f.). (Welche metaphysischen Folgerungen Wagner aus dieser Unterscheidung zieht, soll im Zusammenhang mit der Interpretation des dritten *Tristan*-Akts demonstriert werden.)

Um seine Philosophie der Musik von Hanslicks Theorie zu unterscheiden, greift Wagner auf den – vor allem aus Schillers theoretischen Schriften übernommenen – Komplementärbegriff zum Schönen in der Ästhetik der Aufklärung und des Idealismus (aber auch noch bei Schopenhauer) zurück: das Erhabene. Während »der Geschmack am Schönen das Gemüt in *ruhiger* Kontemplation voraussetzt und erhält«, führt »das Gefühl des Erhabenen eine mit der Beurteilung des Gegenstandes verbundene *Bewegung* des Gemüts als seinen Charakter bei sich«, heißt es in Kants *Kritik der Urteilskraft* (1790).[111] Erhaben sei »die Natur in derjenigen ihrer Erscheinungen, deren Anschauung die Idee ihrer Unendlichkeit bei sich führt« und »jeden Maßstab der Sinne übertrifft«.[112] In dieser Eigenschaft wird das Erhabene für Wagner (bei Kant, Schiller oder Schopenhauer ist davon nicht die Rede) zur Grundbestimmung der Musik, durch welche diese sich von den bildenden als den ›schönen‹ Künsten abhebt.

»Wie dies zuvor schon erwähnt ward, sind auf die Musik Ansichten übertragen worden, welche lediglich der Beurteilung der bildenden Kunst entstammen«, führt Wagner aus; das heißt, man verlangte von der Musik »die Erregung des Gefallens an schönen Formen«, die solche der sichtbaren Welt sind – wie die Musik sich in der Tat durch ihren »rhythmischen Periodenbau« lange nach der Bewegung sichtbarer Körper (Tanz) richtete und sich so dem »falschen Urteile nach Analogie der bildenden Kunst« aussetzte (IX,77 ff.). Wirklich beschreibt Hanslick seine »tönend bewegten Formen« ausschließlich in Analogie zu einem Zweig der Ornamentik, nämlich zur »Arabeske«.[113] Bemerkenswert, daß der Antiromantiker Hanslick hier auf eine poetische Strukturmetapher der Frühromantik zurückgreift. Die Arabeske ist für Friedrich Schlegel die Grundform der poetischen Phantasie und aufgrund ihres a-mimetischen Charakters die Chiffre der »absoluten Malerei«, welche sich am Modell der Musik orientiert. Nach den Worten von Novalis sind Arabesken »sichtbare Musik«.[114]

Hanslick übersetzt diese Idee ins Klassizistisch-Symmetrische: »Wir erblicken geschwungene Linien, hier sanft sich neigend, dort kühn emporstrebend, sich findend und loslassend, in kleinen und großen Bogen korrespondierend, scheinbar inkommensurabel, doch immer wohlgegliedert, überall ein Gegen- und Seitenstück begrüßend, eine Sammlung kleiner Einzelheiten und doch ein Ganzes.«[115] Solche in Bewegung übertragene wohlproportionierte Arabesken sind die Formen der Musik. Kein Wunder, daß ein Erbe der romantischen Musikästhetik wie Ferruccio Busoni die Hanslicksche Arabeske in seinem *Entwurf einer neuen Ästhetik der Tonkunst* (1906) als »Klangtapetenmuster« verspottet hat, das die Musik gerade hindert, »absolut« zu sein.[116] Tatsächlich gleicht Hanslicks Formmetapher der Arabeske weniger dem Schlegelschen Strukturbild als den »Zeichnungen à la grecque [...] auf Papiertapeten«, die Kant in der *Kritik der Urteilskraft* als Paradigma der »freien Schönheit« beschreibt: »sie stellen nichts vor, kein Objekt unter einem bestimmten Begriffe«, und Kant setzt hinzu, man könne auch die »Musik ohne Text zu derselben Art zählen«.[117]

Hier haben wir in nuce bereits Hanslicks Klangtapetenmuster. Sein Formbegriff kommt dem Kantschen überhaupt sehr nahe (sieht man von der herkömmlichen Bestimmung der Musik als »Sprache der Affekte« in der *Kritik der Urteilskraft*[118] einmal ab). Der von Hanslick supponierte objektive Begriff des Schönen stellt sich doch immer wieder als subjektive Bestimmung im Sinne Kants heraus, als »Zweckmäßigkeit

ohne Zweck«,[119] d. h. als nicht auf einen ›Begriff‹ zu bringende formale Zweckmäßigkeit in der Vorstellung eines Gegegenstandes. Die von Hanslick beanspruchte überindi-
viduelle Verbindlichkeit des Urteils über das Schöne steht nicht in Widerspruch zu
Kant, sondern verwechselt, aus dessen Perspektive gesehen, nur die »subjektive
Allgemeingültigkeit« des ästhetischen Urteils mit einer objektiven. Das »Ganze« der
Hanslickschen Klangarabeske ist nichts anderes als die »Zweckmäßigkeit der Vorstellungen im Gemüte des Anschauenden« (Kant),[120] welche das ästhetische Wohlgefallen
ausmacht. Deutlich zeigt sich das in folgendem Zitat aus Hanslicks Abhandlung:

> »Das Schöne eines selbständigen einfachen Themas kündigt sich in dem ästhetischen Gefühl [!]
> mit jener Unittelbarkeit an, welche keine andere Erklärung duldet als höchstens die innere
> Zweckmäßigkeit der Erscheinung, die Harmonie ihrer Teile, ohne Beziehung auf ein außerhalb
> existierendes Drittes. [Nichts anderes meint Kants Begriff der Zweckmäßigkeit ohne Zweck.]
> Es gefällt uns an sich [!], wie die Arabeske, die Säule oder wie Produkte des Naturschönen, wie
> Blatt und Blume.[121]«

Hier haben wir wieder die Analogie der Musik zur ›Welt der Erscheinungen‹, auf
welche Wagners verdeckte Polemik gegen Hanslick zielt. Im Anschluß an seine
Ausführungen über die »Kategorie des Erhabenen«, nach der die Musik allein zu
beurteilen sei, bemerkt Wagner: »Der Charakter einer recht eigentlich nichtssagenden
Musik wäre es [...], wenn sie beim prismatischen Spiel mit dem Effekte ihres ersten
Eintrittes [ihrer äußeren Veranlassung] verweilte und uns somit beständig nur in den
Relationen erhielte, mit welchen die äußerste Seite der Musik sich der anschaulichen
Welt zukehrt.« Von diesen Relationen zieht die wahre Musik den H ö r e r ab –
entsprechend der »Wirkung des Erhabenen« (IX,78), das uns nach den Worten
Schillers »einen Ausweg aus der sinnlichen Welt« verschafft, »worin das Schöne uns
gern immer gefangen halten möchte«.[122]
Die Wirkung der Musik besteht nach Wagner darin, daß sie »den Intellekt sogleich von
jedem Erfassen der Relationen außer uns abzieht und als reine, von jeder Gegenständlichkeit befreite Form uns gegen die Außenwelt gleichsam abschließt, dagegen nun uns
einzig in unser Inneres, wie in das Wesen aller Dinge blicken läßt« (IX,78). Daß das
Erhabene den Blick nach innen lenkt, ist ein Gedanke, der bereits in Kants und Schillers
Theorie des Erhabenen eine wichtige Rolle spielt: »Zum Schönen der Natur müssen wir
einen Grund außer uns suchen«, heißt es in der *Kritik der Urteilskraft*, »zum Erhabenen aber bloß in uns.«[123] »Man sieht [...], daß die wahre Erhabenheit nur im Gemüte
des Urteilenden, nicht in dem Naturobjekte, dessen Beurteilung diese Stimmung
desselben veranlaßt, müsse gesucht werden.«[124] Die Urformel für die Erfahrung des
Erhabenen sieht Kant im Gebot der Bibel: »Du sollst dir kein Bildnis machen noch
irgendein Gleichnis, weder dessen, was im Himmel noch auf der Erden noch unter der
Erden ist usw.«[125] Was hier in religiöser Hinsicht gilt, das hält Wagner gewissermaßen
auch für ein Gebot der Musikästhetik. Während das Schöne in der sinnlichen Form
aufgeht, in der Zweckmäßigkeit und Faßlichkeit für die Einbildungskraft besteht,
gründet die erhabene Wirkung der Musik in der Überschreitung der sinnlichen
Form.

> »Demnach hätte also das Urteil über eine Musik sich auf die Erkenntnis derjenigen Gesetze zu
> stützen, nach welchen von der Wirkung der schönen Erscheinung, welche die allererste
> Wirkung des bloßen Eintrittes der Musik ist, zur Offenbarung ihres eigensten Charakters,
> durch die Wirkung des Erhabenen, am unmittelbarsten fortgeschritten wird.« (IX,78.)

Wagners Bestimmung der Musik als einer »von jeder Gegenständlichkeit befreiten Form« geht übrigens mit Sicherheit auf eine Passage in Schillers Schrift *Über naive und sentimentalische Dichtung* (1796) zurück, die Wagner stets besonders wichtig gewesen ist.[126] Schiller beschreibt hier am Beispiel Klopstocks den Typus des »musikalischen Dichters«:

> »Ich sage musikalischen, um hier an die doppelte Verwandtschaft der Poesie mit der Tonkunst und mit der bildenden Kunst zu erinnern. Je nachdem nämlich die Poesie entweder einen bestimmten *Gegenstand* nachahmt, wie die bildenden Künste tun, oder je nachdem sie, wie die Tonkunst, bloß einen bestimmten *Zustand des Gemüts* hervorbringt, ohne dazu eines bestimmten Gegenstandes nötig zu haben, kann sie bildend (*plastisch*) oder musikalisch genannt werden.«[127]

Hier und in den anschließenden Ausführungen Schillers deutet sich bereits die Affinität des Plastischen und Schönen auf der einen, des Musikalischen und Erhabenen auf der anderen Seite an.

Hanslicks formalistisch-ornamentaler Begriff des Schönen und der musikalischen Form schließt fundamentale Kategorien der bisherigen Musiktheorie rigoros aus der Ästhetik der Tonkunst aus. Mit der von ihm erstrebten konsequenten Autonomisierung der Musik, der Widerlegung der rhetorischen Affektenlehre und modernen Gefühlsästhetik hängt unmittelbar seine Leugnung des Sprachcharakters der Musik zusammen. Zwar nennt er im dritten Kapitel seiner Schrift dieselbe noch »eine Sprache, die wir sprechen und verstehen, jedoch zu übersetzen nicht imstande sind«,[128] doch später lehnt er das »Bestreben [...], die Musik als eine Sprache aufzufassen«, als schädlich und verwirrend ab.[129] Ohne Wagner beim Namen zu nennen, polemisiert er in diesem Zusammenhang zumal gegen die Deutung der *Neunten,* welche dem Finalsatz die Tendenz »zur Bestimmtheit der Wortsprache« zuschreibt.[130] Zu den »wichtigsten Aufgaben« der Musikästhetik zählt Hanslick es, »die Grundverschiedenheit zwischen dem Wesen der Musik und dem der Sprache unerbittlich darzulegen« und alle »Analogien« mit derselben auszuschalten. Als Repräsentanten einer Theorie, »welche der Musik die Entwicklungs- und Konstruktionsgesetze der Sprache aufdringen« will, führt er aus älterer Zeit Jean Philippe Rameau und Jean-Jacques Rousseau, aus neuerer die »Jünger Richard Wagners« an.[131]

Daß Hanslick die Antipoden Rameau und Rousseau auf einen Nenner bringt, ist sonderbar. Rameau war es gerade, der den Vorgang der Harmonie vor der Melodie, d. h. der reinen vor der sprachgezeugten Musik, betonte, während Rousseau aufgrund seiner Theorie vom sprachlichen Ursprung der Musik den Primat des monodisch-melodischen Prinzips behauptete. Die Auseinandersetzung Rousseaus mit Rameau[132] ist eine musikhistorische Variante jener »Querelle des Anciens et des Modernes«, welche die kunsttheoretischen Reflexionen und Disputationen des 17. und 18. Jahrhunderts bis hin zu Schiller und Friedrich Schlegel entscheidend prägt. Entsprechend der Einsicht, daß die Griechen noch keine von der Sprache emanzipierte harmonische Musik kannten, wurde der monodische Stil von der Partei der ›antiqui‹ favorisiert, während die ›moderni‹[133] die Priorität der Harmonie und Polyphonie betonten. Dieser Prinzipienstreit ist bekanntlich für die Begründung der Oper um 1600 ausschlaggebend gewesen. Die Florentiner »Camerata« und Monteverdi setzten der »prima prattica«: der Vokalpolyphonie Palestrinas, also dem christlich-›modernen‹ Prinzip, die »seconda prattica«: die Monodie, das generalbaßbegleitete Rezitativ (»stile rappresentativo«), als den Stil des nach dem Vorbild der griechischen Tragödie zu konzipierenden Musikdramas entgegen. Die – auch für die weitere Geschichte der Oper relevante – ›Querelle‹ besteht also in der Musik im Streit um den Vorrang ›rein‹ musikalischer oder sprachgebundener Vertonungsprinzipien.

Wenn Wagner glaubt, daß die Oper aus dem Geist der absoluten Musik geboren sei, ist das, historisch betrachtet, ein Irrtum und im Hinblick auf ihre spätere Geschichte eine unzulässige Vereinfachung. Die Idee der absoluten Musik taucht, wie gesagt, erst im Umkreis der Romantik auf – bezeichnenderweise orientiert sie sich nicht nur an der Instrumentalmusik, sondern zugleich an der Vokalpolyphonie Palestrinas als der historischen Gegnerin des monodisch-rezitativischen Stils.[134] Auf der anderen Seite ist auch die Instrumentalmusik bis weit ins 18. Jahrhundert als »Klangrede« (Mattheson),[135] als sprachanaloges Medium aufgefaßt worden, für welches das gleiche Regelsystem der Rhetorik verbindlich ist wie für die Dichtung. Diese rhetorische Semantisierung der Musik wird von den Ideologen der absoluten Musik wie von Hanslick und dem späten Nietzsche heftig befehdet – während Wagner weit tiefer in der (›rhetorischen‹) musikalischen Tradition steht, als er selbst ahnt und wahrhaben will. (Die Begriffe »Rhetorik« und »rhetorisch« verwendet er ausschließlich in pejorativem Sinne. Mit desto größerer denunziatorischer Wollust charakterisiert der späte Nietzsche Wagner als den musikalischen Rhetoriker par excellence.)

Obwohl Wagners Zeitgenossen von den Anfängen der Oper nur vage und allenfalls theoretische Vorstellungen hatten – die Wiederentdeckung Monteverdis setzte im wesentlichen erst in den achtziger Jahren ein –, wurde seine musikalische Dramatik doch wiederholt mit der monodischen Kunst im Umkreis der »Camerata« verglichen, meist herabsetzend, in einigen bemerkenswerten Fällen aber auch mit positivem Vorzeichen. Wagner selbst hatte offenbar kaum Kenntnisse vom »stile recitativo« und setzte die Urform des Musiktheaters mit der späteren italienischen Nummernoper umstandslos gleich. Über genauere historische Informationen verfügte jedoch bereits Nietzsche, wie seine – gänzlich ablehnenden – Äußerungen über den »stile rappresentativo« im 19. Kapitel der *Geburt der Tragödie* dokumentieren.

Bezeichnend, daß er, der sich dem Ideal der absoluten Musik verschrieben hat, wie die nachgelassenen Fragmente aus dieser Zeit zeigen, seine Kritik an der »Kultur der Oper«, die Wagner scheinbar folgt, im Gegensatz zu ihm gerade nicht gegen jene Form des Musiktheaters richtet, in der die »absolute Melodie« eindeutig vorwaltet, sondern gegen den von Wagner unterschlagenen monodischen Stil. Ganz im Geist der romantischen Musikmetaphysiker spielt er »die unaussprechlich erhabene und heilige Musik Palestrinas«, den »Gewölbebau« ihrer Harmonien, »an dem das gesamte christliche Mittelalter gebaut hatte« – Worte, die aus E. T. A. Hoffmanns Aufsatz *Alte und neue Kirchenmusik* (1814) stammen könnten –, gegen die »gänzlich veräußerlichte, der Andacht unfähige Musik der Oper« aus, wie sie durch jenen »Florentiner Kreis« ins Leben gerufen wurde, d. h. gegen »jene Leidenschaft für eine halbmusikalische Sprechart«, in der es um die Deutlichkeit des »pathetischen Wortausdrucks« geht und das »rein musikalische Element« sich gewissermaßen auf »lyrische Interjektionen« beschränkt.[136]

Nietzsche läßt keinen Zweifel daran, daß diese »opernhafte Imitation der griechischen Tragödie«[137] deren wahrer Eigenart, dem Wesen der dionysischen Musik völlig fremd, allenfalls mit der Dekadenzform der euripideischen Tragödie und der Musik des »neuen attischen Dithyrambus« vergleichbar ist. »Wo die Musik als Diener, das Textwort als Herr betrachtet, die Musik mit dem Körper, das Textwort mit der Seele verglichen wird«, da sei jener »ihre wahre Würde, dionysischer Weltspiegel zu sein, völlig entfremdet [...], so daß ihr nur übrigbleibt, als Sklavin der Erscheinung, das Formenwesen der Erscheinung nachzuahmen«.[138] Die folgende Polemik gegen die ›seconda prattica‹ und gegen die Maxime der Wortverständlichkeit artikuliert noch einmal das Ideal der absoluten Musik, wenn dieser Begriff auch, zweifellos mit Rücksicht auf dessen ausschließlich pejorativen Gebrauch bei Wagner, in der *Geburt der Tragödie* vermieden wird:

> »Es war die Forderung recht eigentlich unmusikalischer Zuhörer, daß man vor allem das Wort verstehen müsse; so daß eine Wiedergeburt der Tonkunst nur zu erwarten sei, wenn man irgendeine Gesangesweise entdecken werde, bei welcher das Textwort über den Kontrapunkt wie der Herr über den Diener herrsche. Denn die Worte seien um so viel edler als das begleitende harmonische System, um wieviel die Seele edler als der Körper sei. Mit der laienhaft unmusikalischen Roheit dieser Ansichten wurde in den Anfängen der Oper die Verbindung von Musik, Bild und Wort behandelt; im Sinne dieser Ästhetik kam es auch in den vornehmen Laienkreisen von Florenz, durch hier patronisierte Dichter und Sänger zu den ersten Experimenten. Der kunstohnmächtige Mensch erzeugt sich eine Art von Kunst, gerade dadurch, daß er der unkünstlerische Mensch an sich ist. Weil er die dionysische Tiefe der Musik nicht ahnt, verwandelt er sich den Musikgenuß zur verstandesmäßigen Wort- und Tonrhetorik der Leidenschaft im stile rappresentativo und zur Wollust der Gesangeskünste.«[139]

In den nachgelassenen Fragmenten von 1871 findet sich eine Reihe von Quellenzitaten, welche die hier referierten Anschauungen unmittelbar präsentieren. Den Vergleich der Beziehung von Wort und Musik (Kontrapunkt) mit dem Verhältnis von Leib und Seele sowie die Herr-Diener-Metapher hat Nietzsche einem Brief des Grafen Bardi (in dessen Haus sich die Camerata versammelte) an Caccini entnommen. Dort heißt es u. a.: »Würde es nicht lächerlich erscheinen, wenn Ihr auf öffentlichem Platz den Diener in Begleitung seines Herrn und diesem Befehle geben sähet, oder ein Kind, welches seinen Vater oder Lehrer ermahnen wollte?«[140]
Diese Herr-Diener-Dialektik ist fast ein Topos in der Operngeschichte geworden. Deutet Graf Bardi die Ansprüche der Musik gegenüber der Dichtung als Anmaßungen des Dieners, so hat Mozart umgekehrt die Poesie in der Oper als »gehorsame Dienerin« der Musik ausgegeben. Diese »dienende Haltung zur Musik« hat jüngst noch Peter Hacks als die einzig legitime Rolle des Librettisten beschrieben. »Wie ein meisterhafter Dienstbote wird er gelernt haben, die Handlungen seines Herrn vorauszuberechnen, ihm zu gefallen und, indem er ihm gefällt, über ihn zu bestimmen.«[141] (Gewissermaßen so wie der Diener Theodor in Hofmannsthals Komödie *Der Unbestechliche*.)
Daß die »Stellung der Musik zur Poesie in der Oper« im Grunde nicht anders sein kann, als Mozart sagt, ist eine Hauptthese in Hanslicks Theorie *Vom Musikalisch-Schönen* (1854). Die Oper beruhe »wie ein konstitutioneller Staat auf einem steten Kampfe zweier berechtigter Gewalten«, daraus seien alle »Unzulänglichkeiten« dieses Genres zu erklären. »In ihre Konsequenzen verfolgt, müssen das musikalische und das dramatische Prinzip einander notwendig durchschneiden. [...] Ganz wie ein gesprochenes Drama oder ein reines Instrumentalwerk vermag eine Oper nicht dazustehen.« Zwischen beiden Prinzipien sei nur eine ständige Vermittlung ohne echte Synthese

möglich. Im Zweifelsfall haben die »musikalischen Forderungen« den Vorrang; »denn
die Oper ist vorerst Musik, nicht Drama«.[142] Das sei durch die musikdramatische
Praxis gerade der dramatischen Komponisten immer wieder bestätigt worden, welche
in der Theorie das Gegenteil behauptet haben. Natürlich denkt Hanslick hier neben
Glucks Vorrede zu *Alceste* vor allem an den im ersten Teil von *Oper und Drama*
ausgesprochenen »Hauptgrundsatz Wagners«, die Musik habe das Mittel zum Zweck
des Dramas zu sein.[143] Diesem Hauptgrundsatz stellt Hanslick die Maxime seines
literarischen Kronzeugen Grillparzer (dessen Verhältnis zur Musik er zwei eigene
Abhandlungen gewidmet hat[144]) gegenüber, die lautet: »Keine Oper soll vom Gesichtspunkte der Poesie behandelt werden – von diesem aus ist jede *dramatisch*-musikalische
Komposition Unsinn –, sondern vom Gesichtspunkte der Musik.«[145]
Das ist die radikale Antithese zur ursprünglichen und durch die Glucksche Reform
restaurierten Idee der Oper. Mit dieser Ursprungsidee wurde von den Zeitgenossen das
Wagnersche »Wort-Ton-Drama« immer wieder in apologetischer oder denunziatori-
scher Absicht in Verbindung gebracht. Meist verwies man auf Gluck, in einzelnen
Fällen aber auch schon auf Monteverdi. Bereits 1874 bezeichnete der Kritiker Wilhelm
Ambros Wagner als »modernen Monteverdi«. (Seit dessen musikalischer Wiederentdeckung um die Jahrhundertwende ist diese historische Parallele wiederholt und
präziser gezogen worden, so von Guido Adler und Albert Schweitzer.[146])

Der wohl beharrlichste, um nicht zu sagen penetranteste Vergleich Wagners mit
Monteverdi und den Toskanern findet sich in einer unseres Wissens der Wagner-
Forschung unbekannten Quelle. Es handelt sich um die zunächst als Artikelfolge in der
Nationalzeitung und dann als selbständige Broschüre erschienene Schrift *Musikdrama
oder Oper? Eine Beleuchtung der Bayreuther Bühnenfestspiele*, die der »Königliche
Hofkirchenmusikdirektor« Emil Naumann (1827–88), der Autor einer der populärsten
Musikgeschichten der Jahrhundertwende (*Illustrierte Musikgeschichte*, 1880 ff.; sie
wurde bis 1934 in mehreren Sprachen immer wieder aufgelegt), im Jahre der ersten
Festspiele veröffentlicht hat (Berlin 1876). Naumann bemüht sich um eine sachliche
Beschreibung des (dritten) *Ring*-Zyklus und um eine unparteiische Wertung der
Wagnerschen Prinzipien. Obwohl er die radikalen Antiwagnerianer in die Schranken
weist und sich zu manchem Lob aufrafft – so nennt er Wagner wegen seiner Instrumen-
tationskunst sowie der »charakteristischen Verwendung und geistvollen Mischung
seiner Klangfarben« den »unbedingt größten musikalischen Koloristen unserer Tage«,
oder er bewundert die immer wieder durchbrechende musikalische Spontaneität »bei
einem seit Jahren in gleicher Weise der Reflexion hingegebenen Manne«[147] u. ä. –,
überwiegen doch bei weitem die negativen Akzente seiner Wertung. Sein Urteil über
Wagner stimmt mit demjenigen Hanslicks im Prinzip überein; dessen Geist und Witz
gehen ihm freilich gänzlich ab.
Für Naumann ist Wagner keineswegs, »wie gewisse Adepten der Partei der Welt
verkündigen, der Schöpfer der von ihm vertretenen Richtung«, sondern der Repräsentant ihrer dritten Wiederkehr: Ihre ersten Vertreter waren die Toskaner, zum zweitenmal machte sie sich im Streit der Buffonisten und Antibuffonisten um den Vorrang der
italienischen oder französischen Oper geltend, zum drittenmal schließlich in der
Auseinandersetzung der Gluckisten und Piccinisten. Der »Wagnerianismus« ist nach
Naumann also keine inkommensurable Erscheinung, sondern »eine von den wiederhol-

ten Wirkungen eines verborgenen Entwicklungsgesetzes der Tonkunst«. Immer dann, wenn sich in der Oper die Melodie auf Kosten der »dramatischen Charakteristik« verselbständigt habe, sei die Opposition eines »Wagnerianismus« notwendig geworden, der freilich immer ebenso einseitig die Melodie zugunsten des sprachlichen und dramatischen Ausdrucks unterdrückt habe.[148] Die »Kompositionsweise von Wort zu Wort«, der »deklamatorische, nicht aber melodische Umriß« des Gesangs, die »Wagnersche monodische Sprechmusik«[149] (auch Hanslick spricht in seiner Abhandlung *Richard Wagners Bühnenfestspiel in Bayreuth* [1876] von der »Tyrannei dieses monodischen Stils«[150]) sind also für Naumann nichts als der Ricorso uranfänglicher musikdramatischer Tendenzen. Diese aber seien durch einen Komponisten, der zwischen Melodie und dramatischer Charakteristik die richtige Mitte gefunden habe, im Grunde antiquiert worden: durch Mozart.

Wagner verlange, so behauptet Naumann, auf die in Mozart »aufbrechende letzte Blüte einer dramatisch-musikalischen Entwicklung von fast zweihundert Jahren« zu verzichten; das bedeute einen »Rückschritt in jene Zeiten, da man in Florenz die Tragödie der Alten mit Hülfe einer dem neuesten Stil Wagners höchst verwandten und in dessen Weise ganz monodischen und rhetorischen Musik wieder aufleben lassen wollte«.[151] Die von den Toskanern konzipierte Kunstform – nicht der »Oper«, sondern des »Musikdramas« – sei nicht nur aufgrund der Unterordnung der Musik unter die Dichtung und das Einzelwort, sondern mehr noch ihrem »rein musikalischen Gehalte nach als die Mutter und Vorläuferin des Musikdramas Richard Wagners anzusehen«,[152] ja Naumann scheut sich nicht, von den »Wagnerianern am Arno« zu reden:

> »Die vor mehr als einem Vierteljahrtausend auftretenden Wagnerianer am Arno und der in unseren Tagen an der Ilm und am Roten Main sich betätigende Wagnerianismus gleichen sich nicht allein in ihren für die dramatische Musik aufgestellten Grundsätzen, sie verfallen auch denselben Irrtümern. [...] Auch damals hielten es die musikalischen Neuerer für notwendig, ihre Werke durch lange denselben vorgedruckte Kommentare oder in Flugschriften zu erläutern und der Menge zugänglich zu machen, und wenn der Wagnerianismus unserer Tage in der Aufhebung der alten Opernformen und der an sie gebundenen geschlossenen Melodie zugunsten dramatischer Charakteristik den Fortschritt seines Meisters preist, so sagt uns Caccini in seinen vor 275 Jahren gedruckten *Nuove musiche* ganz dasselbe, wenn er sich rühmt, daß er sich, der Stärke und Wahrheit dramatischen Ausdrucks zuliebe, in seinen neuen Kompositionen »einer gewissen edeln Verachtung des Gesanges« befleißigt habe und aus demselben Grunde auch Mißklänge nicht scheue. Die Bezeichnung *Nuove musiche* erweist sich hier nur als ein anderer Name für ›Zukunftsmusik‹, und der leidenschaftlich geführte Federkrieg, der sich zwischen den Venezianern, als Vertretern der Klassizität und den Florentinern, als den Gegnern des kontrapunktischen Stils, entzündete, sowie die Teilnahme des damaligen Publikums an der Frage über den Wert oder Unwert der Kompositionen eines Peri, Cavalieri und Cesti erinnern lebhaft an die Stellung der musikalischen Parteien der Gegenwart.«[153]

Naumann konzediert freilich, daß die Gleichung zwischen Wagner und der Camerata nicht völlig aufgeht, daß das ›rein‹ musikalische Talent des ersteren sich immer wieder gegen seine vermeintlich musikfeindlichen Prinzipien durchsetze – »Wagners Prinzip« sei »Wagners größter Feind« –[154], aber das ändert nichts an Naumanns Kardinalthese der gattungsmäßigen Identität des »Musikdramas« der Toskaner und Wagners.

Wir haben hier den paradoxen Fall, daß zwei Autoren – Nietzsche und Naumann – den stile rappresentativo als musikfeindlich verwerfen, der eine in ihm jedoch das Gegenbild, der andere das unbewußte Vorbild des Wagnerschen Musikdramas sieht. Wagner selbst weigerte sich – zumindest in der Zeit seines Systemradikalismus – anzuerkennen, daß seine Konzeption des »Dramas« den Rückgriff auf irgendeine vergangene Form des Musiktheaters darstelle, vielmehr wähnte er sich in Einklang mit jener Richtung der altitalienischen Musik, welche durch die Begründung der Oper abgebrochen wurde: mit der Vokalpolyphonie Palestrinas, um dessen Wiederaufführung er sich seit seiner Dresdener Kapellmeisterzeit lebhaft bemüht hat (vgl. seine Bearbeitung des *Stabat mater*, 1848, und den *Entwurf zur Organisation eines deutschen Nationaltheaters für das Königreich Sachsen*, 1848; II,254 ff.).

Wie die romantischen Ästhetiker der absoluten Musik sieht Wagner in der deutschen Instrumentalmusik den legitimen Erben der kirchlichen Vokalkunst. »Ganz abgewandt von der Oper, von dem Musikzweige aus, von dem die Italiener mit der Entstehung der Oper sich losrissen« – Wagner bezeichnet diesen Vorgang als »Rückfall in den Paganismus« (VII,107) – »entwickelte in Deutschland sich die eigentliche Musik von Bach bis Beethoven zu der Höhe ihres wundervollen Reichtums«, dessen Strom nun ins Bett des musikalischen Dramas geleitet worden ist (»*Zukunftsmusik*«, VII,92.97). Der Mythos dieser Filiation des musikalischen Dramas, seiner genetischen Unabhängigkeit von dem theatralisch-musikalischen Bastard der Oper gehört zum Bestandteil der Ideologie des Wagnerismus bis hin zu Hans Pfitzners *Palestrina*. Wagner, der in seinem theoretischen Hauptwerk das Genre der Oper aufgrund ihrer vermeintlichen Entstehung aus der abgewerteten »absoluten Musik« ad absurdum zu führen sucht, legitimiert das musikalische Drama durch seine Herkunft aus dem Geist und den Formen eben der Gattungen, welche für die romantische Ästhetik und ihre Erben die Paradigmata der absoluten Musik in positivem Sinne gewesen sind.

Daß Wagner selbst seit seiner Schopenhauer-Rezeption, welche die romantischen Einflüsse auf sein frühes ästhetisches Denken wieder aktualisiert hat, dem Ideal der absoluten Musik insgeheim mehr und mehr zuneigt, erklärt die Paradoxien seiner späten Ästhetik des Musiktheaters, das sich in seiner Idealvorstellung mehr und mehr vom Wirklichkeitsillusionismus der herkömmlichen Inszenierungen entfernt und zur ›illusion suprême‹ eines musikgezeugten Traumbilds verklärt. Wagners Paradoxon vom »unsichtbaren Theater«, das er ersehne (CT II,181), ist trotz seines ironischen Vorzeichens ein bedeutungsvolles Signal für die tiefe Entfremdung seines musikalisch-dramatischen Ideals von einer Bühnenform, über die er sich zwar schon seit den sechziger Jahren wiederholt spekulativ hinweggesetzt, aus der er als Theaterpraktiker jedoch keinen Ausweg gefunden hat.

5. Die ›Erlösung‹ des Romans im musikalischen Drama

> »Im Sklaven fängt die Prosa an.«
> Hegel, *Ästhetik*.

Die Geschichte der Oper lehrt die »Unfähigkeit der Musik, selbst wirklich Drama zu werden, nämlich, das wirkliche, nicht bloß für sie zugeschnittene Drama in sich aufgehen zu lassen; wohingegen *sie* vernünftigerweise in diesem wirklichen Drama aufzugehen hat«. Das ist die Quintessenz des ersten Teils von *Oper und Drama* (III,263). Die Vorherrschaft der »absoluten Musik« hat nach Wagner in der Oper zu einer Zersplitterung der dramatischen Form geführt, deren *Einheit* von der Poetik des Schauspiels seit Aristoteles gefordert worden ist. Der in der Oper vermeintlich tonangebende absolute Musiker hat indessen »eine einheitliche Form für das ganze Kunstwerk gar nicht auch nur angestrebt: jedes einzelne Gesangsstück war eine ausgefüllte Form für sich, die mit den übrigen Tonstücken der Oper nur ihrer äußeren Struktur nach als ähnlich, keineswegs aber einem formbedingenden Inhalte nach wirklich zusammenhing. Das Zusammenhanglose war so recht eigentlich der Charakter der Opernmusik« (IV,201).

Die »Verwirklichung der vollendeten einheitlichen Form«, die als »bindender Zusammenhang« der Teile das ganze Drama umgreift (IV,202), ist nach Wagners dramaturgischer Grundüberzeugung aber nur zu leisten, wenn der Musiker dem Dichter die Hand reicht. Auch die Einheit der *musikalischen* Form gründet also in der »dichterischen Absicht« (IV,201). Diese Idee ist der Legitimationsgrund der Leitmotivik, die als dichtes Gewebe alle Elemente der dramatischen Handlung zu einem Verweisungsganzen zusammenziehen soll. In einer seiner letzten dramaturgischen Schriften: *Über die Anwendung der Musik auf das Drama* (1879), welche – trotz der andersartigen dramaturgischen Einsichten in den Abhandlungen der Jahre zuvor – noch einmal an die Kernthesen von *Oper und Drama* anknüpft, wird freilich als Modell der verlangten dramatischen Geschlossenheit die »Einheit des Symphoniesatzes« beschrieben:

> »Diese Einheit gibt sich dann in einem das ganze Kunstwerk durchziehenden Gewebe von Grundthemen, welche sich, ähnlich wie im Symphoniensatze, gegenüberstehen, ergänzen, neu gestalten, trennen und verbinden: nur daß hier die ausgeführte und aufgeführte dramatische Handlung die Gesetze der Scheidungen und Verbindungen gibt, welche dort allerursprünglichst den Bewegungen des Tanzes entnommen waren.« (X,185.)[155]

Daß Wagner selbst trotz seines latenten »symphonischen Ehrgeizes« (Voss) jene Einheit gar nicht anders herstellen *konnte* als auf dramatischem Wege, daß ihm die spezifisch symphonische Motiventwicklung im Grunde fremd war, wurde schon erwähnt, und seine Kritik z. B. an Mozarts Satztechnik dokumentiert, daß ihm das Verständnis für die autonom musikalische Strukturbildung weithin fehlte. Die Einheit des Mozartschen Symphoniesatzes zerfiel ihm in lauter vereinzelte ›quadratische‹ Perioden mit musikalischen Leerstellen (»schrumm schrumm«) dazwischen. Wagner konnte sich ›Einheit‹ im Grunde immer nur als poetische vorstellen, und wenn er in seinem späten Essay die Einheit einer Form der ›absoluten Musik‹ auch für sein musikalisches Drama supponiert, so ist die apologetische Absicht nicht zu verkennen. Gegenüber den geschmähten »Professoren« der Musikakademien sucht er zu beweisen, daß er sehr wohl, wenn auch in der Metamorphose des dramatischen Stils, das ›Metier‹ des Symphonikers beherrscht.

Der Begriff der Einheit ist der Angelpunkt des dramaturgischen Systems von *Oper und Drama*. Mit ihm ist im Prinzip nichts anderes gemeint, als was Aristoteles in seiner *Poetik* darunter versteht. Das poetische Modell der »einheitvollen Form« (IV,34) des musikalischen Dramas ist für Wagner die griechische Tragödie. Der Weg zum »Drama der Zukunft« stellt sich gewissermaßen als eine Kreisbahn dar: durch die Erfahrung des mittelalterlichen Theaters und des aus ihm hervorwachsenden englischen und spanischen Schauspiels (Shakespeares und Calderóns), im Bewußtsein also der »durch die

romantische Wendung ungebildeter Jahrhunderte« geschaffenen »barbarischen Avantagen« (um noch einmal das von Wagner gern zitierte Wort Goethes aus den Anmerkungen
zu *Rameaus Neffe* anzuführen[156]) hat die dramatische Form sich mehr und mehr von der
griechischen Tragödie entfernt und nähert sich ihr eben dadurch doch wiederum von der
anderen Seite – im Durchgang durch die Formenwelt des ›romantischen‹, zumal des
Shakespeareschen Dramas. Dieses Bild erhellt vielleicht die historisch-dramaturgische
Konstruktion des zweiten und dritten Teils von *Oper und Drama*.
Über dem Portal von Haus Wahnfried befindet sich ein Sgraffito, das Kunstwerk der
Zukunft darstellend;[157] es zeigt Wotan, den Wagner »die Summe der Intelligenz der
Gegenwart« genannt hat,[158] mit den ihm ins Ohr raunenden Raben inmitten der
Allegorien der griechischen Tragödie, die wie die Muse Melpomene eine Maske auf
einem Piedestal hält, und der Musik, die den rechten Arm (in der Linken hält sie
die Lyra) über den zu ihr emporblickenden Jung-Siegfried, den »Menschen der
Zukunft«,[159] hinweg mit geöffneter Hand Wotan entgegenstreckt. Die griechische
Tragödie als Gestaltmodell und die Musik als das wesentliche Ausdrucksmedium des
»Dramas der Zukunft«!

Wagners Theorie des Schauspiels geht von der These eines zweifachen Ursprungs des
modernen Dramas aus. Die eine Quelle ist das griechische Drama, die andere der
Roman, aus dem als »höchste Blüte« die Schauspiele Shakespeares hervorgegangen sind
– eine spekulative These, deren historische Berechtigung hier nicht zur Diskussion
steht. Wagner will schwerlich die faktische Entstehung des Shakespeareschen Dramas
aus dem Roman behaupten, er sucht vielmehr die strukturelle Verwandtschaft beider
Gattungen (ihre ›epische‹ Form) durch die Metapher der Entwicklung des einen Genres
aus dem anderen zu verdeutlichen. (Im gleichen metaphorischen Sinne redet er z. B.
von der »Entstehung der Sprache aus der Melodie«; nach seinen Worten denkt er sich
jene »nicht in einer chronologischen Folge, sondern in einer architektonischen Ordnung«; IV,93.) Der Roman gilt Wagner nach romantischer Tradition als die moderne
literarische Kunstform schlechthin, als das Pendant zur (›absoluten‹) Instrumentalmusik. Das Drama der Zukunft kann weder an dieser noch an jener vorbeigehen, sondern
hat sich durch die Lösung der von ihnen aufgeworfenen Strukturprobleme zu legitimieren. Das musikalische Drama kann nicht hinter Roman und Symphonie *zurück*,
sondern muß (durch deren ›Aufhebung‹) über sie *hinaus*gelangen.
Geht der Einfluß der griechischen Tragödie auf das moderne Theater nach Wagner nur
auf einen Akt theoretischer Willkür zurück – »das nach den mißverstandenen Regeln
des Aristoteles aufgefaßte griechische Drama« sei dem abendländischen Schauspiel in
der Renaissance nur durch »Reflexion«, als ein fremdartiges Reis aufgepfropft worden
–, so bildet der Roman den »natürlichen, unserer geschichtlichen Entwickelung eigentümlichen« Keim desselben. Ist die schönste Blüte des Romans nach Wagner das Drama
Shakespeares, so das einflußreichste Produkt der antikisierenden Reflexion die Haute
tragédie Racines. »Zwischen beiden Endpunkten schwebt unsere ganze übrige dramatische Literatur unentschieden und schwankend hin und her.« (IV,6.)
»Der eigentliche Kern unserer Poesie liegt im Roman.« Mit dieser Feststellung (IV,6)
und der Absage an die klassizistische Tradition des Dramas, durch deren Vermittlung
allein die griechische Tragödie auf das moderne Theater gewirkt habe, scheint Wagner
die Weichen für eine Dramaturgie zu stellen, die sich vom antiken Modell abwendet

und an ›romantischen‹ – als vom Roman abgeleiteten – Formprinzipien orientiert. Die weitere Argumentation weist jedoch in die entgegengesetzte Richtung. Der Roman als die spezifische Gattung des modernen Zeitalters – das von der romantischen Generation um 1800 in Frankreich wie in Deutschland mit dem christlichen Mittelalter als seinem autochthonen Ursprung zusammengebunden und dem klassischen Altertum als der nicht mehr zurückholbaren Vergangenheit gegenübergestellt worden ist[160] – zeigt im Verlauf von *Oper und Drama* mehr und mehr ein ›prosaisches‹ Gesicht, während die von ihren klassizistischen Traditionselementen vermeintlich gereinigte »antike Kunstform« sich als das poetische Ideal Wagners herausstellt. Diesen Weg wollen wir hier verfolgen.

»Das Drama des Shakespeare ist mit vollster Notwendigkeit aus dem Leben und unserer geschichtlichen Entwicklung hervorgegangen«, stellt Wagner fest (IV,8 f.). Die von der Romantik behauptete Einheit von Mittelalter und Moderne demonstriert er am Beispiel des kontinuierlichen Prozesses der Ablösung des Romans durch eine Form des Dramas, die sich den Strukturgesetzen des ersteren nicht schroff entgegensetzt – wie die abstrakte, die geschichtliche Entwicklung durch theoretische Willkür einfach abschneidende antikisierende Tragödie –, sondern ihn durch Konzentration in sich aufzuheben trachtet. (Diesen Konzentrationsprozeß muß nach Wagner, wie wir sehen werden, jedes musikalische Drama wiederholen – so wie sich in der Entwicklung jedes Embryos die Gattungsgeschichte des Menschen wiederholt.) Der mittelalterliche Roman, als dessen wichtigsten Repräsentanten Wagner nicht einen Dichter des Mittelalters im heutigen Sinne, sondern den Renaissanceepiker Ariost ansieht, zeichnete sich durch bunte Fülle der Handlung und Schauplätze aus, die von dem Moment an, da letztere nicht mehr durch Erzählung imaginiert wurden, sondern zur »unmittelbaren Darstellung an die Sinne« gelangten, zunehmend »verdichtet« werden mußte. Es galt also,

> »der Masse des vielartigen Stoffes von innen heraus Herr zu werden, seiner Gestaltung einen festen Mittelpunkt zu geben und diesen Mittelpunkt als Achse des Kunstwerkes aus der eigenen Anschauung [...] zu entnehmen. [...] Aus der ungeheuren Masse der äußeren Erscheinungen, wie sie vorher dem Dichter sich nicht bunt und vielartig genug darstellen konnten, werden nun die unter sich verwandten Bestandteile gesondert, die Mannigfaltigkeit der Momente zur bestimmten Zeichnung des Charakters der Handelnden verdichtet.« (IV,8.)

Die geschichtliche Mitte zwischen dem Roman und dem durch dessen Verdichtung entstandenen Drama ist die »Mysterienbühne des Mittelalters« oder die »Volksschaubühne«, deren Tradition bis in die unmittelbare Gegenwart Wagner in der Schweiz (denken wir an das Tell-Spiel in Kellers *Grünem Heinrich*) selbst erlebt hat; darauf spielt das folgende Zitat an einer Stelle an:

> »Die Mysterienbühne des Mittelalters, auf weitem Anger oder auf freien Plätzen und Straßen der Städte aufgeschlagen, bot der versammelten Volksmenge ein tagelanges, ja – wie wir noch heute es erfahren – mehrere Tage lang dauerndes Schauspiel dar: ganze Historien, vollständige Lebensgeschichten wurden aufgeführt, aus welchen die ab- und zuwogende Zuschauermasse nach Belieben für ihre Schaulust sich auswählen konnte, was ihr das Sehenswerteste erschien.« (IV,10.)

Das sind die Anfänge der ›Übersetzung‹ des Romans für die Schaubühne, die deren Gesetzen nach Wagner noch unvollkommen entspricht, da die Darstellung für die »Sinne« des Zuschauers sich mit dem Appell an die »Phantasie«, der spezifischen Beziehung des Erzählers zum Leser, vermischt. Was »vor die Sinne tritt«, hat »sich ihnen auch vollständig, von Kopf bis Fuß, von Anfang bis zu Ende vorzuführen«. Das bedeutet: Der Schauspieldichter hat Ort, Zeit und Handlung »zusammenzudrängen« und dem Zuschauer als ein überschaubares, mit den Sinnen voll erfaßbares, das heißt aber zugleich: als »ein in sich abgeschlossenes Ganzes« vorzuführen (IV,10). Unverkennbar setzt der Geschichtsteleologe Wagner der Entwicklung des Dramas das Ziel der klassisch-tektonischen Form. Von dieser ist auch das Schauspiel Shakespeares freilich deutlich entfernt, da seine Bühne noch nicht die illusionistische »Darstellung der Szene« kennt.

»Durch diesen einen, der damaligen Bühnenkunst noch unumgänglich nötigen Appell an die Phantasie blieb im Drama dem buntstoffigen Romane und der vielhandlichen Historie noch Tor und Tür offen. Fühlte der Dichter [...] die Notwendigkeit einer naturgetreuen Darstellung auch der umgebenden Szene noch nicht, so konnte er die Notwendigkeit, die darzustellende Handlung in noch immer bestimmtere Begrenzung der wichtigsten Momente derselben zusammenzudrängen, auch nicht empfinden.« (IV,11.)

Shakespeare entging deshalb auch, daß der Übersetzung des Romans ins Drama eine formale Grenze gesetzt ist. Erst die illusionistische Bühne wird offenbaren, daß der Roman sich nie zur vollkommenen Kunstgestalt des Dramas verdichten läßt, daß also die »Natur des Romanes« mit der des Dramas nicht übereinstimmt – »eine Entdeckung, die wir erst machen konnten, als uns die undramatische Vielstoffigkeit der Historie aus der Verwirklichung der Szene zu Gefühl kam, die durch den Umstand, daß sie nur angedeutet zu werden brauchte, Shakespeare den dramatischen Roman einzig ermöglichte« (IV,17). Daraus kann man nur die Konsequenz ziehen, daß das moderne Schauspiel wie die Oper eine im Grunde illegitime Gattung ist. Einerseits erkennt Wagner nur diejenige dramatische Tradition als ›natürlich‹ an, welche im Roman gründet, andererseits erklärt er die ›Natur‹ des Dramas doch für unvereinbar mit der des Romans. Wagners System zwingt also den Leser, anzuerkennen, daß weder die Oper noch das Schauspiel, sondern allein das musikalische Drama dem Wesen dieser höchsten aller Kunstformen vollkommen entspricht; ihm allein ist vorbehalten, den Roman als Spiegel des modernen Lebensstoffes in sich aufzuheben, ohne an seiner Form Schaden zu leiden.

Wagner läßt also keinen Zweifel daran, daß Shakespeare trotz seiner unerreichbaren Größe als Schöpfer dramatischer Charaktere von der »vollendetsten Gestaltung des Kunstwerkes« noch entfernt, ja »der Grund und der Ausgangspunkt einer beispiellosen Verwirrung in der dramatischen Kunst über zwei Jahrhunderte hindurch bis auf unsere Tage geworden« ist (IV,11 f.). Diese Äußerung reiht sich in die Tradition jener Kritik an der *Shakespearomanie* (Grabbe 1827) ein, welche von Goethe bis Nietzsche den deutschen Shakespeare-Enthusiasmus kontrapunktisch begleitet. Diese Kritik richtet sich (sieht man von Außenseitern wie Grabbe ab) nicht gegen Shakespeare selbst, sondern gegen die Verallgemeinerung seiner inkommensurablen, unwiederholbaren dramatischen Form zum nachahmenswerten Muster. Bezeichnend, daß als Antidot gegen die formauflösende dramatische Shakespeare-Nachfolge häufig – mit welchen Vorbehalten auch immer – die seit Lessing in Mißkredit geratene Tragédie classique aus dem ästhetischen Giftschrank geholt wurde. Eines der markantesten Dokumente dafür ist Schillers großes Programmgedicht *An Goethe, als er den »Mahomet« von Voltaire auf die Bühne brachte* (1800), das die Voltaire- und Racine-Adaptionen der Weimarer Klassik rechtfertigt. Auf Goethes Rehabilitierung der Haute tragédie verweist auch

Nietzsche im ersten Band von *Menschliches, Allzumenschliches* (1878). »Der strenge Zwang«, lesen wir im Aphorismus »Die Revolution in der Poesie«, »welchen sich die französischen Dramatiker auferlegten, in Hinsicht auf Einheit der Handlung, des Orts und der Zeit [...] war eine so wichtige Schule wie die des Kontrapunkts und der Fuge in der modernen Musik«. Lessing habe »die französische Form, d. h. die einzige moderne Kunstform zum Gespött in Deutschland« gemacht und statt dessen auf das Vorbild Shakespeares verwiesen. Die unvermeidliche Folge in der Geschichte des deutschen Dramas sei die Formlosigkeit und der »Sprung in den Naturalismus – d. h. in die Anfänge der Kunst zurück« gewesen.[161]

Ein weiteres Zeugnis für den Rückgriff auf die klassische französische Tragödie als Korrektiv gegen den vorherrschenden Shakespeare-Einfluß: Hebbel, dessen Tragödie *Gyges und sein Ring* (1856) sich ausdrücklich an die dramatische Form Racines assimiliert, verteidigt die »Einheit der Zeit und des Orts« gegen das »Zerfließen in unendliche Einzelheiten« bei Shakespeare, das »sich mit der Natur des Dramas nicht verträgt«. Dem ›unermeßlichen‹ Genie Shakespeares selbst wird ein ästhetisches Sonderrecht zugebilligt, aber daß man aus dem »subjektiven Lebensgesetz« einer künstlerischen Ausnahmeerscheinung ein »objektives Kunstgesetz« ableiten darf, will Hebbel nicht anerkennen. »Die Kunst kann sich nicht wie die Natur ins Unermeßliche ausdehnen und die Natur sich nicht wie die Kunst ins Enge zusammenziehen. [...] Es folgt daraus für die Kunst die Notwendigkeit freiwilliger Beschränkung.«[162]

Die gleiche Ansicht vertritt Wagner noch in seinem Gespräch mit Cosima am 4. März 1869: »Er meint, man verdanke den Franzosen in bezug auf die künstlerische Form vieles – daß sie [sich] so steif an die Einheitsregeln gehalten haben –, man müßte sich nur frei in diesen Regeln bewegen können und in einem gegebenen Zauberring das Leben einschalten. Shakespeare hat die ganze Maschinerie gesprengt, und da liegt die Welt nicht in einem Zauberspiegel gesehen, sondern leibhaftig da, daß man erschrickt.« (CT I,66 f.) Hier schlägt wie bei Goethe, Schiller, Hebbel oder Nietzsche die Kritik der humanistisch-klassizistischen Poetik an dem nach ihren Normen apokryphen Dramatiker Shakespeare in den Panegyrikus auf ein alle Maße sprengendes Genie um – der doch als solcher die generelle Verbindlichkeit des antiken Formmodells voraussetzt.

In den dramaturgischen Abhandlungen der frühen siebziger Jahre (*Über die Bestimmung der Oper; Über Schauspieler und Sänger*) hat Wagner freilich das griechische Formideal suspendiert und die vermeintlich improvisatorische Irregularität des Shakespeareschen Dramas zum Leitbild des Kunstwerks der Zukunft gemacht. Diesen Abhandlungen zufolge ist die illusionistische Bühne nun keineswegs mehr das Telos der Theatergeschichte, sondern die nach dem Vorbild der Shakespeare-Bühne nur noch imaginierte Szene erscheint – zumindest für das Schauspiel – als die höhere Aufgabe des Theaters. Und daß auch die unter dem Einfluß Schopenhauers in Analogie zum Somnambulismus gedeutete Logik des musikalischen Dramas (*Beethoven*) die pseudo-aristotelischen ›Einheiten‹ durchkreuzt, ist evident. Das aus dem Geiste der Beethovenschen Symphonie wiedergeborene Drama Shakespeares (»eine nirgends seiende Fata Morgana der Wirklichkeit«; (CT II,865) fällt unter die Gesetze des Traums; daher sind die einstigen Einwände gegen seine offene szenische Struktur jetzt gegenstandslos. In der Tat hören wir in den Gesprächen der letzten Lebensjahre Wagners – sie zeugen von seiner immer emphatischeren, ja geradezu fassungslosen Bewunderung Shakespeares, der für ihn *das* große künstlerische Erlebnis seines Alters ist, hinter dem alle anderen, auch seine musikalischen, Eindrücke weit zurückstehen[163] – von den einstigen gattungsästhetischen Einwänden nichts mehr. Wagner hätte diese Einwände angesichts des alle Bühnenrealität transzendierenden ›unsichtbaren Theaters‹ Shakespeares schlechterdings als trivial empfunden.

Die Auseinandersetzung mit dem elisabethanischen Theater in *Oper und Drama* zeugt von einer Überkreuzung zweier poetologischer Systeme. Wird der Roman anfänglich im Sinne der Romantik als »der eigentliche Kern unserer Poesie« ausgegeben und demgemäß das Drama Shakespeares aus seinem Geiste gedeutet, so kehrt im weiteren Verlauf der Argumentation im Gewande der Feuerbachschen Ideologie der »Sinnlichkeit« (*Grundsätze der Philosophie der Zukunft*, 1843) das alte humanistische Vorurteil gegenüber der (subliterarischen) Gattung des Romans und gegenüber der Shakespeareschen Dramenform wieder. Das Drama wird als vollkommen an die Sinne gerichtete poetische Gattung dem nur an die Phantasie appellierenden Roman in der Hierarchie der Künste übergeordnet. Das Drama Shakespeares nun ist durch den Verzicht auf die illusionistische Szene noch nicht vollkommen aus der ›phantastischen‹ Welt des Romans in die Sphäre der sinnlichen Anschauung hinübergetreten und deshalb von der vollkommenen Gestalt des Dramas, vom wahren Telos der Kunst noch entfernt. Auch seinem Werk ist im System von *Oper und Drama* also das Stigma des ›Noch nicht‹ aufgeprägt.

Shakespeare, »der die eine Notwendigkeit der naturgetreuen Darstellung der Szene noch nicht empfand«, sah deshalb keinen Anlaß, auf die »Vielstoffigkeit« und »Vielhandlichkeit« des Romans gänzlich zu verzichten (IV,9.11). Die hier zitierten Wortbildungen sind nichts anderes als Übersetzungen des Aristotelischen »Polymython«. Im achten Kapitel der Poetik betont Aristoteles, man dürfe »keinen epischen Handlungszusammenhang zu einer Tragödie machen«, und setzt hinzu, mit »episch« meine er τὸ πολύμυθον: das aus vielen Fabeln, Handlungen Bestehende. So sei es untragbar, daß ein Dramatiker die gesamte Handlung der *Ilias* bearbeite. Alle Versuche dieser Art, die epische Handlungsfülle in die Tragödie einzubringen, seien gescheitert.[164] Die Tragödie unterscheide sich vom Epos u. a. dadurch, heißt es im fünften Kapitel, daß sie sich möglichst in einem einzigen Sonnenumlauf abwickelt, während das Epos über unbeschränkte Zeit verfügt.[165] (Aus dieser Beobachtung hat die klassizistische Poetik die Regel der Einheit der Zeit abgeleitet.) Dramatisch ist eine Fabel dadurch, daß sie eine einzige, ganze und geschlossene Handlung (μίαν πρᾶξιν ὅλην καὶ τελείαν) mit Anfang, Mitte und Ende beinhaltet.[166] – In bezug auf Wagners Kritik an der zersplitterten Form der Oper ist übrigens bemerkenswert, daß bereits Aristoteles im neunten Kapitel den Zerfall der Tragödie in ›Nummern‹ (ἐπεισόδια) kritisiert, welche ohne Wahrscheinlichkeit oder Notwendigkeit aufeinanderfolgen. Dieser Verstoß gegen die dramatische Einheit liege entweder am Unvermögen der Dichter oder an den Allüren der Schauspieler, die dem Publikum ihr deklamatorisches Können demonstrieren wollen.[167] Der antike Schauspieler als formverderbender Vorläufer des modernen Opernsängers!

Die episch-romanhafte Handlungsvielfalt des elisabethanischen Dramas, die nach Wagner die natürliche Entstehung desselben aus dem »eigentlichen Keim unserer Poesie« offenbart, ist andererseits doch der Abstand, welcher selbst Shakespeare von der vollkommenen Kunstform trennt. »Dem Romane und dem losen Gefüge der

Historie war im Shakespeareschen Drama [...] eine Türe offengelassen worden, durch die sie nach Belieben aus- und eingehen konnten: diese Türe war die der Phantasie überlassene Darstellung der Szene.« Diese Tür wurde nun »von anderer Seite her auf das Rücksichtsloseste zugeschlagen«: durch die klassizistische Tragödie (IV,12). Die von ihr kanonisierte »Stabilität der Szene« und die vermeintlichen »Regeln des Aristoteles« machten also das, was Shakespeare »als äußeres Moment noch unbeachtet ließ« – nämlich die vollkommene sinnliche Vergegenwärtigung der Szene, die Identifizierung des fiktiven Schauplatzes mit dem realen Bühnenraum –, »zu einer von außen her gestaltenden Norm für das französische Drama, das so aus dem Mechanismus heraus sich in das Leben hineinzukonstruieren suchte«. Durch die »äußerliche Einheit der Szene« wurde der Dramatiker gezwungen, die eigentliche Handlung von derselben auszuschließen und die Bühne fast nur noch für die »Äußerlichkeit der Rede« zu öffnen. »In Racines Tragédie haben wir somit auf der Szene die Rede, hinter der Szene die Handlung.« (IV,13 ff.) Die illusionistische Darstellung der Szene verfehlt in der klassizistischen Tragödie, von der Shakespeare genau entgegengesetzten Seite her, ebenfalls die notwendige ›Sinnlichkeit‹ des Dramas. Diese ist dafür im Schaugepränge der Oper mit ihrem häufigen Szenenwechsel auf ihre Kosten gekommen. Das Musiktheater ist also, abgesehen von der an die Tragédie classique anknüpfenden Reformoper Glucks (IV,15), paradoxerweise zum »Schauspiel« geworden, während das eigentliche Schauspiel sich als »Hörspiel« präsentiert (IV,16).

Durch die Einheitsregeln blieb der ›vielhandliche‹ Roman, »das poetische Grundelement des mittelalterlichen und neueren Lebens«, von der tragischen Bühne der Franzosen ausgeschlossen. Der Dramatiker konnte hier also keinen Stoff wählen, der erst noch dramatisch »verdichtet« werden mußte, sondern nur einen solchen, der bereits als Konzentrat fertig vorlag: Da der klassizistische Tragiker »das poetische Lebenselement seiner Zeit, das nur in der geradezu umgekehrten Weise Shakespeares zu bewältigen war, nicht zu der Dichtigkeit zusammendrängen [konnte], daß es dem äußerlich aufgelegten Maße entsprochen hätte«, blieb ihm nichts anderes übrig, als die präparierten Stoffe der antiken Tragödie wiederzukäuen, von der seine ›Regeln‹ abgezogen waren (IV,14). Der moderne Dramatiker sieht sich nach Wagner nun entweder auf das Vorbild der noch nicht vollendeten dramatischen Form Shakespeares oder auf das Muster der abstrakten und sterilen Geschlossenheit der Haute tragédie zurückverwiesen. Da es kein Zurück mehr hinter die illusionistische Bühne gibt – Tiecks »Wiederherstellung der Shakespeareschen Bühne« hält Wagner ja nur für ein ehrenwertes antiquarisches Experiment (IV,18) –, ist die Vielszenigkeit des elisabethanischen Theaters dem heutigen Dramatiker – als bühnentechnisch nicht realisierbar – künstlerisch verwehrt.

> »Der Dichter entsagte von nun an entweder dem Wunsche, seine Dramen auf der Bühne dargestellt zu sehen, um das dem Shakespeareschen Drama entnommene Phantasiebild ungestört [...] nachzubilden, d. h., er schrieb Literaturdramen für die stumme Lektüre - oder er wandte sich, um auf der Bühne sein Phantasiebild praktisch zu verwirklichen, mehr oder weniger willkürlich der reflektierenden Gestaltung des Dramas zu, dessen modernen Ursprung wir in dem nach den Aristotelischen Einheitsregeln konstruierten antikisierenden Drama zu erkennen hatten.« (IV,19.)

Dieses Dilemma, das Hin und Her zwischen theaterfremder Literaturdramatik und hermetischer Bühnenartistik – aus dem erst das musikalische Drama den legitimen

Ausweg finden wird –, demonstriert Wagner am Beispiel der dramatischen Entwicklung Goethes und Schillers (IV,20 ff.). Auf der einen Seite steht ihre von Shakespeare inspirierte, alle Bühnenform mißachtende Jugenddramatik – *Götz von Berlichingen*, *Die Räuber*, von denen Schiller selbst gesagt hat, sie seien ein »dramatischer Roman, und kein theatralisches Drama«[168] –, auf der anderen Seite das antikisierende Formexperiment – *Iphigenie, Die Braut von Messina*.

Der Rückgriff auf den antiken Mythos (Goethe) oder die Konstruktion eines »Vermittlungspunktes« (IV,26) zwischen Antike und Moderne (im fingierten Messina Schillers) dokumentiert nach Wagner, daß der Dichter, dem es um »absolute künstlerische Gestaltung« geht, auf die dramatische Bewältigung des modernen Lebensstoffes verzichten muß, denn »der Inhalt des modernen Lebens, der sich immer nur noch im Romane verständlich zu äußern vermochte, war unmöglich zu so plastischer Einheit zusammenzudrängen, daß er bei verständlicher dramatischer Behandlung sich in der Form des griechischen Dramas hätte aussprechen, diese Form aus sich rechtfertigen oder gar notwendig erzeugen können« (IV,22). Wo es um die »Darstellung des Lebens selbst« ging, mußte Goethe daher auf die ideale Form des Dramas verzichten und sich der Gattung des Romans (*Wilhelm Meister*) zuwenden, die allein, doch unter Aufopferung der absoluten Kunstform, dieses Leben »in seiner vielgliedrigen Verzweigung« zu bewältigen vermag (IV,23).

Daß Wagner hier in der Tat ein künstlerisches Existenzproblem Goethes berührt hat, zeigt dessen Auseinandersetzung mit der Romanform im Briefwechsel mit Schiller. Dieser spielt in seinem Brief an Goethe vom 20. Oktober 1797 das Epos *Hermann und Dorothea* ganz im Sinne der humanistischen Poetik gegen *Wilhelm Meisters Lehrjahre* aus: »Die Form des *Meisters*, wie überhaupt jede Romanform, ist schlechterdings nicht poetisch.« Aus dem soeben abgeschlossenen Epos leitet Schiller sogar die Verpflichtung Goethes ab, »daß dasjenige, was Ihr Geist in ein Werk legen kann, immer auch die reinste Form ergreife und nichts davon in einem unreinen Medium [wie dem Roman] verloren gehe«. Goethe hat dem Freund in seinem Antwortbrief vom 30. Oktober 1797 recht gegeben: »Eine reine Form hilft und trägt, da eine unreine überall hindert und zerrt.« Und er verspricht Schiller: »Es wird mir nicht leicht wieder begegnen, daß ich mich im Gegenstand und der Form vergreife.« Einen Roman geschrieben zu haben ist also für Goethe ein ›Vergreifen‹ in der Form![169] Daß er bei dieser Anschauung freilich nicht stehengeblieben ist, zeigen die Fortsetzung des *Wilhelm Meister* und die *Wahlverwandtschaften*. Der moderne Künstler kann nun einmal auf die »barbarischen Avantagen« der Romanform nicht verzichten, wenn es ihm darum geht, die Komplexität des zeitgenössischen Lebens in seinem Werk widerzuspiegeln.

Im Gegensatz zu Goethe »kehrte Schiller nie zum eigentlichen Romane wieder zurück«, bemerkt Wagner, wohl unter Anspielung auf den abgebrochenen *Geisterseher*; »das Ideal seiner höheren Kunstanschauung, wie es ihm in der antiken Kunstform [ein Schillerscher Terminus[170]] aufgegangen war, machte er zum Wesen der wahren Kunst selbst«. Und doch fiel auch er aus dem »Himmel« der »antiken, reinen Kunstform« immer wieder auf die »Erde« des (dramatisierten) Romans hinab (IV,27): durch die Historie, den spezifischen Stoff seines Schauspiels. Zumal die ›epische‹ Erweiterung des ursprünglich als ein einziges Drama konzipierten *Wallenstein* zur (unechten) Trilogie – Wagner ahnt hier noch nicht, daß ihm mit *Siegfrieds Tod* trotz des mythischen Stoffs dasselbe passieren wird – demonstriert die »Unfähigkeit« des geschichtlichen Stoffes »zur Darstellung in dramatischer Form« (IV,23). Shakespeare konnte noch die Historie für die (vorillusionistische) Bühne seiner Zeit ohne Verkürzung der geschichtlichen Wahrheit (durch Reduktion des Stoffs zugunsten der Einheit von Ort, Zeit und Handlung) übersetzen, von den Gegebenheiten der modernen Illusionsbühne her gilt jedoch, »daß die wahre Geschichte kein Stoff für das Drama ist«. Die »historischen Dramen« verstoßen entweder gegen die Gesetze der dramatischen Form oder gegen die geschichtliche Wahrheit (IV,49 f.).

> »Geschichte ist nur dadurch *Geschichte,* daß sich in ihr mit unbedingtester Wahrheit die nackten Handlungen der Menschen uns darstellen: sie gibt uns nicht die inneren Gesinnungen der Menschen, sondern läßt uns aus ihren Handlungen erst auf diese Gesinnungen schließen. Glauben wir nun diese Gesinnungen richtig erkannt zu haben und wollen wir die Geschichte nun als aus diesen Gesinnungen gerechtfertigt darstellen, so vermögen wir dies eben nur in der reinen Geschichtsschreibung oder – mit erreichbarster künstlerischer Wärme – im historischen Romane, d. h. in einer Kunstform, in der wir durch keinen äußerlichen Zwang genötigt sind, den Tatbestand der nackten Geschichte durch willkürliche Sichtung oder Zusammendrängung zu entstellen.« (IV,24.)

Gewiß denkt Wagner hier an die von ihm bis ins Alter gelesenen und bewunderten Romane Walter Scotts,[171] des eigentlichen Begründers der Gattung des historischen Romans.

Wagner rückt im letzten Zitat mit größter Entschiedenheit von der traditionellen, bis auf das neunte Kapitel der Aristotelischen *Poetik* zurückgehenden poetologischen Maxime ab, daß der Tragödiendichter verpflichtet ist, »die historische Wahrheit den Gesetzen der Dichtkunst unterzuordnen« und den gegebenen Stoff nach den Bedürfnissen der dramatischen Gattung zu bearbeiten. So lesen wir noch in Schillers Abhandlung *Über die tragische Kunst* (1792). »Es verrät daher sehr beschränkte Begriffe von der tragischen Kunst, ja von der Dichtkunst überhaupt, den Tragödiendichter vor das Tribunal der Geschichte zu ziehen.«[172] Wagner hat sich diese ›beschränkten Begriffe‹ nichtsdestoweniger zu eigen gemacht und kommt dadurch der Doktrin des schon von Goethe wegen seines historischen Rigorismus kritisierten Geschichtsdramatikers und -romanciers Alessandro Manzoni (1785–1873) nahe, der in seinem Brief *Über die Einheit von Zeit und Ort in der Tragödie* die Beschneidung der geschichtlichen Wahrheit zugunsten der aristotelischen ›Regeln‹ verworfen hat.[173]

Wagners oben referierte Kritik des Dramas der Weimarer Klassik bleibt ganz in das Prokrustesbett seines Systems eingespannt und entspricht keineswegs seiner spontanen Einschätzung der dramatischen Werke Goethes und Schillers, die bis in seine letzten Lebensjahre zu den Hauptgegenständen seiner Lektüre gehören. Den in *Oper und Drama* so scharf kritisierten *Wallenstein* etwa hat er, wie die Tagebücher Cosimas bezeugen, in regelmäßigen Abständen mit immer neuem Enthusiasmus gelesen. In einem Gespräch mit Cosima am 13. Mai 1870 erwägt er gar, die ganze Trilogie in Bayreuth aufführen zu lassen (CT I,230). – In *Oper und Drama* ist für solchen privaten Enthusiasmus noch kein Raum. Hier ist *Wallenstein* nur ein ›Fall‹, an dem die Kardinalthese des zweiten Teils der Schrift demonstriert werden soll: »daß wir kein Drama haben und kein Drama haben können« (IV,29). Die wahre Kunstgestalt des Dramas läßt sich eben nur an einer einzigen Erscheinung der Geschichte ablesen: an der griechischen Tragödie. »Nur der griechischen Weltanschauung konnte bis heute noch das wirkliche Kunstwerk des Dramas entblühen. Der Stoff dieses Dramas aber war der

Mythos, und aus seinem Wesen können wir allein das höchste griechische Kunstwerk und seine uns berückende Form begreifen.« Der *Mythos* – der spezifische Stoff der antiken Dichtung – ist nämlich selbst schon ein »verdichtetes Bild der Erscheinung« (IV,31), das sich der geschlossenen Form der Tragödie von vornherein anschmiegt, während die *Historie*, die politisch-soziale Realität – der spezifische Stoff der modernen Literatur –, jener Form von vornherein widerstrebt. Nur um den Preis des Lebens, unter Verzicht auf die authentische Widerspiegelung der modernen Lebensrealität, mit einem restaurierten Mythos oder einer mythisch kondensierten Historie, die dem Betrachter nur noch eine Facies hippocratica zeigt, läßt sich heute die vollkommene Form des Dramas verwirklichen, während für die Griechen der Mythos eben der Lebensstoff schlechthin gewesen ist. Deshalb war die geschlossene Form der attischen Tragödie nach Wagner noch von Leben erfüllt, während sie sich heute als artistisches Caput mortuum darstellt. Wagner hätte sich auf Schillers Gedicht *An Goethe* (1800) berufen können, das die bedingte ästhetische Rehabilitierung der ›Einheiten‹ der Tragédie classique zum Inhalt hat: letztere soll »wie ein abgeschiedner Geist« die Szene »zum würdgen Sitz der alten Melpomene« reinigen, ja Schiller vergleicht die Bühne dem Totenschiff, von dem das »rohe Leben« ausgeschlossen ist. Die vollkommene Kunstform ist im Totenreich beheimatet; das Leben läßt sich in ihr nicht mehr zusammendrängen.[174]

Der Leser mag sich hier ratlos fragen: Was soll dann aber Wagners eigene mythische Dramatik? Hat er den Ast nicht bereits abgesägt, auf den er sich eben setzen will? Mit welchen Argumenten kann er noch das Ruder herumwerfen, nachdem er das mythische Schauspiel der Moderne ad absurdum geführt hat? Hier sei andeutend vorweggenommen, was später näher ausgeführt werden soll: Nach Wagners System kann im musikalischen Drama – allein in ihm – der Mythos wiedergeboren werden, weil seine naiven Konturen und Konstellationen durch das gewissermaßen sentimentalische Organ des symphonischen Orchesters in immer neuem Lichtwechsel erscheinen, mit dem ganzen Bedeutungsreichtum des modernen Lebens ausgestattet werden. Das Orchester ist das Pendant des ›allwissenden‹ Erzählers im Roman – ein Organ, dessen Ausdrucksspielraum durch die Konzentration der dramatischen Form eher erweitert als eingeschränkt wird. Die Unendlichkeit des musikalischen Ausdrucks vermag dem Mythos eine utopische Dimension zuzuführen, die ihn zum Bild des vollendeten Menschen am Eschaton der Geschichte werden läßt. Das musikalische Drama ist für Wagner das Medium der Transzendenz der Historie, denn es ist die alleingültige Repräsentation des Mythos, der als »Anfang und Ende der Geschichte« (IV,91) noch einmal mythisiert wird. Im Schauspiel bleibt die Reproduktion des (antiken oder germanischen) Mythos bloße *Restauration*, der Brückenschlag über Moderne und Mittelalter (sowie über ihre spezifischen Kunstformen) zur archaischen Welt zurück, im musikalischen Drama hingegen ist er *Utopie*, der Brückenschlag über die moderne und kommende Geschichte hinweg zu deren Eschata.

Kernstück der Wagnerschen Theorie des Mythos ist das zweite Kapitel des zweiten Teils von *Oper und Drama*. Die hier im Geiste der Feuerbachschen Religionskritik rationalistisch-spekulativ nachgezeichnete Genese des griechischen Mythos kann jeden, der Wagners ›Mythensucht‹ für ein Symptom des Obskurantismus hält, eines Besseren belehren. Wagner bezeichnet den Mythos als das Produkt der »gemeinsamen Dichtungskraft des Volkes«. Da der archaische Mensch den wirklichen Zusammenhang der Erscheinungen noch nicht mit dem »Verstand« zu begreifen vermag, sucht er denselben durch die »Phantasie« zu erfassen, d. h., er substituiert als Ursachen der Erscheinungen die Götter, diese aber sind ganz im Sinne Feuerbachs bloß Projektionen »seines eigenen menschlichen Wesens«. Deshalb stellt er sich die Götter auch in menschlicher Gestalt vor. »Wie ihm die menschliche Gestalt die begreiflichste ist, so wird ihm auch das Wesen [sowie der kausale Zusammenhang] der natürlichen Erscheinungen, die er nach ihrer Wirklichkeit noch nicht erkennt, nur durch die Verdichtung zur menschlichen Gestalt begreiflich.« Im Gegensatz also zum modernen entgötterten, naturwissenschaftlichen Weltbild (wir verweisen auf Schillers Elegie *Die Götter Griechenlands*) ist für den Griechen die Erscheinungswelt von anthropomorphen Göttergestalten durchwaltet.

»Aller Gestaltungstrieb des Volkes geht im Mythos somit dahin, den weitesten Zusammenhang der mannigfaltigsten Erscheinungen in gedrängtester [d. h. menschlicher] Gestalt sich zu versinnlichen.« Durch die Fähigkeit der Einbildungskraft, das Weitverzweigte und Zerstreute »in gedrängter, deutlicher plastischer Gestaltung sich vorzuführen, wird das Volk im Mythos [...] zum Schöpfer der Kunst«. Die griechische Tragödie ist nichts anderes als die dramatische Fortsetzung, die »künstlerische Vollendung« der Formtendenz des Mythos selbst: »so drängte auch die wirklich dargestellte Handlung, ganz dem Wesen des Mythos entsprechend, sich zu plastischer Dichtheit zusammen«, zu jener Einheit, die seit Aristoteles als wichtigste Qualität der dramatischen Handlung gilt. Im Gegensatz zum klassizistischen Drama der Moderne ist die »einheitvolle Form« der attischen Tragödie also »in dem Gerüste des Mythos vorgezeichnet«, das der Dramatiker »zum lebenvollen Baue nur auszuführen, keineswegs aber um eines willkürlich erdachten künstlerischen Baues willen zu zerbröckeln und neu zusammenzufügen hatte. Der tragische Dichter teilte den Inhalt und das Wesen des Mythos nur am überzeugendsten und verständlichsten mit.« (IV,31 ff.)

Der *Roman* als der künstlerische Widerpart des Dramas ist für Wagner nun die Folge der Korrosion des Mythos und seiner zusammenhaltenden, verdichtenden Kraft. Der synthetisierenden Phantasie tritt der sezierende Verstand gegenüber und löst die plastische mythische Gestalt in die Elemente auf, welche in ihr kohärierten:

> »Sobald der reflektierende Verstand von der eingebildeten Gestalt absah und nach der Wirklichkeit der Erscheinungen forschte, die in ihr zusammengefaßt waren, gewahrte er zunächst da, wo die dichterische Anschauung ein Ganzes sah, eine immer wachsende Vielheit von Einzelheiten. Die anatomische Wissenschaft begann ihr Werk und verfolgte den ganz entgegengesetzten Weg der Volksdichtung: wo diese unwillkürlich verband, trennte jene absichtlich; wo diese den Zusammenhang sich darstellen wollte, trachtete jene nur nach genauestem Erkennen der Teile; und so mußte Schritt für Schritt jene Volksanschauung vernichtet, als abergläubisch überwunden, als kindisch verlacht werden. Die Naturanschauung des Volkes ist in Physik und Chemie, seine Religion in Theologie und Philosophie, sein Gemeindestaat [die griechische Polis] in Politik und Diplomatie, seine Kunst in Wissenschaft und Ästhetik, sein Mythos aber in die geschichtliche Chronik aufgegangen.« (IV,34 f.)

Diese durch (Natur-)Wissenschaft, Politik und Historie geprägte »Lebensanschauung der modernen Welt« (IV,34) ist das Fundament und Objekt des Romans.

Wagner folgt hier der idealistischen Tradition einer triadischen Konstruktion der Geschichte, wie sie etwa Schillers Abhandlung *Über naive und sentimentalische*

Dichtung (1796) zugrunde liegt, die Wagners ästhetisches Denken wesentlich beeinflußt hat. In seinen Bemerkungen zu Humboldts *Studium des Altertums* hat Schiller diese Trias folgendermaßen knapp umrissen: In der »ersten Periode«, in der die Griechen lebten, »steht der Gegenstand ganz vor uns« (entsprechend der integrierenden Kraft der natürlichen Einbildung), in der zweiten Periode, der modernen, »trennen wir einzelne Merkmale und unterscheiden«, in der dritten, die »noch zu hoffen« ist, steht auf einer höheren Erkenntnisstufe – nicht mehr wie in der ersten Periode »ineinanderfließend«, sondern »von allen Seiten beleuchtet« – »das Ganze [...] abermals vor uns«.[175] Ebenso steht bei Wagner der endzeitliche Mythos im Unterschied zum urzeitlichen ›von allen Seiten beleuchtet‹ da; im musikalischen Drama ist das die Leistung des Orchesters. In seiner Abhandlung *Über Schauspieler und Sänger* (übrigens mit anderen Aspekten auch schon in *Oper und Drama*) vergleicht Wagner die Bedeutung des Instrumentalorchesters mit der Rolle des Chors in der Orchestra des antiken Amphitheaters. Wie der Chor und das durch ihn repräsentierte Publikum die Personen der Handlung von drei Seiten betrachten konnten, so wird der Mythos im musikalischen Drama durch das Orchester zu einer »von jeder Seite her tönend getragenen Erscheinung« (IX,199). – Durch das ›allwissende‹ Orchester wird somit die Fülle des modernen Geistes, wie sie sich im Roman widerspiegelt, ins musikalische Drama eingebracht. Dessen Telos ist die »Gefühlswerdung des Verstandes« (IV,78), was das gleiche bedeutet wie die Verwandlung der Geschichte in Mythos. (Dieser ist »Anfang und Ende der Geschichte« wie das Gefühl »Anfang und Ende des Verstandes«; IV,91.)

Der Roman ist also die Kunst der ›zweiten Periode‹, des Zeitalters der Geschichte und des Verstandes. Wie dieses Zeitalter vom höchsten Maß des Menschlichen, so ist der Roman von der vollkommenen Form der Kunst entfernt. Wie aber das neue Gefühlszeitalter nur im Durchgang durch das Verstandeszeitalter erreicht werden kann, so auch das Kunstwerk der Zukunft durch die ›Aufhebung‹ des Romans als der repräsentativen Kunstform der Moderne. – Wagners Theorie des Romans ist zweifellos beeinflußt von der Ästhetik der Hegelschen Schule. »Der Roman im modernen Sinne« setzt nach Hegel »eine bereits zur Prosa geordnete Wirklichkeit voraus«,[176] d. h. »eine feste, sichere Ordnung der bürgerlichen Gesellschaft und des Staats, so daß jetzt Polizei, Gerichte, das Heer, die Staatsregierung an die Stelle der chimärischen Zwecke treten, die der Ritter sich machte«.[177] (Aufgrund der Prämisse der Gattungseinheit des mittelalterlichen und modernen Romans ist Hegel darauf fixiert, den Gegenstandsbereich des letzteren als das »zu einem wirklichen Gehalte gewordene Rittertum« zu deuten.[178])

Die prosaische Lebensanschauung der Moderne, die Entgötterung der Erscheinungswelt, d. h. die Entthronung der Phantasie und des Gefühls durch den Verstand, durch Wissenschaft, Politik und Historie geht nach Wagner auf das Christentum zurück. Die Idee, daß durch das Dogma des einen transzendenten Gottes die Welt selbst entgöttlicht – damit aber auch ästhetisch entzaubert, in ›Prosa‹ verwandelt – und so dem naturwissenschaftlichen Weltbild der Weg bereitet worden ist, taucht nicht erst bei Wagner auf. (»Die Wissenschaft, welche die Natur in ihre Teile zerlegte, ohne das wirkliche Band dieser Teile noch zu finden,[179] konnte die christliche Ansicht von der Natur nur unterstützen.« IV,36.) Ihren epochemachenden Ausdruck hat diese Idee in Schillers philosophischem Gedicht *Die Götter Griechenlands* (1788) gefunden: »*Einen* zu bereichern, unter allen, / Mußte diese Götterwelt vergehn.« (V. 155 f.) Die Natur ist durch ihre christliche Entzauberung »leer« geworden (V. 160). »Ausgestorben trauert das Gefilde, / Keine Gottheit zeigt sich meinem Blick« (V. 149 f.).

> »Gleich dem toten Schlag der Pendeluhr,
> Dient sie knechtisch dem Gesetz der Schwere,
> Die entgötterte Natur!« (V. 166 ff.)

Zog nach Wagner der von Phantasie und Gefühl bestimmte archaische Mensch die weit auseinanderliegenden Erscheinungen der Natur im Mythos zu sinnfälligen, eben menschlichen Gestalten zusammen – den Göttern – und erklärte er sich die kausale Verkettung der Dinge mithin als menschlichen Tatenzusammenhang, so zerfällt dem vom Verstand bestimmten modernen Menschen die Welt in ein seelenloses Chaos von isolierten Phänomenen. Die vom Christentum entgötterte, entpoetisierte Erscheinungswelt wird zum Objekt der Wissenschaft und zum Schauplatz der Politik. Durch die Entwertung des ›diesseitigen‹ Lebens, des sinnlichen Menschen, der für den Griechen das Maß aller Dinge, auch der außermenschlichen Natur gewesen ist, durch den Kultus des Todes als des Übergangs zum ›eigentlichen‹ Leben – »dieses Sterben und die Sehnsucht nach ihm ist der einzige wahre Inhalt der aus dem christlichen Mythos hervorgegangenen Kunst« (IV,37)[180] – hat das Christentum auch die Hand an die Wurzel des heimischen Mythos der germanischen Völker gelegt, der sich ebenso wie der hellenische als ein zu menschlichen Gestalten verdichtetes Bild der Erscheinungswelt entwickelt hatte. Freilich sucht Wagner in der »heimischen Sage« ein aufgeklärteres mythisches Bewußtsein nachzuweisen. Im Mittelpunkt des germanischen Mythos stehe nicht mehr der Gott, sondern der Held, der wirkliche Mensch. Der Mythos ist hier also nicht mehr Ausdruck der religiösen Selbstentfremdung (im Sinne von Feuerbach und Marx), sondern eines emanzipierten menschlichen Bewußtseins. Das sucht Wagner in der ursprünglichen »Siegfriedssage« nachzuweisen, deren musikalisch-dramatische Wiedergeburt durch *Oper und Drama* theoretisch vorbereitet werden soll.

> »Wir sehen hier natürliche Erscheinungen wie die des Tages und der Nacht, des Auf- und Unterganges der Sonne durch die Phantasie zu handelnden und um ihrer Tat willen verehrten oder gefürchteten Persönlichkeiten verdichtet, die aus menschlich gedachten Göttern endlich zu wirklich vermenschlichten Helden umgeschaffen wurden, welche einst wirklich gelebt haben sollten und von denen die lebenden Geschlechter und Stämme sich leiblich entsprossen rühmten. Der Mythos reichte so maßgebend und gestaltend, Ansprüche rechtfertigend und zu Taten befeuernd in das wirkliche Leben hinein [...].« (IV,38.)

Diese Ablösung des Göttermythos durch die Heldensage, das heißt aber: die Aufhebung der religiösen Entfremdung im und durch den Mythos, ist die Grundtendenz der *Nibelungensage*, wie Wagner sie 1848 für das geplante musikalische Drama *Siegfrieds Tod* neu konzipiert hat: Die Götter suchen ihre Göttlichkeit »in den Menschen [...] überzutragen«; »ihre Absicht würde erreicht sein, wenn sie in dieser Menschenschöpfung sich selbst vernichteten, nämlich in der Freiheit des menschlichen Bewußtseins ihres unmittelbaren Einflusses sich selbst begeben müßten« (II,158).

Das Christentum hat nun den germanischen Mythos zersetzt und aus dem »viellebigen Leichenreste des alten Heldenmythos« den »Ritterroman« gebildet. In ihm verflüchtigten sich die aus der »natürlichen Anschauungsweise« des Volkes entstandenen plastischen Gestalten der Sage zu »Gaukelbildern für die fessellose Phantasie«, und die heroischen Handlungen zersplitterten zu ritterlichen »Abenteuern«, die, nachdem ihr illusionärer Charakter allzu offenkundig hervortrat (*Don Quijote*), statt der ritterlich-chimärischen nun reale Ziele verfolgten:

>»Kühne, in bewußter Absicht unternommene Entdeckungsreisen und tiefe auf ihre Ergebnisse begründete Forschungen der Wissenschaft enthüllten uns endlich die Welt, wie sie in Wirklichkeit ist. Durch diese Erkenntnis ward der Roman des Mittelalters vernichtet, und der Schilderung eingebildeter Erscheinungen folgte die Schilderung ihrer Wirklichkeit.« (IV,40–42.)

Der moderne Roman war geboren. Wagner schlägt wie Hegel eine spekulative Brücke zwischen dem »Romanhaften« mittelalterlicher und moderner Provenienz (das auch Hegel als »Abenteuerlichkeit«, sei es »chimärischer«, sei es prosaisch-realer Natur bestimmt[181]).

Die Struktur des Romans entspricht nach Wagner (wie nach Hegel) ebenso dem modernen prosaischen Weltzustand wie die vollkommene Form des Dramas dem poetisch-mythischen Weltzustand. Wie die mythische Phantasie die gesamte Erscheinungswelt zur menschlichen (göttlichen oder heroischen) Gestalt verdichtet, konzentriert der dramatische Dichter die außermenschliche Realität in der handelnden Person – während der Romancier die ›entgötterte‹, entseelte, nicht mehr durch quasi menschliche Gestalten personifizierbare Realität als solche, in ihrer Anonymität, bestehen lassen muß.

>»Der dramatische Dichter drängt die Umgebung der handelnden Person zur leicht übersehbaren Handlung zusammen, um die Handlung dieser Person [...] aus der wesenhaften Gesinnung des Individuums hervorgehen [...] zu lassen [...]. Der Romandichter hingegen hat die Handlung der geschichtlichen Hauptperson aus der äußersten Notwendigkeit der Umgebung begreiflich zu machen [...]. Im geschichtlichen Romane [der nach Wagner repräsentativen modernen Erscheinungsform der Gattung] suchen wir uns den Menschen begreiflich zu machen, den wir vom rein menschlichen Standpunkte aus eben nicht verstehen können.« (IV,46.)

Dieser – verdinglichte – Mensch, das »auf das allermindeste Maß individueller Freiheit herabgedrückte« Individuum, ist nur durch die authentische Wiedergabe seiner »Umgebung« angemessen darstellbar. Diese Umgebung ist uns aber »nur in vielgliederigster Verzweigung und Ausdehnung« verständlich. Das bedeutet: »um verständlich zu werden«, muß der Romandichter »umständlich sein«. Was der Dramatiker unthematisch voraussetzt, bildet den eigentlichen Gegenstand des Romanciers: die ganze Breite der historisch-sozialen Umgebung der handelnden Personen.

>»Das Drama geht daher von innen nach außen, der Roman von außen nach innen. Aus einer einfachen, allverständlichen Umgebung erhebt sich der Dramatiker zu immer reicherer Entwicklung der Individualität; aus einer vielfachen, mühsam verständlichen Umgebung sinkt der Romandichter erschöpft zur Schilderung des Individuums herab, das an sich ärmlich, nur durch jene Umgebung individuell auszustatten war. Im Drama bereichert eine vollständig aus sich entwickelte kernige Individualität die Umgebung; im Roman ernährt die Umgebung den Heißhunger einer leeren Individualität. So deckt uns das Drama den Organismus der Menschheit auf, indem die Individualität sich als Wesen der Gattung darstellt; der Roman aber stellt den Mechanismus der Geschichte dar, nach welchem die Gattung zum Wesen der Individualität gemacht wird.« (IV,47 f.)

Diese Gattungsunterscheidung entspricht nicht zufällig der Gegenüberstellung des Griechen und des modernen Menschen in Schillers »Ästhetischen Briefen«. Während sich bei den Griechen die »ganze Menschheit« in der Individualität verkörperte, muß man heute »von Individuum zu Individuum herumfragen [...]«, um die Totalität der

Gattung zusammenzulesen«. Der moderne Staat läßt das Individuum kein »unabhängiges Leben« mehr genießen, erlaubt ihm nicht mehr, ein »Ganzes« zu sein, sondern er bildet dieses – freilich nur noch abstrakte, von »mechanischem Leben« erfüllte – Ganze selbst und erlaubt dem Individuum lediglich, einen »fragmentarischen Anteil« an demselben zu nehmen, einen Anteil, den er ihm nach seinem eigenen Nutzen vorschreibt.[182] (»Der Staat hat sich zum Erzieher der Individualität aufgeworfen«, heißt es ebenso in *Oper und Drama.* »Seine Individualität verdankt der Staatsbürger dem Staate; sie heißt aber nichts anderes als seine vorausbestimmte Stellung zu ihm; IV,68.)
Diese Kontrastierung des hellenischen und modernen Menschen bildet bei Wagner die Grundlage der Unterscheidung von dramatischen und Roman-Charakteren. »Das Drama gibt uns den *Menschen,* der Roman erklärt uns den *Staatsbürger.*« (IV,48.)
Wagner läßt nun keinen Zweifel daran, daß der Roman trotz seiner Fragwürdigkeit als Kunstwerk »kein willkürliches, sondern ein notwendiges Erzeugnis unseres modernen Entwicklungsganges« ist: »er gab den redlichen Ausdruck von Lebenszuständen, die künstlerisch nur durch ihn, nicht durch das Drama darzustellen waren«. In der Konsequenz der Wirklichkeitsdarstellung ging er vielfach so weit, daß er sich »als Kunstwerk endlich selbst vernichtete« (IV,48). Hier zeigt sich unmißverständlich, daß Wagner als einzig legitime Formen des zeitgenössischen Romans den realistischen Geschichts- und Gesellschaftsroman anerkennt, die für ihn im Prinzip ein und dasselbe sind: »Der Boden der Geschichte ist die soziale Natur des Menschen« (IV,51), d.h., der historische Roman ist als solcher Sozialroman, wie dieser die zeitgenössische »bürgerliche Gesellschaft« als geschichtlich bedingten Zustand präsentiert.
Dem Auge des Romandichters, der nach den »ungeschminkten Zügen« der bürgerlichen Gesellschaft sucht, bietet sich diese als ein »Chaos von Unschönheit und Formlosigkeit« dar (IV,51). Dessen konsequente Widerspiegelung aber raubt dem Roman selbst die schöne Form, ja er hört schließlich auf, Kunstwerk zu sein, und wird zur politischen Agitation. Je mehr der Roman das Leben »bei seiner lasterhaftesten sozialen Grundlage erfaßte«, mußte er »zur revolutionären Waffe gegen diese soziale Grundlage« werden (IV,28).

> »Der tiefe Unmut, der ihm [dem Romandichter] aus seiner eigenen Darstellung erwachsen mußte, trieb ihn [...] aus seinem beschaulichen dichterischen Behagen, in dem er sich immer weniger mehr zu täuschen vermochte, heraus in die Wirklichkeit selbst, für das erkannte wirkliche Bedürfnis der menschlichen Gesellschaft zu streiten. Auf ihrem Wege zur praktischen Wirklichkeit streifte auch die Romandichtung immer mehr ihr künstlerisches Gewand ab: die als Kunstform ihr mögliche Einheit mußte sich – um durch Verständlichkeit zu wirken – in die praktische Vielheit der Tageserscheinungen selbst zersetzen. Ein künstlerisches Band war da unmöglich, wo alles nach Auflösung rang, wo das zwingende Band des historischen Staates zerrissen werden sollte. Die Romandichtung ward Journalismus, ihr Inhalt zersprengte sich in politische Artikel; ihre Kunst ward zur Rhetorik der Tribüne, der Atem ihrer Rede zum Aufruf an das Volk.« (IV,53.)

Das ist die radikale Folge des von Heinrich Heine verkündeten »Endes der Kunstperiode«! Die Ablösung der affirmativen Kunst durch politischen Journalismus und revolutionäre Praxis ist die letzte Konsequenz aus den inhaltlichen und formalen Tendenzen der paradigmatischen literarischen Gattung der Moderne: des Romans.
Angesichts des nach Wagners System aus der Entwicklung des Romans notwendig folgenden Todes der Kunst kann sich deren Wiedergeburt nur durch eine utopische

Überschreitung des gegenwärtigen Weltzustandes legitimieren, durch die Antizipation des neuen Mythos am Ende der Geschichte. Diese radikale Überschreitung des modernen Zeitalters ist aber dem musikalischen »Drama der Zukunft« vorbehalten. Es ist die einzige Kunstform, die der Kunst als solcher noch historische Legitimität verleiht. In diesem Zusammenhang steht Wagners großer geschichtsphilosophischer Exkurs über den Ödipus-Mythos, den er als Schlüsselmythos der Weltgeschichte auslegt. (Seine detaillierte Analyse wird hier ausgespart; sie soll im *Ring*-Kapitel nachgeholt werden, hat Wagner doch selbst im *Epilogischen Bericht* angedeutet, daß jener Exkurs zugleich einen Schlüssel zur Deutung der Tetralogie enthält.) Am Ödipus-Mythos demonstriert Wagner die Entstehung der historisch-politischen aus der mythischen Welt und die Aufhebung von Staat und Geschichte im Zeitalter des neuen Mythos, der alle geistigen Kräfte und historischen Erfahrungen der Moderne so konzentriert in sich aufnimmt, wie sich um den Roman der Zauberring einer neuen Kunstform schließt: im musikalischen Drama, das seine Elemente wieder zur reinmenschlichen Gestalt verdichtet.

»Der Roman ist die Epopöe der gottverlassenen Welt«, heißt es in der *Theorie des Romans* (1916) von Georg Lukács.[183] Diese Gottverlassenheit ist das unaufhebbare Fatum seiner Form, denn »die große Epik ist eine an die Empirie des geschichtlichen Augenblicks gebundene Form, und jeder Versuch, das Utopische als seiend zu gestalten, endet nur formzerstörend, aber nicht wirklichkeitsschaffend. Der Roman ist die Form der Epoche der vollendeten Sündhaftigkeit, nach Fichtes Worten, und muß die herrschende Form bleiben, solange die Welt unter der Herrschaft dieser Gestirne steht.«[184] Es bedarf keines Nachweises mehr, wie sehr diese spekulativen Sätze mit der Theorie des Romans in *Oper und Drama* kongruieren. Was dem Roman verwehrt ist – das Utopische als seiend zu gestalten –, ist für Wagner freilich die historische Mission des musikalischen Dramas. Es erlöst den Roman durch dramatische Verdichtung zum Reinmenschlichen gewissermaßen von seiner ›sündhaften‹ Gestalt.

Wagners Bild des Romans ist weit stärker vom englisch-französischen Roman des 19. Jahrhunderts als von der spezifisch deutschen Tradition des Bildungsromans geprägt, dessen poetisiertes Wirklichkeitsbild mit dem Realismus etwa des französischen Gesellschaftsromans, den Wagner vor Augen zu haben scheint, wenig gemein hat. Der moderne Romancier par excellence ist für Wagner stets Balzac gewesen; dessen *Comédie humaine* hat er bis an sein Lebensende mit niemals nachlassender Begeisterung gelesen, wie die Tagebücher Cosimas zeigen.[185] Mit Balzacs Antipoden Flaubert findet er sich hingegen nicht zurecht (CT II,540). Gutzkows Vergleich der *Meistersinger* (?) mit *Madame Bovary* hat er entrüstet abgelehnt (CT I,392). (Den Vergleich der Wagnerschen Heroinen mit Flauberts Romanheldin wird Nietzsche übrigens im Aphorismus 9 des *Fall Wagner* wiederholen.)

Neben Balzac gilt Wagners Bewunderung vor allem den historischen Romanen Walter Scotts; auch Tolstois *Krieg und Frieden* hat er noch wenige Wochen vor seinem Tod mit großem Interesse in französischer Übersetzung gelesen (CT II,1062 ff.). In seiner Abhandlung *Deutsche Kunst und Deutsche Politik* hat Wagner den Autor der *Comédie humaine* als eine »ganz unvergleichliche Erscheinung [...] auf dem Gebiete der Literatur« gerühmt. Niemand habe wie er »mit der unglaublichen Geduld des für seinen Stoff wirklich in Liebe eingenommenen Dichters« das »grauenhafte Chaos« der modernen Zivilisation geschildert. Balzac sei ein »Genie«, das einer in permanenten

Selbsttäuschungen über den »grauenhaften Inhalt« der zeitgenössischen Kultur befangenen Gesellschaft – »durch die bisher ungekannte realistische Treue und unverdrossene Ausdauer in der Zeichnung der Details« ihrer korrupten Zustände, »vor allem aber durch die vollkommene Trostlosigkeit«, in der uns dieser Realismus lasse – geradezu als ein »Dämon« erscheinen müsse (VIII,91 f.).

Sollte Wagner zwischen dem Balzacschen Romanzyklus und seiner eigenen *Ring*-Tetralogie eine geheime Korrespondenz wahrgenommen haben? Thomas Mann, der schon in seinem *Versuch über das Theater* (1908) Wagners Musikdramen unter Berufung auf die entsprechenden Passagen in *Oper und Drama* als heimliche Romane charakterisiert hat, spricht in seiner Rede *Leiden und Größe Richard Wagners* (1933) von einer »Familienähnlichkeit« zwischen den *Rougon-Macquarts* von Zola und dem *Ring des Nibelungen*.[186] Und in seinem Essay *Die Kunst des Romans* (1939) bezeichnet er den *Ring* – nicht etwa die Romane Kellers, Fontanes u. a., die, aus welchen Gründen auch immer, nie ›Weltliteratur‹ geworden sind – als das einzige Äquivalent zur großen europäischen Romankunst im deutschen 19. Jahrhundert. »Der *Ring des Nibelungen* hat mit dem symbolischen Naturalismus der *Rougon-Macquart*-Serie Emile Zolas viel gemein – sogar das ›Leitmotiv‹«[187] (ohnehin ein ursprünglich episches Mittel, das bei Zola freilich schon unter dem Einfluß Wagners eingesetzt wird). Den Vergleich der Tetralogie mit der *Comédie humaine* hätte Wagner wohl selbst nicht verworfen. Beide Zyklen verhalten sich komplementär zueinander. Balzacs Romane spiegeln nach Wagner jenen vom ›Gold‹ beherrschten Weltzustand wider, dessen Herkunft und Aufhebung im zyklischen Ablauf der Weltgeschichte den Inhalt der mythischen Konstruktion der *Ring*-Tetralogie bildet.

Die Aufgabe des »Dramas der Zukunft« ist es, der Geschichte und Politik ihre Aufhebung im Mythos vorzuzeichnen. Auf der Ebene der musikalisch-dramatischen Form geschieht das durch die Aufhebung der vom Verstand geprägten Wortsprache in der vom Gefühl bestimmten Tonsprache. »Gefühlswerdung des Verstandes« ist also das Prinzip des musikalischen Dramas. »Im Drama müssen wir *Wissende* werden« – aber Wissende wie Brünnhilde am Ende der *Götterdämmerung* (»daß wissend würde ein Weib!«; VI,252) oder wie Parsifal im dritten Akt, nämlich nicht durch den »vermittelnden Verstand«, sondern »durch das Gefühl«, durch die »Unwillkür«, d. h. Unmittelbarkeit seiner Erfahrung. »Vor dem dargestellten dramatischen Kunstwerke darf nichts mehr dem kombinierenden Verstande aufzusuchen übrig bleiben: Jede Erscheinung muß in ihm zu dem Abschlusse kommen, der unser Gefühl über sie beruhigt.« Die »bestimmt erfassenden Organe« des Gefühls aber sind die »Sinne«. Das bedeutet: Die dramatische Handlung muß vollkommen der »sinnlichen Anschauung« zugänglich sein (IV,78 f.).

Im zweiten Teil von *Oper und Drama* beschreibt Wagner die Leistung des Dichters im musikalischen Drama. Wendet dieser sich (etwa im Roman) an den Verstand, so hat er »umständlich« zu verfahren, richtet er sich hingegen an das »unmittelbare Gefühl«, so muß er »einfach« zu Werke gehen, d. h., er darf nichts einem »kombinierenden Akte« überlassen, »der das Gefühl aufhebt« (IV,69). Wie aber ist Einfachheit ohne Vereinfachung gewährleistet? Das Drama soll ja den Menschen nicht auf eine archaische Stufe zurückführen, sondern es soll ihm in seiner ganzen modernen Komplexität gerecht werden. Der dramatische Dichter darf also den »weiten Kreis« der menschlichen

Realität nicht verkleinern (»beschneiden«), sondern er muß ihn nach seinem Mittelpunkt hin zusammendrängen und zur »verständnisgebenden Peripherie des Helden« verdichten. »Diese Verdichtung ist das eigentliche Werk des dichtenden Verstandes.« (IV,80.) In diesem Zusammenhang entfaltet Wagner nun seine Dramaturgie des »Wunders« (IV,81 ff.), deren praktische Realisierung später am Beispiel des Liebestranks im *Tristan* verfolgt werden soll. Das ästhetische Wunder richtet sich nicht wie das religiöse an den »Glauben«, sondern an das »Gefühlsverständnis«, es soll einen unüberschaubar-komplexen »Zusammenhang natürlicher Erscheinungen in einem schnell verständlichen Bilde darstellen« (IV,82).

Die bei einer solchen Verdichtung zu einem übersichtlichen Bild ausgeschiedenen Realitätsmomente, Motive dürfen nun nicht einfach unter den Tisch fallen, sondern müssen »in die beibehaltenen Hauptmomente selbst mit übertragen werden, d. h. sie müssen in ihnen auf irgendwelche für das Gefühl kenntliche Weise mitenthalten sein« – im Interesse einer »vollen Motivierung« derselben (IV,83). Daß das nicht abstrakte Theorie ist, wird sich beim *Tristan* zeigen; das ›Wunder‹ des Liebestranks ist hier in der Tat ein schnell verständliches Bild, das eine komplexe seelische Wirklichkeit offenbart, deren Einzelmomente auf subtile Weise poetisch und musikalisch chiffriert sind. Die Aufladung eines Hauptmotivs durch implizierte Nebenmotive, das »Aufgehen vieler Motive in dieses eine«, bezeichnet Wagner als »Verstärkung« (IV,89). Die durch das dergestalt verstärkte Motiv gebildete Handlung ist die »verdichtete Gestalt des wirklichen Lebens«. Je umfassender nun der Motivkomplex ist, der das Hauptmotiv und die Handlung verstärkt, desto ›wunderbarer‹ wird diese sich gestalten, d. h., desto mehr wird sie sich über die alltägliche Wirklichkeitsebene erheben (IV,84). Das Wunder – und der Mythos als System des Wunderbaren – konterkariert also nicht den natürlichen Zusammenhang der Dinge, sondern steigert das natürliche Leben zu »erregtester, dem gewöhnlichen Leben unerreichbarer Potenz« (IV,89). Die »Verstärkung der Motive« und die durch sie bedingte Steigerung der dramatischen Handlung ins Mythisch-Wunderbare verhält sich komplementär zur realistischen Widerspiegelung der Wirklichkeit. Sie sucht dieselbe ebenfalls in ihrer Totalität zu erfassen – freilich nicht durch (realistische) Extensität, sondern durch (lyrische) Intensität. Selbst der engagierte Antiwagnerianer Peter Hacks hat der Lehre von der Motivverstärkung seinen Respekt nicht versagt und ihre Verankerung in einer realistischen Kunstlehre hervorgehoben: Folgendermaßen faßt er die Ausführungen Wagners im zweiten Teil von *Oper und Drama* deutend zusammen:

> »Wenn das Poetische früher als begötterte Welt des Mythos vorhanden war und in Zukunft als lebendige Menschlichkeit vorhanden sein wird, zeigt es sich heute, 1850, als ein Unvorhandenes: als Wunder. Das Wunder ist die einsehbare Erscheinungsform des Widerspruchs zwischen gegenwärtiger Sachlage und Utopie. – Wie aber läßt sich der minderwertige Gegenstand mit seiner verzettelten und entmenschten Ursachenverknüpfung so verbessern, daß er aufhört, sich gegen die – durch das Wunder ermöglichte – poetische Darstellungsweise zu sträuben. Wagners Antwort ist eine überaus schöne, realistische Kunstlehre, die von der Motivverdichtung. Nämlich verbietet, so begreift er, der Realismus, von den wirklichen Motivierungen des modernen Lebens etwa einfach abzusehen [...], müssen all die wirklichen Motive in den poetischen Motiven des wunderbaren Kunstwerks verborgen, zusammengefaßt enthalten und, kurzum, aufgehoben sein. Auf die Art entsteht eine Handlung, welche ›verstärkt, mächtiger und in ihrer Einheit umfangreicher ist, als wie sie das gewöhnliche Leben hervorbringt‹; es entsteht eine kunstfähige Handlung.«[188]

Wird das Leben durch die Motivverstärkung über das gewöhnliche menschliche Maß erhöht, so muß auch die Wortsprache[189], das Organ des »dichtenden Verstandes«, eine entsprechende Ausdruckssteigerung erfahren; dies kann aber nur dadurch geschehen, daß sie sich in die Tonsprache ergießt, aus deren Mutterschoß sie hervorgegangen ist und in die sie wieder wie der Verstand in das Gefühl und die Geschichte in den Mythos eingehen wird. – Das Element der Wortsprache aber, das der Tonsprache als der ursprünglichen »Empfindungssprache« noch unmittelbar entspricht, ist der Vokal. Wagner deutet ihn als »subjektiven Gefühlsausdruck«, den Konsonanten hingegen als »objektiven Ausdruck des Gegenstandes« (IV,94). Sprache im eigentlichen Sinne entsteht, indem Gefühl und Gegenstand, Vokal (»Ausdruck«) und Konsonant (»Eindruck«) zur Wortwurzel zusammentreten. Die »Sprachwurzel« als ursprünglich-sinnliche, unwillkürlich von der »Leibesgebärde« begleitete tönende Kundgabe des inneren Menschen und seiner spontanen Reaktion auf die gegenständliche Welt – mithin als Urelement der ›Musik‹ im griechischen Sinne, welche den »Bund der Gebärden-, Ton- und Wortsprache« (IV,96) bezeichnet – ist der Keim, aus dessen Vervielfältigung und Zusammenstellung »das ganze sinnliche Gebäude unserer unendlich verzweigten Wortsprache errichtet ist« (IV,92 f.). Zur Dichtung wird die Sprache in dem Moment, da die Ausdrucks-Eindruckszeichen der Wurzeln zu alliterieren beginnen. Die Alliteration, der Stabreim, ist nach Wagner »die urälteste Eigenschaft der dichterischen Sprache«.

> »Im Stabreime werden die verwandten Sprachwurzeln in der Weise zueinandergefügt, daß sie, wie sie sich dem sinnlichen Gehöre als ähnlich lautend darstellen, auch ähnliche Gegenstände zu einem Gesamtbilde von ihnen verbinden, in welchem das Gefühl sich zu einem Abschlusse über sie äußern will.«

Der Stabreim stiftet also ein ähnliches »Beziehungsfest« (Thomas Mann)[190] zwischen den Dingen wie das Leitmotiv.

> »Die Verteilung und Anordnung dieser sich reimenden Wurzeln geschieht nach ähnlichen Gesetzen wie die, welche uns [...] in der für das Verständnis notwendigen Wiederholung derjenigen Motive bestimmen, auf die wir ein Hauptgewicht legen.« (IV,94 f.)

Stabreim und Leitmotiv offenbaren die geheimen »Sympathien« der Dinge, von denen die deutschen Romantiker, die »correspondances«, von denen die Symbolisten gesprochen haben.
Dieser von der Forschung bisher kaum beachtete Gedanke einer Analogie zwischen der Mikrostruktur des Stabreims und der Makrostruktur des Leitmotivgewebes taucht im dritten Teil von *Oper und Drama* noch einmal auf. Wagner nennt hier im sechsten Kapitel die als »Ahnung und Erinnerung« aufklingenden Leitmotive (dieser Begriff kommt bei ihm natürlich noch nicht vor) die »Gefühlswegweiser durch den ganzen vielgewundenen Bau des Dramas. An ihnen werden wir zu steten Mitwissern des tiefsten Geheimnisses der dichterischen Absicht« (IV,200), stiften sie doch die poetischen Sinnbeziehungen zwischen Personen und Handlungen. Diese »melodischen Momente«, die den »Hauptmotiven der dramatischen Handlung« entsprechen, bilden durch ihre »beziehungsvolle, stets wohlbedingte – dem Reime ähnliche [!] – Wiederkehr« einen das ganze Drama als »einheitliche künstlerische Form« umschließenden »bindenden Zusammenhang« aller Teile (IV,202). Die durch die Leitmotivtechnik verwirklichte Einheit des Dramas findet also ihr quasi mikrostrukturelles Pendant im

Stabreim. Dieser leistet im Kleinen, was durch die »Verstärkung der Motive« von seiten des dramatischen Dichters und durch die auf sie abgestimmten »melodischen Momente« durch den Musiker im Großen geschieht: nämlich die »Verdichtung« der vielgliedrig-zerstreuten Erscheinungswelt.

Es versteht sich von selbst, daß nach Wagner nur die Alliteration, nicht aber der Endreim diese Beziehungs- und Verdichtungsleistung vollbringen kann, stellt letzterer doch nicht zwischen den substantiellen Ausdrucks- und Eindruckslauten, sondern deren akzidentellen Nachklängen eine – sinnlose – Beziehung her. Der Stabreimdichter führt das »Angesicht des Wortes« vor, während der Endreimdichter dem Gehör »das welke Hinterteil« desselben »zur Abfertigung hinhält« (IV,133). (Daß Wagner sich an seine Theorie später allerdings nicht mehr gehalten hat, zeigt die Verwendung des Endreims in *Tristan* und in den *Meistersingern*.)

Auf dem Musiktheater ist der endgereimte rhythmische Vers nach Wagner überhaupt wertlos, da die Melodie ihn in seine Bestandteile auflöst und nach ihrem »absoluten Ermessen« neu fügt, dem ohnehin übertönten Endreim also seine klangliche Evidenz raubt (IV,112). Erst recht aber muß der Musiker, dem es – wie Gluck – um die melodische Verstärkung des natürlichen Sprachakzents geht, die Struktur des Verses übergehen. »Hiermit löste der Musiker aber nicht nur den Vers, sondern auch seine Melodie in Prosa auf, denn nichts anderes als eine *musikalische Prosa* blieb von der Melodie übrig, die nur den rhetorischen Akzent eines zur Prosa aufgelösten Verses durch den Ausdruck des Tones verstärkte.« (IV,114.) Eben das aber haben Wagners Gegner auch seinem Kompositionsverfahren vorgeworfen.

In der heutigen Wagner-Forschung besteht tatsächlich ein Konsensus darüber, daß Wagner im Ring »musikalische Prosa« komponiert hat,[191] wobei es sich von selbst versteht, daß dieser Begriff nicht mehr in dem noch von Wagner gemeinten pejorativen Sinne,[192] sondern in der von Arnold Schönberg definierten positiven Bedeutung verwendet wird. Die Emanzipation vom Periodenschema, von der rhythmisch-syntaktischen Quadratur der »absoluten Melodie« sowie das dichterische Verfahren der reim- und strophenlosen Versreihung, die Etablierung eines Vers libre mit unregelmäßiger Hebungszahl verleihen der musikalischen Syntax unverkennbar Prosacharakter. Der Stabreim ist, anders als Wagner in *Oper und Drama* wähnt (vgl. IV,152 f.), kompositionstechnisch weithin irrelevant, zumindest ohne Einfluß auf die rhythmische Struktur. »Als Text einer Komposition ist Wagners alliterierende Dichtung nichts anderes als Prosa« (Dahlhaus).[193]

»Der musikalische Prosaist kann überall anfangen und überall aufhören«, schreibt Grillparzer 1821 in seinem Tagebuch;[194] ihm fehle der »Sinn für ein Ganzes« (das Grillparzer sich offenbar nur als das traditionelle Periodengerüst vorstellen kann). »Jedes eigentlich melodische Thema hat nämlich sein inneres Gesetz der Bildung und Entwicklung, das dem eigentlich musikalischen Genie heilig und unantastbar ist und das er den Worten zu Gefallen nicht aufgeben kann.« Hanslick zitiert diese Äußerung in den späteren Auflagen seines Versuchs *Vom Musikalisch-Schönen* und fragt: »Klingt nicht vieles in diesen vor Dezennien geschriebenen Aphorismen wie eine Polemik gegen Wagners Theorien und Walkürenstil?«[195] Die abschätzigen Äußerungen Grillparzers über Wagner – zwischen beiden fand 1848 in Wien anläßlich von Wagners Theaterreformplänen eine persönliche Begegnung statt (vgl. ML 382) – sind von Hanslick denn auch in seinem Aufsatz *Grillparzer als Musiker* (1876) mit größtem Vergnügen aus dem

Nachlaß des Dichters abgedruckt worden.[196] Tatsächlich scheint Grillparzer in Wagners Stil die extreme Realisierung der musikdramatischen Tendenzen wahrgenommen zu haben, die er in den zwanziger Jahren im Werk Carl Maria von Webers verworfen hat.[197]

Obwohl Wagner den Begriff der »musikalischen Prosa« an oben zitierter Stelle offensichtlich negativ wertet, hat er doch die prosaische Struktur der von ihm postulierten musikdramatischen Sprache wenige Seiten später halbwegs zugegeben. Er verwirft den bisherigen rhythmischen Vers als eine dem natürlichen Duktus der Sprache fremde Konstruktion:

> »Wir haben [...] *aus der Prosa unserer gewöhnlichen Sprache* den erhöhten Ausdruck zu gewinnen, in welchem die dichterische Absicht allvermögend an das Gefühl sich kundgeben soll. Ein Sprachausdruck, der das Band des Zusammenhanges mit der gewöhnlichen Sprache dadurch zerreißt, daß er seine sinnliche Kundgebung auf fremd hergenommene, dem Wesen unserer gewöhnlichen Sprache uneigentümliche – wie die näher bezeichneten prosodisch-rhythmischen – Momente stützt, kann nur verwirrend auf das Gefühl wirken.« (IV,117.)

Wagner verwirft den a priori feststehenden Strophen- und Versbau ebenso wie die vermeintlich schematische, lebensfremde Geschlossenheit der Tragédie Racines – oder wie das starre Periodengerüst der ›absoluten‹ Musik. Das bedeutet nicht, daß Vers, Periode oder dramatische Geschlossenheit für Wagner abgetan wären; sie müssen vielmehr von einer neuen Basis her begründet werden. An die Stelle des endgereimten rythmischen Verses tritt der freie Stabreimvers, an die Stelle der konventionellen quadratischen die »dichterisch-musikalische Periode« (IV,154) mit ihrer von der poetischen Absicht gesteuerten harmonischen Entwicklung,[198] an die Stelle der ›drei Einheiten‹ die durch die beschriebene Motivverdichtung organisch gebildete Einheit der Form. In allen drei Fällen läßt sich sagen, daß die Prosa die eigentliche Basis des musikalischen Dramas ist. Wagners Dramaturgie ist eine umgestülpte Romantheorie. Wie der Mythos am Ende der Zeiten durch die Geschichte »gerechtfertigt« sein muß, wie auch das Gefühl aus dem Verstande zu rechtfertigen ist (IV,91), so muß das musikalische Drama durch den Roman, der Vers durch die Prosa legitimiert sein – als nicht mehr apriorische, sondern aus dem widerständigen Element a posteriori hervorgehende Formen. Nur so ist der »Gang dieser Entwicklung« – von der Geschichte zum Mythos, vom Verstand zum Gefühl, vom Roman zum Drama, von der Prosa zum Vers – »nicht eine Rückkehr, sondern ein Fortschritt bis zum Gewinn der höchsten menschlichen Fähigkeit« (IV,91).

Im dritten Teil von *Oper und Drama* stellt Wagner ausführlich dar, wie sich der alliterierende Vers aus der Prosa entwickelt, nämlich in Analogie zur dramatisch-musikalischen Konzentration des ›Romans‹: zur »Verdichtung und Zusammendrängung der Handlungsmomente und ihrer Motive« – die »wiederum nur durch einen ebenso verdichteten und zusammengedrängten Ausdruck zu ermöglichen sind«.

> »Wie wir von diesen Handlungsmomenten und um ihretwillen von den sie bedingenden Motiven alles Zufällige, Kleinliche und Unbestimmte auszuscheiden hatten, wie wir aus ihrem Zusammenhalte alles von außen her Entstellende, pragmatisch Historische, Staatliche und dogmatisch Religiöse hinwegnehmen mußten, um diesen Inhalt als einen rein menschlichen, gefühlsnotwendigen darzustellen, so haben wir auch aus dem Sprachausdrucke alles von diesen Entstellungen des Reinmenschlichen, Gefühlsnotwendigen Herrührende und ihnen einzig Entsprechende in der Weise auszuscheiden, daß von ihm eben nur dieser Kern übrigbleibt.« (IV,118.)

Das bedeutet: Wir haben die von der »religiös-staatlich-historischen Konvention« geprägte absolute »Verstandessprache« – das Pendant der »absoluten Tonsprache« (IV,98) –, die durch einen »mechanisch vermittelnden Wörterapparat« mehr und mehr ins Breite gezogen und syntaktisch kompliziert worden ist, wieder zu den gefühlsnotwendigen Momenten, d. h. zu den Sprachwurzeln zusammenzuziehen. Durch diese Kontraktion nähert sich die Sprache dem musikalischen Ausdruck, wie die Tonkunst umgekehrt ihre Absolutheit aufgeben, sich der Sprache wieder nähern kann. Das Gefühl kehrt aus seinem musikalischen Exil zum Wort zurück.

Die geforderte Zusammendrängung der Akzente der »Prosaphrase« zum Stabreimvers entspricht nach Wagner dem »gedrängten Ausdruck« des Affekts:

> »Im aufrichtigen Affekte, wo wir alle konventionellen, die gedehnte moderne Phrase bedingenden Rücksichten fahrenlassen, suchen wir uns immer in *einem* Atem kurz und bündig so bestimmt wie möglich auszudrücken: in diesem gedrängten Ausdrucke betonen wir aber auch – durch die Kraft des Affektes – bei weitem stärker als gewöhnlich, und zumal rücken wir die Akzente näher zusammen, auf denen wir, um sie wichtig und dem Gefühle ebenso eindrücklich zu machen, als wir unser Gefühl in ihnen ausgedrückt wissen wollen, mit lebhaft erhobener Stimme verweilen.« (IV,119 f.)

Wie die ausgeschiedenen Motive des ›Romans‹ in den Hauptmotiven des musikalischen Dramas impliziert sein müssen, so auch die ausgelassenen Nebenwörter der Prosaphrase in den Hauptwörtern, zu welchen letztere verdichtet wird. Hier wie dort bedeutet dieser Verdichtungsprozeß eine »Verstärkung«: des Motivs wie des Sprachakzents. Das gleiche gilt übrigens auch für die Choreographie und Gestik des musikalischen Dramas: der gedrängten Handlung, dem verstärkten Wortakzent entspricht die ›gesteigerte‹ Gebärde (IV,178).

Wie es stärkere und schwächere Handlungsmomente gibt, so auch stärkere und schwächere Sprachakzente. Diese sind nun auf die »guten und schlechten Hälften des musikalischen Takts« bzw. auf die »guten und schlechten Takte einer musikalischen Periode« zu verteilen (IV,122). Takt und Periode – an sich semantisch unbestimmt – werden auf diese Weise ›bedeutend‹. Wagner weiß freilich, daß eine solche Semantisierung der Musik nicht in allen Sprachen möglich ist. Von den »Opernsprachen« ist es nur die deutsche, die »den Akzent auf den Wurzelsilben erhalten hat«, d. h. als Ausdruck der Wortbedeutung verwendet (IV,211 f.). Die stärkere Betonung des Akzents bedeutet also (anders als in den romanischen Sprachen) Hervorhebung des Wortsinns. Das hat fundamentale Konsequenzen für die Vertonung und auf dem Wege über die Vokalmusik selbst für die Betonungsverhältnisse in der Instrumentalmusik. Wagner hat in dieser Hinsicht schon Einsichten der modernen Musikwissenschaft vorweggenommen. Nach den Worten von Thrasybulos Georgiades bekommen durch die deutsche Sprachhaltung Abtakt und Auftakt, als die beiden Urformen der neuzeitlichen musikalisch-rhythmischen Gestaltung, einen neuen Sinn. Sie werden »Sinnwirklichkeiten, die etwas von der Würde des bedeutungsbedingten Nachdrucks haben«;[199] sie werden ›sprechend‹. (»Die Musik artikuliert nunmehr, als ob sie spräche«.[200]) Georgiades belegt das z. B. am Schlußsatz von Beethovens Streichquartett op. 135, der bekanntlich auf der Verbindung eines abtaktigen (»Muß es sein?«) und eines auftaktigen Gedankens (»Es muß sein!«) beruht. Auch an das Instrumentalrezitativ im Finalsatz der *Neunten Symphonie* wäre zu denken, an dessen Beispiel Wagner seine Theorie von der Sprachwerdung der absoluten Musik dargelegt hat.

Wagner hat in seinen Schriften immer wieder nachgewiesen, wie wenig die deutschen Opernkomponisten in ihrer Melodieführung den spezifischen Charakter der deutschen Sprache und ihrer Akzentverhältnisse beachtet haben.[201]

>»Die absolute Opernmelodie mit ihren ganz bestimmten melismischen und rhythmischen Besonderheiten, wie sie in Italien in ziemlichem Einklang mit einer willkürlich akzentuierbaren Sprache sich ausgebildet hatte, war auch deutschen Opernkomponisten das von Anfang herein Maßgebende gewesen; diese Melodie war von ihnen nachgeahmt und variiert worden, und ihren Anforderungen hatte sich die Eigentümlichkeit unserer Sprache und ihres Akzentes fügen müssen. [...] Selbst der sonst so gewissenhafte Weber ist der Melodie zuliebe gegen die Sprache oft noch durchaus rücksichtslos.« (IV,215.)

Die Mißachtung des natürlichen Sprachakzents hat Wagner nicht nur in der Theorie, sondern sogar in einem seiner dramatischen Werke zum Thema gemacht: die falschen Betonungen in Beckmessers Ständchen, die Hans Sachs durch das Beschlagen der Schuhe anmerkt, sind typische Fehler deutscher Opernkomponisten, die, an der Deklamation der italienischen oder französischen Oper orientiert, nicht beachten, daß »dort der Sprachakzent unvergleichlich fügsamer ist und namentlich an den Wurzelsilben haftet« (X,157) – eine ohne Zweifel zutreffende Beobachtung Wagners. Hans Sachs unterbricht Beckmesser nach den ersten Zeilen des Ständchens mit einem sinngerecht phrasierenden Alternativvorschlag, von dem Beckmesser allerdings nichts wissen will. Darauf Sachs: »Mich dünkt, 's sollt' passen Ton und Wort« (VII,220), d. h. musikalischer und Sprach-Akzent.[202]
Welche Rolle dieses Problem auch in der Wagner-Nachfolge spielte, hat Stephan Kohler am Beispiel der Korrespondenz zwischen Richard Strauss und Romain Rolland anläßlich der französischen Version der *Salome* nachgewiesen. Strauss fühlte sich in seiner an Wagner geschulten »Sprachwurzelempfindung« (sein eigenes Wort) durch die Akzentvariabilität des Französischen, die ihm zumal beim Studium von Claude Debussys *Pelléas et Mélisande* auffiel, ständig irritiert und mußte sich von Rolland darüber belehren lassen, daß die Betonungsverhältnisse der deutschen Sprache niemals auf die französische Deklamation zu übertragen sind, die eine andere musikalische Phrasierung zur Folge hat.[203] – Was Strauss rätselhaft ist (»Warum singt der Franzose anders als er spricht?«), hat Wagner als Prinzip der romanischen Sprachen bereits deutlich erkannt und deshalb im Zuge seines Systems die These aufgestellt – welche, losgelöst von ihrem sprachtheoretischen Kontext, als purer Chauvinismus erscheinen muß –, daß »das vollendete dramatische Kunstwerk [...] nur in deutscher Sprache« möglich ist, weil sie eben als einzige der »Opernsprachen« auf die »gefühlszwingende Kraft« der Wurzelsilben baut (IV,129). Das aber ist für Wagner die Conditio sine qua non der musikalisch-dramatischen Deklamation und der beschriebenen Verdichtung der Sprache: die Form des Stabreimverses, die gewissermaßen poetische Kristallisationspunkte im »grauen Gewühl der Prosa« (IV,97) setzt und so das Strukturgesetz des ganzen musikalischen Dramas keimhaft vorbildet. Dieses Hervortreten der Sprachwurzeln durch den Reim des Anlauts vergleicht Wagner dem Emporsprießen der Keime unter der schmelzenden Schneedecke. Noch steht der Dichter im »Winterfroste der Sprache« da, bald aber werden »aus den erstorben gewähnten alten Wurzeln« hier und da wieder Keime sprießen, bis endlich ein »neuer Menschenfrühling« die »pragmatisch prosaischen Schneeflächen« gänzlich hinwegschmelzt (IV,127 f.).

Wie wir schon feststellten, besteht für Wagner offenbar eine Analogie zwischen Alliteration und Leitmotivgewebe. Die »befähigende Kraft, selbst die anscheinend verschiedensten Gegenstände und Empfindungen dem Gehöre [durch die »Macht des gleichen Klanges«, hier durch den Reim des Anlauts] als verwandt vorzuführen« (IV,133), verbindet den Stabreim mit den »ahnungs- und erinnerungsvollen melodischen Momenten« (IV,200), die das ursprünglich Zusammengehörige, im Zeitalter der Prosa jedoch »Zerrissene und Zertrennte« wieder zum »Reinmenschlichen« sammeln (IV,132 f.) – damit aber auch die aristotelische Einheit des Dramas glaubwürdig wiederherstellen. Im Interesse dieser Einheit hat Wagner sich dagegen gewehrt, die leitmotivischen »melodischen Momente« von ihrem musikalisch-dramatischen Strukturzusammenhang zu isolieren oder gar zu katalogisieren. In seinem Aufsatz *Über die Anwendung der Musik auf das Drama* (1879) äußert er selbst Bedenken gegen den von Hans von Wolzogen eingeführten Begriff des »Leitmotivs«, der die Verwertung jener tragenden melodischen Momente für den »musikalischen Satzbau« außer acht lasse. Wagner liegt in diesem Aufsatz ja daran, die »Einheit des Symphoniesatzes« als Strukturmodell des musikalischen Dramas nachzuweisen.

> »Diese Einheit gibt sich dann in einem das ganze Kunstwerk durchziehenden Gewebe von Grundthemen, welche sich, ähnlich wie im Symphoniesatze, gegenüberstehen, ergänzen, neu gestalten, trennen und verbinden: nur daß hier die ausgeführte und aufgeführte dramatische Handlung die Gesetze der Scheidungen und Verbindungen gibt, welche dort allerursprünglichst den Bewegungen des Tanzes entnommen waren.« (X,185.)

Hinter dieser Hypothese steht gewiß nicht nur die problematische Absicht, sich gegenüber der akademischen Kritik durch die Parallelisierung der Leitmotivtechnik mit der thematischen Arbeit der klassischen Instrumentalmusik als zünftiger Tonsetzer auszuweisen, sondern auch der berechtigte Wunsch, sich gegen das bei Anhängern wie Kritikern Wagners nicht auszurottende Mißverständnis der Leitmotive als quasi musikalischer Spruchbänder zu wehren, das ihren ›Beziehungszauber‹ zerstört. Von den schon zu seiner Zeit verbreiteten Leitmotivregistern wollte Wagner nicht viel wissen. Als er in einem Klavierauszug der *Götterdämmerung* Bezeichnungen wie »Wanderlust-Motiv, Unheilsmotiv etc.« entdeckt, bemerkt er unwillig: »Am Ende glauben die Leute, daß solcher Unsinn auf meine Anregung geschieht!« (CT II,772.) In der Tat haben sie das geglaubt, und die zynischen Vergleiche der Leitmotive mit Garderobenmarken oder Flaschenetiketten sind bis heute nicht verstummt. Als aufgeklebte »Devisen« disqualifiziert z. B. schon Emil Naumann in seiner Broschüre *Musikdrama oder Oper?* (1876) die Wagnerschen Motive:

> »Die Leitmotive müssen überhaupt als die bedenklichste Seite der Wagnerschen Manier angesehen werden, da sie uns zu jenem Kindeszeitalter der Kunst zurückführen, in welchem man Personen, die man noch nicht von innen heraus zu charakterisieren verstand, Worte und Zettel aus dem Munde gehen ließ, welche besagten, wer dadurch vorgestellt werden sollte, wie wir dies auf etrurischen Vasen oder in den frühesten Versuchen mittelalterlicher Malerei erblicken. Solchen Zetteln und Aufschriften gleichen nun aber in der Musik die Leitmotive, und tönen ihrer viele zusammen, so wirkt auch dies, bei der Starrheit, in der sie im übrigen verharren [wie Naumann zuvor nachzuweisen versucht hat], nicht als eine künstlerische Durchführung, sondern höchstens etwa in der Weise von musikalischen Rebus, die der Hörer lösen soll und die daher, gleich jenen Bilderrätseln, in denen das Bild nur ein totes Symbol, ein Zeichen für etwas anderes, nichts aber sich selbst bedeutet, weder Herz noch Gemüt zu erwärmen vermögen.«[204]

Naumann leugnet die symphonische Entwicklung der Leitmotive und streitet ihnen gerade das ab, was Wagner am allerwesentlichsten ist: daß sie zur Einheit und Ganzheit des musikalischen Dramas beitragen.

Für Wagner sind die Leitmotive ein spezifisch dramatisches Mittel, da sie die ›Verdichtung‹ der Handlung bewirken. Thomas Mann hat diese Auffassung im *Versuch über das Theater* verworfen. Für ihn ist das Leitmotiv »im Innersten episch, es ist homerischen Ursprungs«, und es bestätigt nach seiner Überzeugung Wagners eigene Theorie von der Entstehung des Dramas aus dem Roman. Es signalisiert jedenfalls den spezifisch epischen Geist, der das musikalische Drama durchweht.

> »Ich habe oft Mühe, ihn [Wagner] als Dramatiker zu empfinden. Ist er nicht eher ein theatralischer Epiker? Keins seiner Gebilde verleugnet im Untertone das Epos, und von den schildernden musikalischen Vorspielen zu schweigen, so habe ich stets seine großen Erzählungen am meisten geliebt, eingerechnet die Nornenszene in der *Götterdämmerung* und das unvergleichlich epische Frage- und Antwortspiel zwischen Mime und dem Wanderer. Was ist der dramatische Wotan, den wir im *Rheingold* auf der Bühne sahen, verglichen mit dem epischen in Sieglindes Erzählung vom Alten im Hut?«[205]

Die Herabsetzung des erzählenden gegenüber dem dramatischen Kunstwerk hält Thomas Mann deshalb für »häßliche Undankbarkeit« gegen die Gattung, der Wagner doch fast alles verdanke.[206]

Thomas Mann treibt im *Versuch über das Theater* mit dem Leser ein raffiniertes Vexierspiel, das nur durchschaut, wer Wagners theoretische Schriften kennt. Der *Versuch* wendet sich gegen die vermeintliche Oberlehreransicht, daß das Drama die höchste poetische Gattung sei, und behauptet in Opposition zur Wagnerschen Theatromanie die Superiorität des Romans aufgrund seines größeren Darstellungs- und Aussagespielraums. Thomas Mann bedient sich hier wie an vielen anderen Stellen des Essays, ohne daß er das zu erkennen gibt,[207] teilweise wörtlich der Argumente, mit denen Wagner die Überlegenheit des attischen und elisabethanischen Theaters – und erst recht des ihr Erbe antretenden musikalischen Dramas – über das von der italienisch-französischen Kulissenbühne geprägte neuzeitliche Schauspiel begründet: in seiner Abhandlung *Über Schauspieler und Sänger* nämlich, die Thomas Mann genau studiert hat (wie er im vierten Kapitel des *Versuchs* verrät).

> »Es ist ein Gleichnis, daß auf der älteren Bühne die Darsteller dem Publikum nur im Profil und von vorn, aber niemals von hinten sich zeigen durften. Der Roman ist genauer, vollständiger, wissender, gewissenhafter, tiefer als das Drama [...], und im Gegensatz zu der Anschauung, als sei das Drama das eigentlich plastische Dichtwerk, bekenne ich, daß ich es vielmehr als eine Kunst der Silhouette und den erzählten Menschen allein als rund, ganz, wirklich und plastisch empfinde.«[208]

Ebendiese Argumente, die nach Thomas Mann für den Roman sprechen, haben Wagner dazu gedient, das symphonische gegenüber dem gesprochenen Drama zu favorisieren.[209] Das Schauspiel habe durch die Verbindung mit der Guckkastenbühne, welche »die Schauspieler immer nur von einer, und zwar von der Vorderseite« zeige, die dramatischen Gestalten ›einseitig‹ typisiert. Im antiken Amphitheater hingegen sei der Schauspieler durch den Chor und das Publikum von allen Seiten, als vollplastische Gestalt wahrgenommen worden. Auch auf der Shakespearebühne waren die Schauspieler »von allen Seiten von Zuschauern umgeben« (IX,191 f.). Die Alleinherrschaft der Guckkastenbühne hingegen hat aus dem modernen Drama gleichsam eine Flachreliefkunst gemacht.

Hier setzt nun eine merkwürdige Spekulation Wagners ein. Er glaubt, durch das Orchester sei die Plastizität des griechischen und Shakespeareschen Dramas wiederherstellbar. Das ist nur von jener Idee her zu begreifen, die das Thema des folgenden Kapitels sein soll: Wagner sieht im modernen *Orchester* den legitimen Nachfolger des Chors in der *Orchestra* des griechischen Theaters. Der Chor konnte aufgrund seiner ständigen Begleitung und Reflexion des dramatischen Geschehens die handelnden Personen von allen Seiten betrachten; »der von der Orchestra ausgehende und geleitete Zauber« vermochte »alle nur erdenklichen Richtungen, nach welchen jene dort erscheinende Individualität sich irgendwie kundgeben könnte, im erschöpfendsten Reichtume auszufüllen«. Das moderne Schauspiel, »des Zaubers der stets mitwirksamen Orchestra beraubt«, ist nun im wahrsten Sinne des Wortes »verflacht«, ist doch »eben nur die theatralische Fläche, in welcher die Bühnengestalten sich zeigen, übriggeblieben« (IX,196 f.). Durch die Mitwirkung des Instrumentalorchesters als der modernen Metamorphose des Chors aber wird der »dramatische Mime« wiederum zu einer »von jeder Seite her tönend getragenen Erscheinung« (IX,199).

Dieser Gedanke liegt ohne Zweifel der oben zitierten Passage des *Versuchs über das Theater* zugrunde. Die Leistung des Orchesters, der »singenden, sagenden Flut zu den Füßen der Ereignisse«, wie es dort heißt,[210] wird von Thomas Mann auf den Erzähler übertragen. Dieser betrachtet den Menschen – wie der antike Chor, in dem man ja vielfach, etwa Victor Hugo in seiner *Préface de »Cromwell«*, Bert Brecht u. a., ein episches Organ gesehen hat – von allen Seiten, läßt seine Gestalten also »plastisch« erscheinen. Nichts anderes leistet nach Wagner das Orchester, das durch seine ›allseitige‹ Beleuchtung der handelnden Personen die ›Einseitigkeit‹, die typisierende Flächigkeit des modernen Schauspiels überwindet und das musikalische Drama so zu einer nicht weniger ›genauen, vollständigen, wissenden, gewissenhaften, tiefen‹ Kunst zu machen scheint, als es nach Thomas Mann der Roman ist. Dieser offenbart sich ebenso als heimliches Musikdrama (denken wir nur an den Einfluß der Leitmotivtechnik auf Thomas Manns Erzählkunst) – wie Wagners Musikdramen heimliche Romane sind.[211]

6. Chortragödie und symphonisches Drama   Wagners Anteil an Nietzsches »Geburt der Tragödie«

> »Eine Minute verging, ausgefüllt von dem singenden, sagen-
> den, kündenden Fluß der Musik, die zu den Füßen der
> Ereignisse ihre Flut dahinwälzte...«
>
> Thomas Mann, *Wälsungenblut*.

Im 26. Stück der *Hamburgischen Dramaturgie* stellt Lessing die Hypothese auf, daß »das Orchester bei unseren Schauspielen gewissermaßen die Stelle der alten Chöre vertritt«.[212] Zum zweitenmal scheint er einen Grundgedanken der Wagnerschen Dramaturgie vorwegzunehmen: nach der Idee der genuinen Einheit von (dramatischer) Dichtung und Musik[213] nun auch den Vergleich von Chor und Orchester.[214] In dem genannten Stück der *Hamburgischen Dramaturgie* geht es freilich nicht um das

Orchester im Musiktheater, sondern um die Zwischenaktmusik im Schauspiel, von der Lessing eine strenge motivische Bindung an die dramatische Handlung verlangt, damit sie tatsächlich wie der Chor das Bühnengeschehen resümierend begleitet. Im Anschluß an die diesbezüglichen Ausführungen des Komponisten und Musikschriftstellers Johann Adolf Scheibe[215] vertritt Lessing die Ansicht, daß die Instrumentalmusik, deren »Ausdruck« im Unterschied zur Vokalmusik an sich unbestimmt sei, durch die Wiederholung bestimmter Motive auch ohne Hilfe der Worte an (semantischer) Deutlichkeit gewinnen könne. (Konrad Burdach hat in diesem Gedanken gar eine Vorahnung des Wagnerschen Leitmotivs gesehen.[216])

Der Musiker

»wird also hier seine äußerste Stärke anwenden müssen; er wird unter den verschiedenen Folgen von Tönen, die eine Empfindung ausdrücken können, nur immer diejenigen [Folgen] wählen, die sie am deutlichsten ausdrücken; wir werden diese öfterer hören, wir werden sie miteinander öfterer vergleichen und durch die Bemerkung dessen, was sie beständig gemein haben, hinter das Geheimnis des Ausdrucks kommen.«[217]

Bleibt die Musik auf den Zwischenakt beschränkt, wird sich dieses Geheimnis freilich nie lüften lassen, da die musikalischen Motive sich ja nicht unmißverständlich mit bestimmten dramatischen Situationen verbinden. Wie eine direkte Replik auf die eben angeführte Äußerung Lessings wirkt es, wenn Wagner im dritten Teil von *Oper und Drama* schreibt:

»Ein musikalisches Motiv kann auf das Gefühl einen bestimmten, zu gedankenhafter Tätigkeit sich gestaltenden Eindruck nur dann hervorbringen, wenn die in dem Motive ausgesprochene Empfindung vor unseren Augen von einem bestimmten Individuum an einem bestimmten Gegenstande als ebenfalls bestimmte, d. h. wohlbedingte kundgegeben ward. Der Wegfall dieser Bedingungen stellt ein musikalisches Motiv dem Gefühle als etwas Unbestimmtes hin, und etwas Unbestimmtes kann in derselben Erscheinung noch so oft wiederkehren [vgl. Lessing!], es bleibt uns immer ein eben nur wiederkehrendes Unbestimmtes [...]. – Das musikalische Motiv aber, in das – sozusagen vor unseren Augen – der gedankenhafte Wortvers eines dramatischen Darstellers sich ergoß, ist ein notwendig bedingtes; bei seiner Wiederkehr teilt uns sie eine *bestimmte* Empfindung wahrnehmbar mit.« (IV,185.)

Das musikalische Motiv wird also durch eine bestimmte dramatische Situation, in der sein Empfindungsgehalt sprachlich artikuliert ist, semantisch aufgeladen, so daß bei seiner Wiederholung als »Orchestermelodie« – vor allem in der ›Engführung‹ mehrerer Motive – die jeweils neue dramatische Situation in einem ›bedeutenderen‹ Licht erscheint, mithin eine symbolische Transparenz erhält, die dem gesprochenen Drama schlechterdings unerreichbar ist. Der Wortvers, ja die Versmelodie sind nur die Spitze des Eisbergs, der in jeder Szene weit unter die Oberfläche des dramatischen Monologs und Dialogs in die Tiefe des Unausgesagten und Unbewußten hinabreicht. Jenes Motiv vermag bei seiner Wiederkehr nach den Worten Wagners »in uns eine Empfindung anzuregen«, deren »der gegenwärtig sich Mitteilende [der Darsteller] sich gar nicht mehr bewußt erscheint«. Die Orchestermelodie dient also »zur Ergänzung eines Zusammenhanges, zur höchsten Verständlichkeit einer Situation durch Deutung von Motiven, die in dieser Situation wohl enthalten sind, in ihren darstellbaren Momenten aber nicht zum hellen Vorschein kommen können« (IV,184).

Aus dem oben Zitierten könnte der Eindruck entstehen, als sei das Leitmotiv durch ein bestimmtes Initialmoment, ja durch seine wortsprachliche Bestimmung in seinem Bedeutungsgehalt gänzlich festgelegt. Davon kann natürlich nicht die Rede sein, vielmehr setzt sich der Prozeß der semantischen Aufladung durch die jeweils neue szenische Kontextualisierung sowie durch die musikalische Kombination der Leitmotive im Verlauf des musikalischen Dramas immer weiter fort. Ihnen wächst von Szene zu Szene ein »Hof von Bedeutungen und Assoziationen« zu (Egon Voss).[218] Zu beachten ist ferner, daß das Orchester sein »Sprachvermögen« (IV,173 u. ö.) nicht nur durch die »gedenkende Aufnahme der Versmelodie«, sondern ebenso durch seine »Anlehnung an die Gebärde« gewinnt (IV,186), also durch die Kundgebung des »Unaussprechlichen« (d. h. des nicht »absolut«, sondern nur vom Verstandesorgan, in der Wortsprache nicht Mitteilbaren). Als »Vermögen der Kundgebung des Unaussprechlichen« steht die Musik des Orchesters zur Gebärde in einem unmittelbareren Verhältnis als zur Wortsprache (IV,173 f.). Überdies hat das Leitmotiv nicht nur die Funktion der »Erinnerung«, sondern ebenso der »Ahnung« (IV,186 u. ö.); die Orchestermelodie ist in letzterem Falle eindeutig das Vorgängige, allerdings mit dem Ziel, das ahnend Antizipierte zu szenischer Präsenz gelangen zu lassen, bliebe das Leitmotiv doch sonst »eine unenträtselte Chiffre: eine Antizipation, die ins Leere geht« (Dahlhaus).[219] Wortvers und Orchestermelodie bilden zwei ›Sprachen‹, die zusammen erst Sprache im vollen, nicht mehr entfremdeten Sinne sind. Wagner kann von der Wortsprache verlangen, ihr Telos in die Vereinigung mit der Musik zu verlegen, weil diese ihrem Ursprung und ihrer Vollendung nach eben *Sprache* ist. (Das ist die radikale Gegenposition Wagners zur Doktrin der absoluten Musik, deren einflußreichster Repräsentant – Hanslick – es ja zu den »wichtigsten Aufgaben« der Musikästhetik zählen wird, »die Grundverschiedenheit zwischen dem Wesen der Musik und dem der Sprache unerbittlich darzulegen«.[220])

Durch die »Auflösung der Vokale in den musikalischen Ton« wird die Versmelodie »das bindende und verständliche Band zwischen der Wort- und Tonsprache«, das »verkörperte Liebesmoment« der Dicht- und Tonkunst. Das »richtige Verhältnis dieser Melodie zum Orchester« veranschaulicht Wagner durch das Bild des Nachens auf dem See. »Dieser Nachen, auf den Rücken des Sees gesetzt, [...] ist die Versmelodie des dramatischen Sängers, getragen von den klangvollen Wellen des Orchesters.« (IV,171 f.) Das gleiche Bild hat übrigens schon Goethe im Zusammenhang mit der Aufführung seines Melodramas *Proserpina* im Jahre 1815 verwendet. Auch er bezeichnet die Musik als »See, worauf jener künstlerisch ausgeschmückte Nachen getragen wird«.[221]

Das Bild des Wassers spielt mit einer anderen metaphorischen Facette auch eine Rolle in Wagners Strukturbeschreibung des musikalischen Dramas: Die Musik (Orchestermelodie) ist nicht nur das tragende, sondern auch das spiegelnde Element. Symbolisiert die Tiefe des Wassers die »Harmonie in ihrer vertikalen Ausdehnung«, so seine Fläche deren »horizontale Ausdehnung«: die Melodie. Sie ist das, was »dem Auge des Dichters noch erkennbar ist: sie ist der Wasserspiegel, der dem Dichter noch sein eigenes Bild [nämlich seine Wortphrase] zurückspiegelt«. Das Narziß-Motiv, das schon von der deutschen Frühromantik auf den Dichter bezogen worden ist! Der Musiker sieht jenes Bild gewissermaßen von unten; »aus der Tiefe des Meeres der Harmonie« taucht er nun zu dessen Oberfläche auf, »auf der eben die entzückende Vermählung des zeugenden dichterischen Gedankens mit dem unendlichen Gebärungsvermögen der Musik gefeiert wird« (IV,142). Das Bild eines antiken erotischen Meerfestes, wie es Wagner aus Goethes *Pandora* und seiner »Klassischen Walpurgisnacht« (*Faust II*) geläufig ist, als

Allegorie des strukturellen Zusammenhangs von dichterischer Absicht und musikalischer Verwirklichung, von Wortvers, Gesangsmelodie und Harmonie (Orchester) im musikalischen Drama! Auf der letzten Seite von *Oper und Drama* beschreibt Wagner die sentimentalische Sehnsucht der Dichtung nach der Musik (als ihrem Mutterschoß) noch einmal im Bild des Meeresspiegels:

> »Wir sahen den Dichter in sehnsüchtigem Drange nach dem vollendeten Gefühlsausdrucke da anlangen, wo er seinen Vers auf dem Spiegel des Meeres der Harmonie als musikalische Melodie abgespiegelt sah: bis zu diesem Meere mußte er dringen, nur der Spiegel dieses Meeres konnte ihm das ersehnte Bild zeigen, und dieses Meer konnte er nicht aus seinem Willen erschaffen, sondern es war das Andere seines Wesens, das, mit dem er sich vermählen mußte, das er aber nicht aus sich bestimmen und in das Dasein rufen konnte.« (IV,228.)

Das Bild des spiegelnden Wassers ist in der klassischen und romantischen Dichtung, etwa bei Goethe oder Brentano, ein wesentliches Existenzsymbol des Dichters (wie übrigens auch das andere Wagnersche Bild des Schiffers im Nachen, das auf einen antiken Topos – der Dichter als Seefahrer – zurückweist).[222]

> »In dieser Woge spiegelte so schön
> Die Sonne sich, es ruhten die Gestirne
> An dieser Brust, die zärtlich sich bewegte.«

So die Verse Tassos am Schluß von Goethes Drama (V. 3443–45). Ist hier freilich die Brust des Dichters selbst die spiegelnde Woge, so bedarf dieser bei Wagner des ›Nicht-Ich‹ der Melodie, um sein Inneres zu spiegeln. Umgekehrt kann die Melodie freilich auch das (poetische) Spiegelbild nicht aus sich erzeugen; sie ist »ein Mutterelement, das das Empfangene nur gebären kann« (IV,228).

Das »Mutterelement« (mit der schon angedeuteten inzestuösen Ambiguität des Bildes: die Tonsprache als Mutter und Gattin des dichterischen Ausdrucksvermögens; IV,102) ist die zentrale Metapher der Wagnerschen Genetik und Strukturbeschreibung des musikalischen Dramas. Nietzsche hat aus ihr seine Theorie der »Geburt der Tragödie aus dem Geiste der Musik« abgeleitet, deren Grundgedanken schon bei Wagner artikuliert sind – vor allem die Idee der Funktionsverwandtschaft des tragischen Chors der Griechen und des modernen Orchesters. Durch die Leitmotivik nimmt das Orchester »an dem Gesamtausdrucke aller Mitteilungen des Darstellers [...] einen ununterbrochenen, nach jeder Seite hin tragenden und verdeutlichenden Anteil: es ist der bewegungsvolle Mutterschoß der Musik, aus dem das einigende Band des Ausdrucks erwächst.« In dieser Hinsicht verwirklicht das Orchester die Tendenz des antiken Chors: »Der Chor der griechischen Tragödie hat seine gefühlsnotwendige Bedeutung für das Drama im modernen Orchester allein zurückgelassen.« (IV,190 f.) »Jene Chorpartien, mit denen die Tragödie durchflochten ist«, werden auch von Nietzsche mit der zitierten Wagnerschen Metapher als »Mutterschoß des ganzen sogenannten Dialogs, d. h. der gesamten Bühnenwelt, des eigentlichen Dramas« bezeichnet.[223] Ebenso ist die Metapher im Titel der Tragödienschrift Wagnerschen Ursprungs; Nietzsches Konzeption des Aufstiegs und Falls der griechischen Tragödie ist in nuce in folgender Notiz aus Wagners Fragment *Das Künstlertum der Zukunft* (1849) enthalten: »Geburt aus der Musik: Aischylos. Décadence – Euripides.« (XII,280.) Hier bereits vollzieht sich die Umkehrung der herkömmlichen Wertung der attischen Tragiker. Die in der Schätzung des Klassizismus am höchsten stehenden späteren Tragiker treten eindeutig in den Schatten des Aischylos.[224] Wagners Abwertung des Euripides als eines »Décadence«-Tragikers – dessen »schädlichen Einfluß [...] auf die moderne Dichtkunst [...] bis auf Goethe und Schiller« er noch im Gespräch mit Cosima beklagt (CT I,808) – ist wohl vor allem durch die Kritik von August Wilhelm Schlegel inspiriert, die der Euripides-Bewunderer Goethe noch als das Gemäkel eines »armen Herings« herabgesetzt hat.[225] Schlegel wie Wagner berufen sich, wenn auch mit anderer Intention, auf die Unterweltszene in den *Fröschen* des Aristophanes, den Goethe wiederum wegen seiner Euripides-Schmähung als »Hanswurst« disqualifiziert.[226]

Wagner macht Euripides für die Austreibung der »Musik« aus der Tragödie verantwortlich, freilich hält er den dadurch bedingten »Verfall der griechischen Tragödie« (IV,145) im Gegensatz zu Nietzsche (dessen Euripides-Kritik von Wagner ansonsten weit stärker angeregt ist als von A. W. Schlegel[227]) für eine kunstgeschichtliche Notwendigkeit. Nach Wagner (*Oper und Drama*) ist die Zurückdrängung des chorischen, d. h. musikalisch-lyrischen Elements in der Spätphase der attischen Tragödie die unausweichliche Folge ihrer Bewegung »aus dem Schoße der Lyrik zur Verstandesreflexion«, d. h. aus dem »Gesang des Chores in die nur noch gesprochene jambische Rede der Handelnden«. Euripides habe diese Reflexion und Rede als das eigentliche Wesen der Tragödie und das »lyrische Element« als Notlüge enthüllt.

> »Euripides hatte unter der Geißel des aristophanischen Spottes blutig für diese plump aufgedeckte Lüge zu büßen. Daß dann die immer didaktisch absichtlichere Dichtkunst zur staatspraktischen Rhetorik und endlich gar zur Literaturprosa werden mußte, war die äußerste, aber ganz natürliche Konsequenz der Entwicklung des Verstandes aus dem Gefühle und – für den künstlerischen Ausdruck – der Wortsprache aus der Melodie.« (IV,145.)

Der Chor konnte nach Wagner das nicht leisten, was er eigentlich wollte: das musikalisch-lyrische Element vermochte sich dadurch, daß es von einem reflektierenden und handelnden Kollektiv verkörpert wurde, nicht frei und unabhängig zu entfalten. Der Tod des Chors war daher eine notwendige historische Entwicklung; durch ihn trennte sich gewissermaßen sein sichtbarer Leib von seiner unsichtbaren Seele: als reales dramatisches Kollektiv löste er sich in die handelnden Individuen auf, als musikalisches Organ befreite er sich aus der entfremdeten sinnlichen Gestalt zur Unsichtbarkeit des modernen Orchesters,

> »um in ihm, frei von aller Beengung, zu unermeßlich mannigfaltiger Kundgebung sich zu entwickeln; seine reale individuell menschliche Gestalt ist dafür aber aus der Orchestra hinauf auf die Bühne versetzt, um den im griechischen Chore liegenden Keim seiner menschlichen Individualität zu höchster selbständiger Blüte, als unmittelbar handelnder und leidender Teilnehmer des Dramas selbst, zu entfalten« (IV,191).

Auch der tragische Chor der Griechen dokumentiert also, daß das Drama bisher nie anders als in entfremdeter Gestalt existiert hat. Die Entfremdung wird in diesem Falle erst durch die Verwandlung des Chors als des musikalischen Urgrundes der Tragödie ins Orchester aufgehoben, nachdem seine Individualisierung als dramatische Gestalt bereits von Shakespeare vollendet worden ist.

> »Shakespeares Tragödie steht insofern unbedingt über der griechischen, als sie für die künstlerische Technik die Notwendigkeit des Chores vollkommen überwunden hat. Bei Shakespeare ist der Chor in lauter an der Handlung persönlich beteiligte Individuen aufgelöst, welche für sich ganz nach derselben individuellen Notwendigkeit ihrer Meinung und Stellung handeln wie der Hauptheld.« (III,268.)

Wagner führt also die im Vergleich mit der griechischen Tragödie erheblich größere Zahl dramatischer Personen bei Shakespeare auf die Zersplitterung des Chors in Einzelcharaktere zurück.

Die Analogie zwischen Chor und Orchester, die sich im Hinblick auf die musikalische Grundlegung der Tragödie beinahe wie Potenz und Akt unterscheiden, ist von Wagner auch in seinen späteren dramaturgischen Schriften wiederholt beschrieben worden. Das Orchester soll dem Aufsatz *»Zukunftsmusik«* zufolge

> »zu dem von mir gemeinten Drama in ein ähnliches Verhältnis treten, wie ungefähr es der tragische Chor der Griechen zur dramatischen Handlung einnahm. Dieser war stets gegenwärtig, vor seinen Augen legten sich die Motive der vorgesehenen Handlung dar, er suchte diese Motive zu ergründen und aus ihnen sich ein Urteil über die Handlung zu bilden. Nur war diese Teilnahme des Chores durchgehends mehr reflektierender Art, und er selbst blieb der Handlung wie ihren Motiven fremd. Das Orchester des modernen Symphonikers dagegen wird zu den Motiven der Handlung in einen so innigen Anteil treten, daß es, wie es einerseits als verkörperte Harmonie den bestimmten Ausdruck der Melodie einzig ermöglicht, andererseits die Melodie selbst im nötigen ununterbrochenen Flusse erhält und so die Motive stets mit überzeugendster Eindringlichkeit dem Gefühle mitteilt.« (VII,130.)

Diesen Unterschied zwischen der äußeren Beteiligung des Chors und dem »innigen Anteil« des Orchesters an der dramatischen Handlung hat Wagner selbst im *Lohengrin* veranschaulicht, in dem der Chor nach dem Muster der griechischen Tragödie noch einmal den tragenden Grund der Handlung bildet. Wie fremd er jedoch ihren Motiven bleibt, zeigt etwa seine ratlose Reaktion auf das Schweigen Elsas zur Anklage Telramunds (»Wie wunderbar! Welch seltsames Gebaren!«; II,69), während das Orchester die »redende Pause« – nach Wagner das spezifische Ausdrucksfeld der Musik im Drama (CT II,65) –, also den sich der Sprache versagenden inneren Zustand Elsas rein musikalisch artikuliert.

Die Verwendung des Chors auf der Opernbühne hat Wagner in seinen Reformschriften als falsche Analogie zur griechischen Tragödie verworfen. Damit übt er nicht nur an der Reformoper Glucks, sondern auch an seinen eigenen frühen Musikdramen Kritik, in denen der Chor ja noch eine bedeutende Rolle spielt – vor allem im *Lohengrin*, wo der Chortenor mehr Takte zu singen hat als der Darsteller der Titelpartie. Der Grund für diese theoretische Ausschaltung des Chors leuchtet von Wagners System her logisch ein: der antike Chor hat sich ja einerseits in die als selbständige Charaktere auftretenden Nebenpersonen des modernen Dramas aufgelöst, und die Emanzipation des Individuums läßt ihre Rückverwandlung in ein dramatisches Kollektiv nicht mehr zu; andererseits ist seine ideale Funktion ans Orchester übergegangen, so daß seine Wiedereinführung ein dramaturgischer Pleonasmus wäre. »Der bisher in der Oper verwendete Chor wird nach der Bedeutung, die ihm in den noch günstigsten Fällen dort beigelegt wird, in unserem Drama zu verschwinden haben.« (IV,162.) Nicht der »sogenannte Chor« sei »als musikalisch symphonierender Tonkörper zur Wahrnehmbarmachung der harmonischen Bedingung der Melodie zu verwenden«; die moderne »selbständig entwickelte musikalische Kunst« führe dem Tondichter vielmehr ein anderes, in seinem Ausdrucksspielraum unbegrenztes Organ zur »Wahrnehmbarmachung der Harmonie« zu, das ein Vermögen zur »Charakterisierung der Melodie« besitzt, wie es der »symphonierenden Vokalmasse« durchaus verwehrt war – »und dies Organ ist eben das Orchester« (IV,164).

»Daß ihm und seiner Bedeutung gegenüber der Chor, der in der Oper auch bereits die Bühne selbst bestiegen hat, die Bedeutung des antiken griechischen Chores gänzlich verliert, liegt offen; er kann jetzt nur noch als handelnde Person mit begriffen werden, und wo er als solche nicht erforderlich ist, wird er uns in Zukunft daher störend und überflüssig dünken müssen, da seine ideale Beteiligung an der Handlung gänzlich an das Orchester übergegangen ist und von diesem in stets gegenwärtiger, nie aber störender Weise kundgegeben wird.« (VII,131.)

Das letzte Zitat aus »*Zukunftsmusik*« zeigt, daß Wagner die Verwendung des Chors nicht gänzlich ausschließt, aber nur dort – als handelnde Masse – eingesetzt wissen will, wo es vom dramatischen Stoff her wahrscheinlich ist.

Im *Ring* hat Wagner, entsprechend der Maxime von *Oper und Drama*, den Chor in der Tat fast ganz gemieden. Erst in der *Götterdämmerung* spielt er wieder eine größere Rolle – Hagens Mannen –, aber selbst hier will Wagner nichts davon wissen, daß er einen »Chor« komponiert habe; es handle sich vielmehr um »einzelne Mannen, die wie aus den nahe gelegenen Gehöften erscheinen«, sagt er am 28. August 1871 zu Cosima (CT I,431). Daß der Chor in den *Meistersingern* und vor allem in *Parsifal* fast wieder ›antike‹ Bedeutung gewinnt, ist eine merkwürdige Abweichung von der einstigen Forderung, den Chor im musikalischen Drama weitgehend zu meiden.

Die Idee, daß das Orchester der Nachfolger des antiken Chors sei, hat Wagner nie aufgegeben. Bis in seine Gespräche mit Cosima kehrt diese Vorstellung immer wieder. »Ich habe einen griechischen Chor komponiert«, ruft er am 29. September 1871 Cosima zu, »aber einen Chor, der gleichsam vom Orchester gesungen wird: nach Siegfrieds Tod, während des Szenenwechsels; es wird das Siegmund-Thema erklingen, als ob der Chor sagte, er war sein Vater, dann das Schwertmotiv, endlich sein eigenes Thema, da geht der Vorhang auf.« (CT I,444.) Der sogenannte Trauermarsch wird von Wagner mithin als eine Art Pendant zum Stasimon der attischen Tragödie verstanden. Einige Monate zuvor erklärt er Cosima eingehend »die Bedeutung des Orchesters, seine Stellung als antiker Chor, seinen ungeheuren Vorteil über letzteren, der mit Worten die Handlung bespricht, während das Orchester die Seele dieser Handlung uns gewährt« (CT I,342). Das »große Orchester« sei es, »das wie die Natur alles in sich faßt und worin der Mensch sich bewegt« (CT I,223).

Auch in den dramaturgischen Schriften der frühen siebziger Jahre ist von der chorischen Funktion des Orchesters noch einmal die Rede. In seiner *Einleitung zu einer Vorlesung der »Götterdämmerung« vor einem ausgewählten Zuhörerkreis in Berlin* (1873) bringt Wagner ein neues Argument ins Spiel, das er offenbar Schillers Vorrede zu seiner Chortragödie *Die Braut von Messina* (»Über den Gebrauch des Chors in der Tragödie«, 1803) verdankt. (Auf sie geht übrigens auch Wagners oben zitierte Unterscheidung des Chors als »handelnder« und als »idealer« Person zurück.[228])

»Die Musik ist es nun, was uns, indem sie unablässig die innersten Motive der Handlung in ihrem verzweigtesten Zusammenhange uns zur Mitempfindung bringt, zugleich ermächtigt, eben diese Handlung in drastischer Bestimmtheit vorzuführen: da die Handelnden über ihre Beweggründe im Sinne des reflektierenden Bewußtseins sich uns nicht auszusprechen haben, gewinnt hierdurch der Dialog jene naive Präzision, welche das wahre Leben des Dramas ausmacht. Hatte die antike Tragödie hingegen den dramatischen Dialog zu beschränken, weil sie ihn zwischen die Chorgesänge, von diesen losgetrennt, einstreuen mußte, so ist nun dieses urproduktive Element der Musik, wie es in jenen in der Orchestra ausgeführten Gesängen dem Drama seine höhere Bedeutung gab, unabgesondert vom Dialoge im modernen Orchester, dieser größten künstlerischen Errungenschaft unserer Zeit, der Handlung selbst stets zur Seite, wie es in einem tiefen Sinne gefaßt die Motive aller Handlung selbst gleichwie in ihrem Mutterschoße verschließt. Somit konnte es möglich werden, dem Dialoge bei aller ihm nun geretteten naiven Präzision eine das ganze Drama beherrschende Ausdehnung zu geben.« (IX,309.)

Die »drastische Bestimmtheit«, die Präzision und Konzision der Handlung – also die Geschlossenheit der dramatischen Form – wird nach Wagner dadurch ermöglicht, daß sie von der Reflexion der handelnden Personen und von der Notwendigkeit der Motivierung entlastet ist, die das moderne Schauspiel so sehr in die Breite getrieben haben. Der Dialog zeichnet sich durch »naive Präzision« aus, da die Aufgabe der Motivierung eben vom *sentimentalischen* Organ des Orchesters übernommen wird. Durch die Musik gelangt die Handlung des Dramas »wiederum zu der idealen Freiheit, d. h. Befreiung von der Nötigung zu einer Motivierung durch Reflexion«, welch letztere »unsere großen Dichter« als ästhetischen Nachteil des modernen Schauspiels empfunden haben (IX,309). Wagner wird hier vor allem an Schiller gedacht haben, der in seiner Vorrede zur *Braut von Messina* die Überzeugung vertritt, die Tragödie werde durch die Einführung des tragischen Chors wieder ästhetisch gereinigt, »indem er die Reflexion von der Handlung absondert und eben durch diese Absonderung sie selbst mit poetischer Kraft ausrüstet«.[229]

Genau diese Funktion des Chors hat nach Wagner das Orchester übernommen. Freilich zeigt sich dessen ›Reflexion‹ nun nicht mehr in gedanklicher Form, sondern sie hat sich – der Grundtendenz des musikalischen Dramas: der Rückkehr des Verstandes ins »Gefühl« gemäß – zur reinen Gefühlsmitteilung ›verdichtet‹, zu einer Mitteilung also, welche die Reflexion des Verstandes nicht vor, sondern hinter sich hat und durch sie ›gerechtfertigt‹ ist (vgl. IV,91). »Müssen wir diejenige Kunstform als die ideale ansehen«, schreibt Wagner bereits in »*Zukunftsmusik*« (1860), »welche gänzlich ohne Reflexion begriffen werden kann, [...] so ist, wenn wir im musikalischen Drama [...] diese ideale Kunstform erkennen wollen, das Orchester des Symphonikers das wunderbare Instrument zur einzig möglichen Darstellung dieser Form.« (VII,130.)

Das Poetische liegt nach Schiller im »Indifferenzpunkt des Ideellen und Sinnlichen«. Nicht immer ist es jedoch möglich, daß »die zwei Elemente der Poesie, das Ideale und Sinnliche [...] *zusammen* wirken«; dann aber müssen sie zumindest *nebeneinander* wirken, oder die Poesie ist aufgehoben«. Dieses Nebeneinander sucht Schiller in der Chortragödie zu verwirklichen: dramatische Handlung und Chor stehen einander gegenüber als das »Besondere« und »Allgemeine«, als das »Sinnliche« und ›Ideale‹, als naive Unmittelbarkeit und sentimentalische Reflexion. »Wenn die Waage nicht vollkommen inne steht, da kann das Gleichgewicht nur durch eine *Schwankung* der beiden Schalen hergestellt werden.«[230]

Diese Schwankung, das Nebeneinander von dramatischem Dialog und chorischer Reflexion, wird nach Wagner im musikalischen Drama durch die Leistung des Orchesters aufgehoben. Hier wirken also das Ideale und Sinnliche *zusammen*, ist ihr »Indifferenzpunkt« im Sinne Schillers erreicht. Weder wird der Dialog vom Chorgesang noch das musikalische Element von der Handlung abgesondert und beschränkt. Beide erlösen sich wechselseitig von ihren Fesseln in der Chortragödie: der Dialog erhält »eine das ganze Drama beherrschende Ausdehnung«, und das »urproduktive Element der Musik« ist der Handlung »stets zur Seite«. Die Musik des Orchesters wird somit, wie es im Aufsatz *Über die Benennung* »*Musikdrama*« (1872) heißt, »der Teil, der anfangs alles war«. »In dieser Würde hat sie sich aber weder vor noch hinter das Drama zu stellen; sie ist nicht sein Nebenbuhler, sondern seine Mutter.« (IX, 305.)

Es besteht kein Zweifel, daß Nietzsches Tragödienschrift von Wagners Idee des Orchesters als des modernen Chors entscheidend beeinflußt worden ist. Ebensowenig ist jedoch zu verkennen, daß Wagners Differenzierung zwischen dem antiken und dem modernen Organ von Nietzsche nicht mehr beachtet wird; die zitierten kritischen Bemerkungen über die Funktion des tragischen Chors der Griechen: die Beschränkung seiner musikalischen Bedeutung durch den Dialog und umgekehrt die ›Störung‹ der Handlung durch seinen Gesang (IX,305) hat Nietzsche ignoriert. Nicht Wagners Kritik des attischen Chors, sondern seine Theorie des Orchesters ist die Basis der *Geburt der Tragödie* – weil deren Autor den Chor nun vollends mit dem Orchester gleichsetzt, ein folgenreicher Anachronismus, den Wagner sich trotz seiner vorübergehenden Begeisterung über Nietzsches Abhandlung nie zu eigen gemacht hat, wie seine wenig später entstandenen Schriften zeigen (vgl. IX,304 f. 309).

Nietzsche hat in seinem »Versuch einer Selbstkritik« (1886) behauptet, er habe sich in der Tragödienschrift das »grandiose *griechische Problem*, wie es mir aufgegangen war«, durch »Einmischung der modernsten Dinge« verdorben.[231] Natürlich denkt er hier in erster Linie an den Einfluß Richard Wagners. Von der Entstehungsgeschichte der *Geburt der Tragödie* her läßt sich diese selbstkritische Äußerung freilich nicht belegen. Mit größerem Recht könnte man von einer späteren Einmischung des »griechischen Problems« in die »modernsten Dinge« reden, denn jenes Problem: »die Duplizität des Apollinischen und Dionysischen«[232] als der eigentlich innovatorische Gedanke der Abhandlung[233] ist Nietzsche erst relativ spät ›aufgegangen‹, nämlich in dem im Sommer 1870 verfaßten Vortrag *Die dionysische Weltanschauung*.[234] In den vorangegangenen Vorträgen zur griechischen Tragödie vom Anfang des Jahres kommen die Begriffe apollinisch und dionysisch schon vor, doch sind sie noch nicht polar aufeinander bezogen. Wie stark Nietzsches Bild der attischen Tragödie ursprünglich von Wagner geprägt ist, zeigt bereits der Titel des Vortrags *Das griechische Musikdrama*. Wie wir schon erwähnten, war dieser Titel Wagner freilich nicht genehm. Cosima berichtet am 11. Juni 1870: »Professor Nietzsche liest uns abends seinen Vortrag über das griechische Musikdrama, über welche Benennung Richard ihn anhält und sie ihm mit Gründen verweist.« (CT I,243.) In der Tat hat Nietzsche den Terminus ›Musikdrama‹ in der *Geburt der Tragödie* vermieden.

Wenn Wagner von der »Geburt« der Tragödie aus der Musik spricht, hat er das entstehungsgeschichtliche Faktum vor Augen, daß die Chorlyrik den Ursprung des griechischen Dramas bildet, von dem sie sich dann zunehmend – und notwendig – entfernt hat. In einem ganz anderen Sinne bildet das Orchester im modernen musikalischen Drama den »Mutterschoß« der Handlung und des Dialogs. Hier hat diese Metapher nicht mehr eine diachronische, sondern eine synchronische Bedeutung: das Orchester schafft den ständigen harmonisch-melodischen Untergrund des Dramas. Bei den Griechen entfremdete sich die Tragödie von ihrem musikalischen Quellgrund, je mehr sie sich als Drama entfaltete; das Kunstwerk der Zukunft hingegen wird durch die Beteiligung des Orchesters von allem entlastet, was der reinen Gestalt der dramatischen Gattung im Wege steht. Auf eine knappe Formel gebracht: Die attische Tragödie entfernte sich vom Mutterschoß der Musik, je mehr sie Drama wurde; das Kunstwerk der Zukunft hingegen wird um so vollkommener Drama, je mehr es zum Mutterschoß der Musik zurückkehrt.

Diese Unterscheidung gibt Nietzsche auf: der Chor der aischyleischen Tragödie ist wie das moderne Orchester der Mutterschoß des Dialogs. »Der Chor als Orchester«, lautet in der Tat eine nachgelassene Notiz Nietzsches vom Frühjahr 1871.[235] Im Kapitel 4 war schon davon die Rede, daß seine Theorie des Chors als des »Schauers der Visionswelt der Szene«[236] auf Wagners *Beethoven*-Schrift zurückweist. Vom Prinzip der Schopenhauerschen Metaphysik der Musik ausgehend – aber wie so oft im Widerspruch zu den eigenen Konsequenzen des Philosophen, der von der »Gütergemeinschaft« zwischen Musik und Drama ja nichts wissen wollte[237] –, bestimmt Wagner die Musik als apriorische Bedingung der Möglichkeit des Dramas und dieses als »sichtbar gewordenes Gegenbild der Musik« (IX,112), als analogisches Traumbild derselben im Sinne der Schopenhauerschen Traum- und Somnambulismus-Theorie.

Es besteht kein Zweifel, daß Nietzsches Idee des attischen Dramas als apollinisch-bildhafter ›Entladung‹, visionärer ›Ausstrahlung‹ des dionysischen Chors – wodurch dieser eben der »Mutterschoß des ganzen sogenannten Dialogs« wird –,[238] unmittelbar an Wagner anknüpft. Nietzsche vergleicht jenen Entladungsprozeß ausdrücklich mit der Erfahrung, »wie eine Beethovensche Symphonie die einzelnen Zuhörer zu einer Bilderrede nötigt«, ja wie sich im Tondichter selbst (Beethovens Pastoralsymphonie!) »gleichnisartige, aus der Musik geborne Vorstellungen« einstellen.[239] Das ist der Legitimationsgrund des musikalischen Dramas. Die Übersetzung dieser Visionen in szenische Gestalten folgt aus dem Zwang der symphonischen Musik zur gleichsam kathartischen Entladung in Bildern. »Sie tönt«, heißt es in Wagners Aufsatz *Über die Benennung »Musikdrama«*, »und was sie tönt, möget ihr dort auf der Bühne erschauen; dazu versammelte sie euch« – nämlich: das »szenische Gleichnis« ihrer selbst zur Anschauung zu bringen (IX,305). Zwar ist eine Rückwirkung der *Geburt der Tragödie* auf diese Äußerung Wagners (1872) nicht auszuschließen, doch wird hier im Grunde nur ein Gedanke entfaltet, der sich mit anderen Formulierungen schon in der *Beethoven*-Festschrift findet.

Nietzsche hat das Verhältnis zwischen Chor und Drama mit der (später perhorreszierten) Hilfe der musikalischen Metaphysik Schopenhauers begründet. Dabei ist übersehen worden, daß Nietzsche hier weniger Schopenhauer selbst als dessen Revision durch Wagner rezipiert, welche darauf zielt, den philosophischen Apologeten der absoluten Musik zum Gewährsmann des (von ihm ausdrücklich verworfenen) musikalischen Dramas zu machen. Diese Revision hat Nietzsche sich völlig zu eigen gemacht, auch wenn er in seinen Aufzeichnungen aus der Entstehungszeit der *Geburt der Tragödie* im Namen der »absoluten Musik« an Wagners Dramaturgie Kritik übt. Diese Kritik betrifft ja nur die Maximen von *Oper und Drama*, also die außermusikalische Determination der Musik; im Unterschied zu Hanslicks Bestimmung der »absoluten Tonkunst« richtet sie sich aber nicht grundsätzlich gegen das musikalische Drama, sofern es eben als szenisches Analogon rein aus dem ›Mutterschoß‹ der Musik hervorgeht. Nicht nur *Tristan und Isolde* ist für Nietzsche absolute Musik, sondern, sofern der Chor der musikalische Urgrund der Szene bleibt, auch die griechische Tragödie.

Unserer oben geäußerten Vermutung nach wird in der *Geburt der Tragödie* der Begriff der absoluten Musik mit Rücksicht auf Wagners negative Wertung desselben vermieden; nichtsdestoweniger ist ihre Idee der philosophische Angelpunkt der Abhandlung.

Der Tod der Tragödie ist zugleich der Tod der absoluten Musik bei den Griechen. Nietzsche wirft der euripideischen Tragödie und dem neuen attischen Dithyrambus vor, daß sie die Musik dazu degradiert haben, »als Sklavin der Erscheinung das Formenwesen der Erscheinung nachzuahmen«, und er vergleicht sie in dieser Hinsicht mit jener von den Begründern der Oper verkündeten Irrlehre, daß »die Musik als Diener, das Textwort als Herr« zu betrachten sei.[240] Wagners musikalisches Drama bedeutet für Nietzsche die Wiedergeburt der Tragödie, weil durch die symphonische Fundamentierung das Drama wieder (im Gegensatz zu Wagners eigener Theorie in *Oper und Drama*) in absolute Musik verwandelt worden ist.

Trotz ihrer gemeinsamen Berufung auf *Die Welt als Wille und Vorstellung* steht weder Wagners noch Nietzsches Theorie der Musik und des musikalischen Dramas mit Schopenhauers Hauptwerk in Einklang. »Die Musik einer Oper, wie die Partitur sie darstellt«, bemerkt letzterer unmißverständlich, »hat eine völlig unabhängige, gesonderte, gleichsam abstrakte Existenz für sich, welcher die Hergänge und Personen des Stücks fremd sind und die ihre eigenen unwandelbaren Regeln befolgt, daher sie auch ohne den Text vollkommen wirksam ist.« Da die Musik »mit Rücksicht auf das Drama komponiert wurde«, ist sie freilich

> »gleichsam die Seele desselben, indem sie, in ihrer Verbindung mit den Vorgängen, Personen und Worten, zum Ausdruck der inneren Bedeutung und der auf dieser beruhenden letzten und geheimen Notwendigkeit aller jener Vorgänge wird. [...] Dabei jedoch zeigt in der Oper die Musik ihre heterogene Natur und höhere Wesenheit durch ihre gänzliche Indifferenz gegen alles Materielle der Vorgänge, infolge welcher sie den Sturm der Leidenschaften und das Pathos der Empfindungen überall auf gleiche Weise ausdrückt und mit demselben Pomp ihrer Töne begleitet, mag Agamemnon und Achill oder der Zwist einer Bürgerfamilie das Materielle des Stückes liefern.«

Nach Schopenhauer steht die Musik zwar »zum Text und zur Handlung im Verhältnis des Allgemeinen zum Einzelnen, der Regel zum Beispiele« (weshalb der Text eigentlich zur Musik, nicht die Musik zum Text gedichtet werden müßte), aber sie hat es weder notwendig, sich in szenischen Bildern zu entladen (Nietzsche), noch assimiliert sie sich dem Drama so eng, wie es für das leitmotivische Verfahren Wagners charakteristisch ist. Vielmehr schwebt sie ›absolut‹, in gottgleicher Erhabenheit über den »endlosen Miseren des Menschenlebens« – und so auch der Bühne. Deshalb ist es stets das angemessenste, sie unbekümmert um die tragischen und komischen Wechselfälle des Daseins »in ihrer Unmittelbarkeit und rein aufzufassen«.[241]

Man darf Schopenhauer zufolge nie vergessen, daß die Musik trotz ihrer »Analogien« zu den Ideen der Erscheinungswelt, welche für den späten Wagner der Legitimationsgrund des musikalischen Dramas sind, »zu ihnen kein direktes, sondern nur ein mittelbares Verhältnis hat, da sie nie die Erscheinung, sondern allein [...] das An-sich aller Erscheinung, den Willen selbst ausspricht«. Überall drückt sie nur die »Quintessenz des Lebens und seiner Vorgänge aus, nie diese selbst, deren Unterschiede daher auf jene nicht allemal einfließen«. Wie stark sich Schopenhauers »Metaphysik der Musik« in dieser Hinsicht nicht nur von *Oper und Drama*, sondern auch noch von der *Beethoven*-Festschrift Wagners unterscheidet, zeigt die anschließende Passage:

> »Wenn also die Musik zu sehr sich den Worten anschließt und nach den Begebenheiten zu modeln sucht, so ist sie bemüht, eine Sprache zu reden, welche nicht die ihrige ist. Von diesem Fehler hat keiner sich so rein gehalten wie Rossini; daher spricht seine Musik so deutlich und

rein ihre *eigene* Sprache, daß sie der Worte gar nicht bedarf und daher auch mit bloßen Instrumenten ausgeführt ihre volle Wirkung tut.«[242]

Die Musik könnte nach Schopenhauer bestehen, »auch wenn die Welt gar nicht wäre«, ist sie doch wie die letztere eine »unmittelbare Objektivation« des »Willens« als des Urseins, während die anderen Künste dasselbe nur »mittelbar« abbilden, nämlich mittels der Ideen der »erscheinenden Welt«.[243]

Nietzsche hat im sechzehnten Kapitel der *Geburt der Tragödie* die Folgerungen Schopenhauers aus diesem Prinzip über mehrere Seiten hinweg zitiert. Der Kern des Zitats ist die Kennzeichnung des spezifischen Verhältnisses der Musik zur Welt (daß sie das »Herz der Dinge«, also »zu allem Physischen der Welt das Metaphysische, zu aller Erscheinung das Ding an sich darstellt«) in der scholastischen Terminologie: »Die Begriffe sind die universalia post rem, die Musik aber gibt die universalia ante rem und die Wirklichkeit die universalia in re.«[244] Diese philosophische Relation wird von Nietzsche auf die Beziehung zwischen Chor und Dialog in der attischen Tragödie angewandt: die Orchestra ist gewissermaßen der Bereich der universalia *ante* rem, die Szene das Abbild der universalia *in* re. Chor und Dialog werden also zwei verschiedenen Seinsebenen zugeordnet. Das metaphysische ›ante‹ der Musik verkörpert sich symbolisch in der räumlichen *Vorlagerung* der Orchestra.

Nietzsche glaubt das »Rätsel« der »Orchestra vor der Szene« durch die Enthüllung der letzteren als bloßer Vision des Chors – der eben die einzige echte »Realität« der Tragödie sei – gelöst zu haben.[245] Diese Trennung von Orchestra und Szene als verschiedener Realitätssphären ist historisch natürlich unhaltbar; Nietzsche reprojiziert in das attische Amphitheater die moderne Trennung von Bühne und Zuschauerraum: die Szene wird zum ›Guckkasten‹ des Chors. Die Lösung des ›Rätsels‹ der Orchestra vor der Szene ist der Orchestergraben vor der Opernbühne. Die anachronistische Supposition der Illusionsverhältnisse des modernen Theaters prägt auch Nietzsches Beschreibung des Zuschauers der antiken Tragödie. Die Tatsache, daß das Publikum im Amphitheater sich selbst immer mit sah, die Zuschauerrränge ›übersah‹, wenn es auf die Szene schaute, wird von Nietzsche durch einen rhetorischen Winkelzug – das Spiel mit dem Doppelsinn des Wortes »übersehen« (= ›überschauen‹ oder ›nicht wahrnehmen‹) – ganz einfach eskamotiert: »Ein Publikum von Zuschauern, wie wir es kennen, war den Griechen unbekannt [was niemand bezweifeln wird – indessen ist das Tragödienpublikum, wie Nietzsche es nun beschreibt, kein anderes als das Publikum, ›wie wir es kennen‹]: in ihren Theatern war es jedem, bei dem in konzentrischen Bogen sich erhebenden Terrassenbau des Zuschauerraumes, möglich, die gesamte Kulturwelt um sich herum ganz einfach zu *übersehen* und in gesättigtem Hinschauen selbst Choreut sich zu wähnen.«

Die Kraft der »Vision« des Zuschauers (deren Gegenstand, in einer an die frühromantische Dichtungstheorie gemahnenden Illusionsverdopplung, zunächst der Chor ist, dessen Vision wiederum die »Welt der Bühne« bildet) ist nach Nietzsche »stark genug, um gegen den Eindruck der ›Realität‹, gegen die rings auf den Sitzreihen gelagerten Bildungsmenschen den Blick stumpf und unempfindlich zu machen«.[246] Über die vom Sonnenlicht durchfluteten Terrassen des attischen Amphitheaters senkt sich hier die Nacht des verdunkelten Zuschauerraums (die den Blick tatsächlich gegen die Realität und die ›Bildungsmenschen‹ um sich herum abschirmt), die Orchestra versinkt in den »mystischen Abgrund« des Orchestergrabens, der Chor verwandelt sich ins Orchester, alle störenden Erscheinungen zwischen Zuschauer und Szene können ›übersehen‹ werden, weil es nichts mehr zu sehen gibt als das in die »Unnahbarkeit einer Traumerscheinung« (IX,337 f.) entrückte szenische Bild. Kurz: das Dionysostheater wird zur Vorwegnahme des Bayreuther Festspielhauses.

Die ›Einheit‹ zwischen szenischer und Zuschauerwelt, wie Nietzsche sie für das antike im Gegensatz zum modernen Theater behauptet – »daß es im Grunde keinen Gegensatz von Publikum und Chor gab«, weil jenes sich in diesem »wiederfand«[247] –, ist die Unio mystica des dionysischen Rausches, sie hat nichts zu tun mit der originären Einheit von Bühnen- und Publikumswirklichkeit im antiken Festtheater. Dort bestand die Einheit in der Einbettung des dramatischen Spiels in die Realität des Zuschauers, der sich sagen durfte: Tua res agitur; bei Nietzsche kommt sie im Gegenteil durch das Selbstvergessen des Publikums und seiner konkreten Realität zustande, durch die vollkommene Identifikation mit der Visionswelt der Szene. Die so verstandene Aufhebung des Gegensatzes von Bühne und Publikum weist auf die romantische Theaterästhetik zurück und berührt sich eng mit Wagners gleichzeitigen theoretischen Bemühungen um ein improvisatorisches Theater (das den Zuschauer in die Dynamik des Dramas einbezieht und ihn so der prosaischen Realität entzieht). Wagners diesbezügliche Ausführungen im Aufsatz *Über Schauspieler und Sänger* (1872) sind ja von Nietzsche bezeichnenderweise, wenn auch wohl zu Unrecht, auf den Einfluß seiner Tragödienschrift zurückgeführt worden.

So sehr die modernen Tendenzen in der *Geburt der Tragödie* der Wagnerschen Ästhetik verwandt sind, so radikal weichen sie von ihr ab, was die historische Einschätzung der griechischen Tragödie betrifft. Die Liquidierung der geschichtlichen Differenz zwischen attischer Tragödie und musikalischem Drama hat Wagner, wie seine in den Jahren nach Nietzsches Abhandlung erschienenen Schriften zeigen, nicht mitvollzogen. Chor und Dialog gehören nach seiner Theorie nicht verschiedenen Realitätsebenen an, sondern stehen auf einer und derselben Ebene in einer Konkurrenz miteinander, in der sich der Dialog, der Träger des eigentlich Dramatischen, schließlich als stärker erweist. Betrachtet man die Struktur und nicht die Entstehungsgeschichte der Tragödie, ist der Chor also nicht »Mutter« sondern »Nebenbuhler« des Dialogs (vgl. IX,305). Einen der Funktion des Orchesters vergleichbaren musikalischen Untergrund der Handlung konnte der Chor aus der Sicht Wagners von vornherein nicht bilden, weil die Musik als emanzipierte Kunst den Griechen noch unbekannt war. Wagner hat wiederholt, so in *Oper und Drama* und »*Zukunftsmusik*«, darauf hingewiesen, daß die »unzertrennliche lebendige Zusammenwirkung der Tanzgebärde mit der Ton-Wortsprache« – das, was die Griechen ›Musik‹ nannten – eine autonome Entfaltung der Tonkunst nicht ermöglichte. »Zur Ausbildung der Tonkunst fühlten sich die Griechen nur so weit gedrungen, als sie zur Unterstützung der Gebärde zu dienen hatte, deren Inhalt die Sprache an sich schon melodisch ausdrückte.« (IV,104.) (Die sich hier anschließenden Ausführungen über die »griechische Prosodie«, die zumindest mittelbar von Karl Philipp Moritz beeinflußt sind,[248] zeigen mehr als einmal die beachtlichen philologischen Kenntnisse Wagners.) »Bei den Griechen kennen wir die Musik nur als Begleiterin des Tanzes«, heißt es in »*Zukunftsmusik*«; sie empfanden die geregelte Quantitätenabfolge ihres Verses (durch welche dieser sich vom deutschen ›akzentuierenden‹ Vers fundamental unterscheidet; IV,105) unmittelbar durch den Körper.[249] Die »Bewegung des Tanzes«

gab der Musik »wie dem vom Sänger zur Tanzweise gesungenen Gedichte die Gesetze des Rhythmus, welche Vers und Melodie so entschieden bestimmten, daß die griechische Musik (unter welcher die Poesie fast immer mit verstanden war) nur als der in Tönen und Worten sich aussprechende Tanz angesehen werden kann« (VII,106). Es leuchtet ein, daß die durch den Rhythmus der griechischen Sprache bedingte Einheit von Dicht-, Tanz- und Tonkunst sich vom modernen ›Gesamtkunstwerk‹ als der freiwilligen Integration der emanzipierten Einzelkünste tiefgreifend unterscheidet. Das hat Wagner nie verkannt. Er will ebensowenig zur μουσική wie zum antiken Mythos zurückkehren. Beide unterscheiden sich vom Kunstwerk der Zukunft und von dem durch die Geschichte ›gerechtfertigten‹ Endzeit-Mythos wie die verlorene Natur (Arkadien) vom utopischen Ideal (Elysium) in Schillers Schrift *Über naive und sentimentalische Dichtung.*

In der *Beethoven*-Festschrift hat Wagner aus der Tatsache der Ureinheit der Künste in der griechischen ›Musik‹ gefolgert, daß die Tonkunst sich hier noch nicht im Sinne Schopenhauers als die Stimme des An-sich von der Abbildung der Erscheinungswelt emanzipiert hat. Als Bestätigung dient ihm die Vorstellung der Pythagoräer von der gesetzmäßigen Ordnung des Kosmos und der sich daraus ergebenden ›musikalischen‹ Harmonie der Sphären. Von der griechischen Musik galt eben noch nicht, daß ihr Reich »nicht von dieser Welt« sei – war diese Welt doch noch nicht als der durch die Naturwissenschaft entseelte Weltraum und als depravierte Zivilisation dem Menschen entfremdet (IX,121). Nur angesichts der »modernen Erscheinungswelt, welche ihn überall zu seiner Verzweiflung undurchbrechbar einschließt«, bedarf der Mensch einer erlösenden Macht – und »wie unter der römischen Universal-Zivilisation das Christentum hervortrat, so bricht jetzt aus dem Chaos der modernen Zivilisation die Musik hervor. Beide sagen aus: Unser Reich ist nicht von dieser Welt.« (IX,120.)

Die Macht der Musik »unserer ganzen modernen Zivilisation gegenüber« hat Wagner durch das Bild veranschaulicht: »Die Musik hebt sie auf wie das Tageslicht den Lampenschein.« (IX,120.) Nietzsche zitiert diesen Vergleich in der *Geburt der Tragödie,* um die Wirkung der »dionysischen Musik« zu bezeichnen: »In gleicher Weise, glaube ich, fühlte sich der griechische Kulturmensch im Angesicht des Satyrchors aufgehoben.«[250] Wieder nivelliert Nietzsche den Unterschied, ja Gegensatz zwischen der griechischen Tragödie und dem modernen symphonischen Drama. Wagner hat jenes Bild ja eben nicht zur Charakterisierung der antiken, sondern der modernen Musik verwendet; der kulturaufhebenden Wirkung der letzteren stellt er – unmittelbar anschließend – die kulturtragende und -durchdringende Bedeutung der griechischen Musik gegenüber. Die von ihm beschriebenen Erscheinungsformen der antiken Tonkunst erwähnt auch Nietzsche, aber sie sind für ihn – als »Musik des Apollo« – nicht die eigentliche griechische Musik, sondern nur »Architektonik in Tönen«, bloßer »Wellenschlag des Rhythmus, dessen bildnerische Kraft zur Darstellung apollinischer Zustände entwickelt wurde«.[251] Für Wagner hingegen ist diese ›apollinische‹ Musik die wahre und einzige Tonkunst der Griechen; ihr Geist ist auch der des Chorgesangs, aus dem »sich das Drama auf die Bühne projizierte«:

»Uns muß es dünken, daß die Musik der Hellenen die Welt der Erscheinung selbst innig durchdrang und mit den Gesetzen ihrer Wahrnehmbarkeit sich verschmolz. Die Zahlen des Pythagoras sind gewiß nur aus der Musik zu verstehen; nach den Gesetzen der Eurythmie baute der Architekt, nach denen die Harmonie erfaßte der Bildner die menschliche Gestalt; die

Regeln der Melodik machten den Dichter zum Sänger, und aus dem Chorgesange projizierte sich das Drama auf die Bühne, wir sehen überall das innere, nur aus dem Geiste der Musik zu verstehende Gesetze das äußere, die Welt der Anschaulichkeit ordnende Gesetz bestimmen: den echt antiken dorischen Staat, welchen Platon aus der Philosophie für den Begriff festzuhalten versucht, ja die Kriegsordnung, die Schlacht leiteten die Gesetze der Musik mit der gleichen Sicherheit wie den Tanz. – Aber das Paradies ging verloren, der Urquell der Bewegung einer Welt versiegte. Diese bewegte sich wie die Kugel auf den erhaltenen Stoß im Wirbel der Radienschwingungen, doch in ihr bewegte sich keine treibende Seele mehr; und so mußte auch die Bewegung endlich erlahmen, bis die Weltseele neu wieder erweckt wurde. Der Geist des Christentums war es, der die Seele der Musik neu wieder belebte.« (IX,120 f.)

Diese historische Konstruktion ist von Nietzsche aufgegeben worden. Nicht der von Wagner hier beschriebene antike, sondern der christlich-moderne »Geist der Musik« ist es, aus dem er die attische Tragödie anachronistisch ableitet. (Bezeichnend, daß er im neunzehnten Kapitel der Tragödienschrift die Oper der Florentiner Camerata in ihrem Kontrast zur »unaussprechbar erhabenen und heiligen Musik Palestrinas«, an deren »Gewölbebau [...] das gesamte christliche Mittelalter gebaut hatte«, mit dem Verhältnis der Euripideischen zur Aischyleischen Tragödie parallelisiert.[252] Hier wie dort verliert die Musik die Kraft der ›Erlösung‹ von der Erscheinungswelt, die nach Wagner das spezifische Prinzip der christlich-modernen Musik ist.)

Was nach Wagner das Wesen der griechischen Musik bildete – die Verschmelzung mit der Erscheinungswelt, die sich besonders im Tanz manifestiert –, ist im Falle der modernen Musik das Stigma ihrer Entfremdung: das aus dem Tanzrhythmus herzuleitende ›quadratische‹ Periodengerüst. »Die Musik tritt hierdurch aus dem Stande ihrer erhabenen Unschuld; sie verliert die Kraft der Erlösung von der Schuld der Erscheinung, d. h. sie ist nicht mehr Verkünderin des Wesens der Dinge, sondern sie selbst wird in die Täuschung der Erscheinung der Dinge außer uns verwebt.« (IX,81.) Dasselbe war der griechischen Musik noch gestattet, da die Erscheinung dem Wesen der Dinge hier noch nicht entfremdet war. In diesem Punkt steht Wagner in der Tradition des klassischen Griechenlandmythos, dessen idealisierende Tendenzen sich bei ihm immer wieder gegen das pessimistische Antikebild durchsetzen, das die ihm wohlbekannten Ergebnisse der Altertumswissenschaft nahelegten. Obwohl er immer wieder bekundet hat, daß der metaphysische Pessimismus Schopenhauers seinen früheren hellenischen Optimismus untergraben habe, bleibt sein Griechenlandbild selbst von pessimistischen Zügen weithin frei; mehr oder weniger bewußt relativiert und historisiert er so die Schopenhauersche Philosophie des Weltwillens, schränkt ihre Befunde auf die moderne Zivilisation ein. Sein Kulturpessimismus wird letzten Endes vom Utopismus seiner Reformschriften um 1850 überholt. (Im Schluß der *Ring*-Tetralogie wird sich das deutlich manifestieren.)

Hinsichtlich seines Pessimismus ist der Autor der *Geburt der Tragödie* der konsequentere Schopenhauerianer gewesen. Sein Griechenlandbild ist von allen utopisch stimulierenden Verklärungsmomenten befreit. Das geht nicht zuletzt auf seine Lektüre von Büchern wie der *Griechischen Literaturgeschichte* von Karl Otfried Müller (1841), der *Griechischen Götterlehre* von Friedrich Gottlieb Welcker (1857) und der *Symbolik und Mythologie der alten Völker, besonders der Griechen* von Friedrich Creuzer (1810–22) zurück. Carl von Westernhagen hat nachgewiesen, daß Nietzsches Entleihungen dieser und anderer Werke aus der Baseler Universitätsbibliothek in auffälligem Zusammenhang mit Nietzsches Besuchen in Tribschen stehen.[253] Daß jene von der zeitgenössischen Philologie halb vergessenen Arbeiten der vorangegangenen Generation, die das klassische Griechenlandbild in vielen Punkten erschüttert hatten, Nietzsche durch Wagner ans Herz gelegt worden sind – in dessen Dresdener und Bayreuther Bibliothek eine Reihe von Werken jener bedeutenden Altertumswissenschaftler gestanden haben –, liegt sehr nahe. Andererseits ist nicht zu verkennen, daß die pessimistischen Züge in Nietzsches Tragödienschrift weitgehend aus einer Reprojektion der Wagnerschen Zivilisationskritik in die griechische Welt resultieren. Wie Nietzsche den Geist der modernen mit dem der antiken Musik identifiziert, so nimmt die griechische Kulturwelt, die durch jene aufgehoben werden soll, bei ihm die Züge der modernen Zivilisation an. Was da »im Angesicht des Satyrchors aufgehoben« wird: »der griechische Kulturmensch«, »der Staat und die Gesellschaft, überhaupt die Klüfte zwischen Mensch und Mensch«,[254] das sind der Mensch, der Staat, die Gesellschaft und die sozialen Entfremdungen des späten 19. Jahrhunderts.

Nietzsches rein musikalische Deutung des Chors schließt fast alle in der Poetik des 18. und 19. Jahrhunderts vorherrschenden Bestimmungen desselben[255] aus: er ist für ihn weder Reflektor und Kommentator, also »intellektualisierendes Organ der Tragödie« (Wilhelm von Humboldt[256]) noch eine Repräsentanz der Öffentlichkeit, welche die dramatischen Personen – eben weil sie nicht allein oder unter sich sind – entweder zu würdevoller Haltung und gewählter Rede zwingt oder aber als eine republikanische Kontrollinstanz über ihre Handlungen und Worte richtet. Alle diese Spielarten einer reflektierenden, räsonierenden, (höfisch-)repräsentativen oder richtenden Öffentlichkeit hat die Poetik des 18. und 19. Jahrhunderts dem antiken Chor zugeschrieben – der für sie ein teils irritierendes, teils vorbildliches Organ gewesen ist, für das im modernen Drama ein Surrogat zu finden war.

Daß wir keinen Chor mehr haben, bedeute, daß unseren Stücken »der Grund fehlt, auf welchen sie projektiert werden könnten«, schreibt Diderot in seinem *Discours sur la poésie dramatique*.[257] Schon eine Generation zuvor bemerkt der Abbé Vatry in seinen (von Bodmer übersetzten) *Gedanken von den Chören in den Trauerspielen* (1733): Wie der Maler sich nicht damit begnüge, auf Gemälden affekthaltige Geschehnisse in ihrer einfachen Erscheinung, sondern zugleich wie in einem Spiegel auf den Gesichtern der Zeugen und Zuschauer zu zeigen, ebenso sei es notwendig, daß der Dramatiker »den Zuschauern andere Zuschauer« gegenüberstelle.[258] Dieser Feststellung begegnen wir bei vielen Poetikern des 18. Jahrhunderts bis zu Schillers Vorrede zur *Braut von Messina*.

Da die Restauration des Chors auf der modernen Bühne außerhalb des Musiktheaters nur in singulären Fällen möglich ist, so argumentiert man immer wieder, sei nach Ersatzformen des Chors zu suchen.[259] Diderot und Schiller sehen diese namentlich in den episodischen Figuren – in die sich ja noch Wagner zufolge der Chor im Shakespeareschen Drama zersplittert hat. Auch der »confident« der Tragédie classique wird gemeinhin (so in der Vorrede zur *Braut von Messina*) als Nachfolgeorgan des Chors angesehen. Jene Figuren übernehmen die Reflektorfunktion des Chors, auf welche der Dramatiker nicht verzichten kann. Sie ist ein Äquivalent zur Leistung des ›Erzählers‹ in der Epik. (Eine solche chorisch-epische Reflektorfunktion kommt auch in gewisser Weise dem Orchester im Musikdrama zu.[260])

Zurück zu Nietzsche: Dieser will von der Theorie der »Zuschauer«-Funktion des Chors nichts mehr wissen und polemisiert aus diesem Grunde zumal gegen die einschlägigen Passagen in August Wilhelm Schlegels dramaturgischen Vorlesungen. Nicht *Zuschauer,* sondern *Schauer* der von ihm visionär erzeugten Szene sei der Chor. Schlegels Definition desselben bildet vor allem deshalb das Objekt der Polemik Nietzsches, weil dem »Zuschauer« der dramatischen Handlung eine republikanische Bedeutung beigemessen wird. Wenn die griechischen Tragiker »mit ihren Dichtungen in das heroische Zeitalter zurückgingen, wo noch die monarchische Verfassung galt«, schreibt Schlegel, so »republikanisierten« sie gewissermaßen jene »Heldenfamilien«, indem sie »bei ihren Verhandlungen entweder Älteste aus dem Volk oder andere Personen, die etwas Ähnliches vorstellen konnten, gegenwärtig sein ließen«.[261] Nach dem »republikanischen Sinn der Griechen« gehörte die »Öffentlichkeit« zum »Wesen einer ernsten und wichtigen Handlung. Dies bedeutete die Gegenwart des Chores«.[262] Schlegel folgte hier den 1795 verfaßten Aufzeichnungen seines Bruders Friedrich über die attische Chortragödie, welche in engem Zusammenhang mit dessen *Versuch über den Republikanismus* (1796) stehen. Hier bereits wird der Chor als Symbol des »Republikanismus in der Tragödie«, als »Repräsentation des Volks als Zuschauer der Handlung« bestimmt.[263]

Eine solche »politische Erklärung des Chors« lehnt Nietzsche rigoros ab. Daß jener »das Volk gegenüber der fürstlichen Region der Szene zu vertreten habe«, sei gewiß ein »für manchen Politiker erhaben klingender Erläuterungsgedanke«, doch »auf die ursprüngliche Formation der Tragödie ist er ohne Einfluß, da von jenen rein religiösen Ursprüngen der ganze Gegensatz von Volk und Fürst, überhaupt jegliche politisch-soziale Sphäre ausgeschlossen ist«. In bezug auf die »klassische Form des Chors« von der Ahnung einer »konstitutionellen Volksvertretung« zu reden sei eine glatte »Blasphemie«.[264] Obwohl Nietzsche hier in historischer Hinsicht recht hat, ist schwerlich zu verkennen, daß ihm die politische Erklärung des Chors vor allem deshalb suspekt ist, weil sie sich mit seiner Auffassung der dionysischen Musik als einer Staat und Gesellschaft aufhebenden, zivilisationsfeindlichen Macht nicht verträgt. In den Vorstudien zur *Geburt der Tragödie* ist Nietzsche in der Ausschaltung des Politischen aus der Bestimmung des Chors noch nicht so rigoros gewesen. In den Fragmenten vom Herbst 1869 nennt er den Chor selbst noch den »lautgewordenen [...] Zuschauer«.[265] In einer anderen Aufzeichnung heißt es freilich schon: »Nicht der ideale Zuschauer [das richtet sich gegen A. W. Schlegels Formulierung], sondern der lyrisch-musikalische Resonanzboden des Dramas«! In der gleichen Aufzeichnung lesen wir jedoch: »Der Chor in der Tragödie: Öffentlichkeit des ganzen Treibens: alles wird im Freien beraten.«[266] Ähnlich heißt es in dem Vortrag *Das griechische Musikdrama:* »So verlangte der antike Chor für die ganze Handlung in jedem Drama Öffentlichkeit der Handlung, den freien Platz als die Aktionsstätte der Tragödie. [...] Alles öffentlich, alles im hellen Licht, alles in Gegenwart des Chors – das war die grausame Forderung.«[267] Dieser Aspekt ist bei Nietzsche freilich weithin entpolitisiert, im Sinne jener ›schönen Öffentlichkeit‹ ästhetisiert, als deren Repräsentanz der Chor schon in Schillers Vorrede zur *Braut von Messina* fungiert: als Kontrapost zur prosaischen Gestaltlosigkeit des modernen Lebens, die gerade im Verlust der sinnfälligen Öffentlichkeit seiner zentralen Äußerungen besteht.[268]

Merkwürdig übrigens, daß Wagner in seinen zahlreichen Äußerungen über den griechischen Chor nie diesen Aspekt der ›Veröffentlichung‹ der Handlung durch die Anwesenheit des Chors berührt, selbst in den Schriften aus der Revolutionszeit nicht, die den

Öffentlichkeitscharakter des täglichen Lebens der Griechen so stark mit der modernen Privatisierung desselben kontrastieren. Das ist um so erstaunlicher, als Wagner in *Lohengrin* den Opernchor noch ganz im antiken Sinne als jenes öffentliche Forum gestaltet, vor das alle wesentlichen Entscheidungen gezogen werden. Hier gehört der Chor wirklich noch einmal wie in der attischen Tragödie zur Handlung wie der Himmel zur Landschaft (Humboldt).[269] Wagner ist einerseits so stark auf die Funktionsverwandtschaft des Chors mit dem Orchester fixiert, und andererseits legt er, was die reale Beteiligung des ersteren an der dramatischen Handlung betrifft, so großen Wert auf die individualisierende Aufspaltung des Kollektivorgans ›Chor‹, daß er jenen Aspekt der ›Öffentlichkeit‹, der durch das Orchester ja nicht ablösbar ist, in seinen theoretischen Äußerungen ignoriert.

So geschieht es auch und erst recht in der *Geburt der Tragödie,* die alle – auch die von Wagner selbst konstatierten – Differenzen zwischen antikem Chor und modernem Orchester annihiliert. Von der Publizität der Handlung aufgrund der Beteiligung des Chors ist im Gegensatz zu den Vorstudien nun nicht mehr die Rede. Nietzsche erkennt nur eine einzige ältere Chortheorie als unverändert gültig an: Schillers Vorrede zur *Braut von Messina,* die in der Tat als die tiefgründigste und umfassendste aller modernen Reflexionen über den tragischen Chor der Griechen angesehen werden darf. Nietzsche hat freilich Schillers differenzierte Beschreibung des Chors – die fast alle der oben umrissenen Deutungsaspekte einschließt – und vor allem die exakte Unterscheidung der ursprünglichen und der modernen Funktion desselben zu einer einzigen Feststellung zusammenschrumpfen lassen, in der die Differenz zwischen der originalen und der zeitgenössischen Wieder-Verwendung des Chors nicht mehr erkennbar ist. Nietzsche zufolge ist ›der‹ Chor für Schiller ein rein musikalisch-hermetisches Organ. »Eine unendlich wertvollere Einsicht über die Bedeutung des Chors [als A. W. Schlegel] hatte bereits Schiller in der berühmten Vorrede zur *Braut von Messina* verraten, der den Chor als eine ›lebendige Mauer‹ betrachtete, ›die die Tragödie um sich herumzieht, um sich von der wirklichen Welt rein abzuschließen und sich ihren idealen Boden und ihre poetische Freiheit zu bewahren‹.«[270] Nietzsche verschweigt, daß diese seiner Meinung nach einzig richtige Bestimmung gerade nicht für den griechischen, sondern ausschließlich für den modernen (restaurierten) Chor gilt. Die griechische Tragödie hatte es Schiller zufolge nicht nötig, sich von der wirklichen Welt abzuschließen, weil diese selbst noch poetischen Charakter hatte, während sie sich heute gegen eine prosaisch-gestaltlos gewordene Realität hermetisch abschirmen muß. In seinem Brief an Herder vom 4. November 1795 hat Schiller die Überzeugung ausgedrückt, daß angesichts der »Übermacht der Prosa in dem Ganzen unsres Zustandes« die Poesie nicht mehr wie die griechische in einer »Koalition« mit der »wirklichen Welt« stehen kann, sondern ihr Heil in der »strengsten Separation« von derselben suchen muß. Dieser Gegensatz im Verhältnis der antiken und der modernen Poesie zur zeitgenössischen Realität manifestiert sich im Funktionswandel des Chors. War dieser bei den Griechen das Produkt der sinnfälligen Öffentlichkeit des Lebens – die Tragödie »fand ihn in der Natur und brauchte ihn, weil sie ihn fand«–, so muß er in der modernen Tragödie diese Öffentlichkeit erst künstlich herstellen. Er bildet also wirklich eine Scheidemauer gegen die ganz anders geartete Realität vor der Bühne, wird zum Organ ihrer ›Separation‹ von der Prosa des Lebens (die, theatergeschichtlich gesehen, der entschiedenen architektonischen Trennung von Bühne und Zuschauerraum im modernen Theater korrespondiert).

»Der Chor war folglich in der alten Tragödie mehr ein natürliches Organ, er folgte schon aus der poetischen Gestalt des wirklichen Lebens. In der neuen Tragödie wird er zu einem Kunstorgan, er hilft die Poesie *hervorbringen*. Der neuere Dichter findet den Chor nicht mehr in der *Natur,* er muß ihn poetisch erschaffen und einführen, das ist, er muß mit der Fabel, die er behandelt, eine solche Veränderung vornehmen, wodurch sie in jene kindliche Zeit und in jene einfache Form des Lebens zurückversetzt wird. Der Chor leistet daher dem neuen Tragiker noch weit wesentlichere Dienste als dem alten Dichter, ebendeswegen, weil er die moderne gemeine Welt in die alte poetische verwandelt, weil er ihm alles das unbrauchbar macht, was der Poesie widerstrebt und ihn auf die einfachsten, ursprünglichsten und naivsten Motive hinauftreibt.«[271]

Diese Unterscheidung zwischen »natürlichem Organ« und »Kunstorgan« wird von Nietzsche ebenso aufgegeben wie die Wagnersche Differenzierung zwischen antikem Chor und modernem Orchester. In beiden Fällen negiert er die historische Differenz zwischen attischer Tragödie und musikalischem Drama – ein solches ist die Chortragödie in gewisser Weise ja auch für Schiller – wie zwischen griechischer und moderner Kultur.

»Ich hatte immer ein gewisses Vertrauen zur Oper, daß aus ihr wie aus den Chören des alten Bacchusfestes das Trauerspiel in einer edlern Gestalt sich loswickeln sollte«, hat Schiller bereits in seinem Brief an Goethe vom 29. Dezember 1797 geschrieben. Dieser Brief hat im ästhetischen Denken Wagners wie Nietzsches Epoche gemacht.[272] Der Chor ist einer jener »symbolischen Behelfe«, durch deren Einführung nach Schiller eine »Reform des Dramas« zu bewerkstelligen wäre. Diese müßte »durch Verdrängung der gemeinen Naturnachahmung der Kunst Luft und Licht verschaffen«. Jene symbolischen Behelfe hätten die Aufgabe, »in allem dem, was nicht zu der wahren Kunstwelt des Poeten gehört und also nicht dargestellt, sondern bloß bedeutet werden soll, die Stelle des Gegenstandes« zu vertreten.[273] Ließe sich ein solches »symbolisches« Instrumentarium entwickeln, fährt Schiller fort, »so müßte die natürliche Folge sein, daß die Poesie sich reinigte, ihre Welt enger und bedeutungsvoller zusammenzöge und innerhalb derselben desto wirksamer würde«. Diese Passage scheint uns – in Verbindung mit der Feststellung Schillers, daß durch die Musik in der Tragödie das »Wunderbare« wieder in sein von der Poetik der Aufklärung geleugnetes Recht eingesetzt und der Zuschauer »notwendig gegen den Stoff [sowie gegen naturalistische Wahrscheinlichkeitsforderungen] gleichgültiger« gemacht würde[274] – eine wichtige Quelle für Wagners Dramaturgie des Wunders zu sein, dessen Funktion *Oper und Drama* zufolge ja eben in einer solchen ›bedeutungsvollen‹ Kontraktion oder Abbreviatur der außerpoetischen Wirklichkeit besteht.

Schillers Restauration des Chors in der *Braut von Messina* und dessen Apologie in der Vorrede sind die unmittelbare Anwendung seiner Theorie des ›Symbolischen‹. Bereits Konrad Burdach hat 1926 eine Brücke von der *Braut von Messina* (zu welcher der junge Wagner übrigens eine – verschollene – Ouvertüre komponiert hat) zur Wagnerschen Dramaturgie geschlagen, und wirklich zeigt die erste Seite der Vorrede, daß Schiller hier ein musikalisches ›Kunstwerk der Zukunft‹ ins Auge faßt, zu dem die poetische Einführung des Chors als erster Schritt hinführen soll. Schiller ist sich darüber im klaren, daß der Chor nur im Rahmen eines erst zu schaffenden dramatischen Gesamt-

kunstwerks nach dem Vorbild der griechischen μουσική glaubwürdig (»auf die gehörige
Art«) zu realisieren ist: »Aber das tragische Dichterwerk wird erst durch die theatralische Vorstellung zu einem Ganzen: nur die Worte gibt der Dichter, Musik und Tanz
müssen hinzukommen, sie zu beleben. Solange also dem Chor diese sinnlich mächtige
Begleitung fehlt, solange wird er in der Ökonomie des Trauerspiels als ein Außending,
als ein fremdartiger Körper und als ein Aufenthalt erscheinen, der nur den Gang der
Handlung unterbricht, der die Täuschung stört, der den Zuschauer erkältet.« Eben das
ist auch der Einwand Wagners gegen den tragischen Chor. »Um dem Chor sein Recht
anzutun, muß man sich also von der wirklichen Bühne auf eine *mögliche* versetzen;
aber das muß man überall, wo man zu etwas Höherm gelangen will.«[275] Wagner ante
portas!

Schiller hat diese Selbstüberschreitung des Schauspiels auf das musikalische Drama hin
im Falle der *Braut von Messina* nachdrücklich gefördert, suchte er doch Zelter für eine
Musikalisierung seiner Tragödie zu gewinnen. Der Chor soll nach Schillers Vorstellung, »von der ganzen sinnlichen Macht des Rhythmus und der Musik in Tönen und
Bewegungen begleitet«,[276] den ideell-motivischen Untergrund der Handlung bilden,
ein Ostinato tragischer Stimmung, über dem sich Aktionen und Dialoge entfalten.
Neben dieser orchestralen Grundierung des Geschehens hat er die Aufgabe, tanzend
einen Zauberkreis um die Welt des Dramas und der Bühne zu ziehen.

Schillers Vorstellung von der Bedeutung des Chors in der Tragödie ist nachhaltig
geprägt durch den überwältigenden Eindruck der Weimarer Aufführung von Glucks
Iphigenie auf Tauris (1801), die er als dramatisches Kunstwerk fast höher eingeschätzt
hat als Goethes gleichnamiges Schauspiel.[277] Oper und Schauspiel sollen nach Schillers
Forderung im Interesse einer Reform des Theaters, seiner Reinigung vom »Naturalismus«[278] der bühnenbeherrschenden bürgerlichen Alltagsdramatik, aufeinander zustre-
ben. Der Schnittpunkt ihrer Tendenzen ist die Wiedereinführung des sowohl poetisch-
dramatischen als auch musikalischen Organs des tragischen Chors.

Wagner hat die Restauration des Chors – die harte Kritik an der *Braut von Messina* in
Oper und Drama (IV,26) zeigt es – freilich als falschen Weg des Dramas zur Musik
entlarvt. Schillers dramaturgisch widerspruchsvolle Einführung des Chors, dessen
ideale und reale (handlungsimmanente) Funktion sich stets ins Gehege kommen, hat
ihn in seiner Überzeugung bestärkt, daß in einem individualistischen Zeitalter ein
handelndes Kollektiv auf der Bühne unglaubwürdig ist und daß andererseits ein
tanzender Vokalkörper weder in musikalisch-harmonischer noch in poetisch-dramati-
scher Hinsicht den ›idealen‹ Untergrund des Dialogs und der Versmelodie bilden kann.
Er bedarf ja wiederum des Orchesters als seiner harmonischen Grundlage; das beweist,
daß er nur ein Schatten des antiken Chors ist, eine Hohlform jenes Organs, dessen
einzig legitimer Nachfolger das symphonische Instrumentalorchester ist.

Das Orchester ist im Gegensatz zum Chor *unsichtbar*. Wie soll auch ein Organ, das
selbst der Erscheinungswelt angehört, diese Erscheinungswelt ›aufheben‹ können? Muß
die Präsenz des Chors nicht ebenso stören wie die mechanischen Bewegungen des
Instrumentalorchesters – das Wagner im Bayreuther Festspielhaus deshalb versenkt
hat? »Die wahre Musik ist allein fürs Ohr«; aus diesem Grunde will er »die Orchester
so viel als möglich versteckt haben, weil man durch die mechanischen Bemühungen und
durch die notdürftigen, immer seltsamen Gebärden der Instrumentenspieler so sehr
zerstreut und verwirrt werde«. Dieses Zitat stammt nicht von Wagner, sondern aus

Goethes Roman *Wilhelm Meisters Lehrjahre*.[279] Natalies Oheim, von dem hier die Rede ist, hat Wagners Idee vorweggenommen; das muß diesem bekannt gewesen sein, da er Goethes Roman oft gelesen hat. Und was er in *Beethoven* über die »mechanischen Bewegungen der Musiker«, den »ganz sonderbar sich bewegenden Hilfsapparat einer orchestralen Produktion« schreibt (IX,75), den er dem Blick des Zuhörers in seinem Theater entziehen möchte (IX,336), ist im Wortlaut der zitierten *Wilhelm Meister*-Stelle so verwandt, daß wir hier eine Reminiszenz an Goethes Roman vermuten.

Erst gleichsam das Versinken des Chors in den »mystischen Abgrund« des Orchestergrabens ermöglicht die strikte Trennung der »Realität von der Idealität« (IX,337), während ein sichtbarer Chor oder ein sichtbares Orchester die Grenze der beiden Sphären illusionsstörend verwischt – wofern nicht der Chor gänzlich dem Illusionsraum der dramatischen Handlung zugerechnet wird; eben das beraubte ihn aber der Funktion eines metaphysisch-musikalischen Antezedens der dramatischen Handlung, die Nietzsche ihm zuschreibt. Für Nietzsche stört der Anblick des tanzenden Chors nur deshalb nicht die dionysische Aufhebung der Erscheinungswelt, da er mit Wagner der Überzeugung ist, daß der Zuschauer durch die Musik in einen Zustand gerät, der dem »somnambulen Hellsehen« gleicht, in dem also das Sehvermögen »depotenziert« oder neutralisiert wird (IX,75.336). In diesem Zustand vermag der Zuschauer nicht nur das Publikum um und vor sich, sondern auch den Chor als sichtbare Erscheinung ebenso zu ›übersehen‹ wie der intensiv zuhörende Konzertbesucher den Orchesterapparat (IX,75).

Nietzsche beruft sich zur Rechtfertigung seiner Idee der ›Vorgängigkeit‹ des Chorisch-Musikalischen vor dem Dramatischen auf Schiller, und er scheint hier eine Parallele zu dessen eigenem Produktionsverfahren zu sehen. Es ist vielfach überliefert, daß Schiller sich durch das Klavierspiel seiner Freunde oder seiner Frau zur poetischen Produktion stimulieren ließ. Johann Diederich Gries gegenüber hat er das folgendermaßen begründet: Einer der »Hauptzwecke« der Musik sei »ein gewisses Empfänglichmachen des Gemütes für ästhetische Eindrücke«, das mit der Wirkung zu vergleichen sei, »die ein Gemälde in einer solchen Entfernung hervorbrächte, in welcher nicht mehr die Formen, sondern nur die Farben erkenntlich seien«.[280] Diese Gesprächsnotiz stimmt überein mit Schillers Briefäußerungen über die vage ästhetische Stimmung am Beginn seines poetischen Produzierens, das sich erst aus einem gleichsam musikalischen Dunkel zum Licht klarer und bestimmter Formen emporringen muß. »Das Musikalische eines Gedichts schwebt mir weit öfter vor der Seele, wenn ich mich hinsetze, es zu machen, als der klare Begriff von Inhalt, über den ich oft kaum mit mir einig bin«, schreibt er am 25. Mai 1792 an Körner, und in seinem Brief an Goethe vom 18. März 1796 lesen wir: »Bei mir ist die Empfindung anfangs ohne bestimmten und klaren Gegenstand; dieser bildet sich erst später. Eine gewisse musikalische Gemütsstimmung geht vorher, und auf diese folgt bei mir erst die poetische Idee.« Diese »psychologische Beobachtung« Schillers über den »Prozeß seines Dichtens« zitiert Nietzsche in der *Geburt der Tragödie*,[281] und er integriert sie selbstverständlich in seine von Schopenhauer und Wagner inspirierte Metaphysik der Musik.[282]

> »War nicht als Musik, als reines Urbild des Seins ein Gedicht in seiner Seele geboren, lange bevor es sich Gleichnis und Kleid aus der Welt der Erscheinungen lieh? Geschichte, Weltweisheit, Leidenschaft: Mittel und Vorwände, nicht mehr, für etwas, was wenig mit ihnen zu

schaffen, was seine Heimat in orphischen Tiefen hatte. Worte, Begriffe, Tasten nur, die sein Künstlertum schlug, um ein verborgenes Saitenspiel klingen zu machen...«

So lautet die Übersetzung des eben zitierten Schiller-Briefs in die Sprache Schopenhauers, Wagners, Nietzsches – und Thomas Manns in dessen Schiller-Novelle *Schwere Stunde* (1905);[283] bedeutsam ist, daß zudem die berühmten Aphorismen von Novalis: »Der Poet braucht die Dinge und Worte wie Tasten« und »Die Natur ist eine Äolsharfe – sie ist ein musikalisches Instrument, dessen Töne wieder Tasten höherer Saiten in uns sind«,[284] in jene ›Erlebte Rede‹ Schillers montiert sind.

Kein Zweifel, daß Thomas Mann vor allem durch das Zitat in der *Geburt der Tragödie* auf Schillers Äußerungen über den »sternnebelhaften Urzustand« des dichterischen Werks[285] aufmerksam geworden ist. Wie Nietzsche faßt er Schiller als einen genuin musikalischen Dichter auf – in Übereinstimmung auch mit der von Wagner immer wieder geäußerten Ansicht, daß in Schillers Drama »alles zur Musik drängt« (CT I,236). Schiller selbst hat den »musikalischen Dichter« als Repräsentanten des sentimentalischen Typus beschrieben.[286] Seine Dichtungstypologie hat die *Geburt der Tragödie*, das belegen namentlich auch die Vorstudien,[287] so tiefgreifend beeinflußt, daß Thomas Manns Wort von dem »klassischen und umfassenden Essay der Deutschen, welcher eigentlich alle übrigen in sich enthält und überflüssig macht – ich meine Schillers Abhandlung *Über naive und sentimentalische Dichtung*«[288] auch und gerade im Falle der Tragödienschrift Nietzsches zutrifft.

In einem nachgelassenen Fragment von 1871 nennt Nietzsche »Richard Wagner das Idyll der Gegenwart«, und er erklärt wenig später: »Ich denke an den Schillerschen Gedanken über eine neue Idylle.«[289] Bekanntlich ist die Idylle für Schiller eine der drei sentimentalischen Gattungen, deren Verhältnis zur Natur – im Gegensatz zur »naiven« Einheit mit derselben – vom unglücklichen Bewußtsein der Entfremdung geprägt ist. Dieses Bewußtsein kann sich a priori auf dreifache Weise äußern: als Satire, wenn die der Natur entfremdete Realität dem »Ideal« als der wiederzufindenden Natur gegenübergestellt wird,[290] als Elegie, wenn die Natur als »verloren« und das Ideal als »unerreicht« dargestellt wird, oder als Idylle, wenn beide als »wirklich« vorgestellt sind[291]. Die Schillersche Definition der Elegie und der Idylle findet sich unter Nietzsches Exzerpten im Nachlaß von 1871.[292] Wenn er in bezug auf Wagner von der »neuen Idylle« spricht, bezieht er sich auf Schillers Unterscheidung der traditionellen Hirtenidylle, welche die verlorene Natur (Arkadien) vergegenwärtigt, von der noch ausstehenden utopischen Idylle, welche das zu erreichende Ideal (Elysium) poetisch antizipiert.[293] Diese Idylle ist gewissermaßen Schillers ›Kunstwerk der Zukunft‹, um dessen Realisierung er in den Jahren vor der Arbeit am *Wallenstein* fast bis zur Preisgabe seiner konkreten dichterischen Produktion gerungen hat.

Schillers »neue Idylle« und überhaupt der von ihm analysierte sentimentalische Dichtungstypus wird für Nietzsche nun zum Modell nicht nur des Wagnerschen Musikdramas, sondern auch der attischen Tragödie. (Daß im Zuge dieser Reprojektion des spezifisch modernen Typus in die antike Dichtung die aufklärerisch-utopischen Tendenzen der Schillerschen Idyllentheorie auf der Strecke bleiben, versteht sich von selbst.) Der sentimentalisch-idyllische Charakter des tragischen Chors manifestiert sich nach Nietzsche in seiner ursprünglichen Satyrgestalt.

»Der Satyr wie der idyllische Schäfer unserer neueren Zeit sind beide Ausgeburten einer auf das Ursprüngliche und Natürliche gerichteten Sehnsucht; aber mit welchem festen, unerschrocke-

nen Griffe faßte der Grieche nach seinem Waldmenschen, wie verschämt und weichlich tän-
delte der moderne Mensch mit dem Schmeichelbild eines zärtlich flötenden, weichgearteten
Hirten!«

Dieser ist nur eine Bildungsillusion des Kulturmenschen, während der griechische
Satyr wirklich jene Natur verkörpert, »in der die Riegel der Kultur noch unerbrochen
sind«.

»Auch für diese Anfänge der tragischen Kunst hat Schiller recht: der Chor ist eine lebendige
Mauer gegen die anstürmende Wirklichkeit, weil er – der Satyrchor – das Dasein wahrhaftiger,
wirklicher, vollständiger abbildet als der gemeinhin sich als einzige Realität achtende Kulturmensch.«

Der Kontrast zwischen der vom Satyr verkörperten »eigentlichen Naturwahrheit« und
der »Kulturlüge« entspricht dem »Urverhältnis« zwischen »Ding an sich« und
»Erscheinungswelt« im Sinne Schopenhauers.[294]
Schiller redet in der Vorrede zur *Braut von Messina* davon, daß die – moderne –
Tragödie sich durch das hermetische Organ des Chors ihren »idealen Boden« bewahrt.
Nietzsche scheint zu unterstellen, daß Schiller sich hier auf den attischen Satyrchor
bezieht. (Davon kann natürlich keine Rede sein; abgesehen davon, daß der griechische
Chor für Schiller eben kein hermetisches, sondern ganz im Gegenteil ein unmittelbar
zwischen Szene und Publikumsrealität verbindendes Organ gewesen ist, berührt er mit
keinem Wort dessen Satyrgestalt.) »Freilich ist es ein ›idealer‹ Boden, auf dem nach der
richtigen Einsicht Schillers der griechische Satyrchor, der Chor der ursprünglichen
Tragödie zu wandeln pflegt [...]. Der Grieche hat sich für diesen Chor die Schwebege-
rüste eines fingierten *Naturzustandes* gezimmert und auf sie hin fingierte *Naturwesen*
gestellt.«[295] Die moderne Fiktion des Naturzustandes, die vor allem durch die Wirkung
Rousseaus im späteren 18. Jahrhundert auf (natur-)rechtlichem und politischem Gebiet
revolutionäre Folgen gehabt hat – auch Schillers Dichtungstypologie, an die Nietzsche
vornehmlich anknüpft, ist ja aus ihr deduziert –, wird als Kontrastbild der Zivilisation
in Nietzsches Traktat zum Fond der attischen Tragödie.
Der bei Schiller noch als historischer Gegensatz zwischen griechischer und moderner
Welt supponierte Widerspruch zwischen Natur und entfremdeter Zivilisation wird von
Nietzsche zu einer bereits der griechischen Kultur immanenten Polarität enthistorisiert.
Das wirkt sich auch auf seine Rezeption der Schillerschen Dichtungstypologie aus: die
griechische Tragödie ist für ihn naiv und sentimentalisch zugleich, d. h., die Szene ist
die Sphäre des Naiven, der Chor der Träger des Sentimentalischen. Das leuchtet von
den Stilcharakteristika der beiden Schillerschen Dichtungsarten her sofort ein. Humboldt stellt in seinem Brief an Schiller vom 18. Dezember 1795 richtig fest, daß »wie das
Naive sich mehr zum Plastischen und Epischen, so das Sentimentale [er meint das
Sentimentalische] mehr zum Musikalischen und Lyrischen hinneigt«. Ebenso besteht
eine Affinität zwischen dem Naiven und Schönen auf der einen, dem Sentimentalischen
und Erhabenen auf der anderen Seite. Im vierten Kapitel war davon die Rede, daß
Wagner im *Beethoven*-Essay die Duplizität des Schönen und Erhabenen, wie er sie in
Schillers einschlägigen Abhandlungen definiert fand, auf den Gattungsunterschied
zwischen bildender Kunst und Musik übertragen hat. In Verbindung mit Schillers
eigener Typologie hat Wagners diesbezügliche Theorie Nietzsches Bestimmung des
Apollinischen und Dionysischen wesentlich geprägt.
Indem Nietzsche das Naive der apollinisch-plastischen Sphäre zuweist, welche ja doch

die Vision des dionysischen Chors ist, scheint jener Schillersche Begriff seines eigentlichen Sinns beraubt zu sein: das Naive ist nicht mehr naiv. In der Tat setzt Nietzsche diesen Terminus nur noch in Anführungszeichen:

>»Hier muß nun ausgesprochen werden, daß diese von den neueren Menschen so sehnsüchtig angeschaute Harmonie, ja Einheit des Menschen mit der Natur, für die Schiller das Kunstwort ›naiv‹ in Geltung gebracht hat, keinesfalls ein so einfacher, sich von selbst ergebender, gleichsam unvermeidlicher Zustand ist, dem wir an der Pforte jeder Kultur als einem Paradies der Menschheit begegnen *müssen*: dies konnte nur eine Zeit glauben, die den Emil Rousseaus sich auch als Künstler zu denken suchte und in Homer einen solchen am Herzen der Natur erzogenen Künstler Emil gefunden zu haben wähnte. Wo uns das ›Naive‹ in der Kunst begegnet, haben wir die höchste Wirkung der apollinischen Kultur zu erkennen, welche immer erst ein Titanenreich zu stürzen und Ungetüme zu töten hat und durch kräftige Wahnvorspiegelungen und lustvolle Illusionen über eine schreckliche Tiefe der Weltbetrachtung und reizbarste Leidensfähigkeit Sieger geworden sein muß.«

Die »Naivetät« Homers – für Schiller ist er als plastisch-realistischer Epiker der Prototyp der naiven Dichtungsart – ist Nietzsche zufolge mithin »nur als der vollkommene Sieg der apollinischen Illusion zu begreifen«.[296]
Hier ist freilich einzuwenden, daß auch für Schiller die naive Einheit mit der Natur ›keinesfalls ein so einfacher, sich von selbst ergebender, gleichsam unvermeidlicher Zustand‹ ist, wie Nietzsche anzunehmen scheint. Neuere Analysen haben gezeigt, daß sich in Schillers Abhandlung eine historische und eine rein typologische Polarisierung des Naiven und Sentimentalischen – nicht widerspruchsfrei – überlagern.[297] Humboldt hat daraus in seinem Brief an Schiller über die *Braut von Messina* vom 22. Oktober 1803 sogar schon die Konsequenz gezogen, daß der tragische Chor der Griechen das Medium gewesen sei, »durch das es einem an sich naiven Volk gelang, eine an sich sentimentale Dichtungsart, wie die Tragödie ist, auszuführen«. Das Naive ist auch bei Schiller ein sentimentalischer Befund; es ist nicht ursprüngliche Natur, sondern diese nur, insoweit sie mit der Künstlichkeit der Zivilisation in »Kontrast« steht. »Zum Naiven wird erfordert, daß die Natur über die Kunst [Künstlichkeit] den Sieg davontrage«; es ist »eine Kindlichkeit, wo sie nicht mehr erwartet wird«.[298] Diese Auffassung des Naiven prägt auch Schillers Bild des ›naiven‹ Dichters Goethe. Bereits in seinem Brief zu Goethes Geburtstag 1794 bemerkt Schiller, Goethe habe nicht »von der Wiege an eine auserlesene Natur und eine idealisierende Kunst« vorgefunden, sondern er habe sich erst ein Griechenland »gebären« müssen. Das Naive setzt also ein Widerständiges voraus. Und ist nicht in der Tat die Entwicklung der »olympischen Götterordnung der Freude« aus der »ursprünglichen titanischen Götterordnung«, welche nach Nietzsche dem Apollinisch-»Naiven« notwendig vorausgeht,[299] das Thema der apollinischen Dichtung par excellence: der *Iphigenie* Goethes?
Freilich läßt sich nicht bestreiten, daß für Schiller die Polarität des Naiven und Sentimentalischen eine spezifisch moderne Erkenntnis ist. Gegen ihre Rückverlagerung in die griechische Welt hätte er sich gewiß gesträubt. Nietzsches Rezeption Wagners wie Schillers zeigt, daß er ihre historische Differenzierung zwischen antiker und moderner Dichtung und Zivilisation negiert, daß er ihre Bestimmungen des modernen Dramas auf die griechische Tragödie überträgt, auch dann, wenn sie – am Beispiel des Chors manifestiert es sich am deutlichsten – deren Eigenschaften von jenen Bestimmungen ausdrücklich absetzen.

Nietzsches Erstlingsschrift ist ein System von Reprojektionen moderner Probleme und Gegebenheiten in die griechische Tragödie – oder anders betrachtet, eine Projektion derselben auf das musikalische Drama Richard Wagners: Legitimation und Beglaubigung des ›Kunstwerks der Zukunft‹ durch den Rekurs auf die Vergangenheit, durch den Beweis, daß es im Grunde schon einmal da war. Der Schlußsatz des Vortrags *Das griechische Musikdrama* bezeichnet also auch noch die geschichtsaufhebende Tendenz der späteren *Geburt der Tragödie*:

> »Viele Künste in höchster Tätigkeit und doch *ein* Kunstwerk – das ist das antike Musikdrama. Wer aber bei seinem Anblick an das Ideal des jetzigen Kunstreformators erinnert wird, der wird sich zugleich sagen müssen, daß jenes Kunstwerk der Zukunft durchaus nicht etwa eine glänzende, doch täuschende Luftspiegelung ist: was wir von der Zukunft erhoffen, das war schon einmal Wirklichkeit – in einer mehr als zweitausendjährigen Vergangenheit.«[300]

Wagners dramatische Dichtung

Die folgenden Versuche zu Wagners dramatischer Dichtung berücksichtigen vor allem – aber natürlich nicht ausschließlich – die Aspekte, die im Zusammenhang mit seinen theoretischen Äußerungen in den beiden ersten Hauptteilen untersucht worden sind. Um dem Leser eine Lektüre der nächsten Kapitel auch unabhängig von den theoretischen Teilen zu ermöglichen, also ohne daß der Lesevorgang durch dauernde Rückverweise gestört wird, sind die relevanten theoretischen Positionen am jeweiligen Ort noch einmal knapp zusammengefaßt. Daß frühere Formulierungen und Zitate hier und da wiederholt werden, läßt sich bei diesem Verfahren nicht vermeiden. Das dürfte den Wagner-Liebhaber jedoch nicht stören, werden ja auch im *Ring* die vorangegangenen Handlungsteile immer wieder rekapituliert, nicht zum Schaden des Gesamtzusammenhangs und der wechselseitigen Erhellung der Teile.

1. »Der fliegende Holländer« – eine »dramatische Ballade«

> »Ô Mort, vieux capitaine, il est temps! levons l'ancre!«
> Baudelaire, *Fleurs du mal*, Le Voyage VIII, V. 1.

In seiner autobiographischen Schrift *Eine Mitteilung an meine Freunde* (1851) charakterisiert Wagner die »Ballade der Senta im zweiten Akte« als Grundstein und »thematischen Keim zu der ganzen Musik der Oper«.

> »Es war das verdichtete Bild des ganzen Dramas [...]; und als ich die fertige Arbeit betiteln sollte, hatte ich nicht übel Lust, sie eine ›dramatische Ballade‹ zu nennen. Bei der endlichen Ausführung der Komposition breitete sich mir das empfangene thematische Bild ganz unwillkürlich als ein vollständiges Gewebe über das ganze Drama aus; ich hatte, ohne es weiter zu wollen, nur die verschiedenen thematischen Keime, die in der Ballade enthalten waren, nach ihren eigenen Richtungen hin weiter und vollständig zu entwickeln, so hatte ich alle Hauptstimmungen dieser Dichtung ganz von selbst in bestimmten thematischen Gestaltungen vor mir.« (IV,323.)

Diese Äußerung ist allzuoft für bare Münze genommen worden. Carl Dahlhaus hat sie in seiner Analyse der musikalischen Syntax des *Fliegenden Holländers* widerlegt. Von der Ausbreitung eines in der Ballade deutlich konturierten Motivkomplexes über das ganze Werk könne nicht die Rede sein, sie enthalte allenfalls dessen poetisch-musikalische Grundstimmungen. Nicht zu Unrecht konstatiert Dahlhaus, Wagner habe den musikalischen Zusammenhang seines Frühwerks vom Standpunkt der voll ausgebildeten Leitmotivtechnik aus beurteilt, die sich in der (eher interpolierenden als strukturbestimmenden) Verwendung von Erinnerungsmotiven im *Fliegenden Holländer* schlechterdings noch nicht nachweisen lasse.[1]

Sentas Ballade enthält wirklich nur zwei thematische Motive der Oper.[2] Wie wenig sie in musikalischer Hinsicht daher Wagners Keimzellenidee entspricht, geht aus der

Tatsache hervor, daß er bis in seine letzten Lebensjahre eine Umarbeitung des *Fliegenden Holländers* plante, die ihren Ausgang offenbar gerade von der Ballade nehmen sollte, deren Anfang er nach dem Bericht Cosimas vom 17. Oktober 1878 zwar als »recht lebhaft volkstümlich [...], aber nicht charakteristisch für den Holländer« empfand (CT II,201). In der Tat hat Wagner schon auf einem Skizzenblatt von 1864/65 eine völlig neue Melodie für die ersten vier Zeilen der Ballade entworfen![3] Ein deutlicher Beleg dafür, daß die Behauptung, sie sei entstehungsgeschichtlich und strukturell der Keim des ganzen Werks, ins Reich der Wagnerschen Inspirationslegenden gehört.

Was für die musikalische Struktur dieser »romantischen Oper« also nicht zu gelten scheint, das behält freilich sein Recht für deren poetischen Aufbau.[4] Daß der Mikrokosmos der eingelegten kleinen Form – eines Gedichts oder einer Novelle – den Makrokosmos einer ganzen Dichtung inhaltlich oder strukturell spiegelt, die symbolisierende Verwendung des ›Werks im Werk‹, hat eine poetische Tradition, die innerhalb der deutschen Literatur vor Wagner in der romantischen Dichtung und im Spätwerk Goethes gipfelt. (Die potenzierte Spiegelung des ganzen Werks durch Binnenformen, das, was André Gide als »mis en abyme« bezeichnet hat, wird in der modernen Literatur, zumal im Roman, eine immer größere Rolle spielen.) Daß Wagner gerade eine Ballade als »verdichtetes Bild des ganzen Dramas« wählt, hängt mit der Bestimmung dieser Gattung in der zeitgenössischen Dichtungstheorie zusammen. Theodor Echtermeyer hat sie in seiner Abhandlung *Unsere Balladen- und Romanzenpoesie* (1839) als eine episch-lyrische Form definiert, die von der Unmittelbarkeit der poetischen Volksanschauung ausgehe, in der, so referiert Friedrich Theodor Vischer in seiner *Ästhetik* (1846), »der noch natürlich bestimmte Volksgeist, der Geist in seiner Naturbedingtheit sich ausspreche, wie er entweder den Gewalten der äußeren Natur unterliegt oder seinen eigenen dunklen Trieben anheimfällt und von ihnen verschlungen wird – die Nachtseite des Geistes, die denn eine düstere Stimmung und eine tragische Wendung begründe«. Die Stimmung der Ballade charakterisiert Vischer folgendermaßen: »Es ist die nordische Stimmung mit ihrem bewegteren, ahnungsvolleren, mehr andeutenden als zeichnenden Ton, ihrem stoßweisen, Mittelglieder überspringenden Gange.«[5]

Vischer kann sich an dieser Stelle auf Goethe berufen, der in der »Auslegung« seiner *Ballade* vom »vertriebenen und zurückkehrenden Grafen« (1821) das »Mysteriose« als das Hauptcharakteristikum der Gattung bezeichnet hat: »Das Geheimnisvolle der Ballade entspringt aus der Vortragsweise«, aus der verrätselnden, sprunghaften Darstellung (ihren Auslassungen, ihrer Durchbrechung oder Umkehrung der Zeitfolge u. ä.).[6] Die von Goethe angedeuteten Stilmittel der Ballade werden von Vischer näher erläutert. Der epische Stoff werde hier (zumindest in der Volksballade englisch-schottischer Provenienz, von der Herder und die Sturm-und-Drang-Balladen Goethes so stark beeinflußt sind) nicht durch einen Erzähler lückenlos und in logischer Folge aufbereitet, vielmehr:

> »Hier werden die Sprechenden nicht weiter genannt; der Dichter hat sich, wie der dramatische, in sie verwandelt; Momente der Handlung sind zwischen den Reden verschwiegen; es ist vorausgesetzt, daß man sie sich vorstelle, die Anschauung derselben aus dem Gesprochenen sich erzeuge, wie im Drama [...]. In der bekannten schottischen Ballade *Edward* ist z. B. nicht erzählt, daß der Mörder mit blutigem Schwerte vor seine Mutter tritt, es geht sogleich aus der

Anrede hervor: ›Warum ist dein Schwert von Blut so rot?‹ In diesem Überspringen, Ahnenlassen liegt etwas Banges, und so ist mit solchem Stile auch die Neigung zu tragischen Stoffen gegeben.«[7]

Eben diese stilistischen Merkmale prägen auch die von Senta selbst so genannte »Ballade« im *Fliegenden Holländer* (I,271 f.). »Das Schiff« und der »bleiche Mann« werden in der ersten Strophe unvermittelt, ohne Erklärung eingeführt, erst die zweite Strophe deutet knapp die wichtigsten Elemente der Sage an. Dialogfetzen, emphatische Ausrufe und Appelle, Befehle, Seemannsrufe (kaum eine Zeile ohne Ausrufungszeichen) bilden fast den ganzen Inhalt der Ballade, deren Handlung, abgelöst vom dramatischen Kontext und ohne vorherige Kenntnis der Sage, fast unverständlich bleibt. Die Begebenheiten werden auf die für den Gemütszustand Sentas bedeutungsvollen Momente reduziert. Balladen, so heißt es in Hegels *Ästhetik*, »umfassen, wenn auch in kleinerem Maßstabe als in der eigentlich epischen Poesie, meist die Totalität eines in sich beschlossenen Begebnisses, dessen Bild sie freilich auch nur in den hervorstechendsten Momenten entwerfen, zugleich aber die Tiefe des Herzens, das sich ganz damit verwebt, und den Gemütston der Klage, Schwermut, Trauer, Freudigkeit usf. voller und doch konzentrierter und inniger hervordringen lassen.«[8] Genauer ließe sich auch die Eigenart der Ballade Sentas schwerlich kennzeichnen.
Es versteht sich von selbst, daß deren Vorbilder nicht etwa die (von Carl Spitteler so genannten) klassischen »Anekdotenballaden« Schillers mit ihrer klar umrissenen Gestaltenwelt und rhetorischen Sprachgebung sind, sondern die schottischen Balladen und deren Übertragungen durch Herder (es sei daran erinnert, daß die Handlung des *Holländers* ursprünglich an der schottischen Küste spielte), Bürgers *Lenore*, die Balladen Goethes (zumal *Der Erlkönig* und *Die Braut von Korinth*) sowie manche in der ›nordischen‹ Tradition stehende romantische Balladen. Diesen kommt Sentas Ballade dadurch besonders nahe, daß sich in ihr wie meist dort keine wirkliche Handlung entwickelt, sondern die Sage zu stationären Bildern verdichtet wird. (Eine abgeschlossene Handlungsballade ist zwar die »dramatische Ballade« des *Fliegenden Holländers*, kann die Ballade Sentas aber nicht sein, da der Ausgang der Sage ja noch offen ist.)
Die Ballade ist eine Gattung, die der Grundtendenz der Wagnerschen Dramaturgie besonders entgegenkommt: der größtmöglichen Vereinheitlichung und Verdichtung der dramatischen Handlung, wie sie sich *Oper und Drama* zufolge aus der Gestaltung des Mythos von selbst ergibt. In *Eine Mitteilung an meine Freunde* hat Wagner diesen Vereinheitlichungsprozeß (freilich mit gewissen Abstrichen) schon in der musikalischen Struktur des *Fliegenden Holländers* nachweisen wollen. Er gibt zu, daß die »Anordnung« der Szenen noch vielfach von der »traditionellen Form« der Oper geprägt sei, aber grundsätzlich glaubt er, wie gesagt, schon hier ein in Sentas Ballade konzentriertes »Gewebe von Hauptthemen«, die den poetischen »Hauptstimmungen« korrespondieren, zu jener »beziehungsvollen Ausdehnung über das ganze Drama« gebracht zu haben, die er von nun an für das unverwechselbare Charakteristikum seines musikdramatischen Schaffens hält:

»Wie die Fügung meiner Szenen alles ihnen fremdartige, unnötige Detail ausschloß und alles Interesse nur auf die vorwaltende Hauptstimmung leitete, so fügte sich auch der ganze Bau meines Dramas zu einer bestimmten Einheit, deren leicht zu übersehende Glieder eben jene wenigeren, für die Stimmung jederzeit entscheidenden Szenen oder Situationen ausmachten: keine Stimmung durfte in einer dieser Szenen angeschlagen werden, die nicht in einem wichtigen Bezuge zu den Stimmungen der anderen Szenen stand, so die Entwickelung der Stimmungen auseinander und die überall kenntliche Wahrnehmung dieser Entwickelung, eben die Einheit des Dramas in seinem Ausdrucke herstellten.« (IV,322.)

Obwohl Wagner diese thematische Durchbildung der ganzen Oper im *Fliegenden Holländer* durchaus noch nicht erreicht hat, ist zuzugestehen, daß ihm von Anfang an bewußt gewesen ist, daß die von ihm erstrebte mythische Oper ein neues musikalisches Strukturgesetz verlangt. In seinem Brief an Ferdinand Heine vom Anfang August 1843 (ein halbes Jahr nach der Dresdener Uraufführung) bemerkt er:

»Das große, wilde Meer mit seinen darüber gebreiteten Sagen ist aber ein Element, das sich nicht gehorsam und willig zu einer modernen Oper zustutzen läßt, und die ganze meerdurch-brauste Sage vom Fliegenden Holländer [...] schien mir heillos verstümmelt und verstutzt werden zu müssen, wenn sie als Operntext den modernen Anforderungen an pikanten Spannungen und Überraschungen etc. genügen sollte. Ich zog es daher vor, nichts an dem Stoff, wie er sich ganz von selbst bot, mehr zu modulieren, als der Gang einer dramatischen Handlung es verlangt, den ganzen Duft der Sage aber sich ungestört über das Ganze verteilen lassen [der poetische Duft ist freilich noch kein thematisches Gewebe!], denn nur so glaubte ich den Zuhörer ganz in jener seltsamen Stimmung festbannen zu können, in der man – mit nur einiger Poesie begabt – die düstere Sage bis zur Behaglichkeit liebgewinnen kann. [...] Den modernen Zuschnitt in Arien, Duetten, Finales etc. mußte ich sogleich aufgeben und dafür in einem Zuge fort die Sage erzählen, wie es eben ein gutes Gedicht tun muß.«[9]

Dieses »In einem Zuge fort«, das sich in der ursprünglichen Fassung »für einen einzigen Akt« (ML 193) noch deutlicher ausprägt, ist für Wagner das Strukturgesetz der musikdramatischen Behandlung des Mythos, auf dessen stofflicher Grundlage laut *Oper und Drama* die vollkommene Einheit der dramatischen Handlung allein erreichbar ist, da der »Gestaltungstrieb des Volkes« in ihm »den weitesten Zusammenhang der mannigfaltigsten Erscheinungen in gedrängtester Gestalt sich zu versinnlichen« strebt und so dem Dramatiker in formaler Hinsicht schon vorarbeitet (IV,32). Dieser Gedanke kehrt in Wagners theoretischen Schriften regelmäßig wieder. In seinen autobiographischen künstlerischen Rechenschaftsberichten *Eine Mitteilung an meine Freunde* und »Zukunftsmusik« (1860) hat Wagner ausführlich begründet, welche formalen Konsequenzen die Wendung »vom historischen Gebiete [...] zum Gebiete der Sage« seit dem *Fliegenden Holländer* für seine Musikdramatik gehabt hat:

»Alles nötige Detail zu Beschreibung und Darstellung des Historisch-Konventionellen, was eine bestimmte, entlegene Geschichtsepoche, um den Vorgang genau verständlich zu machen, erfordert und was der historischen Roman- oder Dramendichter in unseren Zeiten deshalb so umständlich breit ausgeführt wird, konnte ich übergehen. [...] Die Sage, in welche Zeit und welche Nation sie auch fällt, hat den Vorzug, von dieser Zeit und dieser Nation nur den rein menschlichen Inhalt aufzufassen und diesen Inhalt in einer nur ihr eigentümlichen, äußerst prägnanten und deshalb schnell verständlichen Form zu geben.« (VII,120 f.)

An diese Feststellung des Traktats »Zukunftsmusik« schließt sich unmittelbar eine Passage an, die, wiewohl nicht ausdrücklich auf den *Fliegenden Holländer* gemünzt, wie die Applikation der ekstatischen Haltung Sentas beim Vortrag der Ballade auf die Rezeption des musikalischen Dramas anmutet.

»Eine Ballade, ein volkstümlicher Refrain genügt, augenblicklich uns diesen Charakter [die beschriebene ›Prägnanz‹ der Sage] mit größter Eindringlichkeit bekannt zu machen. Diese sagenhafte Färbung, in welcher sich uns ein rein menschlicher Vorgang darstellt, hat namentlich auch den wirklichen Vorzug, die oben von mir dem Dichter zugewiesene Aufgabe, der Frage nach dem Warum beschwichtigend vorzubeugen, ganz ungemein zu erleichtern.« (VII,121.)

Wagner hatte zuvor ausgeführt, daß die Beachtung des »logischen Zusammenhangs« der Phänomene und der »Gesetze der Kausalität«, also die Antwort auf die Frage »Warum?«, ins dichterische Gebiet falle, während die Musik – durch sie und mit ihr aber das Drama – das »sympathische Gefühl des Menschen« in den Zustand der »Ekstase« führe, »wo es jenes verhängnisvolle Warum vergißt und somit in höchster Anregung willig sich der Leitung jener neuen Gesetze überläßt, nach welchen die Musik sich so wunderbar verständlich macht« (VII,112). Das Verbot der Frage nach dem »Woher« Lohengrins, so führt Wagner selbst später aus (VII,122), ist also die Chiffre einer ästhetischen Maxime, sie zielt (wenn auch gewiß nicht ausschließlich) auf den idealen Rezeptionsmodus des musikalischen Dramas, den Wagner selbst als »intuitive Apperzeption« (VII,135) bezeichnet.

Kehren wir nun zu dem oben unterbrochenen Zitat aus *»Zukunftsmusik«* zurück:

»Wie durch die charakteristische Szene, so durch den sagenhaften Ton wird der Geist sofort in denjenigen träumerischen Zustand versetzt, in welchem er bald bis zu dem völligen Hellsehen gelangen soll, wo er dann einen neuen Zusammenhang der Phänomene der Welt [jenseits der Kausalität] gewahrt, und zwar einen solchen, den er mit dem Auge des gewöhnlichen Wachens nicht gewahren konnte, weshalb er da auch stets nach dem Warum frug, gleichsam um seine Scheu vor dem Unbegreiflichen der Welt zu überwinden, der Welt, die ihm nun so klar und hell verständlich wird. Wie diesen hellsehend machenden Zauber endlich die Musik vollständig ausführen soll, begreifen Sie nun leicht.« (VII,121.)

Wagner folgt hier natürlich der Schopenhauerschen Theorie des Hellsehens, aus der er später in seiner *Beethoven*-Festschrift (1870) den Zusammenhang des Dramas mit der Musik ableiten wird. Der beschriebene »träumerische Zustand« ist für ihn sternenweit von einer pathologischen Stimmung entfernt. Das gleiche gilt für das »träumerische Wesen« Sentas, von dem er betont, es dürfe keinesfalls »im Sinne einer modernen, krankhaften Sentimentalität aufgefaßt werden«. Senta sei »in ihrer anscheinenden Sentimentalität« vielmehr »durchaus naiv«, heißt es in den *Bemerkungen zur Aufführung der Oper »Der fliegende Holländer«* (1852).

»Gerade nur bei einem ganz naiven Mädchen konnten, umgeben von der ganzen Eigentümlichkeit der nordischen Natur, Eindrücke wie die der Ballade vom Fliegenden Holländer und des Bildes des bleichen Seemannes einen so wunderstarken Hang wie den Trieb zur Erlösung des Verdammten hervorbringen: dieser äußert sich bei ihr als ein kräftiger Wahnsinn, wie er wirklich nur ganz naiven Naturen zueigen sein kann.« (V,167.)

Der »sagenhafte Charakter« des dramatischen Stoffs, schreibt Wagner in *»Zukunftsmusik«*, hat für den Dichter den Vorteil, »daß, während der einfache, seinem äußeren Zusammenhange nach leicht übersichtliche Gang der Handlung kein Verweilen zur äußerlichen Erklärung des Vorganges nötig macht, dagegen nun der allergrößte Raum des Gedichtes auf die Kundgebung der inneren Motive der Handlung verwendet werden kann« (VII,121). Eben in dieser Hinsicht aber ist die Ballade, wie Wagner wohl erkannt hat, eine Art Strukturmodell des Dramas. Das hebt übrigens auch Vischer hervor. Er verweist darauf, wie oft, zumal »in England zu der Zeit von Shakespeares Auftreten beliebte Volksballaden den Stoff zu manchen Dramen gaben«. Das hängt nach Vischer mit der Verwandtschaft beider Gattungen zusammen. So wie das Drama im Vergleich mit dem Epos »tiefer aus dem Innern, weniger umständlich und nur

bedingt aus dem Äußern motiviert«, so wird in der Ballade »die Welt ins Innere gezogen, zur Bewegung von innen heraus bearbeitet«.[10]
Der Ballade kommt daher und aufgrund ihrer oben beschriebenen ›mysteriosen‹, alogischen, die natürliche Kausalität durchkreuzenden Struktur aber auch eine besondere Affinität zur Musik zu. Diese vermag nach Wagner nur die gefühlsnotwendigen Momente eines dichterischen Vorwurfs zu gestalten; der Dichter des Musikdramas muß daher den Stoff in den Brennpunkt derart gefühlshaltiger Momente konzentrieren. Kaum eine poetische Gattung zeichnet sich so sehr von vornherein durch eine in dieser Hinsicht musikalische Struktur aus wie die Ballade. Die unmittelbare Anregung, ein Werk dieser Gattung deshalb zur lyrischen Keimzelle des *Holländers* zu machen, verdankt Wagner Heinrich Marschners Oper *Der Vampyr* (1828), die er schon als junger Kapellmeister dirigiert hat. (Die Arie des Aubry hat er 1833 sogar umkomponiert und teilweise mit einem neuen Text versehen; XVI,183 f.) Die Romanze Emmys: »Sieh, Mutter, dort den bleichen Mann« und ihre dramaturgische Stelle – auch hier tritt er, dessen Erscheinung Emmy soeben beschworen hat, plötzlich vor sie – sind das unleugbare Vorbild der Ballade Sentas vom »bleichen Mann«.
Bereits Goethe hat von einer Nähe der Ballade zur Oper gesprochen und in ihr überhaupt die »drei Grundarten der Poesie«, die lyrische, epische und dramatische, keimhaft vorgebildet gesehen. Hier seien »die Elemente noch nicht getrennt, sondern wie in einem Ur-Ei zusammen[...], das nur bebrütet werden darf, um als herrlichstes Phänomen auf Goldflügeln in die Lüfte zu steigen«.[11] Man ist geneigt, dieses aus der Alchimie stammende[12] Bild auch auf das Verhältnis der Ballade Sentas – die nach Wagners Selbstinterpretation in der Tat das ›Ur-Ei‹ des *Fliegenden Holländers* gewesen ist – zum ganzen Werk zu beziehen. Die Ballade, welche nach Goethe die verschiedenen Dichtungsarten integriert, könnte man dieser Theorie folgend als eine Art Urtypus des Wagnerschen ›Gesamtkunstwerks‹ bezeichnen.
Der Mythos ist für Wagner ein Produkt des unbewußt schaffenden »Volksgeistes«; bevor er in höheren Kunstgebilden eingefangen wird, muß er im Verlauf eines kollektiven Schöpfungsprozesses in gewissermaßen subliterarischen poetischen Naturformen, anonymen »Volksgedichten« vorgeprägt sein. Ein längst Geschichte gewordener, bloß noch literarisch tradierter Mythos kann für Wagner nicht mehr Stoff des musikalischen Dramas sein; daher greift er auch nicht auf die gleichwohl leidenschaftlich bewunderte griechische Mythologie zurück, sondern auf Sagenstoffe, die vermeintlich noch vom Volksgeist belebt werden. Wagners Musikdramen sind freilich kaum je von den wirklichen Formen und Stoffen der Volkspoesie und des Volkstheaters, dem er vor allem im Alter große Beachtung geschenkt hat, beeinflußt, sondern verdanken ihre stofflichen Anregungen fast stets philologisch-literarischer Vermittlung.
Auch das »Volksgedicht« vom Fliegenden Holländer ist Wagner ja durch seine ironisch-parodistische Nacherzählung in Heinrich Heines *Memoiren des Herrn von Schnabelewopski* (1834) vermittelt worden. Heines Parodie ist die tatsächliche Keimzelle des *Fliegenden Holländers*. In Sentas Ballade wird die Sage, ihres parodistischen Narrengewandes entkleidet, in das fingierte anonyme »Volksgedicht« zurückverwandelt, als das die Ballade seit Herder in ganz besonderem Maße gegolten hat. Die Verankerung der mythischen Oper im »Volksgeist«, die Wagner so wesentlich ist, soll durch ihre strukturelle Herleitung aus der thematischen Keimzelle der Ballade gewissermaßen poetisch-musikalisch symbolisiert, um nicht zu sagen: verifiziert werden.

Der Name ›Ballade‹ ist abgeleitet vom spätlateinischen ›ballare‹ (tanzen). Er bezeichnet also »ein Tanzlied, das ursprünglich die bestimmte rhythmische Form von drei verschlungenen Strophen und Refrain hatte« (F. Th. Vischer).[13] Eben das ist auch die Form der Ballade Sentas, die freilich in der dritten, von ihr im Moment des Vortrags ›umgedichteten‹ Strophe gesprengt wird. Wagner hält sich also noch an eine Form, die für die deutsche Ballade des 18. und 19. Jahrhunderts längst nicht mehr repräsentativ ist.

Nach Herder hat die Ballade ihre Heimat vor allem »im ungelehrten Rundgesange des Landvolks«,[14] und eben dieser leitet auch den zweiten Akt des *Fliegenden Holländers* ein. Die Mädchen singen zunächst ihr Spinnerinnenlied, dann soll Frau Mary »die Ballade« vortragen. Als diese sich weigert, singt Senta sie selbst, und die Mädchen stimmen in den Refrain ein. Obwohl der gesellige Rahmen äußerlich nicht gestört ist, wird er durch die Ballade doch innerlich aufgehoben. Das Spinnerinnenlied ist ein typisches Arbeitslied, aus dem Arbeitstakt hervorgegangen und den Rhythmus der körperlichen Bewegung unterstützend: »So singt! Dem Rädchen läßt's nicht Ruh« (Mary). Senta jedoch arbeitet weder – noch singt sie mit. Sie ist »im träumerischen Anschauen des Bildes im Hintergrunde versunken« oder »singt leise einen Vers aus der folgenden Ballade vor sich hin«. Der motorische Rhythmus des Arbeitslieds geht ihr ganz einfach auf die Nerven: »Oh! Macht dem dummen Lied ein Ende!« (I,267 ff.)

Der Rhythmus der Ballade, die sie nun vorträgt, versetzt die Hörer sofort in eine andere Welt. Wie im dritten Aufzug der Geisterchor vom Holländerschiff den Gesang der norwegischen Matrosen mit seinem stampfenden Tanzrhythmus zum Verstummen bringt, so bildet der unmotorische Rhythmus der Ballade den denkbar größten Kontrast zum Arbeitstakt des Lieds der Mädchen. Der Alltagsgesang weicht der wahren Musik, die, so möchte man fast schon mit Schopenhauer sagen, den Geist von der Erscheinungswelt abzieht. Bezeichnend die Haltung der Mädchen. Sie hören auf zu arbeiten und setzen ihre Spinnräder beiseite. Mary, die sie vorher zu Gesang und Arbeit angetrieben hat, ist über die Unterbrechung verärgert, bleibt abseits sitzen und spinnt, bis sie nach der ersten Strophe ebenfalls in den Bann der Ballade gezogen wird und zu arbeiten aufhört. Vollends wird der gesellige Rahmen gesprengt, als Senta sich vor dem (variierten) Kehrreim der dritten Strophe unterbricht und deren Schluß gewissermaßen umdichtet: sie tauscht den Erzähler in der Ballade gegen ihr »Ich« aus (»Ich sei's, die dich durch ihre Treu erlöset!« I,272), macht also die Dichtung zur Wirklichkeit – ebenso wie in der nächsten Szene der von ihr »wie in magnetischem Schlaf« mitgeträumte Traum Eriks (I,276) in Wahrheit verwandelt und so das tatsächliche Erscheinen des Holländers, gleichsam dessen Heraustreten aus dem Bild, vorbereitet wird. Die Porträtmagie, die »Liebestrank-Wirkung, überreicht durch gemalte Antizipation« (Ernst Bloch)[15] – oder eben im Falle der Ballade durch gesungene –, ist wie das Motiv des sich verwirklichenden erotischen Traumwesens ein in Wagners Musikdramen immer neu variiertes poetisches Leitmotiv. (Auch der Holländer hat Sentas Bild »geträumt seit bangen Ewigkeiten«; I,279.)

In *Eine Mitteilung an meine Freunde* hat Wagner die Gestalt des Fliegenden Holländers als eine Art Synthese von Odysseus, Ahasver und Kolumbus gedeutet. (Bereits Heine nennt ihn übrigens den »ewigen Juden des Ozeans«[16].)

»Die Gestalt des Fliegenden Holländers ist das mythische Gedicht des Volkes: ein uralter Zug des menschlichen Wesens spricht sich in ihm mit herzergreifender Gewalt aus. Dieser Zug ist, in seiner allgemeinsten Bedeutung, die Sehnsucht nach Ruhe aus Stürmen des Lebens. In der heitern hellenischen Welt treffen wir ihn in den Irrfahrten des Odysseus und in seiner Sehnsucht nach der Heimat, Haus, Herd und – Weib, dem wirklich Erreichbaren und endlich Erreichten des bürgerfreudigen Sohnes des alten Hellas. Das irdisch heimatlose Christentum faßte diesen Zug in der Gestalt des ›ewigen Juden‹: diesem immer und ewig, zweck- und freudlos zu einem längst ausgelebten Leben verdammten Wanderer [vgl. Wotan als »Wanderer« im *Siegfried* – Wagner nennt ihn einmal »eine Art Fliegenden Holländer« (CT II,295) – und Kundry, die ›ewige Jüdin‹, im *Parsifal*] blühte keine irdische Erlösung; ihm blieb als einziges Streben nur die Sehnsucht nach dem Tode, als einzige Hoffnung die Aussicht auf das Nichtmehrsein. Am Schlusse des Mitteralters lenkte ein neuer, tätiger Drang die Völker auf das Leben hin: weltgeschichtlich am erfolgreichsten äußerte er sich als Entdeckungstrieb. Das Meer ward jetzt der Boden des Lebens, aber nicht mehr das kleine Binnenmeer der Hellenenwelt, sondern das erdumgürtende Weltmeer. Hier war mit einer alten Welt gebrochen; die Sehnsucht des Odysseus nach Heimat, Herd und Eheweib zurück hatte sich, nachdem sie an den Leiden des ›ewigen Juden‹ bis zur Sehnsucht nach dem Tode genährt worden, zu dem Verlangen nach einem Neuen, Unbekannten, noch nicht sichtbar Vorhandenen, aber im voraus Empfundenen gesteigert. Diesen ungeheuer weit ausgedehnten Zug treffen wir im Mythos des Fliegenden Holländers, diesem Gedichte des Seefahrervolkes aus der weltgeschichtlichen Epoche der Entdeckungsreisen. Wir treffen auf eine vom Volksgeist bewerkstelligte merkwürdige Mischung des Charakters des ewigen Juden mit dem des Odysseus. Der holländische Seefahrer ist zur Strafe seiner Kühnheit vom Teufel (das ist hier ersichtlich: den Elemente der Wasserfluten und der Stürme) verdammt, auf dem Meere in alle Ewigkeit rastlos umherzusegeln. Als Ende seiner Leiden ersehnt er, ganz wie Ahasveros, den Tod; diese dem ewigen Juden noch verwehrte Erlösung kann der Holländer aber gewinnen durch – ein Weib, das sich aus Liebe ihm opfert: die Sehnsucht nach dem Tode treibt ihn somit zum Aufsuchen dieses Weibes; dies Weib ist aber nicht mehr die heimatlich sorgende, vor Zeiten gefreite Penelope des Odysseus, sondern es ist [...] das Weib der Zukunft.« (IV,265 f.)

Wagner verknüpft in dieser kühnen mythologischen Synopse Altertum (Sehnsucht nach der Heimat), Mittelalter (Sehnsucht nach dem Tode) und Neuzeit (Sehnsucht nach dem Neuen) zu einem utopischen Mythos. Der neuzeitliche Entdeckungstrieb schlägt, durch die absurde Verewigung des Unterwegsseins, ohne daß dessen Ziel, das ›Neue‹, sich je zeigte, in Sehnsucht nach dem Nichtmehrsein um. Was aber ist mit dem »Weib der Zukunft« gemeint, das Erlösung von der Absurdität des ewigen Unterwegs bringen soll?

Die Heimatlosigkeit des Fliegenden Holländers wird von Wagner in *Eine Mitteilung an meine Freunde* als symbolische Projektion seiner eigenen Situation in den Pariser Jahren (1839/41) beschrieben. »Ein empfindungsvoller, sehnsüchtiger Patriotismus stellte sich bei mir ein, von dem ich früher durchaus keine Ahnung gehabt hatte.« Anders als der »bürgerfreudige« Odysseus sehnt Wagner sich aber nicht eigentlich nach Deutschland zurück, die Heimat ist ihm durchaus kein politisches Ideal,

»denn so aufgeklärt war ich allerdings schon damals, daß das politische Deutschland, etwa dem politischen Frankreich gegenüber, nicht die mindeste Anziehungskraft für mich besaß. Es war das Gefühl der Heimatlosigkeit in Paris, das mir die Sehnsucht nach der deutschen Heimat erweckte: diese Sehnsucht bezog sich aber nicht auf ein Altbekanntes, Wiederzugewinnendes, sondern auf ein geahntes und gewünschtes Neues, Unbekanntes, Erstzugewinnendes [...] Es war die Sehnsucht des Fliegenden Holländers nach dem Weibe – aber, wie gesagt, nicht nach dem Weibe des Odysseus, sondern nach dem erlösenden Weibe, dessen Züge mir in keiner sicheren Gestalt entgegentraten, das mir nur wie das weibliche Element überhaupt vorschwebte; und dies Element gewann hier den Ausdruck der Heimat, d. h. des Umschlossenseins von einem innig vertrauten Allgemeinen, aber einem Allgemeinen, das ich noch nicht kannte, sondern eben nur ersehnte, nach der Verwirklichung des Begriffes ›Heimat‹.« (IV,268.) Der gleiche Begriff bildet das letzte Wort in Ernst Blochs *Prinzip Hoffnung*; hier wie dort ist er »etwas, das allen in die Kindheit scheint und worin noch niemand war: Heimat« (so der Schlußsatz von Blochs Summum opus).[17] Diese Heimat einer Terra utopica erscheint bei Wagner im Bilde der Femme introuvable. Im utopischen Glücksmoment des *Fliegenden Holländers* wird freilich die nie zu Findende gefunden, das Noch-nicht zum Jetzt: »Wie aus der Ferne längst vergangner Zeiten / spricht dieses Mädchens Bild zu mir; / wie ich's geträumt seit bangen Ewigkeiten, / vor meinen Augen seh ich's hier.« (I,279.)

Es wäre zweifellos vordergründig, wollte man in der Unbehaustheit, Heimatlosigkeit des Fliegenden Holländers nichts als die Widerspiegelung der Pariser Notjahre Wagners sehen. Sie ist vielmehr das Stigma des modernen »absoluten Künstlers« überhaupt. Auch dieser Gedanke findet sich in *Eine Mitteilung an meine Freunde*. Wagner spricht hier in bezug auf seine frühen Opern, die im Grunde sämtlich symbolische Künstlerdramen sind, von der Einsamkeit des reinen Künstlers, von der er doch durch Liebe und Geliebtsein erlöst zu werden strebt. – In der Gestalt des Fliegenden Holländers überlagern sich also zwei Chiffren. Er ist das mythische Bild des neuzeitlichen Menschen, dem der Entdeckungstrieb zum heimatlosen Unterwegs in eine leere Unendlichkeit geworden ist und der nun auf der Suche nach einer Terra utopica ist, die ihm Heimat werden kann; er ist zugleich – das soll das nächste Kapitel zeigen – ein Existenzsymbol des modernen absoluten Künstlers in seiner Entfremdung vom ›Leben‹.

2. Totenreich und Venusberg – Wagners »romantische Opern« als Künstlerdramen

> »Ich fand [...] das Tragische des Charakters und der Situation Lohengrins als eine im modernen Leben tief begründete bestätigt: sie wiederholte sich an dem Kunstwerke und dessen Schöpfer ganz so, wie sie am Helden dieses Gedichtes sich dartat.«
>
> *Eine Mitteilung an meine Freunde.*

Zum innersten Gedankenkreis des Wagnerschen Rechenschaftsberichts *Eine Mitteilung an meine Freunde* (1851) gehört seine Kritik des »absoluten Kunstwerks« (IV,234 ff.) und des »absoluten Künstlers«, d. h. der

> »vom Leben schlechtweg abgesonderten Kunstwelt, in welcher die Kunst mit sich selbst spielt, vor jeder Berührung mit der Wirklichkeit [...] empfindlich sich zurückzieht und diese als ihren absoluten Feind und Widersacher in der Meinung betrachtet, daß das Leben überall und zu jeder Zeit der Kunst widerstrebe und daher auch jede Mühe, das Leben selbst zu gestalten, eine für den Künstler vergebliche und demgemäß unanständige sei« (IV,247).

Eine deutliche Absage an das L'art-pour-l'art-Prinzip im Geist der revolutionären Bestrebungen Wagners nach 1848. Selbst seine vorrevolutionären »romantischen Opern« deutet er post festum als symbolisch verschlüsselte Auseinandersetzungen mit dem Prinzip der »absoluten Kunst«. Vor allem *Lohengrin* wird in der ausführlichen

Selbstinterpretation der Oper zur Tragödie des absoluten Künstlers und zur mythischen Autobiographie ihres Autors. Die Gralswelt chiffriert nach dieser Deutung die hermetische Kunstwelt und die »Einsamkeit« des Künstlers, in die er sich aus der trivialen modernen Lebenswirklichkeit zurückgezogen hat. »Ich fühlte mich außerhalb der modernen Welt in einem klaren heiligen Ätherelement, das mich in der Verzückung meines Einsamkeitsgefühles mit den wohllüstigen Schauern erfüllte, die wir auf der Spitze der hohen Alpe empfinden, wenn wir vom blauen Luftmeer umgeben, hinab auf die Gebirge und Täler blicken.« Die Gefahr jedoch ist unausweichlich, »bei diesem Selbstgenusse unter der Einwirkung der kälteren Atmosphäre der Alpenhöhe endlich selbst zum monumentalen Eisgebilde zu erstarren«. Das bedeutet, die Kunst droht zum Totenreich zu werden, das dem ›Leben‹ ewig entgegengesetzt bleibt. Doch nur der »modernen Gegenwart« hatte der Wagner der von ihm selbst konzipierten mythischen Vita sich entziehen wollen, nicht dem Leben schlechthin. Nach diesem – in einer vollkommeneren Gestalt – sehnte er sich weiterhin aus seiner hermetischen ästhetischen Existenz:

> »Gerade diese selige Einsamkeit erweckte mir, da sie mich kaum umfing, eine neue [...] Sehnsucht, die Sehnsucht aus der Höhe nach der Tiefe. [...] Von dieser Höhe gewahrte mein verlangender Blick – das Weib: das Weib, nach dem sich der Fliegende Holländer aus der Meerestiefe seines Elendes aufsehnte; das Weib, das dem Tannhäuser aus den Wohllusthöhlen des Venusberges als Himmelsstern den Weg nach oben wie es [in beiden Fällen ist die hermetische Welt also ein Unterreich] und das nun aus sonniger Höhe Lohengrin hinab an die wärmende Brust der Erde zog.« (IV,294 f.)

Lohengrin suchte um seiner selbst willen, als reiner Mensch, *geliebt*, nicht aufgrund des erhabenen Stigmas der Künstlernatur *bewundert* zu werden. »Er mußte deshalb seine höhere Natur verbergen« (IV,295) – wie im antiken Mythos Zeus der Semele seine Gottheit verbarg:

> »Der Gott liebt ein menschliches Weib und naht ihr um dieser Liebe willen in menschlicher Gestalt; die Liebende erfährt aber, daß sie den Geliebten nicht nach seiner Wirklichkeit erkenne, und verlangt nun, vom wahren Eifer der Liebe getrieben [durch ihn rechtfertigt Wagner auch Elsas Verstoß gegen Lohengrins Frageverbot: IV,301], der Gatte solle in der vollen sinnlichen Erscheinung seines Wesens sich ihr kundgeben. Zeus weiß, daß er ihr entschwinden, daß sein wirklicher Anblick sie vernichten muß; er selbst leidet unter diesem Bewußtsein, unter dem Zwange, zu ihrem Verderben das Verlangen der Liebenden erfüllen zu müssen: er vollzieht sein eigenes Todesurteil, als der menschentötende Glanz seiner göttlichen Erscheinung die Geliebte vernichtet.« (IV,289 f.)

Ebenso wollte Lohengrin nur »Mensch, nicht Gott, d.h. absoluter Künstler« sein. »Aber an ihm haftet unabstreitbar der verräterische Heiligenschein der erhöhten Natur.« Der Zweifel Elsas bezeugt ihm, daß er eben doch nur »angebetet« wurde, und entreißt ihm »das Geständnis seiner Göttlichkeit, mit dem er vernichtet in seine Einsamkeit zurückkehrt« (IV,296). – Später sei ihm aufgegangen, berichtet Wagner, daß Elsas Zweifel eine Liebesnotwendigkeit gewesen seien, daß sie »gerade durch den Ausbruch ihrer Eifersucht erst aus der entzückten Anbetung in das volle Wesen der Liebe« geraten sei. In ihr habe er das »wahrhaft Weibliche« als Gegenprinzip zum »männlichen Egoismus« entdeckt, dessen »edelste Gestaltung« in Lohengrin zu sehen sei. Und er zieht die erstaunliche Konsequenz: »Elsa, das Weib, das bisher von mir unverstandene und nun verstandene Weib, [...] hat mich zum vollständigen Revolutionär gemacht. Sie war der Geist des Volkes, nach dem ich auch als künstlerischer

Mensch zu meiner Erlösung verlangte.« (IV,301 f.) Der Perspektivenwandel in der Deutung des Verhältnisses zwischen Lohengrin und Elsa dokumentiert also die Konversion von der romantischen Künstlerästhetik zur revolutionären, den Gesamtprozeß des ›Lebens‹ umgreifenden Kunstauffassung.

Die dramatische Fassung des Lohengrin-Mythos ist für Wagner also nicht die Beschwörung einer fernen Welt, sondern die symbolische Gestaltung der »Situation des wahren Künstlers zum Leben der Gegenwart« (IV,298 f.):

> »In Wahrheit ist dieser *Lohengrin* eine durchaus neue Erscheinung für das moderne Bewußtsein; denn sie konnte nur aus der Stimmung und Lebensanschauung eines künstlerischen Menschen hervorgehen, der zu keiner Zeit als der jetzigen und unter keinen anderen Beziehungen zur Kunst und zum Leben, als wie sie aus meinen individuellen, eigentümlichen Verhältnissen entstanden, sich gerade bis auf den Punkt entwickelte, wo mir dieser Stoff als nötige Aufgabe für meine Gestalten erschien.« (IV,298.)

Gewiß ist dieser späteren Selbstinterpretation des *Lohengrin* mit philologischer Vorsicht zu begegnen. Wagner hat hier wie oft an seinen früheren Werken weitergedichtet und ihnen Intentionen untergeschoben, die erst aus einer späteren geistigen Situation möglich waren. (Das Musterbeispiel ist die Umdeutung der *Ring*-Dichtung unter dem Einfluß Schopenhauers.) Dennoch ist nicht daran zu zweifeln, daß die Gestalt Lohengrins und die Hauptfiguren der anderen romantischen Opern aus den frühen vierziger Jahren Existenzsymbole des Künstlers sind – freilich nicht in dem ihnen später teilweise angedichteten revolutionären Sinn, sondern eher in einem von der deutschen Romantik, vor allem von Ludwig Tieck, dem Wagner 1847 noch persönlich begegnet ist und seinen *Lohengrin* erläutert hat,[18] und natürlich von E.T.A. Hoffmann inspirierten Geist.

Spiegelt sich in der Handlung des *Lohengrin* nach Wagner das Scheitern der Hoffnung des absoluten Künstlers auf ›Heimat‹ wider, so kehrt der Fliegende Holländer am Ende zwar nicht »vernichtet in seine Einsamkeit zurück«, aber die Erlösung vollzieht sich nur, indem Senta ihm in das Element seiner Einsamkeit nachfolgt, d. h. sich ins Meer stürzt. – Wagner hat das Meer immer wieder als Bild des »Wesens der Tonkunst« beschrieben, so vor allem im *Kunstwerk der Zukunft* (1849; III,83 ff.). Häufig verbindet sich mit diesem Bild die Situation des grenzenlosen Alleinseins »zwischen Meer und Himmel« und der Sehnsucht nach dem Land: »der immer vorschwebenden und nie doch erreichten Heimat« (III,84). In dieser Bedeutung wird der Seefahrer zum Existenzsymbol des modernen Künstlers überhaupt. Unseres Wissens ist bisher übersehen worden, daß sich auch in einem der französischen Gedichte, die Wagner während der Pariser Zeit (1839), also in unmittelbarer zeitlicher Nachbarschaft des *Fliegenden Holländers* vertont hat, ein Poem von Jean Reboul befindet (*Tout n'est qu'images fugitives*), in dem das Motiv des Seefahrers, der sich von jedem Ufer zurückgestoßen sieht, zentrale Bedeutung hat:

> »Navigateur d'un jour d'orage
> jouet des vagues, le mortel,
> repoussé de chaque rivage,
> ne voit qu'écueils sur son passage,
> et rien n'est calme que le ciel!«

Bereits in der römischen und mittelalterlichen Dichtung begegnen wir dem Bild der Schiffahrt als einer Metapher der Poesie. Dichten bedeute »vela dare« (die Segel setzen),

Bien en vain ma raison voulait prendre la barre,
La tempête en jouant, déroutait ses efforts,
Et mon âme dansait, dansait, pauvre gabare
Sans mâts, sur une mer noire, énorme et
sans bords
Sans ~~espérance~~ ... ~~virbons~~ ... Je ferai la bonne chère ~~voy~~.
Ch. Baudelaire

Fragment des Gedichts »Les sept Vieillards« mit Handzeichnung von Charles Baudelaire, 1859. (Übersetzung s. Abbildungsverzeichnis. Zur Schiffahrtssymbolik in der Dichtung des 19. Jahrhunderts s. S. 187 ff.

heißt es etwa in Vergils *Georgica*.[19] Das ist freilich in einem mehr poietisch-technischen als symbolischen Sinne zu verstehen. Seit dem späten 18. Jahrhundert ist der Seefahrer nun eines der häufigsten und wesentlichsten Selbstsymbole des Künstlers; das unfruchtbare Reich des Meeres und des Wassers überhaupt wird bei Poe, Swinburne, Baudelaire oder C. F. Meyer zur Chiffre des vom Leben entfremdeten poetischen Kosmos. Bereits in Grillparzers *Sappho* (1818) heißt es vom Dichter:

> »Ein wild bewegtes Meer durchschiffet er
> Auf leichtgefügtem Kahn. Da grünt kein Baum,
> Da sprosset keine Saat und keine Blume,
> Ringsum die graue Unermeßlichkeit.
> Von ferne nur sieht er die heitre Küste,
> Und mit der Wogen Brandung dumpf vermengt,
> Tönt ihm die Stimme seiner Lieben zu.« (1. Akt, 5. Szene.)

Wie Lohengrin und Holländer, Wagners Symbolgestalten des absoluten Künstlers, sehnt sich Sappho aus diesem unfruchtbaren Reich nach den Gestaden des Lebens, sucht sie den »unfruchtbaren Lorbeer« (V. 272), der sie zur Einsamkeit zwingt, gegen den Blütenkranz der Liebe zu vertauschen, bis sie erkennen muß, daß die Kunst den Dichter für immer vom Leben trennt. Das ist das »malheur d'être poète« – so die kühne, schon auf Baudelaire vorausweisende Formel Grillparzers.[20]

> »Ein Biß nur in des Ruhmes goldne Frucht,
> Proserpinens Granatenkernen gleich,
> Reiht dich auf ewig zu den stillen Schatten,
> Und den Lebendigen gehörst du nimmer an!« (3. Akt, 5. Szene.)

Das Totenreich, das »Reich der Schatten«, ist seit Schiller eine bevorzugte Chiffre der absoluten Kunst. In seinem Gedicht *An Goethe* (1800) vergleicht Schiller die dramatische Poesie mit dem Nachen des Totenschiffers Charon, der nur »Schatten und Idole«, keine Menschen von Fleisch und Blut aufnehmen kann. Diese Chiffre kehrt in der Dichtung des 19. Jahrhunderts, zumal in der symbolistischen Lyrik, immer wieder. Das Meer, das Wasser ist das Totenreich. »Ô Mort, vieux capitaine, il est temps! levons l'ancre!« (Baudelaire.)[21]

Der Fliegende Holländer, der »poète maudit«, sticht am Ende der »dramatischen Ballade« mit dem verzweifelten Ruf »Segel auf! Anker los!« in See (I,289). Grillparzers Sappho stürzt sich – wie Wagners Senta – von einem Felsen ins Meer und kehrt so ins Reich der absoluten Kunst zurück. »Es war auf Erden ihre Heimat nicht. / Sie ist zurückgekehrt zu den Ihren.« So lauten die Schlußverse der *Sappho*, die auf Wagners musikalische Künstlerdramen durch viele symbolische Bezüge vorausweist. (Wenn Sappho z. B. die ästhetische Existenz im Bild des kahlen Berggipfels beschreibt, von dem der Dichter sich nach den fruchtbaren Tälern sehnt, so ist die Symbolik der Wagnerschen *Lohengrin*-Interpretation exakt vorweggenommen.) Um so merkwürdiger Wagners Geringschätzung dieses Trauerspiels, das er, wie Cosima am 14. Juli 1881 berichtet, durch parodistische Deklamation in Wahnfried dem allgemeinen Gespött preisgegeben hat (CT II,762) – wie er es einst im Elternhaus in der Form einer Travestie zum erstenmal kennengelernt hat (ML 19).

»Das künstliche Reich ist eine Art Totenreich«, heißt es in einer Notiz des jungen Hofmannsthal (1893), die sich bemerkenswerterweise auf die frühen Opern Wagners bezieht.[22] Einen poetischen Stoff, dessen Angelpunkt die Analogie von Kunst und Totenreich bildet, haben sowohl Wagner (1841/42) als auch Hofmannsthal (1899 ff.) bearbeitet: *Die Bergwerke zu Falun* – so der unmittelbar von E. T. A. Hoffmann übernommene Titel des ausführlichen Pariser Prosaentwurfs von Wagner. (Hofmannsthal überträgt den Titel in den Singular.) Es handelt sich hier um den Stoff, an dem sich der romantische Mythos des »Unterreichs« – als des Zentralsymbols der deutschen Romantik, das tief in der französischen Dichtung des 19. Jahrhunderts fortgewirkt hat, wie zumal Baudelaires »künstliche Paradiese« manifestieren – vor allem entzündete.[23] Die Fabel von dem in einem schwedischen Bergwerk an seinem Hochzeitstag auf rätselhafte Weise verschollenen jungen Bergmann, dessen Leiche nach fünfzig Jahren völlig unversehrt in der Tiefe gefunden und von seiner Braut wiedererkannt wird, geht auf den Bericht von Gotthilf Heinrich Schubert in seinen *Ansichten von der Nachtseite der Naturwissenschaften* (1808) zurück und wurde im folgenden Jahrzehnt auch von Achim von Arnim (*Des ersten Bergmanns ewige Jugend*), Johann Peter Hebel (*Unverhofftes Wiedersehen*) und Friedrich Rückert (*Die goldene Hochzeit*) bearbeitet. Ihre klassische Gestaltung fand sie aber in E. T. A. Hoffmanns *Bergwerken zu Falun* aus dem

Jahre 1818. Auf dieser Erzählung aus den *Serapionsbrüdern* fußt Wagners Prosaentwurf, der gleich nach der Komposition des *Fliegenden Holländers* und unmittelbar vor
den Entwürfen zum *Tannhäuser* niedergeschrieben wurde: Meer, Bergwerk und
Venusberg als Chiffren der hermetischen ästhetischen Existenz. Vor allem die beiden
letzten ›Unterreiche‹ sind – schon in Wagners romantischen Quellen – symbolisch eng
miteinander verschränkt.

E. T. A. Hoffmanns Erzählung, auf die Wagners Entwurf bis ins Detail zurückweist,
verquickt Schuberts Bericht vom Faluner Bergmann mit der Mythologie und Symbolik
des Bergwerks, die Novalis im fünften Kapitel des *Heinrich von Ofterdingen* (1801/02)
und fast gleichzeitig Tieck in seinen (später in den *Phantasus* aufgenommenen) Erzählungen *Der getreue Eckart und der Tannenhäuser* und *Der Runenberg* entwickelt
haben. Der Lebensweg des Elis Fröbohm – der Hauptgestalt der Hoffmannschen
Erzählung wie des Wagnerschen Opernentwurfs – ist der Geschichte des alten Bergmanns im genannten Kapitel des *Ofterdingen* bis in Einzelheiten nachgebildet. Der
künstlichen anorganischen Schönheit der unterirdischen Welt fehlen bei Novalis freilich noch die satanischen Züge, welche die »paradis artificiels« schon bei Tieck und erst
recht später bei Hoffmann, Wagner und Baudelaire prägen. Doch ist Novalis nach
Werner Vordtriede offenbar der erste, der den »Abstieg in den Berg und die dabei
entstehende Verwandlung des Lebendigen ins Metallische und Kristalline [...] zu
einem symbolischen Gang«, zur existentiellen Chiffre für den Dichter und den Prozeß
des Dichtens gemacht hat.[24]

Die Satanisierung des Unterreichs setzt in Tiecks Tannhäuser-Erzählung und im
Runenberg ein, den Wagner bis ins Alter wiederholt gelesen hat. In der letzten
Erzählung wird bereits die Gestalt der Bergkönigin sowie das Motiv der Zerrissenheit
des Bergmanns zwischen dem von ihr ausgeübten Liebesbann und der Neigung zu einer
menschlichen Braut (das bedeutet: zwischen ästhetischer und bürgerlicher Existenz)
eingeführt, die Arnim und Hoffmann mit der Fabel vom Faluner Bergmann verbunden
haben. Wie dieser scheint Christian, der Held des *Runenbergs*, schon ganz für das
alltägliche Leben gewonnen zu sein – unter Preisgabe seiner genialen und zugleich
dämonischen Wesenszüge –, als der Bann des Goldes, das ein »Fremder« (wie Torbern
in den *Bergwerken zu Falun* der Bote des »unterirdischen Paradieses«[25]) in seinem
Haus hinterlassen hat, ihn für immer in die Bergwelt zurückzieht.

»So ist sein verzaubertes Herz nicht menschlich mehr, sondern von kaltem Metall; wer
keine Blume mehr liebt, dem ist alle Liebe und Gottesfurcht verloren.« So Christians
Vater im *Runenberg*.[26] Diese menschliche Entfremdung durch die Faszination des
Goldes, die Metallisierung, d. h. Abtötung des Herzens als dämonischer Preis der
Hingabe an die Kunst, sind auch das Thema der *Bergwerke zu Falun*. Die spezifisch
romantische Fassung hat der Stoff bereits in der Ballade *Des ersten Bergmanns ewige
Jugend* im vierten Buch der *Gräfin Dolores* (1810) von Achim von Arnim erhalten: Ein
Knabe spiegelt sich im Brunnen – das Narziß-Motiv in spezifisch romantischer
Anverwandlung; »Der Wasserbilder spiegelnd Wallen / Umzieht ihn mit Verwande-
lung«, in ihnen glaubt er das Bild einer Frau zu erkennen.

> »Da weichen alle bunten Wellen,
> Sie schauet, küßt sein spiegelnd Bild,
> Er sieht sie, wo er sich mag stellen,
> Auch ist sie gar kein Spiegelbild.«

Sie, »die Königin der dunklen Welt«, lockt ihn in die Erdentiefe hinab, »Wo bleichend sich das Grün versagt«. Tatsächlich rührt sie in ihm so »die Sehnsucht nach der Unterwelt«, daß er ihr hinabfolgt und, gebannt von der Welt des Golds und Kristalls, zum Bergmann wird. Nachdem er sich jedoch bei einem Fest verlobt hat, läßt ihn die Bergkönigin, als er sich wieder Zugang zu ihr erzwingt, aus Eifersucht in einem Schacht zu Tode stürzen. Nach fünfzig Jahren findet man ihn wieder; immer noch hält er »In kalten Händen kaltes Gold. / So hat er sterbend noch umwunden / Die Königin, die ihm einst hold.«[27]

Das Gold hat hier wie bei Novalis, Tieck und Hoffmann[28] ein Janusgesicht; der Bann kann von seinem poetischen oder von seinem materiellen Wert ausgehen, das Symbol kann durch seinen Kapitalwert – der Dichter durch Gewinnstreben sich selber – entfremdet werden. Eben diese materielle Ausbeutung des Wunderbaren und damit der Verrat an der Phantasie ist bereits die Schuld Christians im *Runenberg* und ebenso der (wenn auch von den Eltern erzwungene) Frevel des ersten Bergmanns in Arnims Ballade. Der Bergmann – als Symbol des wahren Dichters – »begnügt sich zu wissen, wo die metallischen Mächte gefunden werden«, sagt der alte Bergmann im *Ofterdingen*;

> »aber ihr blendender Glanz vermag nichts über sein lautres Herz. Unentzündet von gefährlichem Wahnsinn, freut er sich mehr über ihre wunderlichen Bildungen und die Seltsamkeiten ihrer Herkunft und ihrer Wohnungen als über ihren alles verheißenden Besitz. Sie haben für ihn keinen Reiz mehr, wenn sie Waren geworden sind, und er sucht sie lieber unter tausend Gefahren und Mühseligkeiten in den Festen der Erde, als daß er ihrem Rufe in die Welt folgen und auf der Oberfläche des Bodens durch täuschende, hinterlistige Künste nach ihnen trachten sollte. [...] Als Eigentum verwandelt sie [die Natur] sich in ein böses Gift, was die Ruhe verscheucht und die verderbliche Lust, alles in diesen Kreis des Besitzers zu ziehn, mit einem Gefolge von unendlichen Sorgen und wilden Leidenschaften herbeilockt.«[29]

Eben diese ›Verwandlung‹ ist das Thema von Wagners *Rheingold*. Das im Schoß der Natur ruhende Gold wird durch seine Umschmiedung zum Ring, d. h. zum »Eigentum«, die Quelle alles Bösen und aller Sorge. Wagner hat bereits in seinem Pariser Essay *Der Virtuos und der Künstler* (1840) die Geschichte vom Bergmann zu Falun zu einer Parabel über die Zerstörung des unterirdischen Paradieses, als des Symbols der zweckfreien Kunst, durch seine materielle Ausnutzung umgebildet. Nachdem die Bergleute aus Salzburg und Bonn (Mozart und Beethoven) auf der Suche nach dem »magischen Juwel« in der Tiefe des Berges verschüttet worden sind, haben die Nachgrabenden zwar nicht dieses Juwel (den Genius der reinen Kunst), aber andere Schätze gefunden, aus denen sie nun habgierig Kapital schlagen (I, 167 ff.). Das gemahnt an die Verse der Arnimschen Ballade (nach dem Todessturz des Bergmanns):

> »Und andre Kinder unterdessen
> Erwählen neu der Erde Glück,
> Und bringen andre schöne Gaben,
> An Silber, Kupfer, Eisen, Blei,
> Doch mit dem Gold, was er gegraben,
> Damit scheint es nun ganz vorbei.«[30]

Der unterirdische »Zaubergarten« mit seinen Gesteins- und Kristallwundern, die »paradiesischen Gefilde der herrlichsten Metallbäume und Pflanzen, an denen wie Früchte, Blüten und Blumen feuerstrahlende Steine hingen« – so die Schilderung

Hoffmanns in seiner Erzählung[31] –, dieses künstliche Paradies plante Wagner im zweiten Aufzug seiner *Bergwerke zu Falun* auf der Bühne zu vergegenwärtigen. Das Theater stellt zunächst »die Tiefe eines völlig unerleuchteten Schachtes dar«. Beim Erscheinen der Bergkönigin verwandelt sich die Szene:

>»Die hintere Felsenwand beginnt allmählich sich zu lichten und zurückzuweichen. Eine immer zunehmende bläuliche Helle verbreitet sich überall. Wunderbare Kristallbildungen zeigen sich immer klarer dem Blicke. Sie nehmen allmählich die Gestalten von Blumen und Bäumen an. Blitzende Edelsteine funkeln an ihnen; andere Kristallbildungen zeigen sich in der Gestalt von schönen Jungfrauen, wie im Tanze verschlungen. Endlich erblickt man im fernsten Hintergrunde den Thron einer Königin. Von seltsamem Glanze umgeben sitzt eine schöne, kostbar geschmückte Frauengestalt auf ihm.« (IX,131.)

Elis ist einst aus Melancholie zum Bergmann geworden. (Die Affinität des Melancholikers, des ›Schwarzgalligen‹, zu den Elementen, zum unterirdischen Metall, zumal zum Gold und überhaupt zur nächtlichen Welt hat eine jahrhundertelange Tradition in der Temperamentenlehre.[32]) Ein »wunderlicher alter Bergmann« – es ist Torbern – hat Elis gezeigt, so berichtet er selbst in Wagners Fragment, »wie im Mittelpunkt der Erde ein viel größeres Glück als auf ihrer schalen Oberfläche zu finden sei. Dies und ein wunderbarer Traum, der ihm die namenlose Herrlichkeit jener unterirdischen Welt mit verführerischer Gewalt erschlossen und in welchem ihm ein überirdisch schönes Frauenbild erschienen sei, habe ihn mächtig nach den reichen Bergwerken zu Falun hergetrieben.« (XI,127.) Durch die Beziehung zu Ulla Pehrson ist ihm jedoch die tiefere magische Bedeutung der Bergwerkswelt entfremdet, die Arbeit in der Tiefe zum alltäglichen Beruf geworden. Bei einer neuen Begegnung unter Tage hat Torbern ihm (so berichtet Elis im ersten Akt) »gedroht und gesagt, daß wolle er die wahren Wunder der Tiefe erschauen und zum Anblick der hohen Königin gelangen, so müsse er sich alle Liebesgedanken aus dem Sinn schlagen« (XI,128).

Die Berechtigung dieses Liebesverbots glaubt Elis zu empfinden, als er sich um die Liebe Ullas betrogen wähnt. Aus Verzweiflung weiht er sich nun ganz der unterirdischen Welt. Diese ist für ihn also eine ertrotzte Gegenwelt zum sinnlos gewordenen irdischen Leben. In der Tiefe des Berges ruft er nach Torbern:

>»Torbern, Torbern, he, alter Bergmann, wo bist du, komm zu mir, fahr mit mir hinab in den Mittelpunkt der Erde! Ich will dir treu sein; nie will ich die Sonne wieder sehen! Zeig mir deine Schätze, die du mir verhießest. Laß mich das Angesicht der Königin schauen! Dein bin ich! Ha, wie hattest du recht, mich zu schelten. Ich Tor suchte das ganze Glück meines Lebens, meiner Seele dort oben unter der Sonne, die ich anbetete, weil sie die Wundergestalt eines Engels beschien. Mir graute vor diesen Tiefen und ich durchwühlte sie nur, um meinem Fleiße ein holdes Lächeln, meinen Gefahren eine süße Besorgnis zu gewinnen. Ach, wie verachtete ich deine ganze Herrlichkeit, wie ich sie einst im Traume erschaut, hohe Königin, der ich mich jetzt weihe! Wie verachtete ich deine wundervolle Welt, um einen Blick aus dem Auge jenes Engels. Ha, welch ein Tor war ich, als ich mich der Lebenshoffnung unter der Sonne hingab.« (XI,130 f.)

Die Absage an die Welt »unter der Sonne«, fast verbindet sie Elis schon mit dem »Nachtgeweihten« Tristan. Als Torbern erscheint, wiederholt er mit Worten, die an die Verse der Rheintöchter am Schluß des *Rheingold* gemahnen (»Traulich und treu / ist's nur in der Tiefe: / falsch und feig / ist, was dort oben sich freut!« V,268), seine Abkehr vom irdischen Leben: »Ha, die über uns sind falsch und verräterisch.« (XI,131.) Durch den Blick ins Antlitz der Königin ist Elis nun für immer gezeichnet.

Seine erneute Rückkehr ins Leben, die doch zustandekommende Verbindung mit Ulla kann seine Entfremdung von der irdischen, bürgerlich-alltäglichen Existenz nicht mehr aufheben. »Er fühlte sich«, so heißt es bei Hoffmann, »wie in zwei Hälften geteilt, es war ihm, als stiege sein besseres, sein eigentliches Ich hinab in den Mittelpunkt der Erdkugel und ruhe aus in den Armen der Königin, während er in Falun sein düsteres Lager suche.«[33] Als Elis am Hochzeitsmorgen aufbricht, um aus der Teufe den magischen Stein mit seiner Lebenstafel zu holen – sie wird schon Christian im *Runenberg* von der Bergkönigin gereicht –, versucht Ulla in Wagners Fragment ihn »in steigender Angst« davon abzuhalten: »Was bedarf es der Metalle und Steine zu unserem Glücke? Genügen unsre Herzen nicht?« (XI,134.) Elis' Herz ist aber schon so zu Metall und Stein geworden, daß er sich von seinem Vorhaben nicht abhalten läßt. Beim Einsturz des Schachts wird er verschüttet.

Das künstliche Unterreich chiffriert bereits bei Hoffmann und Wagner die paradoxe Situation der Kunst und des modernen Künstlers: »daß er, indem er dichtet und also diesen starren, dem Leben entfremdeten Wunderort aufbaut, zugleich schuldig und ruchlos wird« (Werner Vordtriede).[34] Bei Baudelaire, der seine *Paradis artificiels* (1860) bezeichnenderweise mit einer Anrufung Hoffmanns beginnt,[35] wird diese Tendenz: die Satanisierung des künstlichen Paradieses weiter gesteigert. – Hofmannsthal hat am Ende des Jahrhunderts den romantischen Stoff des *Bergwerks zu Falun* noch einmal aufgegriffen – im Zeichen einer Kritik des Ästhetizismus, der durch die künstliche Welt des Unterreichs dargestellt wird. Ihm stellt Hofmannsthal die breit entfaltete Welt sozialer Ordnungen und Traditionen gegenüber, an denen Elis schuldig wird, indem er schließlich der hermetischen Botschaft der ›Tiefe‹ gehorcht. Der Choral der Bergleute in der letzten Szene des Dramas ruft die Kraft auf, die Gefahr dieser Tiefe für die menschliche Ordnung zu bannen:

> »Der Bergmann fährt in finstern Schacht,
> Daraußen hält er Weib und Kind.
> Es rühren ihn an mit großer Macht
> Die Kräfte, so im Dunklen sind.
> Herr! nimm ihn Du in Deinen Schutz
> Sonst ist ihm schnell sein Sinn verwirrt –,
> Daß er, ein Mensch, mit Ehr und Nutz
> Dem Finstern wiederum entwird,
> Daß er an seines Hauses Schwell
> Sich nicht erst lang besinnen muß,
> Mit unverstörter Seele schnell
> Sich freu an Menschenblick und -kuß.«[36]

Auch der *Venusberg* – so der von Wagner ursprünglich vorgesehene Titel der später *Tannhäuser und der Sängerkrieg auf der Wartburg* genannten »großen romantischen Oper« – ist das künstliche Paradies eines Unterreiches. Ludwig Tieck hat in seiner Erzählung *Der getreue Eckart und der Tannenhäuser* (1799) dessen Abstieg in den Venusberg mit Worten und Bildern geschildert, die dem Eintritt Christians in den Runenberg gleichen. »Wie in einem unterirdischen Bergwerke war nun mein Weg«, berichtet Tannenhäuser selbst. »Der Steg war so schmal, daß ich mich hindurchdrängen mußte, ich vernahm den Klang der verborgenen wandernden Gewässer, ich hörte die Geister, die die Erze und Gold und Silber bildeten, um den Menschengeist zu locken, ich fand die tiefen Klänge und Töne hier einzeln und verborgen, aus denen die irdische Musik entsteht; je tiefer ich ging, je mehr fiel es wie ein Schleier vor meinem Angesichte hinweg.«[37] Die ›Bergkönigin‹, der Tannenhäuser nun begegnet, verkörpert freilich nicht die starre Schönheit der Herrscherin über das anorganische Reich – mit Baudelaire zu reden:»la froide majesté de la femme stérile«[38] –, wie sie im *Runenberg* oder in den *Bergwerken zu Falun* als Gegenbild des organisch-fruchtbaren Lebens und der Herzenswärme der irdischen Geliebten erscheint; Venus und ihr Reich sind vielmehr ein intensiveres Bild des sinnlichen Lebens. Inmitten der anorganischen, ewig-nächtlichen Welt des Bergwerks eröffnet sich phantasmagorisch ein Naturparadies, in freilich glühenderen, fast wie im Opiumrausch intensivierten Farben und Formen, als die Oberwelt sie zu bieten vermag. Ein »Gewimmel« von Blumenmädchen umdrängt Tannenhäuser – wie später Wagners Parsifal in Klingsors Zaubergarten – mit einladenden Gebärden. »In den Blumen brannte der Mädchen und der Lüste Reiz, in den Körpern der Weiber blühte der Zauber der Blumen, die Farben führten hier eine andere Sprache, die Töne sagten neue Worte, die ganze Sinnenwelt war hier in einer Blüte fest gebunden, und die Geister drinnen feierten ewig einen brünstigen Triumph.«[39] Wagner verdankt Tiecks Erzählung neben Heines Version des Stoffs zweifellos die entscheidende Anregung zur Venusberg-Thematik seines *Tannhäuser*, wenn er auch in *Eine Mitteilung an meine Freunde* diesen Einfluß, noch zu Tiecks Lebzeiten, bagatellisiert – ohne freilich zu leugnen, daß ihm die Gestalt Tannhäusers erst durch ihn bekannt geworden ist. (Tieck scheint umgekehrt Wagners dramatische Dichtung mit lebendiger Anteilnahme gelesen zu haben.[40])

»Er hatte mich damals in der phantastisch-mystischen Weise angeregt, wie Hoffmanns Erzählungen auf meine jugendliche Einbildungskraft gewirkt hatten; nie aber war von diesem Gebiete aus auf meinen künstlerischen Gestaltungstrieb Einfluß ausgeübt worden. [Eine angesichts der *Bergwerke zu Falun* und der Hoffmannschen Erzählung vom *Kampf der Sänger* geradezu absurde Entstellung der entstehungsgeschichtlichen Wahrheit.] Das durchaus moderne Gedicht Tiecks las ich jetzt wieder durch und begriff nun, warum seine mystisch kokette, katholisch frivole Tendenz mit zu keiner Teilnahme bestimmt hatte; es ward mir dies aus dem Volksbuche und dem schlichten Tannhäuserliede [in *Des Knaben Wunderhorn*] ersichtlich, aus dem hier das einfache ächte Volksgedicht der Tannhäusergestalt in so unentstellten, schnell verständlichen Zügen entgegentrat.« (IV,269.)

Das ist nichts als eine Entstellung der Fakten durch Ideologie. Die Idee der Entstehung des musikalischen Dramas aus dem Volksgeist schließt die Inspiration durch die moderne artifizielle Aufbereitung eines Sagenstoffs natürlich aus, läßt als Quelle nur das »Volksgedicht« mit seinen »einfachen, plastischen Zügen« (IV,272) zu. Daß aber sowohl im Falle des *Fliegenden Holländers* als auch des *Tannhäuser* neben der Sagenüberlieferung ein »durchaus modernes Gedicht« Pate gestanden hat – in beiden Fällen sogar die artistisch ausgefeilte Travestie der Stoffe durch Heinrich Heine –, ist nicht zu bezweifeln. Wagner selbst hat die höchst moderne Problematik seiner romantischen Opern trotz des mythischen Gewandes ausdrücklich betont; diese Modernität liegt aber bereits in seinen poetischen Quellen. – Übrigens hat schon Clemens Brentano – der in Tiecks Tannhäuser-Erzählung gewissermaßen das Muster seines eigenen Lebens sah und sich bei allen Liebeswirren in die mythische Situation des Eintritts in den Venusberg versetzt fühlte, vor dem immer einer seiner Freunde sich als Getreuer Eckart warnend aufzustellen schien[41] – im August 1814 Carl Maria von Weber vorgeschlagen, mit ihm eine Tannhäuser-Oper auf der Grundlage der Tieckschen Dichtung zu konzipieren![42] (Ob Tieck Wagner bei ihrer Begegnung im Jahre 1847 davon nichts erzählt hat?) Wie in den *Bergwerken zu Falun* ist das unterirdische Paradies in der Erzählung vom Tannenhäuser eine – in diesem Falle wirklich satanisch – ertrotzte Gegenwelt zum normalen Leben, aus dem Tannenhäuser sich durch eine verlorene Liebe ausgeschlossen sieht.

»In der dunkelsten Nacht bestieg ich einen hohen Berg und rief mit allen Herzenskräften den Feind Gottes und der Menschen zu mir, so daß ich fühlte, er würde mir gehorchen müssen. Meine Worte zogen ihn herbei, er stand plötzlich neben mir und ich empfand kein Grauen. Da ging im Gespräch mit ihm der Glaube an jenen wunderbaren Berg von neuem in mir auf, und er lehrte mich ein Lied, das mich von selbst auf die rechte Straße dahin führen würde.«[43]

Die Idee dieser satanischen Musik – die im Venusberg ihre intensivste Verführungskraft entfaltet – durchzieht leitmotivisch die ganze Erzählung. Tannenhäuser berichtet, schon als Kind von dem Spielmann gehört zu haben, der aus einem »seltsamen Berge« gekommen sei und »dessen wunderbarliche Töne so tiefe Sehnsucht, so wilde Wünsche in den Herzen aller Hörenden auferweckt haben, daß sie unwiderstreblich den Klängen nachgerissen worden, um sich in jenem Gebirge zu verlieren. Die Hölle hat damals ihre Pforten den armen Menschen weit aufgetan und sie mit lieblicher Musik zu sich herein gespielt.«[44] Unwillkürlich fühlen wir uns hier an den nordischen Wassergeist Strömkarl in Wagners Pariser Venusberg-Pantomime (1860) erinnert, der als Spielmann alles zum orgiastischen Tanze hinreißt (XI, 418).
Der Venusberg ist bei Tieck wie bei Wagner ein zeitloses Reich. Hier wie dort wird Tann(en)häuser der überzeitlichen Seligkeit überdrüssig. »Es zog mich an, wieder jenes Leben zu leben, das die Menschen in aller Bewußtlosigkeit führen, mit Leiden und abwechselnden Freuden, ich war von dem Glanz gesättigt und suchte die vorige Heimat wieder.«[45] Auch Heinrich Heines Tannhäuser ist vor Seligkeit »krank« geworden: »Ich schmachte nach Bitternissen«, sagt er zu Venus.

> »Ich habe zu viel gescherzt und gelacht,
> Ich sehne mich nach Tränen,
> Und statt mit Rosen möcht ich mein Haupt
> Mit spitzigen Dornen krönen.«[46]

In Heines Aufsatz *Elementargeister* im dritten Band des *Salon* (1837), der mit seiner eigenen satirischen Version der Tannhäuser-Legende schließt, heißt es dazu: »Aber der Mensch ist nicht immer aufgelegt zum Lachen, er wird manchmal still und ernst und denkt zurück in die Vergangenheit; denn die Vergangenheit ist die eigentliche Heimat seiner Seele, und es erfaßt ihn ein Heimweh nach den Gefühlen, die er einst empfunden hat und seien es auch Gefühle des Schmerzes.«[47]
Dieser Gedanke, den Heine wohl Tiecks Erzählung verdankt, und vor allem die Ecce-Homo-Reminiszenz in den zitierten Versen haben auf Wagner gewiß einen unauslöschlichen Eindruck gemacht,[48] der noch in Parsifals jäher Vision des gemarterten Amfortas – im Moment der Umarmung Kundrys – nachgewirkt haben mag: auch hier bedeutet die Leidensvision das Erwachen aus dem Traum einer künstlich-paradiesischen Welt. – Im ersten seiner drei großen Preisgesänge auf Venus, deren begeisterter Flug sich doch jedesmal schwermütig neigt – die freudig aufgeschwungenen Flügel

senken sich am Ende jeder Strophe in tiefer Trauer und zur wehmütigen Bitte um Abschied –, singt Tannhäuser:

>»Nach Freude, ach! nach herrlichem Genießen
>verlangt' mein Herz, es dürstete mein Sinn:
>da, was nur Göttern einstens du erwiesen,
>gab deine Gunst mir Sterblichem dahin. –
>Doch sterblich, ach! bin ich geblieben,
>und übergroß ist mir dein Lieben;
>wenn stets ein Gott genießen kann,
>bin ich dem Wechsel untertan;
>nicht Lust allein liegt mir am Herzen,
>aus Freuden sehn ich mich nach Schmerzen:
>aus deinem Reiche muß ich fliehn, –
>o, Königin, Göttin! Laß mich ziehn!« (II,6.)

Die Seligkeit der zeitlosen Götter und die Bestimmung der dem Wechsel unterworfenen Menschen zum Leiden – ein Thema, das an Schiller und Hölderlin gemahnt. (»Es schwinden, es fallen / Die leidenden Menschen / Blindlings von einer / Stunde zur andern«, heißt es in *Hyperions Schicksalslied*, während die Götter »schicksallos« bleiben.) Zu dem Vers »Aus Freuden sehn ich mich nach Schmerzen« hat Baudelaire in seinem *Tannhäuser*-Essay (1861) bemerkt: »Erhabner Ruf, den alle zünftigen Kritiker bei Corneille bewundern würden, den jedoch wohl keiner bei Wagner wird anerkennen wollen. Endlich befinden wir uns wieder auf der Erde; wir atmen ihre frische Luft, nehmen dankbar ihre Freuden, demütig ihre Schmerzen entgegen. Das arme Menschentum hat wieder seine Heimat.«[49] Wie Tiecks Tannenhäuser inmitten der Wollusthölle der »Wunsch zur alten unschuldigen Erde« ergreift,[50] so sehnt sich Wagners Tannhäuser aus der Ewigkeit des pervertierten Paradieses in die Zeit zurück:

>»Die Zeit, die ich hier weil, ich kann sie nicht
>ermessen: Tage, Monde gibt's für mich
>nicht mehr, denn nicht mehr sehe ich die Sonne,
>nicht mehr des Himmels freundliche Gestirne;
>den Halm seh ich nicht mehr, der frisch ergründend
>den neuen Sommer bringt; die Nachtigall
>nicht hör ich mehr, die mir den Lenz verkünde –
>hör ich sie nie, seh ich sie niemals mehr?« (II,5 f.)

Selten ist die Sehnsucht des im »paradis artificiel« befangenen Künstlers nach dem »paradis vert« der verlorenen Kindesunschuld (vgl. Baudelaires *Moesta et Errabunda*[51]) bewegender zum Ausdruck gebracht worden als in den Klagen Tannhäusers zu Beginn der Oper. Das »frische Grün der Au«, nach der er sich schmerzlich sehnt (II,7), wird auch von Tiecks Tannenhäuser nach seiner Flucht aus dem Venusberg unter Tränen begrüßt. Immer wieder ist vom Grün der Landschaft die Rede, die der Zurückgekehrte mit seinem Freund Friedrich durchwandert. »Sie gingen ins Freie und wandelten durch einen grünen Lustwald, wo sie sich niedersetzten, worauf der Tannenhäuser sein Haupt im grünen Grase verbarg und unter lautem Schluchzen seinem Freunde abgewandt die rechte Hand reichte.«[52] Die gleiche Erschütterung bemächtigt sich des Wagnerschen Tannhäuser bei der Rückkehr in das Paradis vert der Wartburg-Landschaft, eines thüringischen Arkadien mit Hirtengesang und Schalmeienspiel. Mehr noch gleicht diese Szene der Rückkehr Christians aus dem Runenberg nach der Begegnung mit der Bergkönigin. Wie Tannhäuser durch den Gesang der Pilger wird Christian durch den Gottesdienst einer dörflichen Gemeinde bewegt, Gott »in einem inbrünstigen Gebet« zu danken, »daß er ihn ohne sein Verdienst wieder aus den Netzen des bösen Geistes befreit habe«[53] – dem er doch wie Tannenhäuser erneut und endgültig verfallen wird.

»*Tannhäuser* stellt den Kampf der zwei Prinzipien dar«, schreibt Baudelaire, »die das menschliche Herz zu ihrem Hauptschlachtfeld erwählt haben, d. h. des Fleisches mit dem Geiste, der Hölle mit dem Himmel, Satans mit Gott.«[54] Die Satanisierung des Fleisches, der erotischen Sinnlichkeit und ihrer Göttin Aphrodite-Venus ist das Werk des Christentums. Dazu Baudelaire:

> »Die strahlende antike Venus, die aus dem Schaum geborene Aphrodite ist durch die grausigen Finsternisse des Mittelalters nicht ungestraft hindurchgegangen. Nicht mehr bewohnt sie den Olymp noch die Gestade des düftereichen Archipelagus. Sie hat sich zutiefst in eine Höhle zurückgezogen, die wohl prächtig ist, aber wo andere Flammen leuchten als die des freundlichen Phöbus. Indem sie sich in die Unterwelt begab, hat sich Venus der Hölle genähert, und bei gewissen schauerlichen Feierlichkeiten versäumt sie es niemals, dem Erzdämon, dem Fürsten des Fleisches und Herrn der Sünde ihre Ehrfurcht darzubringen.«[55]

Auch in Tiecks Erzählung vom Tannenhäuser ist der Satan der Wegweiser zum Venusberg. In diesen Berg, so berichtet der Alte dem getreuen Eckart, der sich später als Warner vor seinen Eingang stellen wird, »haben sich die Teufel geflüchtet und sich in den wüsten Mittelpunkt der Erde gerettet, als das aufwachsende heilige Christentum den heidnischen Götzendienst stürzte. Hier, sagt man, solle vor allem Frau Venus Hof halten und alle ihre höllischen Heerscharen der weltlichen Lüste und verbotenen Wünsche um sich versammeln«.[56] Im gleichen Sinne berichtet Tannenhäuser: »So kam mir das Gewimmel der frohen heidnischen Götter entgegen, Frau Venus an ihrer Spitze, alle begrüßten mich; sie sind dorthin gebannt von der Gewalt des Allmächtigen und ihr Dienst ist von der Erde vertilgt; nun wirken sie von dort in ihrer Heimlichkeit.«[57]

Diese Vorstellung – *Die Götter im Exil* – ist zumal ein Lebensthema Heinrich Heines gewesen. In der Schrift mit dem zitierten Titel aus dem Jahre 1853 schreibt er einleitend:

> »Ich rede [...] hier wieder von der Umwandlung in Dämonen, welche die griechisch-römischen Gottheiten erlitten haben, als das Christentum zur Oberherrschaft in der Welt gelangte. Der Volksglaube schrieb jenen Göttern jetzt eine zwar wirkliche, aber vermaledeite Existenz zu, in dieser Ansicht ganz übereinstimmend mit der Lehre der Kirche. Letztere erklärte die alten Götter keineswegs, wie es die Philosophen getan, für Schimären, für Ausgeburten des Lugs und des Irrtums, sondern hielt sie vielmehr für böse Geister, welche, durch den Sieg Christi vom Lichtgipfel ihrer Macht gestürzt, jetzt auf Erden, im Dunkel alter Tempeltrümmer oder Zauberwälder, ihr Wesen trieben und die schwachen Christenmenschen, die sich hierin verirrt, durch ihre verführerischen Teufelskünste, durch Wollust und Schönheit, besonders durch Tänze und Gesang, zum Abfall verlockten. Alles was auf dieses Thema Bezug hat, die Umgestaltung der alten Naturkulte [vgl. Goethes *Erste Walpurgisnacht*] in Satansdienst und des heidnischen Priestertums in Hexerei, diese Verteufelung der Götter, habe ich sowohl im zweiten wie im dritten Teil des Salon unumwunden besprochen.«[58]

Heine denkt hier zumal an den Aufsatz *Elementargeister* mit der Nacherzählung der Sage von Tannhäuser im Venusberg. Diesen Aufsatz hat Wagner – was er in *Eine*

Mitteilung an meine Freunde schmählich undankbar verschweigt – genau gekannt. Dort fand er auch das »schlichte Tannhäuserlied« (IV,269), dem er das Sujet seiner Oper vor allem verdankt haben will; Heine zitiert es unverändert und in voller Länge aus Arnims und Brentanos *Wunderhorn*-Sammlung, vor seiner eigenen parodistischen Version des Themas. Im Aufsatz *Elementargeister* ist bereits ausführlich von der »Transformation der altheidnischen Götter« die Rede, die sich nach dem Siege Christi ins Exil der »unterirdischen Verborgenheit« zurückgezogen haben,

> »wo sie mit den übrigen Elementargeistern zusammenhausend, ihre dämonische Wirtschaft treiben. Am eigentümlichsten, romantisch wunderbar, klingt im deutschen Volke die Sage von der Göttin Venus, die, als ihre Tempel gebrochen wurden, sich in einen geheimen Berg flüchtete, wo sie mit dem heitersten Luftgesindel, mit schönen Wald- und Wassernymphen, auch manchen berühmten Helden, die plötzlich aus der Welt verschwunden, das abenteuerlichste Freudenleben führt.«[59]

Als Göttin im Exil gibt Venus sich in Wagners Oper selbst aus, als sie »im heftigsten Zorne« Tannhäuser freigibt:

> »Hin zu den kalten Menschen flieh,
> vor deren blödem, trübem Wahn
> der Freude Götter wir entflohn
> tief in der Erde wärmenden Schoß.« (II,9.)

Venus hat hier gewissermaßen die Nachfolge Persephones angetreten, der antiken Herrscherin der Unterwelt. Heine zitiert eine Fülle von Beispielen, in denen die mythische Phantasie des Volkes die antiken Götter und ihr Gefolge auch über der Erde ihr Wesen und Unwesen treiben läßt, in heimlichen Dionysien oder Totenschiffahrten. (U. a. erzählt er die in manchen Punkten an die Überlieferung vom Fliegenden Holländer gemahnende Sage von dem »gespenstischen Holländer«, der als wiederkehrender Hermes Psychopompos die Überfahrt der Toten nach dem Schattenreich in die Wege leitet.[60]) Als unterirdisches Bacchanale hat Wagner die erste Szene des *Tannhäuser* gestaltet, andeutungsweise bereits in der Dresdener Fassung (1845), erweitert in der Pariser Neufassung (1861). Im vollständigen poetischen Entwurf der Venusberg-Pantomime (Paris 1860) ist ein Dionysoszug mit allen dazugehörigen mythologischen Requisiten und Personen skizziert: mit Silen und den Satyrn, Korybanten und Mänaden, berittenen Pantern usw. Im Mittelpunkt des Bacchanales steht ein orgiastisches Blutopfer:

> »Eine Schar von Mänaden zerrt einen schwarzen Bock bei den Hörnern herbei: Jauchzen begrüßt ihn von allen Seiten. Man schleppt ihn an den Rand des Wasserfalls und bereitet ihn unter trunkenen Gebärden zum Opfer. Mit einem Stahl gestochen wird er schnell in den Wasserfall geworfen, welcher sofort eine blutrote Farbe annimmt.« (XI,418.)

Dionysos ist in der antiken Mythologie der fremde Gott, der von außen gewaltsam in das maßvoll geregelte Leben eindringt. So stellt sich auch in der Venusberg-Pantomime das Dionysische als Einbruch in die apollinische Welt des Venushofes dar. Die Begriffe Nietzsches hier zu verwenden ist durchaus legitim; daß die in der *Geburt der Tragödie* beschriebene Polarität der griechischen Kultur und ihrer mythischen Symbolisierung nicht zuletzt durch die Venusberg-Szene des *Tannhäuser* inspiriert ist, liegt jedenfalls nahe. Hier ist die Polarität von Rausch und Maß als Grundgegebenheit des griechischen Mythos bereits pantomimisches Bild geworden.

Der erste Teil der Venusberg-Pantomime mit den harmonischen Bildern von Najaden, Nymphen, Amoretten, Sirenen und den drei Grazien als wichtigster Gruppe hat einen maßvollen, ja klassizistischen Charakter. Die bereits anwesenden und die wohltemperierte Atmosphäre ungestüm störenden Faune und Satyrn werden von den Grazien noch durchaus in Schranken gehalten. Der durch diese angeregte Tanz zeigt in den »edelsten Verschlingungen« einen »immer ruhiger anmutigen Charakter« (XI,416 f.). Das von den Grazien inszenierte und choreographierte Bild, welches mit dem Kuß der dem Mondsichelwagen entsteigenden Diana auf die Lippen des schlafenden Endymion schließt, wird in der Pantomime mit folgenden Worten gekennzeichnet: »Vollendetster Moment der Anmut im Ausdruck der Gruppen der Liebespaare. Aglaia und ihre Schwestern [die Grazien] haben sich wieder vor Venus' Lager niedergelassen, mit Befriedigung ihr Werk betrachtend.« (XI,427.) Venus ist die Königin dieser maßvollen Region.

Jetzt erst folgt der Einbruch des »wilden Heers« der Korybanten, Mänaden usw., welcher trotz der heftigen Gegenwehr des Hofes der Venus die bisher ›graziös‹ ausgewogene Szene in einen »wilden Tumult« verwandelt (XI,418). Schließlich siegen jedoch die Kräfte des Maßes. In der endgültigen Textfassung des *Tannhäuser* heißt es (abweichend vom Szenarium der Pantomime von 1860), daß die drei Grazien sich »in anmutigen Verschlingungen« Venus nahen, »ihr gleichsam von dem Siege berichtend, den sie über die wilden Leidenschaften der Untertanen ihres Reiches gewonnen. Venus blickt dankend zu ihnen« (II,4).[61] In der poetischen und musikalischen Bändigung des Taumels zu maßvoller, malerisch-plastischer Schönheit setzt sich ein gerade von der Liebesgöttin verbürgtes ästhetisch-sittliches Prinzip durch; dieses wird, solange wir uns in jenem künstlichen Paradies befinden, noch nicht vom Fluch des christlichen Ethos erreicht, das die rein ästhetische, moralisch neutrale Welt, deren ›Sitte‹ die Regeln des Geschmacks sind, in die Hölle, ja *als* Hölle verdammt.

Die Venusberg-Pantomime ist gewissermaßen eine Synopse erotischer Mythen der Antike: von Diana und Endymion war schon die Rede; wir sehen ferner die Entführung Europas (»Auf dem Meere, umgeben von Delphinen und Nereiden, schwimmt ein weißer mit Blumen geschmückter Stier, auf welchem Europa mit der einen Hand am Horn sich festhaltend sitzt.«) und schließlich als krönenden Abschluß die Begattung Ledas durch den Schwan: »Der Schwan schwingt seinen Hals nach ihr, den Leda liebkosend an sich biegt.« (XI,419.) Wer dächte hier nicht an Fausts Traum von Leda und dem Schwan (unmittelbar vor der von Wagner so unendlich bewunderten und unermüdlich wiedergelesenen »Klassischen Walpurgisnacht« in *Faust II*), der die Einheit des schöpferischen Eros mit dem physischen symbolisiert. Aus der Verbindung Ledas mit dem Schwan geht Helena hervor, das Urbild erotischer und ästhetischer Schönheit. Mephisto findet sich bekanntlich in dieser mythischen Welt, in der die Sinnlichkeit eben nicht Sünde ist, als Teufel »ganz und gar entfremdet« (V. 7081), ja er ist humoristisch über so viel heidnische Nacktheit entrüstet, bleibt seine Existenz doch negativ an das christliche Wertsystem gebunden. In der Klassischen Walpurgisnacht findet er ganz einfach keine ideologische Stelle.

Ebenso fällt der Venusberg als die moralisch neutrale Welt erotisch-ästhetischer Schönheit aus dem christlichen Kosmos heraus; sie ist ein dem Teufel zugewiesenes Reservat, er taucht in ihr jedoch nicht selbst auf. Solange sie szenische Gegenwart ist, existiert das christliche Wertsystem gewissermaßen nicht. Erst im Moment, da ihre phantasmagorische Präsenz schwindet, die Erscheinung der Oberwelt sich vor sie drängt, wird sie – in paradoxer Umwertung des Orts der Verdammnis und endloser Qual zu einem Reich ewiger Lust, zum pervertierten Paradies und Himmel – als Hölle perhorresziert. (Weil Tannhäuser durch die »böse Lust« (II,36) in sie hinabgestiegen ist, hat er selbst die ewige Verdammnis, aus der es nach menschlichem Ermessen eben keine Erlösung mehr gibt, über sich verhängt. Das ist der tiefere Sinn der Absolutionsverweigerung des Papstes.)

Tannhäuser flieht bezeichnenderweise zunächst nicht aus Reue, aufgrund eines Sündenbewußtseins aus diesem Paradies – erst im letzten Moment, bevor er an die Oberwelt gelangt, macht er sich den christlichen Maßstab wieder zu eigen, redet er von Buße und Heil –, sondern weil er seine Vergöttlichung nicht mehr ertragen kann, weil er paradoxerweise an der Leidlosigkeit leidet. Der Liebesgöttin, die seine Klagen durch die Frage ad absurdum führen will: »Reut es dich so sehr, ein Gott zu sein? / Hast du so bald vergessen, wie du einst / Gelitten, während jetzt du dich erfreust?« (II,6), entgegnet er später: »Nicht such ich Wonn und Lust / O, Göttin, woll es fassen, / Mich drängt es hin zum Tod!« (II,11) – in die Solidarität mit den Leidenden und Sterbenden. Fast ist er schon ein Bruder Siegmunds, der in der Szene der Todesverkündigung Brünnhildes seine Vergöttlichung abweist, die ihn dem Elend der Schwester entziehen würde. Brünnhildes »erschütterte« Reaktion: »So wenig achtest du / ewige Wonne? / Alles wär dir / das arme Weib, / das müd und harmvoll / matt von dem Schoße dir hängt?« (VI,53.)

Tannhäuser ist gewissermaßen das Gegenbild der antiken Frevler Tantalus, Sisyphos und Ixion. Wurden diese vom Olymp in den Tartaros hinabgestürzt, da sie die Grenzen ihrer Menschheit (gerade in erotischer Beziehung) nicht mehr beachteten, so steigt Tannhäuser aus der Unterwelt, wo die Olympier nun selbst im Exil leben, zur Oberwelt auf, da er eben die Grenzen der Menschheit wieder erfahren, leidensfähig werden will. Im Venusberg fühlt er sich als Künstler durch eine andere Unfreiheit und Sterilität bedroht, aus deren menschlicher Erscheinungsform – der leeren Konventionalität der Wartburg-Poeten – er gerade in den Venusberg geflüchtet war. Hier wie dort sehnt er sich nach dem durch nichts verstellten elementaren Gefühl. War es ihm innerhalb der abgezogenen Empfindungswelt der Wartburggesellschaft verwehrt, zu *genießen*, so hindert ihn nun der Genuß, zu *leiden*. Beides aber, Leiden wie Genuß in ihrer ganzen Tiefe, ist der Inhalt seines Dichtertums. Sein Element ist zudem der Kampf (»Mein Sehnen drängt zum Kampfe«; II,11), den er, wie wir später hören (II,13 f.), mit den Hofpoeten Hermanns von Thüringen reichlich ausgefochten hat, nicht die Ruhe des in sich selbst befriedigten Daseins. So hält er Venus entgegen:

> »Bei dir kann ich nur Sklave werden;
> nach Freiheit doch verlange ich,
> nach Freiheit, Freiheit dürstet's mich;
> zu Kampf und Streite will ich stehen,
> sei's auch auf Tod und Untergehen.« (II,9.)

Um der Freiheit willen hat Tannhäuser die Wartburg gegen den Venusberg vertauscht – und sieht sich hier nun von einer anderen Unfreiheit bedroht. Sein Ruf nach Freiheit weist schon auf Wagners revolutionäres Künstlerdrama *Wieland der Schmied* (1850) voraus, dessen Titelheld, der im Dienst der Mächtigen geknechtete und geschändete Künstler, sich schließlich Flügel schafft, um sich über die Welt der Unfreiheit und

prosaischen Niedertracht zu erheben. (Die Flügel sind ein altes Symbol der ›freischwe-
benden‹ poetischen Phantasie; es sei nur an das Flügelroß Pegasus erinnert.)
Tannhäusers Freiheitsstreben ist freilich noch ganz unpolitisch motiviert. Aus der
Unfreiheit gesellschaftlicher und poetischer Konventionen, die zur Repression des
Liebesgenusses zwingen, flieht er in die schrankenlose erotische Freiheit des Venus-
bergs; dem neuen Zwang geschlechtlicher Hörigkeit entreißt er sich durch Askese und
Buße. Diese andere Emanzipation, das neue Freiheitsideal, ist ganz und gar spiritua-
listischer Art, kann jedoch im Moment der Konfrontation mit der alten Welt der
Konvention sofort in sein erotisches Gegenteil umschlagen, wie die Szene des Sänger-
kriegs zeigt. Freiheit bedeutet für Tannhäuser Absolutheit, Unbedingtheit, elementares
Erlebenkönnen im Lieben wie Leiden, im Kampf und in der Sehnsucht nach dem Heil.
Baudelaire begründet Tannhäusers Entscheidung für den Venusberg mit dem »Über-
schäumen einer energischen Natur, die alle Kräfte, die sie der Pflege des Guten
schuldet, nach dem Bösen ergießt. Das ist die zügellose, grenzenlose, chaotische, bis
zur Höhe einer Gegenreligion, der Religion des Satans, getriebene Liebe.« Baudelaire
spielt Tannhäuser faszinierend gegen Don Juan aus, dem sich der Eros in »Elviren nach
dem Dutzend« verkörpert. »Die reine Idee, in der einzigen Venus verkörpert, ist viel
beredter und eindringlicher. Hier handelt es sich [...] um den Mann schlechthin, der in
morganatischer Ehe mit dem absoluten Ideal der Wollust lebt, mit der Königin aller
Teufelinnen, des weiblichen Fauns- und Satyrvolkes, das seit dem Tode des großen
Pan unter die Erde verbannt ist, mit der unzerstörbaren und unwiderstehlichen
Venus.«[62]
Tannhäuser ist geradezu der Heilige der Wollust, nur aufgrund ihrer Unbedingtheit
kann diese plötzlich in ihr Gegenteil, in religiöse Inbrunst, in die ebenso unbedingte
Suche nach dem Heil umschlagen. Dazu Hans Mayer: »Weil dem so ist, muß der
zynische ›dissoluto‹ Don Juan zur Hölle fahren, während die Höllenreligion Tannhäu-
sers durch himmlische Gnade und das Liebesopfer der Elisabeth zunichte gemacht
wird. Fortiter peccare. Das Unmaß der Sünde führt eher zum Heil als der Zynismus des
Don Giovanni« – aber auch, so möchte man ergänzen, als die Tugend der kleinen
Münze. »Das lehrte bereits die mittelalterliche Legende vom Gregorius. Auch
Tannhäuser im Venusberg ist eigentlich, mit Thomas Mann zu sprechen, ein *Er-
wählter*.«[63]

In der Don-Juan-Studie des *Entweder-Oder* stellt Kierkegaard die These auf, »daß das
Christentum die Sinnlichkeit in die Welt hereingebracht« hat; »das wird man einsehen, sobald man sich klarmacht, daß jede Position indirekt das poniert, was sie ausschließt. Da das Sinnliche das ist, was negiert werden soll, so kommt es als positive Wirklichkeit erst recht zum Vorschein durch die Position des Gegensatzes, der es eben
ausschließt.« – Als »Prinzip«, als »System in sich« ist die Sinnlichkeit – eben durch ihren
Ausschluß – mithin vom Christentum aufgebracht worden (und kann so auch zu seinem dämonischen Gegenprinzip werden). Das positive Prinzip aber, durch das sie
ausgeschlossen wird, ist der »Geist«. »Was der Geist, der selbst ein Prinzip ist, ausschließen soll, muß etwas sein, was sich seinerseits als Prinzip erweist, wenn auch erst
in dem Augenblick, da es ausgeschlossen wird.« Natürlich hat es schon vor dem Christentum Sinnlichkeit gegeben, aber eben nicht als Prinzip, »nicht geistig bestimmt«,
sondern als »mitlautendes Enklitikon«, als Moment der schönen Individualität.

Deshalb hat es auch keine eigentliche göttliche Inkarnation der sinnlichen Liebe bei den Griechen gegeben. »Eros war der Gott der Liebe, aber er selbst war nicht verliebt« – also nicht die Inkarnation der Liebe, in welcher sich deren ganze Macht konzentriert.

Dem Prinzip der Sinnlichkeit, der in ihm gründenden »erotischen Genialität« entspricht als Ausdrucksmedium die Musik. Sie ist nach Kierkegaard »die Kunst, die das Christentum setzt, indem es sie ausschließt, als Medium für das, was das Christentum aus sich ausschließt und dadurch setzt. Mit anderen Worten, die Musik ist das Dämonische. In der erotischen Genialität hat die Musik ihren absoluten Gegenstand.«[64] Deshalb ist *Don Juan* für Kierkegaard das klassische Werk, die Krone der Musik. – Wagners Venusberg scheint diese Idee der Musik zu bestätigen; der dämonische Zwang derselben ist ja schon in Tiecks Tannenhäuser-Erzählung und in der romantischen Dichtung überhaupt – darauf verweist auch Kierkegaard – ein zentrales Motiv. Freilich tritt im *Tannhäuser* der erotisch-dämonischen eine ganz andere Musik gegenüber, die eben jene Sphäre symbolisiert, in deren Namen die erotische Sinnlichkeit ausgeschlossen wird: die Sphäre des christlichen ›Geistes‹. Auch sie hat ihre Musik. Nur deshalb kann der Kampf der beiden Prinzipien, des Geistes mit dem Fleische, in Tannhäuser überhaupt rein musikalisch ausgetragen werden, während vom Standpunkt Kierkegaards aus nur eine Seite des Wesens Tannhäusers musikalisch vollgültig darstellbar wäre, eben die erotische; seine Wandlung, die Absage an den Venusberg müßte sich aus dieser Sicht gewissermaßen im Übergang der Musik zur Sprache als zum Medium des ›Geistes‹ ausdrücken.

Tannhäusers Weg in den Venusberg ist freilich nicht unmittelbar die Absage an den christlichen ›Geist‹ selbst, sondern an dessen Zerrbild in der Welt der Konvention. Diese steht dem elementaren Eros weit unversöhnlicher gegenüber als der eigentliche Geist, der dem Heiligen der Wollust ja schließlich Verzeihung und Gnade gewährt – welche ihm die Welt der Konvention (die Wartburggesellschaft und die Kirche) verweigert. Woran sich der Streit mit den Minnesängern einst entzündet hat, das läßt sich an dem Sängerkampf im zweiten Aufzug, in den Tannhäuser wider seinen Willen hineingezogen wird, noch einmal ablesen.

Die Wartburgsänger verherrlichen die entsinnlichte, die Möglichkeit geschlechtlicher Erfüllung verleugnende »hohe Minne«, versinnbildlicht durch den unbewegten Wasserspiegel des Brunnens. »Und nimmer möcht ich diesen Bronnen trüben, / berühren nicht den Quell mit frevlem Mut.« (II,22.) Für Tannhäuser hingegen ist die Liebe eine psychophysische Einheit; ihr Wesen wird nach seiner Überzeugung durch die Trennung von geistigem und sinnlichem Eros zerstört. Deshalb naht er sich dem von Wolfram als Liebesbild eingeführten Brunnen nicht mit der Absicht ›andächtiger‹ Kontemplation, sondern um sein Wasser zu genießen: »Des Durstes Brennen muß ich kühlen, / getrost leg ich die Lippen an. / In vollen Zügen trink ich Wonnen, / in die kein Zagen je sich mischt.« (II,23.) Als Walther, der die schwächlich-konventionelle Minneauffassung am reinsten repräsentiert, Tannhäuser anmaßend die Unkenntnis des wahren Wesens der Liebe vorhält, entgegnet dieser höhnisch: »Wenn du in solchem Schmachten bangest, / versiegte wahrlich wohl die Welt.« Mit anderen Worten, die von einer Liebesauffassung, welche in der körperlichen Vereinigung nur »frevle Leidenschaft« sieht, geleitete Menschheit würde zugrunde gehen. Anbetung gebührt nur Gott und der überirdischen Welt.

> »Doch was sich der Berührung beuget,
> euch Herz und Sinne nahe liegt,
> was sich, aus gleichem Stoff erzeuget,
> in weicher Formung an euch schmiegt,
> dem ziemt Genuß in freud'gem Triebe,
> und im Genuß nur kenn ich Liebe.« (II,23 f.)

Durch die anmaßende Impotenz der nur altbekannte Klischees wiederholenden Hofpoeten aufs äußerste gereizt, bekennt Tannhäuser sich endlich zu Venus als seinem
Liebesideal.

Zu diesem ›Ideal‹ ist er einst aus der Welt einer flach-konventionellen Minnekultur, ja
aus dem Mittelalter mit seiner sublimierten Liebesauffassung überhaupt ins Sinnenland
der Antike geflüchtet, das nur noch aus dem ›Untergrund‹ wirkt. Daß die alten Götter
immer noch aus ihrem Exil das menschliche Leben zu beeinflussen streben, ja es durch
ihr apokryphes Wirken vor der Verödung bewahren, zeigen die Worte der Venus zu
Tannhäuser:

> »Ach! kehrtest du nicht wieder,
> dann träfe Fluch die Welt;
> für ewig läg sie öde,
> aus der die Göttin schwand!« (II,10.)

Auf eigentümliche, fast paradoxe Weise werden diese Worte bestätigt durch das Lied
des Hirten nach der Venusberg-Szene:

> »Frau Holda kam aus dem Berg hervor,
> zu ziehen durch Flur und Auen;
> gar süßen Klang vernahm da mein Ohr,
> mein Auge begehrte zu schauen –
> da träumt ich manchen holden Traum,
> und als mein Aug erschlossen kaum,
> da strahlte warm die Sonnen,
> der Mai, der Mai war kommen.« (II,12.)

Auch der Hirt, der doch das Paradies vert der verlorenen Unschuld verkörpert, träumt
einen ›holden‹, d. h. einen Traum von Holda-Venus. Tannhäuser, soeben der Wollusthölle entronnen, hört als erstes – in dieser Gegenwelt zum Venusberg – ein naives
Loblied auf die segensreichen Kräfte der Liebesgöttin. Freilich ahnt der Hirte nicht,
daß Frau Holda das germanische Inkognito der Frau Venus ist. Im Erstdruck des
Tannhäuser-Textbuchs schreibt Wagner, zweifellos unmittelbar inspiriert durch Heinrich Heines *Elementargeister*:

> »Die altgermanische Göttin Holda, die freundliche, milde und gnädige, deren jährlicher Umzug
> durch das Land den Fluren Gedeihen und Fruchtbarkeit brachte, mußte mit der Einführung des
> Christentums das Schicksal Wodans und aller übrigen Götter teilen, deren Dasein und
> Wunderkräfte, da der Glaube an sie im Volke zu tief wurzelte, zwar nicht gänzlich bestritten,
> deren frühere segensreiche Einwirkungen jedoch verdächtig und zu bösartigen umgebildet
> wurden. Holda ward in unterirdische Höhlen, in das Innere von Bergen verwiesen; ihr Auszug
> ward ein unheilbringender, ihr Gefolge ähnlich dem wilden Heere. Später (während der Glaube
> an ihr mildes, naturbelebendes Walten bei dem niedren Volke jedoch unbewußt noch fortlebte
> [siehe den Gesang des Hirten]) ging ihr Name sogar in den der Venus über, an welchen sich alle
> Vorstellungen eines unseligen, zu böser sinnlicher Lust verlockenden zauberischen Wesens

ungehinderter anknüpften. Als einer ihrer Hauptsitze ward in Thüringen das Innere des Hörselberges bei Eisenach bezeichnet; dort war der Frau Venus Hofhaltung der Üppigkeit und Wollust.« (XVI,186.)

Holda ist die noch nicht vom Fluch des Christentums getroffene wohltätige Seite der Liebesgöttin, ohne welche die Natur veröden, sinnliches Glück und Poesie aus dem (vom Christentum auf den ›Geist‹ reduzierten) Leben verschwinden würden.

Aus dem als Gegenwelt verteufelten Venusberg wirken also immer noch, den Menschen unbewußt, segensreiche Kräfte in die irdische Welt hinein. Und diese (Liebes-) Kräfte sucht der gegen den Dualismus von Geist und Sinnlichkeit aufbegehrende Tannhäuser ursprünglich im Venusberg. Anders als die Bergkönigin im *Runenberg* oder in den *Bergwerken zu Falun* verkörpert Venus für Tannhäuser also nicht eigentlich den Gegentypus zur irdischen Liebe, hat er doch ursprünglich gewissermaßen um Elisabeths willen Venus aufgesucht. Jene blieb ihm im Rahmen der höfischen Minnekultur ins Unnahbare entrückt, nur Gegenstand der Anbetung – wo er mit Leib und Seele lieben wollte. In Venus suchte er Elisabeth, wie der Zurückgekehrte in Elisabeth nun Venus sucht. Denn es ist nicht daran zu zweifeln, daß Tannhäusers Preisgesang auf die ›genießende‹ Liebe beim Sängerkampf niemandem gilt als Elisabeth. Das offenbaren seine Verse, bevor er sich auf die Pilgerfahrt nach Rom macht. (Wagner hat sie in seinem Brief an Liszt vom 29. Mai 1852 als das Punctum saliens der »Katastrophe des Tannhäuser« bezeichnet):

> »Zum Heil den Sündigen zu führen,
> die Gottgesandte nahte mir:
> doch, ach! sie frevelnd zu berühren
> hob ich den Lästerblick zu ihr!«

Die Heilsmittlerin hat ihm also Geliebte sein sollen! Auf diese Weise hat er »schmachvoll des Himmels Mittlerin verkannt« (II,29).

Daß freilich auch Elisabeth selbst die Liebesbotschaft Tannhäusers leidenschaftlicher aufnahm als die Minnegesänge der Hofpoeten, zeigt ihre höchst bezeichnende Reaktion auf seinen Preis der ›genießenden‹ Liebe: »Elisabeth macht eine Bewegung, ihren Beifall zu bezeigen; da aber alle Zuhörer in ernstem Schweigen verharren, hält sie sich schüchtern zurück.« (II,23.) Auch früher empfand sie tief den erlebnishaften Charakter der Lieder Tannhäusers und ihren Kontrast zu den sonst am Hofe üblichen Gesängen:

> »Der Sänger klugen Weisen
> lauscht ich sonst gern und viel;
> ihr Singen und ihr Preisen
> schien mir ein holdes Spiel.
> Doch welch ein seltsam neues Leben
> rief euer Lied mir in die Brust!
> Bald wollt es mich wie Schmerz durchbeben,
> bald drang's in mich wie jähe Lust:
> Gefühle, die ich nie empfunden!
> Verlangen, das ich nie gekannt!
> Was einst mir lieblich, war verschwunden
> vor Wonnen, die noch nie genannt! –
> Und als ihr nun von uns gegangen,
> war Frieden mir und Lust dahin;

die Weisen, die die Sänger sangen,
erschienen matt mir, trüb ihr Sinn.« (II,19.)

Auch Wolfram gesteht Tannhäuser nach dessen Rückkehr, Elsa sei an seinen »Sang voll Wonn und Leid« (beides, »Schmerz« und »Lust«, ist für ihn als Künstler ja eine Erfahrungs- und Ausdruckseinheit) gänzlich gebannt (II,15).

Durch seine Verbindung mit dem ›Ideal der Wollust‹ hat er Elisabeth freilich verraten; als Geliebte ist sie für ihn auf immer verloren – um ihm statt dessen wie Gretchen für Faust Fürbitterin am Throne Gottes, Heilsmittlerin und Heilige zu werden, eine Liebesheilige freilich, welche die Kirche schwerlich zur Ehre der Altäre erhoben hätte.

Tannhäusers Bußweg nach Rom bedeutet die Entscheidung für die radikale Askese, für die Ausschaltung des dämonischen Eros aus seinem Leben, für die Konversion »von Venus zu Maria« (Wagner an Kietz, 10. September 1842).[65] Daß er sich damit auch der Verführungskraft des ästhetisch Schönen entzieht, zeigen die Worte seiner Rom-Erzählung: »Verschlossnen Augs, ihr Wunder nicht zu schauen, / durchzog ich blind Italiens holde Auen [...].« (II,35.) Diese Rom-Erzählung ist ein merkwürdiges Gegenstück zu derjenigen Mortimers in Schillers *Maria Stuart*. Wie Tannhäuser, der einst Elisabeth frevelhaft mit der Liebesgöttin Venus in Verbindung brachte, in und mit ihr nun die Gottesmutter Maria verehrt, so identifiziert auch Mortimer die Geliebte mit der heiligen Maria. Wenn er vor seinem Selbstmord betet: »Maria, heilge, bitt für mich!« (V. 2819), so ist die eine wie die andere Maria gemeint. Als religiöser Ekstatiker ist Mortimer zugleich ein bis zum Wahnsinn glühender Erotiker, wie seine Beinahe-Vergewaltigung Maria Stuarts nach der Begegnung der Königinnen in Fotheringhay zeigt. Maria ist ihm eine heimliche Venus. Und so gibt er sich auch ganz und gar den ästhetisch-erotischen Reizen Italiens und Roms hin, gegen die der Büßer Tannhäuser sein Auge gerade abschirmt: Mortimer berichtet, wie sehr der »hohe Bildnergeist« Italiens »in seine heitre Wunderwelt mich schloß« (V. 428 f.). Für ihn ist die (katholische) Religion das Inzitament seiner erotischen Natur, für Tannhäuser hingegen das Mittel ihrer Abtötung.

Tannhäusers Weg von Venus zu Maria verbindet ihn mit dem einzigen der Sänger des Wartburgkreises, für den die Entsagung mehr ist als bloße Konvention: Wolfram. Dessen Preisgesang auf die sublimierte »hohe Liebe«, »die mir in Engelsschöne tief in die Seele drang« (II,25), ist nicht rituelle Attitude, sondern vom Erlebnis getragen – von der existentiellen Erfahrung der Entsagung, zieht er sich doch von Elisabeth zurück, als ihm ihre Liebe zu Tannhäuser bewußt wird. Der von diesem in der Echtheit und Selbstlosigkeit der Liebesentsagung verkannte Wolfram wird in der letzten Szene der Oper zu seinem Retter vor der Verzweiflung. Wie Wolframs quasi magisch beschwörende Nennung des Namens Elisabeth – gegen sein eigenes Liebesinteresse – Tannhäuser am Ende des ersten Akts zum Bleiben auf der Wartburg bewegte, so löst sie ihn nun aus dem Bann der Verzweiflung und der jetzt nicht mehr als Ideal erotischer Erfüllung ersehnten, sondern wirklich als Hölle ertrotzten Venuswelt.

In seinem Brief an Wagner vom 17. Februar 1860 hat Baudelaire über seinen Eindruck vom *Tannhäuser* geschrieben: »Zuerst schien es mir, als kenne ich diese Musik, und später, als ich darüber nachdachte, verstand ich, woher diese täuschende Spiegelung kam. Mir schien, dies sei *meine* Musik, und ich erkannte sie, wie jeder Mensch die Dinge erkennt, die zu lieben sein Schicksal ist.« In dem ein Jahr später erschienenen *Tannhäuser*-Essay heißt es: »Wenn man dieser glutvollen und despotischen Musik zuhört, scheint es zuweilen, als fände man, in den vom Traum dem Grund der Finsternis entrissenen Bildern, die schwindelnden Vorstellungen des Opiums wieder.«[66] Damit ist die Brücke zu den *Paradis artificiels* geschlagen. Kaum weniger als durch die Musik zeigt Baudelaire sich von der poetischen Konzeption des *Tannhäuser* fasziniert. Sie vermittelt ihm den Geist jener ›Nachtseite‹ der deutschen Romantik, die, in Deutschland selbst im Laufe des 19. Jahrhunderts mehr und mehr verdrängt, auf dem Weg über Frankreich die moderne Dichtung wesentlich mitprägen wird. »Die Tiefe der deutschen romantischen Literatur hatte substantiellere Wirkungen in Frankreich als in Deutschland«, hat Carlo Schmid in einem Gespräch mit Pierre Boulez und Patrice Chéreau über deren *Ring*-Konzeption von 1976 geäußert. »Was bei uns davon im Volksbewußtsein blieb, war ein gewisses gemüthaftes Kolorit, das man recht bürgerlichen Gefühlen auflegte. In Frankreich wirkten [nicht zuletzt durch die Vermittlung Wagners] die Dämonen, die Gespensterwelt, das ganz Andere, das Zwiespältige, das Dunkle, die Nacht, all das, was dem Idyll gegensätzlich ist, viel stärker nach.«[67] *Tannhäuser* gestaltet noch einmal den Zentralmythos der Romantik: das Unterreich als eine künstliche Gegenwelt zur prosaischen Oberwelt, als Chiffre der hermetischen und dämonischen Kunstsphäre, die ihre Repräsentanten in ein zutiefst zweideutiges Verhältnis zur Wirklichkeit verstrickt, ein Verhältnis, das von Abwehr wie von Sehnsucht geprägt ist.

3. *Improvisation und Metier – Die Poetik der* »*Meistersinger*«

»Gesegnet sei mir deine goldene Zeit, Nürnberg! – die einzige Zeit, da Deutschland eine eigene vaterländische Kunst zu haben sich rühmen konnte. – Aber die schönen Zeitalter ziehen über die Erde hinweg und verschwinden, wie glänzende Wolken über das Gewölbe des Himmels wegziehn. Sie sind vorüber, und ihrer wird nicht gedacht; nur wenige rufen sie aus innerer Liebe in ihr Gemüt zurück, aus bestäubten Büchern und bleibenden Werken der Kunst.«

Wackenroder / Tieck, *Ehrengedächtnis unseres ehrwürdigen Ahnherrn Albrecht Dürers.*

»So führen wir vor Aug und Ohr
Euch heut einen alten Dichter vor.
Derselbe war nach seiner Art
Mit soviel Tugenden gepaart,
Daß er bis auf den heutgen Tag
Noch für'n Poeten gelten mag,
Wo deren doch unzählig viel
Verderben einer des andern Spiel.«

Goethe, »Ein Meistersänger als Prologus« zu *Hans Sachs von Deinhardstein* (1829).

Während seines Marienbader Urlaubs nach der Vollendung der Partitur des *Tannhäuser* schreibt Wagner im Juli 1845 den ersten Prosaentwurf zu der »komischen Oper in 3 Akten« *Die Meistersinger von Nürnberg* nieder, die erst dreiundzwanzig Jahre später in München ihre Uraufführung erleben wird. »Wie bei den Athenern ein heiteres

Satyrspiel auf die Tragödie folgte, erschien mir«, so berichtet Wagner sechs Jahre nach dem ersten Entwurf in *Eine Mitteilung an meine Freunde*, »das Bild eines komischen Spieles, das in Wahrheit als beziehungsvolles Satyrspiel meinem ›Sängerkriege auf Wartburg‹ sich anschließen konnte.« (IV,284.) Die *Meistersinger* sind also ursprünglich eine parodistische Variante der romantischen Künstleroper, das komische Interludium in der Reihe *Fliegender Holländer, Tannhäuser* und *Lohengrin* (der in unmittelbarem Anschluß an die *Meistersinger*-Skizze entworfen und ausgeführt wird). Hans Sachs, durch Deinhardstein und Lortzing in jüngster Vergangenheit schon zum Bühnenhelden geworden, stellt sich Wagner »als die letzte Erscheinung des künstlerisch produktiven Volksgeistes« dar, und »mit dieser Geltung« setzt er ihn »der meistersingerlichen Spießbürgerschaft entgegen, deren durchaus drolligem, tabulatur-poetischem Pedantismus ich in der Figur des ›Merkers‹ einen ganz persönlichen Ausdruck gab« (IV,284 f.).

Warum Wagner sich vorerst nicht entschließen konnte, das Sujet in Dichtung und Musik umzusetzen, führt er in der autobiographischen Schrift von 1851 darauf zurück, daß er sich des Gegenstandes nur in der Form der »Ironie« zu bemächtigen vermochte (IV,287), die sein poetisch-musikalisches Gestaltungsvermögen zu wenig stimulierte. Das Wort »Ironie« kommt im Marienbader Entwurf in der Tat mehrfach vor, und zwar immer im Zusammenhang mit Sachs. Da dieser zur Zeit der Handlung »Gesetzbewahrer« ist, hat er im ersten Akt die Aufgabe, dem (hier noch namenlosen) jungen Ritter die Zunftregeln vorzulesen und zu erläutern. »Hans Sachs tut dies alles mit Beimischung von Ironie – den Meistern kommt sein Benehmen dann und wann bedenklich vor« – wie sich schon vor seinem Auftreten aus ihren Gesprächen ergibt, daß »man dem Sachs nicht recht traut und zweifelt, ob es ehrlich mit der Zunft meine« (XI,345 f.). Selbst von seinem »Lob der Meistersingerzunft« am Ende der Oper heißt es, daß er es »halb ironisch, halb ernst« singt (XI,355). Offensichtlich fand Wagner keine Möglichkeit, Sachs und den jungen Ritter mit der Zunft zu versöhnen, da er in ihr eben nur die »Spießbürgerschaft« sah und die positiven Aspekte ihrer Kunstregeln – als Fixierung eines ›Stils‹, einer dem subjektiven Ausdrucksvermögen komplementären, allgemeingültigen ›Kunstform‹ – noch nicht angemessen zu würdigen vermochte. Zwischen Sachs bzw. dem Ritter und den Meistersingern waltet ein dialektisch noch nicht vermittelter Gegensatz, welcher im Medium des Humors und des Lustspiels kaum zum überzeugenden Ausgleich kommen kann. Dazu bedarf es von seiten Wagners erst der Entwicklung eines affirmativen Verhältnisses zum ›Handwerklichen‹ in der Kunst.

In seinem *Meistersinger*-Brief an Richard Strauss vom 1. Juli 1927 führt Hofmannsthal den »großen Reiz und die große Kraft der *Meistersinger*, rein als Dichtung genommen«, nicht zuletzt auf die poetische Verbindung zum Nürnberg-Mythos der deutschen Romantik und dessen Verlebendigung durch die von Wagner in seiner Autobiographie berichteten persönlichen Nürnberger Erlebnisse zurück:

> »Dieses Stadtganze, wie es in den dreißiger Jahren noch unverderbt dastand, die deutsche bürgerliche Geistes-, Gemüts- und Lebenswelt von 1500 nicht bloß widerspiegelnd, sondern wahrhaft vergegenwärtigend, das war eines der großen entscheidenden Erlebnisse der Romantik, von Tieck, Wackenroders *Herzensergießungen eines kunstliebenden Klosterbruders* mit der Dürergestalt im Hintergrund, über Arnims und E.T.A. Hoffmann zu dem Vollender der Romantik [!] Richard Wagner.«

Hofmannsthal redet vom »Homerischen« der *Meistersinger*, vergleicht sie als Vergegenwärtigung einer geschlossenen bürgerlichen Welt mit *Hermann und Dorothea* und
zieht eine Verbindungslinie zu jenen Werken Goethes, die wie Wagners Oper die
historische Atmosphäre des 16. Jahrhunderts zu evozieren suchen – und die *Meistersinger* zweifellos stark inspiriert haben: zu *Faust I*, *Götz* und natürlich *Hans Sachsens
poetische Sendung* (1776).

> »Das Geistige, das den Hans Sachs umwittert, und das Nationale zugleich, das Repräsentative,
> das dankt Wagner Goethes wunderbarer Interpretation der Sachs-Gestalt [...]; auch die beiden
> allegorischen Frauengestalten des Preisliedes finden Sie darin schon vorgebildet – die Muse, als
> das humanistische Element, und ihr gegenüber das schlicht-häusliche sinnennahe der Seele, in
> einem Weib verkörperte Wesen. Den Junker endlich unter den Handwerkern, diese schöne
> Kombination des Ritterlichen mit der Bürgerwelt, finden Sie entnommen aus E. T. A. Hoff-
> manns schöner Novelle *Meister Martin der Küfner und seine Gesellen.*«

In den *Herzensergießungen* von Wackenroder und Tieck findet sich (und zwar im
Ehrengedächtnis [...] *Albrecht Dürers*) eine Huldigung an das vergangene Nürnberg,
deren mythische (Gold-)Grundierung in den *Meistersingern* ihre unverkennbaren
Spuren hinterlassen hat, zumal die hier aufgestellte Ehrentafel großer Nürnberger auch
den Namen von Hans Sachs enthält.

> »Nürnberg! du vormals weltberühmte Stadt! Wie gerne durchwanderte ich deine krummen
> Gassen; mit welcher kindlichen Liebe betrachtete ich deine altväterischen Häuser und Kirchen,
> denen die feste Spur von unsrer alten vaterländischen Kunst eingedrückt ist! Wie innig lieb ich
> die Bildungen jener Zeit, die eine so derbe, kräftige und wahre Sprache führen! Wie ziehen sie
> mich zurück in jenes graue Jahrhundert, da du, Nürnberg, die lebendigwimmelnde Schule der
> vaterländischen Kunst warst und ein recht fruchtbarer, überfließender Kunstgeist in deinen
> Mauern lebte und webte: – da Meister Hans Sachs und Adam Kraft, der Bildhauer, und vor
> allen *Albrecht Dürer* mit seinem Freunde Willibaldus Pirckheimer und so viel andre hochge-
> lobte Ehrenmänner noch lebten! Wie oft hab ich mich in jene Zeit zurückgewünscht!«

All dies klingt nach in Sachsens Liebeserklärung an ›sein‹ Nürnberg am Ende des
Wahn-Monologs (VII,234). Und wenn Wackenroders »Klosterbruder« sich erinnert,
wie er »in deinen ehrwürdigen Büchersälen, Nürnberg, in einem engen Winkel, beim
Dämmerlicht der kleinen rundscheibigen Fenster saß und über den Folianten des
wackern Hans Sachs oder über anderem alten, gelben wurmgefressenen Papier brü-
tete«,[68] so ist es bei Wagner zu Beginn des dritten Aufzugs Hans Sachs selbst, der »vor
sich auf dem Schoße einen großen Folianten hat und im Lesen vertieft ist« (VII,230).
Dieser Sachs steht seiner eigenen Zeit und Welt freilich schon mit der Distanz des
Schillerschen Sentimentalikers gegenüber. Unter lauter ›Naiven‹ ist er die Reprojektion
des modernen Künstlertypus. Er hat gewissermaßen bereits die *Herzensergießungen
eines empfindsamen Klosterbruders* gelesen und betrauert wie dieser das Schwinden der
»vaterländischen Kunst«.

Im Marienbader Entwurf ist Sachsens Trauer noch der einzige Inhalt des Monologs zu
Beginn des dritten Akts. Zu dieser Zeit hat er ja *Die Welt als Wille und Vorstellung*
noch nicht studiert. Während er im abgeschlossenen Werk unter Schopenhauers
Einfluß über den »Wahn« der vom blinden Weltwillen geschriebenen »Stadt- und Welt-
Chronik« reflektiert (VII,233), beschränkt er sich in Marienbad noch darauf, »über den
Verfall der Poesie zu philosophieren«: »So ginge es wirklich zuende mit der schönen
Dichtkunst?« (XI,351.) Wie kann ihm die Frage kommen? Den Band, den er da aus
den »großen Büchern um ihn herum« herausgenommen und »auf dem Schoß« liegen

hat, muß wohl der fünfte Band aus Gervinus' *Geschichte der poetischen Nationalliteratur der Deutschen* (1835–42, 2. Aufl. 1844) sein, in dem dieses Ende der »schönen Dichtkunst« tatsächlich – freilich als Positivum – verkündet wird. (Wagner verdankt der Literaturgeschichte von Gervinus die unmittelbare Anregung zu den *Meistersingern*.) »Der Wettkampf der Kunst ist vollendet; jetzt sollten wir uns das andere Ziel stecken, das noch kein Schütze bei uns getroffen hat, ob uns auch da Apollon den Ruhm gewährt, den er uns dort [namentlich im Werke Goethes] nicht versagte.« Dies Ziel aber besteht darin, daß wir

> »das ruhesüchtige Volk, dem [...] das geistige Leben das einzige wertvolle Leben ist, auf das Gebiet der Geschichte hinausführen, ihm Taten und Handlungen in größerem Werte zeigen und die Ausbildung des Willens[!] zu so heiliger Pflicht machen als ihm die Ausbildung des Gefühls und Verstandes geworden ist. Unsere Jugend hat dies Bedürfnis auch wohl empfunden. Unsere Dichter liegen seit den letzten Bewegungen der politischen Welt in Masse dem Quietismus der Romantik entgegen: Gesinnung und Tat hat bei ihnen den Klang erhalten, den sie vorher bei unsern romantischen Nihilisten [ein Begriff von Jean Paul] nicht gehabt hat.«[69]

Als ein solcher romantischer Quietist und Nihilist muß Hans Sachs sich fühlen, und so hält er dem jungen Ritter, nachdem dieser »versungen« hat, eine Predigt, die halb mit der Ironie der Resignation, halb mit kunstskeptischem Ernst die aktivistischen Ideen der Vormärz-Literaten verkündet. Ja, wenn er am Ende dem Ritter »heiter« rät, statt sich mit Poesie abzugeben, nun Hutten und Luther zu lesen und im Namen der Vernunft mit dem Schwert gegen Dummheit und Aberglauben zu kämpfen, so schlägt die Ironie vollends in Ernst um. »Ein Mann wie Luther [...] tut uns not«, rief auch Gervinus in dem zitierten Zusammenhang (in Anspielung auf das berühmte Wort Goethes über Lessing), ein Mann, »der jetzt dies Werk endlich aufnähme, das der große Reformator schon Lust zu beginnen hatte«.[70] Wagners Marienbader Sachs führt dem jungen Dichter vor Augen:

> »Ihr seid ein Dichter! Doch könnt ihr jetzt nicht mehr gedeihen! [...] Glaubt mir: lange, lange Zeit wird man vom Dichten nichts mehr wissen. Mit anderen Waffen als mit Liedern wird man kämpfen: mit Vernunft, mit Philosophie gegen Dummheit und Aberglauben, ja mit dem Schwerte wird man wiederum diese neuen Waffen verteidigen; in solchem Kampf sollt ihr, der ihr so schöne edle Gesinnungen habt, mitkämpfen, so vermögt ihr mehr als durch die Ausbeutung einer Gabe, die keiner heutzutage mehr anerkennt. Wenn dann Jahrhunderte vergangen und eine neue Welt begonnen [für die man eben nicht mehr zu kämpfen und die Musen zu opfern hat, weil sie nun gesicherte Gegenwart ist], so wendet man sich wohl einmal wieder um und sieht nach, was man hatte; da fallen sie wohl wieder auf den Hans Sachs, und dieser deutet wieder weiter zurück und weist sie auf Walther, Wolfram und die Heldenlieder. [...] Zieht auf euer Schloß, studiert, was Hutten und der Wittenberger schrieben, und ist's dann not, so verteidigt, was ihr lerntet, mit dem Schwerte!« (XI,352.)

Wie sollte sich freilich eine solche von Hegel,[71] Heine und den Vormärz-Literaten inspirierte Skepsis gegenüber der historischen Chance und Legitimität der Kunst in Verse und Töne fassen lassen?
Aber es bleibt doch nicht bei der Skepsis! Stehen nicht am »Ende« die bis heute heillos mißverstandenen Verse: »Zerging das heil'ge römische Reich in Dunst, / uns bliebe doch die heil'ge deutsche Kunst« (XI,355)? Sie sind indessen nicht ursprünglicher Bestandteil des Marienbader Entwurfs – sie passen auch nicht zum dort konzipierten Schluß mit Sachsens ›halb ironischem, halb ernsthaftem‹ Lob des Meistersangs, mit der Affirma-

tion der Kunst unter historischen Vorbehalten –, sondern sind später, vielleicht erst 1851, als Wagner *Eine Mitteilung an meine Freunde* schrieb (wo sie zum erstenmal publiziert sind: IV,286), mit Bleistift in der Marienbader Prosaskizze nachgetragen worden. In ihnen drückt sich die politische Resignation nach dem Scheitern der Revolution und der Hoffnung auf eine Wiedergeburt des deutschen Reichs aus.[72] Nachdem dieses zu »Dunst« geworden ist, bleibt nichts als die deutsche Kunst. Daß sie »heilig« genannt wird, hat hier noch kaum etwas mit ihrer Sakralisierung zu tun, handelt es sich bei »heil'ger deutscher Kunst« doch um eine bewußt anachronistische Parallelbildung zu »heil'ges römisches Reich«. Zu den Absurditäten der Wagner-Rezeption gehört es, daß man ausgerechnet aus diesen gänzlich politikfremden Versen – die nach Thomas Mann sogar »eine schlechthin anarchische Gleichgültigkeit gegen das Staatliche, falls eben nur das geistig Deutsche, die ›deutsche Kunst‹ bewahrt bleibt, bekunden«,[73] was ja dadurch bestätigt wird, daß am Ende nicht mehr wie bei Deinhardstein die Verherrlichung des Kaisers, sondern des Künstlers Hans Sachs steht –, in eklatantem Widerspruch also zu ihrem Literalsinn eine Apotheose des ›Reichs‹ herausgelesen hat. Die Bayreuther Festspielleitung sah sich 1925 sogar veranlaßt, das Absingen der Deutschlandhymne im Festspielhaus nach Ende der Oper (als ob es geheißen hätte: »Uns bliebe gleich das heil'ge deutsche Reich«) durch den Anschlag zu unterbinden: »Hier gilt's der *Kunst*!«[74] (Von der nationalsozialistischen Zweckentfremdung der *Meistersinger* als Reichsparteitags-Panegyrikus ganz zu schweigen!)

In seinen Aufzeichnungen *Was ist deutsch?* (1865–78) hat Wagner jene Verse gewissermaßen in amplifizierende Prosa übersetzt, wenn er schreibt: »Mit dem Verfalle der äußeren politischen Macht, d. h. mit der aufgegebenen Bedeutsamkeit des römischen Kaisertumes, worin wir gegenwärtig den Untergang der deutschen Herrlichkeit beklagen, beginnt dagegen[!] erst die rechte Entwickelung des wahrhaften deutschen Wesens.« (X,39.) Dieses Zitat und die *Meistersinger*-Verse berühren sich, wie im ersten Hauptteil schon ausgeführt, verblüffend mit der Prosaskizze eines Schillerschen Gedichts von 1797, dem sein Herausgeber Suphan den Titel *Deutsche Größe* gegeben hat. Hier heißt es: »Abgesondert von dem politischen hat der Deutsche sich einen eigenen Wert gegründet, und wenn auch das Imperium unterginge, so bliebe doch die deutsche Würde unangefochten.« Oder: »indem das politische Reich wankt, hat sich das geistige immer fester und vollkommener gebildet.«[75] Das Schillersche Fragment ist Wagner noch nicht bekannt gewesen, wohl aber die nahe verwandten Xenien *Deutscher Nationalcharakter*, *Das deutsche Reich* und das Gedicht *Die deutsche Muse*, das er im Uraufführungsjahr der *Meistersinger* in der Abhandlung *Deutsche Kunst und Deutsche Politik* (VIII,33) zitiert und historisch kommentiert. Schillers Idee der Inkongruenz des ästhetischen und politischen Deutschland ist also gewiß eine der Quellen jenes »Kern- und Schlußworts der *Meistersinger*« (Thomas Mann).[76]

Näher liegt freilich noch eine andere literarische Reminiszenz. Das bewußte ›Kernwort‹ ist offenbar eine Gegenthese zu Heinrich Heines seinerzeit vielzitierter (und auch von ihm selbst häufig wiederholter) These vom »Ende der Kunstperiode«, die Wagner natürlich bekannt gewesen ist. Schon die oben zitierte Rede Hans Sachsens aus dem Marienbader Entwurf scheint uns auf Heines berühmtes Aperçu anzuspielen. »Die jetzige Kunst muß zugrunde gehen«, schreibt er 1831, »weil ihr Prinzip noch im abgelebten, alten Regime, in der heiligen römischen Reichsvergangenheit wurzelt«. Wagners Gegenthese: Mag das heilige römische Reich auch Vergangenheit sein, seine

Kunst bleibt unverlierbare Gegenwart. Nicht der von Heine prophezeiten »neuen Kunst«, die mit der »neuen Zeit«, der »Politik des Tages« in »begeistertem Einklang« stehen wird und »nicht aus der verblichenen Vergangenheit ihre Symbolik zu borgen braucht«,[77] öffnen sich die Pforten der Zukunft, sondern einer Kunst, die alt und neu zugleich ist, die sich von der ›Politik‹ scheidet und doch – oder gerade deswegen – mit dem »Leben« in vollendetem Einklang steht. »Es klang so alt – und war doch so neu«, sagt Sachs über Walthers ersten Versuch im Meistersang (VII,198).

Diese ästhetische Paradoxie korrespondiert der sozialen Stellung Walthers. Im Marienbader Entwurf noch »Sohn eines verarmten Ritters« (XI,344), ist er später »der letzte Lebende seines Geschlechtes« (XI,359), der in Nürnberg sein Stammgut verkauft.

> »Als seines Stammes letzter Sproß
> verließ er neulich Hof und Schloß
> und zog nach Nürnberg her,
> daß er hier Bürger wär.« (VII,177.)

Das gemahnt an Attinghausens Prophezeiung in Schillers *Wilhelm Tell*: »Der Adel steigt von seinen alten Burgen / Und schwört den Städten einen Bürgereid« (V. 2430 f.). Dieser Privilegienverzicht deutet an, daß Walther in sozialer wie in ästhetischer Hinsicht die alte Ordnung durchbrechen will. Das heißt freilich nicht, daß er von keiner Vergangenheit mehr wissen will, er sucht diese nur aus ihrer traditionalistischen Erstarrung zu befreien, die ›Historie‹ in die lebendige Gegenwart einzubringen und in einer neuen Lebensform, eben der bürgerlichen ›aufzuheben‹. Wo auch diese schon erstarrt ist, wendet er sich freilich schroff ab, ist er doch nicht gekommen, das Abgelebte mit dem Abgelebten zu vertauschen, sondern das lebendige Alte im lebendigen Neuen wiederzufinden.

Obwohl Walther ein Bürger werden will, denkt er nicht daran, seine ritterlichen Lebensgewohnheiten zu verleugnen. Seine poetischen Vorstellungen sind ganz an der höfischen Dichtung des Mittelalters orientiert. Das geht aus den Prosaentwürfen noch deutlicher hervor als aus der abgeschlossenen Oper – hier nennt er nur Walther von der Vogelweide als seinen Lehrer. Im Marienbader Entwurf erscheinen »Walther, Wolfram und die Heldenlieder« als Vorbilder (XI,352), also Minnesang, höfisches und Helden-Epos, deren Repräsentanten im *Tannhäuser* noch als konventionelle Hofpoeten denunziert worden sind. Die Vertrautheit zwischen Walther und Sachs wird im ersten Entwurf damit begründet, daß ja auch letzterer auf die mittelalterlichen Stoffe zurückgreift (die *Siegfried*- und *Tristan*-Stücke des historischen Sachs standen in Wagners Dresdener Bibliothek). In seinem Monolog zu Beginn des dritten Akts klagt Sachs: »Ich, ein Schuster, wäre noch der einzige, der im Reiche der deutschen Vergangenheit atmete?« (XI,351.) Er sieht den Meistersang als den Erben der ritterlichen Poesie des Mittelalters, und ebenso glaubt der junge Ritter anfänglich, diese in jenem wiederzufinden. Gerade deshalb kam er nach Nürnberg, »sich um die Aufnahme in die Zunft der Meistersinger zu bewerben« (XI,344). Das ist hier noch sein unmittelbares Ziel (während er später nur um Evas willen Meistersinger werden will). »Hier glaubte ich, Reste Thüringer Geistes usw. wiederzufinden: und nun diese Enttäuschung!« sagt er in der Schusterstube zu Sachs, der eben daran leidet, daß die Meistersinger der mittelalterlichen Poesie gänzlich entfremdet sind. Beim Probegesang fragt der Ritter: »In welchem Tone soll ich singen? Von Siegfried und Grimmhilde?« Die Reaktion: »Die Meister erschrecken und schütteln die Köpfe.« Nicht anders ergeht es dem Ritter mit

der Frage: »Nun denn, im Tone Wolframs – von Parzival?« Noch im zweiten und
dritten Entwurf von 1861 (nachdem Wagner eingehend die Regeln des Meistersangs
studiert hat) »beginnt Konrad [so jetzt der Name des Ritters] im Tone der alten
Minnesänger« und erntet deshalb prompt Mißbilligung (XI,383).

Nicht weniger ritterlich als in seiner Poesie führt sich Konrad bzw. Walther im Leben
auf. Er, der auf seinem Stammgut gewissermaßen noch im heroischen Mittelalter lebte,
muß notwendig mit der eng gebundenen städtischen Welt kollidieren. Sein Auftreten
vor Eva im ersten Aufzug, das Probesingen, der Entführungsplan, der Einfall, den auf
der Laute klimpernden Beckmesser nach dem Faustrecht »kalt«zumachen (VII,210),
usw. zeigen immer wieder, daß er die Bilder seiner ritterlichen Phantasie in die
Nürnberger Bürgerwelt projiziert. Ihm werden hier deutlich Züge des von Wagner
bewunderten und immer wieder gelesenen *Don Quijote* verliehen.[78] Am unverkennbar-
sten geschieht das in der fünften Szene des zweiten Aufzugs. In seiner Phantasie sieht
Stolzing sich von den »Meistern« plötzlich wie von »bösen Geistern« an einem
Zauberort umringt, so daß er in typisch donquijotesker Situationsverkennung den
Hornruf des Nachtwächters für ein Kampfsignal hält.

> »WALTHER.
> Und ich ertrüg es, sollt es nicht wagen
> gradaus tüchtig drein zu schlagen?
> *(Man hört den starken Ruf eines Nachtwächterhornes. Walther legt mit emphatischer
> Gebärde die Hand an sein Schwert und starrt wild vor sich hin.)*
> Ha! . . .
> EVA *(faßt ihn besänftigend bei der Hand).*
> Geliebter, spare den Zorn;
> 's war nur des Nachtwächters Horn.« (VII,207.)

Charakteristisch übrigens, daß Wagner den Ritter im Marienbader Entwurf während
des zweiten Aufzugs wie einen Hidalgo in einem spanischen Mantel- und Degen-Stück
auftreten läßt: »Der Liebhaber tritt in einem Mantel und mit dem Degen aus der Straße
auf; die Geliebte hat vom Fenster aus sein Kommen gesehen und eilt ihm behutsam
unter ihrer Haustür entgegen: ›Geliebte!‹« (XI,347.)

Walther und die Meister stehen sich gegenüber wie These und Antithese. Die dialektische Vermittlung zwischen ihnen wird erst von Sachs zugleich als Intrigenkomödie und
als Denkspiel inszeniert. Von der Massenprügelei bis zur Entstehung des Preislieds
wird alles, was sich im zweiten und dritten Akt in den Niederungen der handfesten
Farce wie auf der sublimen Höhe des ästhetischen Kalküls abspielt, von ihm gelenkt.
»Ein Schuster in seinem Laden / zieht an des Wahnes Faden: / wie bald auf Gassen und
Straßen / fängt der da an zu rasen!« heißt es im Wahn-Monolog (VII,234). Doch nicht
nur an des Wahnes, sondern erst recht an der Kunst Faden zieht dieser Schuster: er
macht den ›Stürmer und Dränger‹ Walther von Stolzing zum wahren, d. h. besonnenen
Dichter, auch dies nicht durch Belehrung, sondern durch ein didaktisches Spiel. Die
Verbindung von Farce und dialektischem Kalkül, die wir im folgenden nachweisen
wollen, verleiht Wagners Sachs etwas Sokratisches – sind doch auch die von Wagner
bewunderten platonischen Dialoge philosophische Komödien, in denen Sokrates seine
Partner räsonierend und spielend zugleich zur Wahrheit führen will.

Eine der ästhetischen Grundüberzeugungen Wagners ist die Genese aller großen
Kunstformen aus dem »produktiven Volksgeist«. Als dessen »letzte Erscheinung« hat

er in *Eine Mitteilung an meine Freunde* Hans Sachs gerühmt. In seiner Würdigung des *Faust* im Essay *Über Schauspieler und Sänger* (1872) behauptet er später, die »rohe Kunst unseres alten Volksdichters Hans Sachs« bilde den »populären« Grund auch dieses Summum opus. Der metrische »Wunderbau«, den Goethe auf der Basis des von dem Nürnberger Meister übernommenen »sogenannten Knittelverses« errichtet habe, »scheint diese Grundlage vollendetster Popularität nie zu verlassen, während er sich auf ihr bis in die höchste Kunst der antiken Metrik schwingt« (IX,214 f.). Die Inspiration durch Hans Sachs sei der Grund für das »ungeheuer Volkstümliche« des *Faust*, heißt es noch einmal 1878 in den Gesprächen mit Cosima (CT II,256). Gewiß denkt Wagner hier insgeheim an seine *Meistersinger*, wo Sachs nicht nur persönlich auftritt, sondern im »Wach-auf«-Chor in seinen eigenen Versen gefeiert wird und sein »traurig Stück« von Tristan und Isolde als Exempel für den wahnhaften Zwang der Liebe nimmt, dem er sich durch Entsagung entzieht (VII,254). Gewiß soll dieser Sachs nicht mehr der historische sein, sondern zugleich sein sentimentalisches Bild, wie es Goethe und die Romantiker gezeichnet haben. Jedenfalls bildet die »rohe Kunst« des Nürnberger Schuhmacher-Poeten für Wagner das gemeinsame populäre Fundament des *Faust* und der *Meistersinger*.

Die erste künstlerische Äußerung des Volksgeistes ist für Wagner aber die Improvisation. Sie hat er in seinen späten ästhetischen Schriften, wie im ersten Hauptteil eingehend nachgewiesen wurde, zum Strukturprinzip auch des musikalischen Dramas gemacht. Das »von uns in Aussicht genommene Kunstwerk« wird in der Rede *Über die Bestimmung der Oper* (1871) als »durch die höchste künstlerische Besonnenheit fixierte mimisch-musikalische Improvisation von vollendetem dichterischem Werte« definiert (IX,149 f.). Dieses Paradox der fixierten Improvisation, der kalkulierten Unwillkür weist zurück auf Novalis' Idee der »absichtlichen Zufallsproduktion«. Wie diese ist Wagners ›Improvisation‹ eine ästhetische Fiktion, ein Als-ob, die Metapher einer die konventionellen Schemata jeder Kunstform durchbrechenden Struktur. Nach den eingespielten Normen sind die dergestalt konzipierten musikalisch-dramatischen Abläufe wirklich improvisibel, ›unvorhersehbar‹, obwohl sie nicht ex improviso erdacht sind. Eine derart kalkulierte Aleatorik spielt sich natürlich auf einem höchst artifiziellen Niveau ab; dennoch glaubt Wagner durch sie der Spontaneität des produzierenden Volksgeistes nahezukommen (wie die sentimentalische Reflexionspoesie bei Schiller am Punkt ihrer höchsten Vollendung: im »Ideal« sich wieder mit der naiven Dichtung trifft und wie die Progression auf einer Kreisbahn zum Ausgangspunkt zurückführt).

Echte Improvisation ist im musikalischen Drama natürlich ausgeschlossen; bezeichnend aber, daß alle innerhalb der Handlung der Wagnerschen Musikdramen vorgeführten poetisch-musikalischen Hervorbringungen vom Augenblick eingegeben, improvisiert sind und als ›unvorhergesehen‹, wegen ihres Verstoßes gegen die (Metier-)Erwartung die Zuhörenden befremden oder schockieren. Sentas Ballade existiert zwar schon vor Beginn der Handlung, aber ihr Schluß entsteht aus der Emphase des Augenblicks. Daß Tannhäusers Preislied auf die Liebe im Kampf der Sänger anders ausfällt, als seine Umwelt – und er selbst – anfänglich ahnen, versteht sich von selbst. Siegfried schmiedet das Schwert, ohne das Metier gelernt zu haben (dessen Vertreter Mime daran scheiterte). Daß das Schmieden des Schwerts den ästhetischen Schöpfungsprozeß chiffriert, zeigt die Verbindung zum fragmentarischen Künstlerdrama *Wieland der Schmied* (»ein rüstiges, feuriges Lied enttönt seinem Munde zum Sausen der Schmiedebälge, zum Sprühen der Funken, zum Takte des Hammers«; III,197).

Fast eine getreue Veranschaulichung der in den Jahren nach der Uraufführung der *Meistersinger* konzipierten Improvisationstheorie Wagners ist die Genese von Stolzings Preislied. Sein Probegesang im ersten Aufzug ist eine völlig freie Phantasie, der das Moment der »höchsten künstlerischen Besonnenheit« noch fehlt; diese aber ist die Conditio sine qua non der fixierten Improvisation. Der Ritter folgt völlig seinen Augenblickseingebungen. Das »Fanget an« des Merkers gibt ihm gleich das Stichwort für seinen Hymnus auf den Lenz. Die »unmutigen Seufzer« Beckmessers und das Geräusch der Kreide nimmt er zum Anlaß, vom Neid des Winters zu singen, der »lauert«, wie er das »Lenzeslied« des Waldes »zu Schaden könnte bringen« – natürlich ein Seitenhieb auf den Merker, der das Lied Walthers zu stören sucht. (Lenz und Winter symbolisieren ebenso wie im »Lenzeslied« Siegmunds und Sieglindes aus dem ersten Aufzug der *Walküre* den Gegensatz von Naturfreiheit und starrer Ordnung.) Und mitten in den schließlich ausbrechenden Tumult singt Walther den Schluß seines Hymnus, der die Meister mit einem Chor von Nachtvögeln vergleicht, ihn selbst aber mit einem goldenen Vogel, der sich »aus der Städte Gruft« zum »heimschen Hügel, / dahin zur grünen Vogelweid'« – zum thüringischen Parnaß – aufschwingt. »Der Not entwachsen Flügel.« (VII,182 ff.) Wieder eine Reminiszenz an *Wieland der Schmied*, der sich Flügel schafft, um seiner Knechtschaft zu entrinnen: »Die Not! Die Not schwang ihre Flügel, sie wehte Begeisterung in mein Hirn!« (III,201.)

Das ›Unvorhergesehene‹ erscheint den Meistern nur als Regelverstoß; ihre Einwände gleichen der Kritik an der »Zukunftsmusik«: »Man ward nicht klug! Ich muß gestehn, ein Ende konnte keiner ersehn.« (Die »unendliche Melodie«!) »Kein Absatz wo, kein' Koloratur, / von Melodie auch nicht eine Spur!« (weil eben das Gerüst des ›quadratischen‹ Periodenschemas fortfällt; VII,184 f.) Allein Sachs erkennt, daß Stolzings Gesang nicht einfach formlos, sondern einem anderen, wenn auch noch nicht mit Bewußtsein erfaßten und mit ›Besonnenheit‹ gestalteten Gesetz verpflichtet ist.

> »Des Ritters Lied und Weise,
> sie fand ich neu, doch nicht verwirrt;
> verließ er unsre Gleise,
> schritt er doch fest und unbeirrt.
> Wollt ihr nach Regeln messen,
> was nicht nach eurer Regeln Lauf,
> der eignen Spur vergessen,
> sucht davon erst die Regeln auf!« (VII,185.)

Sachs betont hier scharfsinnig die historische Bedingtheit aller Kunstregeln und greift damit verblüffend genau auf jene Einsicht zurück, die das Ergebnis der historischen »Querelle des Anciens et des Modernes« bildet. Diese ›Querelle‹ flammt hier noch einmal zwischen Stolzing und den Meistern auf und wird durch das dialektisch-didaktische Spiel Sachsens: seine, wenn wir so sagen dürfen, poetologische Intrige vermittelt und befriedet.

Die Meister tun so, als ob ihre Normen ewig wären, vernachlässigen deren Genese (»Spur«), ihr geschichtliches Gewordensein. Das Verfahren, mit den aus einer bestimmten historischen Situation entstandenen Regeln ein Kunstwerk zu messen, das durch ganz andere Faktoren bedingt ist (Stolzing ist ja ein Ritter, der auf einer wesentlich anderen ›Spur‹ zur Poesie gelangt ist als die Stadtbürger), wird von Sachs ironisch in Frage gestellt, indem er die Meister auffordert, die Regeln dieses Verfahrens zu rechtfertigen. Das ist natürlich nicht möglich; der Maßstab der Meister ist ganz einfach anachronistisch.

Sachs spürt deutlich, daß die Kunst der Meistersinger Gefahr läuft, zu erstarren, akademisch zu werden, ihr populäres Fundament zu verlieren. Sie bedarf eines Stilwandels, einer Wiederbelebung durch den ›Volksgeist‹. Daher sein Vorschlag, einmal im Jahr beim Preisgesang das Volk »Richter« sein und die Regeln probieren zu lassen (»Daß Volk und Kunst gleich blüh und wachs«). Ein wahrhaft revolutionäres Konzept. Die Meister befinden gewissermaßen nur während einer einjährigen ›Legislaturperiode‹ über die Regeln, dann müssen sie diese und sich vor dem Volk legitimieren, obschon – oder besser: gerade weil – demselben die Gesetzeskompetenz abgeht.

> »Gesteht, ich kenn die Regeln gut;
> und daß die Zunft die Regeln bewahr,
> bemüh ich mich selbst schon manches Jahr.
> Doch einmal im Jahr fänd ich's weise,
> daß man die Regeln selbst probier,
> ob in der Gewohnheit trägem Gleise,
> ihr Kraft und Leben nicht sich verlier.
> Und ob ihr der Natur
> noch seid auf rechter Spur,
> das sagt euch nur,
> wer nichts weiß von der Tabulatur.« (VII,174 f.)

Der Meistersang läuft Gefahr, zu einer dem Volk entfremdeten ›aristokratischen‹ Kunst zu werden und damit das Schicksal der adligen Künste zu erleiden. Diese sind nun abgestorben. Der Ritter von Stolzing hat deshalb ja sein Gut verkauft: »Was mich nach Nürnberg trieb, / war nur zur Kunst die Lieb.« (VII,166.) Die Nürnberger Bürger selbst empfinden mit Stolz, daß ihre Kunst die ritterliche abgelöst hat. Pogner verkündet selbstbewußt, »daß wir im weiten deutschen Reich / die Kunst einzig noch pflegen« (VII,172). Nun aber ergibt sich die paradoxe Situation, daß die Bürger durch ihre erstarrende Kunst zu Aristokraten, der Aristokrat aber zum Bürger wird, der durch Improvisation die Konvention durchbricht und die Kunst aus dem Volksgeist wiederbelebt.

Am Johannistag vertauschen die Meistersinger die hermetisch-akademische Sphäre der Singschule mit der Öffentlichkeit des Volksfestes, den »Kirchenchor« mit der »offenen Wiese«. Daß sie sich so das »Laienohr« geneigt machen (VII,171), soll das populäre Fundament ihrer Kunst manifestieren:

> »Drum mocht's euch nie gereuen,
> daß jährlich am Johannisfest,
> statt daß das Volk man kommen läßt,
> herab aus hoher Meisterwolk
> ihr selbst euch wendet zu dem Volk.« (VII,175.)

So Hans Sachs. Wenn aber die Meister dem Volk »behagen« wollen, wenn das Fest nicht bedeutungsleeres Zeremoniell, bloße Staffage bleiben soll – und das scheint es im Laufe der Zeit geworden zu sein –, dann sollte man dem Volk auch vergönnen, beim Wettgesang mit zu urteilen und nicht bloß der vorher gefällten Entscheidung der

Meister zu akklamieren. Dieser Vorschlag Sachsens wird abgelehnt, und er findet sich damit ab: »Mir genügt der Jungfer Ausschlagstimm« – hat er doch zuvor bekannt: »Der Frauen Sinn, gar unbelehrt, [der also »nichts weiß von der Tabulatur«] / dünkt mich dem Sinn des Volks gleich wert.« (VII,174.176.) Natürlich ist Sachs sich darüber im klaren, daß aus der schroffen Antithese von ›zünftigen‹ Regeln und freier Improvisation kein Weg in die Zukunft führt. Zwischen beiden gilt es zu vermitteln – und eben dies ist die Leistung Sachsens im dritten Aufzug. Nietzsche, den Wagners Improvisationstheorie anfänglich stark inspiriert hat,[79] wie zumal seine Bewunderung der Abhandlung *Über Schauspieler und Sänger* (1872) zeigt,[80] ist später von ihr abgerückt. Schon in den Aufzeichnungen aus dem Jahre 1874 heißt es: »Falsch die Möglichkeit einer Kunst, die reine Improvisation ist.«[81] Offenbar sah er in dieser Theorie eine Apologie des Dilettantismus. Nietzsches Kritik geht indessen fehl. Sachs selbst führt Stolzing ja das Unausgegorene, in der Tat Dilettantische seines Probegesangs – so sehr er dessen kühne Spontaneität anfänglich bewundert hat – in jener poetologischen Privatstunde, die er ihm in der Schusterstube erteilt, deutlich genug vor Augen. Das Gefühl allein macht noch nicht den Künstler. Wir fühlen uns an die Dilettantismus-Kritik Goethes und Schillers erinnert. »Der Dilettantismus negiert den Meister«, sagt Goethe im Juli 1810 zu Riemer.[82] Jenem sei nichts mehr entgegen »als feste Grundsätze und strenge Anwendung derselben.«[83] Eben diese ›Meisterschaft‹ und die Anwendung ›fester Grundsätze‹ will Sachs Stolzing lehren. »Lenzes Gebot, / die süße Not, / die legten's ihm in die Brust«, heißt es im Flieder-Monolog über Stolzings Lied; »nun sang er, wie er mußt! / Und wie er mußt, so konnt er's.« (VII,198.) Doch dies ›Müssen‹, die ›Not‹, was Wagner in seinen Schriften nach 1848 immer als »Unwillkür« bezeichnet, fällt für ihn seit der Lektüre Schopenhauers unter den Begriff des blinden »Willens« (vgl. III,4), von dessen Zwang die Kunst gerade befreien soll – durch ›Regeln‹, durch ›Besonnenheit‹. In seinem *Meistersinger*-Essay (1981) hat Egon Voss Sachsens Apologie der »Meisterregeln« und deren Erklärung im Bild der bürgerlichen Familie einleuchtend als eine Art Exorzierung und Domestizierung des ›Willens‹ gedeutet, in dessen Brennpunkt der zwanghafte Eros steht.[84] Wie Stolzing nach Sachsens Worten sang, »wie er mußt«, so sagt Eva von ihrer Liebe: »Das war ein Müssen, war ein Zwang!« Hätte sie »die Wahl« gehabt, so wäre Sachs ihr Gemahl geworden. Nun aber »war's ohn alle Wahl«. Das Übermächtigtwerden von der »Qual« des Eros gemahnt an die zwanghafte Wirkung des Liebestranks. Und so folgt hier denn auch in Wort und Musik die Erinnerung an das »traurig Stück« von Tristan und Isolde (VII,254).
Die freie Improvisation ist das ästhetische Pendant der Macht des Eros. Die Analogie von Improvisation und Liebeszwang auf der einen, von Ehe und künstlerischer ›Meisterschaft‹ auf der anderen Seite zieht sich in der Tat leitmotivisch durch den zweiten und dritten Akt. In Anspielung auf Stolzings Entführungsabsicht und die Provokation der Meister durch sein »Lenzeslied« führt Sachs dem jungen Ritter vor Augen:

> »Eu'r Lied, das hat ihnen bang gemacht;
> und das mit Recht: denn wohl bedacht,
> mit solchem Dicht- und Liebesfeuer
> verführt man wohl Töchter zum Abenteuer;
> doch für liebseligen Ehestand
> man andre Wort' und Weisen fand.« (VII,236.)

Das Dicht- und Liebesfeuer – sie sind ein und dasselbe – weist ins Ungeheure, ins Chaos. Gegen dieses gilt es den Schutzwall bürgerlicher wie ästhetischer Ordnung aufzurichten. Wie brüchig diese Ordnung bleibt, zeigt der Tumult der Johannisnacht. Was im ›Wahnfried‹ der Kunst befriedet scheint, kommt hier als Bellum omnium contra omnes zum Ausbruch. Im Text der Partitur sind die Nachbarn, die da aufeinander einschlagen und ihre bisher unter dem Ordnungszwang des Gemeinwesens zurückgehaltenen Aggressionen in Fausthieben austragen (»Euch gönnt ich's schon lange!« – »Das für die Klage!« VII,225), ausgerechnet die Meistersinger, allen voran der Gesetzesbewahrer Kothner.[85]

Sachsens Poetik-Lektion am Morgen nach der vom ›Wahn‹ regierten Nacht zielt ganz im Sinne Schopenhauers auf die ästhetische Katharsis von diesem Wahn, ob er sich in Aggressivität und Gewalt, in Liebesleidenschaft oder einer alle Regeln verleugnenden Kunst äußert. Vor der Unterweisung Walthers macht Sachs sich ja Gedanken, »warum gar bis aufs Blut / die Leut' sich quälen und schinden / in unnütz toller Wut! / Hat keiner Lohn noch Dank davon: / in Flucht geschlagen, / meint er zu jagen« (VII,234). Das hat die Johannisnacht musikalisch sinnfällig zum Ausdruck gebracht: als *Fuge* nämlich, die der Etymologie dieses Gattungsnamens gemäß (fuga = Flucht) im 19. Jahrhundert der topische musikalische Ausdruck für Flucht und Kampf gewesen ist.[86] (Daß Wagner das Chaos durch seine Darstellung in der strengsten musikalischen Form habe bändigen wollen, wie immer wieder zu lesen ist, geht an der Sache wohl vorbei, zumal die Fuge keineswegs streng durchgeführt ist.) Wer gibt den Namen dieser wechselseitigen Quälerei, Verwirrung und Selbsttäuschung an? fragt Sachs. Die Antwort: »'s bleibt halt der alte Wahn.« (VII,234.) An seinem Faden hat freilich Sachs selber gezogen, der Tumult der Nacht ist das Element seiner Didaskalien, weiß er doch, daß es in Liebes- und Kunstdingen »nie ohn' ein'gen Wahn« abgeht. »Jetzt schaun wir, wie Hans Sachs es macht, / daß er den Wahn fein lenken mag.« (VII,235.)

Diese Lenkung besteht in der bürgerlichen und ästhetischen Unterweisung Stolzings. Letztere ist ja eine »Einführung ins bürgerliche Leben« (Egon Voss).[87] Walther, der durch den Verkauf seines Ritterguts, den Handel mit Pogner, den bevorstehenden Erwerb des Bürgerrechts und seine Verehelichung in Nürnberg in ständischer und ökonomischer Hinsicht ein Bürger zu werden verspricht, soll es nun auch in geistiger Hinsicht, als Künstler sein. Daher – und gewiß auch, um ihn, dem Liebe und Ehe vorerst doch wichtiger scheinen als die Kunst, auf die richtige Fährte zu locken – ›familiarisiert‹ Sachs rhetorisch-didaktisch geschickt die Form des Meisterlieds, stellt seinen Strophenbau im Bilde von Mann, Weib und Kind dar. Auf diese Weise verführt er Stolzing, seine Eingebung mit der vorgeprägten Form zu vermitteln.

Walther berichtet Sachs von seinem Traum; ihn zu erzählen, gar zu »denken«, d. h. auszulegen, sträubt er sich indessen; »ich fürcht, ihn mir vergehn zu sehn«. So freilich wird man kein Dichter! »Das grad ist Dichters Werk, / daß er sein Träumen deut und merk«, belehrt ihn Sachs (VII,235). Das Unbewußte muß bewußt, das Ungestaltete gestaltet werden. Das Deuten und Merken des Traums entspricht der besonnenen ›Fixierung‹ der Improvisation, der Formung des »schönen Lieds« zum »Meisterlied«. Das erstere entsteht aus der unmittelbaren Inspiration der Jugend, wie Stolzings Probegesang im ersten Aufzug – »ein schönes Lied zu singen, / mocht vielen da gelingen: / der Lenz, der sang für sie« (VII,237); das Schöne war hier »gleichsam nur ein Naturschönes« (Egon Voss)[88] –, vom Meisterlied aber darf man reden, wenn die

Notdurft des Lebens den Überschwang der Gefühle gedämpft hat: »Denen's dann noch
will gelingen, / ein schönes Lied zu singen, / seht Meister nennt man die.« (VII,237.)
Der wahre Dichter, so heißt es in Schillers Rezension *Über Bürgers Gedichte* (die
Wagner wohlbekannt war), besingt nicht mitten im Gefühl das Gefühl. »Aus der
sanftern und fernenden Erinnerung mag er dichten, und dann desto besser für ihn, je
mehr er an sich erfahren hat, was er besingt; aber ja niemals unter der gegenwärtigen
Herrschaft des Affekts, den er uns schön versinnlichen soll.«[89]
Als Stolzing, vom Thema abweichend, Sachs gesteht: »Ich lieb ein Weib und will es
frein«, antwortet Sachs wiederum poetologisch:

> »Die Meisterregeln lernt beizeiten,
> daß die getreulich euch geleiten
> und helfen wohl bewahren,
> was in der Jugend Jahren
> in holdem Triebe
> Lenz und Liebe
> euch unbewußt ins Herz gelegt,
> daß ihr das unverloren hegt.« (VII,237.)

Das ist die Leistung der erlernbaren Form, daß sie dem Erlebnis Dauer verleiht, das
Unbewußte jederzeit bewußt – oder wie Wagner lieber sagen würde: besonnen – zu
reproduzieren vermag. Die Form ist das »Bildnis« des Erlebnisses, das dieses auch dann
vergegenwärtigt, wenn es im Herzen nicht mehr lebendig ist.

> »Das waren hochbedürft'ge Meister,
> von Lebensmüh bedrängte Geister:
> in ihrer Nöten Wildnis
> sie schufen sich ein Bildnis,
> daß ihnen bliebe
> der Jugendliebe
> ein Angedenken klar und fest,
> dran sich der Lenz erkennen läßt.« (VII,238.)

Nun folgt die Aufforderung an Stolzing, seinen Morgentraum ex improviso zu
›dichten‹; Sachs will seine Eingebung ›fixieren‹: »ich schreib's euch auf, diktiert ihr
mir!« Eine plastische Verwirklichung der Wagnerschen Improvisationstheorie – die so
freilich nur innerhalb der fiktiven Welt möglich ist. Die Leistung der Kunstform, daß
sie das dem Herzen verlorene Erlebnis ›anfrischt‹, soll Stolzing bei der Vergegenwärtigung seines Traums erfahren, der ihm durch Sachsens Regellehre – das ist typisch für
den Dilettanten – »verwischt« ist. »Grad nehmt die Dichtkunst jetzt zur Hand: /
Mancher durch sie das Verlorne fand.« (VII,238.) Auf die Frage Stolzings: »Wie fang
ich nach der Regel an?« folgt die charakteristische Auskunft Sachsens: »Ihr stellt sie
selbst und folgt ihr dann. / Gedenkt des schönen Traums am Morgen; / fürs andre laßt
Hans Sachs nur sorgen!« (VII,239.) Das bedeutet: Die Regeln dürfen kein starr
apriorisches Schema sein, sondern sie sind eine variable, bei jedem Kunstwerk neu zu
setzende Norm. Stolzing soll unbekümmert improvisieren, für die Regulierung der
Improvisation will Sachs sorgen. Die Utopie – oder Paradoxie – einer Kunstform, die
vorgeprägt und im Augenblick erzeugt, frei und streng gebunden zugleich ist!
Nur den ersten und zweiten Bar zeichnet Sachs auf (mit ihnen wird Beckmesser auf die
Festwiese ziehen), die Fortsetzung der Meisterweise wird nun ganz ohne Sachsens

Hilfe – Stolzing hat jetzt die Barform als Ausdrucksmedium bereits völlig verinnerlicht – durch den Anblick Evas inspiriert. Die Taufe des Lieds auf den Namen »selige Morgentraum-Deutweise« – Parodie des Ritus, der sich leitmotivisch durch das ganze Werk hindurchzieht – ist der Höhepunkt in Sachsens halb ernsthafter, halb humoristischer ›Familiarisierung‹ der Meisterregeln. Diese Taufe bedeutet trotz ihrer parodistisch-anachronistischen Züge in Vers und Vertonung die Legitimation von Walthers Künstlertum, die wenig später auf der Festwiese in aller Öffentlichkeit vollzogen wird.

Stolzing hält sich beim öffentlichen Vortrag seines Lieds nicht an den fixierten Text, sondern wandelt ihn improvisatorisch von neuem ab und gibt überdies dem Traum durch die Formel »Parnaß und Paradies« die bisher nur geahnte Deutung. Das Wechselspiel von subjektiver und vorgegebener, gemeinverbindlicher Form (wir erinnern an Wagners sentimentalische Suche nach dem verlorenen Gemeinstil), von fixierter und wiederum freier Improvisation, welche die Konvention durchbricht und doch nicht beleidigt, der so geglückte Ausgleich zwischen dem Alten und dem Neuen, zwischen Bindung an die Schultradition und Popularität: das ist Wagners ästhetisches Ideal, das den nur approximativ erreichbaren utopischen Endpunkt der Kunstentwicklung bildet. Das Bekenntnis zur ›Meisterlichkeit‹ steht im Zusammenhang mit der Tendenz der späten ästhetischen Schriften Wagners, die Form seines musikalischen Dramas durch den Rekurs auf die Tradition zumal der symphonischen Musik zu legitimieren und sich im Gegensatz zum Bild des ›Zukunftsmusikers‹ als Künstler von ›Metier‹ auszuweisen. Hinter den Meistern, denen der Panegyrikus am Schluß der Oper gilt, stehen Bach, Haydn, Mozart und Beethoven als die ›Meister‹, denen Wagner selbst sich verpflichtet fühlt.

Walthers Preislied ist die Frucht der Dialektik Hans Sachsens. Diese hat notwendig auch ein Opfer: Beckmesser als den Pedanten und Doktrinär, der die Öffnung der Tradition in die Zukunft verhindert. In der *Meistersinger*-Essayistik und -Regie ist es in letzter Zeit freilich üblich geworden, Beckmesser großzügig zu rehabilitieren. *Der doch versöhnte Beckmesser*, heißt ein Essay von Joachim Herz;[90] mit einem Feuerwerk kulturhistorischer Glossen bemüht Walter Jens sich um die *Ehrenrettung eines Kritikers*.[91]

> »Der Meister [Beckmesser, der sich Wagners Regieanweisung zufolge »unter dem Volke« verliert; VII,265] hat zurückzukehren – geholt von Sachs, der auf ihn zeigt, wenn er den Satz von jenen deutschen Meistern singt, die es zu ehren gilt. Links, vom Zuschauer aus, Stolzing, Sachs in der Mitte und an der Peripherie ganz rechts – sich zögernd nähernd, ermuntert von Sachs – der Stadtschreiber, der am Ende in den Gesang des Volkes mit einstimmt: Dies, denke ich, ist das einzig konsequente Arrangement des Finales. [...] Der Stadtschreiber hat auf der Bühne zu bleiben. Er wird noch gebraucht.«[92]

Ein hübsches Aperçu, das aber wie die Intention des ganzen Essays, den es beschließt, an den *Meistersingern* doch wohl vorbeigeht. Der Nachweis hilft nicht viel, daß die Stadtschreiber eine höchst ehrwürdige Rolle im frühneuzeitlichen Gemeinwesen gespielt haben, da Wagner von dieser Rolle eben nur ein parodistisches Zerrbild gibt. Man wird auch den Famulus Wagner im *Faust* nicht zu einer respektablen Gestalt machen können, wenn man nachweist, daß er der Repräsentant der Achtung gebietenden humanistisch-rhetorischen Tradition ist; hat Goethe für diese Tradition doch nur noch satirischen Spott übrig. Beckmesser ist, anders als Walter Jens will, niemals groß, sondern wie Goethes Wagner in jedem Moment eine ridiküle Figur, mag man die Schädigung des Ansehens der historischen Stadtschreiber noch so sehr bedauern. Die seit Křenek und Bloch[93] immer wieder repetierte Behauptung, Beckmessers Musik und sein auf Christian Morgenstern oder Ernst Jandl vorausweisendes Nonsens-Poem seien weit avancierter als Stolzings Preislied, ist vom Standpunkt ästhetischer Logik aus eine geistreiche Torheit. Es versteht sich doch wohl von selbst, daß die *Darstellung* künstlerischen Versagens nicht ebenfalls versagen darf, sondern als Kunst ein sehr hohes artifizielles Niveau aufweisen kann. Die ›Fortschrittlichkeit‹ von Beckmessers Poem ist also nicht sein Verdienst, sondern das seines Autors, der das Mißlingen mit solch artistischem Raffinement vorführt. Das ist nichts als die Paradoxie der ästhetischen Form. Schließlich wird auch niemand den Kunstverstand der Schläger in der Johannisnacht bewundern, weil sie mitten in ihrer Prügelei eine Fuge singen.

Nicht weniger abwegig als die Rehabilitierung Beckmessers ist seine Deutung als Judenkarikatur. Wagner hat erst nach dem Zerwürfnis mit dem von ihm zum Juden gemachten Hanslick[94] den Merker mit dem Wiener Kritiker identifiziert. Zur Zeit des Marienbader Entwurfs – im Uraufführungsjahr des von Hanslick noch hoch gepriesenen *Tannhäuser* – kann er an seinen späteren Erzfeind noch nicht gedacht haben. In diesem Entwurf aber steht die Figur des pedantischen Merkers in allen komischen Grundsituationen schon fest.

Der gelehrte Pedant ist seit der Renaissance nicht nur ein beliebtes satirisches Objekt der Moralistik gewesen – Montaigne hat ihm einen seiner *Essais* gewidmet –, sondern er gehört auch zu den traditionellen Typen der europäischen Komödie: der Dottore der Commedia dell'arte. Immer bildet er dort eine lächerliche Figur. Wenn man Wagner also der Hetze gegen Intellektuelle und ›Außenseiter‹ zeiht (ein solcher Außenseiter ist Beckmesser ja nun eben nicht, als Merker und Stadtschreiber steht er bei seinen Zunftgenossen in höchstem Ansehen), so muß man auch so konsequent sein und die ganze Geschichte der Intrigenkomödie als ein Pogrom ansehen. Diese Gattung der Komödie hat freilich in Deutschland nie eine Chance gehabt; daraus erklären sich die theaterfremden, schwerfälligen Ansichten, die in der Wagner-Essayistik immer wieder über die Figur Beckmessers geäußert werden. Bereits Schiller hat darüber geklagt, daß die »reine Komödie«, nämlich das »Intrigenstück«, bei den Deutschen durch das »sentimentalische« Lustspiel »zu sehr verdrängt worden« sei. Gewiß denkt er hier an Lessings *Minna von Barnhelm* und ihre Nachahmungen. In der reinen Komödie aber werden das moralische Urteil, das »immer ernsthaft macht«, und die philantropische Empfindung suspendiert. Das Ziel der (Intrigen-)Komödie läßt sich also »nur durch eine absolute moralische Gleichgültigkeit erreichen« (*Dramatische Preisaufgabe*).[95] »In der Komödie muß alles von dem moralischen Forum auf das physische gespielt werden, denn das moralische erlaubt keine Indifferenz.« Eben diese Indifferenz aber ist das Gattungs- und Rezeptionsgesetz der Komödie; ihr obliegt es, das »moralische Gefühl« zu »neutralisieren«.[96]

Nur von solchen Prämissen her läßt sich eine Figur wie die Beckmessers angemessen erfassen. Freilich ist die Handlung der *Meistersinger* als ganze nicht auf die Dimensionen des Intrigenstücks zu reduzieren. Das Grandiose dieses Gipfelwerks in der Geschichte der deutschen Komödie besteht vielmehr darin, daß es den spezifisch deutschen Typus des sentimentalisch-realistischen Lustspiels, dessen unerreichbares

Muster Lessing in seiner *Minna von Barnhelm* geschaffen hat, mit der gefühlsneutralen Farce nicht verschmilzt, sondern zu ständigem dialektischem Wechselspiel verbindet. Im Rahmen der Farce knüpft Wagner souverän an den Typen- und Motivschatz der europäischen Komödie an. Der alternde Liebhaber, nicht selten der gelehrte Pedant, dem von einem jüngeren durch eine Intrige die fast schon sichere Braut weggeschnappt wird – das ist ein immer wieder abgewandeltes Handlungsschema der Stegreifkomödie und ihrer ›literarisierten‹ Nachfolger. Daß Wagner im Mittelakt auch an die rabiate Situationskomik des Nürnberger Fastnachtsspiels des 16. Jahrhunderts anknüpft, in dem Prügeleien an der Tagesordnung sind, versteht sich von selbst. Von der spanischen Mantel- und Degen-Komödie war schon die Rede; Beckmessers nächtliches Ständchen, das Verkleidungs- und Verwechslungsspiel und die anschließende Prügelei erinnern zudem in manchen Zügen an die nächtliche Szene vor Donna Elviras Balkon in Mozarts *Don Juan,* der hier natürlich wie Wagner spanischen Vorbildern verpflichtet ist.

Wenn an den *Meistersingern* immer wieder die psychologische Unwahrscheinlichkeit der Farcenhandlung, deren Mittelpunkt und Opfer Beckmesser ist, kritisiert wird, so legt man einen unpassenden realistischen Maßstab an. Im Intrigenstück »sind die Charaktere bloß für die Begebenheiten« da, bemerkt Schiller zu Recht.[97] In der Freude am ›Imbroglio‹, an der reinen Situationskomik hat Wagner sich von allen Wahrscheinlichkeitsforderungen unbekümmert entfernt. In den Entwürfen sah es in dieser Hinsicht noch wesentlich anders aus. Daß Beckmesser sich ausgerechnet eines (vermeintlichen) Liedes von Sachs bedient, der ihm in der vorhergehenden Nacht so übel mitgespielt hat, ist im Marienbader Entwurf noch dadurch motiviert, daß nicht die Zunft, sondern das Volk den Preis beim öffentlichen Singen verleiht (XI,344 f.). Da der Merker die Popularität des Dichters Sachs kennt, ist verständlich, daß er durch ein Poem von ihm die Gunst des Volks zu gewinnen strebt.

Seine Blamage rührt im Entwurf noch nicht von der Verballhornung des Textes, sondern daher, daß er ihn aus Unverständnis für seine poetische Neuheit in das musikalische Prokrustesbett seiner pedantischen Regeln zwängt und durch eine sinnwidrige Melodie für den Hörer unverständlich macht. »Das Lied [der Text] steht in auffallendem Kontrast zu dem Vortrage. [...] Die Wirkung ist komisch durch den Vortrag des Merkers.« (XI,354.) Noch im dritten Prosaentwurf heißt es: »Er trägt nun die zarten und feurigen Verse Konrads in einer durchaus entstellenden und lächerlich wirkenden Weise vor«; die Meister sind durch das »Unzusammenhängende des Vortrags« befremdet (XI,370). Wenn Sachs in der endgültigen Textfassung bemerkt: »Ich sag euch Herrn, das Lied ist schön; / nur ist's auf den ersten Blick zu ersehn, / daß Freund Beckmesser es entstellt« (VII,265), so ist das angesichts des Nonsens-Poems, das Beckmesser den Hörern vorgetragen hat, kaum verständlich; niemand kann ›auf den ersten Blick‹ die Schönheit des Lieds in dieser Verzerrung erkennen. Sachsens Worte sind nur von den Entwürfen her begreiflich, in denen das Lied wirklich durch falsche musikalische Deklamation »entstellt« worden ist.

Übrigens wird bereits in Wagners erster Textfassung der *Meistersinger* (Anfang 1862) das Preislied Walthers, das hier noch einen wesentlich anderen Inhalt hat, durch Beckmesser textlich verzerrt. Hier finden sich schon ähnliche surrealistische Tollheiten wie in der unfreiwilligen Travestie des endgültigen Preisliedes:

>»Goldene Wagen
auf den Bergen ritten sie;
Würste und Magen
auf den Häusern brieten sie:
und mich Toren zog man ein,
tünchte mich;
ach! ich brenne nieder!
Braut mir kalten Flieder!« (XVI,217f.)

Gervinus hat in seiner Literaturgeschichte behauptet, den Meistersingern sei es vornehmlich um die Neuheit der Melodie, nicht des Textes gegangen. Daraus konnte Wagner erschließen, daß zwischen Text und Musik hier ein analoges Un-Verhältnis waltete wie in der modernen Oper. Beckmesser wird so zum Zerrbild des ›absoluten Musikers‹, der die Struktur seiner poetischen Vorlage (das vermeintliche Werk seines ›Librettisten‹ Hans Sachs, in Wirklichkeit Stolzings) mißachtet und vergewaltigt. Schon an Beckmessers eigenem Ständchen tadelt Sachs die sinnwidrige Deklamation und Akzentuierung. Wagner hat in seinen theoretischen Schriften – davon war im letzten Hauptteil die Rede – immer wieder die Beachtung des natürlichen Sprachakzents in der musikalischen Deklamation gefordert. Während in den romanischen Sprachen der Akzent »unvergleichlich fügsamer« sei (X,157) und daher in der Vertonung von Silbe zu Silbe wandern könne, hafte er im Deutschen immer an der sinntragenden Silbe. Die »absolute Opernmelodie mit ihren ganz bestimmten melismischen und rhythmischen Besonderheiten« verstößt also notwendig gegen die »Eigentümlichkeit unserer Sprache und ihres Akzentes« (IV,215). Das hat sich nach Wagner durch die Eindeutschungen italienischer und französischer Opern verhängnisvoll auf die deutsche Librettosprache ausgewirkt. (Aus diesem Grunde hält Wagner den Gesprächen mit Cosima zufolge die Aufführung italienischer und französischer Opern nur noch in der Originalsprache für vertretbar.)

Auch Beckmesser ist ein ›absoluter Melodiker‹, der durch sinnwidrige Phrasierung die Sprache vergewaltigt. »Mich dünkt, 's sollt' passen Ton und Wort« – musikalischer und sprachlicher Akzent –, hält Sachs Beckmesser vor (VII,220). Auf den sinngerecht akzentuierenden Gegenvorschlag zu den ersten Versen seines Ständchens geht der verbohrte, auf seine starren musikalischen Regeln und eine »Reim dich oder ich freß dich«-Poetik fixierte Merker jedoch nicht ein. Anders als im Falle Stolzing schlägt Sachsens Poetikunterweisung bei Beckmesser nicht an. Dieser macht sich selbst zum Außenseiter, da er in dem von Sachs inszenierten Vermittlungsspiel zwischen Alt und Neu als einziger unbelehrt zurückbleibt.

David erklärt Stolzing im ersten Aufzug die meistersingerliche Trias von Singer, Dichter und Meister. Die beiden ersten passen weder in Stolzings noch in Wagners ästhetischen Vorstellungskreis. ›Singer‹ und ›Dichter‹ verhalten sich zueinander wie absoluter Musiker und Librettist. Der Dichter hat die Aufgabe, Reime und Worte so zu fügen, »daß sie genau an Stell und Ort / paßten zu einem Meister-Ton«. Sie haben sich also – im Gegensatz zu Wagners Poetik des musikalischen Dramas – nach den vorgegebenen Formschemata der Musik zu richten. Der »Meister« aber ist nach Davids Worten »der Dichter, der aus eig'nem Fleiße, / zu Wort und Reimen, die er erfand, / aus Tönen auch fügt eine neue Weise«. Ganz so das Verfahren des musikalischen Dramatikers! Walther antwortet bezeichnenderweise:

»So bleibt mir nichts als der Meisterlohn!
        Soll ich hier singen,
        kann's nur gelingen,
        find ich zum Vers auch den eig'nen Ton.« (VII,163 f.)

Das bedeutet aber, daß er den vorgeschriebenen Weg, der zum Meistersinger führt, verleugnet. Die Synthese von Singer und Dichter ist für ihn die einzige Möglichkeit, zu singen und zu dichten. Gerade durch sein Bekenntnis zum Ideal des Meistersingers durchbricht er also das System des Meistersangs. Aus der spöttischen Sicht Davids stellt sich das so dar:

»Der war nicht Schüler, ist nicht Singer,
        den Dichter, sagt er, überspring er;
                denn er ist Junker,
                und mit einem Sprung er
        denkt ohn weitre Beschwerden
        heut hier Meister zu werden.« (VII,164.)

Zum Meister wird man dadurch, daß man zum selbstgedichteten Lied die passende »neue Weise« findet. Beckmesser hingegen ist weder imstande, ein eigenes Gedicht von Bedeutung zu schaffen noch auch nur zu dem plagiierten Lied eine im Ton passende Melodie zu erfinden. Er hat also in jeder Beziehung »versungen«.
»Sitzt ihr nur immer! Leimt zusammen, / Braut ein Ragout von andrer Schmaus, / Und blast die kümmerlichen Flammen / Aus eurem Aschenhäufchen 'raus!« So der Seitenhieb Fausts (V. 538 ff.) auf seinen Famulus Wagner – Beckmessers geistigen Bruder und wohl für Richard Wagner eines der Vorbilder des Merkers. Famulus Wagner ist wie Beckmesser die Karikatur des lebensfremden, ganz in den Normen und Konventionen der humanistisch-rhetorischen ›Schule‹ aufgehenden Pedanten, der aber aus der untergründigen Einsicht in die eigene Sterilität sich an die Fersen des wahrhaft schöpferischen Menschen heftet: wie Beckmesser »immer bei Sachs« steht (VII,170), ja sich von ihm wie das vom Schlangenblick gebannte Kaninchen blind ins Fiasko treiben läßt, so weicht Goethes Wagner nicht von der Seite Fausts.
Beckmesser, der Nichthandwerker unter den Meistern, trägt als einziger einen latinisierten Vornamen: Sixtus – ein Signal für seine rein akademische, dem ›Volksgeist‹ entfremdete Schulbildung. Trotz seiner heimlichen Bewunderung für Sachs hat er ihm gegenüber genau die Vorbehalte, die im 17. und 18. Jahrhundert von seiten der humanistischen Regelpoetik zur Ablehnung und Verspottung von Hans Sachs geführt haben. Der Vers, den Wagner ihm selbst in den Mund gelegt hat: »Hans Sachs, ein Schuh- / macher und Poet dazu!« (VII,213), ist ein Spottvers des 17. Jahrhunderts, der die vermeintlich unbeholfene Knittelversreimerei des Nürnberger Schusterpoeten parodieren soll.
Schon im ersten Aufzug bringt Beckmesser sein Mißtrauen gegenüber der Popularität Sachsens wiederholt unverhohlen zum Ausdruck. Als Kothner sich dagegen verwahrt, daß die Kunst »der Gunst des Volkes« nachläuft, bemerkt Beckmesser, mit einem Blick auf Sachs: »Drin bracht er's weit, der hier so dreist: / Gassenhauer dichtet er meist.« (VII,175.) Eben diese satirische Spitze wird Sachs im zweiten Aufzug auf Beckmesser zurücklenken: »Nur Gassenhauer dicht ich zum meisten; / drum sing ich zur Gassen und hau auf den Leisten!« – zumal Beckmesser ihn ja vor den Meistern durch die

Behauptung kompromittiert hat, die Qualität seines Schuhwerks leide darunter, daß er sich Poet ›dünke‹ (VII,215 f.).

Bereits Stolzing sagt zu den Regeln der Meistersinger lakonisch, mit ihnen könne man es allenfalls »zu 'nem Paar recht guter Schuh« bringen (VII,161). Das wird Sachs wörtlich demonstrieren. Er parodiert im zweiten Aufzug vom »Fanget an« bis zu der barschen Frage »Seid ihr nun fertig?« Zug um Zug die Beckmessersche Merkertätigkeit. Ja, groteskerweise reagiert Beckmesser auf die letzte Frage mit den gleichen Worten wie Stolzing: »Wie fraget ihr?« (VII,183.222.) Daß er dies »in höchster Angst« sagt, zeigt, daß er die Situation des ›Versungen‹habens am eigenen Leibe spürt. Überhaupt sind die *Meistersinger* voll von wörtlichen Korrespondenzen, die belegen, wie sehr Wagner an seiner Dichtung auch noch während der Vertonung gefeilt hat. Wenn z. B. der Text der Partitur Nachtigalls Ausruf »Merkwürdiger Fall!« beim Auftritt des Ritters im ersten Aufzug (VII,180) im Gemurmel der Meistersinger bei Beckmessers unsinnigem Preislied wiederholt – »Höchst merkwürdiger Fall!«[98] –, so wird das Versagen Beckmessers im Versingen Stolzings genau gespiegelt. Darin drückt sich eine in der Tat ›merkwürdige‹ Umkehrung aus: Der starre Repräsentant der künstlerischen Normalität löst nun dasselbe Befremden aus wie eingangs der ritterliche Außenseiter; dessen Poesie wird andererseits in der nächsten Szene in die bürgerliche Vorstellungswelt integriert, die damit unmerklich ihren Horizont erweitert. Die bisher verschlossene Pforte zum ›Kunstwerk der Zukunft‹ steht nun weit offen.

Walter Jens ist der Überzeugung, daß nach den Gesetzen der Hegelschen Dialektik, die er im Handlungsmodell der *Meistersinger* voraussetzt, die Anwesenheit Beckmessers im Schlußbild zwingend notwendig sei. Es läßt sich jedoch eher die dialektische Notwendigkeit des Gegenteils beweisen: Beckmesser als der unbelehrbare ›Ancien‹ darf am Schluß nicht mehr auf der Bühne sein, da auch seine Antithese: der radikale ›Moderne‹ nicht mehr existiert. Dieser, Stolzing, hat sich freilich auf das dialektische Vermittlungsspiel Sachsens in der »Querelle des Anciens et des Modernes« eingelassen; Beckmesser dagegen, der davon nichts wissen wollte, bleibt kaum etwas anderes übrig, als sich »unter dem Volke« zu verlieren. Die Mahnung: »Verachtet mir die Meister nicht / und ehrt mir ihre Kunst!« wäre in seiner Gegenwart absurd, fährt Sachs doch fort: »Was ihnen hoch zum Lobe spricht, / fiel reichlich euch zur Gunst« und: »Wie kann die Kunst wohl unwert sein, / die solche Preise schließet ein?« (VII,270.) Von seiten des Merkers wären Stolzing dieser Preis und diese Gunst eben nie zuteil geworden.

Das Schlußbild der *Meistersinger* stellt eine monumentale ästhetische Utopie dar, in der nicht nur die Entfremdung zwischen Tradition und Fortschritt, sondern überhaupt zwischen Kunst und Realität aufgehoben ist. Auf der Festwiese vereinigen sich nicht nur die Einzelkünste, sondern verdichtet sich das gesamte Leben zu einem ›Gesamtkunstwerk‹, von dem das geniale Einzelwerk nicht mehr durch einen »mystischen Abgrund« getrennt zu werden braucht, sondern aus dem es hervorwächst wie die Blüte aus der Pflanze: beide sind eines Wesens. Alte Ideale Wagners werden hier noch einmal lebendig. Wir erinnern an das Projekt *Ein Theater in Zürich* (1851), wo Wagner ganz ähnlich wie später Gottfried Keller in seiner Schrift *Am Mythenstein* (1861) von der Möglichkeit spricht, das Theater aus den folkloristischen Traditionen emporwachsen zu lassen. »Bei heiteren wie ernsteren Anlässen zu einer öffentlichen Feier greift man ganz von selbst [...] zur Anordnung von Festzügen in charakteristischen Trachten: Darstellungen aus dem Volksleben oder aus der Geschichte [...] bilden den Hauptbestandteil dieser Aufzüge.« (V,47.) Wer fühlte sich hier nicht an den Aufzug der Zünfte in den *Meistersingern* erinnert. Noch in seiner Rede zur Grundsteinlegung des Bayreuther Festspielhauses erinnert Wagner an die »flüchtig gezimmerten Festhallen« – als entfernte Vorbilder seines »provisorischen Theaters« –, »welche in deutschen Städten zuzeiten für Sänger- und ähnliche genossenschaftliche Festzusammenkünfte hergerichtet und alsbald nach den Festtagen wieder abgetragen wurden« (IX,326). Man geht also nicht zu weit, wenn man die Nürnberger Festwiese als utopisches Komplement zu Wagners – für den gegenwärtigen prosaischen Weltzustand konzipierten – Festspielen deutet, die ja nur eine dünne Brücke über den Riß zwischen Kunst und Realität zu schlagen vermögen.

Eine ästhetische Utopie ist aber auch Stolzings Preislied in der sich immer mehr verdeutlichenden Gestaltung und Exegese seines Morgentraums. In der Schusterstube entfaltet Stolzing im ersten Bar ein breites Bild des Paradieses mit dem Lebensbaum (1 Mose 2,9) und der Eva, die ihm dessen Frucht reicht. (Daß der geträumte Garten das Paradies ist, das Weib Eva heißt, wird Stolzing freilich erst, im Prozeß einer immer tieferen hermeneutischen Durchdringung des Traumbilds, auf der Festwiese voll erkennen.) Eva mit der Frucht des Lebensbaums ist keineswegs die Verführerin und Verderberin, wie Hans Mayer in seinem ansonsten hochbedeutsamen *Meistersinger*-Essay von 1979 wähnt.[99] Nicht vom verderbenbringenden Baum der Erkenntnis, sondern vom Baum des Lebens hat Eva die Frucht gepflückt. Stolzings Vision wirkt wie ein Gegenbild zu Dürers Kupferstich *Adam und Eva* von 1504, der Wagner gewiß bekannt gewesen ist. Hier reicht Eva Adam den vom Schlangenbiß vergifteten Apfel vom Baum der Erkenntnis. In Stolzings Traum hingegen geht das Paradies nicht verloren.

Die Vision des Paradieses wird durch das – in der Schusterstube von Stolzing ebenfalls noch nicht durchschaute – Gegenbild des Parnasses mit dem Lorbeerbaum und dem kastalischen Musenquell abgelöst. An die Stelle Evas tritt – nach der Beckmesser-Szene, inspiriert durch den Anblick der wirklichen Eva – die Muse mit einem Sternenkranz ums Haupt (so zugleich mit dem Attribut der Assunta versehen), die dem Dichtergemahl den Lorbeerkranz auf die Stirn drückt. In der endgültigen Form des Preislieds, die den ursprünglich breit ausgesponnenen Traum bildlich stark verdichtet und in der Nam' und Art des Geschauten nun deutlich genannt ist, wird die Muse den Dichter überdies mit dem Wasser des kastalischen Quells taufen (!). Das Paradies ist in Walthers Vision wörtlich ein Morgenland; wie könnte es auch anders sein. Der Parnaß hingegen ist eigentümlicherweise ein Abendland. Das zeigt, daß es hier nicht einfach um den Kontrast von jüdisch-christlicher und heidnischer, biblischer und antiker Welt geht. Der hellenische Parnaß ist ins Abendland übertragen, er bedeutet die moderne Kunst in ihrem dialektischen Gegensatz zum Leben (dessen Glücksversprechen durch den Lebensbaum des Paradieses symbolisiert ist).

Das Paradies geht in Stolzings Traum nicht verloren, es wird nur – im abschließenden, nun ganz frei improvisierten Bar des Preislieds – abgelöst durch das wirkliche Paradies, den utopischen Tag, der den dialektischen Gegensatz von paradiesischem Morgen und parnassischem Abend aufhebt. Der kastalische Quell weist in dieses neue Paradies, in dem die Geliebte Eva und Muse zugleich ist, »Parnaß und Paradies« vereinigt. Daß dies, obwohl das zuhörende Volk sich »wie in den schönsten Traum gewiegt« fühlt (VII,168), nicht wiederum ein Traum ist, es sei denn – und so wird es wohl sein –, daß das Leben selbst hier zum utopischen Traum wird, das zeigt die unmittelbar folgende Dichterkrönung: Stolzing wird nicht nur mit Lorbeer, sondern auch mit Myrte bekränzt. Der »aus Lorbeer und Myrten geflochtene Kranz« (VII,269), den Eva ihm auf die Stirn drückt, ist Sängerpreis und Liebeszeichen, paradiesisches Lebens- und parnassisches Kunstsymbol zugleich. Und wenn Eva im Schlußtableau »den Kranz von Walthers Stirn nimmt und ihn Sachs aufdrückt« (VII,271), so ist dies nicht nur die Ehrung des Dichters, sondern ein zartes Liebesgeständnis. Wäre die Liebe ›Wahl‹ und nicht ›Wille‹, so wäre Eva ja nun vielleicht die Gattin Sachsens.

Der Schluß der *Meistersinger* ist die reinste Erfüllung dessen, was Schiller sich unter der sentimentalischen »Idylle« vorgestellt hat (wie er sie selbst als Fortsetzung seines Gedichts *Das Ideal und das Leben* plante). Dieser kühne utopische Traum zwingt zum Akkord zusammen, was in Wagners eigenem Leben wie in seinen novellistischen und dramatischen Künstlertragödien sich immer disharmonisch gegeneinander sperrte. Der Dichterlorbeer, heißt es in Goethes *Tasso*, ist ein »unfruchtbarer Zweig« (V. 2032), anders als der Lohn des Staatsmanns, der ebenso »wirklich und lebendig« (V. 2052) ist wie der Dienst, für den er gezahlt wird. »Ein Zeichen mehr des Leidens als des Glücks« nennt Leonore deshalb den Lorbeerzweig (V. 2039). Und Grillparzers *Sappho* (Wagner ebenso bekannt wie Goethes Dichterdrama) muß erfahren: »Umsonst nicht hat zum Schmuck der Musenchor / Den unfruchtbaren Lorbeer sich erwählt, / Kalt, frucht- und duftlos drücket er das Haupt.« (V. 271 ff.) Auch Sappho hat davon geträumt, »den Lorbeer mit der Myrte« zu vertauschen (V. 95), »beide Kränze um die Stirn zu flechten, / Das Leben aus der Künste Taumelkelch, / Die Kunst zu schlür-fen aus der Hand des Lebens« (V. 281 ff.), und muß am Ende den Preis des Lebens für diesen Irrtum zahlen, denn nur in *einer* der beiden Welten darf man zu Hause sein. Wer sich einmal für das Totenreich entschieden hat, kann nie mehr ins Leben zurück-treten – wie Proserpina nach dem verhängnisvollen Biß in den Granatapfel (3. Aufzug, 3. Szene).

Der Biß in den Granatapfel ist in der Romantik, bei Tieck, Brentano oder E.T.A. Hoffmann, oft genug als Biß in den Apfel vom Baum der Erkenntnis dargestellt worden: Die Entscheidung für die Kunst bedeutet nicht nur den Verlust des Glücks, sondern auch der Unschuld des Lebens. Die Künstlerexistenz ist eine dämonisch-schuldbeladene; immer wieder sehnt der Dichter sich aus dem Paradis artificiel in das Paradis vert der noch nicht von der Kunst stigmatisierten Existenz zurück. »Die Kunst ist vielleicht ein großer Frevel«, wird Wagner einmal zu Cosima sagen (CT I,42 f.). Sollte er diese *Tannhäuser*-Erfahrung in den *Meistersingern* verleugnet haben? Das künstliche soll nun auch das ›grüne‹ Paradies sein? Zweifellos wäre die schattenlose Idylle des Preislieds und des Schlußtableaus der Festwiese die dubiose Flucht in eine heile Welt, gäbe es nicht zu Stolzings utopischem Gesang ein Komplement, das die wahre, gegenwärtige Situation der Kunst benennt, dem myrten- und lorbeerbekränzten Dichter den dornengekrönten, der Ars triumphans die Ars patiens gegenüberstellt. Es ist Sachsens »Gassenhauer« in der Johannisnacht, den er am nächsten Morgen gewisser-maßen fortsetzt und illusionsstörend, mit unwirsch-schmerzlichem Humor in die sprachlose paradiesische Liebesseligkeit Evas und Stolzings hineinsingt – als bewußten Kontrapunkt zu dessen »seliger Morgentraum-Deutweise«: »Immer Schuster! Das ist

Albrecht Dürer: Adam und Eva (zu S. 225)

nun mein Los; / des Nachts, des Tags – komm nicht davon los! / [...] / Säng mir nur
wenigstens einer dazu! / Hörte heut gar ein schönes Lied« – das noch unvollendete Lied
Stolzings (VII,251).
Die Klage »Immer Schuster!« ist eine Reminiszenz an das Lied vom verlorenen
Paradies, das Sachs des Nachts zum Ärger Beckmessers und als stillen Vorwurf für
Eva und Walther gesungen hat: »Als Eva aus dem Paradies / von Gott dem
Herrn verstoßen [...]«. Hier ist Eva also nicht die noch unschuldig Lockende wie in
Stolzings Paradiesestraum, sondern die Verderberin, die Verkörperung des erotischen
Weltwillens: »O Eva! Eva! Schlimmes Weib!« Durch sie ist der ›labor improbus‹, die
Arbeit im Schweiße des Angesichts, in die Welt gekommen. Der Engel, der im Auf-
trag des Herrn Adam und Eva Schuhe anzumessen hat und so die Muße der seligen
Geister mit der Misere irdischer Arbeit vertauschen muß, ist eine Chiffre des Künst-
lers, der – wie Hans Sachs – seine Zeit zwischen entfremdeter Arbeit und Poesie zu tei-
len hat, zugleich aber auch eine Anspielung darauf, daß Sachs sein Glück zugunsten
Eva Pogners und ›Adam‹ Stolzings opfern muß. Eva versteht das sehr wohl: Sie
winkt zwar ab, als Stolzing spontan annimmt, daß der Gassenhauer auf sie gemünzt
ist (»'s geht nicht auf mich«), aber sie weiß genau, daß es trotzdem so ist: »Mich
betrübt das Lied.« Und später: »Mich schmerzt das Lied, ich weiß nicht wie!«
(VII,212.214.)
Wie für die Künstler in E. T. A. Hoffmanns *Meister Martin der Küfner*, die nur um der
schönen Rosa willen das Inkognito des Handwerkers gewählt haben, bleiben für Sachs
Kunst und Handwerk einander fremd.

> »Gäb nicht ein Engel Trost,
> der gleiches Werk erlost,
> und rief mich oft ins Paradies,
> wie dann ich Schuh und Stiefeln ließ!
> Doch wenn der mich im Himmel hält,
> dann liegt zu Füßen mir die Welt.« (VII,212 f.)

Dieses Paradies ist freilich anders als in Stolzings Traum nicht das irdische Lebens-
glück, das mit dem künstlerischen eins wird, sondern – das hat bereits Hans Mayer
erhellt – das »Gegenglück«, ein Paradis artificiel, eher der ins Totenreich versenkte
Parnaß als das Paradies Stolzings. Gottfried Benn habe gewissermaßen »die Schluß-
worte des Hans Sachs gegen Stolzing fortgedichtet«, meint Hans Mayer: »Einsamer nie
als im August...«,

> »Wo alles sich durch Glück beweist
> und tauscht den Blick und tauscht die Ringe
> im Weingeruch, im Rausch der Dinge –
> dienst du dem Gegenglück: dem Geist.«[100]

Dieses Gegenglück entzieht Sachs freilich auch dem Lebenswahn, in den die zwanghaft
Liebenden, Stolzing und Eva, verstrickt bleiben. Und ist nicht auch eine Kunst
Ausdruck des Wahns, die wie Stolzings Preislied den Sündenfall verleugnet, ein
Paradies zu gewinnen strebt, das nie verlorengegangen ist? Wird nicht die ganze
Festwiesen-Utopie durch Sachsens pessimistische Skepsis in Frage gestellt, die von
den Engeln mit den flammenden Schwertern weiß, welche die Rückkehr ins Pa-
radies verwehren? Nur auf Augenblicke und nicht, ohne dafür bitter büßen zu

müssen, entrückt die Kunst den ihr Ergebenen ins Paradies – nicht in das alte, sondern in ein neues, nie dauerhaft zu gewinnendes, nicht selten hybrid ertrotztes Paradies, das immer das Stigma der Erbsünde trägt. Der Festglanz der Schlußszene wird zweifellos von einem resignativen Schatten begleitet. Utopismus und Pessimismus, die im Weltbild Wagners ständig miteinander verschränkt sind, überlagern sich auch hier. Und wenn das Volk am Schluß der *Meistersinger* »Nürnbergs teurem Sachs« seine Huldigung darbringt (VII,271), diesem von Eva der Kranz auf die Stirn gedrückt wird, ist das für ihn eher ein Leidens- als ein Glücksmoment, bedeutet doch die Myrte ein Glück, dem er entsagt hat, der Lorbeer – ohnehin »ein Zeichen mehr des Leidens als des Glücks« – einen Ruhm, der hinter dem Walthers zurücksteht. Die Festwiese ist eine Terra utopica, eine glückliche Insel in einem Meer der Schwermut.

Die *Meistersinger* haben wie Goethes *Hermann und Dorothea* und Schillers *Glocke* eine Art Mythos deutscher Bürgerlichkeit gedichtet – ein Bürgertum, das es nie gegeben hat, ja das im Falle der *Meistersinger* dem zeitgenössischen Bürgertum bewußt entgegengesetzt ist. Mythisch wird es, indem die antik oder altdeutsch stilisierte Alltäglichkeit die Archetypen des griechischen (*Hermann und Dorothea*) oder des biblischen Mythos (*Meistersinger*) durchscheinen läßt. Die Verschränkung des Antik-Mythischen und Prosaisch-Modernen ist hier wie dort freilich zugleich ein Mittel der Ironie und des Humors; nicht zuletzt deren Vorwalten hat Goethes Epos wie Wagners Oper lebendig erhalten, während der monumentalisierende Ernst der *Glocke* den Verfall der bürgerlichen Kulturillusionen des 19. Jahrhunderts nicht überlebt hat.
Die Handlung der *Meistersinger* ist durch eine Fülle von biblischen Allusionen geprägt. Vom Taufmotiv war schon die Rede; Hans Sachs erscheint als ein neuer Johannes Baptista (der Vorläufer und Wegbereiter); Walther ist von Eva schon vor ihrer Begegnung im Bild gesehen worden (ein fast in keinem Werk Wagners fehlendes Motiv): im Bild des jungen David; Eva trägt selbst den biblischen Namen, mit dem ihre Gestalt so vielfältig symbolisch in Verbindung gebracht wird, und andere Beispiele mehr. Daß all diese mythischen Reminiszenzen auf eine ästhetische Säkularisierung der Religion hinauslaufen bzw. auf eine Sakralisierung der Kunst, ist nur ein Teil der Wahrheit, werden sie doch zugleich immer wieder ironisch-parodistisch verwendet. Der Mythos ist in Ernst und Travestie präsent. Als z. B. Eva ›ihren‹ David schildert, »das Schwert im Gurt, die Schleuder zur Hand«, erscheint der wirkliche David, Sachsens Lehrbursche, »ein Lineal im Gürtel und ein großes Stück weißer Kreide an einer Schnur schwenkend« (VII,155 f.), u. ä.
Wagner, der mit dem bürgerlichen Publikum seiner Zeit ununterbrochen auf Kriegsfuß stand, dessen Werk ständig um die tragische Disposition des Künstlers im prosaischen Zeitalter kreist – dessen *Tristan* mit der trunkenen Affirmation einer Liebe schloß, die alle gesellschaftliche Ordnung zerstört, und der sich nach den *Meistersingern* wieder der anarchischen Utopie der *Ring*-Tetralogie zuwenden wird, dieser selbe Wagner dichtet in den *Meistersingern* den, wie immer auch tragisch-ernsthaft oder ironisch-parodistisch relativierten, Mythos des deutschen Bürgertums, das der Kunst eine festliche Heimat gibt. Sollte das nur eine neue Maske des geborenen ›Histrionen‹ sein, der in seiner transzendentalen Obdachlosigkeit in alle Vergangenheiten, in divergierende Weltanschauungen schlüpfen mag, gestern Anarchist war, heute ›Bürger‹ ist und

morgen religiöser Ekstatiker sein wird (siehe *Parsifal*) – alles doch nur Masken, hinter denen sich das Nichts verbirgt? Die Bürgerlichkeit der *Meistersinger* ist eine Utopie, die der gesellschaftlichen Realität des deutschen und europäischen Bürgertums unvermittelt entgegengesetzt ist. Das Ideal des *Bürgers* tritt dem *Bourgeois* gegenüber, der in den Versen Pogners gemäß dem Vorurteil der Höfe und der Besitzlosen seinen Schatten vorauswirft. »An Höfen, wie an niedrer Statt / des bittren Tadels ward ich satt, / daß nur auf Schacher und Geld / sein Merk der Bürger stellt.« (VII,172.) Aus dem Wissen, daß dieser ›Bürger‹ der Herrscher des gegenwärtigen Weltzustandes ist, entwirft Wagner sein Gegenbild: den Bürger, dessen Kunst den ›Wahn‹ des Geldes bannt. Die *Meistersinger* sind so das Komplement zum *Ring des Nibelungen*. Niemand ist von dieser Ideal-Bürgerlichkeit, die Wagner in Wahnfried selbst zu realisieren trachtete und die auch sein äußeres Erscheinungsbild (bis hin zum berühmten Samtbarett) prägen sollte, mehr fasziniert worden als Thomas Mann. Auch in der Bürgerlichkeit seines »Lübeck als geistiger Lebensform«[101] bleibt die historische Dimension der spätmittelalterlichen Stadtstaatoligarchie, deren poetisiertes Bild die *Meistersinger* entwerfen, unverkennbar aufgehoben. Wie schwer es Thomas Mann gefallen ist, sich von jener Faszination zu befreien, das zeigt die fünfmal variierte Entschuldigung in den *Betrachtungen eines Unpolitischen*, er habe die »Verwandlung des deutschen Bürgers in den Bourgeois« mehr oder weniger »verschlafen«.[102]

4. Ödipus und »Der Ring des Nibelungen«

> »Im Traum vielleicht – da sah sich mancher schon im Bett der Mutter.«
>
> Sophokles, *König Ödipus*, V. 981 f.

Wagners Musikdramen sind von Wolfgang Schadewaldt als »mythische Palimpseste« bezeichnet worden,[103] da unter den germanisch-christlichen Sagenstoffen immer wieder die Grundschrift des griechischen Mythos sichtbar werde.[104] Wagner selbst hat, vor allem in seiner Rechtfertigungsschrift *Eine Mitteilung an meine Freunde*, die Bedeutung des griechischen Mythos und der attischen Tragödie für die Stoffwahl des musikalischen Dramas häufig betont. Wenn er in der genannten Schrift von 1851 die Sujets auch seiner romantischen Opern auf antike Archetypen zurückführt, so ist freilich das Interesse zu spüren, seine einstigen Inspirationen mit seinen gegenwärtigen, von Feuerbach und der Revolutionsideologie geprägten Überzeugungen in Einklang zu bringen. Wenn er auch auf christlich-mittelalterliche Stoffe zurückgegriffen habe, so sei es ihm doch um die hinter ihnen aufscheinenden antik-mythischen Konstellationen gegangen –

> »wie es überhaupt ein gründlicher Irrtum unserer oberflächlichen Betrachtungsweise ist, wenn wir die spezifisch christliche Anschauung für irgendwie urschöpferisch in ihren Gestalten halten. Keiner der bezeichnendsten und ergreifendsten christlichen Mythen gehört dem christ-

lichen Geiste [...] eigentümlich an; er hat sie alle aus den rein menschlichen Anschauungen der Vorzeit überkommen und nur nach seiner besonderen Eigentümlichkeit gemodelt.« (IV,289.)

Das belegt Wagner nun an den Stoffen vom *Fliegenden Holländer,* von *Tannhäuser* und *Lohengrin*:

> »Wie der Grundzug des Mythos vom Fliegenden Holländer im hellenischen Odysseus eine uns noch deutliche frühere Gestaltung aufweist; wie derselbe Odysseus in seinem Loswinden aus den Armen der Kalypso, seiner Flucht vor den Reizungen der Kirke und seiner Sehnsucht nach dem irdisch vertrauten Weibe der Heimat die dem hellenischen Geiste erkenntlichen Grundzüge eines Verlangens ausdrückte, das wir im Tannhäuser unendlich gesteigert [...] wiederfinden, so treffen wir im griechischen Mythos [...] auch schon auf den Grundzug des Lohengrinmythos. Wer kennt nicht Zeus und Semele?« (IV,289.)

Thomas Mann hat in seinem *Versuch über Schiller* in dessen »Operette« *Semele* (1782) bereits deutliche Vorklänge des *Lohengrin* aufgespürt.[105] Baudelaire weist in der Lohengrin-Sage überdies »eine schlagende Ähnlichkeit mit der antiken Mythe von Psyche« nach, »die auch ein Opfer ihrer dämonischen Neugier wurde und, als sie das Gebot ihres himmlischen Gatten verletzte und in sein Geheimnis eindrang, all ihr Glück verlor. Elsa schenkt Ortrud Gehör, wie Eva der Schlange. Immer von neuem fällt Eva in die gleiche Falle.«[106] Unvergleichlich hat Wagner dieses mythische Urmotiv der dämonischen Neugier und seine christliche Metamorphose in *Eine Mitteilung an meine Freunde* charakterisiert. Hier haben wir eine jener Passagen Wagners, die Nietzsche dem »Schönsten« zuzählt, »was die deutsche Prosa hat«:[107]

> »Das ätherische Gebiet, aus dem der Gott herab nach dem Menschen sich sehnt, hatte durch die christliche Sehnsucht sich in die undenklichsten Fernen ausgedehnt. Dem Hellenen war es noch das wolkige Reich des Blitzes und des Donners, aus dem der lockige Zeus sich herabschwang, um mit kundigem Wissen Mensch zu werden: dem Christen zerfloß der blaue Himmel in ein unendliches Meer schwelgerisch sehnsüchtigen Gefühles, in dem ihm alle Göttergestalten verschwammen, bis endlich nur sein eigenes Bild, der sehnsüchtige Mensch, aus dem Meere seiner Phantasie ihm entgegentreten konnte. Ein uralter und mannigfach wiederholter Zug geht durch die Sagen der Völker, die an Meeren oder an meermündenden Flüssen wohnten: auf dem blauen Spiegel der Wogen nahte ihnen ein Unbekannter von höchster Anmut und reinster Tugend, der alles hinriß und jedes Herz durch unwiderstehlichen Zauber gewann; er war der erfüllte Wunsch des Sehnsuchtsvollen, der über dem Meeresspiegel, in jenem Lande, das er nicht erkennen konnte, das Glück sich träumte. Der Unbekannte verschwand wieder und zog über die Meereswogen zurück, sobald nach seinem Wesen geforscht wurde.« (IV,291.)

In verwandter Gestalt erscheint das Motiv auch in Wagners Fragment *Wieland der Schmied.* Schwanhilde berichtet, ihr Vater, der Fürst der Lichtalben, habe sich ihrer Mutter – wie Zeus der Leda – in Gestalt eines Schwans genähert. Drei Jahre hätten sie zusammen gelebt, »bis die Mutter in törichtem Eifer zu wissen begehrte, wer ihr Gatte sei, wonach zu fragen er ihr verboten hatte. Da schwamm der Albenfürst als Schwan durch die Fluten davon« (III,182). Eigentümlich verschränken sich hier Motive des Leda-, Semele- und Lohengrin-Mythos. (Wieland der Schmied ist überdies natürlich die germanische Variante des griechischen Kunstschmieds Dädalus.)

Die meisten Parallelen zum antiken Mythos lassen sich im *Ring des Nibelungen* entdecken. Wolfgang Schadewaldt hat zumal eine Fülle von Reminiszenzen an die Prometheus-Trilogie des Aischylos nachgewiesen. Auf sie weist, wie wir sehen werden, auch *Parsifal* noch zurück. Hier scheint überdies ein Motiv des Achilleus-Mythos durch: die Wunde, die nur durch den Speer, der sie geschlagen hat, geheilt wird, ist Wagner, der 1849 ein Achilleus-Drama geplant hat, gewiß aus der Sage vom König Telephos geläufig gewesen, der von Achill verwundet und später geheilt wurde. »Nur eine Waffe taugt: / Die Wunde schließt / der Speer nur, der sie schlug«, heißt es im *Parsifal* (X,375). Bereits Hans Pfitzner hat hier eine Reminiszenz an die Szene in Goethes *Tasso* vermutet, als Antonio den von ihm beleidigten Dichter zu versöhnen strebt und Tasso diese Absicht mit der Heiltat Achills vergleicht: »Die Dichter sagen uns von einem Speer, / Der eine Wunde, die er selbst geschlagen, / Durch freundliche Berührung heilen konnte.« (V. 2576 ff.)[108]

Merkwürdig unbeachtet ist eine höchst bedeutungsvolle Mythenparallele geblieben, die durch *Oper und Drama* (1851) nahegelegt wird. Im Mittelpunkt des zweiten Teils der theoretischen Hauptschrift Richard Wagners steht eine geschichtsphilosophische Analyse des »Mythos vom Oidipus« (Wagner verwendet immer die griechische Form des Namens) auf der Grundlage der Handlung der Sophokleischen Dramen *König Oidipus* und *Antigone* (*Oidipus auf Kolonos* wird nur gestreift) sowie der *Sieben gegen Theben* von Aischylos. In diesem von ihm zu einem kausal geschlossenen mythischen System zusammengefügten Sagenkreis sieht Wagner ein »Bild der ganzen Geschichte der Menschheit vom Anfange der Gesellschaft bis zum notwendigen Untergange des Staates« (IV,65). Der »Oidipus-Mythos« versinnlicht also nicht nur das Gewesene, in die Anfänge der Vergesellschaftung Zurückreichende, sondern ebenso unmittelbar Gegenwärtiges und geschichtlich noch Ausstehendes: ein menschheitlicher Totalmythos von bleibender Aktualität. Hier zeigt sich, daß die Beschwörung von Mythen für Wagner nicht Flucht vor der Gegenwart in archaische Ferne, sondern die Fassung des Zeitstoffs im Medium des musikalischen Dramas ist. Mit Recht hat George Bernard Shaw den *Ring* »ein Drama von heute und nicht das einer fernen und sagenhaften Vorzeit« genannt.[109] Mit ebensoviel Recht könnte man ihn aber auch ein Drama von morgen nennen. »Alle unsere Wünsche und heißen Triebe, die in Wahrheit uns in die Zukunft hinübertragen, suchen wir aus den Bildern der Vergangenheit zu sinnlicher Erkennbarkeit zu gestalten, um so für sie die Form zu gewinnen, die ihnen die moderne Gegenwart nicht verschaffen kann«, hat Wagner selbst in *Eine Mitteilung an meine Freunde* erklärt (IV,311). Die Zukunft wird im Bilde der Vergangenheit entworfen.

»Das Unvergleichliche des Mythos« besteht nach Wagners Worten darin, »daß er jederzeit wahr und sein Inhalt, bei dichtester Gedrängtheit, für alle Zeiten unausschöpflich« (IV,64), das heißt dem Dichter zu immer neuer Deutung aufgrund immer neuer Erfahrungen aufgegeben ist. Hatte Wagner in seinen romantischen Opern den Mythos zumal zur Chiffre der Existenzproblematik des modernen, absoluten Künstlers werden lassen, so geht es in dem Werk, das durch *Oper und Drama* theoretisch vorbereitet und vorweg gerechtfertigt werden soll: im Musikdrama *Siegfrieds Tod*, aus dem sich die Nibelungentetralogie entwickeln wird, um sehr viel mehr, um die musikalische Vergegenwärtigung eines Mythos, der Ursprünglich-Uranfängliches und Endzeitliches umschließt, eine »musikalische Kosmogonie«, in der sich »Vergangenheitsleidenschaft« und »Zukunftslust« durchdringen (Thomas Mann, *Richard Wagner und »Der Ring des Nibelungen«*).[110]

Der Totalitätsanspruch verbindet den *Ring*-Mythos mit dem »weltgeschichtlichen Mythos« (IV,62) von Ödipus, wie Wagner ihn in *Oper und Drama* auslegt. Allein die Tatsache, daß er seiner spekulativen Exegese der genannten griechischen Dramen in eben dem theoretischen Opus, das den Weg zum *Ring des Nibelungen* bahnen sollte, eine Schlüsselbedeutung verliehen hat, läßt ahnen, daß zwischen germanischem und griechischem Mythos aus seiner Sicht eine echte Affinität besteht. Was beide am auffälligsten miteinander verbindet, ist das Inzestmotiv (Ödipus – Iokaste / Siegmund – Sieglinde). Eine genaue Nachzeichnung der Wagnerschen Deutung dieses Motivs im Zusammenhang der Ödipussage läßt auch die Bedeutung der inzestuösen Beziehung des Wälsungenpaars klarer hervortreten und offenbart eine Reihe von überraschenden Parallelen zwischen beiden Mythenkreisen.

Der Inzest des Ödipus wird von Wagner keineswegs als ›unnatürlich‹, als Verstoß »gegen die menschliche Natur« (IV,56), sondern im Gegenteil als Ausdruck der Naturnotwendigkeit in Widerspruch zur sittlichen Anschauung der Gesellschaft gedeutet. Diese Interpretation gilt, wie man behaupten darf, in gleicher Weise für den Geschwisterinzest in der *Walküre*. (Er ist durchaus kein »Bund wider die Ordnung der Natur«, wie Nietzsche in seiner vierten *Unzeitgemäßen Betrachtung* wähnt.[111]) Was die Gesellschaft im Falle des Ödipus als ungeheuren Frevel gewertet hat – eine sittliche Anschauung, der Ödipus sich ebenso wie Iokaste unterworfen hat, wie Blendung und Selbstmord nach der Erkennung des Inzests bezeugen –, ist nach Wagner das Eindringen der individualistischen ›Unwillkür‹ der Geschlechtsliebe in den von ihr notwendig frei gehaltenen Bezirk der Familie. Innerhalb der Familie als »der natürlichsten – aber beschränktesten Grundlage der Gesellschaft« ist die Geschlechtsliebe auf die Beziehungen der Gatten reduziert, denn die Familie wird nicht durch natürliche Unwillkür, sondern durch die »Bande der Gewohnheit« zusammengehalten; die Geschlechtsliebe aber ist eine »Aufwieglerin«, da sie aufgrund ihrer Spontaneität die berechenbare Gewohnheit durchkreuzt. Die Liebesrevolution gegen die Familie, wenn man so sagen darf, ist freilich eine soziale Notwendigkeit, weil sie »die engen Schranken« der letzteren durchbricht, »um sie zur größeren menschlichen Gesellschaft zu erweitern«, sie darf aber nicht die familiären Beziehungen selbst überlagern. »Oidipus, der seine Mutter ehelichte und mit ihr Kinder zeugte, ist eine Erscheinung, die uns mit Grauen und Abscheu erfüllt, weil sie unsere *gewohnten* Beziehungen zu unserer Mutter und die durch sie gebildeten Ansichten unversöhnlich verletzt.« (IV,56.)

Daß Ödipus und Iokaste wohl gegen die Gewohnheit, nicht aber gegen die Natur verstießen, daß diese vielmehr in ihre Liebesbeziehung einwilligte, zeigt sich in deren Fruchtbarkeit: in der Nachkommenschaft. »Oidipus und Iokaste [...] hatten unbewußt nach der natürlichen Unwillkür des rein menschlichen Individuums gehandelt; ihrer Verbindung war eine Bereicherung der menschlichen Gesellschaft in zwei kräftigen Söhnen und zwei edlen Töchtern entsprossen.« (IV,57.) Die bereicherte Gesellschaft verfluchte dennoch diese Verbindung und ihre Folgen, weil sie wie die Familie auf »Gewohnheit« basiert und deren Störung unnachsichtig ahndet.

»Der Lebenstrieb des Individuums äußert sich immer neu und unmittelbar, das Wesen der Gesellschaft ist aber die Gewohnheit und ihre Anschauung eine vermittelte. Die Anschauung der Gesellschaft, sobald sie das Wesen des Individuums und ihre Entstehung aus diesem Wesen noch nicht vollkommen begreift, ist daher eine beschränkende und hemmende, und ganz in dem

Grade wird sie immer tyrannischer, als das belebende und neuernde Wesen des Individuums aus unwillkürlichem Drange gegen die Gewohnheit ankämpft.« (IV,54.)

Die im »physischen Lebenstriebe des Individuums« sich offenbarende »Naturnotwendigkeit« wurde von den Griechen (aufgrund der von Wagner als ›Gewohnheit‹ decouvrierten sittlichen Anschauung der Gesellschaft) als »Fatum« mißverstanden. Das »vom Standpunkt der sittlichen Gewohnheit aus als störend erkannte« unwillkürliche Handeln des Individuums wurde »aus einem Zusammenhang« hergeleitet,

»in welchem das handelnde Individuum als unter einem Einflusse stehend gedacht wurde, welcher ihn seiner Freiheit im Handeln, nach der er das sittlich Gewohnte getan haben würde, beraubte. Da das Individuum durch seine gegen die sittliche Gewohnheit verübte Tat sich vor der Gesellschaft verdarb, mit dem Bewußtsein der Tat aber insoweit wieder in die Gesellschaft eintrat, als er sich aus ihrem Bewußtsein selbst verdammte [wie Iokaste und Ödipus], so erschien der Akt unbewußter Versündigung einzig aus einem Fluche erklärbar, der auf ihm ohne sein besonderes Verschulden ruhe. Dieser Fluch, der im Mythos als göttliche Strafe für eine Urfreveltat, und auf dem besonderen Geschlechte bis zu dessen Untergange haftend dargestellt ward [Wagner mag hier an den auf den Tantalus-Nachkommen lastenden Fluch und seine poetische Erklärung in Goethes *Iphigenie* gedacht haben], ist in Wahrheit aber nichts anderes als die so versinnlichte Macht der Unwillkür im unbewußten, naturnotwendigen Handeln des Individuums.« (IV,54.)

Also paradoxerweise wird (von der Gesellschaft) gerade die radikale Autonomie des Individuums als göttliches Verhängnis gedeutet.

Der Grieche habe sich aus der als Fatum mißverstandenen Naturnotwendigkeit in den politischen Staat gerettet, während sich der moderne Mensch, dessen Fatum nach den Worten Napoleons Goethe gegenüber die Politik geworden ist (IV,53), aus dem »willkürlichen politischen Staat« zu der nunmehr als »Bedingung unseres Daseins«, auch der Gesellschaft, erkannten Naturnotwendigkeit (als der Macht der individuellen Unwillkür) zu befreien sucht (IV,56 ff.). Auch diese moderne Umkehr des antiken Verhältnisses von Individuum und Staat ist nach Wagner im Ödipus-Mythos schon vorgezeichnet. Darauf bezieht sich seine spekulative Auslegung der *Sieben gegen Theben* und der *Antigone*. Wagners Interpretation der letzteren stellt eine originelle Alternative zu Hegels berühmter *Antigone*-Deutung dar. Hegel leitet die Tragik des Sophokleischen Dramas aus dem dialektischen Prozeß gleichberechtigter substantieller Mächte her – Familie und Religion auf der einen, Autorität und Staat auf der anderen Seite –, womit er den Gehalt der Tragödie (die Kreon eindeutig ins Unrecht setzt) freilich ebenso verfehlt wie in anderer Hinsicht Wagner mit seiner Auslegung. Nach dieser erfolgt Antigones Handeln aus unwillkürlichem menschlichem Gefühl, während es in Wirklichkeit nur aus der Verpflichtung durch die Blutsordnung der Familie zu erklären ist. Doch der authentische Sinn des Mythos soll hier nicht weiter zur Debatte stehen.

Die Ödipus-Söhne Eteokles und Polyneikes wollten nach dem Untergang des Vaters die Herrschaft über Theben abwechselnd ausüben. Eteokles trat das Erbe als erster an, verweigerte aber die Übergabe der Macht an Polyneikes zur festgesetzten Zeit. So kam es zum Krieg der Sieben gegen Theben. Nach Wagner haben sich die Thebaner auf die Seite des Eteokles geschlagen, da ihnen der »Wechsel der Herrschaft, die beständige Neuerung«, mißfallen habe; so sehr sei »die Gewohnheit bereits zur wirklichen Gesetzgeberin geworden«. Diese Gewohnheit verbürgte die Ruhe und sicherte die

Macht des »Eigentums«, das jeder – ebenso wie Eteokles den Besitz der Herrschaft – »gern allein genießen, mit einem anderen aber nicht teilen« wollte. »Jeder Bürger, der im Eigentume die Gewährleistung gewohnter Ruhe erkannte, war ganz von selbst der Mitschuldige der unbrüderlichen Tat des obersten Eigentümers Eteokles. Die Macht der eigennützigen Gewohnheit unterstützte also Eteokles, und gegen sie kämpfte nun der verratene Polyneikes mit jugendlicher Hitze an.« Zeigte er sich auch durch den Krieg gegen die Vaterstadt als »schlechter Patriot«, so vertraten er und sein aus einer Vielzahl von Völkern zusammengetretenes Heer doch ein »rein menschliches Interesse«; sie verkörperten »die Gesellschaft in ihrem weitesten und natürlichsten Sinne gegenüber einer beschränkten, engherzigen, eigensüchtigen Gesellschaft, die unvermerkt vor ihrem Andrängen zum knöchernen Staat zusammenschrumpfte« (IV,59).

Dieser Staat aber wurde durch Kreon verkörpert, dem aus dem Streit der Ödipus-Söhne die Herrschaft über Theben erwuchs. Kreon sicherte nach Wagner seine Macht durch das Verbot, den Leichnam des »unpatriotischen Polyneikes« zu bestatten – ein Akt »höchster politischer Weisheit«, da er vollständig mit der »öffentlichen Meinung« übereinstimmte, als deren Kern Kreon »die Gewohnheit, die Sorge und den Widerwillen vor der Neuerung erfaßte« (welche sich eben mit dem Namen Polyneikes verband).

> »Hier sehen wir den *Staat*, der unmerklich aus der Gesellschaft hervorgewachsen war, aus der Gewohnheit ihrer Anschauung sich genährt hatte und zum Vertreter dieser Gewohnheit insofern wurde, daß er eben nur sie, die abstrakte Gewohnheit, deren Kern die Furcht und der Widerwille vor dem Ungewohnten ist, vertrat. Mit der Kraft dieser Gewohnheit ausgestattet, wendet der Staat sich nun vernichtend gegen die Gesellschaft selbst zurück, indem er die natürliche Nahrung ihres Daseins in den unwillkürlichsten und heiligsten sozialen Gefühlen ihr verwehrt.« (IV,58.)

Hier denkt Wagner natürlich an die Pietät gegenüber den Toten. Der Staat entsteht nach Wagner also aus dem Sieg der verhärteten »absoluten Gewohnheit« (die er von ihrer naiven Ursprungsverfassung: dem notwendigen »Festhalten sozial-sittlicher Begriffe« unterscheidet), d. h. aus dem Triumph des »gemeinsamen Eigennutzes« über das »sittliche Bewußtsein« und das »Reinmenschliche« der Gesellschaft; deren Gewissen beruhigt man durch Entschuldungsrituale, magische Ersatzhandlungen, ihre allein vom »Nutzen« bestimmte »Praxis« verhärtet zum Staat (IV,59 f.).

»Der politische Staat lebt einzig von den Lastern der Gesellschaft, deren Tugenden ihr einzig von der menschlichen Individualität zugeführt werden.« (IV,66.) Der unsittliche Ursprung des Staats deutet sich nach Wagner bereits in der Aussetzung des Ödipus durch seinen Vater Laios an, deren Entdeckung die Thebaner keineswegs entrüstet habe, weil sie im Interesse der Sicherung der Macht und Ruhe erfolgt sei.

> »*Ruhe* und *Ordnung*, selbst um den Preis des niederträchtigsten Verbrechens gegen die menschliche Natur und selbst die gewohnte Sittlichkeit [...], waren jedenfalls berücksichtigungswerter als die natürlichste menschliche Empfindung, die dem Vater sagt, daß er sich seinen Kindern, nicht aber diese *sich* aufzuopfern habe.« (IV,61.)

Von Laios über Eteokles zu Kreon spannt sich der Bogen des von Nutzen, abstrakter Gewohnheit und sittlicher Indifferenz bestimmten Staats – von Ödipus über Polyneikes zu Antigone der Bogen natürlicher Unwillkür, autonomer Individualität und einer noch von sittlichem Bewußtsein geprägten Gesellschaft. Ist Kreon der »personifizierte Staat«, so verkörpert sich in Antigone die »reine Menschenliebe« (IV,63), aus der die utopische Hoffnung auf den »Untergang des Staats« (IV,72) erwächst.

Antigone sieht sich einer Gesellschaft gegenüber, in der das »Gift« der »Gewohnheit« das »natürliche Sittlichkeitsgefühl« getötet hat.

> »Der Hang zur Gewohnheit, zur unbedingten Ruhe, verleitet sie [die Gesellschaft], den Quell zu verstopfen, aus dem sie sich ewig frisch und gesund hätte erhalten können; und dieser Quell war das freie, aus seinem Wesen sich selbst bestimmende Individuum. In ihrer höchsten Verderbtheit ist der Gesellschaft die Sittlichkeit, d. h. das wahrhaft Menschliche, auch nur durch das Individuum wieder zugeführt worden, das nach dem unwillkürlichen Drange der Naturnotwendigkeit ihr gegenüber handelte und sie moralisch verneinte.« (IV,61 f.)

Wagner bezieht sich natürlich auf die Tat der Antigone, die sich über Kreons Bestattungsverbot hinwegsetzt und dafür den Tod in Kauf nimmt. Kreon »schlug der Menschlichkeit ins Angesicht und rief – es lebe der Staat«. Die Tat der Antigone, die aus der »Notwendigkeit der Liebe« handelte – und zwar einer höheren als der bisher bekannten: der »reinen Menschenliebe«, die »aus den Trümmern der Geschlechts-, Eltern- und Geschwisterliebe, welche die Gesellschaft verleugnet und der Staat verneint hatte«, hervorwuchs –, ließ den in Kreon verkörperten Staat zusammenbrechen. Beim Anblick der Leiche seines Sohnes, der Antigone in den Tod gefolgt war, »ward der Herrscher wieder Vater [...]. Tief im Innersten verwundet stürzte *der Staat* zusammen, um im Tode *Mensch* zu werden.« (IV,62 f.) ›Der Mensch‹ aber war auch die von Ödipus gefundene Lösung des Rätsels der Sphinx, in der Wagner den Kern des ganzen Ödipus-Mythos sieht (IV,57).

Das Ende der Antigone-Tragödie ist für Wagner die mythische Antizipation des Ziels der Geschichte, denn dieses Ziel ist der »Untergang des Staates. Die Notwendigkeit dieses Unterganges ist im Mythos vorausempfunden; an der wirklichen Geschichte ist es, ihn auszuführen.« (IV,65.) Hatten die Griechen die Macht der Individualität als Fatum mißverstanden, gegen das sie sich mit dem Staat wappneten, so ist unser Fatum der abstrakte politische Staat, »in welchem die freie Individualität ihr verneinendes Schicksal erkennt«. Die »Vernichtung des Staates« aber ermöglicht die Reorganisation der Gesellschaft auf der Basis der »freien Selbstbestimmung des Individuums« (als »allen Gliedern der Gesellschaft gemeinsamer Notwendigkeit«) (IV,66 f.). Lebte der Staat vom Tode der freien Individualität, so lebt sie vom Tode des Staates. Das ist für Wagner die Quintessenz des Ödipus-Mythos als eines Schlüsselmythos der Weltgeschichte.

Wagners staats- und gesellschaftskritische Mythologie ist gespeist von Elementen der ästhetischen Staatskritik, deren für ihn wichtigstes Dokument Schillers Briefe *Über die ästhetische Erziehung des Menschen* (1795) gewesen sind, sowie von der politischen Philosophie der Linkshegelianer und des jungen Marx. Die konkrete Individualität geht unter im »kunstreichen Uhrwerke« des modernen Staates, »wo aus der Zusammenstückkelung unendlich vieler, aber lebloser Teile ein mechanisches Leben im Ganzen sich bildet«; das »einzelne konkrete Leben« ist für das »Abstrakt des Ganzen« irrelevant, »und ewig bleibt der Staat seinen Bürgern fremd, weil ihn das Gefühl nirgends findet«, so konnte Wagner bei Schiller lesen,[112] von dem er in einer späteren Schrift (*Wollen wir hoffen?*) gesagt hat, er sei der »erste« gewesen, der die moderne Staatsverfassung als »durchaus kunstfeindlich erkannte« (X,121). Fast zur gleichen Zeit wie Schiller haben

Schelling, Hölderlin und Hegel im sogenannten »Ältesten Systemfragment des deutschen Idealismus« ein »Aufhören« des Staates gefordert, da letzterer etwas »Mechanisches« sei, das die Menschen als »Räderwerk« behandle.[113] Noch unmittelbarer als mit dieser idealistisch-ästhetischen Staatskritik verbinden sich Wagners Gedanken freilich mit der Theorie der Aufhebung des abstrakten politischen Staates – welcher den Menschen »seines wirklichen individuellen Lebens beraubt« – in den Schriften des jungen Marx.[114]

Übrigens kehrt Wagner ganz am Ende des zweiten Teils von *Oper und Drama* in einer aufschlußreichen Fußnote noch einmal zu seiner Auslegung des Ödipus-Mythos zurück; dieser wird hier zur Chiffre der Beziehung von Wort- und Tonsprache im musikalischen Drama; Antigone erscheint geradezu als dessen Schutzheilige. Wagner stellt Wort- und Tonsprache bekanntlich im Bilde der Geschlechtspolarität dar. Die Musik ist das weibliche und Gefühls-Element, die Sprache das männliche und Verstandes-Element. Das musikalische Ausdrucksvermögen geht dem sprachlichen ebenso voran wie das Gefühl dem Verstand. Deshalb wird das weibliche zugleich als das mütterliche Element bestimmt: die Wortsprache geht aus dem »Schoß« des »urmelodischen Ausdrucksvermögens« hervor, steht also zu ihm in einem Sohn-Mutter-Verhältnis. Die Wiedervereinigung von Gefühl und Verstand, Wort- und Tonsprache im musikalischen Drama wird nun recht drastisch im Bilde der Liebesvereinigung dargestellt: die »dichterische Absicht« ist der Samen, der dem Weibe Musik als »Stoff zur Gebärung« zugeführt wird. Das Sohn-Mutter-Verhältnis verwandelt sich in Geschlechtsliebe. »Sollte es mir trivial ausgelegt werden können, wenn ich hier – mit Bezug auf meine Darstellung des betreffenden Mythos – an Oidipus erinnere, der von Iokaste geboren war und mit Iokaste die Erlöserin Antigone erzeugte?« (IV,102 f.) Die inzestuöse Liebesvereinigung wird zur Chiffre des Strukturzusammenhangs des musikalischen Dramas.

Wie die Erlösungstat der Antigone zur Vernichtung des in Kreon inkarnierten Staates führt – die mythische Parabel der geschichtlichen Zukunft, der Dämmerung des vom Fatum der Politik beherrschten Weltzustandes –, so ist das mythisch-musikalische Drama als solches die utopische Vorwegnahme eines politik- und herrschaftsfreien, rein menschlichen Gesellschaftszustandes (somit der Gegenspieler des Romans, welcher den bestehenden, politisch determinierten Gesellschaftszustand reproduziert). Das Musikdrama wird zur Antigone unter den Kunstgattungen. – Der Mythos ist »Anfang und Ende der Geschichte«. Seine dramatische Darstellung greift also nicht nur hinter dieselbe zurück, sondern zugleich über sie hinaus, ist doch die »Rückkehr« der Geschichte in den Mutterschoß des Mythos zugleich »ein Fortschritt bis zum Gewinn der höchsten menschlichen Fähigkeit« (IV,91).

Das Werk, auf das all diese Spekulationen zielen: *Siegfrieds Tod*, die spätere *Ring*-Tetralogie, ist gewissermaßen Wagners *Antigone*, ästhetisch-formal wie in vielen inhaltlichen Bezügen. Daß zwischen dem vermeintlichen »Untergang des Staates« am Ende der Sophokleischen Tragödie und der Götterdämmerung am Schluß der Tetralogie ursprünglich eine Analogie besteht, daß beide in gleicher Weise Chiffren des mythisch-herrschaftsfreien Endzustandes der Geschichte sind, dürfte trotz der späteren Umdeutungsversuche des Schopenhauerianers Wagner ebenso feststehen wie die Tatsache, daß diesem wie jenem »weltgeschichtlichen Mythos« das Telos der freien

Selbstbestimmung der Individualität vorgeschrieben wird, welche alle äußere Determination des Menschen, die sich in den mythischen Bildern des Fatums, der Götterherrschaft, des Fluchs, der Verträge ausdrückt, endgültig aufhebt. Der Ödipus- wie der Nibelungen-Mythos sind für Wagner in diesem Sinne utopisch-politische Parabeln.

Das über Göttern wie Menschen waltende Fatum wird – weit weniger auf germanische Quellen gestützt als in deutlicher Analogie zur Moira des Aischyleischen *Prometheus* und den drei Moiren oder Parzen der griechischen Mythologie, die den Schicksalsfaden spinnen – durch die Urmutter Erda und ihre drei Töchter, die Nornen, verkörpert. Dieses Fatum, das sich im Orakelspruch Erdas am Ende des *Rheingold* so machtvoll bekundet, erlebt sein Ende noch vor dem Untergang der Götter, den Erda prophezeit. Wie den Göttern ihr Ende durch den autonomen Menschen bevorsteht, so wird die Macht des Fatums schon durch den Gott gebrochen. Es ist kein Zufall, daß die Szene (im dritten Aufzug des *Siegfried*), in der Siegfried Wotan überwindet, unmittelbar auf die Beschwörung Erdas durch Wotan folgt, der sie nach ihrem großen Streitgespräch in ewigen Schlaf versenkt. Erdas Macht ist im Grunde schon gebrochen, als sie dem Liebeszauber Wotans erliegt:[115] »Mich Wissende selbst / bezwang ein Waltender einst«, so ihre eigenen Worte; »dein Wissen verweht / vor meinem Willen«, so muß sie von Wotan hören (VI,154.156). Was er mit ihr zu ewigem Verstummen bringt – »Urmütter-Furcht! / Ur-Sorge! / zu ewigem Schlaf hinab!« (VI,157) –, sind die einer vorhergewußten, vorherbestimmten, drohenden Zukunft zugeordneten Weltprinzipien der Sorge und Furcht.

> »Urwissend
> stachest du einst
> der Sorge Stachel
> in Wotans wagendes Herz:
> mit Furcht vor schmachvoll
> feindlichem Ende
> füllt ihn dein Wissen,
> daß Bangen band seinen Mut.« (VI,155.)

Furcht und Sorge haben einst mit einem Schlage das von ungebrochenem Lebenswillen bestimmte Handeln Wotans gelähmt. »Wie besiegt die Sorge der Gott?« Diese Frage kann Erda nicht mehr beantworten – »Urmütter-Weisheit / geht zu Ende« (VI,155 f.) –, die Antwort gibt Wotan sich selbst: Das Ende der Götter ist nun sein eigener Wunsch, die Sorge weicht dem Amor fati. (Die Selbstaufhebung der Götter im Selbstbewußtsein der Menschen als mythische Chiffre der Feuerbachschen Aufhebung der Theologie!)

Nicht nur durch eine numinos verhängte Zukunft, sondern auch aufgrund eines selbstverhängten Fatums können Furcht und Sorge das individuelle Handeln lähmen. Was mit dem vom Menschen selbst verhängten Fatum gemeint ist, hat Wagner in *Oper und Drama* im Zusammenhang mit Napoleons Wort ausgeführt, die Politik habe das antike Fatum abgelöst. Karl Marx wiederum hat die Herrschaft der Ökonomie, das Gesetz von Angebot und Nachfrage als das Fatum der Moderne bezeichnet.[116] Politik, Ökonomie und sonstige gesellschaftliche Zwangsverhältnisse: Macht und Herrschaft, Besitzgier und Vertragszwang bilden ein anderes Fatum im *Ring*, das ebenfalls durch das autonome, ›reinmenschliche‹ Handeln überwunden wird.

Wie sehr auch dieses Fatum ›der Sorge Stachel‹ ins Herz der ihm Unterworfenen sticht, drückt sich in Alberichs Fluch auf den Ring aus: »Wer ihn besitzt, / den sehre Sorge, / und wer ihn nicht hat, / nage der Neid!« (V,254.) Nur wer Sorge und Furcht nicht kennt, kann die Macht dieses Fatums brechen. Die Sorg- und Furchtlosigkeit Siegfrieds – der das Fürchten nur im Mysterium tremendum der Geschlechtsliebe kennenlernt – ist Ausdruck seiner Unberührbarkeit durch jedes Fatum, das der Nornen wie das des Rings. »An dem furchtlosen Helden / erlahmt selbst mein Fluch«, gesteht Alberich Hagen; »denn nicht weiß er / des Ringes Wert, / zu nichts nützt er / die neidlichste Macht.« (VI,210 f.) Die Furcht kennt er nicht, weil Macht- und Besitzgier ihm fremd sind. »Der Welt Erbe / gewann mir ein Ring – / für der Minne Gunst miß ich ihn gern«, sagt Siegfried leichthin zu den Rheintöchtern. Und wenn sie ihn vor dem »Fluch« warnen, den »nächtlich / webende Nornen / in des Urgesetzes / ewiges Seil« flochten, wenn sie ihm also die Sorge ins Herz pflanzen wollen, so äußert er mit antifatalistischem Trotz:

> »Des Urgesetzes
> ewiges Seil,
> flochten sie wilde
> Flüche hinein,
> Nothung zerhaut es den Nornen!
> Wohl warnte mich einst
> vor dem Fluch ein Wurm,
> doch das Fürchten lehrt er mich nicht.« (VI,238.)

Furchtlosigkeit ist also das Zeichen menschlicher Autonomie, der Emanzipation von jeder mythischen Determination des Handelns (Fluch, Schicksalsfaden).[117]
Das Bild des reißenden Seils der Nornen erscheint schon im emphatischen Liebesgeständnis Brünnhildes am Ende des *Siegfried*. In ihrer Liebesekstase reißt sie alle Schranken des ›Reinmenschlichen‹ nieder, triumphiert sie über Schicksals- und Göttermacht:

> »Leb wohl, prangende
> Götterpracht!
> Ende in Wonne,
> du ewig Geschlecht!
> Zerreißt, ihr Nornen,
> das Runenseil!
> Götter-Dämmrung,
> dunkle herauf!« (VI,175 f.)

Die nächste Szene der Tetralogie: das Vorspiel der *Götterdämmerung* verwirklicht das Bild des reißenden Schicksalsfadens – längst bevor Siegfried ihn den Nornen zerhauen will. Die Stücke des zerrissenen Seils um ihre Leiber bindend, kehren jene zur Mutter, der schon in ewigen Schlaf versenkten Erda, zurück: »Zu End ewiges Wissen! / Der Welt melden / Weise nichts mehr. –« (VI,182.) Die Zeit des Fatums und der Orakel, der Seher und Propheten, der aus vermeintlich übermenschlichem Wissen Redenden und Kündenden ist vorbei. (Man darf hier an den Schluß von Goethes Aufsatz *Plato als Mitgenosse einer christlichen Offenbarung* denken, wo es in Opposition gegen die Anmaßungen eines orakelnden Irrationalismus, gegen die Idee übermenschlicher Inspiration heißt: »Denn die Zeit ist vorbei, da die Sibyllen unter der Erde [!] weissag-

ten.«[118]) Mit dem Allwissen und der wie immer gearteten Vorherbestimmung alles
menschlichen Handelns sollen aber auch die mit ihnen verschwisterten Affekte und
Gemütshaltungen enden: Sorge und Furcht.

Daß freilich, was nicht sein soll, immer noch ist, daß zwar der Schicksalsfaden geris-
sen und die Macht der Götter gebrochen ist, eine ›fatale‹ Macht aber noch bleibt: die
List der Welt, die Intrige der Menschen – das zu verkennen ist die verhängnisvolle
Kehrseite der Furchtlosigkeit Siegfrieds. Wer das Fürchten nicht gelernt hat, darf sich
nicht in die »listige Welt« wagen, so erfährt er von Mime. In der nicht vertonten aus-
führlicheren Fassung der einleitenden Szene des *Siegfried* im Privatdruck von 1853
heißt es:

> »Fühltest du noch
> das Fürchten nicht,
> in der list'gen Welt
> verlierst du dich;
> [...]
> Wem die Furcht die Sinne
> neu nicht schuf,
> in der Welt erblindet
> dem der Blick:
> wo nichts du siehst,
> wirst du versehrt;
> wo nichts du hörst,
> trifft es dein Herz.
> [...]
> Wem die Furcht die Sinne
> nicht scharf gefegt,
> blind und taub in der Welt
> schlingt ihn die Welle hinab!« (VI,204.)

Nichts anderes wird das Schicksal von Mimes Zögling sein. Darum kann nicht der
›reine Tor‹ Siegfried, der Sorglos-Naive, die »erlösende Weltentat« wirken, sondern
nur das »wissende Kind« Erdas: Brünnhilde (VI,156).[119] In ihr, der Halbschwester der
Nornen, ist die »Urmütter-Weisheit« Erdas aufgehoben, ins nicht mehr fatalistische,
reinmenschliche Wissen verwandelt. Dieses höchste Wissen ist gewissermaßen eine auf
sentimentalischem Wege gewonnene neue Naivität, in welcher der Gegensatz von
›reiner Torheit‹ und Reflexionswissen aufgehoben ist. (Das Wissen, das Siegfried
versagt bleibt, wird der »reine Tor« Parsifal, der ihm von seiner Bewußtseinslage her
zunächst gleicht, am Ende erlangen: Er wird »durch Mitleid *wissend*«.)

Das Weltprinzip der Sorge kann nur durch das höchste menschliche Selbstbewußtsein,
durch die Auflösung des göttlichen ins menschliche Wissen überwunden werden. – Die
Thematik und Symbolik der Sorge[120] ist übrigens ein merkwürdiger Berührungspunkt
der beiden größten mythischen Weltdichtungen der Neuzeit: Goethes *Faust* und
Wagners *Ring*. Faust, der auch im zweiten Teil noch viel von den »Selbsthelfer«-
Gestalten der Sturm-und-Drang-Dichtung hat, ist der Feind der Sorge. In dieser
Beziehung gemahnt er an Egmont, der jene ebenfalls als »fremden Tropfen in meinem
Blut« von sich weist – und blind in sein Verderben rennt. Im letzten Akt des *Faust II*
tritt die »Sorge« Faust mit Worten gegenüber, die an Alberichs Fluchrede auf den Ring
gemahnen:

> »Wen ich einmal mir besitze,
> Dem ist alle Welt nichts nütze;
> [...]
> Bei vollkommen äußern Sinnen
> Wohnen Finsternisse drinnen,
> Und er weiß von allen Schätzen
> Sich nicht in Besitz zu setzen.
> Glück und Unglück wird zur Grille,
> Er verhungert in der Fülle;
> [...]
> Ist der Zukunft nur gewärtig,
> Und so wird er niemals fertig.«

Die folgenden Verse der Sorge, die eine förmliche Psychopathologie des von ihr zerfressenen Menschen entwerfen, die Lähmung seiner Entschlüsse und Tätigkeiten, das »schmerzlich Lassen, widrig Sollen« beschreiben, sie könnten beinahe ein Charakterbild Wotans sein. Faust hingegen weigert sich, die »schleichend große« Macht der Sorge anzuerkennen – und wird deshalb durch ihren Anhauch geblendet (V. 11453 ff.). Der Sorglose ist der Blinde: während die Lemuren sein Grab schaufeln, glaubt er, hier werde an seinem großen Werk, dem Deichbau, gearbeitet, der den Raum für ein utopisches Gemeinwesen eröffnen soll. Siegfried wie Faust scheitern an der trotzigen Abwehr der Sorge – und beider Bestreben wird nur durch weibliches Liebeswagnis vor dem Versinken ins Vergebliche bewahrt.

Im Prosaentwurf von 1848 wird als das Telos der *Nibelungensage* die Selbstvernichtung der Götter bestimmt, die gewissermaßen den Prozeß der Feuerbachschen Religionskritik an sich selbst vollziehen, indem sie sich »in der Freiheit des menschlichen Bewußtseins ihres unmittelbaren Einflusses« begeben (II,158): die Rückführung des religiösen Bewußtseins auf das menschliche Selbstbewußtsein. »Der Mensch ist die Vervollkommnung Gottes«, heißt es in gleichem Sinn in Wagners Aufzeichnungen zu seinem Drama *Achilleus*. »Die ewigen Götter sind die Elemente, die erst den Menschen zeugen. In dem Menschen findet die Schöpfung somit ihren Abschluß. Achilleus ist höher und vollendeter als die elementare Thetis.« (XII,283.) In *Oper und Drama* hat Wagner die Ansicht vertreten, daß der germanische Mythos insofern über dem griechischen stehe, als dort die Helden, also der wirkliche Mensch, die Götter mehr und mehr verdrängt hätten. Namentlich die »Siegfriedssage« belege die ›Umschaffung‹ der »menschlich gedachten Götter« in »wirklich vermenschlichte Helden« (IV,38). Wenn die Götter dem Plan der *Nibelungensage* zufolge also ihre Göttlichkeit »in den Menschen [...] überzutragen« suchen, so vollziehen sie damit nur die von Wagner dem germanischen Mythos zugeschriebene Grundtendenz. »Ihre Absicht würde erreicht sein, wenn sie in dieser Menschenschöpfung sich selbst vernichteten.« (II,158.) Das ist die Feuerbachische Deutungsmöglichkeit des Ragnarök, der *Götterdämmerung*.
Bekanntlich trägt der letzte Teil der Tetralogie erst in der zweiten Auflage der *Ring*-Dichtung diesen Titel, während er im Privatdruck von 1853 noch *Siegfrieds Tod* heißt. Diese Titeländerung auf einen Tendenzwandel infolge der Schopenhauer-Rezeption seit 1854 zurückzuführen ist verfehlt, da die Idee der Götterdämmerung die Tetralogie schon in ihrer ersten Auflage entscheidend prägt. Es kann nicht oft genug betont werden, daß die gesamte Dichtung vor dem Schopenhauer-Schock bereits abgeschlos-

sen und privat publiziert worden ist. Die Lektüre der *Welt als Wille und Vorstellung* ist ohne Einfluß auf die mythisch-poetische Substanz des *Rings* geblieben, sieht man vom Sonderproblem des Schlusses ab. Dessen von Schopenhauer inspirierte buddhistische Variante ist von Wagner jedoch nicht vertont worden – während er den Feuerbach-Schluß immerhin für Ludwig II. privat komponiert hat.[121] Der sogenannte Bruch in der *Ring*-Konzeption nach 1854 ist also eine längst durchschaute, aber dennoch offenbar unausrottbare Legende.[122] Daß die Götterdämmerung schon zu einer Zeit, als Wagner den Namen Schopenhauer allenfalls aus Eckermanns *Gesprächen mit Goethe* kannte, ein Janusgesicht trägt, zeigt der Brief an Liszt vom 11. Februar 1853: der »Brand Walhalls« (der im Plan der *Nibelungensage* und der ursprünglichen Fassung von *Siegfrieds Tod* noch nicht vorgesehen, jedoch in der Idee der ›Selbstvernichtung‹ der Götter gedanklich vorbereitet war) sei der Untergang der Welt. Ob wirklich *die* oder nur *eine* Welt endet, zwischen diesen Möglichkeiten schwankt Wagner seit der Preisgabe seiner revolutionären Illusionen. – Im Gespräch mit Cosima am 25. November 1873 redet er von der »Konzeption der skandinavischen Mythologie: einer neuen Entstehung der Welt nach der Götterdämmerung« (CT I,756). Und deutet diese neue Welt sich nicht am Schluß der Tetralogie tatsächlich an, wo die Menschen der Welt- und Götterkatastrophe »in sprachloser Erschütterung« zuschauen (VI,256) und sie offensichtlich als Träger eines neuen, vom Fluch des Goldes befreiten Weltzustandes überleben? Der nachdrückliche Hinweis Wagners auf den zweiten Teil von *Oper und Drama* (mit der Exegese des Ödipus-Mythos) – als verbindliche Basis der Interpretation des *Ring* – im *Epilogischen Bericht* von 1871 (VI,257) legt den utopischen Charakter des Schlusses jedenfalls nahe. Zur Gewißheit wird derselbe jedoch im abschließenden Instrumentalthema (dem sogenannten Erlösungsmotiv), das ja in der *Walküre* zu Sieglindes Worten »O hehrstes Wunder« nach der Ankündigung von Siegfrieds Geburt (VI,69) exponiert worden ist. Als »Antizipation künftiger Versöhnung« korrespondiert dieses Thema mit der Idee der Selbstaufhebung der Götter in der Menschenschöpfung (im Entwurf *Die Nibelungensage*). Die letzten Takte der *Götterdämmerung* bezeugen: »Die erste Konzeption des Schlusses war zugleich die letzte« (Carl Dahlhaus).[123] Unvergleichlich hat Carlo Schmid im *Rheingold*-Programmheft der Bayreuther Festspiele 1977 das Ende der Tetralogie gedeutet: »Am Schluß der *Götterdämmerung* ist der Rhein wieder Natur, freilich Natur vor und nach der Wotanswelt, Natur, die nichts mit dem geschichtlichen Menschen im Sinn hat: Wotans Welt versinkt in der Urnatur, wie die Toten in die Erde eingehen und dort wieder zu Erde werden, aus der eines Tages die Keime neuen Lebens sprießen können.«

Der Untergang der Götter bildet seit der Prophezeiung Erdas (in der Schlußszene des *Rheingold*), die dem Orakel im antiken Mythos entspricht, den dunklen Horizont der Gesamthandlung. Die tragische Ironie des Ödipus-Mythos, daß das Ausweichen vor dem Orakel gerade erst seine Erfüllung ermöglicht, kehrt auch im *Ring* wieder: Wotans große Idee, den Untergang Walhalls durch einen Helden abzuwenden, welcher frei vom »Göttergesetz« (VI,32) den über Hort und Ring liegenden Drachen erschlägt (was Wotan selbst als dem »Herrn der Verträge« verwehrt ist), führt jenen Untergang gerade herbei. »Ihrem Ende eilen sie zu, / die so stark im Bestehen sich wähnen«, konstatiert Loge am Ende des *Rheingold* mit mephistophelischem Zynismus (V,264). Was den Besitz der Macht demonstrieren und festigen soll, führt gerade seinen Verlust herbei. Carl Dahlhaus hat die hier waltende tragische Dialektik zu Recht mit der in *Oper und*

Drama skizzierten Dialektik des Staats in Verbindung gebracht.[124] Mit unmittelbarem Bezug auf den Ödipus-Mythos und die hier vermeintlich chiffrierte Notwendigkeit der Vernichtung des Staates bemerkt Wagner nämlich: »Seit dem Bestehen des politischen Staats geschieht kein Schritt in der Geschichte, der, möge er selbst mit noch so entschiedener Absicht auf seine Befestigung gerichtet sein, nicht zu seinem Untergange hinleite.« Die erste Ursache der Staatsdämmerung ist im Ödipus-Mythos nach Wagner die im Interesse des Machtbesitzes erfolgte Aussetzung des Ödipus durch seinen Vater Laios. »Als den Keim aller Verbrechen erkennen wir die *Herrschaft* des Laios, um deren ungeschmälerten Besitzes willen dieser zum unnatürlichen Vater ward. Aus diesem zum Eigentum gewordenen *Besitze*, der wunderbarerweise als die Grundlage jeder guten Ordnung angesehen wird, rühren alle Frevel des Mythos und der Geschichte her.« (IV,65.) Hier hat Wagner selbst schon den mythischen Einzelfall verallgemeinert, und es ist wohl keine gewagte Spekulation, wenn man vermutet, daß er hier unmittelbar an das Zentralsymbol des Nibelungen-Mythos gedacht hat: den Ring, der ja nichts anderes bedeutet als jenen zum Privateigentum gewordenen, egoistisch-unteilbaren – alle anderen Personen ausschließenden und sich unterwerfenden –, ökonomischen und Macht-Besitz, aus dem in diesem Mythos wirklich sämtliche Frevel herrühren.

Wie durch den Ring (vergleichbar dem *Goldenen Vlies* in Grillparzers verblüffend verwandter Trilogie) alle ›reinmenschlichen‹ Beziehungen entfremdet werden – haftet an ihm doch der Fluch auf das reinste Menschliche: die Liebe –, wie durch ihn ›unnatürliche Väter‹, Söhne, Geschwister entstehen, das zeigt sich gleich im *Rheingold*: Alberich versklavt seinen Bruder Mime, der Göttervater Wotan wird durch Erda gerade noch davon abgehalten, Freia zugunsten des Rings zu ›verkaufen‹, Fafner tötet um dieses Rings willen den Bruder Fasolt. Die gleiche Kette der Entfremdungen familiärer Beziehungen (Laios – Ödipus, Eteokles – Polyneikes usw.) zieht sich nach Wagner durch den Ödipus-Mythos. Die Rückgabe des Rings an die Rheintöchter, die Befreiung der Welt von seinem Fluch bedeutet das Ende des »Eigentums«, mit Marx zu reden: der Allmacht der »Kategorie des *Habens*«,[125] aus der allein sich nach Wagner der Staat herleitet. Dieses Ende wird durch Brünnhilde herbeigeführt. Sie ist die einzige, welcher der Ring nicht ›Besitz‹, sondern – in völligem Widerspruch zu seinem eigentlichen, aus dem Liebesfluch herrührenden Wesen – ein »Liebespfand« ist. »Denn selig aus ihm / leuchtet mir Siegfrieds Liebe« (VI,204 f.). Brünnhilde ist gleichsam die Antigone des Nibelungen-Mythos. Was Siegmund nicht leisten konnte, da er an der Paradoxie einer eben doch göttlich vorherbestimmten Selbstbestimmung zugrunde gehen mußte, woran Siegfried scheiterte, der wirklich frei vom Götterwillen und vom Banne des Rings handelt, aber gerade aufgrund seines »unwillkürlichen«, naiv-reflexionslosen Handelns ins Netz tödlicher Intrige gerät, das bleibt Brünnhilde vorbehalten: die »freieste Tat«, welche die Welt von allen Schicksals- und Gesellschaftszwängen befreit.

In der Mythologie begegnen wir oft dem Motiv, daß die Götter der Hilfe von Sterblichen bedürfen, um eine ihre ganze Existenz bedrohende Gefahr zu bannen. Das berühmteste Beispiel ist der Kampf der olympischen Götter gegen die Giganten, den sie nur mit Unterstützung des Herakles endlich gewinnen. So bedarf auch Wotan des ›unwillkürlich‹ handelnden sterblichen Helden:

>»Not tut ein Held,
der ledig göttlichen Schutzes,
sich löse vom Göttergesetz:
so nur taugt er
zu wirken die Tat,
die, wie not sie den Göttern,
dem Gott doch zu wirken verwehrt.« (VI,32.)

In Siegmund sucht er sich diesen Helden zu erschaffen, eine Contradictio in adjecto, handelt Siegmund so doch nicht wirklich unabhängig – »fremd dem Gotte, / frei seiner Gunst, / unbewußt, / ohne Geheiß« (VI,40) –, sondern nach göttlicher Vorhersehung. Der Geschwisterinzest freilich ist in der Tat ein unwillkürlicher, von Wotan nicht vorhergesehener Akt und wird ihm deshalb zum emphatisch begrüßten Hoffnungssignal. Die Grundlosigkeit dieser Hoffnung wird Wotan allerdings in der Auseinandersetzung mit Fricka im zweiten Aufzug der *Walküre* erbarmungslos vor Augen geführt.

Fricka ist »der Ehe Hüterin« (VI,24), die personifizierte Macht der sittlichen »Gewohnheit«, für welche die »Macht der Unwillkür im unbewußten, naturnotwendigen Handeln des Individuums« (*Oper und Drama*, IV,54), wie sie sich im Inzest des Ödipus und der Wälsungen manifestiert, nichts anderes ist als der Durchbruch des Chaos, das durch die göttliche Ordnung gebannt schien. »Stets Gewohntes / nur magst du verstehn«, hält Wotan, ganz im Sinne der oben zitierten Ausführungen in *Oper und Drama*, Fricka entgegen; »doch was noch nie sich traf, / danach trachtet mein Sinn!« (VI,31). Das noch nie Dagewesene, Unvorhergesehene, durch göttliches Wissen nicht Vorhergewußte, »Unwillkürliche«, das gänzlich freie Handeln eines Sterblichen ist eben die einzige Hoffnung für den Bestand der Götterwelt (für den Bestand freilich nur – was Wotan hier noch nicht ahnt – in der ›Aufhebung‹ im menschlichen Selbstbewußtsein). Diesem Argument Wotans verschließt Fricka sich hartnäckig, ja sie kann es schlagend widerlegen; die göttlich gewollte Unwillkür ist keine solche mehr!

Die Familie, so heißt es in *Oper und Drama*, wird durch die »Bande der Gewohnheit« zusammengehalten, aus der sich »eine natürliche Neigung der Geschwister zueinander« entwickelt, welche die Geschlechtsliebe ausschließt. »Grauen und Abscheu« vor der Durchbrechung der »gewohnten Beziehungen« der Familie, wie sie der Inzest des Ödipus erregt (IV,56), prägen auch die Vorhaltungen Frickas im Streit mit Wotan:

>»Mir schaudert das Herz,
es schwindelt mein Hirn:
bräutlich umfing
die Schwester der Bruder!
Wann – ward es erlebt,
daß leiblich Geschwister sich liebten?«

Wotans Antwort:

>»Heut – hast du's erlebt:
erfahre so
was von selbst sich fügt,
sei zuvor auch nie es geschehn.« (VI,27.)[126]

Wotans revolutionärer Gestus, der radikale Bruch mit der ›Gewohnheit‹ verstrickt ihn freilich in einen Widerspruch, auf den Fricka, »in höchste Entrüstung ausbrechend«, schonungslos den Finger legt: »Hin warfst du alles, / was einst du geachtet; / zerreißest die Bande, / die selbst du gebunden; / lösest lachend / des Himmels Haft!« (VI,27 f.) Die Gewohnheit ist es gerade, auf der die von Wotan geschaffene Ordnung beruht.

»Was du bist, / bist du nur durch Verträge; / bedungen ist, / wohl bedacht deine Macht«, führt schon Fasolt in der zweiten Szene des *Rheingold* Wotan vor Augen (V,219). Dieser hat um seiner Macht willen aus dem Chaos des Naturzustandes den Kosmos eines vertraglich gesicherten Gesellschaftszustandes treten lassen. Dessen Chiffre ist der Speer. »Treu berat'ner / Verträge Runen / schnitt Wotan / in des Speeres Schaft: / den hielt er als Haft der Welt«, so singt die zweite Norne im Vorspiel der *Götterdämmerung* (VI,179). Der von Wotan initiierte Contrat social trägt von Anfang an den Keim des Bösen in sich, da er nicht (wie in Rousseaus klassischer Theorie) durch den Zusammenschluß freier Individuen, sondern eben durch Macht- und Besitzgier eines einzelnen zustande kommt. Über dem »Stand der Verträge« (als den auch Schiller in seinen Briefen *Über die ästhetische Erziehung des Menschen* den Gesellschaftszustand vom Naturzustand, dem »Stand der Unabhängigkeit«, unterscheidet) waltet deshalb von Anfang an Unheil. Wotan selbst gesteht das Brünnhilde im zweiten Aufzug der *Walküre*: »Als junger Liebe / Lust mir verblich, / verlangte nach Macht mein Mut« (Macht als Liebesersatz: ein Motiv, das in Alberichs Fluch auf die ihm versagte Liebe um des Rings willen gesteigert – in Siegfrieds Indifferenz gegenüber der Macht und Brünnhildes Verfluchung des Rings aus Liebe umgekehrt wird); »von jäher Wünsche / Wüten gejagt, / gewann ich mir die Welt. / Unwissend trugvoll, / übt ich Untreue, / band durch Verträge, / was Unheil barg« (VI,37). Das Moment des Frevels in der Gründung des Gesellschaftsvertrags wird auch durch das Motiv des aus dem Stamm der Weltesche geschnittenen Speeres, des Symbols und Garanten der Verträge, angedeutet. Die der Weltesche gerissene Wunde läßt die Natur ringsum verdorren: »In langer Zeiten Lauf / zehrte die Wunde den Wald; / falb fielen die Blätter, / dürr darbte der Baum; / traurig versiegte / des Quelles Trank –« (VI,177 f.). Sinnfällige Chiffren der Entfremdung der menschlichen wie außermenschlichen Natur durch die gesellschaftliche Vertragswelt!

Was im Naturzustand selbstverständlich ist: Unwillkür und Unabhängigkeit, sie werden durch die »Satzungen kalter Sittlichkeitsverträge« (*Oper und Drama*, IV,75) zum Unrecht, zur Unsittlichkeit. Die Geschlechtsliebe der Wälsungengeschwister, die wie die Mutter-Sohn-Ehe im Ödipus-Mythos von der Natur selbst legitimiert wird: durch die Geburt des Helden Siegfried, sie wird von seiten Frickas (ganz abgesehen davon, daß sie Ehebruch ist) als »Blutschande« verworfen (VI,26); die Naturnotwendigkeit erhält das moralische Vorzeichen zuchtlos-frevelhaften Handelns nach »Lust und Laune«.

In Frickas Haltung gegenüber Hunding und den Wälsungen schlägt die Gewohnheit als ein für das Zusammenleben notwendiges naives »Festhalten sozial-sittlicher Begriffe« (IV,74) in jene verhärtete Moral um, der Besitz und Ruhe die höchsten Werte sind (»Wo nach Ruhe / der Rauhe sich sehnt, / wo des Wechsels / sehrender Wut / wehre sanft ein Besitz, – / dort steh ich lauschend still«, sagt Fricka von sich in der nicht vertonten früheren Fassung der Szene; VI,27), eine Moral, welche die individuelle Spontaneität, das »Reinmenschliche« verneint (*Oper und Drama*). Deutlich zeigt sich das in Frickas Taubheit (zumindest in der endgültigen Fassung) für Wotans Einwand, daß Hundings Ehe nur durch Gewalt und »Zwang«, gegen den Willen der Frau

zustande gekommen ist, daß der »heilige Eid« hier »unheilig« ist, weil er »Unliebende«
eint (VI,26). In Fricka und Wotan stehen sich legalistischer Rigorismus und rechtliche
Willkür gegenüber – freilich nicht lange, muß Wotan doch bald die Haltlosigkeit seiner
Position einsehen. »Wohin rennst du, / rasender Gott, / reißest die Schöpfung du ein, /
der selbst das Gesetz du gabst?« ruft Fricka ihm in der früheren Fassung entsetzt und
warnend zu (VI,30). Das Gesetz, das er gab, die Verträge, die er abschloß, um seine
Macht zu mehren, sie offenbaren sich nun gerade als deren Fesseln: »In eig'ner Fessel /
fing ich mich, / ich Unfreiester Aller!« klagt Wotan in der folgenden Szene mit
Brünnhilde (VI,36).
Der gleiche dialektische Umschlag von höchster Freiheit in Unfreiheit, von Herrschaft
in Knechtschaft, von Macht in Ohnmacht, wie er sich in der Vertragsthematik ausdrückt – »der durch Verträge ich Herr, / den Verträgen bin ich nun Knecht« (VI,40) –,
er kehrt in der Ring-Symbolik wieder: »des Ringes Herr / als des Ringes Knecht«,
heißt es in Alberichs Fluchrede auf den Ring in der vierten Szene des *Rheingold*
(V,255). Der Besitz wird zum Fetisch, führt zur Herrschaft der Objekte über den
Menschen, der Besitzende wird vom Besitz in doppeltem Sinne ›besessen‹. – Die
Peripetie der großen Auseinandersetzung Wotans mit Fricka wird im Partiturtext auf
grandiose Weise mimisch verdeutlicht: »Neue heftige Gebärde Wotans, dann Versinken in das Gefühl seiner Ohnmacht.«[127] Darin ist alles ausgedrückt: das ganze
vorherige Aufbegehren Wotans gegen die Macht der Gewohnheit ist nichts als ebenso
heftige wie vergebliche Gebärde. Ohnmacht ist die wahre Situation des Gottes; sie
zwingt ihn, sich auf die Seite des Gesetzes, des Vertrags, der Ehe, der gewohnten Norm
zu stellen und den Wälsungenstamm preiszugeben – müßte er sonst doch sich selbst
preisgeben.
Fricka ist auch aus einem anderen, schon angedeuteten Grunde in einer stärkeren
rationalen Position als Wotan. »Wie wollt ich listig / selbst mich belügen? / So leicht
entfrug mir / ja Fricka den Trug! / Zu tiefster Scham / durchschaute sie mich!« So
Wotan selbst im folgenden Gespräch mit Brünnhilde (VI,42). Der Trug besteht in der
Paradoxie, etwas zu wollen, was dem eigenen Willen gerade entgegenstehen soll, den
zu schaffen, der sich selbst schaffen muß (»denn selbst muß der Freie sich schaffen; /
Knechte erknet ich mir nur«; VI,41). Der durch das grausame Verstandeslicht Frickas
erhellte Blick Wotans in die Absurdität der Suche nach dem Nicht-Ich, das ja doch nur
eine Seite des Ich ist (»Wie mach ich den Andren, / der nicht mehr ich, / und aus sich
wirkte, / was ich nur will?« VI,41), durchdringt den Schleier der bisherigen Illusion.

> »Zum Ekel find ich
> ewig nur mich
> in allem, was ich erwirke!
> Das Andre, das ich ersehne,
> das Andre ersah ich nie.«

Und später:

> »Einen Freien kann ich nicht wollen.« (VI,41.43.)

Was übrigbleibt, ist selbstmörderische Verzweiflung (»Auf geb ich mein Werk: / nur
Eines will ich noch: / das Ende!« VI,42), die Segnung Alberichs, dem Wotan mit
nihilistischem Zynismus die Gottheit zum Erbe gibt. Seine totale Resignation hat
freilich ein neues Paradox, die genaue Umkehrung des früheren, zur Folge. Durch die

Aufgabe der Suche nach dem ›Anderen‹ kann dieses Andere entstehen. Brünnhilde widersetzt sich dem Gott der Verträge, um seinem durch Fricka, die Repräsentantin der ›Gewohnheit‹, »entfremdeten« Ich (VI,76) zu folgen. Der Sproß des aufgegebenen Wälsungenstamms: Siegfried ist nun der wirklich freie Held. Unabhängig von göttlicher Lenkung wächst er in einem – traditionsgemäß in der Gattung der Idylle beschworenen – Naturzustand auf; mit der radikalen Unabhängigkeit desselben tritt er in die ›Welt der Verträge‹, widersetzt er sich (wie es Wotan einst selbst gewollt hat: daß ein Freier »entgegen dem Gott, / für mich föchte«; VI,41) dem ihm im Wege stehenden Gott. Der Speer der Verträge, der einst das Schwert der Naturnotwendigkeit zerbrach, muß nun an demselben zersplittern.

Der die Götterwelt spaltende Streit zwischen legalistischer und natürlicher Moral kehrt auf der menschlichen Ebene im Gegensatz zwischen Hunding und Siegmund wieder. Hunding hat eine Ehe gegen die natürliche Neigung geschlossen, offensichtlich um des Sippenbestandes willen. In der blutigen Auseinandersetzung, die ihn und Siegmund zusammenführt, steht er bezeichnenderweise auf der Seite des ›gewohnten‹ Sippenrechts. Der Fall, um den es hier geht, ist Hundings eigener: eine Ehe soll gegen den Willen der Frau geschlossen werden. »Ein trauriges Kind / rief mich zum Trutz«, berichtet Siegmund; »vermählen wollte / der Magen Sippe / dem Mann ohne Minne die Maid. / Wider den Zwang / zog ich zum Schutz« (VI,10). Er ist also ganz das Kind seines Vaters Wälse alias Wotan, der in Siegmunds eigenem Falle nicht viel später die Walküre zum Schutz »wider den Zwang« aufruft, gegenüber Fricka das Recht der Natur wider die Willkür der Institution Ehe verteidigt. Wie Fricka deren »heiliges« Recht vertritt, so auch Hunding, der sie um Rache anruft und dem sie ihren Schutz zusichert. Mit der Unantastbarkeit der Institution Ehe, auf der Fricka und ihr Knecht Hunding beharren, nimmt Wotan es weniger genau, wie das Sündenregister, das Fricka ihm vorhält, beweist: es sind die in antiker wie germanischer Mythologie erzählten Seitensprünge des Göttervaters. Auch das Wälsungenpaar ist bezeichnenderweise seiner »Untreue zuchtlose Frucht« (VI,29).
Die Entfremdung zwischen den Gatten wird verstärkt durch die ebenfalls außerehelich gezeugte Walküre, die Fricka mit Haß und Verachtung gegenübersteht, während ihre Beziehung zum Vater an C. G. Jungs Hypothese des Elektrakomplexes denken läßt. Fricka nennt Brünnhilde Wotan gegenüber beziehungsreich »deines Wunsches Braut« (VI,30). Zwischen dieser untergründig erotischen Vater-Tochter-Bindung und dem Inzest der Wälsungen scheint eine Affinität zu bestehen. Fricka und Hunding bilden also die Partei der ›Gewohnheit‹ – Wotan, Brünnhilde und die Wälsungen die Partei der ›Naturnotwendigkeit‹. Der Haß des Gewohnheitsmenschen auf den allen etablierten Verhaltensnormen sich entziehenden, nach eigenem Gesetz lebenden gesellschaftlichen Außenseiter drückt sich in Hundings Urteil über das Wälsungengeschlecht aus, das in seiner Hybris an die antiken Heroengeschlechter gemahnt, die nach Wagners Deutung in *Oper und Drama* ihr als Frevel gewertetes naturnotwendiges Handeln mit einem über dem ganzen Geschlecht waltenden Fluch büßen mußten (z. B. die Tantaliden):

> »Ich weiß ein wildes Geschlecht
> nicht heilig ist ihm
> was Andren hehr:
> verhaßt ist es allen und mir.« (VI,11.)

Der Einbruch natürlicher Unwillkür in die Gewohnheitswelt einer patriarchalischen Häuslichkeit wird in der großen Liebesszene Siegmund–Sieglinde im ersten Aufzug der *Walküre* durch das Aufspringen der Tür: das Eindringen der Naturmacht des Frühlings in die menschliche Behausung überwältigend versinnbildlicht. In Siegmunds Bild eines kosmischen Inzestes: des unwiderstehlichen Lenzes, der, alle Trennungen durchbrechend, die gefangene Liebe, seine »bräutliche Schwester«, befreit und sich mit ihr vereinigt, erkennt Sieglinde – noch bevor sie und Siegmund wissen, daß sie Geschwister sind – den Geliebten und sich selbst wieder: »Du bist der Lenz«; daß die gefangene Liebe sie selbst ist, braucht sie nicht mehr zu sagen (VI,17 f.). Durch diese Identifizierung mit den Naturgeschwistern Liebe und Lenz ereignet sich zwischen den Wälsungen ein metaphorischer Inzest, der sich nach der gegenseitigen Erkennung mit der Unwiderstehlichkeit eines Naturereignisses in den wirklichen verwandelt. Die Rechtfertigung des Inzests durch die Natur, deren deutlichstes Zeichen der Wälsungensproß Siegfried sein wird, sie drückt sich hier schon in der symbolischen Identität der Liebesvereinigung mit einem kosmischen Geschehen aus.

Der Geschwisterinzest findet später eine Parallele in der erwachenden Liebe Siegfrieds zu Brünnhilde, in ihrem Ineinander von erotischer Leidenschaft, Furcht und Mutterbindung, das Erkenntnisse der Psychoanalyse vorwegnimmt. Als Brünnhilde auf ihre Rettung der schwangeren Sieglinde anspielt: »Dich Zarten nährt ich, / noch eh du gezeugt, / noch eh du geboren, / barg dich mein Schild«, mißversteht Siegfried diese Worte; er nimmt die mütterliche Metaphorik wörtlich und glaubt in der Frau, die er mit seinem Kuß aus dem Schlaf geweckt hat, die Mutter wiedergefunden zu haben. Brünnhilde korrigiert lächelnd diesen Irrtum: »Du wonniges Kind! / Deine Mutter kehrt dir nicht wieder.« (VI,167 f.) Ihre Anrede zeigt, daß sie die mütterliche Haltung ihm gegenüber dennoch nicht aufgibt – sie bleibt die Wissende gegenüber dem unerfahrenen Kind –, und gerade dadurch verfällt Siegfried ihr ganz: in einem übertragenen Sinne ist sie ihm doch Frau und Mutter zugleich. Dasselbe Ineinander von Geschlechtsliebe und Mutterbindung findet sich in der Urfassung (1862) von Stolzings Preislied in den *Meistersingern* (XVI,218 ff.). Parsifal wird der erotische Mutterkomplex zur höchsten Gefahr; die Verführung Kundrys besteht ja darin, daß sie Parsifal den Liebes- als Mutterkuß bietet. Die raffinierte Psychologin spekuliert mit dem Ödipuskomplex!

> »Die Liebe lerne kennen,
> die Gahmuret umschloß,
> als Herzeleids Entbrennen
> ihn sengend überfloß!
>   Die Leib und Leben
>   einst dir gegeben,
> der Tod und Torheit weichen muß, –
>   sie beut
>   dir heut –
> als Muttersegens letzten Gruß,
>   der Liebe ersten Kuß.« (X,358.)

Nicht zuletzt in dieser subtilen Verbindung von Mythos und Psychologie gründet Thomas Manns Bewunderung des Wagnerschen Musikdramas; sie ist ein unmittelbares Vorbild seiner eigenen psychologisch-mythischen Romankunst.

»Welche Verschränkung eines Doppelten, welcher Blick in die schwierigen Tiefen eines Gefühls! [...] Da ist ein ahnungsvoller und aus dem Unterbewußtsein heraufschimmernder Komplex von Mutterbindung, geschlechtlichem Verlangen und *Angst* – ich meine jene Märchenfurcht, die Siegfried erlernen möchte –, ein Komplex also, der den Psychologen Wagner in merkwürdigster, intuitiver Übereinstimmung zeigt mit einem anderen typischen Sohn des neunzehnten Jahrhunderts, mit Siegmund Freud, dem Psychoanalytiker. Wie in Siegfrieds Träumerei unter der Linde der Muttergedanke ins Erotische verfließt, wie in der Szene, wo Mime den Zögling über die Furcht zu belehren sucht, im Orchester das Motiv der im Feuer schlafenden Brünnhilde auf eine dunkel entstellte Weise sein Wesen treibt, – das ist Freud, das ist Analyse, nichts anderes; und wir wollen uns erinnern, daß auch bei Freud [...] das Interesse fürs Mythische, Menschlich-Urtümliche und Vorkulturelle mit dem psychologischen Interesse aufs engste zusammenhängt.«[128]

Der Wälsungeninzest, Siegfrieds und Parsifals erotische Mutterbindung sowie Wagners Deutung des mythischen Inzests in *Oper und Drama* haben in Thomas Manns Werk deutliche Spuren hinterlassen. Das berühmteste Beispiel ist die Erzählung *Wälsungenblut* (1906). Das jüdische Zwillingspaar Siegmund und Sieglinde Aarenhold spiegelt sich in seiner mit einer Art Amor fati akzeptierten Isolation durch eine gehässige und hochmütig verachtete antisemitische Umwelt in der inzestuösen Beziehung des Wälsungenpaars, von dem es seine Vornamen hat.

Durch das Studium der Schriften Freuds belehrt, hat Thomas Mann das Inzestmotiv Jahrzehnte später, psychoanalytisch vertieft, in den Mittelpunkt seines Gregorius-Romans *Der Erwählte* gestellt. In Affinität zum Wagnerschen Wälsungen-Mythos ist Grigorß das Kind der Zwillingseltern Wiligis und Sibylla. Der imaginäre Beinahe-Inzest des aus gleicher Verbindung hervorgegangenen Siegfried wird im Leben des Grigorß zur Wirklichkeit: das – im Unterbewußtsein bejahte – Ödipus-Schicksal der Ehe mit der Mutter. Der doppelte Inzest aber ist Zeichen und Bedingung der Erwähltheit. In einem Brief an Karl Kerényi vom 5. Juli 1950 bezeichnet Thomas Mann die Inzestbeziehung des »zärtlichen Geschwisterpärchens« als Folge der Idee, »daß nur sie in ihrer Feinheit einander ebenbürtig sind«. Diese »Ebenbürtigkeitswonne«, ein ästhetizistisch-aristokratisches Auserwähltheitsbewußtsein kennzeichnet auch die Geschwister Aarenhold in *Wälsungenblut*. Hier wie im *Erwählten* ist der Inzest der Zwillinge das Paradigma einer narzißtischen Isolation und Konzentration in sich selbst: jeder sucht im anderen die eigene Identität.

Dieses narzißtische Element in der inzestuösen Liebesbeziehung, das durch die Zwillingsähnlichkeit gesteigert wird, klingt erstaunlicherweise schon in der *Walküre* an: »Den heut zuerst ich erschaut, / mein Auge sah dich schon!« sagt Sieglinde zu dem noch nicht als Bruder erkannten Geliebten. Das könnte der »Minnetraum« sein, von dem nun auch Siegmund spricht (»Du bist das Bild, / das ich in mir barg.«), dem wir bei Wagner immer wieder begegnen: das in einem Traum oder auf dem Grund der eigenen Seele schon vor der ersten Begegnung geschaute Bild des oder der Geliebten (*Fliegender Holländer, Lohengrin, Tristan, Meistersinger*). Es hat mit diesem Vorhersehen im Falle Sieglindes aber noch eine andere Bewandtnis:

> »Im Bach erblick ich
> mein eigen Bild –
> und jetzt gewahr ich es wieder:
> wie einst dem Teich es enttaucht,
> bietest mein Bild mir nun du!«

Der sich in einer Quelle spiegelnde Narziß!

> »O still! laß mich
> der Stimme lauschen:
> mich dünkt, ihren Klang
> hört ich als Kind – –
> doch nein! ich hörte sie neulich,
> als meiner Stimme Schall
> mir widerhallte der Wald.« (VI, 19 f.)

Echo und Narziß! Dieser Mythos freilich in der Umkehrung: Die Nymphe Echo, von Hera dazu verurteilt, immer die letzten Worte anderer zu wiederholen, schwand aus Kummer über ihre von Narziß verschmähte Liebe zu einer bloßen Stimme dahin. Für Sieglinde jedoch sind das Echo wie das Spiegelbild Chiffren des im andern geliebten Selbst, im Selbst geliebten andern.

Das hat freilich noch nichts mit dem autoerotischen Rückzug des Aarenholdschen Zwillingspaares vor der Wirklichkeit zu tun, sondern läßt sich durch Sigmund Freuds Begriff des »primären Narzißmus« erklären, welcher der antagonistischen Beziehung zwischen Ich und Außenwelt vorausgeht. In seiner Abhandlung *Das Unbehagen in der Kultur* (1930) schreibt Freud: »Ursprünglich enthält das Ich alles, später scheidet es eine Außenwelt von sich ab. Unser heutiges Ichgefühl ist also nur ein eingeschrumpfter Rest eines weitumfassenderen Gefühls, welches einer innigeren Verbundenheit des Ichs mit der Umwelt entsprach.«[129] Dazu bemerkt Herbert Marcuse in seinem Buch *Eros and Civilisation* (1955): »Der primäre Narzißmus ist mehr als nur Autoerotik; er zieht die Umgebung in sich hinein, indem er das narzißtische Ich mit der objektiven Welt integriert.« Nach Freud kann auch im reifen Ich jenes primäre Ichgefühl wiederkehren: im »ozeanischen Gefühl«, das die »Verbundenheit mit dem All« bekunde.[130] Nichts anderes als dieser primäre Narzißmus scheint uns aus jenen Versen Sieglindes zu sprechen. Und das ›ozeanische‹ Gefühl der Allverbundenheit, die oben zitierte kosmische Metaphorik zeigt es, verwandelt das narzißtische Gefühl in die inzestuöse Liebe.

In dem für Thomas Mann so bedeutungsvollen Kapitel »Die Inzestscheu« der Freudschen Abhandlung *Totem und Tabu* (1913) wird auf den inzestuösen Charakter der ursprünglichen psychosexuellen Mann-Frau-Beziehung hingewiesen. Der »Weg der Objektwahl« habe den Mann

> »regulärer Weise über das Bild seiner Mutter, vielleicht noch seiner Schwester, zu seinem Liebesobjekt geführt; infolge der Inzestschranke glitt seine Vorliebe von beiden teuren Personen seiner Kindheit ab, um bei einem fremden Objekt nach deren Ebenbild zu landen. [...] Die Psychoanalyse hat uns gelehrt, daß die erste sexuelle Objektwahl des Knaben eine inzestuöse ist, den [durch die anerzogene Inzestscheu] verpönten Objekten, Mutter und Schwester, gilt.«[131]

Wie nahe Wagner dieser Einsicht gekommen ist, braucht nicht mehr nachgewiesen zu werden. Der natürliche inzestuöse Ursprung der Objektwahl ist von ihm mit wahrlich tiefenpsychologischer Hellsichtigkeit gestaltet worden – »Ein Jüngling, der auszieht, seine Mutter zu suchen, und sich ein Weib erkämpft, das, sei es noch so schön, seine Mutter sein könnte, muß damit rechnen, daß es seine Mutter ist, die er heiratet«, so heißt es im Kapitel »Die Audienz« in Thomas Manns *Erwähltem*.[132] Siegfried rechnet, wie das zitierte Mißverständnis der Worte Brünnhildes zeigt, in der Tat damit.

Olaf Gulbransson: Von den Wagner-Festspielen in München

Die neuere Inszenierungsgeschichte des *Ring* ist vor allem durch psychologische und sozialkritische Ansätze geprägt. Die Altwagnerianer sehen darin bis heute ein Sakrileg. Daß für Wagner selbst die Mythologie ein Medium der Gesellschaftskritik gewesen ist, ein utopisches Gesellschaftsprogramm, das hat uns seine Exegese des »Mythos vom Oidipus« mit ihren vielfältigen Bezügen zum *Ring* deutlich gezeigt. Wagner hat diese Tendenzen eine Zeitlang nicht wahrhaben wollen. In den letzten Lebensjahren hat er sich in den Gesprächen mit Cosima jedoch wieder mit erstaunlicher Offenheit zu ihnen bekannt. Seine fast täglich geäußerte Empörung nach der Verabschiedung der Bismarckschen Sozialistengesetze,[133] seine immer wieder bekundete Sympathie für revolutionäre Bewegungen wie die der russischen Nihilisten[134] – »Ich bin immer für die Rebellen« (CT II,750) –, die wiederholt ausgedrückte Überzeugung, daß der sozialistischen Bewegung »die Zukunft gehört« (CT II,103), usw. bringen ihn seinen einstigen revolutionären Ideen wieder nahe. »Wie damals erwartet er jetzt den Sozialismus, nur daß er nicht dessen Eintreten für eine bestimmte Zeit erharret«, heißt es in Cosimas Tagebuch vom 2. Juni 1879 (CT II,358). Cosima vermag diese Ansichten nicht immer zu teilen. Wegen ihrer unterschiedlichen Einstellung zu den russischen Nihilisten kommt es am 24. März 1881 zu einer lebhaften Auseinandersetzung. Nachdem Wagners »heftiges Mißfallen« sich gelegt hat, hört er doch nicht auf, Cosima wegen ihrer »Juste-milieu-Ansichten« zu hänseln (CT II,176). Derartige Äußerungen stehen nicht selten in Verbindung mit dem *Ring*. In seiner Schrift *Erkenne dich selbst* (1881) interpretiert Wagner dessen Zentralsymbol als »Börsenportefeuille« und »schauerliches Bild« der Weltherrschaft des Geldes (X,268). Vier Jahre zuvor besichtigt er während seiner Englandreise Londoner Hafenanlagen. »Der Traum Alberichs ist hier erfüllt«, sagt er zu Cosima; »Nibelheim, Weltherrschaft, Tätigkeit, Arbeit, überall der Druck des Dampfes und Nebel.« (CT II,1052.) Hier ist schon der Keim gelegt zu jenem sozialphilosophisch-kritischen Umgang mit seinem Werk, dessen erstes und großartigstes Beispiel Bernard Shaws *The perfect Wagnerite* (1898) ist. Unabhängig von Shaw hat es auch in Deutschland und Frankreich (Jean Jaurès' *L'art et le socialisme*) sozialistische Interpretationen des Wagnerschen Musikdramas gegeben. Ein bemerkenswertes Beispiel ist das weitverbreitete Buch *Richard Wagner in der Karikatur* (1907), dessen Textautor Eduard Fuchs ein ganzer Wagnerianer und ein halber Marxist gewesen zu sein scheint. Wagner sei der kulturelle Erbe der Französischen Revolution wie »Marx in der Ökonomie«.

> »Wem ist im Hinblick auf Wagners Wortdramen nicht schon die Fülle sozial-revolutionärer Ideen aufgegangen, die – um nur ein Beispiel zu nennen – im *Ring des Nibelungen* unter symbolischen Deutsamkeiten durch die Handlung hindurchgehen. [...] Siegfried, der furchtlose Mensch, wenn er mit dem selbst geschmiedete Schwerte den Speer Wotans spaltet und das liegend besitzende Weltungeheuer erlegt: ist er nicht die Personifikation [...] die kapitalistische Zeit überwindenden freien Volkes? Wer vermöchte dem deutschen Proletariat das Recht zu bestreiten, im Drachentöter Siegfried sein hehres Symbol zu verehren!«[135]

Das andere zukunftsweisende Element der Wagnerschen Mythologie, die unerhörte »Mischung aus mythischer Urtümlichkeit und psychologischer, ja psychoanalytischer Modernität« ist von niemandem tiefgründiger gewürdigt worden als von Thomas Mann (*Richard Wagner und »Der Ring des Nibelungen«*).[136] Dieser Doppelcharakter des mythischen Musikdramas als politisch-soziale Parabel und psychologisches Exempel ist Wagner – das Beispiel des Ödipus-Mythos lehrt es – ermöglicht worden durch die

Synopse des antiken und germanischen Mythos, auch darin auf Thomas Mann und seine synkretistische Mythologie vorausweisend. Aus der Diaphanie der Situationen und Konstellationen der griechischen Mythologie und Tragödie zieht Wagners *Ring* seine größten psychologischen und poetischen Wirkungen. »Sie werden finden«, schreibt Gottfried Keller in seinem berühmten Brief an Hermann Hettner vom 21. Februar 1856, »daß eine gewaltige Poesie, urdeutsch, aber von antik-tragischem Geiste geläutert, darin weht.«

5. Kunst des »unendlichen Details« – »Tristan und Isolde«

> »Ich habe die Vermutung, daß allem und jedem Kunstsinn der Sinn für Musik beigesellt sein müsse[…].«
>
> Goethe an Zelter, 6. September 1827.

In einem Brief an Mathilde Wesendonk vom 15. April 1859 berichtet Richard Wagner enthusiastisch von seiner Lektüre des *Torquato Tasso*. Was ihn gerade in diesem Moment, während der Arbeit an der Kompositionsskizze des dritten *Tristan*-Akts, motiviert hat, Goethes Schauspiel zu lesen, bleibt Vermutung. Daß er in der ›entsagenden‹ Liebe der Prinzessin Leonore zu Tasso sein eigenes Verhältnis zu Mathilde Wesendonk widergespiegelt findet, ist ebenso zu ahnen – das Thema der »Entsagung« bildet ja den Nerv des Briefwechsels – wie das Interesse an der historischen Gestalt des italienischen Dichters; sein *Befreites Jerusalem* beginnt Wagner wenig später zu lesen – ein Werk, das vom gleichen Ethos ritterlicher ›Ehre‹ erfüllt ist wie die Dramen Calderons, die *Tristan und Isolde* so stark inspiriert haben. Von Tasso ist schon im Jahr zuvor in den Briefen an Mathilde Wesendonk aus Venedig die Rede. Wagner erinnert die Freundin daran (er wird das aus Goethes *Italienischer Reise* wissen), daß die Stanzen Tassos einst den Rufen der Gondolieri unterlegt worden sind; deren Melodien aber haben ihn, wie er in *Mein Leben* behauptet, zur Klageweise des Hirten eben im dritten *Tristan*-Akt angeregt (ML 592). »Diese tief melancholischen Melodien, mit tönender, mächtiger Stimme gesungen, von der Ferne über das Wasser hergetragen, in noch weiterer Ferne verhallend, haben mich erhaben bewegt. Herrlich! –« (5. September 1858.)[137]
Auch Goethe hat in der *Italienischen Reise* den Gesang der Gondolieri beschrieben, musikalisch übrigens sehr viel exakter als Wagner in seinen wiederholten Schilderungen. Wie eine »Klage ohne Trauer« muten die Rufe ihn an; »es ist darin etwas unglaublich, bis zu Tränen Rührendes[…]. Gesang ist es eines Einsamen in die Ferne und Weite, damit ein anderer, Gleichgestimmter höre und antworte.«[138] Die Frauen lassen, so berichtet Goethe, am Ufer sitzend die gleichen Gesänge erschallen, wenn sie ihre zum Fischen aufs Meer hinausrudernden Männer erwarten. Auch die Klageweise des Hirtenhorns zu Beginn des dritten *Tristan*-Akts ist ein solcher wartender Ruf des Einsamen in die Ferne und Weite des Meeres. (Goethe hat den Gesang der Gondolieri übrigens noch mit den unterlegten Versen Tassos zu hören bekommen.)

Wagners spontane Reaktion auf die Lektüre des *Torquato Tasso* ist Bewunderung und
Staunen: »Das ist doch ein ganz einziges Gedicht, und ich wüßte ihm durchaus nichts
zu vergleichen. Wie das Goethe schreiben konnte!«[139] Was Wagner zu diesem Ausruf
der Verwunderung bewegt hat, läßt sich aus den folgenden Briefzeilen erschließen: Es
ist die poetische Gerechtigkeit, mit der Goethe, fast unter Verleugnung, Aufopferung
des eigenen Standpunkts gegensätzliche moralische Positionen ausbalanciert: die
höfisch-feudale Ethik und die Unbedingtheit des Künstlers, der sich ihr nicht unterordnen kann, dessen Liebe die gesellschaftlichen Konventionen durchbricht. Das ist ja
Wagners eigenes Thema im *Tannhäuser* gewesen: der Dichter, dessen Liebesanspruch
von der auf ›Entsagung‹ dringenden gesellschaftlichen und poetischen Konvention
zurückgewiesen wird.[140]
»Wer hat hier Recht, wer Unrecht?« fragt Wagner. »Es sieht ein jeder, wie er sieht und
nicht anders sehen kann.« Am Ende ist es nur unser (durch Schopenhauer geschultes)
Herz, welches urteilt, daß im Recht sein müsse, wer »am meisten leidet«.[141] In
verwandtem Sinne hat Thomas Mann in den *Betrachtungen eines Unpolitischen*
geschrieben, daß in den Werken Goethes »jede Person, und wäre sie der Teufel selbst,
während sie dasteht und redet, recht behält, weil sie so objektiv aufgefaßt ist, daß wir
in ihr Interesse gezogen und zur Teilnahme an ihr gezwungen werden«.[142] Wagner
mag diese poetische Gerechtigkeit besonders zu Herzen gegangen sein, weil im *Tristan*
mehr noch als im *Tasso* zwei moralische Welten aufeinanderstoßen, zwischen
denen kein Ausgleich möglich ist: die Tageswelt des ritterlichen Tugendsystems und
die Welt der »heil'gen Nacht«, des Jenseits der Dinge, angesichts dessen Ehre
und Ruhm, die feudalen Erscheinungsformen des ›Willens zum Leben‹, nur »täuschen-
der Schein« sind (VII,42). Was sub specie aeternitatis Recht, was Unrecht ist, bleibt
nicht zweifelhaft. Und doch ist Wagner weit davon entfernt, mit den ritterlichen Werten deren Repräsentanten zu desavouieren. Wie Tristan erst durch Isoldes Trank
»nachtsichtig« geworden ist (VII,42), im Sinne Schopenhauers die Welt der Individuation als Trug durchschaut hat, so sind alle, die den metaphysischen Trank nicht genossen haben, befangen in ihren konventionellen gesellschaftlichen Wertvorstellungen;
und doch wird ihnen und ihrem Interesse, ihrer metaphysischen Nachtblindheit unsere
Teilnahme nicht entzogen. »Es sieht ein jeder, wie er sieht – und nicht anders sehen
kann.«

Mehr als das Faktum der poetischen Gerechtigkeit hat Wagner im Zusammenhang mit
Goethes *Tasso* freilich ein anderes Problem beschäftigt: die Dramaturgie des musikalischen »Gedichts« im Unterschied zu der des »rein dichterischen Theaterstücks«. Die
Vollkommenheit des *Tasso* erregt die Skrupel des *Tristan*-Dichters: Es sei »unüberlegt«
gewesen, die Dichtung eines Dramas für sich zu veröffentlichen, das doch erst
zusammen mit der Musik ein Ganzes bilde. Für sich genommen – als Dichtung – kann
Tristan mit *Tasso* nicht konkurrieren, daran läßt Wagner keinen Zweifel. Gewiß gibt es
von ihm auch Äußerungen in anderer Richtung, aber in Momenten nüchterner Selbst-
prüfung, vor allem bei der unmittelbaren Begegnung mit großer Poesie, hat Wagner
doch immer wieder eingestanden: »Ich bin kein Dichter, und es ist mir ganz gleich, ob
man meiner Diktion Vorwürfe macht« oder »ob man die Verse versteht – meine
Handlung wird man schon begreifen.« So im Gespräch mit Cosima am 22. Januar 1871
(CT I,344 f.).

Im Falle des *Tristan* ist es freilich gerade die Begreiflichkeit der Handlung, die Wagner bezweifelt, solange das ›erklärende‹ Element der Musik, das hermeneutische Organ des Orchesters fehlt. Die Dramaturgie des musikalischen und des »rein dichterischen« Dramas ist so »grundverschieden«, »daß das erstere, mit demselben Auge wie das letztere betrachtet, seiner eigentlichen Bedeutung nach fast ganz unverständlich bleiben muß«[143].

Niemand hat das plastischer verdeutlicht als Ferruccio Busoni in seinem Aufsatz *Über die Möglichkeiten der Oper*. Der grundlegende dramaturgische Unterschied zwischen musikalischem und gesprochenem Dialog erhelle schon aus der einfachen Tatsache, »daß der in Musik gesetzte Text etwa dreimal so viel an Zeitdauer« ausfüllt »als der gesprochene. Also müßte ein Operntext um zwei Drittel kürzer gefaßt sein als der Text eines Schauspiels«.[144] Da, wo der Schauspieldichter ausführlich motiviert, gilt es in der Operndichtung, eine einprägsame »Situation« zu schaffen. Wo im Drama die »Tirade« steht, erscheint in der Oper das »Schlagwort«. Busoni hat die Verkürzungsstrategie der Operndichtung durch je eine fingierte Schauspiel- und Opernszene, welche die gleiche dramatische Situation darstellen, exakt veranschaulicht.[145]

Was hier rein pragmatisch expliziert ist, führt bei Wagner zur Idealisierung der Reduktionsformen der musikalischen Szenik. In seinem Brief an Mathilde Wesendonk vom 15. April 1859 beruft er sich auf seinen Essay *Über Franz Liszts Symphonische Dichtungen* (1857), wo er anläßlich einer Kritik an Hector Berlioz' dramatischer Symphonie *Romeo und Julia* bemerkt,

> »daß der Dramatiker, um ungefähr dieselbe Idee auszudrücken, zu ganz anderen Mitteln greifen muß als der Musiker; er steht dem gemeinen Leben viel näher und wird nur dann verständlich, wenn er seine Idee in einer Handlung uns vorführt, die in ihren mannigfaltig zusammengesetzten Momenten einem Vorgange dieses Lebens so gleicht, daß jeder Zuschauer sie mitzuerleben glaubt. Der Musiker dagegen sieht vom Vorgange des gemeinen Lebens gänzlich ab, hebt die Zufälligkeiten und Einzelheiten desselben vollständig auf und sublimiert dagegen alles in ihnen Liegende nach seinem konkreten Gefühlsgehalte, der sich einzig bestimmt eben nur in der Musik geben läßt.« (V,194.)

Die »musikalische Reproduktion« einer Shakespeareschen Szene setzt daher voraus, daß ein »musikalischer Dichter« sie in eine »durchaus konkrete ideale Form« übersetzt (V,194).

Wie Wagner sich das vorgestellt hat, läßt sich aus seiner »programmatischen Erläuterung« zu Beethovens *Coriolan*-Ouvertüre erschließen. Unbekümmert darum, daß Beethovens Opus 62 nicht zu Shakespeares Drama, sondern zu einem Trauerspiel von Collin gehört, konstatiert Wagner:

> »Aus dem ganzen, an beziehungsvollen Verhältnissen reichen politischen Gemälde, dessen Darstellung, wie sie dem Dichter erlaubt war, dem Musiker durchaus verwehrt blieb – weil dieser nur Stimmungen, Gefühle, Leidenschaften und deren Gegensätze, nicht aber irgendwie politische Verhältnisse ausdrücken kann –, griff Beethoven für seine Darstellung nur eine einzige, allerdings die entscheidendste Szene heraus, um an ihr den wahren, rein menschlichen Gefühlsgehalt des ganzen, weitausgedehnten Stoffes wie in seinen Brennpunkt zu fassen und zur ergreifendsten Mitteilung an das' wiederum rein menschliche Gefühl zu bringen. Dies ist die Szene zwischen Coriolan, seiner Mutter und seinem Weibe im Kriegslager vor den Toren der Vaterstadt.« (V,173.)

Freilich handelt es sich hier um ein Instrumentalwerk, aber dieses wird von Wagner doch wie die Symphonien Beethovens als Drama ohne Worte gedeutet. »So dichtete

Beethoven in Tönen den Coriolan« (V,176), heißt der durch Sperrdruck hervorgehobene Schlußsatz der programmatischen Erläuterung. »Das ganze Tonstück könnte füglich als musikalische Begleitung einer pantomimischen Darstellung selbst gelten, nur in dem Sinne, daß die Begleitung zugleich die ganze dem Gehöre wahrnehmbare Sprache kundgibt, deren Gegenstand wir in der Pantomime uns wiederum als dem Auge vorgeführt denken müssen.« (V,174.) Beethovens Ouvertüren sind wie die Sätze seiner Symphonien Urszenen, deren Dramaturgie für Wagner paradigmatische Bedeutung hat.

Der Prozeß einer emotionalen Filtrierung des »gemeinen Lebens«, eines »weitausgedehnten« (politischen) Stoffs, wie ihn Wagner im Liszt-Essay programmatisch beschreibt und in Beethovens *Coriolan*-Ouvertüre exemplarisch verwirklicht sieht, prägt auch seine Bearbeitung des Tristan-Stoffs. Es ist oft gezeigt worden, wie radikal Wagner die verschlungenen Handlungsstränge der mittelalterlichen »Estoire« reduziert, vereinfacht, nach innen genommen – mit seinen eigenen Worten zu reden: in den »Brennpunkt« ihres »rein menschlichen Gefühlsgehalts« zusammengedrängt hat (V,173).[146] Was der emotionale Filter der Musik bzw. der auf sie bezogenen poetisch-dramaturgischen »Anlage und Ausführung« des *Tristan*[147] vom ursprünglichen epischen Stoff übriggelassen hat, sind drei Situationen von konzentrierter Gefühlshaltigkeit, die nach Wagners Ästhetik allein musikalisch artikulierbar und amplifizierbar sind. Wie er diese drei ›musikalischen‹ Gefühlsgipfel des Stoffs exponiert und verbunden hat, ist von jeher bewundert worden. Auch im *Parsifal* wird er den mittelalterlich-epischen Stoff auf drei prägnante, im Sinne von *Oper und Drama* ›verstärkte‹, d. h. in ihrer pathetischen Steigerung alle wesentlichen Motive des Stoffs implizierende Momente konzentrieren. »Ich muß alles in *drei* Hauptsituationen von drastischem Gehalt so zusammendrängen, daß doch der tiefe und verzweigte Inhalt klar und deutlich hervortritt; denn so zu wirken und darzustellen, das ist nun einmal meine Kunst«, schreibt Wagner am 30. Mai 1859 an Mathilde Wesendonk.[148]

Der Dichter wie der dramatische Musiker müssen dem Zuschauer eine Brücke der Identifikation mit ihren Gestalten bauen. In der Dichtung besteht Wagners Liszt-Essay und seinem hier erörterten Brief an Mathilde Wesendonk zufolge diese Brücke in der »gemeinen Lebenserfahrung« mit all ihren Partikularitäten.

> »Ohne das viele, kleine, ja kleinliche Detail aus der gemeinen Lebensgewohnheit, der Politik, der Gesellschaft, ja des Hauses und seiner Bedürfnisse, das Goethe im *Tasso* verwendet, würde er seine Idee auf dem Dichterwege gar nicht kleiden können. Hier aber ist der Punkt, wo jeder mit dabei ist, jeder eine Vorstellung, eine Erfahrung anknüpfen kann und sich so zu Haus endlich fühlt, daß er unmerklich zu dem, was der Dichter eigentlich will, geleitet werden kann.«

So Wagner in seinem *Tasso*-Brief. Beim musikalischen Drama fehlt aufgrund der Idealität der Form die Möglichkeit einer Anknüpfung an die alltägliche Lebenserfahrung. Hier kommt die Identifikation auf ganz andere Weise zustande: durch die differenzierte musikalische Vermittlung der konzentrierten Gefühlsmomente. »Eben diese vielen kleinen Züge, durch die der Dichter seinen idealen Gegenstand der gemeinen Lebenserfahrung ganz nahe bringen muß, läßt gerade der Musiker aus und greift dafür zu dem unendlichen Detail der Musik, um den ideell weit entrückten Gegenstand durch dasselbe der Gefühlserfahrung des Menschen überzeugend vorzuführen.«[149] Als Movens der Identifikation dient nicht mehr das alltägliche, sondern das musikalische Detail. Fehlt dessen »Handhabe«, fehlt überhaupt die Brücke der Musik, so muß dem Zuschauer das musikalische Drama *als Dichtung* fremd, unverständlich sein – wie die oft so ahnungslose Polemik gegen den ›Dichter‹ Wagner zeigt –, »der Leser müßte denn so begabt sein, daß er schon in der ungemein vereinfachten Handlung die überzeugende Tendenz herausfühlte.«[150]

Die Simplizität der Handlung tritt in ein dialektisches Spannungsverhältnis zur Komplexität der Musik; die geschlossene poetische Form des Dramas und das »unendliche Detail« der Musik bedingen sich wechselseitig. Bemerkenswert ist Wagners psychagogische Legitimation des musikalischen Details, die im Grunde bedeutet, daß der Hörer das Werk nicht mehr notwendig als ein strukturelles Ganzes auffaßt – ein Signal für den ›romantischen‹ Wandel der Hörgewohnheiten: »So geht es dann, wenn bei meinem Werke die Musik fertig ist: da beginnen und wechseln melodische Phrasen, fesseln und reizen; der eine hält sich an dies Thema, der andere an jenes; sie hören und ahnen, und können sie, so erfassen sie endlich auch den Gegenstand, die Idee.«[151]

Das klingt fast wie eine sublimere Variation der Weisheit des Schauspieldirektors im Theaterprolog zu Goethes *Faust*: »Ein jeder sucht sich endlich selbst was aus. / Wer vieles bringt, wird manchem etwas bringen; / Und jeder geht zufrieden aus dem Haus.« (V. 96 ff.)

Die von Wagner beschriebenen strukturellen Unterschiede zwischen Schauspiel und musikalischem Drama ändern »am reinen Dichterwerke der Form nach unermeßlich viel«; die poetische Form des musikalischen Dramas wird sich nämlich durch eine ›idealere‹ Konsistenz auszeichnen, als sie im gesprochenen Drama möglich ist. Um noch einmal an früher zitierte Äußerungen Wagners zu erinnern: Das »viele kleine, ja kleinliche Detail«, das der Dichter dem Zuschauer als Identifikationsbrücke bieten muß, der »weitausgedehnte Stoff«, die »mannigfaltig zusammengesetzten Momente«, die er gestaltet, verhindern die ideale formale Konzentration der Handlung.[152] Die zugegebene poetische Unterlegenheit des musikalischen Dramas enthüllt sich so paradoxerweise als ästhetische Überlegenheit. Das ist nicht eine an Wagners Brief herangetragene Spekulation, sondern eine Überzeugung, die in seinen Schriften seit *Oper und Drama* ständig wiederkehrt.

Wir haben verfolgt, wie stark Wagners Reformschriften vom Modell der »antiken Kunstform«, von einem Ideal der »Einheit« der dramatischen Handlung geprägt sind, das unverkennbar auf die Aristotelische Poetik zurückweist. Diese Einheit wird nach Wagners Überzeugung allein durch das Leitmotivsystem garantiert. »Die ›Leitmotiv‹-Technik stellt die großartige Absicht dar, das thematische Material einer ganzen Oper und sogar einer ganzen Tetralogie zu vereinheitlichen. Eine so weitreichende Organisation verdient eine ästhetische Bewunderung höchsten Ranges«, hat Arnold Schönberg bemerkt; er stellt die Zwölftontechnik in dieser Hinsicht als Fortsetzung des Leitmotivsystems dar: »Ich glaube, daß Richard Wagner, als er – zu dem gleichen Zweck wie ich meine Grundreihe – sein Leitmotiv einführte, gesagt haben mag: ›Es werde Einheit‹.«[153]

In der für ihn in formaler Hinsicht paradigmatischen attischen Tragödie ist nach Wagner die Einheit der Handlung durch die formale Struktur des Mythos bedingt gewesen. Im griechischen Drama zog sich die Handlung »ganz dem Wesen des Mythos entsprechend [...] zu plastischer Dichtheit zusammen« (IV,33). Wenn Nietzsche in der

Geburt der Tragödie den Mythos als »das zusammengezogene Weltbild« charakterisiert, als »Abbreviatur der Erscheinung«, so folgt er unmittelbar Wagners Strukturbestimmung desselben.[154]

War dem Griechen »die einheitvolle Form seines Kunstwerkes« nur »die künstlerische Vollendung des Mythos selbst« (IV,34), so ist jene Form im modernen Drama nur willkürliche Rekonstruktion, da das von Geschichte und Politik geprägte moderne »Lebenselement« (IV,27) in seiner unüberschaubaren stofflichen Dispersion eine natürliche Affinität zum Roman – nicht aber zum Drama hat, das genötigt ist, die zeitgenössische oder historische Realität »durch willkürliche Sichtung oder Zusammendrängung zu entstellen« (IV,24).

Wagner unterscheidet bekanntlich zwei Entwicklungslinien des modernen Dramas. Die eine führt organisch vom mittelalterlichen Roman über Mysterien- und Volksschauspiel zum Shakespeareschen Drama, die andere durch die bloß gelehrte Adaption der griechischen Tragödie zur französischen klassizistischen Tragödie (Racine). Zwischen diesen beiden Formmodellen schwankt nach Wagner die ganze neuere dramatische Produktion. Die reine Form des Dramas, die für ihn mit der »antiken Kunstform« zusammenfällt, ist im Bereich des Schauspiels nur auf Kosten der komplexen modernen Lebenswirklichkeit zu erreichen. Allein durch die Vermählung von Dichtung und Musik kann das Drama in seiner vollkommenen Gestalt wiedergeboren werden, denn nun vermag der Dramatiker, wie Wagner in seinem Brief an Mathilde Wesendonk schreibt, die Handlung unter Ausschaltung des weitläufigen realistischen Details zu ihren gefühlsnotwendigen Momenten zusammenzuziehen, ohne daß sie durch diese Konzentration verarmt. Das ›Detail‹ wird ja von der Musik übernommen; ohne die Motivation durch sie – beim bloßen Lesen der Dichtung des musikalischen Dramas – verliert freilich die »ungemein vereinfachte Handlung«[155] ihre poetische Evidenz und Bedeutungsvielfalt.

Das letzte Zitat bezieht sich natürlich auf *Tristan*. Im *Ring des Nibelungen* kann von einer Vereinfachung der Handlung im Sinne der »antiken Kunstform« kaum die Rede sein. Sie dehnt sich eher, wie seit Thomas Mann immer wieder bemerkt worden ist, zum szenischen Epos aus. Auf der anderen Seite ist nicht zu verkennen, wie sehr Wagner sich trotz der unermeßlichen Zeitspanne, in der das mythische Geschehen abläuft, innerhalb der Teile der Trilogie um die ›Einheit der Zeit‹ bemüht. Carl Dahlhaus hat darauf aufmerksam gemacht, daß das *Rheingold*, abgesehen von der ersten Szene, vom Morgen bis zum Abend eines einzigen Tages, die *Walküre* von einem Abend bis zum nächsten reicht, daß die Handlung des *Siegfried* zwei Tage, die der *Götterdämmerung* drei Tage dauert. Gegen den Widerstand des ›vielstoffigen‹ Inhalts strebt Wagner also nach lückenloser Kontinuität der Handlung; darin setzt sich ohne Zweifel eine »klassizistische Formtendenz« durch. Die beiden anderen ›Einheiten‹ – des Orts und der Handlung – werden in der Tetralogie freilich gänzlich vernachlässigt.[156]

Die Unterbrechung der Arbeit am *Ring* nach dem zweiten Akt des *Siegfried* durch die Dichtung und Komposition des *Tristan* bedeutete für Wagner nicht zuletzt deshalb eine ästhetische Befreiung, da er mit diesem Werk tatsächlich das in *Oper und Drama* aufgestellte Ideal eines musikalischen Dramas von der »verdichteten Gestalt« der antiken Tragödie realisieren konnte – »als einen Ergänzungsakt des großen, ein ganzes Weltverhältnis umfassenden Nibelungenmythos« (*Epilogischer Bericht*, VI,268). »An dieses Werk nun erlaube ich die strengsten aus meinen theoretischen Behauptungen fließenden Anforderungen zu stellen«, schreibt Wagner in seinem Aufsatz »*Zukunftsmusik*« (VII,119).

Die Entstehungsgeschichte des *Tristan* ist, wenn wir uns einer biologischen Metapher bedienen dürfen, gewissermaßen das ontogenetische Abbild der von Wagner in *Oper und Drama* am Beispiel Shakespeares dargelegten Phylogenese des modernen Dramas: die Transformation des mittelalterlichen Romans ins Drama. Der formale Verdichtungsprozeß geht im Falle der Wagnerschen Dramatisierung des Tristan-Stoffs freilich erheblich weiter als das Theater Shakespeares, dem sein ›epischer‹ Ursprung nach Wagner immer anzumerken ist. In *Tristan und Isolde* hingegen konnte der ›Roman‹ in der Handlung gänzlich liquidiert, diese gleichsam zur Tragédie classique zusammengezogen werden, da alles ›Epische‹ vom Orchester übernommen worden ist.

Daß der geschlossene Aufbau der Handlung des *Tristan* der von Wagner in *Oper und Drama* (IV,6) als formaler Gegenpol zur offenen szenischen Struktur des Shakespeareschen Dramas beschriebenen »Tragédie des Racine« (und ihrem musikalischen Pendant: der Reformoper Glucks) dramaturgisch nahekommt, ist wiederholt bemerkt worden. Der amerikanische Literaturhistoriker Francis Fergusson hat Wagners *Tristan* mit Racines *Bérénice* verglichen und kommt zu dem Ergebnis, beide Werke seien trotz der tiefgreifenden Gegensätze der »images of life« in ihrer »artistic absoluteness« miteinander verwandt: "Both reduce the life of the psyche to one moment of action, or one mode of being, and both demand of the art of drama an idealist perfection of form, a literal and 'univocal' kind of unity."[157] Auch Hans Mayer vergleicht die Dramaturgie des *Tristan* mit dem »klassischen Dreieck französischer Dramentradition«. Die Handlung beschränkt sich auf wenige Personen: von episodischen Figuren abgesehen, auf Tristan, Marke, Isolde und ihre für die Struktur der Tragédie classique typischen ›confidents‹ Kurwenal, Melot und Brangäne (dies die Reihenfolge im Personenverzeichnis). »Drei streng gebaute Akte. Zuerst steht Isolde im Mittelpunkt; spät erst tritt der Herr Tristan vor sie hin. Der dritte Akt ist Tristans. Der Mittelakt gehört dem liebenden Paar: Tristan *und* Isolde. Die Rahmenakte stehen im Zeichen des Tages. [...] Der Mittelakt als Vereinigung der Liebenden gehört der Nacht.« Mayer vermutet sogar, daß Wagner die ursprünglich geplante Konfrontation Tristans mit Parsifal im dritten Akt fallengelassen hat, um die so glücklich erreichte »klassische Abrundung« der Handlung nicht zu stören.[158]

Diese ›Klassizität‹ aber konnte Wagner sich von seinem Standpunkt aus nur deshalb erlauben – ohne Gefahr zu laufen, daß er das ›Leben‹ in seiner Bedeutungsfülle aus dem Horizont des Dramas ausschloß oder zur abstrakten Maske erstarren ließ –, weil er dem Orchester gewissermaßen die Rolle des ›allwissenden Erzählers‹ zuweist. Er durfte also die epischen Elemente aus der Handlung des *Tristan* eliminieren, da er sie der Musik übergab: Das Orchester erzählt gleichsam den Roman, den das reine Drama liquidiert. Diese Metapher sei durch ein Beispiel erläutert. Das zentrale Motiv des Tristan-Stoffs ist der Liebestrank. Die tiefgreifende symbolische Umdeutung dieses Motivs bei Wagner ist oft erklärt worden: Der Trank erweckt nicht erst die Liebe Tristans und Isoldes, sondern macht die verschwiegene und verdrängte Leidenschaft nur offenbar. Weil beide glauben, den Tod zu trinken, schwindet zwischen ihnen die Scheidewand illusionärer Wertvorstellungen und trotziger Selbstbewahrung. Nur der vermeintliche

*Todes*trank ermöglicht das rückhaltlose Bekenntnis zur Liebe. Brangäne hätte, wie Thomas Mann in seinem Essay *Leiden und Größe Richard Wagners* schreibt, den Liebenden ebensogut ein Glas Wasser reichen können – der Verlauf der Handlung des ersten Aufzugs wäre derselbe geblieben.[159] Der Trank wird also zur Chiffre eines metaphysischen Erkenntnisprozesses (im Sinne Schopenhauers) und zugleich zur Abbreviatur eines komplexen psychologischen Vorgangs; ihn vermag das Relief der Bühnenhandlung nur anzudeuten, seine differenzierte Motivierung und ›epische‹ Entfaltung bleibt der Musik vorbehalten.

Auf den Todes-Liebestrank trifft exakt zu, was Wagner in *Oper und Drama* über das poetische Vehikel des »Wunders« schreibt. Es dient der »Absicht des Dichters, der [...] die Erscheinungen des Lebens aus ihrer unübersehbaren Vielgliedrigkeit zu dichter, leicht überschaubarer Gestaltung zusammendrängen muß«. Wagner unterscheidet in einem durchaus aufgeklärt-rationalistischen Sinne das »gedichtete« vom »dogmatischen Wunder«, das »den natürlichen Zusammenhang der Dinge« mystifizierend zerreißt, während das rein poetische Wunder diesen Zusammenhang durch die Verdichtung zu einem »schnell verständlichen Bilde« gerade »dem Gefühle begreiflich« zu machen strebt. Es wird also nicht »um seiner selbst willen verwendet« wie das dogmatische Wunder; ihm liegt ja nichts am »Glauben«, sondern nur am »Gefühlsverständnis«, dem der natürliche Zusammenhang aufgrund seiner Komplexität sonst fremd bliebe (IV,81 ff.). Wagner hat seine Theorie des »Wunderbaren in der Kunst« in folgender Aufzeichnung aus der Zeit um 1850 aphoristisch zusammengefaßt:

> »Die Verdichtung der ausgedehntesten und verschiedenartigsten Erscheinungen, die in ihrem vielgegliederten Zusammenhange dennoch zu einer einzigen, bestimmten Wirkung sich äußern, die klar überschaubare Vorführung eines solchen Zusammenhanges, der uns ohne tiefstes Nachforschen und die größte Erfahrung unerfaßbar bleibt und beim Überblick uns mit Erstaunen erfüllt, ist in der Kunst, welche ihre Wirksamkeit nur in der Gebundenheit an gewisse zeitliche und örtliche Bedingungen ausführen kann, nur durch das Wunderbare zu erreichen. Hier wird in dichterischer Fiktion die ungeheure Kette des Zusammenhanges verschiedenartigster Erscheinungen zum leicht überschaulichen Bande weniger Glieder verdichtet, diesen wenigen Gliedern aber die Macht und Kraft der ganzen Kette beigelegt: und diese Macht ist das Wunder in der Kunst.« (XII,279.)

Das Wunder als Abbreviatur einer natürlichen Ereignisfolge erfährt aber durch die Musik seine Motivierung und Auslegung.[160] In der *Einleitung zu einer Vorlesung der »Götterdämmerung«* (1873) beschreibt Wagner besonders plastisch, was durch die Mitwirkung des modernen Orchesters für die dramatische Form geleistet worden ist. Die Musik sei es, welche uns, »indem sie unablässig die innersten Motive der Handlung in ihrem verzweigtesten Zusammenhange uns zur Mitempfindung bringt, zugleich ermächtigt, ebendiese Handlung in drastischer Bestimmtheit vorzuführen: da die Handelnden über die Beweggründe im Sinne des reflektierenden Bewußtseins sich uns nicht auszusprechen haben [das übernimmt das Orchester], gewinnt hierdurch ihr Dialog jene naive Präzision, welche das wahre Leben des Dramas ausmacht« (IX,309). Die Präzision und Konzision der Handlung wird ermöglicht und legitimiert durch die Musik, zumal aufgrund der vom antiken Chor übernommenen Funktion einer gleichsam epischen Fundamentierung des dramatischen Geschehens durch das Orchester.

In einem Brief an Joseph Gregor vom 8. Januar 1935 hat Richard Strauss die Überzeugung des Theaterhistorikers kritisiert, daß mit Goethes *Iphigenie* und *Tasso* das

Welttheater seine höchste »geistige Formung« erhalten habe. Nicht die vordergründige Verabsolutierung des klassisch-geschlossenen Dramas erregt seinen Widerspruch – er hält diesen Typus im Gegenteil für einen »großen Fortschritt gegen Shakespeares dramatische Romane, wie sie Wagner nennt« –, sondern, daß Gregor nicht erkannt habe, wie sehr jene geistige Formung, welche die äußeren Vorgänge im *Tasso* zu »Symbolen für das innere Leben der Personen« sublimiere, durch *Tristan* noch übertroffen worden sei – vor allem aufgrund der »äußersten Differenzierung« des Orchesters. Erst durch dessen Mitwirkung habe das Welttheater seine »höchste Vollendung« erreicht. (Wagners Orchester, so heißt es in einer Aufzeichnung Nietzsches von 1875, sei »symbolisch, ohne Ende; der Mensch aller Zeiten wird sich hier wiedererkennen«.[161]) Strauss wird Wagners *Tasso*-Brief an Mathilde Wesendonk kaum präsent gewesen sein. Daß beide Briefe aber dieselben Werke zum Vergleich und zur Begründung der vermeintlichen ästhetischen Überlegenheit des musikalischen Dramas heranziehen, dokumentieren einen bezeichnenden Konsens in den dramaturgischen Grundpositionen.[162]

6. Welt im sterbenden Licht – »Tristan« und der Mythos der Nacht

> »Die Töne sind das Leben und die Gestalt der Nacht, das Zeichen alles Unsichtbaren und die Kinder der Sehnsucht.«
>
> Clemens Brentano, *Godwi*, Bd. 2.

Tristan und Isolde sei das »Ende aller Romantik«, schreibt Richard Strauss in seinem Brief an Joseph Gregor am 8. Januar 1935; hier werde »in einem Brennpunkt die Sehnsucht des ganzen 19. Jahrhunderts aufgefangen«. – Ein »romantisches und mit allem romantischen Denken und Empfinden tief verbundenes Werk« ist *Tristan* auch für Thomas Mann, denn der Kultus der Nacht sei »Heimat und Reich aller Romantik, ihre Entdeckung« (*Leiden und Größe Richard Wagners*).[163] Erst die deutsche Frühromantik hat den *Mythos* der Nacht geschaffen, als Gegenwelt zur Verstandeshelle des Tages – zur *Aufklärung*. Diese ist ja ihrem Selbstverständnis nach eine Bewegung, welche wie keine andere im *Licht* steht. Der Begriff ›Aufklärung‹ ist mit dem lateinischen ›clarus‹ verwandt, bedeutet (frz. les lumières, engl. enlightenment): Licht in eine Sache bringen, alle Dinge fortschreitend erhellen. Die metaphysische Lichtmetaphorik, in der jener Begriff gründet, manifestiert sich besonders eindrucksvoll in der *Monadologie* von Leibniz. Die Monaden sind zielstrebige fensterlose Wesenheiten, die zu immer größerer Helligkeit entelechisch hinstreben bis zu ihrer Vereinigung in der hellsten – aufgeklärtesten – Monade, in Gott.

Novalis hat in seinem Traktat *Die Christenheit oder Europa* (1799) den Aufklärern vorgehalten: »Das Licht war wegen seines mathematischen Gehorsams und seiner Freiheit ihr Liebling geworden. Sie freuten sich, daß es sich eher zerbrechen ließ, als daß es mit Farben gespielt hätte, und so benannten sie nach ihm ihr großes Geschäft, Aufklärung.«[164] Von Novalis nun stammt die wohl bedeutendste europäische Nachtdichtung: die *Hymnen an die Nacht* (1800), in denen man bis heute eine Hauptquelle des *Tristan* vermutet. Bisher ist es nicht gelungen, eine Novalis-Lektüre Wagners zu belegen,[165] doch finden sich unverkennbare Anklänge an die *Hymnen* im *Tristan*-Text; bereits Thomas Mann hat darauf hingewiesen: »Tristan und Isolde nennen sich ›Nachtgeweihte‹ – das steht wörtlich bei Novalis: ›Der Nacht Geweihte‹.«[166] Thomas Mann hat auch auf die fast wörtlichen Parallelen des *Tristan* zu einem anderen Werk der Frühromantik aufmerksam gemacht, das Wagner nachweislich gekannt hat: zu Friedrich Schlegels *Lucinde* (1799). »O ewige Sehnsucht!« lesen wir im Liebesgespräch zwischen Lucinde und Julius, »doch endlich wird des Tages fruchtlos Sehnen, eitles Blenden sinken und erlöschen, und eine große Liebesnacht sich ewig ruhig fühlen.« Auch Lucinde nennt sich übrigens, was Thomas Mann nicht erwähnt, »der Nacht geweiht«.[167]

Die *Hymnen an die Nacht* beginnen mit der Frage: »Welcher Lebendige, Sinnbegabte liebt nicht vor allen Wundererscheinungen des verbreiteten Raums um ihn das allerfreuliche Licht mit seinen Farben, seinen Strahlen und Wogen, seiner milden Allgegenwart, als erwachender Tag?« Der Preis des Lichts – er gemahnt an den ekstatischen Ausruf der erwachenden Brünnhilde im *Siegfried*: »Heil dir, Sonne! / Heil dir Licht! / Heil dir, leuchtender Tag!« (VI,166) – wird noch eine Zeit fortgesetzt, dann aber wechselt der Dichter jäh die Perspektive: »Abwärts wend ich mich zu der heiligen, unaussprechlichen, geheimnisvollen Nacht.« Sie läßt die Wunder des Tags ins Wesenlose versinken. »Wie arm und kindisch dünkt mir das Licht nun! wie erfreulich und gesegnet des Tages Abschied!«[168] Der aufgeklärte Lichthymnus, mit dem die Dichtung beginnt, wird durch die romantische Vision der Nacht in Frage gestellt, als arm und kindisch gegen sie herabgesetzt.

Wie wenig die Dichter bis weit ins 18. Jahrhundert dem Mysterium der Nacht zugeneigt waren, zeigt eine seit der römischen Antike immer wieder verwendete Formel, durch die der Abschluß einer poetischen Komposition oder eines ihrer Teile motiviert wird: der Hinweis auf den sinkenden Tag, der eben dazu zwingt, zum Ende zu kommen. Diese Schlußformel ist zumal in der mittellateinischen Literatur beliebt gewesen. Ernst Robert Curtius hat sie als Symptom einer »Angst vor der Nacht im Mittelalter« gedeutet.[169] Freilich finden wir gerade in der Lyrik dieser Epoche eine Gattung – die »Alba«, das Tagelied –, die das Morgengrauen als Übel schmäht. »Gevluochet wart dem tage«, heißt es gar in einem Tagelied von Wolfram von Eschenbach, dem wohl größten Dichter der Gattung.[170] Es ist bezeichnend, daß Wagner im zweiten *Tristan*-Akt auf die Tradition der Alba zurückgreift – dazu wohl inspiriert durch die ebenfalls dem Tagelied verwandte fünfte Szene im dritten Aufzug von Shakespeares *Romeo und Julia* bzw., was noch näher liegt, durch die entsprechende Szene in Vincenzo Bellinis *Capuleti ed i Montechi*, deren Aufführung mit Wilhelmine Schröder-Devrient in der Rolle des Romeo eines der entscheidenden künstlerischen Erlebnisse des jungen Wagner gewesen ist. In der Tat erklärt Wagner in einem Gespräch mit Cosima über *Tristan* am 23. März 1878: »Wie ich nur zu der Überschwenglichkeit des zweiten Aktes gekommen bin, ich weiß, durch die Schröder-Devrient als Romeo, und es ist gar nicht so dumm, eine Frau für solch eine Rolle zu nehmen, denn diese Stöpsel von Männern und namentlich Tenoristen [man meint fast schon Richard Strauss zu lesen] können nie dieses schöne Rasen von Liebkosungen haben.« (CT II,67.)

Das Liebesgespräch der illegitim Liebenden, der Warnruf des Wächters – die Situation des zweiten *Tristan*-Akts entspricht weithin dem Tagelied. Und doch ist der Unter-

schied bedeutend. Tristan und Isolde sind für Brangänes Warnruf nicht mehr zugänglich, die Notwendigkeit der Trennung kann ihnen nicht einleuchten, ist für sie doch die mystische Einheit von Nacht, Tod und Liebe der höchste Wert, während die Liebenden des Tagelieds am unbedingten Wert des Lebens nicht zweifeln.[171]
Die Alba spielt bezeichnenderweise – anders als der rein nächtliche zweite *Tristan*-Akt – auf der Grenze zwischen Nacht und Tag. In der Geschichte der europäischen Dichtung gibt es unseres Wissens vor der deutschen Romantik nur zwei Traditionen, welche die Nachtmystik des *Tristan* in wesentlichen Zügen antizipieren. Die eine weist auf die spanische Mystik zurück – davon später –, die andere auf die Schule des Dolce stil nuovo und die petrarkistische Tradition vor allem in Frankreich (Ronsard).[172] Es ist nicht so abwegig, eine Brücke von den Stilnovisten, von Petrarca und Ronsard zum *Tristan* zu schlagen, wie es auf den ersten Blick erscheinen mag. Der von Wagner zeitlebens hochverehrte Adolf Wagner, sein Onkel, dem er die entscheidenden Bildungseindrücke seiner Jugend verdankt, hat 1827 seinen Goethe gewidmeten und von diesem lebhaft begrüßten *Parnasso Italiano* herausgegeben, der vor allem die Dichtung aus dem Umkreis der Stilnovisten, Dante, Petrarca und Tasso, versammelt.[173] Natürlich hat Richard Wagner von seinem Onkel viel über dieses Werk erfahren. Zu erinnern ist auch an Franz Liszts Kompositionen nach Sonetten Petrarcas aus dem Jahre 1838. Und von Ronsard hat Wagner Ende 1839 in Paris immerhin die Ode *Mignonne, allons voir si la rose* (1553) als Klavierlied vertont. Obwohl nicht anzunehmen ist, daß er tiefere Kenntnisse von Ronsard hatte, ist doch der *Tristan*-Vorklang einiger Sonette der *Amours de Cassandre* (1552) und *Amours de Marie* (1555/56) bestürzend:

> «Ha! je voudrais pour alléger ma peine,
> Être un Narcisse, et elle une fontaine,
> Pour m'y plonger une nuit à séjour;
>
> Et si voudrais que cette nuit encore
> Fût éternelle, et que jamais l'Aurore
> D'un feu nouveau ne rallûmat le jour.»[174]

»Ach, ich wollte, um meine Qualen zu lindern, daß ich ein Narziß wäre und sie eine Quelle, in die ich mich eine Nacht lang versenkte. Und ich wollte, daß diese Nacht dann ewig währte und daß Aurora niemals wieder dem Tag ein neues Licht anzündete.«
Oder in einem anderen Sonett: «Le jour m'est odieux, la nuit m'est opportune; / Je crains du jour l'aguet d'un voisin ennemi.»[175] »Der Tag ist mir verhaßt, die Nacht ist mir gewogen; am Tage habe ich den Hinterhalt eines nahen Feindes zu fürchten.« (Im gleichen Sonett ist auch vom Gifttrank der Liebe: »l'amoureuse poison« die Rede.)
Das Narziß-Motiv, das später die Romantiker und Richard Wagner immer von neuem faszinieren wird, ist hier bereits genau wie in der Arnimschen Ballade vom Bergwerk zu Falun (*Des ersten Bergmanns ewige Jugend*), von der im zweiten Kapitel die Rede war, auf die Geliebte bezogen, die als Wasser das eigene Bild des Liebenden spiegelt. Es sei auch noch einmal an Sieglindes Verse im ersten Akt der *Walküre* erinnert: »Im Bach erblick ich / mein eigen Bild – / und jetzt gewahr ich es wieder: / Wie einst dem Teich es enttaucht, / bietest mein Bild mir nun du!« (VI,19.) Das gleiche Symbol dient Wagner in *Oper und Drama* dazu, das Verhältnis von Dichtung und Musik im

musikalischen Drama zu kennzeichnen; dem Dichter wirft der Meeresspiegel der Melodie »sein eigenes Bild zurück«: die Chiffre der erotischen Vereinigung des männlichen Elements der Dichtung mit dem weiblichen Element der Musik (IV,142).

In antiken Traumbüchern bedeutet: sich spiegeln = Tod. Darauf führt man auch den Tod des Narziß nach der Betrachtung des eigenen Spiegelbildes zurück.[176] In einer genialen szenischen Eingebung hat Jean Pierre Ponnelle, der Regisseur der *Tristan*-Inszenierung der Bayreuther Festspiele 1981, das Narziß-Motiv mit der tödlichen Liebe Tristans und Isoldes assoziiert. In dem Moment, da beide im ersten Aufzug die Trinkschale mit dem Liebestrank ergreifen, fällt ihr Blick auf ihr Spiegelbild in dem breiten Gefäß: Von dem Blick wie vom Blitz getroffen, wird ihnen ihre wechselseitige Liebe schlagartig bewußt. Das Motiv wiederholt sich im zweiten Akt, als Tristan und Isolde sich in einer Quelle betrachten. Die Spiegelung in der Trinkschale und im Wasser bedeutet zugleich uralter mythischer Erfahrung gemäß den Blick ins Antlitz des Todes. Das Spiegelbild wird wahrhaftig zum Liebes-*Todes*-Trank. Ponnelles Idee stammt nicht aus Wagners Text, aber das Narziß-Motiv wird in seinem Geist mit der Dichtung symbolisch eng verwoben, ja vertieft ihren mythischen Grund so bedeutend, daß man beinahe vermuten darf, daß Wagner diese szenische Eingebung zum Bestandteil seines Werks gemacht hätte. – In seinem Buch *L'eau et les rêves* (1942) hat Gaston Bachelard die Todessymbolik des Wassers in der Poesie des 19. Jahrhunderts vor allem am Beispiel Edgar Allan Poes faszinierend nachgewiesen. Die Betrachtung des Wassers heiße für Poe stets: sterben, sich der Mutter nähern. Eine »Einladung zum Sterben« nennt Bachelard das Element aus diesem Grunde.[177]

Es wäre freilich anachronistisch, die symbolische Wiederentdeckung uralter mythischer Erfahrungen in der Dichtung des 19. Jahrhunderts bereits in die Sonette Ronsards zu reprojizieren. Hier bleibt die Narziß-, Spiegel- und Nachtmotivik noch eingebettet in die feste Tradition petrarkistischer Topoi. Jedenfalls wird man aber der These von Thomas Mann, die Nacht sei eine »Entdeckung« der Romantik, mit Vorsicht begegnen müssen.

Als die Entdeckerin der poetischen *Stimmungen* der Nacht darf man schon die Dichtung der Empfindsamkeit nach 1740 bezeichnen, welche die Aufklärung gewissermaßen kontrapunktisch begleitet, die einseitige Betonung der Ratio durch den Kultus der Empfindungen ausgleicht, ohne deshalb notwendig zum Irrationalismus zu neigen. Das zeigt gleich die erste große europäische Nachtdichtung: die *Nachtgedanken* von Edward Young (*The complaint, or Night Thoughts on Life, Death and Immortality*, 1742–45). Die oben erwähnte traditionelle epische Schlußformel wird nun geradezu umgestülpt: der anbrechende Tag ist das Motiv, die Meditation zu beenden. Der Einfluß der *Night Thoughts* auf die europäische, zumal die deutsche Dichtung der Empfindsamkeit war enorm. Es gab kaum einen unter den empfindsamen Poeten nach der Mitte des Jahrhunderts, der nicht »youngisierte«, den Mond um Mitleid anflehte und um Mitternacht »einsame Tränen« weinte.[178]

In seiner »dramatischen Grille« *Der Triumph der Empfindsamkeit* (1779) hat Goethe die modische Nachtschwärmerei verspottet. Im Mittelpunkt der satirischen Komödie steht der Prinz Oronaro, der sich eine »künstliche Natur«, ein Maschinenwerk mit allen Requisiten der empfindsamen Nachtpoesie hat anfertigen lassen, das er auf seinen Reisen ständig mit sich führt. Auch von seiner Geliebten hat er sich ein künstliches

Abbild schaffen lassen: eine Puppe, die so »magische Gewalt« auf ihn ausübt, daß er sie schließlich, ein umgekehrter Pygmalion, der wirklichen Geliebten vorzieht.[179] Als Richard Wagner und Cosima am 1. November 1870 den *Triumph der Empfindsamkeit* lesen, stellen sie verblüfft fest, wie sehr dieser autistische Prinz ihrem König gleiche (CT I,307). – Thomas Mann hat den Nachtkultus des *Tristan* in Verbindung gebracht mit der vermeintlich erzromantischen »Präponderanz der Nacht« in den Königsschlössern Ludwigs II., ihren künstlichen Grotten und Naturparadiesen.[180] Wagner selbst hätte diese Parallele gewiß als Bagatellisierung seines Werks empfunden. War Ludwig II. nicht eher, wie Wagner richtig erkannt hat, ein ins 19. Jahrhundert versetzter Prinz Oronaro?

In der vorromantischen Nachtpoesie werden fast stets nur Erscheinungen *in der* Nacht geschildert – weniger ihr Dunkel als ihre Lichtwirkungen, der Schein des Mondes und der Sterne –, kaum erscheint *die* Nacht als mythisch-symbolische Ganzheit. Wenn dies aber doch einmal geschehen soll, dann wird auf traditionelle mythologisch-allegorische Topoi zurückgegriffen: So erscheint die Nacht in den *Tageszeiten* von Friedrich Wilhelm Zachariae (1755) ähnlich wie bei Young auf einem Wagen, in einem sternenbesäten Mantel, einen Schleier vor ihrem Gesicht, mit einer Krone, aus der die Mondhörner leuchten, oder sie sitzt auf einem Thron und streckt ihr »anarchisches« Zepter über den Erdkreis. Die »sternflammende« Königin der Nacht in der *Zauberflöte* mit ihrem »schwarzdurchwebten Schleier« vor dem Gesicht hat diese mythologischen Attribute der Nacht zum Teil übernommen.

Die Nacht ist in der Dichtung der Empfindsamkeit vornehmlich gemütserregender Rahmen und die Gelegenheit zur Reflexion. Der Gedankenkomplex Zeit, Leben, Tod und Unsterblichkeit beherrscht nicht nur die *Night Thoughts*, sondern auch die empfindsame Nachtpoesie in Deutschland. Vor allem ist die Nacht die Zeit einsamer *Klage* (so der Haupttitel des Werks von Young) über den Tod der liebsten Angehörigen oder Freunde. Berühmte Beispiele dafür sind Klopstocks Gedichte *Die frühen Gräber* und *Die Sommernacht*. Hier verbindet sich das Nachtmotiv mit der in dieser Zeit überaus verbreiteten Grabesmeditation, die zumal durch die Kirchhofpoesie des Engländers Thomas Gray inspiriert ist (*Elegy written in a Country Churchyard*).[181]

Die Nacht ist also vornehmlich die Zeit des Denkens. »Durch die Sterne werden die Wege des denkenden Geistes am besten erleuchtet; Nächte sind seine Tage, seine heitersten Stunden. Am Tage pflegt die Seele, durch den Lauf des Lebens abgemattet, vom Getöse betäubt, vom Schimmer schwindlicht und vom Gedränge hin und her gestoßen, weit von der Vernunft fortzutaumeln.« So lesen wir in Youngs *Nachtgedanken* (5. Nacht), in der zeitgenössischen Übersetzung von J. A. Ebert.[182] Die moralische Betrachtung des nächtlichen Sternenhimmels als einer göttlichen Hieroglyphenschrift setzt eine barocke Tradition fort (vgl. das großartige Gedicht *An die Sternen* von Andreas Gryphius). Mehr noch als den Sternen huldigen die deutschen Empfindsamen freilich dem Mond und dem durch ihn verbreiteten Licht- und Stimmungszauber; er ist der bevorzugte »Gedankenfreund«, wie Klopstock ihn in der Ode *Die frühen Gräber* bezeichnenderweise apostrophiert.

Zwischen dieser von des Mondes und des Gedankens Blässe melancholisch angekränkelten Nachtstimmungspoesie und der mythischen Vision der Nacht in der romantischen Dichtung liegt eine Welt. Diese Vision setzt eine neue Fähigkeit des Sehens voraus, das »innere Licht« der mystischen Tradition.[183] Es gilt nicht mehr mit denselben Augen wie am Tage die Lichterscheinungen der Nacht zu bewundern und den Gestirnen zu huldigen, wie es die empfindsamen Dichter taten – sie blieben im Grunde versetzte Tagesdichter –, sondern »nachtsichtig« zu werden (Wagners Wortschöpfung im zweiten *Tristan*-Akt; VII,42). Der Nachtsichtige aber sieht Dinge, die sich dem Blick des Tagesauges entziehen: Töne zumal und die symbolischen Bilder der États d'âme. Es ist ein musikalisches Sehen, Auge und Ohr werden eins: »Durch die Nacht, die mich umfangen, / Blickt zu mir der Töne Licht«, lauten die berühmten synästhetischen Schlußverse des *Abendständchens* von Clemens Brentano. Auch Wagners Tristan, den die Nacht »dem Tage zuwirft« (VII,67), wird im dritten Akt das Licht hören.

Für den Dichter der *Hymnen an die Nacht* sind die Sterne nur die Signale des Tages; wer sie besingt, beugt sich seinem Herrschaftsanspruch auch über die Nacht.

»Also nur darum, weil die Nacht dir abwendig macht die Dienenden, säetest du in des Raumes Weiten die leuchtenden Kugeln, zu verkünden deine Allmacht – deine Wiederkehr – in den Zeiten deiner Entfernung. Himmlischer als jene blitzenden Sterne dünken uns die unendlichen Augen, die die Nacht uns geöffnet« – die Oculi cordis der Bibel und der Mystik. – »Weiter sehn sie als die blässesten jener zahllosen Heere – unbedürftig des Lichts durchschaun sie die Tiefen eines liebenden Gemüts – was einen höhern Raum mit unsäglicher Wollust füllt.« (1. Hymne.)[184]

Die Absage an das Licht der Sterne verbindet die *Hymnen an die Nacht* mit dem Sonett *Obsession* in Baudelaires *Fleurs du Mal*: auch die symbolistische ist ja eine Poesie, die das Stigma der »sympathie avec la nuit« trägt (Paul Claudel).[185]

«Comme tu me plairais, ô nuit! sans ces étoiles
Dont la lumière parle un langage connu!
Car je cherche le vide, et le noir, et le nu!»[186]

»O nacht, wie schön ich ohne stern dich fände! / Bekannte sprache spricht der sterne strahl. / Ich suche nur was nackt ist schwarz und kahl.« (Übers.: Stefan George.)

Ein solcher Preis der Finsternis wäre in der empfindsamen Dichtung noch undenkbar gewesen. Nur Edward Young, weit kühner als seine deutschen Nachahmer, wagt im Namen der Finsternis das Licht (freilich nicht der Sterne, sondern der Sonne) zu schmähen: »Für mich hat die Finsternis mehr Göttlichkeit [...], sie jagt die Seele zurück und zwingt sie, sich in sich selbst niederzulassen, das höchste Ziel, nach dem wir streben sollen! [...] Die Finsternis läßt über die alberne Szene des Lebens den Vorhang fallen.« Und Young verweist auf Sokrates, der die ganze Nacht hindurch wachte, »till the sun / (Rude Drunkard rising rosy from the Main!) / Disturbs his nobler intellectual Beam, / And gives him to the Tumult of the World« – »bis die Sonne, gleich einem wilden Trunkenbolde, glühend aus dem Meer steigt, den edlen Strahl seines Geistes unterbricht und ihn dem Tumulte der Welt übergibt«.[187] Der wahre Poet wird von Young als ein Nachtvertrauter gegen die Tagdichter ausgespielt: »Behaltet den Phöbus nur für euch, ihr von seinen Strahlen erwärmten Dichter!«[188] Hier scheint die Romantik in der Tat ihre Schatten vorauszuwerfen, wird für sie die Nacht doch das Zentralsymbol der dichterischen Existenz sein.

Dem Glauben der Aufklärung an die Allmacht des Lichts stellt Novalis in der zweiten Hymne den Mythos der Uranfänglichkeit und Letztendlichkeit der Nacht gegenüber. »Zugemessen ward dem Lichte seine Herrschaft; aber zeitlos und raumlos ist der Nacht Herrschaft.«[189] Novalis wendet hier gewissermaßen die nihilistisch-zynische Überzeugung Mephistos in Goethes *Faust I* ins Positive: Am Anfang stand, so will es der Weltentstehungsmythos des Bösen, das Nichts, die Finsternis (deren Teil er selbst ist). Sie war es, »die sich das Licht gebar, / Das stolze Licht, das nun der Mutter Nacht / Den alten Rang, den Raum ihr streitig macht«; aber wie die Körperwelt, an der es haftet, muß es endlich doch wieder »zugrunde gehn«, Nichts und Finsternis werden wieder wie am Urbeginn Alles sein (V. 1349 ff.). Das ist der Gegenmythos zu Goethes eigenem Weltbild, hat er sich doch stets zum Geschlechte der Menschen bekannt, »die aus dem Dunkeln ins Helle streben«.[190] Deutlichste Manifestation dieser Tendenz ist das Erlösungsmysterium der Bergschluchtenszene am Ende des *Faust*: Im Aufsteigen der Entelechie Fausts innerhalb der hierarchisch gestuften transzendenten Regionen drückt sich seine Erlösung als Ablösung vom Materiellen, Finsteren und als Auflösung ins Geistige, Lichte aus. Die Bewegung zum Licht ist eine Aufwärtsbewegung, während die Hinwendung zur Nacht immer als ein Versinken in die Tiefe erscheint, so in den *Hymnen an die Nacht*: »Abwärts wend ich mich zu der heiligen, unaussprechlichen, geheimnisvollen Nacht. [...] In Tautropfen will ich hinuntersinken.« (1. Hymne.) »Hinunter in der Erde Schoß / Weg aus des Lichtes Reichen!« (6. Hymne.)[191] Wir werden sehen, wie sich bei Wagner, in Isoldes Liebestod, die Bewegungen aufwärts und abwärts höchst merkwürdig überkreuzen und so neutralisieren, daß alle konkrete Raumvorstellung aufgehoben wird.

Die Nacht ist bei Novalis mehr als ein bloßer État d'âme, symbolisiert sie doch einen bestimmten Weltzustand. Die *Hymnen an die Nacht* enthalten einen weit ausgreifenden Geschichtsmythos, der sie mit der gleichzeitig entstandenen Elegie *Brot und Wein* von Hölderlin verbindet: *Die Nacht* (unter diesem Titel wurde die erste Strophe der Hölderlinschen Elegie zum erstenmal gedruckt) ist die Weltnacht zwischen dem Göttertag der Antike und dem utopischen Göttertag Hesperiens. (Anders als bei Novalis ist sie also nicht das Eschaton der Geschichte.) Auch in den *Hymnen an die Nacht* wird das Ende der »alten Welt«, das Verschwinden der Götter in der Chiffre des Tagesendes gespiegelt. »Ins tiefre Heiligtum, in des Gemüts höhern Raum zog mit ihren Mächten die Seele der Welt [...] Nicht mehr war das Licht der Götter Aufenthalt und himmlisches Zeichen: den Schleier der Nacht warfen sie über sich. Die Nacht ward der Offenbarungen mächtiger Schoß, in ihn kehrten die Götter zurück [...].«[192] Das ist die Geburtsstunde des Christentums. Die von Göttern durchwaltete, vom Licht durchflutete alte Welt stürzt in die Nachtwelt der Innerlichkeit zusammen. Die Nacht wird zur »Heimat«, zur Sphäre der mystischen Erfahrung der Einheit von Eros und Tod (»des Todes Entzückungen«), der Unio mystica mit Christus und Vereinigung mit der toten Geliebten. (»Hinunter zu der süßen Braut, / Zu Jesus, dem Geliebten!«[193])

Hier kehrt in erotisch-ästhetischer Gestalt die mystische Vorstellung der dunklen Nacht der Seele, der *Noche escura del alma* wieder: so der Titel eines mystischen Gedichts und Traktats des heiligen Johannes vom Kreuz (um 1577). Das Gedicht *En una noche escura* – das Leo Spitzer in einer subtilen Interpretation mit Isoldes Liebestod im *Tristan* verglichen hat[194] – stellt die ekstatische Vereinigung mit dem Göttlichen in Bildern und Begriffen dar, die mit bezeichnend veränderter Perspektive bei Novalis und Wagner wieder auftauchen. (Isolde spricht z. B. im Prosaentwurf des *Tristan* von der »nächtigen Tiefe des Herzens«, XI, 335, in der das Bild des Geliebten ruhe.) Dem spanischen Mystiker wird das Erotische – die heimliche Liebe, die Situation

des Tagelieds! – zum Bild der Unio mystica, während bei Novalis und vor allem bei Wagner die religiöse Symbolik umgekehrt der Darstellung einer neuen Mystik des Erotischen dient.
Der 1698 in Moskau auf dem Scheiterhaufen verbrannte chiliastische Sektierer Quirinus Kuhlmann, dessen *Kühlpsalter* das eigentümlichste Dokument der Mystik der »dunklen Nacht« in der deutschen Literatur ist, hat in seinem 62. Kühlpsalm die ersten Strophen des Gedichts *En una noche escura* mit drastischer Steigerung der erotischen Metaphorik folgendermaßen nach- und weitergedichtet:

> »In einer dunkler Nächte,
> Als Liebesangst beflammend mich durchwerkt,
> – O Fall vom Glücksgeschlechte! –
> Entkam ich, allen unbemerkt,
> Da schon mein Haus die Still und Ruh verstärkt.
>
> Im Dunkeln, doch satt sicher,
> Die Treppen warn geheim und ich verkleidt,
> – O Fall vor Glückesbücher! –
> Das Finstre gab Verhohlenheit,
> Da schon mein Haus gestillt zu dieser Zeit.
>
> In jener Nacht voll Segen,
> In dem Geheim, da keiner mich erblickt.
> Noch ich was sah bewegen,
> Da ALLES LICHT und ALLS entrückt,
> Ohn das im Herz auslodernd mich beglückt.
>
> O lebend Liebesflamme,
> Du lieblichst triffst den tiefsten Seelengrund!
> Nun bäumst du sanft im Stamme!
> Ei, Lieber, mach das Ende kund!
> Reiß das Geweb im süßen Anlaufsrund!«[195]

Für den Wanderer, der lange einen düsteren Wald durchschritten hat, ist es ein eindrucksvolles Erlebnis, wenn er plötzlich die Strahlen der Sonne durch die Zweige der Bäume brechen sieht und aus der Finsternis des Waldes in eine Lichtung tritt. Die Aufklärung war eine Bewegung in der Lichtung der Vernunft, das umgreifende Dunkel wähnte sie fortschreitend zu überwinden, für die Romantik hingegen blieb jene Lichtung nur ein der unendlichen Finsternis abgerungener Lichtstreifen, über dem die Nacht jederzeit zusammenschlagen konnte, um ihn ins bergende Chaos zurückzuziehen.
Tristan sei ein so tief der romantischen »Nachtbegeisterung« (Novalis)[196] verbundenes Werk, daß es »der Patenschaft Schopenhauers als solches nicht bedurft hätte«, behauptet Thomas Mann.[197] Freilich unterscheiden sich der Nachtmythos Novalis' und Wagners in wesentlichen Zügen; die Christus-Mystik zumal und der geschichtliche Horizont fehlen dem Musikdrama. Die romantischen Elemente sind im Medium der Philosophie Schopenhauers gebrochen, und diese wird umgekehrt in eine romantische Symbolik übertragen, durch die sie eine bedeutende Sinnwandlung erfährt. Die Nacht wird zum Nirwana, zum Reich des »Urvergessens« (VII,61), das freilich nicht im Sinne Schopenhauers durch die Verneinung des Willens, dessen »Brennpunkt« das erotische

Verlangen ist,[198] also durch geschlechtliche Entsagung erreicht wird, sondern durch die Steigerung und Sublimierung der Geschlechtsliebe bis zur Aufhebung der Individuation. Als Tristan im dritten Akt aus der Ohnmacht erwacht (die nach Schopenhauer der »Zwillingsbruder« des Todes ist[199]), berichtet er Kurwenal: »Ich war, / wo ich von je gewesen, / wohin auf je ich gehe: / Im weiten Reich der Weltennacht.« (VII,61.) Die Nacht also ist Anfang und Ende alles Daseins – um ein Wort Schopenhauers zu verwenden: das »weltenschwangere Nichts«,[200] das im *Tristan* deutlich Züge der antiken Unterwelt trägt. Das Leben ist der leuchtende Schaum auf der Welle der Nacht, von ihr erzeugt und in sie zurückkehrend. Diese Urmütterlichkeit der Nacht ist natürlich eine ganz und gar romantische, Schopenhauer fremde Idee, denn ist die Nacht der Zustand des Nirwana, so kann sie nur Ziel, nicht Ursprung sein.

Nacht und Tag unterscheiden sich in *Tristan und Isolde* wie Sein und Schein, es gibt Nachtmenschen, die in der Wahrheit leben, und Tagesmenschen, die stets in metaphysischen Täuschungen befangen sind. Zu Beginn des Dramas freilich sind alle beteiligten Personen Opfer des Scheins, erst der vorgebliche Sühnetrank reißt Tristan und Isolde aus ihrer metaphysischen Nachtblindheit heraus, entfremdet sie in einem Nu allen Personen ihrer Umwelt, denen der Blick ins Wesen der Welt verhängt bleibt, da sie vom Licht des ›Tages‹ geblendet sind. Zwischen ihnen und dem Paar der ›Nachtsichtigen‹ gibt es von nun an keine Brücke der Verständigung mehr, wohl gehen Worte hin und her, aber sie stiften heilloseres Mißverständnis als das Schweigen.

Weil Tristan und Isolde wähnen, aus der von Brangäne gereichten Schale den Tod zu trinken, schwindet zwischen ihnen die Scheidewand ihrer früheren Wertvorstellungen. Durch den Todestrank, so gesteht Isolde im zweiten Aufzug, strebte sie Tristan dorthin – »in die Nacht« – mit sich zu ziehen, »wo der Täuschung Ende / mein Herz mir verhieß; / wo des Trugs geahnter / Wahn zerrinne«. Nicht nur um die Bewahrheitung ihrer durch Selbsttäuschung und Beharrung auf nur scheinbaren Werten verdeckten Liebe geht es hier, sondern um die Offenbarung der durch den Schleier der Maja verborgenen Wahrheit schlechthin. Die Wahrheit kommt also nicht ans ›Licht‹, sondern entbirgt sich – in Umkehrung der abendländischen Lichtmetaphysik – ausschließlich in der Nacht. – In dem Moment, da Tristan ahnt, daß die von Isolde angebotene Sühne den Tod bedeutet, »da erdämmerte mild / erhab'ner Macht / im Busen mir die Nacht; / mein Tag war da vollbracht«, heißt es im Rückblick des zweiten Aufzugs. Der Sühnetrank wird für Tristan zum Acheron, auf dem er zum Jenseits der Dinge hinübergleitet: »Durch des Todes Tor, / wo er mir floß, / weit und offen / er mir erschloß, / darin ich sonst nur träumend gewacht, / das Wunderreich der Nacht«, das Reich jenseits der Grenzen der Individuation (VII,41 f.).

In Schopenhauers Abhandlung *Über den Tod und sein Verhältnis zur Unzerstörbarkeit unsers Wesens an sich* (1819), der wichtigsten philosophischen Quelle des *Tristan*, lesen wir: »Der Tod ist die große Zurechtweisung, welche der Wille zum Leben und näher der diesem wesentliche Egoismus durch den Lauf der Natur erhält. [...] Der Egoismus besteht eigentlich darin, daß der Mensch alle Realität auf seine eigene Person beschränkt, indem er in dieser allein zu existieren wähnt, nicht in den andern.« Das Sterben nun »ist der Augenblick jener Befreiung von der Einseitigkeit einer Individualität, welche nicht den innersten Kern unsers Wesens ausmacht, vielmehr als eine Art Verirrung desselben zu denken ist: die wahre, ursprüngliche Freiheit tritt wieder ein, in diesem Augenblick, welcher [...] als eine restitutio in integrum betrachtet werden kann.«[201] Eben diese Erfahrung wird Tristan und Isolde im Nu des symbolischen »Wunders« (*Oper und Drama*): durch den Trank vermittelt. Was der Romancier sukzessive in den Grenzen der psychologischen Wahrscheinlichkeit darzustellen hätte, wird hier in einem für das Gefühl »schnell verständlichen Bilde« (IV,82) vergegenwärtigt. Durch den Trank, so möchte man sagen, wird Tristan und Isolde die Philosophie Schopenhauers eingeflößt.

Freilich wäre es verfehlt, diesen metaphysischen Trank ganz aus dem Geiste Schopenhauers zu erklären. Eben daß er als Todes- ein Liebestrank ist, entfernt ihn von der Philosophie der Verneinung des Willens. Im Eros spricht sich nach Schopenhauer der Wille zum Leben am stärksten aus. »Selbsterhaltung ist sein erstes Streben«, sein Prinzip der »Egoismus«.[202] Bei Wagner aber tritt Eros aus der Dienstbarkeit des Lebens heraus, wird eins mit der Sehnsucht nach dem Tode, nach der Entgrenzung des Individuums, seiner Einheit mit dem All. Tristan und Isolde gestehen sich ja nur deshalb rückhaltlos ihre Liebe, weil sie wähnen, den Tod zu trinken. Des »Vergessens güt'ger Trank« (VII,26) ist zunächst ein Trank der Erinnerung, er macht die verborgene und verwundene Liebe Tristans und Isoldes offenbar. Er löst den Krampf des Lebens, in dessen Bann »Tristan der Held« (VII,8) bis dahin gestanden hat.

Es sei hier ein Gedicht von Friedrich Rückert zitiert (»Nach Dschelaleddin Rumi«, dem bedeutendsten Dichter der persischen Mystik), das bis in die bildlichen Assoziationen hinein der inneren Situation des ersten Aufzugs entspricht:

> »Wohl endet Tod des Lebens Not,
> Doch schauert Leben vor dem Tod.
> Das Leben sieht die dunkle Hand,
> Den hellen Kelch nicht, den sie bot.
> So schauert vor der Lieb ein Herz,
> Als wie vom Untergang bedroht.
> Denn wo die Lieb erwachet, stirbt
> Das Ich, der dunkele Despot.
> Du laß ihn sterben in der Nacht,
> Und atme frei im Morgenrot.«[203]

»Der Liebeskuß«, äußert Wagner einmal zu Cosima (15. August 1869), »ist die erste Empfindung des Todes, das Aufhören der Individualität, darum erschrickt der Mensch dabei so sehr.« (CT I,140.)

Tristans Verdrängung seiner Liebe zu Isolde gründet in einer ritterlichen Lebensfestlichkeit, die nichts wissen will von Nacht und Tod, von jenem Mysterium des Schmerzes, das sich einst zwischen ihm und Isolde abgespielt hat, als sie das zur Rache für den Tod Morolds gezückte Schwert fallen ließ: die seit der Antike immer wieder variierte urdramatische Situation des »wunderbar verhinderten Todesstreichs« oder »überraschend verschonten Feindes« (W. H. Friedrich).[204] Wagner verdankt dieses Motiv natürlich dem Tristan-Roman, aber er hat es bedeutsam abgewandelt. Bei Gottfried von Straßburg hebt Isolde dreimal das Schwert, um es – ohne zu wissen warum – wieder fallen zu lassen, und sie ist bei dieser Episode mit Tristan keineswegs allein.

Die Intimität und psychologische Vieldeutigkeit des entsprechenden Moments bei Wagner läßt an ein anderes dramatisches Vorbild denken: an die Lionel-Szene in der von Wagner bewunderten *Jungfrau von Orleans* (3. Akt, 10. Szene). Schillers Johanna,

die keinen Mann lieben darf, kämpft mit Lionel, doch als sie eben zum tödlichen
Streich ausholen will, »sieht sie ihm ins Gesicht, sein Anblick ergreift sie, sie bleibt
unbeweglich stehen und läßt dann langsam den Arm sinken«. Johanna wendet das
Gesicht ab, doch die Zudringlichkeit Lionels zwingt sie, das Schwert noch einmal zu
erheben – wiederum läßt sie es, als sie »ihn ins Gesicht faßt«, sinken. In ihrem Monolog
zu Beginn des vierten Aufzugs sucht sie sich Rechenschaft von ihrem Verhalten zu
geben: »Sollt ich ihn töten? Konnt ich's, da ich ihm ins Auge sah?« Deutlich kommt ihr
zu Bewußtsein, daß es nicht »des Mitleids fromme Stimme« war, die sie zur Schonung
des Feindes getrieben hat. »Warum mußt ich ihm in die Augen sehn! / [...] / Mit
deinem Blick fing dein Verbrechen an, / Unglückliche!« (V. 2564 ff.)
Die Nähe dieser Episode zu Isoldes Bericht ist vor allem aufgrund des Blick-Motivs
unverkennbar; in ihrem Gespräch am 17. November 1873 äußern Wagner und Cosima
die Ansicht, daß dieses Motiv sich nur »erzählen« lasse; unmittelbar szenisch dargestellt
wie in Schillers *Jungfrau* verliere es seine Wirkung (CT I,752):

> »Von seinem Lager
> blickt er her, –
> nicht auf das Schwert,
> nicht auf die Hand, –
> er sah mir in die Augen.
> Seines Elendes
> jammerte mich; –
> das Schwert – ich ließ es fallen.
> Die Morold schlug, die Wunde,
> sie heilt ich, daß er gesunde,
> und heim nach Hause kehre –
> mit dem Blick mich nicht beschwere!« (VII,11.)[205]

Was nach außen hin (für Brangäne, der Isolde dies berichtet) als Tat des Mitleids
erscheint, wird durch die Musik (»sehr ausdrucksvoll und zart«) unmißverständlich als
Liebe ›auf den ersten Blick‹ offenbar. Isolde weiß von diesem Moment an, und kein
Zweifel: auch Tristan weiß es, daß sie für einander bestimmt sind. Das für Isolde
Ungeheuerliche ist nun, daß Tristan dieses Wissen verdrängt: »Mir erkoren, – /
mir verloren« (VII,4). Das fallengelassene Schwert wird deshalb für sie zum Trauma;
immer wieder kommt sie darauf zurück, sie kann nicht fassen, daß diese in ihrer
Situation unerhörte Handlung eine Geste ins Leere gewesen sein soll.
Von Nietzsche stammt eines der tiefsten Worte, die je über Wagner gesagt worden
sind: Er sei der »Orpheus alles heimlichen Elends« (*Nietzsche contra Wagner*).[206] Für
keinen Augenblick in Wagners Musikdramatik trifft das mehr zu als für jene stumme
Szene, da Isolde das Schwert sinken läßt, der »herrliche« Held Tristan in namenlosem
Elend zu ihr aufblickt. Es sind fast immer solche Momente kreatürlichen Ausgeliefert-
seins, in denen sich für Wagner das eigentlich Menschliche zeigt – so gut wie nie die
Situationen heldischen Glanzes, diese bleiben meist trügerischer Schein. Das wahre
Gesicht des Menschen zeigt die unauslöschlichen Züge des Leidens, und das Höchste,
wozu er gelangen kann, ist für Wagner, nicht nur im *Parsifal*, das ›Wissen durch
Mitleid‹, die gleiche »Hellsicht des Schmerzes«, die Gerhart Hauptmann einmal als
Grundzug seines eigenen Werks bezeichnet hat – die Einweihung in den Leidensgrund
der Welt.[207]

Tristans und Isoldes Liebe trägt nach Anlaß und Art ihrer Entstehung von vornherein das Stigma des Mitleidens, dessen Wesen die »Durchschauung des principii individuationis«, des mit ihm unzertrennlich verbundenen Leidens ist. »Alle Liebe ist Mitleid«, sagt Schopenhauer, aber er meint eben nicht die Geschlechtsliebe, sondern die »reine Liebe«, die Caritas, während der Eros »Selbstsucht« bleibe. Freilich gibt Schopenhauer zu, daß »Mischungen von beiden« stattfinden können.[208] Und eine solche Mischung stellt die Liebe Tristans und Isoldes von ihrem Ursprung her zweifellos dar.

Wie ist aber nun erklärbar, daß eine so tiefe, dem metaphysischen Mitleidswissen verwandte Liebeserfahrung im Falle Tristans wieder verschüttet, »verraten« werden konnte? Das Wort Verrat hat einen doppelten Sinn: Es bezeichnet die Preisgabe eines Geheimnisses oder einen Treuebruch – und beides ist der »Verrat« Tristans. Isolde: »Wie anders prahlte / Tristan aus, / was ich verschlossen hielt! / Die schweigend ihm / das Leben gab, / [...] / mit ihr gab er es preis!« – indem er sie »laut und hell« König Marke anpries (VII,12 f.). Isolde fühlt sich, den Frauengestalten Hebbels vergleichbar,[209] in ihrer weiblichen Würde verletzt, da sie sich zum Objekt, wenn auch der ›Wertschätzung‹, erniedrigt sieht. Als sie einst in mitleidender Selbstüberwindung das Schwert sinken ließ, hatte Tristan, so wähnt sie, nichts anderes zu tun, als mit »messendem Blick« ihr »Bild« zu stehlen, »ob ich Herrn Marke / taug als Gemahl« (VII,23 f.).

Die Symbolik des empfangenen »Bildes«, des in der Nacht des Herzens verschlossen zu bewahrenden Geheimnisses – das nicht durch Preisgabe ans Licht des Tages ›verraten‹ werden darf –, bestimmt auch Tristans Reden über seine Liebe im zweiten Aufzug. Das Aufkeimen der Neigung zu Isolde stellt er hier als das dämmernde Empfangen eines »Bildes« dar, das er, dem die Nacht noch nicht »den Blick geweiht« hat, anfänglich nicht anzuschauen wagte. Tristan war vor der Wandlung durch den Trank vollkommen dem »Tag«: Ehre, Ruhm und Glanz des ritterlichen Lebens hingegeben. Das Mysterium der Liebe und die Frau, an der es ihm aufging, vermochte er nicht anders zu fassen als in den Vorstellungen höfischer Lebensfestlichkeit. Daher entrückte ihm Isolde nach seinen Worten »dahin, wo sie / der Sonne glich, / in höchster Ehren / Glanz und Licht«. Derart erhöht: »in lichten Tages Schein / wie war Isolde mein?« Wie konnte Tristan noch glauben, daß sie ihm beschieden sei, daß die Frau, die »der Ehre Glanz, des Ruhmes Macht« so vollkommen für ihn verkörperte, einem anderen gehören könne als dem Ranghöchsten!

Das ist der Grund, warum er sie vor König Marke pries, das empfangene Herzens-Bild den Augen aller preisgab. Der »Weltehren Tages-Sonne« drang ihm

> »bis in des Herzens
> tiefsten Schrein.
> Was dort in keuscher Nacht
> dunkel verschlossen wacht,
> was ohne Wiss und Wahn,
> ich dämmernd dort empfahn:
> ein Bild, das meine Augen
> zu sehn sich nicht getrauten,
> von des Tages Schein betroffen
> lag mir's da schimmernd offen.« (VII,39 f.)

Der Herzensschrein ist ein altes mystisch-erotisches Symbol. Schon mit dem ersten Vogelruf in *Des Minnesangs Frühling* vernehmen wir es:

> »Dû bist mîn, ich bin dîn
> des solt dû gewis sîn.
> dû bist beslozzen
> in mînem herzen:
> verlorn ist daz slüzzelîn:
> dû muost immer drinne sîn.«[210]

In *Tristan und Isolde* erhält das Symbol des Herzensschreins einen besonderen Sinn: Was dieser Schrein birgt – das Liebes-Bild –, muß im Dunkel bleiben, er darf nicht geöffnet, das Bild nicht von Lichtstrahlen getroffen werden. »Laß ruhn in Nacht, reiß nicht ans Licht, was in des Herzens stiller Tiefe heilig blüht«, heißt es in Friedrich Schlegels *Lucinde*.[211] Man darf hier an die bedeutende symbolische Rolle des Schreins oder Kästchens in der Dichtung Goethes denken: In seinem poetischen Haushalt (es sei an den Schrein mit den Gewändern in der *Natürlichen Tochter* oder vor allem an das vielfach variierte Motiv des Kästchens in den von Wagner häufig gelesenen *Wanderjahren* erinnert) bezeichnet jenes Symbol das Geheimnis, das Tiefverborgene, namentlich in erotischem Zusammenhang – denken wir an die *Neue Melusine* –, dem gegenüber Scheu und Schweigen ansteht; die voreilige oder eigenmächtige Öffnung des Schreins, der Verrat des Geheimnisses, bringt deshalb stets Unheil.

Auch Tristan hat sich eines solchen Verrats durch die Öffnung des Herzensschreins schuldig gemacht; das Unheil, das über ihn hereinbricht, wird von Isolde mit den hochsymbolischen Worten beschrieben: »Was dir gezeigt / die dämmernde Nacht, / an des Tagesgestirnes / Königsmacht / mußtest du's übergeben.« (VII,43.) Das heißt: Tristan muß die für ihn bestimmte Frau für einen anderen freien,[212] das in der Nacht des Herzens empfangene Liebesbild der Sonne bzw. dem König – beide werden symbolisch identifiziert – übergeben.

Die eben zitierten Verse gemahnen in bezeichnender Umkehrung der Wertung an die Symbolik der *Zauberflöte*: Auch Tamino erhält von der Königin der Nacht ein Bild, das wie sein Urbild in den Machtbereich des »Tagesgestirns« gerät. Sarastros Reich ist ein Reich der Sonne, in deren Bild sich während der Schlußszene das ganze Theater verwandelt. Dieses Sonnenreich entzieht der Nacht zunehmend ihre Kräfte (sinnbildlich drückt sich das in dem Übertreten aller Zauberelemente der nächtlichen Königin – der Flöte, des Glockenspiels, der drei Knaben – in den Dienst der Eingeweihten aus). Wenn Sarastro vor dem Schlußchor singt: »Die Strahlen der Sonne vertreiben die Nacht, / Zernichten der Heuchler erschlichene Macht«, so manifestiert sich hier die Hoffnung der Aufklärung auf den Sieg des Lichts der Vernunft über den Obskurantismus, auf die Niederlage aller Mächte der Finsternis. »Bald prangt den Morgen zu verkünden, / Die Sonn' auf goldner Bahn«, kündigen die drei Knaben zu Beginn des Finales an; »Bald soll der Aberglaube schwinden, / Bald siegt der weise Mann« – über alle ›Dunkelmänner‹.

Die *Zauberflöte* verkündet also ganz im Sinne der aufgeklärten Lichtmetaphorik das Ende geistiger Nacht. Durch die Umkehrung der Wertung von Licht und Finsternis, Tag- und Nachtsymbolik wird *Tristan und Isolde* geradezu zur Anti-*Zauberflöte* (nicht weniger als Novalis' *Heinrich von Ofterdingen*, dessen Titelheld im skizzierten Schluß-teil des Romans »das Sonnenreich zerstört«[213]). Die Übergabe des von der »dämmernden Nacht« Gezeigten und Anvertrauten an die Macht des »Tagesgestirnes« bedeutet nicht dessen endgültigen Sieg, sondern das ihm äußerlich Übergebene wird ihm innerlich doch vorenthalten – durch den Trank. Die Entfremdung, Profanierung des im Herzensschrein empfangenen Bildes der Geliebten durch Tristans ›Verrat‹ hat auch sein Bild dem Herzen Isoldes entfremdet: »Den dort ich heimlich barg, / wie dünkt er mich so arg, / wenn in des Tages Scheine / der treu gehegte Eine / der Liebe Blicken schwand / [...].« Der Todestrank soll diese Entfremdung aufheben, durch ihn sucht Isolde den verkennenden und verkannten Geliebten aus dem »Licht des Tages«, in dem er ja nur als »Verräter« dasteht, mit sich in die Nacht zurückzuziehen, wo alle Täuschung endet. Wie durch den geglaubten Todestrank das ihr entfremdete Bild Tristans in Isoldes Herz zurückkehrt, so umgekehrt auch das ans ›Tagesgestirn‹ abgegebene Bild Isoldes in den Herzensschrein Tristans:

> »Von dem Bild in des Herzens
> bergendem Schrein
> scheucht' er des Tages
> täuschenden Schein,
> daß nachtsichtig mein Auge
> wahr es zu sehen tauge.« (VII,41 f.)

Also erst jetzt ist Tristans Blick ›geweiht‹, das Bild unverfälscht, ohne den trügerischen Schein höfisch-ritterlichen Glanzes zu sehen.

Der Trank reißt den durch den ›Tag‹ entfremdeten Liebenden mit einem Schlage einen neuen Horizont auf. Tristan: »Was träumte mir / von Tristans Ehre?« Isolde: »Was träumte mir / von Isoldes Schmach?« (VII,27.) In totaler Umwertung der Werte wird der Tag zur Sphäre des Traums und »eitlen Wähnens« (im Prosaentwurf des *Tristan* steht gar die ungeheure Chiffre »Sonnenträume«; XI,336), die Nacht aber zum Schoß der Wahrheit. Die Tageswelt des ritterlichen Tugendsystems, »Ruhm und Ehr, / Macht und Gewinn« – die feudalen Erscheinungsformen des ›Willens zum Leben‹ –, sind für Tristan nun ebenso wesenlos wie für Isolde die verletzte Würde ihrer Person, sie werden verzehrt von der Sehnsucht nach dem dunklen Schrein des Herzens, in dem die Unio mystica der Liebenden stattfindet, nach der »heil'gen Nacht« des Todes, welche die Trennung von Ich und Du aufhebt (VII,43 f.).

»Heil'ge Nacht, heil'ge Nacht! / Sterngeschloßner Himmelsfrieden! / Alles, was das Licht geschieden, ist verbunden / [...].« So lauten die einleitenden Verse des Nachtgedichts in der *Gründung Prags* von Clemens Brentano.[214] Auch der zweite Aufzug des *Tristan* steht im Zeichen jenes mystischen Dunkels, das alles mit allem verbindet. Isoldes leidenschaftlicher Wunsch, die von der sorgenden Brangäne als »warnende Zünde« gehütete Fackel verlöschen zu sehen – »Und wär's meines Lebens Licht« (VII,34 f.) –, ist zweifellos, wie Peter Wapnewski hervorhebt,[215] eine Reminiszenz an Lessings Abhandlung *Wie die Alten den Tod gebildet* (1769), der um die These kreist, in der Antike sei der Tod nicht wie in der christlichen Tradition als abschreckendes Gerippe, sondern als Genius mit einer umgestürzten Fackel dargestellt worden. »Was kann das Ende des Lebens deutlicher bezeichnen als eine verloschene, umgestürzte Fackel?«[216] Wagner braucht Lessings Abhandlung nicht gelesen zu haben, der zitierte Gedanke war allgemeines Bildungsgut. »Damals trat kein gräßliches Gerippe / Vor das Bett des Sterbenden«, heißt es in Schillers Gedicht *Die Götter Griechenlands*: »Still und traurig senkt' ein Genius / Seine Fackel.«[217] Und auch in Novalis' *Hymnen an die*

Nacht lesen wir: »Mit kühnem Geist und hoher Sinnenglut / Verschöne sich der Mensch die grause Larve, / Ein sanfter Jüngling löscht das Licht und ruht –«.[218] Im dritten Aufzug des *Tristan* wird das Bild der verlöschenden Fackel zum unmittelbaren Ausdruck der Todesinbrunst Tristans: »Ach Isolde, / süße Holde! / Wann endlich, / Wann, ach wann? / löschest du die Zünde« (VII,62 f.)

Die Nacht ist das Symbol des Todes, der die Individuation aufhebt, die Unterschiedslosigkeit von Ich und Du offenbart. Um dieses Geheimnis der Identität der Liebenden, des Einsseins von Ich und Welt (»selbst dann / bin ich die Welt«; VII,45), kreist das Liebesgespräch des zweiten Aufzugs in immer neuen Variationen.

> »Stünd er vor mir,
> der mächt'ge Tod,
> wie er mir Leib
> und Leben bedroht, –
> die ich der Liebe
> so willig lasse! –
> wie wäre seinen Streichen
> die Liebe selbst zu erreichen?« (VII,46.)

Das ist, mit Schopenhauer zu reden, das Geheimnis der »Unzerstörbarkeit unsers Wesens an sich«, denn dieses An-sich ist der »anfang- und endelose Wille«[219] in seiner ursprünglichen Einheit, bevor er unter das Gesetz der ›Erscheinung‹, das Principium individuationis getreten ist. Dieser Wille aber erhält durch Tristan den Namen Liebe (wie ja auch Schopenhauer den Eros als »Brennpunkt« des Willens bezeichnet).

Nicht also die Liebe – die kosmogonische Urmacht[220]: »des Welten-Werdens / Walterin« (VII,34) –, sondern nur die Liebenden in der Einseitigkeit ihrer Individualität sind dem Tod unterworfen. Durch ihn fallen sie in den Schoß der Allmutter zurück. »Stürb ich nun ihr, / der so gern ich sterbe, / wie könnte die Liebe mit mir sterben, / die ewig lebende / mit mir enden?« (VII,46 f.) Die Liebe ist ja als der Name des ›Willens‹ das unzerstörbare, in allen Erscheinungen identische Ding an sich. – Diese ständig umkreiste Idee gehört zu den Urgedanken der *Tristan*-Dichtung. Schon in den ersten Prosaskizzen (Ende 1855) läßt Wagner Tristan sagen: »Stürbe ich, so schwände nur, was mich hindert, dich ganz zu lieben [...]. Was nicht mit mir endet, ist es nicht mehr als ich? Ich bin unendlich damit die Liebe?«[221] Auch Julius und Lucinde in Friedrich Schlegels Roman nennen sich »unsterblich [...] wie die Liebe«. Julius: »Ich kann nicht mehr sagen, meine Liebe oder deine Liebe; beide sind sich gleich und vollkommen Eins.«[222] Das Zitat zeigt, wie in Wagners *Tristan* romantische Liebesmetaphysik und Schopenhauersche Willensphilosophie zusammenfließen.

Der Tod ist für Schopenhauer »die große Gelegenheit, nicht mehr Ich zu sein«.[223] Das aber ist auch das Ziel der Liebe Tristans und Isoldes, die sich so nur im Tode erfüllen kann. Die Liebenden wollen nichts als Liebe sein, mit ihren eigenen Worten: der Liebe sterben. Deshalb tauschen sie die Identität (Isolde: »Du Isolde, / Tristan ich, / nicht mehr Isolde!« Tristan: »Du Tristan, / Isolde ich, / nicht mehr Tristan!«),[224] deshalb sehnen sie sich nach der Aufhebung des »süßen Wörtleins: und«, das ihre Namen voneinander trennt, also ausdrückt, daß sie noch nicht eins, noch Ich *und* Du sind (VII,47.50).

Der Liebestrank »habe entdeckt, was offenbar werden mußte«, sagt im Prosaentwurf Isolde zu Brangäne (XI,334), und Tristan ruft im zweiten Aufzug aus: »O Heil dem Tranke! / Heil seinem Saft!« Er habe des Todes Tor geöffnet und den Liebenden das »Wonnereich der Nacht« erschlossen (VII,42).[225] Aber ist es nicht eben dieser Trank, der das Eingehen Tristans und Isoldes ins Reich der Todesnacht verhindert, sie immer wieder dem Tag ausliefert? Im dritten Aufzug verflucht Tristan den »furchtbaren Trank« (VII,67) – wie verträgt sich das mit den früheren Segensworten? Kein Zweifel: Diese galten nicht dem wirklichen, dem Liebestrank, sondern dem Trug des Todestranks. Nur die Nähe des geglaubten Todes offenbarte Tristan und Isolde das Verborgene, der Liebestrank hingegen ist als solcher nicht nur absurd, da das, was er erwecken soll, längst vorhanden ist, sondern er verhindert geradezu die Erfüllung der Liebe: den Tod; er ersetzt die alten durch neue Täuschungen. Isolde: »Doch ach, dich täuschte der falsche Trank, / daß dir von neuem / die Nacht versank: / dem einzig am Tode lag, / den gab er wieder dem Tag!« (VII,42.) Überdies zwingt der Minnetrank zu neuem Verrat (der Freundschaft und Gefolgschaftstreue gegenüber Marke), ja er macht die nunmehr Nachtsichtigen tagesblind, so daß sie die wirklichen Verhältnisse und Gefahren nicht mehr wahrnehmen.

Dieser Trank ist also in der Tat »furchtbar«, seine Heilswirkung rührt nur von der Täuschung über seine wahre Beschaffenheit her. Eben das ist der Sinn der Fluchrede Tristans im dritten Aufzug: Der »Gifttrank«, durch den er »ganz zu genesen« hoffte, warf ihn ins Leben zurück, »daß nie ich sollte sterben« (VII,67). Zu beachten ist die merkwürdige Paradoxie, daß das erhoffte Gift für Tristan Genesung bedeutet, während die wahre, lebenssteigernde Wirkung des Tranks ihn wie der Tod zur Verzweiflung bringt. Es wäre wohl verfehlt, den Fluch auf den Trank von Schopenhauers Philosophie der Verneinung des (erotischen) Willens her als Absage an die Liebe zu deuten (wie es jüngst geschehen ist).[226] Freilich ist in Wagners frühen Skizzen zum letzten *Tristan*-Akt vom »Fluch der Liebe« die Rede (»dann neues Verlangen, immer und immer sich steigernd bis zum verzehrenden Sehnen«),[227] und im Prosaentwurf bricht Tristan in den verzweifelten Ruf aus: »Verfluchte Liebe, laß mich los!« (XI,341.) Hier aber handelt es sich um einen Paroxysmus, der, ebenso wie die Fluchrede im abgeschlossenen Textbuch, sternenweit von der Impassibilitas asketischer Willensverneinung entfernt ist.

Der Fluch richtet sich nur auf eine Liebe, die durch das Fernsein der Geliebten zur »Qual« wird, eine Liebe, die zum Leben zwingt, Isolde den Tod verwehrt und Tristan aus dem Todesreich zurückruft – weil er nur in und mit der Geliebten *den* Tod erleiden kann, welcher das Telos ihrer Liebe ist: den »Liebestod« (VII,50). (Im Prosaentwurf heißt es: »Isolde – ach! in ihr nur kann ich sterben«; XI,339.) Der Fluch Tristans ist der höchste Grad dessen, was im zweiten Aufzug »der Tage / Trennungsklage« genannt wird (VII,50). Er gilt also nicht derselben Liebe, die Tristan und Isolde im zweiten Aufzug preisen, sondern der durch den Zaubertrank entfremdeten, d. h. vom Tod getrennten Minne. Er richtet sich gegen den Liebes- als Lebenszwang. Daher ist es völlig konsequent, daß die Dichtung in der endgültigen Fassung tatsächlich nur noch die Verfluchung des Tranks kennt.

Tristan fühlt sich durch Isolde, der es noch nicht vergönnt ist, ihm in das »nächt'ge Land« (VII,55) zu folgen, ins Leben zurückgerufen, damit sie in ihm, er in ihr sterben kann.

> »Krachend hört ich
> hinter mir
> schon des Todes
> Tor sich schließen: –
> weit nun steht es
> wieder offen,
> der Sonne Strahlen
> sprengt' es auf.« (VII,62.)

Unwillkürlich fühlen wir uns an die antiken Mythen erinnert, die von einer Rückkehr aus dem Hades berichten. »Hier ist das Inferno aufgeschlossen, das wir nur an der Hand Virgils zu schauen aushalten«, heißt es in einer nachgelassenen Notiz Nietzsches von 1871.[228] Freilich wird das Verhältnis von Leben und Tod, Ober- und Unterwelt radikal umgewertet. Tristan ist gleichsam ein umgekehrter Orpheus: er beklagt nicht den Tod, sondern das Leben Isoldes, er folgt ihr nicht in den Hades, um sie an die Oberwelt zurückzuholen, sondern er kehrt aus dem nächtlichen Todesreich wieder, um sie aus der Tageswelt dorthin nachzuziehen. Ihm graut nicht vor den Schrecken des Hades, sondern ihm bereitet das gleißende Licht der Sonne Qual. »Mich wirft die Nacht / dem Tage zu, / um ewig an meinen Leiden / der Sonne Auge zu weiden.« (VII,67.) Eine großartige sprachliche Gewaltsamkeit: nicht die Nacht weidet sich, auch nicht die Sonne, sondern die Nacht weidet das Auge der Sonne.

Die todesnahe Ohnmacht hat Tristan der sichtbaren Welt so entfremdet, daß er ihre Gestalten nicht mehr wahrnehmen, ja daß er nicht einmal mehr fassen kann, wo er sich befindet. Nur den Hirtenreigen erkennt er schon im ersten Moment des Erwachens. Seine Sinne sind getrübt und verwirrt – nur das Gehör nicht! »Der Ton stammt aus der Nacht«, lautet eine Notiz Nietzsches von 1869/70.[229] Töne sind das einzige, was Tristan, der »Weltennacht« enttaucht, wahrzunehmen vermag, denn die »alte Weise« ist für ihn immer das Signal des Todes gewesen, er verbindet sie mit der letzten Stunde des Vaters und der Mutter, mit der Nähe des eigenen Todes, als er einst an der von Morold geschlagenen Wunde dahinsiechte. – Wagner berichtet in *Mein Leben*, die Klageweise des Hirten sei durch den überwältigenden Eindruck der schwermütigen nächtlichen Rufe venezianischer Gondolieri inspiriert worden. »Was konnte mir das von der Sonne bestrahlte [...] Venedig des Tages von sich sagen, das jener tönende Nachttraum mir nicht unendlich tiefer unmittelbar zum Bewußtsein gebracht hätte?« fragt Wagner in seiner *Beethoven*-Festschrift (X,74).

In einen tönenden Nachttraum versinkt auch Tristan im dritten Aufzug. Was er wahrnimmt, sind allein Gestalten des Inneren. Auch das Schiff Isoldes sieht er nicht wirklich – der Blick aufs Meer ist ihm ja verstellt –, sondern mit den »unendlichen Augen, die die Nacht in uns geöffnet« (Novalis).[230] Verschiedene Bildfelder überkreuzen sich in seiner Vision des Schiffs, das Isolde zu ihm bringt. Sie nähert sich auf einem Blütenmeer: »Auf wonniger Blumen / sanften Wogen / kommt sie licht ans Land gezogen.« (VII,69.) Schließlich, vor seinem letzten Ruf »Isolde!«, glaubt er das Licht zu hören (»Wie, hör ich das Licht?«) – das Lebenslicht, das im Moment des ersehnten Verlöschens zu klingen beginnt (VII,73). Nacht, Tod und Musik werden symbolisch eins, die Gestalten der Innen- und Außenwelt vermischen sich, Sichtbares wird Klang, Gehörtes Bild. – In seinem *Beethoven*-Traktat (1870) hat Wagner dieses Phänomen auf der Grundlage der Schopenhauerschen Metaphysik zu deuten unternommen. Als dem

Gehör sich mitteilende sei die äußere Welt von der inneren nicht zu unterscheiden (»selbst dann / bin ich die Welt«); der »Wahn« des Individuums, daß es vom »Wesen der Dinge außer ihm« unterschieden sei, zerrinne im Hören der Welt. In diesem Zusammenhang steht die Erinnerung an den ›tönenden Traum‹ des nächtlichen Venedig (IX,71 ff.).

In der Erzählung *Abdias* – Cosima hat sie 1859 ins Französische übersetzt[231] – schildert Adalbert Stifter ein blindes Mädchen, das bei einem Gewitter plötzlich sehend wird und nun »Tag- und Traumleben« nicht mehr zu sondern vermag. Sie bleibt in eigentümlicher Sympathie der nächtlichen Welt verbunden und läßt die Dinge der Außenwelt mit ihren inneren Gesichten verschmelzen – eine merkwürdige Brücke zum letzten *Tristan*-Akt. »Bei andern ist der Tag die Regel, die Nacht die Ausnahme: bei ihr war der Tag vielmehr das Ausgenommene. Ihre vergangene, lange, vertraute Nacht reichte nun in ihren Tag herüber[...]. Aus jener langen Nacht mochte es auch herkommen, daß sie nicht die brennenden, sondern die kühlen und dämmernden Farben vorzugsweise liebte, und darunter wieder das Blau« – die romantische Farbe par excellence! Ihre Stimme erhebt sie »lieber zum Singen als zum Sprechen«, und ihre Worte sind synästhetische, ja man darf sagen: symbolistische Poesie. Sie hört mit dem Auge und sieht mit dem Ohr. »So sprach sie auch von violetten Klängen, und sagte, daß sie ihr lieber seien als die, welche aufrecht stehen und widerwärtig seien wie glühende Stäbe. [...] So lebte sie in einer Welt aus Sehen und Blindheit«[232] – wie Tristan nach seiner Rückkehr aus dem »nächt'gen Land«.

Daß die Welt, wenn Nacht sich über sie senkt, zu klingen beginnt, ist eine spezifisch romantische Vorstellung. »Schläft ein Lied in allen Dingen, / Die da träumen fort und fort, / Und die Welt hebt an zu singen, / Triffst du nur das Zauberwort« (Eichendorff).

Sobald »der freche Tag verstummt, / Hört man der Erdenkräfte flüsterndes Gedränge, / Das aufwärts in die zärtlichen Gesänge / Der reingestimmten Lüfte summt« (Mörike, *Gesang zu zweien in der Nacht*). Eine der bedeutendsten poetischen Spiegelungen jener mythischen Vorstellung, daß die umnachtete Welt sich in Musik verwandelt, ist Stifters Beschreibung der Sonnenfinsternis am 8. Juli 1842. Stifter glaubt, von dem Moment an, da die Sonne den »Todeskuß«[233] erhält und das Licht zu sterben beginnt, eine »namenlos tragische Musik von Farben und Lichtern« zu vernehmen, die sich nicht in der Sprache, sondern nur in der Musik wiedergeben lasse: allenfalls Beethoven hätte sie ›übersetzen‹ können.[234]

Durch die Verfinsterung der Sonne geraten Licht und Farben in eine musikalische Bewegung, die in Stifter Ahnungen einer neuen Kunst erwecken:

> »Könnte man nicht auch durch Gleichzeitigkeit und Aufeinanderfolge von Lichtern und Farben eben so gut eine Musik für das Auge wie durch Töne für das Ohr ersinnen? Bisher waren Licht und Farbe nicht selbständig verwendet, sondern nur an Zeichnung haftend, denn Feuerwerke, Transparente, Beleuchtungen sind doch nur noch zu rohe Anfänge jener Lichtmusik, als daß man sie erwähnen könnte. Sollte nicht durch ein Ganzes von Lichtakkorden und Melodien eben so ein Gewaltiges, Erschütterndes angeregt werden können wie durch Töne?«[235]

Stifter nimmt hier mit erstaunlichem Weitblick Entwicklungstendenzen der modernen Kunst vorweg. Man denke z. B. an Alexander Skrjabins Farbenklavier, das 1916 für die Aufführung seiner Symphonie *Prométhée* eingesetzt wurde und das nach einer genau auskalkulierten Analogie von Farbkombinationen und Akkorden die Projektion farbigen Lichts synchron mit der Musik ermöglichte. Ähnliche Experimente einer Farbenmusik sind bekanntlich von Wassily Kandinsky (*Der gelbe Klang*, 1912) und Arnold Schönberg unternommen worden.

Das Farbenklavier ist übrigens schon eine Idee des 18. Jahrhunderts (vgl. L.-B. Castels »clavecin oculaire«; Goethe äußert sich darüber ausführlich in der *Farbenlehre*), die in den Synästhesien der Romantik lebhaften Widerhall fand. Diese Idee korrespondierte mit den Spekulationen über eine Vokalton- oder »Vokalfarbenleiter« (A.W. Schlegel) und mit der Chiffre einer Tastatur der bildlichen Sprache. (Novalis: »Der Poet braucht die Dinge und Worte wie Tasten [...]«.) Ganz ähnliche Erwägungen kehren im französischen Symbolismus wieder: Arthur Rimbauds Sonett über die Vokale (»A noir, E blanc, I rouge, U vert, O bleu, voyelles [...]«), Stéphane Mallarmés ›Wortklavier‹ und René Ghils Idee der »audition colorée«.[236] Die Künste erscheinen als die verschiedenen Register einer und derselben universalen Klaviatur. Die Symbolisten und spätromantischen Theoretiker der Farblichtmusik haben sich – vor allem Skrjabin – für ihre synästhetischen Spekulationen immer wieder auf Richard Wagner und seine Idee der Integration der Künste berufen. Skrjabins *Promethée* wollte nicht nur ein »Poème du Feu«, sondern ein Mysterium von Klang, Farbe, Düften und Berührungen sein, gewissermaßen die Realisierung der alle Sinnesorgane aufbietenden Vision Isoldes am Ende des *Tristan*.

Im Zusammenhang mit all diesen Konzeptionen einer Farbenmusik ist auch die Idee von Adolphe Appia (*La mise en scène du drama Wagnérien*, 1895) zu sehen, das gleichsam musikalisierte, »aktive« Licht für die Inszenierung des Wagnerschen Musikdramas einzusetzen und – unter Verzicht auf eine realistische Kulissenillusion, welche den spezifischen Gesetzen der Wahrnehmung des musikalisch unterlegten Bühnenvorgangs widerspreche – jene »illusion suprême« zu ermöglichen, die keinem Werk angemessener ist als *Tristan und Isolde*, dem »opus metaphysicum« (Nietzsche),[237] für das Appia ein Jahr nach seiner Programmschrift eine Inszenierung entworfen hat.[238] Wagner selbst hat in *Beethoven* (1870) von der »Depotenzierung« des Sehvermögens beim Anhören von Musik gesprochen und gezeigt, wie durch sie die natürlichen Vorgänge des Lebens überblendet werden von den Visionen des inneren, ›nachtsichtigen‹ Auges (IX, 75 f.). Diese Idee hätte Wagner eigentlich zu einer Ablehnung des Kulissen- und Kostümrealismus führen müssen (den er in seinen späten theoretischen Äußerungen ja in der Tat, aber merkwürdigerweise nur für das Sprechdrama verworfen hat). Appia sucht das Licht aus dem Gefängnis der bloßen Beleuchtung von Prospekten (in das es im Zeitalter der Gasbeleuchtung notwendig verbannt war) zu befreien, damit aber auch das Bühnenbild aus seiner Starrheit zu erlösen. So soll Wagners metaphorischer Gedanke technisch realisiert werden, daß die Musik »den starren, unbeweglichen Boden der wirklichen Szene in eine flüssig nachgiebige, eindrucksempfängliche ätherische Fläche« auflöse (*Das Kunstwerk der Zukunft*, III, 157). In Appias Inszenierung des Lichts triumphieren dessen ›romantische‹ Eigenschaften, wie sie Friedrich Schlegel in der *Romanze vom Lichte* und seinen *Philosophischen Vorlesungen* beschrieben hat: das Licht löse den Raum auf und verwandle ihn durch seine wogende Bewegung aus Beharrlichkeit in Bewegung und Freiheit, mache so aber die Körperwelt im Sinne des Idealismus geistförmig.[239]

»Wirklich überraschend wäre es, wenn der Ton nicht imstande wäre, die Farbe zu suggerieren, wenn die Farbe nicht imstande wäre, die Idee einer Melodie zu geben, wenn Ton und Farbe ungeeignet wären, Ideen zu übersetzen, da ja doch die Dinge sich stets durch eine gegenseitige Analogie ausgedrückt haben seit jenem Tage, da Gott die Welt als eine zusammenhängende, unteilbare Totalität erschaffen hat.«

So schreibt Baudelaire in seinem *Tannhäuser*-Essay (1861).[240] Die Musik Wagners komme ihm vor wie etwas durch seine eigene Imagination Erzeugtes (und als »eine Art Richard Wagner ohne Musik« wird Nietzsche[241] ihn wirklich später charakterisieren). Baudelaire beruft sich unmittelbar nach den zitierten Sätzen auf sein eigenes Gedicht *Correspondances* in den *Fleurs du Mal*, dessen zweite Strophe lautet:

«Comme de longs échos qui de loin se confondent
Dans une ténébreuse et profonde unité,
Vaste comme la nuit et comme la clarté,
Les parfums, les couleurs et les sons se répondent.»

»Wie lang ein Hall und Widerhall von weit,
In Eines dunkel tief zusammenklingen,
Ton, Duft und Farbe ineinander schwingen,
Endlos wie Nacht und wie die Helligkeit.«[242]

Wagner hat in seinen Aphorismen zu den Kunstschriften 1849–51 allerdings an der Suche nach Farb-Ton-Analogien Kritik geübt:

»Es ist mir bei – geistreichen – Leuten, welche gar keinen musikalischen Sinn hatten, vorgekommen, daß sie sich die ihnen ausdruckslos erscheinenden Tongestaltungen analogisch durch Farbeneindrücke zu deuten suchten; nie aber ist mir ein musikalischer Mensch begegnet, welchem bei Tönen Farben erschienen wären, außer redensartlich.« (XII,280.)

Diese Ansicht vertritt er auch noch in einem Gespräch mit Cosima über den »Zusammenhang von Farbe und Tonart« am 11. November 1879, und er bezieht sich hier nun ausdrücklich auf Baudelaire, »der sehr geistvoll das Vorspiel zu *Lohengrin* in Farben übersetzt habe – er sei eben kein Musiker gewesen« (CT II,439). Wagner hat ohne Zweifel die eben zitierte Passage aus dem *Tannhäuser*-Essay in Erinnerung, die sich in der Tat auf das *Lohengrin*-Vorspiel bezieht. – Beim *Tristan* hat Wagner freilich selbst von der »eigentümlichen Farbe« des Werks gesprochen: »es sei alles wie *violett*« (CT II,106). Und ist nicht der gewaltige synästhetische Hymnus, der *Tristan und Isolde* abschließt – Isoldes »Liebestod« –, doch eine Bestätigung Baudelaires? Auch diesem Schlußgesang könnte man den Titel »Correspondances« geben; wie sehr hätte Baudelaire ihn erst als Eigenes empfunden!
Seit Isolde über der Leiche Tristans zusammengesunken ist, redet sie nicht mehr, ist sie gänzlich entrückt. Die Ankunft von König Markes Schiff, den Tod Kurwenals nimmt sie nicht mehr wahr. Und nun erhebt sie, »die nichts um sie her vernommen«, das Auge »mit wachsender Begeisterung« auf Tristan heftend,[243] zum letztenmal die Stimme, nicht zu einer Totenklage, sondern zu einem Panegyrikus, der im Grunde nicht mehr dem Toten gilt, sondern dem ganzen Kosmos. Entsprechend der pantheistischen Idee, »daß zwei Seelen, die sich im Sehnen nacheinander verzehrt haben, mit dem Universum verschmelzen« (Leo Spitzer),[244] sieht Isolde sich mit Tristan in der Todesekstase vereint. Er selbst freilich rückt in der zweiten Hälfte des Schlußgesangs aus dem Blickfeld, die Vereinigung erscheint nur noch als eine Vermischung mit den Elementen,

in die er sich als Duft und Klang verströmt hat, als »süßer Atem« und wundervolle »Weise« verhaucht und verklungen ist (so chiffriert der erste Teil des Gesangs die Auflösung in die Elemente).

Isolde befindet sich in dem Zustand des ›Außer-sich‹-Seins, den Wagner in seinen ästhetischen Schriften wiederholt beschrieben hat. Es ist der Zustand des »Hellsehens«, in dem die wirkliche Welt vor dem inneren Auge wie eine Wand versinkt und den Blick freigibt auf den tieferen, den eigentlichen Zusammenhang der Welt. Wenn aber Isolde von ihrer Umgebung nichts mehr vernimmt, wer sind dann die »Freunde«, an die sie sich mit gleichsam ritueller Wiederholung wendet: »Seht ihr's Freunde?« – »Seht ihr's nicht?« Das gemahnt an das »Seht! (εἴδετε)«, mit dem die Helden der griechischen Tragödie sich in den Pathosszenen an den Chor richten (Antigone in ihrer Abschiedsklage). Doch an wen wendet Isolde sich? Gewiß nicht an Marke, Brangäne oder Melot, von deren Ankunft sie nichts bemerkt hat. Es ist ein unsichtbarer Chor von Nachtgeweihten! Was sie sehen, ist dem Alltagsauge verschlossen – sehen heißt hier: mit allen sublimierten Sinnen wahrnehmen.

Vor dem dergestalt allsinnlichen Auge vollzieht sich das Aufsteigen, die Ablösung der Seele vom Körper Tristans. Diese Ablösung drückt sich aus als Entströmen eines Lichtglanzes aus seinem Auge, als Entwehen des Atems aus seinen Lippen und als Aufsteigen einer wunderbaren Melodie aus seinem Leibe. Die verstummte Sphärenharmonie ertönt aus der Brust des Liebenden neu, auch dies ein Motiv romantischer Nachtdichtung.

> »Höre ich nur   mild versöhnend
> diese Weise,   aus ihm tönend
> die so wunder-   in mich dringet
> voll und leise,   auf sich schwinget,
> Wonne klagend,   hold erhallend
> Alles sagend,   um mich klinget?«[245]

(Unverkennbar ist hier die stilistische Nähe zu den Kurzversen des *Faust*; davon wird noch die Rede sein.) Es entsteht der Eindruck eines Isolde umtönenden Klangmeers, aber dieses Bild überkreuzt sich in den nächsten Versen mit dem der Luftwellen und Duftwolken. Wie Tristan Isolde in seiner Fiebervision auf Blumenwogen nahen sieht, so fühlt sie sich am Ende in einem Blütenmeer versinken. In Wagners Prosaskizzen von 1855 heißt es: »Isolde über Tristan hingebeugt, kommt zu sich und lauscht mit wachsender Entzückung den sich steigernden Liebesmelodien, die aus Tristans Seele zu ihr aufzusteigen scheinen, anschwellend wie ein Blütenmeer – in das sie sich zum Versinken darin stürzt und stirbt.«[246] Hier manifestiert sich schon die für den Schlußgesang typische Überkreuzung der Bildfelder des Aufsteigens und Versinkens, welche die Vorstellung eines Auf- und Abwogens evoziert.

Isolde fühlt sich von Klängen, Lüften, Wogen und Düften umwallt und umrauscht – das als Präposition und Präfix ständig wiederholte »um« suggeriert ein von allen Seiten einschließendes elementares Medium, in das Isolde sich mit Tristan auflöst. Diese Auflösung ist verbildlicht als »in Düften / mich verhauchen« – »ertrinken, versinken« in »des Welt-Atems / wehendem All«, mit dem sich der »süße Atem« aus Tristans Lippen vermischt: Unio mystica mit dem toten Geliebten als Eingehen in das aus ihm strömende Element, in das göttliche All, das durch die nicht nur musikalisch, sondern auch poetisch hinreißende rhythmische Dynamik der Schlußverse als gewaltig wogende und schließlich verebbende Meeresbewegung versinnlicht wird (VII,79 ff.).[247]

In Isoldes Schlußgesang werde keine Bewegung nach oben suggeriert, hat Leo Spitzer behauptet – im Gegensatz zum *Fliegenden Holländer*, wo am Ende zwei Seelen »in verklärter Gestalt« himmelwärts steigen –, sondern ein Sinken in die Tiefe. Das trifft, wir zeigten es, nicht ganz zu, Auf und Ab überlagern sich vielmehr, und Isoldes letzter, pianissimo verhauchter Ton: der Oktavsprung beim Wort »Lust« läßt (wie selbst Spitzer vermutet) dem Versinken gleichsam erneut die Erhebung folgen. Wagner hat jedenfalls, wie wir nun aus den Tagebüchern Cosimas erschließen können, Isoldes Liebestod als eine Apotheose gedeutet, die kaum einen Gegensatz zur Levitation im Schlußtableau des *Fliegenden Holländers* bildet. (Freilich ist durch die Überkreuzung der Bildfelder des Auf und Ab die Raumvorstellung im Grunde aufgehoben.)

Wagner hat Isolde wiederholt mit der *Assunta* von Tizian verglichen, die ihn bei seinen Venedig-Besuchen stets von neuem fasziniert hat. Unterm Datum des 22. Oktober 1882 finden wir die erstaunliche Eintragung Cosimas, Wagner leugne geradezu, »daß die Assunta die Mutter Gottes sei, das sei Isolde in der Liebes-Verklärung« (CT II,1029). Möglicherweise hat Wagner sich hier dunkel an eine Äußerung Cosimas drei Jahre zuvor erinnert. Im Gespräch am 4. September 1879 bemerkte sie bereits unter Beziehung auf Wagners entstehenden Traktat *Religion und Kunst*, in dem er sich ausführlich über Raffaels *Sixtinische Madonna* äußert: »Die Schönheit bei Raffael begehrungslos, ich vergleiche dagegen die himmelfahrende Maria von Tizian mit Isoldens Verklärung.« (CT II,404.) Auch in dem späteren Gespräch wird Tizians *Assunta*, nun von Wagner selbst, der *Sixtinischen Madonna* gegenübergestellt: diese sei »bei vollendeter Schönheit vollkommene Unnahbarkeit« (CT II,1029).

Symbolisiert also Raffaels Madonna eine Erlösung aufgrund »innerster Verneinung der Welt« und des erotischen ›Willens‹ (*Religion und Kunst*, XI,271), so Tizians *Assunta* die Erlösung als sublimiertes »Liebes-Entzücken« (CT II,634). Daher ist wohl hinter die Verbindung, die Peter Wapnewski zwischen dem von Wagner in *Mein Leben* berichteten Inspirationserlebnis vor Tizians Gemälde und der Entsagungsthematik der *Meistersinger* (Hans Sachs) mit bemerkenswertem Scharfsinn hergestellt hat,[248] ein Fragezeichen zu setzen: Die *Assunta* verkörperte für Wagner gerade nicht die Verneinung des Willens, sondern jene mystische Steigerung des Eros, wie sie sich in Isoldes Liebestod offenbart.

Seit *Tannhäuser* finden wir bei Wagner immer wieder Züge einer sonderbaren Marienverehrung. In der Abhandlung *Deutsche Kunst und Deutsche Politik* (1867/68) verteidigt er gar »das neuerdings zum Kanon erhobene Dogma der unbefleckten Empfängnis«, das der von ihm ansonsten verachtete Papst Pius IX. zur Empörung der protestantischen Welt verkündet hatte. Wagner hingegen ist der Überzeugung, daß die katholischen Romanen zum Verständnis dieses Dogmas nicht fähig seien, ja er wirft ihnen vor, daß sie es nicht ernst genug nehmen, konnte man doch »manch frivoles Witzwort in der französischen und italienischen Presse« darüber lesen, während »der größte deutsche Dichter sein größtes Gedicht mit der beseligenden Anbetung der Mater gloriosa als höchsten Ideales des fleckenlos Reinen beschloß« (VIII,101).

Kaum je ist bemerkt worden, daß Wagner aus dieser Anbetung der Mater gloriosa am Ende des *Faust* zwei Verse fast wörtlich in den *Tristan* übernommen hat: »Du Ohnegleiche, / Du Gnadenreiche!« So ruft der Chor der Büßerinnen die Himmelsköni-

Tizian: Assunta

gin an (V. 12 035 f.), fast ebenso beginnt das Gebet Gretchens: »Du Ohnegleiche, / Du Strahlenreiche« (V. 12 070 f.). Wie nahe Wagner diese Verse gestanden haben, zeigt eine Notiz Cosimas: »Neige, du Gnadenreiche‹, flüstert Richard mir zu, als wir uns am Nachmittag trennen.« (CT II,126.)[249] »Ohne Gleiche! / Überreiche!« singen auch Tristan und Isolde in ihrem Hymnus auf die Liebe im zweiten Aufzug (VII,36). Dieses Beispiel dürfte zugleich belegen, wie stark der *Tristan*-Vers in seiner rhythmischen Struktur von den Kurzversen des *Faust*, zumal der Schlußszene, inspiriert ist, die ja wirklich Verse einer imaginären Oper sind.

Eine Reminiszenz an die Assunta findet sich auch im Schlußgesang Isoldes, merkwürdigerweise nicht auf sie, sondern auf Tristan bezogen: »Säht ihr's nicht? / Immer lichter / wie er leuchtet, / Stern-umstrahlet / hoch sich hebt?« (VII,79.) Der Doktor Marianus in der Bergschluchten-Szene des *Faust* sieht inmitten der nach oben schwebenden heiligen Frauen die Mater gloriosa: »Die Herrliche mittenin / im Strahlenkranze, / Die Himmelskönigin, / Ich seh's am Glanze.« (V. 11 992 ff.)[250] Der Sternenkranz ist das herkömmliche Symbol der Assunta. Noch heute heißt es im Introitus des Fests Mariä Himmelfahrt: »Ein großes Zeichen erschien am Himmel: eine Frau, mit der Sonne umkleidet, zu ihren Füßen der Mond, auf ihrem Haupt ein Kranz von zwölf Sternen.« Das ist das apokalyptische Weib (Offb 12,1), dessen Symbole auf Maria übertragen werden. Die gleichen Symbole sind im 18. Jahrhundert auch auf die Allegorie der Nacht (bei Young) oder auf die Königin der Nacht in der *Zauberflöte* bezogen worden. (In Goethes und Schinkels berühmten Bühnenbildentwürfen zum Auftritt der »sternflammenden Königin« ist letztere wie eine Mondsichel-Madonna dargestellt.) – Übrigens gipfelt auch die fünfte der *Hymnen an die Nacht* von Novalis in einer Anbetung der Muttergottes: »Nach dir, Maria, heben / Schon tausend Herzen sich; / [...].«[251]

Kein Zweifel, daß Wagners ›Marienlob‹ keine Sache des Glaubens, sondern der Kunst ist, entsprechend der in *Religion und Kunst* (1880) geäußerten Überzeugung, daß es letzterer »vorbehalten sei, den Kern der Religion zu retten, indem sie die mythischen Symbole, welche die erstere im eigentlichen Sinne als wahr geglaubt wissen will, ihrem sinnbildlichen Werte nach erfaßt, um durch ideale Darstellung derselben die in ihnen verborgene tiefe Wahrheit erkennen zu lassen« (X,211). Was im Falle der Assunta in diesem Sinne Wahrheit ist, darüber hat Wagner sich in einem langen Gespräch mit Cosima vor Tizians Gemälde in Venedig am 25. April 1882 geäußert: »Der glühende Kopf der Maria bringt ihm seine Gedanken wieder des Geschlechtstriebes; das einzig Mächtige, nun von allem Begehren befreit, der Wille entzückt und erlöst.« (CT II,138.)

Was damit gemeint ist, welcher Gedanke Wagner »wieder« kommt, ist unseres Erachtens evident: Es handelt sich um seinen Versuch einer Revision der Schopenhauerschen *Metaphysik der Geschlechtsliebe*,[252] den er 1858 während der Arbeit an der *Tristan*-Partitur in dem Bruchstück eines Briefes an Arthur Schopenhauer unternommen hat. In dem nie abgesendeten Brief sucht er dem Philosophen »eine Anschauung mitzuteilen, in der sich mir selbst in der Anlage der Geschlechtsliebe ein Heilsweg zur Selbsterkenntnis und Selbstverneinung des Willens [...] darstellt«. Wagner betont, daß dabei einzig Schopenhauer ihm das »Material der Begriffe, durch die meine Anschauung auf philosophischem Wege mitteilbar wird«, vermittelt habe; »und versuche ich, mich darüber deutlich zu machen, so geschieht es nur im Vertrauen auf das durch Sie Erlernte« (XII,291).

Raffael: Sixtinische Madonna

Worauf diese »Berichtigung« und Ergänzung des Schopenhauerschen »Systems« hin-
ausläuft, hat Wagner in seinem Brief an Mathilde Wesendonk am 1. Dezember 1858
dargelegt: »Es handelt sich nämlich darum, den von keinem Philosophen, namentlich
auch von Schopenhauer nicht, erkannten Heilsweg zur vollkommenen Beruhigung des
Willens durch die Liebe [und zwar wirklich durch die »Geschlechtsliebe«] nachzuweisen.« So wie die höchste Erkenntnis sich gerade im Zustand »enthusiastischer Freudigkeit und Entzücktheit« einstelle (nicht in vollkommener Affektruhe, wie Schopenhauer
wähne), so sei »in der Liebe die Möglichkeit nachzuweisen, bis zu jener Erhebung über
den individuellen Willenstrieb zu gelangen, wo, nach gänzlicher Bewältigung dieses,
der Gattungswille sich zum vollen Bewußtsein kommt, was auf dieser Höhe dann
notwendig gleichbedeutend mit vollkommener Beruhigung ist«.[253] Nichts anderes
meint die oben zitierte Gesprächsäußerung über den von allem Begehren befreiten,
›entzückten‹ Geschlechtstrieb.

Diese Äußerung enthält den Schlüssel zum Verständnis der »Liebesverklärung« Isoldes
am Ende des *Tristan*. Nicht Entsagung, nicht die asketische Verneinung des Willens ist
hier das Höchste, sondern dessen Entzückung und Erlösung. Eine aus dem Zentrum
der Philosophie Schopenhauers heraus gedachte, dessen ethischer Intention jedoch
diametral entgegengesetzte Idee! Daß das höchste metaphysische Wissen dem Liebenden, nicht dem Entsagenden vorbehalten ist, zeigt die Blindheit König Markes. Er, der
auf die geschlechtliche Vereinigung mit Isolde verzichtet – »der mein Wille [!] / nie zu
nahen wagte, / der mein Wunsch / ehrfurchtscheu entsagte« (VII,54) –, entspricht allein
Schopenhauers Ideal des asketischen Heiligen; und doch ist auch ihm bei Wagner,
gerade aufgrund seiner Entsagung, der Blick ins Wesen der Welt verhängt.

Doch ist nicht das Ziel des *Tristan* das Erlöschen im »Nichts«, dem letzten Wort des
Schopenhauerschen Hauptwerks? Drückt nicht das Verebben der zuvor wogenden
Bewegung des Schlußgesangs in den allerletzten Versen Isoldes das Erlöschen alles
Begehrens im Nirwana aus – das nach Schopenhauer nur durch Entsagung erreicht
wird? Die *Tristan*-Dichtung erlaubt diesen Schluß nicht. Hier fällt der Zustand des
Nirwana mit dem des ›entzückten Willens‹ zusammen. Diese Vorstellung Wagners
offenbart einen tiefgreifenden Unterschied in der Wertung des Willens gegenüber der
Welt als Wille und Vorstellung. Schopenhauers Pessimismus weicht einer trunkenen
Affirmation des Weltgrundes, die sich im Schluß des *Tristan* musikalisch-poetisch
überwältigend manifestiert. Isoldes Liebestod ist, mit dem Titel von D'Annunzios
Roman zu reden, ein *Trionfo della Morte*, ein Festzug aller Sinne in die unendliche
Liebesnacht des Todes. – »Die Liebe im *Tristan* ist nicht schopenhauerisch, sondern
empedokleisch zu verstehen«, hat Nietzsche in einer nachgelassenen Aufzeichnung von
1875 geschrieben; sie sei »Anzeichen und Gewähr einer ewigen Einheit«.[254]

Mit dem letzten Takt des *Tristan* habe Wagner »das Tor der Romantik geschlossen«,
hat Richard Strauss bemerkt. 1946 schreibt er über Eichendorff, dieser habe nicht
ahnen können, daß wenige Jahre nach seinem Tod das Werk erscheinen werde, das »alle
Romantik in sich aufsaugen, zu einem höchsten Kulminationspunkt führen und alle
[...] Nachtgesänge der Schlegel, Novalis, Brentano, Arnim [...] in einem unsterbli-
chen As-dur-Liebesduett erlösen und unter alle Romantik mit dem schönst instrumen-
tierten H-dur-Akkord der Musikgeschichte den göttlichen Schlußpunkt setzen
würde«.[255] – An den Schluß des Kapitels »Tragik und Ende« von Rudolf Bachs Buch
Tragik und Größe der deutschen Romantik hat Strauss im gleichen Jahr folgende vier

im Faksimile wiedergegebene Takte gesetzt, die Anfang und Ende des *Tristan* – für ihn
»Anfang und Ende aller Musik« – ineinander verschlingen:[256]

7. Summe und Steigerung: »Parsifal«

> »Ja! die Kunst und die Religion sind bloß der übriggebliebe-
> ne Schwanzknochen am Affen des Menschen, der Rest einer
> alten Kultur!«
>
> Wagner zu Cosima, 27. Juni 1878.

In seinem Märchen *Der Garten des Paradieses* erzählt Hans Christian Andersen –
übrigens ein Wagnerianer der ersten Stunde, der den bewunderten Komponisten 1855
auf Liszts Empfehlung in Zürich persönlich aufgesucht und später im zweiten Teil
seiner Autobiographie begeistert von dem Gespräch mit ihm berichtet hat[257] – die
Geschichte eines Prinzen, der sich von Kindheit an in Sehnsucht nach dem Paradies
verzehrt, weil er die Erbsünde, das Kosten von der verbotenen Frucht, rückgängig
machen möchte. »Oh, warum pflückte Eva doch vom Baum der Erkenntnis! Warum aß
Adam von der verbotenen Frucht! Das hätte ich sein sollen, dann wäre es nicht passiert!
Niemals wäre die Sünde in die Welt gekommen!« Das Glück will es, daß der Prinz die
Bekanntschaft der Winde macht, und der Ostwind berichtet ihm, der Garten des
Paradieses sei nach dem Fall Adams und Evas in die Erde versunken; als Insel der
Glückseligkeit, wohin der Tod nie kommt, werde das Paradies nun von einer Feenprin-
zessin bewohnt. Auf seine flehentliche Bitte trägt der Ostwind den Prinzen nach Asien
und bringt ihn – Andersen folgt hier unverkennbar dem Unterwelt-Mythos der
deutschen Romantik – in das unterirdische Reich, wo der Garten des Paradieses noch
immer blüht.
Die Prinzessin führt ihn in ihr Schloß und zeigt ihm in einem der Fenster das von der
Zeit eingebrannte lebende Bild des Paradieses vor der Vertreibung Adams und Evas.
Dem Prinzen ist es beschieden, dem Verlust des Paradieses noch einmal zuvorzukom-
men. »Falls du nicht wie Adam dich verlocken läßt, das Verbotene zu tun, so kannst du

immer hierbleiben.« Worin besteht aber das Verbotene? Jeden Abend muß die Prinzessin sich gegen ihren Willen unter dem Baum der Erkenntnis dem Prinzen in verführerischer Gestalt zeigen. Sobald er aber einen Kuß auf ihren Mund drückt, wird das Paradies mit einem Schlage verschwinden, und er muß Kummer und Drangsal erleiden.

> »Die Fee führte ihn in einen großen Saal aus weißen durchsichtigen Lilien. [...] Die schönsten Mädchen, schwebend und schlank, in wogendem Flor gekleidet, so daß man die lieblichen Glieder sah, bewegten sich im Tanze und sangen davon, wie herrlich es sei, zu leben, und daß sie nie sterben würden und der Garten des Paradieses ewig blühen solle. Und die Sonne ging unter, der ganze Himmel wurde ein Gold, das den Lilien einen Schimmer wie der schönsten Rose verlieh. Und der Prinz trank von dem schäumenden Wein, den die Mädchen ihm reichten, und er fühlte eine Glückseligkeit wie nie zuvor. Er sah, wie der Hintergrund des Saales sich öffnete, und der Baum der Erkenntnis stand in einem Glanz, der seine Augen blendete. Der Gesang von dort war weich und schön wie die Stimme seiner Mutter, und es hörte sich an, als ob sie sänge: ›Mein Kind! Mein geliebtes Kind!‹«

Von verführerischen Düften und Klängen berauscht, folgt der Prinz der ihm winkenden Fee.

> »Und bei jedem Schritt brannten die Wangen des Prinzen heißer, sein Blut wallte heftiger. ›Ich muß hin!‹ sagte er. ›Das ist ja keine Sünde, kann es nicht sein! Warum nicht der Schönheit und der Freude folgen? Ich will sie schlafen sehen! Es ist ja nichts verloren, wenn ich sie nur nicht küsse. Und das tue ich nicht! Ich bin stark. Ich habe einen festen Willen!‹ Und die Fee warf ihr strahlendes Gewand ab, bog die Zweige zurück, und einen Augenblick später war sie drinnen verborgen. ›Ich habe noch nicht gesündigt‹, sagte der Prinz, ›und ich will es auch nicht!‹ Und dann zog er die Zweige zur Seite. Da schlief sie schon, schön wie nur die Fee im Garten des Paradieses sein kann. Sie lächelte im Traum. Er beugte sich zu ihr hinab und sah die Tränen zwischen ihren Wimpern beben. ›Weinst du über mich?‹ flüsterte er. ›Weine nicht, du herrliches Geschöpf! Nun begreife ich erst das Glück des Paradieses. Es strömt durch mein Blut, durch meine Gedanken! Des Cherubs Kraft und ewiges Leben fühle ich in meinem irdischen Körper. Soll es doch ewige Nacht für mich werden! Eine Minute wie diese ist Reichtum genug!‹ Und er küßte die Träne von ihrem Auge, sein Mund berührte den ihren.«

Mit einem Donnerschlag stürzt alles zusammen. Dem entsetzten Prinzen kommt zu Bewußtsein: »Ich habe gesündigt wie Adam!« Als er die Augen öffnet, sieht er, wie das verlorene Paradies in die schwarze Nacht versinkt und als Morgenstern am Himmel funkelt. Der Tod mit der Sense und großen schwarzen Flügeln tritt vor den Sündigen und zeichnet ihn.

Es bleibe dahingestellt, ob Wagner dieses Märchen gekannt oder sich von ihm gar hat inspirieren lassen. (Die Andersenschen Märchen gehörten zum selbstverständlichen Vorlesestoff für die Kinder in Tribschen und Wahnfried.) Die Motivparallelen sind jedenfalls verblüffend und erklären sich wohl nicht zuletzt aus der gemeinsamen Bindung Andersens und Wagners an die deutsche Romantik. (Die Wagner-Begeisterung des dänischen Dichters entzündete sich bezeichnenderweise am *Tannhäuser*, der am stärksten der Romantik verpflichteten Oper Wagners.) Die sexuelle Natur der Erbsünde, die Desillusionierung im Moment des Kusses, der schlagartig verschwindende Paradiesesgarten, die Blumenmädchen, die Verführerin wider Willen, die erotische Mutterbindung – all dies finden wir, wenn auch anders begründet, hier wie dort.

In seinem Brief an Ludwig II. vom 7. September 1865 antwortet Wagner auf die Frage des königlichen Freundes, der soeben den Prosaentwurf *Parzival* gelesen hat: »warum unser Held erst durch Kundrys Kuß bekehrt« werde (5. September 1865), mit einem Rekurs auf die Mythologie des Paradieses, der Schlange und des Baumes der Erkenntnis. Im Kuß Kundrys, des »Ur-Frauenzimmers« (CT II,84), wiederholt sich die Verführung Evas, im Fall des Amfortas die Ursünde Adams. Kundry ist überdies gleichsam die Schlange des Paradieses. Wie diese Eva verspricht: »Ihr werdet sein wie Gott« (1 Mose 3,5), so fordert Kundry schon im Prosaentwurf von 1865 Parsifal auf: »Umfange mich nun in Liebe, so bist du heute noch Gott selbst!« (XI,409.) In der endgültigen Textfassung lautet diese Stelle: »Mein Liebes-Umfangen / läßt dich dann Gottheit erlangen!« (X,361.) Der Erlösungstat Christi korrespondiert in bezug auf Amfortas und Kundry die Heilstat Parsifals. Wagners Formel: »Adam – Eva: Christus. [...] Anfortas – Kundry: Parzival.« (Eine Analogie, die aber nur mit »großer Behutsamkeit« herzustellen sei, wie Wagner betont.[258]) Durch den Kuß wird Parsifal »welthellsichtig« (X,361), erlangt er das Bewußtsein der Sünde, tritt er in das Geschlecht der »scientes bonum et malum« ein. Er, der noch nicht vom Baum der Erkenntnis genossen hat, weiß bis zum Kuß der Kundry noch nichts von Gut und Böse. (Von diesem Unterschied hört er, ohne ihn zu verstehen, zum erstenmal, als Kundry im ersten Aufzug auf seine Frage: »Wer fürchtet mich?« antwortet: »Die Bösen«. Darauf die verwunderte Frage Parsifals: »Die mich bedrohten, waren sie bös?« Und, durch das Lachen Gurnemanz' gänzlich verwirrt: »Wer ist gut?«; X,337.) Die Sehnsucht nach dem verlorenen Paradies, nach der noch nicht zum dämonischen Erbzwang des Menschengeschlechts fatalisierten, zur ›concupiscentia‹ verdorbenen Liebe ist bereits ein poetisches Leitmotiv der *Meistersinger*. Stolzings Preislied ist der Traum vom vermiedenen Sündenfall, nicht vom wiedergefundenen, sondern vom gar nicht erst verlorenen, sondern unmittelbar vom Traum ins Leben übersetzbaren Paradies. Anders als die Illusion des Prinzen in Andersens Märchen vom *Garten des Paradieses* wird Stolzings Traum – die Komödie ist hier märchenhafter als das Märchen – nicht zerstört, aber doch kontrapunktiert durch Sachsens Gassenhauer von der schlimmen Eva, der Vertreibung aus dem Paradies und der Verdammung des Menschengeschlechts zur Arbeit im Schweiße des Angesichts – aus deren Misere eine Engelsleiter in glücklichen Momenten in ein neues, mit Tränen erkauftes, ›künstliches‹ Paradies führt. Hans Sachs hat den Kuß Kundrys gewissermaßen schon empfangen; er weiß, daß die Liebe ›Wahn‹, daß der sündelose Eros Stolzings und seiner Eva (der mythischen wie der wirklichen) ein Märchentraum ist. Die wahre – ewige – Eva kehrt in Kundry wieder. Der mythische Erbzwang des Bösen, der durch Eros als den Brennpunkt des Weltwillens über das Menschengeschlecht verhängt wird, ist nur durch Entsagung zu durchbrechen. Die affirmative Liebesmetaphysik des *Tristan*-Schlusses scheint in *Parsifal*, aber in gewisser Weise auch schon in den *Meistersingern*, zurückgenommen. »Hans Sachs war klug und wollte / nichts von Herrn Markes Glück.« (VII,254.) Auch Marke war ein Entsagender (gesteht er doch selbst, daß sein »Wille« Isolde »ehrfurchtscheu entsagte«, VII,54); freilich handelte es sich hier um keine Entsagung aus höchstem metaphysischem Wissen wie im Falle Sachsens und Parsifals; sie mußte deshalb vor dem Liebes-Todes-Wissen Tristans und Isoldes verblassen. Wenn von der ›Zurücknahme‹ des *Tristan* gesprochen wurde,[259] so heißt es nicht, daß Wagner seine Schopenhauer-Revision, wie er sie im Blick auf *Tristan und Isolde* in seinem Brief an Mathilde Wesendonk vom 1. Dezember 1858 und in dem fragmentarischen Brief an Schopenhauer entwickelt hat, einfach als Irrtum preisgegeben hätte. Das Gespräch mit Cosima am 25. April 1882 (CT II,938) – also nach Abschluß des *Parsifal* – zeigt, daß er sich noch einmal voll zur Philosophie der Erlösung *durch*, nicht *von* der Liebe bekennt. Wagners »Metaphysik der Geschlechtsliebe« ist also nur in Widersprüchen faßbar, führt schlechterdings nicht zu einer eindeutigen philosophischen ›Lösung‹. Sie bleibt bei dem nicht aufgehobenen Gegensatz der originalen und der von ihm selbst proponierten ›alternativen‹ Schopenhauerschen Liebesmetaphysik stehen. Die Projektfolge *Tristan, Die Sieger, Parsifal* gibt jedoch dem originalen Schopenhauer ein unverkennbares Übergewicht (ohne daß Wagner freilich dem metaphysischen Zynismus folgt, mit dem jener die Liebesekstase als bloße List des Willens im Interesse des Gattungserhalts decouvriert; dieser wesentliche Aspekt der *Metaphysik der Geschlechtsliebe* ist für Wagner bedeutungslos). Sieht man in der Entstehungsfolge der Werke eine ideelle Konsequenz, so drängt sich der Schluß auf, daß von den metaphysischen Prinzipien her Schopenhauer über Wagner in dessen eigenem Werk gesiegt hat.

Eros trägt bei Wagner von Anfang an ein Janusgesicht – ein heiliges und ein dämonisches. Im dialektisch-dramatischen Lichtwechsel oft eines und desselben Werks – *Tannhäuser!* – fällt der Blick mal auf das eine, mal auf das andere Gesicht. Wie nahe Segen und Fluch der Liebe beieinander sind, zeigte uns *Tristan und Isolde*. Hier freilich siegte am Ende unzweifelhaft die erlösende Kraft der Liebe, konnte diese zuvor nur zum Fluch werden, weil der Zaubertrank sie aus dem Tod ins Leben zurückzwang. Aber nur dieses eine Mal schließt ein Wagnersches Werk mit einem durch nichts verdunkelten Panegyrikus der Liebe. Der Weisheit letzter Schluß des *Dramatikers* Wagner heißt jedoch: Entsagung. Die Gralsburg ist die Utopie einer Welt, die durch die Neutralisierung des Erotischen die Erbsünde aufgehoben hat. Sollte das nur eine der Masken des Histrionen Wagner sein – des Erotomanen mit der klingsorhaften Neigung zur Negation des Sexuellen und doch zugleich mit der Zaubergabe, eine Wollusthölle zu beschwören? Die Sehnsucht nach einer vom Bann des Eros befreiten Welt finden wir freilich gerade bei den schöpferischen Menschen immer wieder, die diesen Bann am meisten, bis an den Rand der Selbstzerstörung erfahren haben. Selbst Casanova hat einen phantastischen Roman (*Isocaméron*, 1788) geschrieben, der das Paradies in ein unterirdisches Reich verlegt, wo ein Volk lebt: die Megamikren, in denen Mann und Frau zu einem hermaphroditischen Doppelwesen verbunden sind, männlicher und weiblicher Eros sich also neutralisieren. Sie befinden sich in dem Zustand vor dem Sündenfall, in dem der Mensch »sich seiner Geschlechtlichkeit noch nicht bewußt ist und keine Triebleidenschaft kennt« (Ernesto Grassi).[260]

Die Negation des Erotischen, Liebesverbot und Liebesfluch durchziehen Wagners Werk leitmotivisch vom *Liebesverbot* (1834–36) bis zum Plan der *Sieger*. In der frühen Oper nach Shakespeares *Maß für Maß* wird der »Liebesantipode« Friedrich (XI,97) zwar noch für sein puritanisches Gebot im Namen jungdeutscher Emanzipation des Fleisches verhöhnt, aber der den Eros verleugnende und dennoch oder gerade dadurch von ihm gebannte Statthalter ist mehr als das bloße Zerrbild eines deutschen Sinnenfeinds, dem durch Italianità der Garaus gemacht wird. Sein Monolog im zweiten Aufzug ist schon eine bestürzende Vorahnung der Zerrissenheit des Amfortas:

»Was hat ein Weib aus dir gemacht!
Armseliger, wohin ist das System,
das du so wohl geordnet, hingeflohen?
Ein Hauch von ihrem warmen Atem nur,
und wie ein frost'ger Wintertraum zerflossen!
[...]
Ja, glühend wie des Südens Hauch
brennt mir die Flamme in der Brust;
verzehrt mich auch die wilde Glut,
genieß ich doch die heiße Lust!« (XI,106.)

Das Verbot der genießenden Liebe, das die höfische Konvention dem Dichter vor-
schreibt, die Verteufelung und Verfluchung des Sexuellen (Venusberg als Hölle, Fluch
des Papstes) stehen im Mittelpunkt des *Tannhäuser*. Ein Liebesverbot anderer Art wird
Elis in den *Bergwerken zu Falun* von Torbern erteilt: »Wolle er die wahren Wunder der
Tiefe erschauen und zum Anblick der hohen Königin gelangen, so müsse er sich alle
Liebesgedanken aus dem Sinn schlagen.« (XI,128.) Wieder eine andere Spielart der
Liebesverneinung ist Alberichs Fluch, der nur die Liebe, nicht die sexuelle Lust trifft:
»Erzwäng ich nicht Liebe, / doch listig erzwäng ich mir Lust?« (V,212.) (Durch
dergestalt erzwungene Lust, durch Vergewaltigung wird Alberich später der Vater
Hagens.) Daß Tristans Verfluchung des Tranks ursprünglich ein »Fluch der Liebe«
gewesen ist, davon war im letzten Kapitel die Rede. *Parsifal* (und das ihm verschwi-
sterte Projekt der *Sieger*, in dessen Zentrum ebenfalls eine Verführungsszene stehen
sollte), ist fast eine Summe all dieser Motivvarianten.
In seinem Gespräch mit Cosima am 12. Juni 1878 vergleicht Wagner Parsifal vom
Thema des Liebesverbots und der Liebesverwindung her einleuchtend mit Schillers
Jungfrau von Orleans. Beide seien »der Sinnenlust auf ewig durch einen großen
Eindruck entrissen« worden (CT II,115). In einem späteren Gespräch über den Mythos
von Eros und Anteros bemerkt Wagner: »Anteros ist Parsifal.« (CT II,796.) Dieser ist
der radikale Antipode all jener Wagnerschen Gestalten, die ihre Existenz an die Liebe
wagen und verlieren.
Der Liebe als Eros tritt in und mit Parsifal die Liebe als Agape entgegen, »deren
Ursprung und Wesen [...] die Durchschauung des principii individuationis« ist
(Schopenhauer). Wie der Eros Selbstsucht, so ist die Agape Mitleid; sie gründet in dem
Wissen des Veda: »Tat twam asi! (Dieses bist du!).« Wer diese Formel, schreibt
Schopenhauer, »mit klarer Erkenntnis und fester inniger Überzeugung über jedes
Wesen, mit dem er in Berührung kommt, zu sich selbst auszusprechen vermag, der ist«
– durch Mitleid wissend geworden, darf man mit der *Parsifal*-Formel einfügen; »der ist
eben damit aller Tugend und Seligkeit gewiß und auf dem geraden Wege der Erlösung«.[261] Die Erfahrung des ›Tat twam asi‹ macht Parsifal – darin besteht seine Welt-
Hellsicht – paradoxerweise beim Liebeskuß Kundrys. Dieser Kuß, das Erlebnis des
eigensüchtigen Eros, läßt ihn in blitzartiger Erkenntnis das Principium individuationis
durchschauen, erweckt in ihm jene »Hellsicht des Schmerzes«, die Gerhart Hauptmann
(vielleicht im Blick auf Wagners *Parsifal*) zu einer Grundformel seiner eigenen tragischen Weltsicht gemacht hat.

Wiederholt ist beobachtet worden, daß *Parsifal* in nahezu sämtlichen Gestalten und
wesentlichen Handlungsmomenten eine Rekapitulation des Wagnerschen Gesamt-

werks ist.[262] Rekapitulation, aber auch Kontrafaktur und – das Motiv der Mitleids-Liebe zeigt es – Antithese. Allein die Lektüre der Tagebücher Cosimas aus der Zeit der Komposition des *Parsifal* zeigt, wie auffallend oft Wagner jede der Gestalten seines »letzten Werks« (CT II,319) zu den Personen seiner früheren musikalischen Dramen in Beziehung setzt. Dafür nur einige Beispiele. Im Gespräch am 19. Februar 1878 fragt er: »Wer ist Titurel?« Seine Antwort: »Wotan. In der Weltentsagenheit wird ihm die Erlösung zuteil, ihm wird das höchste Gut anvertraut, nun hütet er es kriegerisch göttlich.« Ja, Wagner versucht die Namen Wotan und Titurel ihrer etymologischen Bedeutung nach miteinander zu verbinden (CT II,47 f.). Am 2. März 1878 zieht er den naheliegenden »Vergleich zwischen Alberich und Klingsor« (CT II,52). Macht um den Preis der Liebe und als Rache für die verlorene! – »Richard findet Ähnlichkeit in dem Wesen Wotans und Kundrys«, notiert Cosima am 4. Juni 1878, »beide sehnten sich nach Erlösung und bäumten sich gegen sie [auf]; Kundry in der Szene mit Parsifal, Wotan mit Siegfried.« (CT II,108.) »Eigentlich hätte Siegfried Parsifal werden sollen und Wotan erlösen«, bemerkt Wagner am 29. April 1879; er hätte »auf seinen Streifzügen auf den leidenden Wotan (für Amfortas) treffen [müssen] – aber es fehlte der Vorbote, und so mußte das wohl so bleiben« (CT II,339).

Bereits in seinem Brief an Mathilde Wesendonk vom 30. Mai 1859 nennt Wagner den leidenden Amfortas den »Tristan des dritten Aktes mit einer unendlichen Steigerung«.[263] Der Anblick des stets von neuem lebenspendenden Grals bringt den zum Sterben entschlossenen König zu der gleichen wütenden Verzweiflung wie der zum Leben zwingende Liebestrank den aus der Todesnacht zurückkehrenden Tristan. Daß Grund und Inhalt dieses Sterbens und analog die Bedeutung von Gral und Liebestrank einander freilich diametral entgegengesetzt sind, versteht sich von selbst. Tristan und Amfortas sind »liebes-zerstört. Beide begehrten sie als Genesung den Tod. Beide sind sie durch Liebe vernichtet in dieser Welt, für diese Welt. Der eine aber will sie verlassen, um sich von aller Liebe zu reinigen, alles Liebesschicksal abzustreifen. Der andere will sie verlassen, um total der Liebe zu gehören, dem Liebesschicksal [im Tode] endgültig anheimzufallen. Der eine will die Welt überwinden, um mit ihr auch die Liebe zu überwinden. Der andere will die Welt überwinden, um gänzlich von der Liebe überwunden zu sein« (Peter Wapnewski).[264]

Wagner hat ursprünglich geplant, den Gralsucher Parzival in den Schlußakt des *Tristan* hineinzuflechten. Das wäre gewissermaßen die moderne Variante des Mythos von Eros und Anteros geworden. Parsifal, der in einem bis zum Selbstleiden (›Tat twam asi‹) getriebenen Mitleiden mit dem gemarterten Amfortas (»Die Wunde sah ich bluten – / nun blutet sie mir selbst«) die »Qual der Liebe«, »das Sehnen, das furchtbare Sehnen, / das alle Sinne mir faßt und zwingt«, an sich erfahren hat (X,358), er hätte auch im Falle Tristans den mitleidenden Blick für das gehabt, was Wagner im Gespräch mit Cosima »das absolute Zerfressensein eines Wesens durch die Liebe« nennt (CT I,65). Doch es wäre für ihn nur »sündiges Verlangen« (X,359) gewesen, während Tristan jenseits der Kategorien von Sünde und Reinheit lebt, gerade in der (Todes-) Liebe Heil und Erlösung sucht, von der Parsifal ihn wie Kundry hätte heilen und erlösen müssen. Hier wären zwei Welten, zwei Wertsysteme beziehungslos aufeinander gestoßen und wirkungslos voneinander abgeprallt. Deshalb hat Wagner auf die Einflechtung Parsifals konsequent verzichtet.

Noch mit einem anderen Werk steht der Name Parsifal in Verbindung: mit *Lohengrin*. Hier hat der Gralskönig freilich einen Sohn, eben Lohengrin, denn zur Zeit der Konzeption der romantischen Gralsoper hat Parsifal noch nicht Schopenhauer und Buddha gelesen, dem Eros also noch nicht gänzlich entsagt. Nur sein Name, nicht die Person des späteren Gralskönigs kündigt sich hier an. Daß dennoch die Gralsmystik des *Parsifal* auf *Lohengrin* (auch musikalisch) bezogen bleibt, gewissermaßen dessen gesteigerte Erscheinung ist, das ist kaum zu verkennen. (Um den Parsifal-Stoff kreisten Wagners Gedanken ja schon um 1845, in der Zeit zwischen der Konzeption des *Tannhäuser* und des *Lohengrin*.) Doch auch auf die anderen romantischen Opern weist das letzte Werk zurück. Kundry ist die weibliche Variante des »ewigen Juden«, wie Wagner selbst im Prosaentwurf von 1865 schreibt (XI,404). Sie ist so zugleich das Pendant des Fliegenden Holländers, des ewigen Juden des Meeres (IV,265 f.), aber auch Wotans, den Wagner gleichfalls als »eine Art Fliegenden Holländer« ausgegeben hat (CT II,295).

Die auffallendsten Parallelen bestehen freilich zu *Tannhäuser*. Das künstliche Paradies Klingsors gleicht dem Venusberg, Kundry ist eine neue Venus (und am liebsten hätte Wagner sie »wie eine Tizianische Venus nackt daliegen« lassen; CT II,657), die Blumenmädchen weisen gar auf Wagners Quelle: die Tannenhäuser-Erzählung von Tieck zurück. Schon hier umringen die Blumen des Bösen den Neuankömmling. (»In den Blumen brannte der Mädchen und der Lüste Reiz, in den Körpern der Weiber blühte der Zauber der Blumen.«[265]) Hier wie dort verschwindet die Wollusthölle mit einem Schlage beim Anruf des heiligen Namens (Maria) oder beim Zeichen des Kreuzes. Tannhäuser erfährt denselben Dualismus von himmlischer und irdischer Liebe wie Parsifal, wird von dem gleichen Zwiespalt zwischen Venus Cypria und Venus Urania, erotischer Begierde und asketischer Bußbereitschaft zerrissen wie Amfortas. Und wie er das Gottgleichsein in der erotischen Ekstase preisgibt zugunsten der Erfahrung des menschlichen Leidens, so weist Parsifal um des Mitleidens willen die vermeintliche Vergottung, wie sie ihm die Schlange der ›bösen Lust‹ verspricht, entsagend von sich. Tannhäuser geht es nur um das Selbstleiden, Parsifal um das Mitleiden. Deshalb darf man ihn einen gesteigerten Tannhäuser nennen (in dem Sinne wie Goethe im Gespräch mir Ampère seinen *Tasso* einen »gesteigerten *Werther*« genannt hat).

Parsifal ist jedoch ebenso ein gesteigerter Siegfried, wie dieser vom erotischen Mutterkomplex geprägt, ›tumber Tor‹ und unbedenklich kraftstrotzender Held, aber schon bald Gewalt und Heldentum negierend. Das Zerbrechen seines Bogens und das Fortschleudern der Pfeile im ersten Aufzug (X,335) signalisierten die Läuterung der physischen zur spirituellen Kraft, die Wandlung vom antik-germanischen Heros zum christlich-mitleidenden Antihelden, dessen Existenz zur ›passio‹ im umfassenden Sinn des Wortes wird. Und wenn Shaw in seinem *Perfect Wagnerite* Siegfried stets Bakunin nennt, so müßte man Parsifal eigentlich Schopenhauer taufen. Das wesentlichste Unterscheidungsmerkmal zwischen Siegfried und Parsifal ist jedoch die Tatsache, daß ersterer immer der »dumme Siegfried« bleibt (Nietzsche),[266] daß er nie zum höchsten ›Wissen‹ gelangt – dies ist der Sibyllentochter und Nornenhalbschwester Brünnhilde vorbehalten –, während der durch Kundrys Kuß welthellsichtig, durch Mitleid wissend gewordene Parsifal aufhört, ein Tor zu sein.

Der Gral, oben als eine Art heiliges Gegenstück zum Liebestrank gedeutet, ist von Wagner schon in seiner Schrift *Die Wibelungen* (1848) in Beziehung zum Nibelungenhort gesetzt worden. In dem Kapitel »Aufgehen des idealen Inhalts des Hortes in den ›heiligen Gral‹« schreibt er: »Das Streben nach dem Grale vertritt nun das Ringen nach dem Nibelungenhorte« (II,150 f.) – der auf seinen »realen Inhalt« reduziert: zum »tatsächlichen Besitz«, zum »Eigentum«, zum Kapital wird. »Mochte in der ältesten religiösen Vorstellung der Hort als die durch das Tageslicht allen erschlossene Herrlichkeit der Erde erscheinen« – so preisen ihn die Rheintöchter: »Rheingold! / Rheingold! / Leuchtende Lust, / wie lachst du so hell und hehr!« (VI,209) –, »so sehen wir ihn später in verdichteter Gestaltung als die machtgebende Beute des Helden« (II,153). Der heilige Gral ist das Komplement zum Ring des Nibelungen: indem das Rheingold, in welchem idealer und realer Inhalt noch nicht unterschieden sind, zum Ring, zum »machtgebenden Besitz« (II,153) verdinglicht wird, geht der ideale Inhalt des Golds an das Anti-Kapital des Grals über. Nicht nur die *Ring*-Tetralogie, auch *Parsifal* ist so eine antikapitalistische Utopie.

Der Ring wie der Gral sind nur durch die Absage an die Geschlechtsliebe zu erlangen. Wie für Parsifal an die Stelle des Eros die Agape, die geschwisterliche Caritas tritt, die nach Schopenhauer mit dem Mitleid identisch ist – ihr Zeichen ist Parsifals brüderlicher Kuß auf Kundrys *Stirn* (X,372) –, so ersetzt Alberich Eros durch Sexus, die Liebe durch ›erzwungene‹ Lust. Im Gegensatz zu Peter Wapnewskis Formel »Gold statt Sexus: der Alberich-Fall«[267] (wer hat denn Hagen in die Welt gesetzt?) lautet dieser Fall: Gold *und* Sexus – die Stigmata beider sind Gier und Gewalt.

> »Euch gibt es zwei Dinge
> So herrlich und groß:
> Das glänzende Gold
> Und der weibliche Schoß.
> Das eine verschafft,
> Das andre verschlingt;
> Drum glücklich, wer beide
> Zusammen erringt!«

Diese Worte des Satans in einer der sekretierten Walpurgisnachtszenen des *Faust I*[268] bezeichnen gewissermaßen den Alberich-Fall. Der Parsifal-Fall dagegen heißt: Gral und himmlische Liebe – ihr Stigma aber ist die Verwindung des ›Willens‹.

So besteht zwischen *Parsifal* und den ›romantischen Opern‹ wie den ›musikalischen Dramen‹ Wagners ein symbolischer Beziehungszauber, den Carl Dahlhaus mit der Leitmotivtechnik verglichen, als werkübergreifendes »mythologisches System« bezeichnet hat.[269] Die mythische Rekapitulation findet ihr Pendant in der Musik des *Parsifal*. »Aus dem Nachlassen primärer Erfindungskraft [?] schafft Wagners Gewalt die Tugend eines Altersstils, der nach dem Goetheschen Satz zurücktritt von der Erscheinung«, konstatiert Theodor W. Adorno in seinem Essay *Zur Partitur des Parsifal*. »Dem Vergleich des umdüsterten, gleichsam abgeblendeten Fanfarenmotivs des *Parsifal* mit dem Siegfried-Motiv wird jener Charakter offenbar: als wäre jedes Motiv bereits Zitat aus der Erinnerung.«[270] Der Vergleich mit Goethes Spätstil (mit dem Wagner eng vertraut war) liegt in der Tat nahe. Goethe hat einmal vom späten Tizian gesagt, er habe den Samt schließlich nur noch symbolisch gemalt (das ist das Zurücktreten von der Erscheinung, das Adorno meint). Ebenso wirken die Dinge auf ihn selbst im Alter mehr und mehr als reine Symbole, Chiffren, die nicht mehr aus dem

Sinnzusammenhang eines einzelnen Werks allein zu erklären sind, sondern übergreifend verwendet, vor allem in der späten Lyrik mit einer gewissen gläsernen Starre, die Farben nur gedämpft durchscheinen lassend, nebeneinandergestellt werden, ohne daß ihre Bedeutung innerhalb des Einzelwerks noch expliziert wird. Das erklärt das Abbreviierende, den symbolischen Lakonismus des Goetheschen Spätstils.[271] Auf den nicht eingeweihten Leser, der das Verweisungsganze nicht kennt, in das Dinge und Bilder eingebettet sind, wirken sie oft fremd und änigmatisch. Ähnlich wird es dem ergehen, der den *Parsifal* ohne Kenntnis des Wagnerschen Gesamtwerks zum erstenmal hört. Hier stehen nach den Worten Adornos »die fragmenthaften Motive viel nackter da als etwa im *Tristan*, viel weniger ineinander verwoben, weniger in den Gang der Komposition hineingezogen, weniger auch variiert. Oft werden sie, absichtsvoll-unbekümmert, bloß wie Bildchen aneinandergereiht.« (Das ist nicht abwertend gemeint, betont Adorno doch, das »Raffinement dieser Simplizität« sei »beispiellos«.)[272]

Nietzsche scheint etwas Ähnliches zu meinen wie Adorno, wenn er in seinem hymnischen Brief über das *Parsifal*-Vorspiel an Peter Gast vom 21. Januar 1887 schreibt:

> »Die allerhöchste psychologische Bewußtheit und Bestimmtheit in Bezug auf das, was hier gesagt, ausgedrückt, *mitgeteilt* werden soll, die kürzeste und direkteste Form dafür, jede Nuance des Gefühls bis aufs Epigrammatische gebracht; eine Deutlichkeit der Musik als deskriptiver Kunst, bei der man an einen Schild mit erhabener Arbeit denkt.«

(Auch Nietzsche fragt sich angesichts dieser epigrammatischen Simplizität: »Hat Wagner je etwas *besser* gemacht?«) Der Schild mit erhabener Arbeit, sollte es der Schild des Achill in der *Ilias* sein, an dem Lessing das Laokoon-Problem der Grenzen von Malerei und Poesie exemplifiziert hat? Die deskriptive, ›Bildchen reihende‹ *Parsifal*-Musik stellt sich dergestalt als musikalischer Anti-*Laokoon* dar: »Ut pictura musica« – »Zum Raum wird hier die Zeit« (X,339).

Adornos und Nietzsches Ausführungen werden bestätigt durch Wagners eigene Charakterisierung des *Parsifal*-Stils in den Tagebüchern Cosimas. Über das Vorspiel sagt er am 22. September 1880 zu Cosima: »Hier nichts und da nichts, aus nichts hat Gott die Welt gemacht.« Diese änigmatischen Worte werden folgendermaßen erklärt: »Er meint nämlich, er habe die Themen wie der Prediger seine Stellen aus der Bibel nebeneinandergestellt.« (CT II,603.) Themen und Motive werden zu musikalischen Gnomen. Das Nebeneinanderstellen von Bibelsentenzen als Gleichnis des parataktisch reihenden Stils des *Parsifal*-Vorspiels – das gemahnt an Nietzsches Äußerung über dessen epigrammatischen ›Mitteilungs‹-Charakter. Wieder läßt sich hier die Brücke zum alten Goethe schlagen: die Tendenz zum Gnomischen kennzeichnet seinen wie den Wagnerschen Altersstil. (Übrigens nicht nur den musikalischen, sondern auch den poetischen, zeigt doch die Sprache des *Parsifal* eine deutliche Tendenz zum hieratischen Spruch.) Es sei an Goethes späte Zyklen der *Maximen und Reflexionen* und *Zahmen Xenien* erinnert – spezifische Altersweisheit in Vers und Prosa, auf ›Resultate‹ dringend und in knapper lehrhafter Form auf die Grundphänomene des Lebens zielend –, vor allem aber an die Gnomensammlungen in den *Wahlverwandtschaften* und *Wanderjahren*. Hier sind wirklich, wie es Wagner für das *Parsifal*-Vorspiel behauptet, die Themen unter Verschleierung des Verbindenden (»hier nichts und da nichts«) nebeneinandergestellt.

Wagner hat wiederholt nicht nur von der »Einfachheit des Vorspieles« – es seien »nur einige Themen gegenübergestellt« (CT II,188) – gesprochen, sondern von der bewußten Simplizität des ganzen Werks. »Einfach muß er immer bleiben«, notiert Cosima am 24. November 1878 zu den jüngst komponierten Takten, »denn er sagte es mir neulich, er könne nicht einfach genug sein.« (CT II,239.) Und am 27. April 1879 bemerkt er: »Vielleicht das Wunderbarste des Werkes die göttliche, mit den Evangelien vergleichbare Einfachheit.« Daß diese Feststellung sich unmittelbar auf die musikalische Struktur des *Parsifal* bezieht, zeigt die Bemerkung, »daß die Instrumentation eine ganz verschiedenartige werden würde wie die des *Ring*, keine solchen Figurationen; wie Wolkenschichten, die sich teilen und wieder bilden, würde es sein« (CT II,337 f.). Daher auch Wagners wiederholt geäußerte Furcht, zu opulent zu instrumentieren (CT II,859.980). Die von Adorno beschriebene Vereinfachungstendenz im Kompositionsmaterial, die sich etwa in den archaisierenden Anklängen an Kirchentonarten manifestiert, korrespondiert mit den oben beschriebenen inhaltlichen Tendenzen. Poetisch wie musikalisch ist *Parsifal* eine Zurücknahme des *Tristan*. Bezeichnend, daß das nunmehr als sündig gewertete Liebessehnen mitsamt seiner chromatischen Ausdrucksskala in die (Wollust-)Hölle verbannt wird: »der *Tristan*-Akkord in tiefer Holzbläserlage symbolisiert nun die Klingsorwelt«.[273]

Die Tendenz zur Vereinfachung hat eine Art Verräumlichung der poetisch-musikalischen Struktur des *Parsifal* zur Folge. Wiederholt ist Gurnemanz' Spruch »Zum Raum wird hier die Zeit« als »Strukturprinzip des Bühnenweihfestspiels«[274] bezeichnet worden. Ernst Bloch erinnert an Friedrich Schlegels Wort von der Architektur als geronnener Musik.[275] »Scheinbares Still-Stehen, Enttemporalisierung, die Figur des Kreises« seien Kennzeichen des Wagnerschen Spätstils, bemerkt Reinhold Brinkmann.[276] Das gleiche ließe sich von Goethes Altersdichtung sagen. In seinem Brief an Zelter vom 11. Mai 1820 hat Goethe die Faszination der altpersischen Dichtung auf ihn folgendermaßen begründet: Hier begegne ihm »heiterer Überblick des beweglichen, immer kreis- und spiralartig wiederkehrenden Erde-Treibens« und erscheine »alles Reale geläutert, sich symbolisch auflösend«. Damit hat er die beiden wohl wesentlichsten Kennzeichen seines Altersstils bezeichnet: den zyklischen Charakter – kreisförmige Wiederkehr des Gleichen, Typischen und zugleich dessen spiralartige »Steigerung« – sowie die symbolische Läuterung der sinnlichen Erscheinungen, die nur noch aus Abstand betrachtet, gleichsam abgeblendet werden wie das Fanfarenmotiv im *Parsifal*. »Dein Lied ist drehend wie das Sterngewölbe, / Anfang und Ende immerfort dasselbe«, heißt es in dem Gedicht *Unbegrenzt* des *West-östlichen Divan*.

Aufgrund der hier beschriebenen oder angedeuteten Stilcharakteristika kommt *Parsifal* dem Ritual als wiederholbarem Vollzug nahe.[277] »Ich glaube, daß die heimliche Sehnsucht, der letzte Ehrgeiz des Theaters der Ritus ist, aus welchem es bei Heiden und Christen hervorgegangen«, hat Thomas Mann in seinem *Versuch über das Theater* geschrieben,[278] und er beruft sich auf »einen Philologieprofessor«, der ihn darüber belehrt habe, daß das Wort »Drama« ursprünglich »heilige Handlung« bedeutete. (Der nicht beim Namen genannte Philologieprofessor ist der Baseler Ordinarius Friedrich Nietzsche.) »Und wie die erste dramatische Handlung eine rituelle Handlung war, so scheint es in der Tat, daß immer das Drama auf dem Gipfel seines Ehrgeizes diesen Sinn wieder anzunehmen strebt. Die Rütliszene [im *Wilhelm Tell*] ist eine ›Handlung‹ ja nur im Sinne von Zeremonie; und im *Parsifal* ist der Kultus in Form von Taufe, Fußwaschung, Abendmahl und Monstranzenthüllung auf die Bühne zurückgekehrt.«[279] Wag-

ners letztes Werk sei von der sakralen Urform des Theaters her betrachtet sein »theatralischstes«, es sei die »logische« Konsequenz seiner dramatischen Entwicklung: »Eine Kunst der Sinnlichkeit und des symbolischen Formelwesens (denn das ›Leitmotiv‹ ist eine Formel, – mehr noch: es ist eine Monstranz, es nimmt eine fast schon religiöse Autorität in Anspruch) führt mit Notwendigkeit ins Zelebrierend-Kirchliche zurück.«[280]
Parsifal kommt wie kein anderes Drama Wagners dem Modell der Aischyleischen Tragödie nahe, die Wagner während der Arbeit an der Partitur des *Parsifal* wieder besonders nahe steht (vgl. CT II,551 ff.). Wolfgang Schadewaldt hat gezeigt, daß das dramatische Geschehen der attischen Tragödie in eine Folge von vorgeprägten Grundformen des kultischen, rechtlichen und staatlichen Zeremoniells eingefaßt ist, die den Strom der Handlung wie Brunnenschalen auffangen und fortleiten. Schadewaldt behauptet, daß alle großen Formen des Welttheaters bis ins 18. Jahrhundert das Gepräge dieser rituellen Überwölbung der individuellen dramatischen Handlung tragen, ja er erklärt jene wie Thomas Mann (dem »das ›naturalistische Theater‹ eine gröbliche contradictio in adjecto« ist[281]) zu einem Strukturgesetz des Theaters.[282] Schiller, in dessen klassischer Dramatik die Ritualisierung der Handlung ebenfalls eine bedeutende Rolle spielt,[283] hat in der Vorrede zur *Braut von Messina* festgestellt, daß diejenigen Momente dem Theater als öffentlicher Repräsentation besonders angemessen sind, die selber öffentliches Gepräge haben, ein »natürliches Theater« bilden.[284] Das aber gilt namentlich für die Handlungsmomente, welche die Präsenz des Chors als eines ursprünglich liturgischen Organs (Liturgie = Handlung des Volkes und für das Volk) erzwingen.
Jeder auch nur oberflächliche Kenner Wagnerscher Musikdramen wird sich an eine Fülle von kultischen, magischen, rechtlichen, höfisch-ständischen, folkloristischen und sonstigen Ritualen bei Wagner erinnern. Allein ihre bloße Aufzählung würde viele Seiten füllen. Erwähnt seien die vielen Formen der Beschwörungsrituale (Anrufungen, zumal beim magisch zwingenden Namen,[285] Gebete, Schwur und Fluch, Segen, Verwünschung, Bann und Naturzauber), Liebesrituale (pervertiert zum Verführungsritual), Tauf-, Hochzeits-, Toten-, Gerichts-, Vertrags-, Sühne-, Spiel-, Rätsel-[286] und Kampfrituale; aber auch die durch Wiederholungen (meistens die Verdreifachung von Frage, Anrufung, Antwort und Handlung) ritualisierten Begegnungen, Erkennungs- und Abschiedsszenen usw. gehören hierher. Darstellungsmittel derart zeremonieller Vorgänge sind hieratisch oder pathetisch gesteigerte Worte, Formeln, Sprüche und Gesten, sprachliche oder situative Bilder, typisierte (vor allem mythisch transparente) Handlungen und symbolische Gegenstände (Speer, Schwert, Trinkgefäß, Ring usw.) sowie ihre leitmotivischen musikalischen Entsprechungen. Thomas Mann vergleicht das Leitmotiv mit einer aufgehobenen Monstranz, eine Charakterisierung, die vor allem für den *Parsifal* zutrifft, der sprachlich wie musikalisch durch die Tendenz zum sakralen Spruch und Gestus geprägt ist. (Es sei nur an das Gralsmotiv erinnert, das bekanntlich ein Zitat des sog. ›Dresdener Amen‹, also einer musikalischen Formel der protestantischen Liturgie ist, die auch Mendelssohn zum Hauptthema des ersten Satzes seiner *Reformationssymphonie* gemacht hat.) Aktion, Sprache und musikalische Thematik zeichnen sich im *Parsifal* mithin durch den gleichen hieratisch-gnomischen Charakter aus.
Übrigens sind auch die großen Erzählungen des Wagnerschen Musikdramas von der Rom- und Gralserzählung (*Tannhäuser*, *Lohengrin*) über die so oft als undramatisch

empfundenen breiten Rekapitulationen und epischen Berichte der *Ring*-Tetralogie bis zu den Gurnemanz-Erzählungen des *Parsifal* quasi rituelle ›Nummern‹ – Schadewaldt hat sie nach Inhalt und theatralischer Funktion mit den Berichten der Aischyleischen Tragödie verglichen[287] –, die zwar nicht im modernen, aber sehr wohl im antiken Sinne ›dramatisch‹ sind, da sie zumindest in den Spätwerken Erinnerung der ›heiligen Geschichte‹, epische Wiederholung des Mythos sind – der Lesung von Epistel und Evangelium in der Meßliturgie, dem hier ritualisierten Schweigen und intensiven Hören der Gemeinde, dem Stillstand der sakralen ›Handlung‹ durchaus entsprechend. Die am stärksten rituell geprägten Werke Wagners sind unter den »romantischen Opern« zweifellos *Lohengrin*, unter den musikalischen Dramen *Parsifal* – bezeichnenderweise die beiden Grals-›Opern‹. Hier wie dort spielt der Chor eine teils an der Aischyleischen Tragödie, teils an der christlichen Liturgie orientierte Rolle. Im *Parsifal* entbehrt der Chor völlig des Charakters einer aus vielen Individuen zusammengesetzten Masse, die gleichsam nur zufällig zusammentritt und zusammen singt (allein in dieser Form – vgl. Hagens Mannen – hat Wagner früher den Chor dulden wollen). Er ist nun wirklich wieder jenes ›ideale‹ Kollektiv, das für den radikal individualistischen Feuerbach-Adepten Wagner ein Unding war. Seit der ›Durchschauung des principii individuationis‹ scheint der einstige Vorbehalt gegen den Chor als dramatisches Organ hinfällig geworden zu sein. Wenn Wagner am 27. November 1879 vom »Chor des Aischylos« sagt, »ein ganzes Buch könne man darüber schreiben« (CT II,451), hat er offenkundig auch die eigene Verwendung des Chors im *Parsifal* vor Augen. Die antiphonische Totenklage der beiden ›Züge‹ des Chors in der letzten Szene – sie gemahnt an die Klage der beiden Halbchöre im Schlußakt der Schillerschen *Braut von Messina* – ist die gewaltigste chorische Pathosszene des Welttheaters seit Aischylos.

Wagner hat auch die Sprache des *Parsifal*-Orchesters zu archaisch-lapidarer Einfachheit zurückgedämmt. An die Stelle des »unendlichen Details« tritt nach Adorno ein »chorisches Verfahren«, das oft an Anton Bruckner erinnert.[288] Der einst an der Choroper (Gluck) getadelte Pleonasmus: die Verdopplung des antiken Fundamentalorgans des Chors durch seine Kombination mit dem ebenfalls aus dem Chor entstandenen Instrumentalorchester scheint für Wagner nun hinfällig zu sein.

Nicht nur formal orientiert Wagner sich an der griechischen Tragödie. Das Werk des Aischylos, zu dem die *Ring*-Tetralogie die stärksten Parallelen aufweist, scheint auch, wie auf einem Palimpsest, durch die christliche Legende des *Parsifal* hindurch: *Prometheus*.[289] Im Tagebuch Cosimas vom 28. Februar 1877 erhält *Parsifal* den Titel: »Der entfesselte Erlöser« (CT I,1035). Das spielt unmittelbar auf den *Gefesselten Prometheus* an. Parsifal, der dem Ruf des Heilands: »Erlöse, rette mich aus schuldbefleckten Händen!« (X,359) gefolgt ist, »Erlösung dem Erlöser« bringt (X,375), er gleicht Herakles, der Prometheus vom Kaukasus befreit. Aber Parsifal erlöst nicht nur den im Gral anwesenden Heiland, sondern auch Amfortas, der noch deutlicher auf das Urbild des Prometheus zurückweist: mit diesem griechisch-antiken Heiland der Menschen teilt er die nicht heilen wollende Wunde in der Seite, die ihm durch den Anblick des Grals zur immer erneuerten Qual wird – wie dem gefesselten Titanen durch den täglich an seiner Leber hackenden Adler des Zeus. Wie Amfortas »Christi Antitypus«[290] ist, durch die gleiche Lanze des Longinus verletzt, aber den Sinn des Wundmals des Heilands pervertierend, so ist auch Prometheus immer wieder in der christlichen

Tradition als Typus Christi angesehen worden. Noch Gerhart Hauptmann bemerkt, daß »der gekreuzigte Christus, mit seiner offenen Brustwunde, dem an dem Felsen des Kaukasus geschmiedeten Prometheus überaus ähnlich sieht«.[291]
Doch Parsifal gleicht nicht nur Herakles, sondern, davon war schon die Rede, auch Achill, der Telephos mit dem Speer heilt, der ihn verwundet hat – entsprechend dem Spruch des Orakels: »Wer die Wunde schlug, wird sie heilen.«[292] (Die nicht heilende Wunde des Telephos befindet sich freilich am Schenkel – und eben dort ist auch Amfortas nach Wagners Prosaentwurf von 1865 zufolge verwundet worden, ja um der Gleichheit der Wunden willen verlagert Wagner absurderweise auch die Seitenwunde Christi: Longinus habe einst »des Heilands Schenkel« durchstochen; XI,409.413.)[293]
Wagners synkretistische Mythologie kontaminiert also auch in *Parsifal* hellenischen und biblisch-christlichen Mythos. Die Handlung ist nicht nur in rituelle Vorgänge hineingebildet, sondern zugleich neutestamentlichen Szenen nachgeformt (Liebes- und Abendmahl, Salbung Jesu durch Maria Magdalena, Fußwaschung, Gurnemanz als Johannes der Täufer – Motive, die auf Wagners Dresdener Dramenentwurf *Jesus von Nazareth* [1849] zurückweisen), bildhafte Situationen, die wiederum das Raum-Werden der Zeit, gewissermaßen die Aufhebung des Lessingschen Laokoon-Problems signalisieren. Die Handlung wird zum malerischen Tableau. Auch die Pathosszenen des Amfortas bleiben von der eigentlichen Handlung isolierte Passions-Bilder; als solche gleichen sie dramaturgisch auffallend der Statik der Klagen des am Felsen des Kaukasus festgeschmiedeten Prometheus.
In seiner Schrift *Religion und Kunst* (1880) setzt Wagner der letzteren das Ziel, »den Kern der Religion zu retten, indem sie die mythischen Symbole, welche die erstere im eigentlichen Sinne als wahr geglaubt wissen will, ihrem sinnbildlichen Werte nach erfaßt, um durch ideale Darstellung derselben die in ihnen verborgene tiefe Wahrheit erkennen zu lassen« (X,211). Das scheint nichts anderes zu besagen, als daß die Religion gut Hegelianisch in der Kunst aufgehoben wird. »Mögen wir die griechischen Götterbilder noch so vortrefflich finden und Gottvater, Christus und Maria noch so würdig und vollendet dargestellt sehen: es hilft nichts, unser Knie beugen wir doch nicht mehr«, konstatiert Hegel.[294] War einst »der Künstler mit der Bestimmtheit solcher Weltanschauung und Religion in unmittelbarer Identität und festem Glauben verwebt [...], so ist es uns kein wahrer Ernst mit solchem Stoffe«.[295] Die Kunst steht heute über »bestimmten konsekrierten Formen und Gestaltungen und bewegt sich frei für sich, unabhängig von dem Gehalt und der Anschauungsweise, in welcher sonst dem Bewußtsein das Heilige und Ewige vor Augen war [...] Es gibt heutigentags keinen Stoff, der an und für sich über dieser Relativität stände«. So weit Hegel.[296]
Die Kunst bringe »die Wahrheit der Dogmen der Empfindung nahe«, ohne den buchstäblichen Glauben für dieselben zu erwecken (CT II,531), bemerkt Wagner. Und doch hat er in der Entstehungszeit des *Parsifal* keinen Zweifel daran gelassen, daß sein letztes ein christliches Werk sei. In den Tagebüchern Cosimas finden sich zahllose Zeugnisse für seine Beschäftigung mit dem Neuen Testament, mit den christlichen Mystikern, Luther und religionswissenschaftlichen Schriften, die ihn zu eigentümlichen Konfessionen veranlassen. Nicht nur bei der Trauung mit Cosima, auch später geht er zum Abendmahl, verteidigt die Sakramente, ja spielt den Missionar: der freigeistigen Malwida von Meisenbug macht er im Dezember 1873

»ernste Vorwürfe darüber, daß sie ihren Zögling [Olga Herzen] nicht getauft habe, das ginge nicht, es dürfe nicht ein jeder auf eigene Hand sich eine Religion bilden, namentlich die Kindheit müsse einen Zusammenhang fühlen; auch wählen dürfe man nicht, sondern es müsse einem gesagt werden können, [...] du gehörst Christus an durch die Taufe, vereinige dich noch einmal mit ihm durch das Abendmahl. Die Taufe und das Abendmahl seien unersetzlich; keine Erkenntnis kann dem Eindruck des letzteren nahe kommen. Eine furchtbare Seichtigkeit käme über die Menschen, welche die Religiosität übersprängen.« (CT I,761 f.)

Und er verkündet: »Keine großen Menschen gibt es ohne Religiosität« oder: »Christus ist unser Vermittler, er führt uns aus diesem Leben.« Gerührt gedenkt er der Taufe ›Fidis‹: »Er könne diesen Akt nicht vergessen, wie schön der gewesen wäre, wie versöhnend; wie ernst die Gesichter der Menschen, die dabei zugegen, nur in einem gemeinsamen Glauben kann man sich so sammeln. Religion ist *Band*, man kann keine Religion für sich haben.« (CT I,763.) Äußerungen dieser Art kehren zumal in der *Parsifal*-Zeit ständig wieder.[297] Bekenntnisse zu den kirchlichen Gebräuchen lösen sich

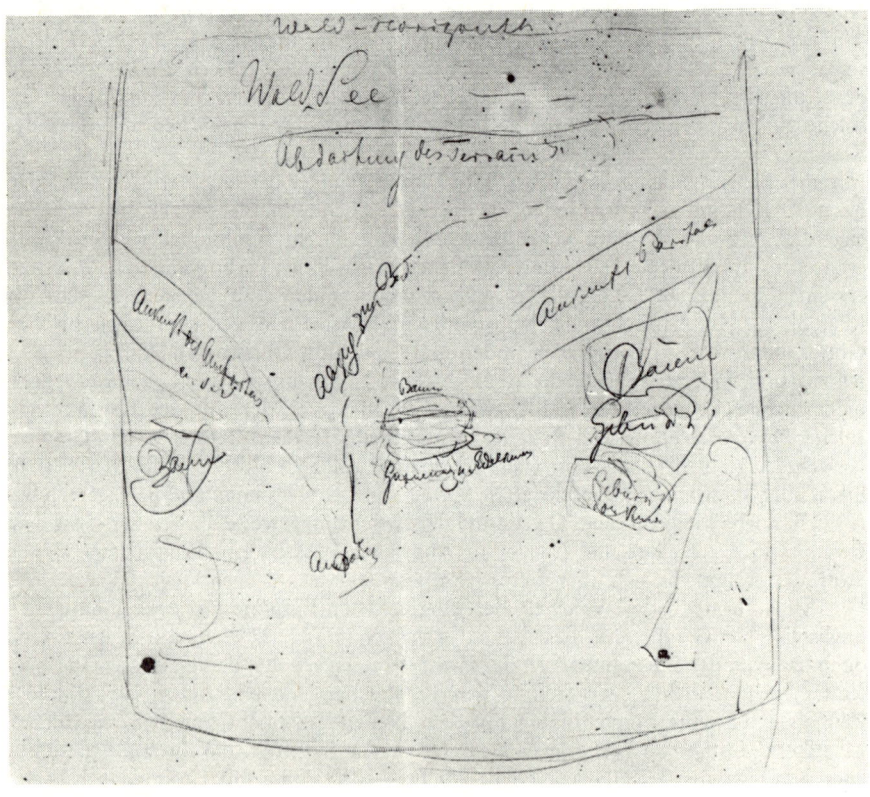

Regieskizze zum 1. Akt des »Parsifal« von der Hand Wagners

indessen widerspruchsvoll ab mit Gedanken über ein reines Christentum nach Aufhebung der bestehenden Kirchen, »losgelöst von aller Konfession« (CT II,486).[298]
Der Indologe Heinrich Zimmer (1890–1943) hat in seinem Buch *Abenteuer und Fahrten der Seele* eine Deutung des *Parsifal* geboten, die Wagners Auffassung des Christentums besonders nahe kommt. Zimmer sieht in der ›Erlösung des Erlösers‹ eine Formel für die Ausweitung einer erstarrten Kultgemeinschaft ins Universale,[299] entsprechend der christlichen Erweiterung der jüdischen Stammesreligion zur Weltreligion durch die Ausgießung des Heiligen Geistes.

»Richard Wagner zeigt und entwickelt dasselbe Thema als den Angelpunkt seiner Spätwerke. Hier finden wir, daß der Erretter, der Jesus Christus des Neuen Testaments, nun selbst gerettet werden muß: Parsifal verhilft dem göttlichen Prinzip von Christi Blut in der Schale des Grals wieder zur Macht. Was kraftlos und unwirksam geworden war, bringt er zum Fließen, und der Engelchor jubelt: »Erlösung dem Erlöser!« Das sind die letzten Worte dieses mystischen Werks. Der Held in menschlicher Gestalt hat die belebende Essenz des Heiligen Geistes belebt. Das Menschliche hat die Macht des Göttlichen wiederhergestellt. – So erlöst auch Wagners Brünnhilde – als Symbol der inkarnierten Menschheit, die leidende und mitleidende ›gefallene Göttin‹ – den Allvater Wotan vom Banne seiner geistigen Ohnmacht. Entsagend und sich opfernd springt sie in die reinigende Flamme, und vor der Tat ihrer Selbstvernichtung singt sie ihren Sterbegesang: »Ruhe, ruhe, du Gott!« – Worte eines Requiems und zugleich befreiender Beschwörung.«[300]

Parsifal, so scheint es, ist nicht nur Wagners ›Summa aesthetica‹, sondern sie ist gewissermaßen auch eine ›Summa theologica‹, religiöse Kunst und Kunstreligion[301] in kaum mehr unterscheidbarer Vermischung.

Wirkungen des Wagnerschen Musiktheaters

Die Rezeptionsgeschichte Wagners ist für den einzelnen Forscher heute kaum mehr zu überblicken. Die musikalische, theatralische, literarische, allgemein ästhetische und schließlich die ideologisch-politische Wirkung bis hinab in die Untiefen der Subkultur zeigt so viele Facetten wie die Rezeption wohl keines Künstlers der Moderne. Dabei ist es vor allem die ideologische Wirkungsgeschichte,[1] die bis heute zur heftigsten Polarisierung in der Auseinandersetzung mit dem Phänomen Wagner führt. Während dessen teutomanische Ausbeutung, gipfelnd im nationalsozialistischen Kult seines Werks, für alle, die in Faszination und Liebe dem mythisch-musikalischen Wunderbau des Wagnerschen Theaters hingegeben sind, ein Anlaß schmerzlicher Scham ist, scheint sie einer Gruppe von Antiwagnerianern, die der Musik und der dramatischen Gestalt des von ihnen befehdeten Werks unberührt und unberührbar gegenüberstehen, die eigentliche Substanz, die Amfortas-Wunde des Phänomens Wagner zu sein, die sie mit der Lust der Entlarvung immer wieder aufreißen. (Daß hier oft mehr Lust als aufklärerische Absicht vorwaltet, ist ein wohl nicht unberechtigter Verdacht, gibt es doch außer der sozialistisch-utopischen Berufung auf Wagner kaum mehr eine gesellschaftlich-politisch relevante Position, die aus seinem Opus heute noch ihre ideologische Rechtfertigung bezieht. Daß der Wagner-Enthusiasmus der jüngeren Generation etwas mit der Anfälligkeit für diktatoriale Erlösungsversprechen zu tun hat, wird niemand ernstlich glauben, obwohl so etwas durchaus von denen behauptet wird, die ihr Ressentiment als Aufklärungsarbeit zu kaschieren suchen.)

Im übrigen ist auch die ideologische Wirkungsgeschichte Wagners nicht so ohne weiteres mit der reaktionär-teutomanischen zu identifizieren, wie es zumeist geschieht. Es war schon die Rede von Eduard Fuchs, dem Verfasser des Standardwerks *Richard Wagner in der Karikatur* (1907), dessen Text ein eigentümliches Amalgam aus Marxismus und Wagnerianismus darstellt: Wagner wird hier allen Ernstes als sozial-revolutionärer Prophet und Wegbereiter des deutschen Proletariats ausgegeben.[2] Ein nicht weniger merkwürdiges Dokument ist Michael Georg Conrads kaum bekannte Broschüre *Wagners Geist und Kunst in Bayreuth* (1905). Wenn es hier heißt, man müsse »Richard Wagners Sendung als göttlich annehmen oder als nichtig ablehnen — ohne klügelndes Wenn und Aber. [...] Da hilft nur ganze Hinnahme oder ganze Ablehnung«[3] — wenn gar die Bayreuther Festspiele als »eine neue Heilands-Bergpredigt«[4] ausgegeben und andere messianisch-hymnische Huldigungsformeln auf den ›Meister‹ bezogen werden, so scheint hier einer der unerquicklichen und borniertesten Wagnerianer zu sprechen, für welche die ganze Kulturgeschichte vor dem ›Meister‹ zum Nichts oder zu bloßer Vorläuferschaft zusammenschrumpft. Dieser selbe Michael Georg Conrad ist es nun aber, der 1885 das naturalistische Zentralorgan *Die Gesellschaft* begründet, der hier und an anderem Ort seine leidenschaftlichen Attacken auf die epigonale Konsumliteratur, die herrschende Intoleranz und Inhumanität, auf Militarismus und Antisemitismus veröffentlicht hat.

> »Eine *deutsche* Judenhetze! Der reine Mund des zivilisierten Menschen scheut sich, es auszusprechen; die Feder des Humanisten sträubt sich, es niederzuschreiben. Dem gebildeten Ohre

klingt es wie Heulen und Hohngelächter wahnsinniger, blutlechzender Kannibalen; die Klang-
figur übersetzt sich dem Auge in grinsende, zähnefletschende, geifernde Fratzen. Worte und
Sache decken sich in der Vorstellung absoluter Brutalität, vollendeter Abscheulichkeit, boden-
loser Verrohung, erbärmlichster Geschmacklosigkeit. *Deutsche* Judenhetze! Notzucht, Eltern-
schändung, Totschlag, Mordbrennerei und ähnliche Bestialitäten des verkommenen, von jeder
menschlichen Würde und Empfindung verlassenen ›homo sapiens‹ sind im Grunde nichts
Ärgeres.«[5]

Derselbe Autor, der mit diesen exzessiven Formulierungen den Antisemitismus verdammt, ist es, der nach seinen Worten »das Glück gehabt hat, der Parsifal-Weihe 1882
beizuwohnen, dem Meister in die göttlichen Augen zu schauen und seiner Stimme zu
lauschen«.[6] Conrad, der erbitterte Ankläger der Gerichtsverfahren gegen naturalistische Autoren, der zum Beispiel im *Liebeskonzil*-Prozeß 1895 als engagierter Gutachter
für Oskar Panizza aufgetreten ist, hat den New Yorker Theaterdirektor Heinrich
Conried wegen seines »Gralsraubs«, d. h. der Aufführung des *Parsifal* an der Metropo-
litan Opera unter Umgehung der testamentarischen Verfügung Wagners (1904), so
massiv angegriffen, daß er vom Münchener Amtsgericht rechtskräftig wegen Beleidigung verurteilt wurde. Zur gleichen Zeit als Conrad in Paris überschwengliche Wagner-
Reden hält (1881), verkehrt er mit Emile Zola, dessen glühender Apostel er in
Deutschland wird. (In seinem Roman *Majestät* über Ludwig II. verquickt Conrad seine
Zola- und Wagner-Begeisterung zu einer eigentümlichen Synthese.) Auch in der
genannten Wagner-Broschüre, deren Reinertrag er »zum Besten des Bayreuther Stipen-
dienfonds« stiftet und in der er sich zum Sprecher des Hauses Wahnfried macht,
verleugnet er seine Opposition gegen Despotismus und Kulturfeindlichkeit des Wilhelminischen Reichs nicht, stellt er Wagner als dessen Antipoden hin:

> »Blut und Eisen hatten ihre Wunder vollbracht, Kaiser und Reich prangten in junger Glorie, der
> Milliardensegen der französischen Kriegskostenentschädigung hatte sich über das Land ergos-
> sen – was wollte man mehr! [...] Soziale Fragen? Zukünftige Tugenden durch neue Ideale,
> erwachsen auf dem Grunde neuer Erkenntnisse? Erhöhung der Volksbildung? Das konnte man
> vom grünen Tisch aus und mit der Polizei und den unteren und oberen Schulmeistern machen,
> zu alledem bedurfte man keiner Künstler und keines Kunstwerkes der Zukunft... Nicht ein
> winziges Tröpflein vom Gold- und Machtsegen des Reiches durfte das Werk von Bayreuth
> befruchten helfen.«[7]

Das Beispiel Conrads, eines totalen Wagnerianers und Bayreuth-Ideologen, der jede
Kritik an Wagner als Sakrileg abweist und der andererseits doch stets der leidenschaftliche Anwalt der nonkonformistischen Literatur seiner Zeit gewesen ist – Thomas Mann,
der ebenfalls von ihm gefördert worden ist, hat ihm 1930 ein bewegtes Denkmal gesetzt
(*Dem Andenken Michael Georg Conrads*) –, dokumentiert, wie komplex das Phänomen selbst des extremen Wagnerianismus gewesen ist.
Die folgenden vier Kapitel beschränken sich entsprechend der Konzeption dieses Buchs
auf die rein ästhetische und literarische Wagner-Rezeption. An bisher kaum analysierten (sieht man vom Beispiel Thomas Manns ab), ja zum Teil nahezu unbekannten
Exempeln sollen vier repräsentative Richtungen der Wagner-Rezeption untersucht
werden; am Beispiel Alfred von Wolzogens die akademische, klassizistisch-konservati-
ve Polemik gegen die »Zukunftsmusik« und ihre merkwürdige Wirkung auf Adalbert
Stifter, den Autor des von Nietzsche als Gegenwelt des Wagnerschen Musiktheaters
aufgenommenen Romans *Der Nachsommer* (1. Kap.) – Wagners Musik als Spiegel der

von Nietzsche folgenreich analysierten ›Décadence‹ (2. Kap.) – die Auseinandersetzung Hofmannsthals mit Wagner und sein Einfluß auf die ebenfalls stark von Nietzsche inspirierte Idee und Struktur der »mythologischen Oper« (3. Kap.) – schließlich am Beispiel Friedrich Huchs Gestalt und Intention der Wagner-Travestie bzw. -Parodie (4. Kap.). Nietzsche bildet wie in einigen früheren Kapiteln mehr oder weniger auch die Konstante dieses abschließenden Hauptteils.

1. *Stifter contra Wagner – Wiederholte Spiegelungen einer geheimen Gegnerschaft*

> »Kürzlich drang auf einem Spaziergang plötzlich ein voller Rosenduft zu mir her: seitwärts stand ein Gärtchen, wo eben die Rosen in voller Blüte standen. Dies rief mir den letzten Genuß des Asylgartens zurück: nie habe ich mich um die Rosen so bekümmert wie damals. Ich brach mir jeden Morgen eine und stellte sie im Glas zu meiner Arbeit: ich wußte, daß ich Abschied von dem Garten nahm. Mit diesem Gefühle hat sich dieser Duft ganz verwoben: Schwüle, Sommersonne, Rosenduft und – Abschied.«
>
> Wagner an Mathilde Wesendonk, 1. Juli 1859.

In einem 1979 zum erstenmal veröffentlichten Brief an Pauline Salomon vom 29. Dezember 1857[8] berichtet Adalbert Stifter von seinem soeben erschienenen Roman *Der Nachsommer* und von der Lektüre einer Artikelfolge in der *Augsburger Allgemeinen Zeitung*, die seiner Überzeugung nach das allgemeine Niveau der zeitgenössischen Kritik – welche »zum größeren Teile in sehr ungeweihten Händen« sei – weit überragt. Von jenen Aufsätzen meint er, daß sie »wie einst Lessings Literaturbriefe die Dichtkunst so die Musik unserer Zeit wie im Sturm zu reinigen geeignet wären, wenn noch zu reinigen ist«. Dabei bezieht sich Stifter auf drei Artikel, die den Titel tragen: *Musikalische Leiden der Gegenwart*. Wer der mit v. W. zeichnende Verfasser der gerühmten Zeitungsbeiträge gewesen ist, hat Stifter wohl kaum gewußt. Es handelt sich um Alfred Freiherrn von Wolzogen (1823–83). Mit geringfügigen Veränderungen sind jene Artikel drei Jahre später als geschlossener Aufsatz auch in Wolzogens Sammelband *Über Theater und Musik* erschienen.[9]
Der Name Wolzogen läßt aufhorchen. Hans von Wolzogen (1848–1938) war seit 1877 Schriftleiter der *Bayreuther Blätter*, spielte eine führende Rolle im Allgemeinen Richard Wagner-Verein und schrieb eine stattliche Reihe von Abhandlungen über Person und Werk Wagners. Von ihm stammt der Begriff ›Leitmotiv‹, der als Fremdwort in alle europäischen Sprachen eingegangen ist. Sein Stiefbruder Ernst von Wolzogen (1855–1934), Begründer des Berliner Kabaretts *Überbrettl* und Verfasser humoristischer Erzählungen und Gesellschaftsromane, schrieb für Richard Strauss das Libretto zur *Feuersnot* (1901), das – in einer Strafpredigt des Helden Kunrad – mit den Wagner-Gegnern in München abrechnet.[10]
Der Verfasser jener *Musikalischen Leiden* ist kein anderer als der Vater der beiden Halbbrüder. Schon die Tatsache, daß er die *Allgemeine Zeitung* (deren zeitweiliger Mitarbeiter auch Stifter gewesen ist) als Publikationsforum gewählt hat, läßt auf die

Tendenz seines Aufsatzes schließen. Die *Allgemeine Zeitung* war eine Hochburg des Antiwagnerianismus. Zumindest seit den sechziger Jahren hat Wagner sie regelmäßig gelesen und dort sogar Gegendarstellungen veröffentlicht. So sind auch die *Musikalischen Leiden* eine hemmungslose Polemik gegen die »Neudeutschen« und ihr Haupt: den »Lügenapostel« Richard Wagner – ja gegen die gesamte zeitgenössische Musik in Europa. Wüßte man nicht, daß der Verfasser erst 34 Jahre alt ist, müßte man vermuten, es spreche hier einer jener grämlichen Greise, die Horaz in der *Ars poetica* beschreibt: mit störrischem Geist an allem Neuen herumnörgelnd und die vergangene Zeit gegen die heutige ausspielend: »difficilis, querulus, laudator temporis acti« (V. 173).

Wolzogens Artikel sind nichts weniger als »historisch-kritische Studien« (so der Untertitel seines Sammelbandes). In seiner pauschalen Abfertigung der italienischen wie französischen Oper, vor allem aber der deutschen Musik nach Mendelssohn (sogar dem eben verstorbenen Schumann wird noch ein Fußtritt versetzt), läßt der Autor jeden klaren kritischen Maßstab vermissen. Wolzogen, der tatsächlich ganz Europa bereist hat, versucht durch ausgedehnte Reihungen von Komponistennamen seine Kenntnis der gesamten europäischen Musik zu beweisen. Der studierte Jurist und preußische Staatsdiener (der freilich auch als Schriftsteller hervorgetreten ist: neben Dramen und Romanen hat er 1858 eine zweibändige *Geschichte des Reichsfreiherrlich von Wolzogenschen Geschlechts* verfaßt und daneben auf Bitten der jüngsten Tochter Schillers, Frau von Gleichen, die Briefdokumentation *Schillers Beziehungen zu Eltern und Geschwistern und zu der Familie von Wolzogen* herausgegeben)[11] zeigt nur dilettantische musikalische Kenntnisse. Sein Pamphlet gehört zu der breiten Flut von ebenso heftigen wie gedankenarmen Schmähschriften gegen Wagner und die »neudeutsche Schule«, die jahrzehntelang die deutsche Presse überschwemmte. Stifters Hochschätzung dieses Kritikers wird man sich schwerlich anschließen können. Was mag ihn aber an Wolzogens Aufsätzen gefesselt haben? Kein Zweifel, er fand in ihnen, wenn auch trivialisiert, eigene ethisch-ästhetische Maximen wieder: »Erheben, bessern, veredeln soll die Kunst«, heißt es gleich im ersten Artikel. Bezeichnenderweise beruft Wolzogen sich auf einen Moralisten des 17. Jahrhunderts, auf Jean de La Bruyère: »Wenn der Eindruck eines Theaterstücks unsern Geist erhebt, uns edle und tüchtige Gesinnungen einflößt, dann war das Werk, welches solchen Eindruck erzeugte, gut und rührte von einem Meister her.«[12] Bezeichnend ist dieses Zitat, da es der alteuropäischen, bis zum Höhepunkt der deutschen Aufklärung gültigen Idee, das Kunstwerk habe moralisch zu bessern und zu nützen, wieder Geltung verschafft – in Abweichung vom Autonomieprinzip der klassischen Ästhetik.[13]

Der zweite ästhetische Grundsatz Wolzogens neben dem der notwendigen moralischen Besserung fällt mit dem Begriff des Klassischen zusammen – ebenfalls eine Leitidee Stifters.[14]

»Mit den kleinsten Mitteln das möglichst Große erreichen und allerwärts genau den Nagel auf den Kopf treffen, Wahrheit verkünden, so daß jedem die innere Notwendigkeit der gewählten Form, als Ausdruck für die dahinter liegende Idee, sofort klar in die Augen springt und das äußere Kleid ein Spiegel seines geistigen Inhalts wird – das ist die Aufgabe des ächten Künstlers, den ich klassisch nenne, nicht in dem Sinn wie man das Wort im Gegensatz zu romantisch zu gebrauchen pflegt, sondern vielmehr in der höheren Bedeutung, wonach es identisch ist mit: die Idee des Natürlichen, Schönen und Wahren enthaltend, und sie in würdigster Weise zur Darstellung bringend.«[15]

Das »Schöne, das in sich Vollendete, das Klassische«, die »Grundsäulen jeder Kunst« unterliegen nach Wolzogen keinem Wandel. »Es gibt einen Katechismus der Musik, wie er sich von Palestrina bis auf Mozart unabänderlich festgestellt hat«.[16] Die im wesentlichen erst im 18. Jahrhundert fixierten Grundbestimmungen der Melodik, Harmonik und Rhythmik werden von Wolzogen zu unabänderlichen Gesetzen verabsolutiert. Alles, was über sie wirklich oder vermeintlich hinausgeht, ist für ihn »Entartung«, »Vandalismus«, »Chaos«. Man muß bei der Lektüre seiner Artikel den Eindruck gewinnen, daß die Musik (sieht man von schwächlichen Epigonen ab) mit Mendelssohn an ihr Ende gelangt sei. *Vivant mortui, pereant viventes.*[17]
Wie für Wolzogen das Schöne zugleich das sittlich Gute ist, so wird der Verstoß gegen die ›klassische‹ Harmonielehre, Rhythmik und Instrumentation als sittlich verwerflich gebrandmarkt. Ethische und ästhetische Kategorien vermischen sich ununterscheidbar. In diesem Punkt ist Wolzogen dem Ästhetiker Wagner übrigens recht verwandt. Der Protest gegen die »frivol-aristokratische« Musik romanischen Ursprungs (die sich etwa in der »Pariser großen Oper« manifestiert) – sie ist für Wolzogen die Hauptrichtung des Verfalls neben der »plump-demokratischen« Musik germanischer Provenienz (Wagner) – gleicht bis in manche Formulierung hinein der Polemik Wagners gegen Meyerbeer oder die italienische Oper. Davon weiß der Verfasser der *Musikalischen Leiden*, der zu diesem Zeitpunkt schwerlich eine Schrift Wagners gelesen hat, obwohl er gerade seine theoretischen Maximen (z. B. die Konzeption des Gesamtkunstwerks)[18] attakkiert, offensichtlich nichts. Trotz seiner prinzipiellen Unterscheidung von aristokratischer und demokratischer Musik vermengt er die »Zukunftsmusik« Wagners mit den Werken seiner Antipoden Meyerbeer, Verdi u. a. zu einem Einheitsbrei oder spielt Erscheinungen wie die alte Opéra comique – die auch Wagner hochgeschätzt hat – gegen seine Musikdramatik aus. Den »Luxus«-Charakter der zeitgenössischen Musik, ihre »Effekthascherei«, die Extravaganzen des Virtuosentums, den Kult des »Mammon« hat Wagner nicht weniger heftig als Wolzogen kritisiert[19] und auch die wahre Kunst mit den gleichen vestalischen Keuschheitsmetaphern beschrieben wie dieser.
Immer wieder tritt aus der Unzahl der befehdeten Komponisten das »Triumvirat« Berlioz, Liszt und Wagner vor das zornige Auge Wolzogens. In ihnen sieht er die Revolutionäre, die radikal mit der musikalischen Tradition brechen und den lichten Kosmos der Klassiker durch die Nachtwelt ihrer *Faust*-Kompositionen[20] verdunkeln. »Alles Blocksberg, alles Mephisto, alles Rabenstein und Kerkerwahnsinn! Alles anders wie sonst, alles noch nicht dagewesen! Neue Modulationen, neue Klangeffekte, imposante Tonmassen« usw.[21] Man halte sich vor Augen, daß Wolzogen ja erst den Komponisten des (selbst von Hanslick[22] noch hochgeschätzten) *Tannhäuser* und des *Lohengrin* kennt – daß die eigentlich ›revolutionäre‹ Musikdramatik Wagners erst noch folgt. Es ist allerdings die Frage, ob Wolzogen überhaupt genaue Kenntnis von Wagners frühen Opern hatte, ob sein – wie sehr vieler Zeitgenossen – Zorn nicht vor allem durch Wagners (vom Gerücht verzerrte) theoretische Ideen in den Reformschriften nach 1848 erregt worden ist.
Wolzogen schließt seine Artikelserie mit einem resignierten Blick auf das Ende der »klassischen Periode« und den Beginn der Herrschaft Richard Wagners über die »Jungmusiker«, um sich dann doch zu einer pathetischen Peroration aufzuraffen, die gerade auf Stifter ihre Wirkung nicht verfehlt hat, ist sie doch voller Topoi, die wir auch

aus seinen Briefen und Schriften kennen (Priester des Schönen, Kunst als Tempel, die Werke der Alten als Götterbilder usw.):

>»Die Barbaren stehen vor den Toren, und sind zum Teil schon eingezogen in unsere Städte. Um so mehr müssen alle Guten [...] die heilige Flamme bewachen, welche uns die ewigen Priester des Schönen vermacht haben, und den Tempel rein zu halten suchen vor frechen Eindringlingen, die mit fadem, eitel-aufgeblasenem Geschwätz und Barrikadenhumor in lüsternem Bacchanalwahnsinn den stillen, frommen, erhabenen Geist der Alten aus der verblüfften Welt herauszufegen sich unterfangen. Ihre Namen und Werke werden zwar verwehen wie Spreu vor dem Wind, und die alten Götter werden, trotz all der sie umtobenden Rohheit, fest und ruhig auf ihren Thronen sitzen bleiben, aber an Abtrünnigen wird es auch ferner nicht fehlen, die den neuen Götzen nachjubeln, weil sie den alten Gott in ihrer Gesunkenheit nicht mehr zu fassen, geschweige denn zu verehren vermögen.«[23]

Daß Richard Wagner von den *Musikalischen Leiden* erfahren hat, ist wahrscheinlich. Die von Robert Schumann gegründete *Neue Zeitschrift für Musik* – das »Hauptlager der deutschen Zukunftsmusik« (Wolzogen) –, die unter der Schriftleitung von Franz Brendel immer stärker die Partei Wagners ergriffen hat, veröffentlichte im zweiten Heft des Jahrgangs 1858 eine scharfe Entgegnung auf Wolzogens Artikel, die dieser wiederum mit einem Aufsatz *Zur Musikfrage* in der *Allgemeinen Zeitung* beantwortete. Außerdem ging der letzteren – mit der Empfehlung Franz Liszts – eine Streitschrift gegen Wolzogens Artikel, unter dem Titel *Musikalische Pflichten*, aus der Feder des Liszt-Schülers Hans von Bronsart zu, von der freilich nur ein knapper Auszug mitgeteilt wurde. (Sie erschien im gleichen Jahr als selbständige Publikation.[24])
Auch auf diese Schrift hat Wolzogen mit einem Artikel (*Zukunftsmusik*) in der *Allgemeinen Zeitung* (1858) reagiert.
Vergleicht man diese Polemiken und Gegenpolemiken, so fällt auf, daß hier ein Arsenal von Argumenten geöffnet wird, die seit der »Querelle des Anciens et des Modernes« im Frankreich des 17. Jahrhunderts zu festen Topoi geworden sind. Die ›Alten‹, das sind nun die Komponisten von Palestrina bis Mozart, deren harmonische und rhythmische Gesetze als absolut verpflichtend angesehen werden und welche die »Kontinuität in der Kunst« garantieren (Wolzogen).[25] Der letzte Komponist, der noch auf den Schultern der Alten stand, der »nur wollte, was sie wollten«, ist für den Verfasser der *Musikalischen Leiden* Mendelssohn. Die Partei der ›Modernen‹ hingegen geht davon aus, daß die Werke der Alten wie der Neueren als Produkte verschiedener historischer Epochen nicht nach einem absoluten, sondern nach einem relativen Maß des Schönen zu messen seien; man konstatiert also, daß jede Kunst sich von ihrem Zeitgeist nährt, daß mit ihm die künstlerischen Gesetze sich wandeln (wie Wolzogen referiert: »die wahre Kunst müsse nur eine Offenbarung ihrer Zeit enthalten, und das Kunstwerk der Gegenwart habe daher in ganz anderen Formen aufzutreten als das der Klassiker«).[26] Hier manifestiert sich das von Wolzogen befehdete »Fortschritts«-Prinzip in der Kunst.
Einer der Hauptstreitpunkte zwischen Wolzogen und den Apologeten der »Zukunftsmusik« ist die Bedeutung des Spätwerks Beethovens, das gerade für Wagner den Ausgangspunkt seiner Musikdramatik bildete. Seine Aufführung der – bis weit ins 19. Jahrhundert als krankhafte Verirrung empfundenen – *Neunten Symphonie* aus Anlaß der Grundsteinlegung des Festspielhauses in Bayreuth (1872) sollte der geistige Grundstein der Festspiele und des in ihnen verankerten »Kunstwerks der Zukunft« werden. Für Wolzogen nun sind die späten Werke Beethovens (als Beispiele führt er in

den *Musikalischen Leiden* den zweiten Satz der *Neunten Symphonie*, später die Hammerklaviersonate an) im Sinne der herrschenden musikalischen Meinung nichts als »krankhafte Ausartungen«,[27] »unklassische Werke«,[28] die hervorzuzerren und zum Fundament der neuen Musik zu machen eine Schmähung des großen, des noch »gesunden« Beethoven sei. Gegen diese Auffassung hat sich gerade die *Neue Zeitschrift für Musik* energisch zur Wehr gesetzt. Wolzogen beharrt in seinen Repliken jedoch auf seinem Standpunkt, daß »Beethovens letzte Werke sich eben leider schon über alle Grundgesetze der Tonkunst hinwegsetzen und nicht bloß den Ohren weh tun, sondern auch das musikalische Bewußtsein verletzen, dem gewisse Regeln heilig sind, da ohne sie nun einmal kein harmonisch vollendetes Kunstwerk bestehen kann«.[29]
Wolzogen hat sich durch seine musikkritischen Aufsätze, eine Schrift über die große (auch von Wagner leidenschaftlich bewunderte) Sängerin Wilhelmine Schröder-Devrient (1862) und seine Bemühungen um die Wiederherstellung der szenischen Originalgestalt von Mozarts *Don Juan* im Laufe der Jahre mehr und mehr bekannt gemacht, so daß ihm 1867 die Intendanz des Schweriner Hoftheaters übertragen wurde. Hier konnte er nun seine Ideen und Pläne, die er in seinem Buch *Über Musik und Theater* entfaltet hatte – dazu gehört auch eine Vertreibung der »Zukunftsmusik« von der Bühne –, in die Tat umsetzen. Vieles von dem, was er zur »Rettung des klassischen Repertoires«[30] beitragen wollte, hat er konsequent verwirklicht. Um so erstaunlicher ist es, daß einer der Schwerpunkte seiner Intendanz die sorgfältige Inszenierung – der Musikdramen Richard Wagners wurde. Im Januar 1873 reisen gar Richard und Cosima Wagner nach Schwerin und schauen sich in der Loge Wolzogens – »früherer Feind, jetzt sehr freundlich sich gebärdender Mann«, so Cosima (CT I,632) – mit Begeisterung Rossinis *Barbier von Sevilla* an. Am nächsten Abend besuchen sie den *Fliegenden Holländer*. Anschließend findet zu Ehren Wagners ein Bankett statt, bei dem Wolzogen der Tischherr Cosimas ist (CT I,633). Einige Monate später (am 17. Mai) führt sein Sohn Hans von Wolzogen sich mit einem Schreiben bei Wagner ein.[31] Die »Querelle des Anciens et Modernes« hat einen eindeutigen Ausgang gefunden.[32]

Stifters Begeisterung über die Disqualifizierung der »Zukunftsmusik« in den *Musikalischen Leiden* ist seine einzige, wenn auch nur mittelbare Stellungnahme zu Richard Wagner (von dem umgekehrt keine Äußerung über Stifter bekannt ist). Ob er je auch nur einen Takt von Wagner gehört hat, wissen wir nicht. Spätestens durch die Lektüre der *Musikalischen Leiden* hat er jedoch den Eindruck gewinnen müssen, daß Wagner einer der Hauptrepräsentanten der Verfallskunst seiner Zeit sei. Ob auch an ihn gedacht hat, als er in seinem Brief an Heckenast am 22. März 1857 von seiner Verachtung »der heutigen gespreizten, aber leeren Musik« spricht? Im gleichen Jahr findet die Wiener Erstaufführung des *Tannhäuser* statt. Davon dürfte die Kunde auch nach Linz gedrungen sein. Es ist jedenfalls nicht zu bezweifeln, daß Stifter aufgrund seiner Lektüre der *Allgemeinen Zeitung* in Wagner eine musikalische Richtung verkörpert sah, die seiner eigenen ästhetischen Tendenz diametral entgegengesetzt war.
Das Kapitel »Stifter und die Musik« ist nicht sehr umfangreich.[33] Wir wissen von seinen merkwürdigen Klangimpressionen in früher Kindheit, von einer Aufführung der Haydnschen *Schöpfung*, an der er als zehnjähriger Chorist teilgenommen und die er als einen der prägenden künstlerischen Eindrücke seines Lebens beschrieben hat. Überliefert ist, daß er (mit welcher Vollkommenheit auch immer) Geige und Klarinette gespielt

hat. Seine musikalischen Eindrücke in Wien – das Geigenspiel der Schwestern Milanollo (1843), denen er in *Zwei Schwestern* ein Denkmal gesetzt hat, die Streichquartett-abende im Quängerschen Salon, durch die ihm auch die späten Quartette Beethovens bekannt wurden (für ihn offenbar änigmatische musikalische Gebilde, er vergleicht sie mit Nüssen, die es aufzuknacken gilt[34]), usw. – hat er vor allem in *Wien und die Wiener* selbst beschrieben. Hinzu kommen die herzlichen Beziehungen (1846/47) zu der ›schwedischen Nachtigall‹ Jenny Lind sowie zu Robert und Clara Schumann, die ihn nicht nur zu ihren Konzerten eingeladen haben, sondern die auch Bewunderer seiner Dichtungen gewesen sind (Schumann, im Januar 1847: »So viel Musik erklingt aus Ihren Dichtungen, daß wir Sie gewiß nicht mit Unrecht für einen Freund auch unserer Kunst halten«). Zehn Jahre später wird Stifter einen musikkritischen Aufsatz rühmen, in dem Schumann als »schwülstiger« und »unklarer« Kopf bezeichnet wird.

Aus der Disposition der geplanten Vorlesungen über Ästhetik (1847) geht hervor, daß zu den Werken, an denen er seine Theorie des Schönen exemplifizieren wollte, die *Schöpfung* von Haydn, *Don Juan* und *Requiem* von Mozart sowie die *Siebte Symphonie* und *Fidelio* von Beethoven gehören sollten. Daß der junge Stifter ein leidenschaftlicher Bewunderer Beethovens gewesen ist (undenkbar, daß er nicht an seinem Begräbnis 1827 teilgenommen hat), zeigen namentlich die *Feldblumen*, in denen Beethoven (vor allem die *Pastoralsymphonie*) eine zentrale Rolle spielt, oder die Schilderung der Sonnenfinsternis vom 8. Juli 1842, in der die Bemerkung steht, nur die Musik Beethovens könne den ungeheuren Eindruck dieses Naturereignisses angemessen wiedergeben. Seit der Übersiedlung nach Linz werden die Zeugnisse für Stifters musikalische Erfahrungen spärlicher. Während seiner Italienreise (1857) sieht er in Triest und Udine mit großer Freude italienische Opern (die ihm einst in Wien noch »widrig« waren);[35] einer der glücklichsten Momente seiner letzten Lebensjahre ist eine Aufführung von *Figaros Hochzeit* in Linz (1863).

Daß er und der von Wagner so tief geprägte Anton Bruckner dreizehn gemeinsame Jahre in Linz verlebt haben (1855–68), ist für ihn ohne Folgen geblieben. Einige dienstliche Kontakte sind dokumentiert (als Bruckner bei einem Umtrunk zu seinem Vorgesetzten, dem Schulrat Stifter sagt: »Der Wein ist noch nicht ausgegärt«, gibt dieser ihm indigniert zu verstehen, es heiße »ausgegoren«), ferner steht fest, daß Stifter im Linzer Dom das Orgelspiel Bruckners und einige frühe Kompositionen gehört hat. Den genialen Funken konnte er in ihm jedoch noch nicht erkennen, hat Bruckner doch erst 1866 seine erste Symphonie abgeschlossen. (Bei Stifters Begräbnis 1868 hat er übrigens den Chor dirigiert.)

Auch aus Stifters Dichtungen erklingt nicht so viel Musik, wie Schumann behauptet hat – in den späteren Werken verstummt sie mehr und mehr. Nur in den *Feldblumen* und der Musiknovelle *Zwei Schwestern* kommt ihr zentrale Bedeutung zu. In vielen anderen Erzählungen spielt sie allerdings eine zwar episodische, aber markante Rolle. Auffallend ist, wie häufig sie eine dämonische Gegenwelt signalisiert, die Sphäre des Unheimlichen hinter den klaren, behüteten Verhältnissen der häuslich-familiären Welt, in der die Handlungen der Stifterschen Dichtungen meist angesiedelt sind. Zweifellos wirken da die Musikanschauung und Musikdichtung der Romantik nach. Es sei erinnert an die Äolsharfe – das romantische Instrument par excellence[36] – in der *Narrenburg*, das fast irrsinnige Flötenspiel des Pförtners in *Turmalin* oder die merkwürdigen Farb-Klangerlebnisse der lange Jahre blinden Ditha in *Abdias*. Vor allem aber ist an *Zwei Schwestern* zu denken.[37] In der Gestalt Camillas, ihrem schmerzlich entrückten Violinspiel, äußert sich die Verfallenheit an die Musik als physischer Verfall. »Unser Kind wird an dieser Kunst sterben«, sagt Rikar zu seiner Frau. So sehr sie »eine himmlische Kunst« ist, droht doch dem, der sie ausübt, von ihr »überschüttet und zerstört« zu werden. »Siehst du nicht, wie von der Hingabe Camillas an ihr Spiel ihr Gemüt verwelkt? Ihre Wangen sind blasser, um die Stirne ist ein Flor, und die Augen sehen stiller, aber auch sehnsüchtiger und trauriger. Siehst du nicht, wie sie beim Fortschreiten dieser Dinge nur immer mehr zur Geige flüchtet, um ihr das sinkende Leben anzuvertrauen?«[38] Der Vergleich mit E.T.A. Hoffmanns *Rat Crespel* liegt hier ebenso nahe wie der Ausblick auf die Dichtung der Décadence, in der das Motiv des physischen Verfalls als Preis der Verfallenheit an die Kunst eine so bedeutende Rolle spielt. Stifters Beschreibung des Violinspiels Teresa Milanollos und Camillas gemahnt bis ins Detail an das Geigenspiel Gerda Buddenbrooks in Thomas Manns Roman oder mehr noch an die ebenfalls von *Rat Crespel* inspirierte *Tristan*-Novelle: der Tod Gabriele Klöterjahns ist hier tatsächlich die Folge der musikalischen Exaltation. Ist es aber ein Zufall, daß die spätere Frau des Musikpoeten, der zum Abgott der Décadence werden sollte: Cosima von Bülow 1860 nach dem *Abdias* auch *Zwei Schwestern* für die *Revue germanique* übersetzt hat?[39] Die Tochter Franz Liszts hat an dieser Erzählung vor allem wohl die menschliche Problematik der Gefährdung des Virtuosen fasziniert. Wiederholt wird dieses Thema – die Hingabe an die Kunst als Krankheit zum Tode – später in ihren Gesprächen mit Richard Wagner anklingen. Als dieser am 24. Januar 1869 aus dem zweiten Akt des *Tristan* spielt, bemerkt Cosima im Tagebuch: »Ob ich jetzt immer empfänglicher oder stets krankhafter empfindsam werde, weiß ich nicht, doch kann ich gewisse mächtige Eindrücke kaum mehr vertragen.« Und ihr kommen Wagners Worte beim Tode des Tristan-Darstellers Schnorr von Carolsfeld kurz nach der Uraufführung des todessüchtigen Werks in den Sinn: »Die Kunst ist vielleicht ein großer Frevel.« (CT I,42 f.) Übrigens weist die von Cosima übersetzte Erzählung eine erstaunliche Parallele zu ihrem eigenen Schicksal auf: auch sie und Blandine sind »zwei Schwestern« gewesen, denen wie bei Stifter ein Bruder »als Jüngling« gestorben ist. Diese Stelle der Erzählung hat Cosima nicht wörtlich übersetzt, sondern statt »als Jüngling« eingesetzt: »à l'âge de vingt ans« (im Alter von 20 Jahren)[40] – das Todesalter ihres Bruders Daniel (1839–59).

Auch im *Abdias* geht es um ein Thema, das für Wagner existentielle Bedeutung gehabt hat: um das Ahasver-Motiv, das im *Fliegenden Holländer* und in der Kundry des *Parsifal* wiederkehrt. Es bleibt ein merkwürdiges Faktum, daß ausgerechnet die fanatische Antisemitin Cosima diese Erzählung eines jüdischen Schicksals übersetzt hat, und das in einer Zeitschrift, der *Revue germanique*, die nicht nur der Völkerfreundschaft gewidmet war, sondern sich besonders der jüdischen Minderheit in Deutschland annahm; daher wohl auch das Interesse der Herausgeber Dollfus und Nefftzer gerade an einer Übertragung des *Abdias*.[41]

Die Musik als gefährdende und vereinsamende Kunst tritt bezeichnenderweise in den Werken Stifters, die eine normative menschliche Ordnung beschwören, fast ganz zurück. Das gilt zumal für den *Nachsommer*. Schon mancher Leser hat sich darüber gewundert, »daß die Menschen, die in der bildenden Kunst Sinn haben für das Höchste [...], sich in der Musik mit dem ganz Primitiven und Volksmäßigen begnügen« – mit dem Zitherspiel.[42] Daß die Musik fast ausschließlich in der Gestalt des Volksmusikinstruments präsent ist, zeigt, daß sie in die *Nachsommer*-Welt nicht voll integriert ist. Der Zitherspieler Joseph ist bezeichnenderweise einer der Außenseiter dieser Welt, ein »Herumstreicher«,[43] der nie an einem Ort bleibt, ebenso rätselhaft verschwindet wie auftaucht. Er hat sich gleichsam aus der romantischen Poesie in den *Nachsommer* verirrt. In dem Roman, dessen erstes Kapitel nicht zufällig »Die Häuslichkeit« heißt,[44] bleibt er – der ›Unbehauste‹ – ein Fremdling, der Un-heimliche. Aber auch da, wo er nicht auftaucht, bleibt die Musik im *Nachsommer* wie in anderen Erzählungen Stifters eine im ursprünglichen Sinne apokryphe Kunst, die aus dem Verborgenen, unbestimmbar zu dem unfreiwilligen oder ungewollten Hörer herübertönt. Seit den *Feldblumen* (15. Kap.) kommt dieses Motiv bei Stifter immer wieder vor. Es sei etwa an *Turmalin* erinnert. Mitten in der Nacht hört die Erzählerin das Spiel der Flöte, ohne daß sie seine Herkunft »ergründen« kann.[45] Auf ebenso rätselhafte Weise wird der Erzähler in *Zwei Schwestern* nachts durch das Spiel einer Geige geweckt (erst später wird ihm zufällig und ungewollt bekannt, daß Camilla, die Tochter seines Gastfreundes Rikar, das Instrument spielt). Und auch im *Nachsommer* wird der Erzähler mitten in der Nacht durch das Spiel zweier Zithern (Mathildes und Natalies) überrascht.[46] Wie in *Zwei Schwestern* wird das Spiel ganz im Verborgenen geübt, in nächtlicher Stunde, wo es vermeintlich niemand hört, und lange wird kein Wort darüber verloren. In all diesen Fällen signalisiert die Heimlichkeit des Musizierens die Unheimlichkeit der Musik. Im *Nachsommer* ist recht deutlich motiviert, warum aus dem Zitherspiel im Rosenhaus ein Geheimnis gemacht wird. Den Schlüssel zu dieser eigentümlichen Tatsache, auf die noch keine Interpretation aufmerksam gemacht hat, finden wir im »Rückblick« Risachs. Im Gegensatz zum Rosenhaus hatte im Elternhaus Mathildes die Musik – Gesang, Klavier, Streichquartett, vor allem aber das Zitherspiel – von allen Künsten die wichtigste und zudem eine ganz und gar unverborgene Rolle gespielt.[47] Für Mathilde und Risach wird sie mehr und mehr zur Sprache des Gefühls, ihrer verborgenen Leidenschaft. In der Sprache der Töne können sie sich in Gegenwart der Eltern sagen, was in Worten auszudrücken sie vor ihnen nicht wagen.[48] Die Rosenhauswelt nun, die gewissermaßen ein System ritualisierter Reminiszenzen an das Maklodensche Haus ist – von der Rosenpflege bis zu den geputzten Namenstäfelchen der Gartenpflanzen –, schließt alles Leidenschaftlich-Elementare zugunsten einer entsagenden, asketischen Gefühlshaltung aus. Es ist das Kennzeichen jedes Ritus, daß er das Spontane, Einmalige zu einem System von Wiederholungen erstarren läßt. (Auch vom *Nachsommer* läßt sich mit den Worten Gurnemanz' sagen: »Zum Raum wird hier die Zeit«; X,339.) Die Musik aber als Sprache des Irrationalen, als Ausdruck der Leidenschaften bildet für einen solchen Kosmos der Entsagung eine ständige Gefahr; deshalb wird sie von Stifter aus dem Zentrum an die Peripherie dieses Kosmos verwiesen.

Zu der peripheren Bedeutung der Musik im *Nachsommer* steht freilich eine Äußerung des alten Drendorf (in dessen Hause die Musik doch nicht die geringste Rolle spielt) in sonderbarem Widerspruch. Nachdem er die bildende Kunst der Griechen als »das Schönste, welches auf der Welt besteht«, bezeichnet hat, dem nichts »in andern Künsten und in späteren Zeiten an Einfachheit, Größe und Richtigkeit an die Seite gesetzt werden« könne, schränkt er diese Behauptung durch eine Ausnahme ein. Nur in der Musik habe es in neuerer Zeit Werke gegeben, »die der antiken Schlichtheit und Größe verglichen werden können. Das haben aber Menschen hervorgebracht, deren Lebensbildung auch einfach und antik gewesen ist, ich will nur Bach, Händel, Haydn,

Mozart nennen.«[49] Sie allein entsprechen dem ganz an der griechischen Plastik orientierten Schönheitsideal Stifters. Es sind die gleichen Komponisten, die auch für den Verfasser der *Musikalischen Leiden* die absolute Norm der Musik verkörpern.

Man hat sich oft gefragt, warum der Name des Komponisten hier fehlt, dem einst die leidenschaftlichste Bewunderung Stifters gegolten hat: Beethoven. Kein Zweifel, er entspricht dem Maßstab antik-plastischer »Einfachheit«, »Ruhe«, »Ordnung«, »allseitiger Übereinstimmung aller Teile zu einem Ganzen«[50] in den Augen des *Nachsommer*-Dichters nicht mehr ganz. Beethoven ist für Stifter stets mehr der Komponist des Erhabenen – die Grenzen der sinnlichen Vorstellungskraft und der normalen Erfahrungswelt Transzendierenden (Sonnenfinsternis!) – als des Schönen gewesen. Angelas Vergleich Beethovens mit Mozart in den *Feldblumen* zeigt ebensosehr, was den jungen Stifter an Beethoven faszinierte, wie es den Grund ahnen läßt, warum er ihn in der zu leidenschaftsloser Klarheit geläuterten *Nachsommer*-Welt nicht mehr nennen möchte: »Mozart teilt mit freundlichem Angesichte unschätzbare Edelsteine aus« (in wörtlicher und metaphorischer Hinsicht ein symbolischer Grundvorgang im *Nachsommer*), »Beethoven aber stürzt gleich einen Wolkenbruch von Juwelen über das Volk, dann hält es sich die Hände vor den Kopf, damit es nicht blutig geschlagen wird, und geht am Ende fort, ohne den kleinsten Diamanten erhascht zu haben.«[51] Stifter kann es überdies (nicht zuletzt als Leser der *Allgemeinen Zeitung*) kaum entgangen sein, welche ungeheure Rolle das Spätwerk Beethovens, in dem die Repräsentanten des konservativ-akademischen Klassizismus nur noch krankhafte Verirrungen sahen, für Richard Wagner und die »Zukunftsmusik« spielte. Was Wagner an den letzten Werken Beethovens bewunderte und als Modell für das Kunstwerk der Zukunft empfand, war ihre vermeintlich improvisatorische Struktur, ihre die »konventionelle Tonsatzkonstruktion« weit hinter sich lassende »erhabene Unregelmäßigkeit« (IX,149), die Erhebung über die plastische Geschlossenheit des antiken Kunstwerks. Es gibt, so bemerkt Wolzogen in den Repliken auf seine Gegner, zwei verschiedene Beethoven, einen klassischen und einen unklassischen. Wer sich auf ihn beruft, kann zur konservativen wie zur revolutionären Partei gehören. Beethoven war also zur Entstehungszeit des *Nachsommer* nicht wie Haydn oder Mozart ein schon in zeitliche Distanz gerückter Klassiker, sondern an seinem Namen schieden sich noch immer die Geister. Sein eben erst wirklich entdecktes und verarbeitetes Spätwerk war wie das Werk eines Zeitgenossen unmittelbare Provokation. Stifter aber konnte nicht daran gelegen sein, sich auf einen Namen zu berufen, der einer perhorreszierten musikalischen Richtung zum Vorbild geworden war.

Stifters Brief an Pauline Salomon steht ganz unter dem Eindruck der Fertigstellung des *Nachsommers*. Die *Musikalischen Leiden der Gegenwart* von Alfred von Wolzogen hat er offensichtlich als Bestätigung seiner eigenen Leiden empfunden, als gleichartiges Urteil über eine depravierte Kunst, gegen die er die Gegenwelt seines *Nachsommers* aufgerichtet hat. Und als diese Gegenwelt zur Musik Richard Wagners wird sie zwei Jahrzehnte später ein Leser in sich aufnehmen, der die Renaissance des so gut wie vergessenen Werks und seines als zweitrangiger Idylliker eingeschätzten Dichters eingeleitet hat: Friedrich Nietzsche.

Außer Friedrich Gundolf hat unseres Wissens niemand den kausalen Zusammenhang bemerkt, der zwischen Nietzsches Begeisterung für den Autor des *Nachsommers* und seiner Entfremdung von Wagner besteht. In der aus seinem Nachlaß veröffentlichten Stifter-Studie (1931) urteilt Gundolf zu Recht, Nietzsche habe bei Stifter das Korrektiv zu Wagners Musiktheatralik, ihrem »schwelgerischen Pathos«, der »exuberanten Schauspielerei« und »trüben Tiefe« gefunden.[52] Bezeichnend ist, daß Nietzsche ›seinem‹ Komponisten Peter Gast, den er zum Antipoden Wagners emporstilisiert, nahegelegt hat, den *Nachsommer* zu lesen, und wirklich wird der gemeinsame Enthusiasmus für Stifters Roman »eine Freundesbrücke zwischen beiden Männern«.[53] »Nachsommermusik« ist Nietzsches Ehrenname für Gasts Musik! Auch die Stellen in Stifters Briefen, die Nietzsche sich angestrichen hat, scheinen uns darauf hinzudeuten, wie sehr er sie auf seine Auseinandersetzung mit Wagner hin gelesen hat. So hat er sich etwa auch die oben zitierte Äußerung Stifters über die »heutige gespreizte, aber leere Musik« und in diesem Zusammenhang die Polemik gegen die »heutigen Redekünste«[54] angemerkt – im *Fall Wagner* wird Nietzsche denselben »Rhetor als Musiker« nennen[55] –, ferner Stifters Kritik an Schiller (auch sie kehrt im *Fall Wagner* wieder), der ein Hausgott Richard und Cosima Wagners war (seines Geburtstags wurde von ihnen alljährlich in einer kleinen Feier gedacht). Und wenn Nietzsche immer wieder die Stellen markiert, an denen Stifter sich über die »Gespreiztheit« und den »Verfall« der Kunst, über die »falsche Kraft«, die eigentlich Schwäche sei (Hebbel), u. ä. äußert und diesen Verfallserscheinungen die »Einfachheit der Antike« entgegensetzt,[56] so ist die Vermutung gewiß nicht abwegig, daß Nietzsches Gedanken hier nach Bayreuth hinüberschweiften.

Signifikant ist auch die Tatsache, daß die Eindrücke Stifters während seiner Italienreise 1857 (kurz vor Abschluß des *Nachsommers*) Nietzsche besonders interessiert zu haben scheinen, spielt doch in seinen Streitschriften gegen Wagner die Idee des Mediterranen – das auch Stifter so tief bewegende Mittelmeer – als einer Gegenwelt zur Musik Wagners eine bedeutende Rolle: »Il faut méditerraniser la musique.«[57] In Nietzsches Charakterisierung der mediterranen Welt im *Fall Wagner* und andernorts mögen Reminiszenzen an Stifters Beschreibung der italienischen Landschaft (etwa in seinem großartigen Brief an Heckenast vom 20. Juli 1857) mitwirken. Ein Stück Italien in der Darstellung Stifters hat ihn ja nachweislich fasziniert: »Die Schilderung des Gardasees mit ihrem Südzauber« in *Zwei Schwestern* wirkt, berichtet Bertram, »so stark auf ihn, daß er im Februar 1880, vor seinem ersten Aufenthalt in Venedig, in Erinnerung an diese Novelle eigens eine Zeitlang in Riva sich niederläßt und sogar jene Kahnfahrt Rikars das westliche Ufer entlang nachahmend unternimmt«.[58] Ist es ein Zufall, daß es gerade diese – von Cosima übersetzte – Erzählung mit ihrer Andeutung der Décadence-Problematik ist, die Nietzsche, den Psychologen der Décadence, so nachhaltig beeindruckt hat?

Stifter, vor allem der *Nachsommer*, das ist die »halkyonische« Welt,[59] in der Nietzsche sich vom Banne Wagners zu befreien sucht. Seit Bertram ist Nietzsches Aphorismus »Der Dichter als Wegzeiger für die Zukunft« im zweiten Band von *Menschliches, Allzumenschliches* nicht zuletzt auf Stifter bezogen worden.[60] Wirklich gemahnt dieses Bild des Dichters der Zukunft an die verwandte Vision Stifters in seinem Brief an Heckenast vom 13. Dezember 1855; auch sie hat Nietzsche sich in seiner Briefausgabe angemerkt. Jener Dichter werde, so schreibt Nietzsche,

> »wie früher die Künstler an den Götterbildern fortdichteten, so an dem schönen Menschenbilde fortdichten und jene Fälle auswittern, wo [...] die schöne große Seele noch möglich ist, dort wo sie sich auch jetzt noch in harmonische, ebenmäßige Zustände einzuverleiben vermag, durch sie

Sichtbarkeit, Dauer und Vorbildlichkeit bekommt. [...] Dichtungen solcher Dichter würden dadurch sich auszeichnen, daß sie gegen die Luft und Glut der Leidenschaften abgeschlossen und verwahrt erschienen.«

»Kraft, Güte, Milde, Reinheit und ungewolltes, eingeborenes Maß in den Personen und deren Handlungen: ein geebneter Boden, welcher dem Fuße Ruhe und Lust gibt: ein leuchtender Himmel auf Gesichtern und Vorgängen sich abspiegelnd« wäre das »Goldgrundhafte« dieser Poesie. »Von Goethe aus führt mancher Weg in diese Dichtung der Zukunft: aber es bedarf guter Pfadfinder und vor allem einer weit größeren Macht, als die jetzigen Dichter, das heißt die unbedenklichen Darsteller des Halbtiers und der mit Kraft und Natur verwechselten Unreife und Unregelmäßigkeit, besitzen.«[61] (Ganz ähnliche Töne schlägt Stifter in seiner Polemik gegen Hebbel an.)
Als einen Pfadfinder, der von Goethe aus zu einer auch ihn noch überragenden Dichtung der Zukunft führt, hat Stifter sich selbst verstanden.[62] In diesem Sinne bildet seine Dichtung über alle Gegensätze und über trennende Abgründe des Charakters und Weltbildes hinweg eine Brücke zu Nietzsche – eine Brücke des Maßes und der Klarheit, abseits oder in bewußter Abweichung von jenem Kunstwerk, das sich ebenfalls im Zeichen einer freilich radikal anders interpretierten Zukunft sieht: dem musikalischen Drama Richard Wagners.
Im Epilog der Streitschrift *Nietzsche contra Wagner* wird (gleichlautend mit der Vorrede zur *Fröhlichen Wissenschaft*[63]) eine »andre Kunst« beschworen, die den Leidensabgrund der Welt, die dionysische ›Wahrheit‹ hinter dem apollinischen Schein versteckt. Nietzsche spielt, ohne Schiller beim Namen zu nennen, auf dessen Ballade *Das verschleierte Bild zu Sais* (1795) an, die von der Hybris eines Jünglings handelt, der den Schleier der »Wahrheit« heben will und durch ihren Anblick vernichtet wird.

> »Man wird uns schwerlich wieder auf den Pfaden jener ägyptischen Jünglinge finden, welche nachts Tempel unsicher machen, Bildsäulen umarmen und durchaus alles, was mit guten Gründen versteckt gehalten wird, aufdecken, in helles Licht stellen wollen. [...] Wir glauben nicht mehr daran, daß Wahrheit noch Wahrheit bleibt, wenn man ihr die Schleier abzieht – wir haben genug gelebt, um dies zu glauben... Heute gilt es uns als eine Sache der Schicklichkeit, daß man nicht alles nackt sehn, nicht bei allem dabei sein, nicht alles verstehn und ›wissen‹ wolle. [...] Vielleicht ist die Wahrheit ein Weib, das Gründe hat, ihre Gründe nicht sehn zu lassen? [...] Oh diese Griechen! Sie verstanden sich darauf, zu *leben*! dazu tut not, tapfer bei der Oberfläche, der Falte, der Haut stehn zu bleiben, den Schein anzubeten, an Formen, an Töne, an Worte, an den ganzen Olymp des Scheins zu glauben! Diese Griechen waren oberflächlich – aus Tiefe...«[64]

Ein solcher Olymp des Scheins ist auch die Rosenhaus-Welt des *Nachsommers*. Die ungeheure Angestrengtheit, mit der hier bei der ›Oberfläche‹ verharrt,[65] die Leidenstiefe der Welt bis zum »Rückblick« Risachs am Ende des Romans verdeckt bleibt, macht ihre untergründige Präsenz nur um so spürbarer.
»Ich sage noch ein Wort für die ausgesuchtesten Ohren: was *ich* eigentlich von der Musik will. Daß sie heiter und tief ist wie ein Nachmittag im Oktober.« So Nietzsche in *Ecce homo*.[66] Er hätte ebensogut sagen können: wie ein Nachmittag im Nachsommer. Halkyonische Musik – die Gegenwelt zum ›Musikdrama‹! Und doch sieht Nietzsche – dessen Kritik an Wagner untrennbar verschränkt ist mit panegyrischer Huldigung, der in dem Befehdeten immer wieder gerade das findet, was er ihm zuvor entgegengesetzt hat – auch diese halkyonischen Elemente in Wagners Musik. Das

Siegfried-Idyll führt er selbst als Beispiel an. Und wenn er den zuletzt zitierten Aphorismus aus *Ecce homo* mit seinem Venedig-Gedicht schließt (»Wenn ich ein andres Wort für Musik suche, so finde ich immer nur das Wort Venedig«):

> »An der Brücke stand
> jüngst ich in brauner Nacht.
> Fernher kam Gesang:
> goldener Tropfen quoll's
> über die zitternde Fläche weg.
> Gondeln, Lichter, Musik –
> trunken schwamms in die Dämmerung hinaus...«[67] –,

wer dächte hier nicht an Wagners berühmtes Erlebnis des nächtlichen Venedig mit den weithin und weither hallenden Rufen der Gondolieri (IX,74), die ihn zur Klage des Englischhorns im dritten *Tristan*-Akt inspiriert haben. Immer wieder, wenn Nietzsche sich auf die Suche nach dem Gegenglück zur Musik Wagners begibt, findet er es paradoxerweise doch in ihr, auch die Farben des Nachsommers, das »unbeschreiblich rührende Glück eines letzten [...] Genießens«,[68] Rosenduft und Abschied, jene Atmosphäre eines wehmütigen Glücks, die nie ein Poet betörender getroffen hat als Stifter in der Nachsommerwelt des Rosenhauses.

2. Das sinkende Leben – Wagner im Spiegel des Fin de siècle. Fontane und Thomas Mann

> »Ich bin der Plenipotentarius des Untergangs.«
> Wagner zu Cosima am 21. November 1880.

Zu den sonderbarsten Divergenzen in der deutschen und der gemeineuropäischen, besonders der französischen Rezeption Wagners gehört die Tatsache, daß er hierzulande vornehmlich entweder als rein musikalisches Ereignis oder aber als trübes, ja durch den nationalsozialistischen Kult ganz und gar unerträglich gewordenes ideologisches Phänomen aufgefaßt wird. Daß Wagner zugleich ein literarisches, ja – wie die nicht nachlassende poetische Ausstrahlung seines Werks zeigt, mit der sich die europäische Wirkung keines anderen deutschen Schriftstellers vergleichen läßt – *das literarische Ereignis des deutschen 19. Jahrhunderts*, dessen wesentlichster Beitrag zur Weltliteratur und zum Welttheater gewesen ist, das wollte und will dem gebildeten Deutschen bis heute in der Regel nicht einleuchten, so sehr es durch die Rezeptionsgeschichte bestätigt wird. Für die französische Literatur des späten 19. Jahrhunderts, zumal für die Dichter des Symbolismus und der Décadence bedeutet Wagner – Kurt Jäckels monumentales, Fragment gebliebenes Werk über *Richard Wagner in der französischen Literatur* (1931/32), die umfassende Dokumentation des *Dekadenten Wagnerismus* von Erwin Koppen (1973), die Studien von Werner Vordtriede und anderen[69] beweisen es – ungefähr so viel wie Shakespeare für die deutsche Literatur des späten 18. Jahrhunderts. In Deutschland selbst jedoch hat sich die rein literarische Wagner-Rezeption fast ausschließlich auf trivialer und trivialster Ebene abgespielt. Das Frühwerk Thomas Manns ist beinahe das einzige offenkundige Beispiel einer bedeutenden poetischen Aneignung Wagners in inhaltlicher, formaler, ja auch theoretischer Hinsicht, das die deutsche Literatur des 19. und 20. Jahrhunderts aufzuweisen hat. In diesem und den nächsten Kapiteln wird auf weitere verborgene Beispiele einer mehr oder weniger intensiven Wagner-Aneignung aufmerksam gemacht. Bei Fontane – in seinem Roman *L'Adultera*, auf den sich die folgenden Seiten vor allem beziehen – sind die Wagner-Spuren bereits eindrucksvoll von Heide Eilert (an eher unvermutetem Ort) nachgezeichnet worden,[70] bei Hofmannsthal werden sie im folgenden Kapitel zum ersten Mal umfassend dokumentiert, und im Mittelpunkt des Schlußkapitels stehen die sublimen Wagner-Travestien des heute fast vergessenen Friedrich Huch.

In den Romanen Fontanes, von *L'Adultera* bis zum *Stechlin*, ist von Wagnerschen Werken immer wieder mehr oder weniger beiläufig die Rede. Man besucht Aufführungen des *Tannhäuser* oder *Tristan*, äußert dies und das über den ›Meister‹, wie es in Zeitromanen nicht anders sein kann, stehen Bayreuth und die »Zukunftsmusik« doch im Brennpunkt des allgemeinen kulturellen Interesses. Eine intensive Beschäftigung mit dem ›musikalischen Drama‹, eine tiefere Anteilnahme verraten diese Äußerungen kaum je, sie erschöpfen sich in der Regel in »anzüglichen und respektlosen Zweideutigkeiten« (Hans-Heinrich Reuter).[71] Musik spielt in Fontanes Romanen überhaupt eine bloß periphere Rolle; ihre Ausübung wird bei ihm meist nur zum Gegenstand spöttischer Glossen. So beurteilt Fontane auch Wagner aus der typischen Sicht des Außenstehenden. Die Bemerkungen über ihn in seinen Briefen erheben sich im allgemeinen nicht über gängige Vorurteile und polemische Gemeinplätze, er ist außerstande, Person und Werk Wagners zu trennen. Der Bayreuther »Hexenmeister«[72] ist eine ihm musikalisch unzugängliche, ja »perhorreszierte«[73] Erscheinung; Bayreuth wird ihm zu einer Art Pendant der Reichsgründung, ja er scheint Bismarck und Wagner demselben charakterologischen Typus zuzurechnen.[74]
1889 besucht Fontane die Bayreuther Festspiele, flüchtet bereits beim Vorspiel aus der Vorstellung des *Parsifal* und verschenkt seine *Tristan*-Karte für den nächsten Tag. Seine Briefe über den Abstecher nach Bayreuth, von seiner Kissinger Sommerfrische aus, sind voll von Spott und Übermut.[75] Man kann sich freilich des Eindrucks nicht erwehren, daß Fontane eigens nach Bayreuth gefahren ist, um sein Vorurteil zu bestätigen. Sich irgendwie tiefer auf das Ereignis der Festspiele einzulassen ist er nicht bereit, und doch reist er mit dem Anspruch, das ganze Unternehmen durchschaut zu haben, wieder ab: »die ganze Geschichte doch nur für Lords und Bankiers inszeniert. So daß man eigentlich nicht hineingehört« (an Emilie, 27. Juli 1889). Zwei Monate später wird in Berlin die ›Freie Bühne‹ eröffnet, das wichtigste Forum des dramatischen Naturalismus, dessen erste Spielzeit Fontane mit seinen – bei aller Kritik – von geschärftem Interesse und lebhafter Anteilnahme zeugenden Rezensionen begleitet. Hier manifestiert sich für ihn eine dramatische ›Zukunftskunst‹, die sich von der Bayreuther Idee und Praxis wie die Wahrheit von der (Kultur-)Lüge unterscheidet.
Der ›Fall Wagner‹ scheint damit aus der Sicht Fontanes abgetan. Und doch hat er in seinem Brief an Karl Zöllner vom 13. Juli 1881 und in seinem Roman *L'Adultera* – fast möchte man behaupten: gegen seinen eigenen Willen – ein differenzierteres Bild von Wagner gezeichnet als angesichts all der zitierten und angedeuteten Dokumente einer pauschalen Wagner-Ablehnung möglich scheint. In seinem Brief an Zöllner zeigt sich, daß Fontane, sobald er Wagner auf dem Feld gegenübertritt, das er kompetent zu

sichten vermag: dem literarischen, ganz einfach nicht mehr imstande ist, im Schnellver-
fahren zum längst vorher feststehenden Urteil zu gelangen. Obwohl auch dieser Brief
von fast physischer Abneigung gegen Person und Werk Wagners zeugt und der *Ring*-
Tetralogie, von deren eingehender Lektüre Fontane hier berichtet, nicht gerecht
werden kann, da er sie ausschließlich als autonomen literarischen Text rezipiert (was
nach Wagner gerade beim *Ring* zu einem schiefen Urteil führen muß; VI,260 f.),
werden die abschätzigen Glossen über die »furchtbare Menge der Quasseleien, Albern-
heiten, Unverständlichkeiten und Geschmacksverirrungen«, den »totalen Mangel an
Witz und Humor« usw. immer wieder durchkreuzt von widerwilliger Bewunderung.
Und wenn der Brief mit der totalen Absage an Wagner zu schließen scheint: er habe
»seinem Leser [!] als letztes Angebinde nichts weiter hinterlassen als Kopfweh und
Verwirrung und Unbefriedigtsein«, so bleibt das zuvor bewundernd Gesagte doch
gesagt. (Wie wichtig Fontane das Erlebnis der *Ring*-Lektüre trotz allem bleibt, zeigt die
Tatsache, daß der Wagner-Brief, wie er selbst meint, »einer der längsten geworden« ist,
die er geschrieben hat.)
Fontane berichtet aus Wernigerode, die Tetralogie »im Waldkater am Fuße des
Hexentanzplatzes durchgelesen« zu haben:

> »Diese Lokalitäten paßten trefflich zu der Lektüre, denn es ist sehr viel vom Kater und sehr viel
> von der Hexe drin. [...] Voraus schick ich das: es ist eine wirkliche Arbeit, ernst gemeint, kein
> Schwindel und im einzelnen poetisch und fast erhaben. Dennoch bin ich der Sache nicht froh
> geworden [...]. Was er gewollt hat, ist über die Banalität eines gewöhnlichen Operntextes hoch
> erhaben, überall erkennt man den Mann von Geist und poetischer Mit- oder Anempfindung,
> überall möcht er philosophisch das Welträtsel lösen oder doch das Wort sprechen, das uns
> dieser Lösung näher führt, und überall zeigt sich ein ordnender Geist, dem die Kunst der
> Komposition kein leerer Wahn ist. Er behält immer sein Ziel im Auge und stellt es durch
> überaus geschickte Rekapitulationen, in denen er geradezu exzelliert, auch seinem Leser oder
> Hörer immer wieder vor die Seele. Dazu behandelt er Vers und Sprache, wenigstens gelegent-
> lich, mit wirklicher Meisterschaft und erzielt mitunter große Detailwirkungen durch Impromp-
> tus und eine glänzende Behandlung der Antithese.«

Bei solchem Lob will Fontane freilich nicht stehenbleiben. Einer seiner gravierendsten
Einwände lautet, Wagner gelinge es nicht, den Leser »in die Äthersphäre der Kunst zu
erheben«, denn

> »überall zappeln die niedrigsten Triebe, die kommissesten Gemeinheiten, wie sie nur ›Götter‹
> leisten können, um mich herum, allerniedrigste Triebe, die dadurch so widerwärtig wirken, daß
> man Richard Wagner immer persönlich mitzappeln sieht. Der Sanspareil in dieser Genossen-
> schaft ist immer *er*, und so wird das objektiv schon Häßliche durch das subjektive Mitenga-
> giertsein des Dichters noch viel häßlicher.«

Sieht man von der fragwürdigen, philologisch inzwischen antiquierten Tendenz ab,
Wagner um jeden Preis in seinen Helden zu suchen,[76] die weder in denunziatorischer
noch in wohlmeinender Absicht je zu etwas Gutem geführt hat, so ließe sich Fontanes
negatives Urteil von einem anderen, weniger affirmativen Kunstbegriff her ohne
weiteres in ein positives umwerten. Denn klingt es heute nicht eher wie ein Lob
Wagners, zeugt es nicht von seiner realistischen Genauigkeit, daß er die Götter
keineswegs idealisiert, sondern in die ›niedrigsten Triebe‹ verstrickt?
Fontane hat den ideellen Kern der *Ring*-Tetralogie scharfsinnig herauspräpariert; er
bestehe in der »Verschmelzung« zweier »Fundamentalsätze«: »Erster Fundamentalsatz: An der Gier, an dem rücksichtslosen Verlangen hängt die Sünde, das Leid, der

Tod. Wer den Goldring der Nibelungen hat, hat ihn immer nur zu Unheil und Verderben.«[77] »Zweiter Fundamentalsatz: Die Götter sind gebunden und regieren nur durch Vertrag. Auch dem Himmel kann gekündigt werden. Wächst der Mensch, so sinken die Götter; der eigentliche Weltenherrscher ist der freie Geist und die Liebe.« Daß diese beiden Fundamentalsätze in der Tat die Basis der Tetralogie bilden, hätte Wagner ohne weiteres zugestanden. Unverständlich aber bleibt, warum Fontane, unter Verzicht auf eine Beweisführung, die Verquickung der Sätze als einen Kunstfehler und Widerspruch bezeichnet. Er glaubt überdies, Wagner den größten Tort anzutun, wenn er den zweiten Fundamentalsatz auf Feuerbach zurückführt: »Ob Gott die Menschen schuf, ist fraglich, daß sich die Menschen ihren Gott schaffen, ist gewiß.«[78] Fontane ist offensichtlich nicht bekannt, wie stark die *Ring*-Konzeption tatsächlich von Feuerbach geprägt worden ist, daß jene Maxime in Wagners Entwurf der *Nibelungensage* und in *Oper und Drama* wirklich nachzulesen ist. Thomas Mann hat zu Nietzsches Wagner-Kritik bemerkt, sie sei ein »Panegyrikus mit umgekehrtem Vorzeichen«.[79] Ließe sich dasselbe nicht auch über Fontanes großen Brief zum *Ring des Nibelungen* sagen? Was ihn von Nietzsche freilich trennt, ist die Tatsache, daß er Wagner in diesem Brief so beurteilt, als hätte er nie einen Ton komponiert.

Um so bemerkenswerter ist, daß Fontane wiederholt den (irrtümlich Wagner zugeschriebenen) Terminus ›Leitmotiv‹ zitiert und auf sein eigenes Werk anwendet.[80] Als in einem literarischen Gespräch des Romans *Quitt* das Wort »Leitmotiv« fällt, heißt es: »Oui, oui [...] C'est le grand mot du grand Richard...«[81] Daß Fontane, wie behauptet worden ist, seine Vorstellung vom Leitmotiv aus den Textbüchern Wagners, nicht aus seiner Musik abgeleitet habe,[82] ist trotz seiner Musikfremdheit nicht anzunehmen. Sollte es ein Zufall sein, daß gerade der am stärksten von Wagnerismen geprägte Roman Fontanes: *L'Adultera* leitmotivische Floskeln verwendet (das ständig wiederkehrende »kolossal überschätzt« in den Äußerungen Duquedes etwa), die in ihrer ironischen Tendenz schon auf *Buddenbrooks* vorausweisen? Freilich hätte es der Inspiration durch Wagner hier wie dort nicht unbedingt bedurft. Leitmotive gibt es auch schon bei Tolstoi (darauf hat Thomas Mann selbst hingewiesen) oder bei Zola – auch er dürfte freilich von Wagners Kompositionsverfahren inspiriert sein. Längst ist bekannt, daß das Leitmotiv literarischer Natur ist und bei Wagner einer sprachanalogen Semantisierung der Musik dient. Zu Thomas Manns Leitmotivtechnik hat Carl Dahlhaus bemerkt, hier sei »lediglich der Literatur zurückerstattet« worden, »was die Musik von ihr empfangen hatte«.[83]

Anders als in Fontanes Briefäußerungen ist Wagner in *L'Adultera* vor allem als musikalisches Phänomen präsent. Wie in Thomas Manns *Tristan* vollzieht sich die Entfremdung der Ehegatten voneinander im Zeichen der Musik Wagners (die bei Thomas Mann freilich erst auf dem Höhepunkt der Erzählung zum Thema wird; daß sie – *Tristan und Isolde* – jedoch von Anfang an eine untergründige Rolle gespielt hat, zeigt die sympathetische Reaktion Gabrieles und Spinells, als sie die Partitur auf dem Flügel entdecken). Melanie van der Straaten fühlt sich wie Gabriele Klöterjahn durch das Auftreten eines wahlverwandten Wagnerianers (Spinell bzw. Rubehn) ihrer bürgerlichen Existenz entfremdet. Bleibt es in Thomas Manns *Tristan* aber beim rein ästhetischen ›Ehebruch‹ – nicht ein Bruch der Ehe, sondern ein Bruch mit dem ›Leben‹ im Namen der Kunst liegt vor –, so wird Melanie in der Tat zur »adultera«. Im weiteren

Verlauf des Romans verschwindet die Wagner-Thematik vollständig aus der offenen Handlung – in merkwürdigem Kontrast zu *Tristan*, wo sie erst in der letzten Phase des Geschehens offen eingeführt wird. In diesem Kontrast drückt sich aus, daß die Handlung von *Tristan* auf eine hermetische Kunst- und Todesbeziehung zwischen den Protagonisten zusteuert, während die Handlung des Fontaneschen Romans den ästhetischen Zauberkreis durchbricht und, mit welcher künstlerischen Überzeugungskraft auch immer, Melanie und Rubehn zu einem neuen verantwortlichen Leben führt (in dem Wagner fortan keine Rolle mehr zu spielen scheint).

Wagner geistert im ersten Teil des Romans – nicht immer beim Namen genannt – durch alle Gespräche. Bereits im ersten Dialog zwischen Melanie und van der Straaten taucht in einem Vergleich die mythische Gestalt Wielands des Schmiedes auf, und van der Straaten (der im folgenden die Antiwagnerianer-Partei vertritt) geht die Wette ein, »daß ihn der ›Meister‹ in irgend etwas Zukünftigem bereits unterm Hammer hat. Oder sagen wir auf dem Amboß. Es klingt etwas vornehmer.«[84] Melanie reagiert empfindlich auf diese spöttische Bemerkung – das erste Signal der Entfremdung von ihrem allzu bodenständig-unsensiblen Mann. Wenn van der Straaten mit mokantem Unterton von »irgend etwas Zukünftigem« redet, spielt er natürlich auf das Schlagwort der »Zukunftsmusik« an; Wagners Dramenentwurf *Wieland der Schmied* bildet in der Tat den Schluß der Reformschrift *Das Kunstwerk der Zukunft*, aus der jenes Schlagwort abgeleitet worden ist.

Den Höhepunkt der Wagner-Gespräche bildet das fünfte Kapitel. Im Streit über »kalte und warme Madonnen«, der zunächst mit dem ›Meister‹ noch nichts zu tun hat und sich erst später in ein Streitgespräch über ihn verwandelt, ist Wagner sogar von Anfang an näher als Fontane ahnen konnte. Wie bereits im Zusammenhang mit *Tristan und Isolde* ausgeführt, vergleicht Wagner im Gespräch mit Cosima den Madonnen-Typus Raffaels und Tizians; die »begehrungslose« Schönheit der *Sixtinischen Madonna*, ihre »vollkommene Unnahbarkeit«, stellt er der »Liebesverklärung« im Ausdruck der *Assunta* von Tizian gegenüber, die er bei keinem seiner Venedig-Aufenthalte anzuschauen versäumt (II,404.1092). Nichts anderes meint van der Straaten mit dem Unterschied der kalten und warmen Madonnen. Freilich rechnet er Tizians *Assunta* den letzteren gerade nicht zu; er denkt vielmehr an Murillo:

> »Und zu diesen glühenden und sprühenden [Madonnen] zähl' ich all diese spanischen Immaculatas und Concepciones, wo die Mutter Gottes auf einer Mondsichel steht, und um ihr dunkles Gewand her leuchten goldene Wolken und Engelsköpfe. [...] Und so blickt sie brünstig oder sagen wir lieber inbrünstig gen Himmel, als wolle die Seele flügge werden in einem Brütofen von Heiligkeit.«

Das klingt ungemein Wagnerianisch – und soll auch so klingen, wie der weitere Verlauf des Gesprächs zeigt, gehört es doch zu dessen Strategie, die Rollen zu vertauschen. Melanie macht sich sofort zur Apologetin des Tizianischen Madonnentypus mit seiner »wohltuend gemäßigten Temperatur«. Van der Straatens Replik: Tizian verstehe sich »auf alles mögliche, nur nicht auf Madonnen. Auf Frau Venus versteht er sich. Das ist seine Sache. Fleisch, Fleisch.« Und er preist das »Tizianische rote Ruhebett mit zurückgezogener grüner Damastgardine«: Tizians *Venus mit dem Perlhuhn* in den Uffizien. »Suum cuique, dem Tizian die Venus und dem Murillo die Madonna.« Wiederum konnte Fontane nicht wissen, daß Wagner sich seine Kundry wie Tizians

Venus vorstellte: »Eigentlich müßte sie wie eine Tizianische Venus nackt da liegen.«
(CT II,657.)
Melanies Schwager bietet van der Straaten wiederum Paroli: Das »inbrünstig Gläubige
in seelisch-sinnlicher Verzückung«, wie es die spanischen Madonnen präge, sei ihm
»unheimlich. Es hat die Grenze des Bezaubernden überschritten, und statt des Bezaubernden find' ich etwas Behexendes darin.« Das ist van der Straaten zu viel. Dieser
Grad von Verstellung und Rollenspiel, das Messen mit »zweierlei Maß«, veranlaßt ihn,
das bis dahin sorgfältig vermiedene Wagner-Thema mit offener Polemik Melanie
gegenüber zur Sprache zu bringen (»daß ihr aus eurer Dämmerung und meinetwegen
auch aus eurer Götterdämmerung erwachen sollt, als ob die Feuerwehr vorüber-
führe«):

> »Ihr stellt euch stolz und gemütlich auf die Höhen aller Kunst und zieht als reine Casta diva am
> Himmel entlang, als ob ihr von Ozon und Keuschheit leben wolltet. Und *wer* ist euer Abgott?
> Der Ritter von Bayreuth, ein Behexer, wie es nur je einen gegeben hat. Und an diesen
> Tannhäuser und Venusberg-Mann setzt ihr [...] eurer Seelen Seligkeit und singt und spielt ihn
> morgens, mittags und abends. [...] Oder wollt ihr mir das alles als himmlischen Zauber
> kredenzen? Ich sag euch, fauler Zauber. Und das ist es, was ich zweierlei Maß genannt habe.
> Den Murillo-Zauber möchtet ihr zu Hexerei stempeln, und die Wagner-Hexerei möchtet ihr in
> Zauberei verwandeln.«[85]

Mag Fontane van der Straaten auch seine eigene Meinung über Wagner in den Mund
gelegt haben, mehr als die in den zahllosen antiwagnerianischen Pamphleten der Zeit
unermüdlich repetierten Topoi sind in dem Zitat nicht zu finden, und Heide Eilert ist
kaum zuzustimmen, wenn sie behauptet, hier werde die spätere Polemik Nietzsches
bereits vorweggenommen.[86] Die Absicht der Interpretin, den Roman als deutsches
Pendant zur französischen Décadence-Literatur und zugleich als Dokument der Deka-
denzkritik zu deuten, tritt in der These dieser Nietzsche-Antizipation und einigen
exegetischen Details etwas zu forciert in Erscheinung. Das mindert jedoch nicht die
Überzeugungskraft der Interpretation im ganzen. Heide Eilert hat *L'Adultera* einleuchtend als eine Art kombinierende Kontrafaktur der *Tristan-* und *Tannhäuser-*
Handlung analysiert. *Tristan und Isolde*, die »dekadente Musteroper«, wie Erwin
Koppen sie nennt[87] (rezeptionsgeschichtlich dürfte dieses Etikett eher zu *Tannhäuser*
passen), bildet »die eigentliche Folie für das Dreiecksverhältnis im Hause van Straaten«[88] – einschließlich der ›Vertrauten‹-Rolle Brangänes: es ist Anastasia, die nach den
Worten des Erzählers »mit jedem Tage mehr in der Rolle der Konfidenten« in diesem
»hochinteressanten Verhältnis« schwelgt.[89] Die Übertragung des feudalen in ein
modern-bürgerliches Verhältnis – aus König Marke wird der bieder-humoristische
Geschäftsmann, aus Isolde die sensible unverstandene Frau, aus Tristan der dem
gewohnten gesellschaftlichen Rahmen ferne Freund, welcher durch seine jüdische
Abstammung und seinen Wagnerianismus ein unbürgerlich-fremdes Element ins Haus
bringt – gleicht weitgehend der Konfiguration der Mannschen *Tristan*-Novelle.[90]
Im weiteren Verlauf der Romanhandlung ziehen sich die anfangs offenkundigen
Wagner-Reminiszenzen und -Parallelen gewissermaßen in den Raum zwischen den
Zeilen zurück. Daß Melanies und Rubehns Reise nach Rom dem Bußweg Tannhäusers
korrespondieren soll, ist eine durch Melanies Worte: »Mitunter ist es mir, [...] als käm
uns jedes Heil und jeder Trost aus Rom«[91] nahegelegte Vermutung Heide Eilerts. Ihr
wird man vorbehaltloser folgen dürfen als der Behauptung, die Geburt des Kindes in

Venedig signalisiere die Abkehr von der Décadence gerade in ihrer symbolischen Hauptstadt.[92] Hier wird der Venedig-Mythos des Fin de siècle allzu gewaltsam in Fontanes Roman projiziert, dieser gewissermaßen als eine vorweggenommene Replik auf den *Tod in Venedig* (der Melanie in der Tat droht) gedeutet.

Heide Eilert hat die Verquickung der Wagnerismen des Romans mit dem Motivarsenal der Décadence-Literatur an einer Fülle von Beispielen nachgewiesen. Im Mittelpunkt steht das Motiv des Treibhauses,[93] in dem es zum Ehebruch zwischen Melanie und Rubehn kommt – eine Szene, die offenbar durch Zolas Roman *La curée* (1871) inspiriert ist. Eine der frühesten Dichtungen, die das für die Literatur des Fin de siècle so wesentliche Symbol des Treibhauses thematisieren, ist merkwürdigerweise Mathilde Wesendonks Gedicht *Im Treibhaus* (1854) – für dessen Vertonung Wagner bereits die *Tristan*-Chromatik erprobt hat. Noch merkwürdiger ist die Tatsache, daß für Wagner schon sehr viel früher das Treibhaus zur Chiffre der ›absoluten‹ Kunst wird. In *Das Kunstwerk der Zukunft* (1849) heißt es, daß die »moderne Kunst« nicht wirklich »aus dem Leben« hervorgegangen ist und daher »als Treibhauspflanze unmöglich in dem natürlichen Boden und in dem natürlichen Klima der Gegenwart Wurzel zu schlagen vermag« (III,148). Die Treibhaus-Metapher hat also unverkennbar ein negatives Vorzeichen. Sie bezeichnet mit den Worten der *Mitteilung an meine Freunde* (1851) »die vom Leben schlechtweg abgesonderte Kunstwelt, in welcher die Kunst mit sich selbst spielt, vor jeder Berührung mit der Wirklichkeit [...] empfindlich sich zurückzieht und diese als ihren absoluten Feind und Widersacher in der Meinung betrachtet, daß das Leben überall und zu jeder Zeit der Kunst widerstrebe und daher auch jede Mühe, das Leben selbst zu gestalten, eine für den Künstler vergebliche und demgemäß unanständige sei« (IV,247). Diese bereits zitierte Passage dokumentiert Wagners radikale Absage an das L'art-pour-l'art-Prinzip zu dieser Zeit; sie ist die gewissermaßen vorweggenommene Replik auf die Ästhetik der Décadence.

Vierzehn Jahre später, in den Aufzeichnungen im *Braunen Buch* vom August 1865, kehrt die Treibhausmetapher wieder, nun mit deutlich verändertem Vorzeichen. »Wie ich einzig Kunstmensch bin, kann ich auch nur ein künstliches Leben führen«, heißt es am 18. August; und am nächsten Tag: »Die Welt, die *ich* nicht formen kann [»das Leben selbst zu gestalten« sei für den modernen Künstler eine vergebliche Mühe, hieß es in der autobiographischen Schrift von 1851], muß ich nur vergessen: es ist dies das einzige Verhältnis, in welchem ich zu ihr stehen kann. Ganz künstlich, wie ein tropisches Gewächs im Wintergarten, muß ich mich gegen die Atmosphäre der Wirklichkeit abschließen, es geht nicht anders.«[94] Am Ende dieses Monats schreibt Wagner den ersten Prosaentwurf des *Parsifal* nieder.

In Bayreuth hatten Wagner und Cosima selbst ein »Treibhaus« (CT I,779), in dem sie sich mit Vorliebe aufhielten: »unsäglich beruhigender Aufenthalt, kein Buch der Welt kann, glaube ich, so wohl tun wie diese grünen Blätter, die sich mir wie schmeichelnd streichelnd entgegenstrecken«, notiert Cosima am 10. Januar 1874, und Wagner bemerkt zu ihrer »Freude über das Gewächshaus«: »Ja, das sind unsere Naturfreuden, uns Nordischen, wie im Gefängnis, wo ein erblühendes Veilchen das Herz des Gefangenen entzückt und mehr wirkt als die ganze Natur auf den Freien.« (CT I,778 f.) Beim gemeinsamen Frühstück im Treibhaus am 8. Januar 1882 sagt Wagner zu Cosima: »Mir fiel es ein, daß wir eigentlich nur mit Totem uns abgeben, alles ist leblos um uns, während früher das Dasein mit dem Lebenden war, mit Pflanzen, Tieren; Wotan schnitt sich seinen Speer aus der blühenden Esche.« (CT II,868.) Das Treibhaus als Totenreich und künstliches Paradies!

Eine Treibhauswelt ist auch Klingsors »Zaubergarten« mit seiner »tropischen Vegetation« und »üppigsten Blumenpracht« (X,350) in Wagners *Parsifal*, dessen Partitur ungefähr gleichzeitig mit *L'Adultera* entstanden und wie diese 1882 veröffentlicht bzw. uraufgeführt worden ist. Das Textbuch ist bereits im Frühjahr 1877 entstanden; daß Fontane es gekannt hat, ist unmöglich; der Einfluß des zweiten *Parsifal*-Akts auf die Treibhaus-Szene in *L'Adultera*, den Heide Eilert offenbar annimmt,[95] ist daher auszuschließen. Das ändert jedoch nichts an der atmosphärischen Affinität beider Szenen: sie gründet in der Kontemporarität Fontanes und Wagners mit der europäischen Décadence. Und es ist wirklich verblüffend, daß Rubehn die Lebensatmosphäre Melanies als »Zaubergarten« bezeichnet, der ihn mit der »in jeder feinsten Nuancierung erkennbaren« Musik von »Wotans Abschied« im Hintergrund so einspinnt, daß er in einem Satz eine ganze Sequenz typischer Décadence-Symbole assoziiert: »Ein Pfau, der sich sonnt, und Tauben, so zahm und so zahllos, als wäre diese Veranda der Marcusplatz oder die Insel Cypern in Person! Und dieser plätschernde Strahl, und nun gar dieses Lied...«[96] – die Musik des Abgotts der europäischen Décadence!

Daß ausgerechnet das »Bühnenweihfestspiel« das von seiner Motivik her ›dekadenteste‹ Werk Wagners ist, diese Paradoxie hat bereits Thomas Mann in Erstaunen versetzt: »Der Personenzettel des *Parsifal* – was für eine Gesellschaft im Grunde! Welche Häufung extremer und anstößiger Ausgefallenheit! Ein von eigener Hand entmannter Zauberer; ein desperates Doppelwesen aus Verderberin und büßender Magdalena mit kataleptischen Übergangszuständen zwischen den beiden Existenzformen; ein liebesiecher Oberpriester, der auf die Erlösung durch einen keuschen Knaben harrt; dieser reine Tor und Erlöserknabe selbst, [...] in seiner Art ebenfalls ein Fall entlegener Sonderbarkeit«[97] – das alles ließ sich für Wagner nur darstellen, wenn ihm gleichzeitig bannend das Kreuz entgegengehalten wurde. Das »Bühnenweihfestspiel« als theatralisches Sakramentale im Dienste der Exorzierung der Décadence!

Und doch hat diese Décadence sich, wie die Rezeption des Werks beweist, durch *Parsifal* nur bestätigt gefühlt, seine Sakralität und das Zölibat des Titelhelden gewissermaßen als Aphrodisiakum aufgenommen. Bei Wagner selbst wird Kundry durch die Keuschheit und Erlöserattitude Parsifals in die gleiche erotische Raserei versetzt wie einst sie selber oder ihre Tochter Salome – von Klingsor erfahren wir ja, daß Kundry in einem ihrer früheren Leben Herodias gewesen ist (X,346) – durch den Antierotiker Jochanaan in Heinrich Heines *Atta Troll* und Oscar Wildes *Salome*. Daß Kundry als Metamorphose der Herodias–Salome, einer der Modellfiguren der Décadence,[98] im Wagnerianismus des literarischen Fin de siècle eine weitere Palingenese erlebt, ist nicht verwunderlich. (Wagner hat übrigens nicht zu Unrecht Cosima gegenüber Kundry als seine »originellste Frauengestalt« bezeichnet; CT II,351.)

Trotz aller motivischen Affinität zur Décadence sollte man sich jedoch hüten, Wagner derselben einfach zuzuordnen, wie es etwa bei einem Kenner des literarischen Fin de siècle wie Wolfdietrich Rasch geschieht. Das kann nur zu einem verengten und einseitigen Wagner-Bild führen. Rasch behauptet, Wagner sei das einzige repräsentative Beispiel einer deutschen Décadence-Dichtung vor 1890, und er sucht diese These durch eine – musikalisch schwerlich haltbare – Charakterisierung der *Ring*-Tetralogie, ihrer

»zum Untergang führenden Darstellung der Götterwelt« zu stützen: »Denn nicht das ›Schöpfungsmotiv‹ [?], das im Anfang des *Rheingold* erklingt, sondern seine Umkehrung, die den Untergang ausdrückt und bereits im *Rheingold* auftaucht [?], ist das letzte Wort des Zyklus.«[99] Das trifft nicht zu; am Ende der *Götterdämmerung* steht bekanntlich das sogenannte Erlösungsmotiv aus der *Walküre*. Das letzte musikalische Wort des *Ring* ist nicht Untergang, sondern Hoffnung. Der ›dekadente Wagner‹ ist ein *Rezeptions*phänomen, in dem sich nur *eine* Facette seines Werks widerspiegelt. Daß der Begriff ›Décadence‹ in Wagners Gesprächen mit Cosima häufig, aber ausschließlich im herkömmlich-pejorativen, also vor-Baudelaireschen Sinne: als Synonym für ›Verfall‹ verwendet wird,[100] spricht für sich.

Daß der dekadente nicht der ganze Wagner ist, hat selbst Thomas Mann in seiner Erzählung *Wälsungenblut* (1906) zum Ausdruck gebracht. Das Musikdrama erscheint hier – auch aus der Perspektive der fiktiven Personen – ebenso als Spiegel wie als Gegenbild der Stimmungen des Fin de siècle. Die mythische Konstellation der *Walküre* und der Geschwisterinzest werden in Thomas Manns Novelle in ein dandyhaftdekadentes Jahrhundertwendemilieu hinübergespiegelt.[101] Die jüdischen Zwillinge Siegmund und Sieglinde Aarenhold stilisieren in Opposition gegen ihre prosaischtriviale Umwelt, deren Antisemitismus (die »gehässigen« Blicke, die sich in der Oper auf sie richten[102]) beide mit ästhetizistischem Gegenhaß beantworten, die inzestuöse Liebe der Wälsungen, deren Namen sie tragen, zum eigenen Lebensmuster. Der jüdische Wagnerianismus ist ein – schon von Wagner selbst mit Verwunderung registriertes – Phänomen, das noch der genauen Analyse harrt. So paradox es angesichts der extrem judenfeindlichen Äußerungen Wagners sein mag – er selbst ist zu seiner Zeit wiederholt Opfer antisemitischer Polemik, Satire und Karikatur gewesen; in der Dokumention von Fuchs und Kreowski gibt es dafür eine Reihe von Zeugnissen (Wagner mit Judennase, Karikatur eines überwiegend jüdischen Publikums usw.[103]). Auch ohne antisemitische Absicht ist Wagner – so von Gustav Freytag – wiederholt vorgehalten worden, seine Kritik am Judentum sei ebensogut auf ihn selbst zu beziehen.[104] Bereits Fontane, von dem es übrigens, wie von den meisten deutschen Schriftstellern des 19. Jahrhunderts, einige deftige antisemitische Äußerungen gibt,[105] hat in Rubehn einen typischen Repräsentanten des jüdischen Wagnerianismus dargestellt – während er später im Instetten seiner *Effie Briest* einen antisemitischen »Wagnerschwärmer« schildert. Was Instetten zu Wagner hingeführt habe, sei ungewiß, heißt es im dreizehnten Kapitel; »einige sagten, seine Nerven, denn so nüchtern er schien, eigentlich war er nervös; andere schoben es auf Wagners Stellung zur Judenfrage. Wahrscheinlich hatten beide recht.«[106] (Bemerkenswert, daß Fontane Wagners Musik hier wie die ästhetizistischen Wagnerianer als eine Nervenkunst auffaßt.)
Im Mittelpunkt des *Wälsungenblut* steht der Besuch einer Aufführung der *Walküre*. Obwohl einige Sätze des Erzähltextes später fast wörtlich im *Versuch über das Theater* (1908) wiederkehren, wäre es ein Mißverständnis, aus der Schilderung des Musikdramas die Interpretation des Autors abzulesen; jene bleibt vielmehr perspektivisch an das Aufführungserlebnis der fiktiven Personen – Siegmund und Sieglinde Aarenhold – gebunden. Das zeigt sich in der perspektivischen Verkürzung und Verschiebung der Proportionen des Werks. Die für die Zwillinge wesentliche Siegmund-Sieglinde-Handlung rückt ganz in den Vordergrund, während die Tragödie der Walküre nur mit

wenigen Sätzen beschrieben ist. Zudem ist der Inhalt des Werks in einer Reihe von Details nicht authentisch wiedergegeben, sondern der Sichtweise der erlebenden Geschwister angepaßt. Aus ihrer Sicht wird die Hunding-Sphäre zur bürgerlichen, germanisch-blonden Philisterwelt, die jedes Anderssein diffamiert; Siegmund und Sieglinde (auf der Bühne) dagegen gehören einem »gotterwählten Geschlecht«[107] an – unverkennbar wird auf sie hier das jüdische Erwähltheitsbewußtsein übertragen –, das seine Abweichung vom Gewohnten, das Stigma der fremdartigen (göttlichen) Herkunft als »Fluch« erfährt und aufgrund seiner »fragwürdigen, abenteuerlichen und unregelmäßigen Art von Dasein« von der Sippe des Ur-Antisemiten Hunding, dessen »einfache, ordnungsgemäße« Existenz in der »allgemeinen Achtung« ruht, geächtet wird. »Dieser Tölpel sah sehr wohl, daß sie einander glichen, von ein und derselben Art waren, jener ungebundenen, widerspenstigen und außerordentlichen Art, die er haßte und der er sich nicht gewachsen fühlte...«[108] Die Beschreibung Hundings (die sich gänzlich spekulativ von Wagners Text entfernt) wird zur psychologischen Entlarvung des Judenhasses.

Die Art und Weise, wie Siegmund und Sieglinde Aarenhold die *Walküre* erleben, ist sternenweit vom teutomanischen Wagner-Kult entfernt, ja alles Germanische, selbst wenn es Wagnersche Namen trägt, wird von den Geschwistern abgelehnt. Jemand, der sich in Dingen der Mode nicht auskennt, wird von ihnen als »Parsifal« verspottet;[109] als vor Beginn der *Walküre* die Rede noch einmal auf Sieglindes Verlobten Beckerath kommt – er ist das tragikomische Pendant zu Hunding in der Dreiecksbeziehung –, bittet Siegmund die Schwester, »dieses Germanen [zuvor nennt er ihn »die trivialste Existenz, in die ich Einblick gewonnen habe«] im Laufe des heutigen Abends nicht mehr Erwähnung zu tun«. Sieglindes Antwort: »Du kannst dich versichert halten, daß mir das unschwer gelingen wird.«[110] Denn was hat die *Walküre* mit Germanen zu tun!?

Freilich ist Wagners Musiktheater nicht ausschließlich als nervös-dekadente Kunst geschildert, sondern diese wird immer wieder kontrastiert mit der Trivialität des doch eher desillusionierenden Illusionismus der Bühne. (Beides ist in der von Nietzsche analysierten »doppelten Optik« des Wagnerschen Musiktheaters impliziert; freilich zielt die Ironie der *Walküre*-Beschreibung in erster Linie gewiß nicht auf Wagner selbst, sondern auf den Stil der zeitgenössischen Wagner-Inszenierungen.) Siegmund, »ein rosiger Mann mit brotfarbenem Bart«, hält seine gebrochenen blauen Augen unter der blondgelockten Perücke »wie bittend auf den Kapellmeister gerichtet«. Hunding erscheint »bauchig und x-beinig wie eine Kuh« (diese Glosse kehrt wörtlich im *Versuch über das Theater* wieder[111]) usf. Ein Mittel der ironischen Distanzierung (das auch Robert Walser in seiner parodistischen Kurzprosa immer wieder anwendet) ist die Übersetzung der pathetischen Verssprache in die indirekte Rede moderner Prosa: »Er sang kurz, daß er rasten müsse, wem immer der Herd gehöre«[112] usw. Die Identifikation des Erzählers oder der reflektierenden fiktiven Personen mit dem geschilderten Bühnengeschehen (dem Werk im Werk) überkreuzt sich mit ironischer Distanzierung – in artistisch ausgefeilter Überlagerung der verschiedenen Illusionsebenen und Perspektiven. Ernst und Parodie in subtiler – die ›doppelte Optik‹ Wagners decouvrierender – dialektischer Verschränkung! (Man wird Thomas Manns Kunst der »mise en abyme« um so mehr schätzen, wenn man sie mit der plumpen Eindeutigkeit der geist-, witz- und kunstlosen *Lohengrin*-Satire in Heinrich Manns *Untertan* vergleicht.) Die parodi-

Th. Th. Heine: Illustration zu Thomas Mann, »Wälsungenblut«

stischen Akzente werden im übrigen ausschließlich auf die Schilderung des Bühnenge-
schehens verteilt, während in der Beschreibung der Musik jedes Ironiesignal fehlt. Vor
allem die ständig wiederkehrende Lieblingsidee Thomas Manns vom »erzählenden«
Wagnerschen Orchester, vom »singenden, sagenden, kündenden Fluß der Musik«[113]
zeigt, daß hier der Autor selbst redet. »Epische Weihe war alles.«[114]
Wie im Falle der *Tristan*-Novelle wird die Analogie der erotischen Dreiecksbeziehung in *Wälsungenblut* ironisch kontrapunktiert durch den geistigen und physischen
Kontrast der analogen Figuren, der germanischen Vitalgestalten auf der Bühne mit den
überkultivierten jüdischen Dégénérés in der Zuschauerloge und dem bieder-kümmerli-
chen Bräutigam Beckerath. Die Sieglinde der *Walküre*: »Sie hatte einen alabasternen
Busen, der wunderbar in dem Ausschnitt ihres mit Fell behangenen Musselinkleides
wogte.«[115] Sieglinde Aarenhold dagegen: »Unter den Spitzen ihres Mieders sah Siegmund ihre kleinen Brüste, deren Hautfarbe wie angerauchter Meerschaum war.«[116]
Derartige physische Kontraste bestimmen wie Thema und Gegenthema die ganze
Erzählung. Nicht anders ist es in der *Tristan*-Novelle; die Stelle des »müden Königs«
Marke (VII,12) vertritt der Sexualprotz Klöterjahn; der zu vitaler Liebe gar nicht fähige
»verweste Säugling«[117] Spinell entspricht dem »kühnen Helden« Tristan usf.
Zum Verständnis des Ablaufs der Erzählung, vor allem des von Thomas Mann
sekretierten ursprünglichen – und ästhetisch allein gültigen – Schlusses ist zu beachten,
daß auch in der Schilderung des Aarenholdschen Milieus von Anfang an ein gewisser
barbarischer Kontrapunkt zu dem Motivkomplex: Luxus, Ästhetizismus, Dandyis-
mus, Vitalschwäche gesetzt wird. Die Erzählung beginnt gleich mit einem solchen
barbarischen Signal: dem Schlag auf das Tamtam, der »kriegerischen Mahnung« zum
Essen: »Der erzene Lärm, wild, kannibalisch und übertrieben für seinen Zweck«,
dringt fremd durch die luxuriös ausgestatteten Räume. Derartige Kontrastsignale
kehren leitmotivisch wieder. Frau Aarenhold ist »wie unter einer fremden, heißeren
Sonne verdorrt«,[118] ihr Mann »war im Osten an entlegener Stätte geboren«: ein
Ostjude, der den kommerziellen Gewohnheiten seiner Vorfahren gemäß zu Reichtum
gelangt ist und deshalb von seinen Kindern verachtet wird, die ihren jüdischen
Selbsthaß (der immer wieder umschlägt in das Gefühl der Auserwähltheit) auf ihn
projizieren. Die preziöse Sprache der Aarenholdschen Kinder wird kontrastiert durch
die phonetischen Eigentümlichkeiten des angestammten Dialekts der Mutter, ihre »an
Kehllauten reichen Worte«.[119] Das extreme Reinigungsbedürfnis und das degenerierte
Äußere Siegmunds stehen seinem starken Bartwuchs und einer fast tierischen Behaa-
rung gegenüber: »Sein gelblicher Oberkörper [...] war mager wie der eines Knaben
und dabei zottig von schwarzem Haar.«[120] Diese Motivsequenz steuert unverkennbar
auf den Schluß mit dem Geschlechtsakt auf dem Bärenfell zu – auch dies, das Requisit
aus dem ersten Akt der *Walküre*, ein barbarisches Relikt in dem überzivilisierten
Milieu.[121]
Im vollzogenen Inzest konvergiert die ›barbarische‹ Motivkette mit der zuvor in der
Schilderung der *Walküre* ironisierten germanischen Welt des Wagnerschen Musikdramas. Die Schlußszene der Erzählung ist eine Parodie des ersten Aufzugs der *Walküre* in
der zuvor erlebten Aufführung. Von Siegmund hieß es dort, daß ihn »seine starken, mit
Fell und Riemen umwickelten Beine [...] in tragisch schleppenden Schritten nach
vorn« tragen, wo er sich auf das Bärenfell fallen läßt, »das Haupt auf den fleischigen
Arm gebettet«.[122] Und folgendermaßen wird Siegmund Aarenhold am Schluß der

Erzählung geschildert: »Hinter sich gewahrte er im Spiegel [vor und in dem sich sein ganzes – narzißtisches – Leben abspielt] das Eisbärfell, das vor dem Bette seine Tatzen ausstreckte. Er wandte sich, ging mit tragisch schleppenden Schritten [!] hinüber, und nach einem Augenblick des Zögerns ließ er sich der Länge nach auf das Fell sinken, den Kopf auf den Arm gebettet.«[123] Die gleiche Haltung! Und wie auf der Bühne beugt sich nun Sieglinde anteilnehmend über ihren Bruder. Halb bewußt, halb unbewußt spielen sie die *Walküre* nach. Die zuvor sophistisch-dialektisch gespreizte Sprache Siegmunds weicht einem im Schriftbild durch ständige Pünktchen markierten Gestammel, das der »Logik« nicht mehr fähig ist. Und von Sieglinde heißt es: »Seine Worte legten sich wie ein Nebel um ihren Sinn, zogen sie hinab, dorthin, woher sie kamen, in ein tiefes Reich, wohin sie noch nie gelangt«[124] – in das Reich, die Reminiszenz ist nicht zu überhören, Tristans und Isoldes.

Nach vollzogenem Liebesakt fragt Sieglinde den Bruder in der ursprünglichen Fassung: »Aber Beckerath ... [...] was ist nun mit ihm?...« Die Antwort Siegmunds: »Was wird mit ihm sein? Beganeft [betrogen] haben wir ihn – den Goy!«[125] Mit diesem ordinären jiddischen Ausruf (durch dessen Streichung Thomas Mann die Tendenz der Erzählung später verfälscht hat, um sich nicht dem Verdacht des Antisemitismus auszusetzen) wirft Siegmund die ganze Überkultur von sich, die er bisher so sorgsam als Deckmantel seiner jüdischen Herkunft gepflegt hat. »Alles ist ... wie mit mir ... und für das ... mit dem Erlebnis ... bei mir, ist bei dir das mit dem Beckerath ... das hält sich die Waage«, stammelt Siegmund auf seinem Bärenfell.[126] Was soll das bedeuten? Durch die berechnende Ehe mit dem Philister hat Sieglinde sich in ästhetischer Hinsicht ebenso kompromittiert wie Siegmund durch das »Erlebnis«. Das spielt an auf seine Gedanken und Gefühle während der *Walküre*. Er, der sich mit der klassischen Dandyhaltung des »Nil admirari«, stoischer Impassibilitas – »der Schönheitscharakter des Dandy besteht vor allem in der kühlen Miene und Haltung, in der sich der unerschütterliche Vorsatz ausspricht, sich nicht bewegen zu lassen« (Baudelaire)[127] – jedes ›Erlebnis‹ versagt hat, er überrascht sich in der Begegnung mit Wagners »Werk« bei Reflexionen und Empfindungen wie den folgenden:

> »Ein Werk! Wie tat man ein Werk? Ein Schmerz war in Siegmunds Brust, ein Brennen oder Zehren, irgend etwas wie eine süße Drangsal – wohin? wonach? Es war so dunkel, so schimpflich unklar. Er fühlte zwei Worte: Schöpfertum ... Leidenschaft. Und während die Hitze in seinen Schläfen pochte, war es wie ein sehnsüchtiger Einblick, daß das Schöpfertum aus der Leidenschaft kam und wieder die Gestalt der Leidenschaft annahm. Er sah das weiße, erschöpfte Weib auf dem Schoße des flüchtigen Mannes hängen, dem es sich hingegeben, sah ihre Liebe und Not und fühlte, daß so das Leben sein müsse, um schöpferisch zu sein. Er sah sein eigenes Leben an, dies Leben, das sich aus Weichheit und Witz, aus Verwöhnung und Verneinung, Luxus und Widerspruch, Üppigkeit und Verstandeshelle, reicher Sicherheit und tändelndem Haß zusammensetzte, dies Leben, in dem es kein Erlebnis, nur logisches Spiel, keine Empfindung, nur tötendes Bezeichnen gab, – und ein Brennen oder Zehren war in seiner Brust, irgend etwas wie eine süße Drangsal – wohin? wonach? Nach dem Werk? Dem Erlebnis? Der Leidenschaft?«[128]

Siegmund ist der typische erkenntniskranke, unproduktive Décadent, wie er in der Gestalt Claudios in Hofmannsthals Dramolett *Der Tor und der Tod* seine klassische, die Signatur der Epoche wohl am gültigsten manifestierende Verkörperung gefunden hat.[129] Wie Claudio drängt es Siegmund aus der Distanz des Ästheten – im verdunkelten Zuschauerraum oder am Fenster des elfenbeinernen Turms – nach dem schöpferischen Leben. Diese Sehnsucht des Décadent nach dem Anderen ist kein Signal entschlossener ›Bekehrung‹, sondern ein dialektisches Ingrediens der dekadenten Haltung selbst. (Sogar der radikale Lebens-Antipode Spinell in *Tristan* ist vom »bösen Gewissen« gegenüber den Verbindlichkeiten des Lebens geplagt.[130]) Dazu Wolfdietrich Rasch:

> »Es gehört zum Begriff der décadence, daß sie nicht total bejaht wird, gerade auch von denen nicht, die sich ihr zugehörig fühlen. In der Melancholie des décadent lebt ein schmerzliches Bedürfnis nach Gesundung, so sehr er auch die Reize und Zauber des Verfalls genießt und die Sensibilisierung wie die Einsichten, die er vermittelt, schätzt. Décadence ist kein statischer Begriff, sondern ein dialektischer, der den Umschlag in sein Gegenteil in sich trägt, und auch als subjektive Erfahrung ist sie kaum je absolut, endgültig, ohne Wunsch und zuweilen erhoffte Möglichkeit der Umkehr, der Aufhebung jener Isolierung von der Wirklichkeit der Umwelt.«[131]

Genau so steht es mit Siegmund in *Wälsungenblut*. Wir dürfen sicher sein, daß sich das Leben der Geschwister Aarenhold nach dem ›Vorfall‹ am Ende der Erzählung nicht ernsthaft ändern wird. (Darauf deutet schon Thomas Manns Korrektur des ursprünglichen Schlusses: Siegmunds Rückfall in seine preziöse Diktion hin.)

Daß Siegmund gerade in der Begegnung mit einem »Werk« Wagners zum »Erlebnis« gelangt, die Tatsache, daß er das über der »Ausstattung des Lebens« versäumte »Leben selbst«[132] auf der Bühne, in der Liebeshandlung der *Walküre* findet, zeigt deutlich, daß das Wagnersche Musiktheater für ihn, aber auch für Thomas Mann selbst ebensowohl Gegenbild wie Spiegel der Décadence ist. Das gilt nicht weniger für die *Tristan*-Novelle (1903). Auch hier werden Wagnersche Personenkonstellationen in ›dekadente‹ Verhältnisse hinübergespiegelt, um sie zugleich ironisch von ihnen abzusetzen. Die Ironie zielt, anders als drei Jahre später in *Wälsungenblut*, nirgends auf Wagners *Tristan* selbst. Das ist kaum verwunderlich, wenn man bedenkt, daß hier nicht eine szenische Aufführung, sondern ausschließlich die musikalische Vergegenwärtigung der Partitur des Werks im Mittelpunkt steht.

Tristan ist von Thomas Mann, einem Brief an seinen Bruder Heinrich vom 13. Februar 1901 zufolge, als »Burleske«, als eine Art Satyrspiel zu seinem tragischen Familienroman konzipiert worden. Dort bereits erklingt *Tristan* auf dem Klavier – zum Entsetzen des Musiklehrers und Organisten Pfühl. »O Bach! Sebastian Bach, verehrteste Frau!« Mit diesem warnend-verzweifelten Ausruf Pfühls beginnt das sechste Kapitel des achten Teils der *Buddenbrooks*, mit dem eine ästhetische Macht in den Vordergrund der Handlung rückt, die bisher aufgrund der Unmusikalität der Familie nur ganz am Rande eine Rolle spielte. Das Flötenspiel des alten Buddenbrook war nichts als gesellschaftliche Konvention – nach dem Vorbild Friedrichs des Großen –, Bestandteil des repräsentativ-kulinarischen Haushalts einer patrizischen Familie. Und in gewisser Weise bleibt auch der musikalische Kosmos Pfühls, sein Beharren auf der »moralisch-logischen Würde des strengen Satzes«, noch im Rahmen der altbürgerlich-soliden Vorstellungswelt seiner Mitbürger. Nun aber drohen »Demagogie, Blasphemie und Wahnwitz« die geheiligten Grundlagen der Musik zu zerstören: die Wagnersche *Tristan*-Harmonik. »Dies ist das Chaos! [...] Dies ist das Ende aller Moral in der Kunst!« In Pfühls Protest gegen Wagner kehren die typischen Floskeln der Wagner-Kritik des 19. Jahrhunderts wieder, durch einen Schuß Nietzsche sublimiert. – Und doch erliegt der Organist schließlich dem *Tristan*-Zauber – wie der Autor des Romans selbst, dem Palestrina und Bach, die Götter Pfühls, nicht viel mehr sind als Namen. (Das »g-Moll-Konzert von Bach«, das Gerda Buddenbrook und Pfühl spielen, gibt es nicht!)[133]

»Jede wahrhafte [...] Musik ist Schwanengesang«, heißt es in *Nietzsche contra Wagner*.[134] Das große Musik-Kapitel der *Buddenbrooks* folgt bezeichnenderweise unmittelbar auf die Schilderung des Buddenbrookschen Gründungsfestes, den äußeren Höhepunkt und zugleich den geschäftlichen Tiefpunkt der Familiengeschichte, denn an diesem Tag erreicht Thomas Buddenbrook die Nachricht von dem katastrophalen Fehlschlag seiner Spekulation mit der Pöppenrader Ernte. Nun beginnt das Reich der Musik, das tönende Todesmysterium des *Tristan*, das im folgenden Kapitel zum erstenmal erklingt.

Auch in der *Tristan*-Novelle symbolisiert Wagners Musikdrama Tod und Untergang. Gabriele, welche die *Tristan*-Partitur auf dem Klavier spielt, stammt ebenfalls aus einem patrizischen Kaufmannsgeschlecht, ist mit den gleichen oder ähnlichen (hier wie dort leitmotivisch verwendeten) physiologischen und physiognomischen Merkmalen der Morbidität ausgestattet wie Gerda Buddenbrook. Und wenn der ästhetizistische Literat Spinell ihre Familiengeschichte, ihre und ihres Vaters Musikalität, symbolisch verallgemeinert: »Weil es nicht selten geschieht, daß ein Geschlecht mit praktischen, bürgerlichen und trockenen Traditionen sich gegen das Ende seiner Tage noch einmal durch die Kunst verklärt«[135] – Musik als Schwanengesang –, dann gilt das ebenso für die Buddenbrooks, wie aus der Charakterisierung der väterlichen Familie Gabrieles in Spinells preziösem Brief an ihren amusischen Gatten zu erschließen ist: »Ein altes Geschlecht, zu müde bereits und zu edel zur Tat und zum Leben, steht am Ende seiner Tage, und seine letzten Äußerungen sind Laute der Kunst, ein paar Geigentöne, voll von der wissenden Wehmut der Sterbensreife.« Das ist Spinells Deutung der von ihm (jugend-)stilisierten Szene – Gabriele und ihre Freundinnen – im Garten der Eckhofs, in die Klöterjahn ›besitzen wollend‹ hineinplatzt. Das Zentralsymbol dieser Szene »abendlicher Verklärung des Verfalles, der Auflösung und des Verlöschens« ist der in seiner Signifikanz für das Selbstverständnis der Décadence von Wolfdietrich Rasch[136] subtil gedeutete Springbrunnen, von dessen aufsteigendem Strahl bezeichnenderweise nicht die Rede ist – sondern nur von jenem Punkt, »wo er in müder und edler Rundung sich zum Falle neigte.«[137] Eine prägnante Chiffre der Décadence, in der fast all ihre Ingredienzen angedeutet sind: müde, erkenntniskranke Skepsis gegenüber der Vita activa und bis zur Perversität gesteigerte Reizempfänglichkeit, Schwächung der naivunmittelbaren Fähigkeit, ja des Willens zum Leben und Sympathie mit dem Tode, aristokratisch-zeremonieller Lebensgestus und ›unnützer‹ Hermetismus – als Komplement und schmerzlicher Widerspruch zur ebenso banalen wie brutalen bürgerlichkapitalistischen, auf Herrschaft, Fortschritt und Profit eingeschworenen Alltagswirklichkeit. Diese lauert schon in Gestalt des »plebejischen Gourmand« Klöterjahn im Gebüsch. Spinell, der typische Décadence-Poet, biologisch degeneriert, mehr ein dilettantisch-verschwärmter An- und Nachempfinder als ein produktiver Schriftsteller, hat sich in das Lungensanatorium Einfried (zweifellos eine Anspielung auf Wahnfried) zurückgezogen, da er seinem Brief an Klöterjahn zufolge das Leben haßt – »das lächerliche und dennoch triumphierende Leben [...], den ewigen Gegensatz und Todfeind der Schönheit«.[138]

Für den Kultus des triumphierenden Lebens berief man sich seit der Jahrhundertwende gern auf Nietzsche, den »Nietzsche triumphans«, wie Thomas Mann ihn in seinen Notizen zur geplanten Abhandlung *Geist und Kunst* (1909) nennt, den Nietzsche des Machtwillens und der amoralischen Lebenssteigerung, dem er den »Nietzsche militans«, den Psychologen der Décadence als ›seinen‹ Nietzsche entgegensetzt.[139] Jenes ›Leben‹ wird durch den schon dem Namen nach von Vitalität strotzenden Kaufmann Klöterjahn (niederdt. Klöten = Hoden), einen burlesk vergröberten Hermann Hagenström, und seinen »exzessiv gesunden« Sohn Anton verkörpert, dessen Geburt die Ursache der Schwindsucht Gabrieles ist; »während das Kind, Anton Klöterjahn der Jüngere, ein Prachtstück von einem Baby, mit ungeheurer Energie und Rücksichtslosigkeit seinen Platz im Leben eroberte und behauptete« – Nietzsche triumphans im Säuglingsstadium! – »schien die junge Mutter in einer sanften und stillen Glut dahinzuschwinden…«[140] Man darf sich fragen, warum die gesundheitlich labile, nervös-sensible, hochmusikalische Gabriele den amusischen Kraftprotz Klöterjahn überhaupt geheiratet hat. Diese Entscheidung verrät die Sehnsucht des vital schwachen, hypersensitiven Menschen nach dem naiven ›starken Leben‹, ein Motiv, das sich von den Anfängen Thomas Manns: der Erzählung *Der Wille zum Glück* (1896) bis zu seiner letzten Novelle *Die Betrogene* (1953) durch sein ganzes Werk zieht.
Den dialektischen Umschlag dieses ›Willens zum Glück‹ stellt der Lebenshaß der durch Schwäche oder ästhetischen Ekel vom Leben Ausgeschlossenen dar. Ein solcher Repräsentant des radikalen ästhetizistischen Lebenshasses ist Spinell. Ihm gelingt es – und er betreibt dieses Geschäft mit grausamer Konsequenz (der Tod Gabrieles berührt in bezeichnenderweise überhaupt nicht) –, Gabriele ihrem Mann und ihrem Kind zu entfremden. Schließlich erliegt sie der ›Verführung‹ zum medizinisch verbotenen Klavierspiel – eine Reminiszenz an den ebenfalls zum Tode führenden Gesang Antonies in E. T. A. Hoffmanns Novelle *Rat Crespel* und, wie in Kapitel 1 gezeigt, eine eigentümliche Parallele zum Violinspiel Camillas in Stifters *Zwei Schwestern*, die nach den Worten ihres Vaters »immer mehr zur Geige flüchtet, um ihr das sinkende Leben anzuvertrauen«.[141]
Bevor sie ganz im Nacht- und Todesmysterium des Wagnerschen *Tristan* versinkt, spielt Gabriele aus den *Nocturnes* von Chopin – der, was Thomas Mann schwerlich gewußt hat, zu Wagners Lieblingskomponisten, ja zum täglichen musikalischen Brot in Wahnfried gehörte, wie die zahllosen Erwähnungen in den Tagebüchern Cosimas zeigen. Nachtstücke also vor dem großen Nachtmysterium! Spinells Absage an die Sonne, »die Schönes und Gemeines mit gleich aufdringlicher Deutlichkeit bestrahlt« – »Man wird innerlicher ohne Sonne« –[142], bereitet darauf vor.
»Wer die Schönheit angeschaut mit Augen, / Ist dem Tode schon anheimgegeben, / Wird für keinen Dienst der Erde taugen«, so lauten die Verse des berühmten *Tristan*-Gedichts von August von Platen. Kein Zweifel, daß der Titel der Novelle auf dieses ebenso überschriebene Gedicht in gleicher Weise, ja unmittelbarer anspielt als auf Wagners *Tristan und Isolde*. In seinem Platen-Essay von 1930 hat Thomas Mann die zitierten Verse als die »Ur- und Grundformel« einer »Seelenwelt« bezeichnet, »in welcher der Lebensbefehl, die Gesetze des Lebens, Vernunft und Sittlichkeit nichts gelten […] und die Adepten lehrt, daß das Prinzip der Schönheit und der Form nicht der Sphäre des Lebens entstammt«.[143] In eben diesem Sinne redet Spinell von der in Gabriele inkarnierten »Todesschönheit« – der »in erhabener Unbrauchbarkeit blühen-

den Schönheit des Todes«, die sich nicht »besitzen« läßt,[144] wie es der Gourmand Klöterjahn aufgrund der uneingestandenen Insuffizienz des Lebens will.
Die mystische Einheit von Liebe und Tod in Wagners *Tristan* wird im Nacherlebnis der Novelle abgelöst durch die Platensche Identität von Tod und Schönheit, die in Wagners Musikdrama nirgends thematisiert wird. Die Schönheit tritt an die Stelle der Liebe. Erst in der Rezeption wird *Tristan und Isolde* zum ästhetizistischen Kunstwerk. Mit Recht bemerkt Peter Wapnewski, Gabrieles Tod sei nicht der Isoldes, kein Liebestod: »Aber er ist einer *in* Isolde, ist ein Tod in Kunst.«[145] Zwischen Gabriele und Spinell gibt es keine erotische, sondern ausschließlich eine ästhetische Beziehung. Zwingt der Liebestrank Tristan und Isolde zum Betrug an König Marke, so führt der Kunsttrank von *Tristan und Isolde* Spinell und Gabriele zum Betrug am Leben.
Wie Narziß sterben mußte, weil er sich in sein eigenes Spiegelbild verliebte, so ist dem Tod geweiht, wer die Schönheit anschaut. Das ist die Wiederkehr des Narziß-Mythos in der Ästhetik der Décadence. Ernst Robert Curtius hat in seiner Deutung von André Gides *Traité du Narcisse* (1891) den modernen Menschen als einen beschrieben, »der sich über den Spiegel der Kunst beugt, um sich in ihm zu erkennen«, und der weiß, »daß er die Dinge nur in der Spiegelung hat«.[146] Wir erinnern noch einmal an das Spiegelmotiv in *Wälsungenblut*. Siegmund Aarenhold nimmt sich selbst und alle Dinge in wörtlichem und in übertragenem Sinne nur noch im Spiegel wahr. Auch seine Zwillingsschwester liebt er nur, weil sie gewissermaßen sein Spiegelbild ist.[147] Und so ist auch die Kunst – das Werk Wagners – ein Spiegel, in dem er das Leben sieht – immerhin das *Leben*, während Spinell und Gabriele dort nur noch den Tod, das »Jenseits der Dinge«[148] wahrnehmen.

Zu den Wagner-Novellen Thomas Manns gehört auch *Der Tod in Venedig* (1912), wenngleich der Name Wagner hier nirgends vorkommt. Werner Vordtriede hat den Tod Aschenbachs in einem Aufsatz von 1958 als *Richard Wagners Tod in Venedig* gedeutet.[149] Das ist gewiß eine voreilige Identifizierung, doch nicht leugnen läßt sich, daß die Entstehung des zweiten *Tristan*-Akts und Wagners Tod im Palazzo Vendramin – in der symbolischen Metropole des Fin de siècle – Thomas Mann wie andere Autoren der Décadence entscheidend inspiriert haben.[150] 1902 war schon ein Werk von Maurice Barrès unter dem Titel *La mort de Venise* erschienen, das sich auf Wagners Tod und seine Briefe aus Venedig während der Arbeit an *Tristan* bezieht. D'Annunzio schildert am Schluß seines Romans *Il fuoco* (1900) in düster-prächtigen Farben den Trauerzug der Gondeln mit dem Leichnam Wagners durch den Canale Grande. (Dieser Leichenkondukt hat bereits Franz Liszt zu den beiden späten, unter dem unmittelbaren Eindruck der Todesnachricht entstandenen Klavierstücken *Die Trauergondel* und *Richard Wagner – Venezia* angeregt.) In das Entstehungsjahr des *Tod in Venedig* (1911) fällt die Erstveröffentlichung von *Mein Leben*; Wagner schildert hier das Grauen, mit dem er 1858 zum erstenmal eine venezianische Gondel bestiegen hat, deren Schwarz ihn wie so viele Reisende: Goethe (*Venezianisches Epigramm* VIII), Lord Byron (*Beppo*), Platen (*Doppelte Bestimmung* – der Gondel nämlich, die beim »Leichengepräng« als Bahre dient) u. a. an einen Sarg erinnert: »Als ich unter das mit schwarzem Tuch verhängte Dach einzutreten hatte, fiel mir zunächst nichts andres als der Eindruck einer früher überstandenen Cholera-Furcht [!] ein; ich vermeinte entschieden an einem Leichenkondukte in Pestzeiten teilnehmen zu müssen.« Die »ganze melancholische

Stimmung, in welche ich mich durch die Ankunft in Venedig versetzt fühlte« (ML 586), will ihn auch in der Folgezeit nicht verlassen. Kein Zweifel, daß Thomas Mann die Ankunft Aschenbachs dieser Wagnerschen Erinnerung nachgebildet hat und zugleich versteckt auf Wagners eigenen Leichenkonduct anspielt, wenn es heißt, die venezianische Gondel gemahne »an den Tod selbst, an Bahre und düsteres Begräbnis und letzte, schweigsame Fahrt«.[151]

Venedig wird von Thomas Mann freilich nicht zur bloßen Symbolstadt der Décadence ästhetisiert und mythisiert, sondern die Lagunenstadt bietet zugleich ein Bild tiefer gesellschaftlicher Depravation: hinter der Fassade »gesicherter Ordnung und Wohlfahrt«[152] lauern Kriminalität und Chaos. Der Zauber Venedigs wird ganz handfest als »gewinnsüchtige Fremdenpoesie«[153] entlarvt. Seine Kultur – »halb Märchen, halb Fremdenfalle«[154] – ist für seine Bewohner, selbst seine Obrigkeit nur noch kommerzielles Spekulationsobjekt; der Erzähler redet vom »beutelschneiderischen Geschäftsgeist der gesunkenen Königin«,[155] der die politische, rechtliche und soziale Verantwortung untergräbt. Die Cholera ist die Folge dieses Verfalls der öffentlichen Verantwortung und Moral. Die ›Krankheit‹ ist zugleich eine solche der Gesellschaft. Das dichte Netz von Verheimlichung, Täuschung, Lüge, Maskerade, durch das im Interesse des touristischen Profits die Seuche verschleiert wird, offenbar die Scheinhaftigkeit und Verlogenheit der bürgerlichen Ordnung und führt so zur »Entsittlichung der unteren Schichten«.[156]

Das Versinken des »bürgerlichen Gefüges«[157] in Anarchie und Chaos korrespondiert unverkennbar mit der ›dionysischen‹ Auflösung des bürgerlich-formalistischen Haltungsethos Aschenbachs, die in seiner sadistisch übersteigerten dionysischen Traumvision gipfelt, in der Werner Vordtriede mit Recht eine Reminiszenz an das *Tannhäuser*-Bacchanale vermutet.[158] Der Triumph des Dionysos wird von Thomas Mann keineswegs mehr wie in Nietzsches Deutung der Euripideischen *Bacchen*[159] mit positivem Vorzeichen versehen, sondern umgewertet zum historischen Krisenphänomen, zum Signal apokalyptischer Zerstörung der individuellen und sozialen Ordnung. Es ist ja nicht zu übersehen, daß Aschenbach, je mehr seine ›Haltung‹ zur Maskerade wird, desto tiefer der kollektiven Lüge verfällt. Als er durch die ausländischen Journale von der Cholera erfährt, ruft er vehement aus: »Man soll das verschweigen!«[160] Er identifiziert sich also ausdrücklich mit der offiziellen »Politik des Verschweigens«;[161] die pragmatische gesellschaftliche Lüge ist auch seine eigene. Das Lebensende Aschenbachs zeigt die Unvereinbarkeit von Artismus und bürgerlicher Moralität, zugleich aber die Tatsache, daß der Décadence-Künstler sich auf der gleichen Bahn der Demoralisierung rasend abwärts bewegt wie die herrschende Gesellschaft.

Daß in diese kritische Sicht der Décadence auch Werk und Wirkung Wagners einbezogen sind, ist kaum zu bezweifeln. Das Jahr 1911 ist das Jahr einer tiefen »Krise, in der ich mich dieser Kunst gegenüber befinde«, wie Thomas Mann z. B. in Briefen an Ernst Bertram und Julius Bab bekundet hat.[162] Sein Verhältnis zu Wagner bleibt zeitlebens ähnlich ambivalent wie das Nietzsches; wie bei diesem sind Lob und Tadel ständig dialektisch verschränkt, wenn auch Rühmung und Schmähung nicht so bizarr-blitzartig ineinander umschlagen wie in Nietzsches späten Anti-Wagneriana, die man sehr wohl als umgestülpte Panegyrikoi lesen kann, wie Thomas Mann bemerkt hat.

Die sonderbare Janusgesichtigkeit der Wagner-Kritik Nietzsches setzt jeden, der glaubt, unter Berufung auf sie gegen Wagner einseitig polemisieren zu dürfen, ins

Unrecht. Wie der frühe Nietzsche – der Nachlaß lehrt es – kein uneingeschränkter Wagnerianer war, so hat es zwar einen persönlichen, aber nie einen klaren ästhetischen ›Bruch‹ mit Wagner gegeben. Gerade aus der Polemik des späten Nietzsche sprießen häufig die merkwürdigsten Blüten der Wagner-Laudatio. Dieses ständige ›Umschlagen‹ der Wertung erklärt sich nicht zuletzt aus dem bewußt widersprüchlichen Verhältnis zur Décadence bei Nietzsche – ähnlich wie später bei Thomas Mann. Der herkömmliche abwertende und der von Baudelaire eingeführte positive Begriff der Décadence[163] überlagern sich immer wieder. Die berühmte Kontradiktion aus *Ecce homo*: »Abgerechnet nämlich, daß ich ein décadent bin, bin ich auch dessen Gegensatz«,[164] ist ein Schlüssel zur Wagner-Kritik Nietzsches.[165] Im Prinzip das gleiche gilt für Thomas Mann, wenn seine Dialektik der Décadence den Leser auch weniger mit paradoxalen Wechselbädern traktiert als Nietzsche und durch seine sozialethische Perspektive eine universalere Gültigkeit behaupten darf.

So kritisch Thomas Mann Wagner in der Zeit des *Tod in Venedig* gegenübersteht, so stark ist er seiner Kompositionstechnik verpflichtet. Hat er in *Buddenbrooks* das Leitmotiv in einem »bloß naturalistisch-charakterisierenden« und »sozusagen mechanischen« Sinne verwendet, wie er selbst in der *Einführung in den Zauberberg* (1939) sagt, in einem Sinne also, der mehr auf Zola und Tolstoi als auf Wagners symphonisches Motivgewebe zurückweist, so wird es im *Tod in Venedig* wirklich zum »symbolisch-anspielenden Formelwort«, das im Wagnerschen Sinne die individuell begrenzten Situationen und Erscheinungen in einen »musikalisch-ideellen Beziehungskomplex« einbettet.[166] Durch das beim ersten Lesen kaum zu überschauende symbolische Assoziationsgewebe – es sei nur an die Charon-, Thanatos- und Hermes-Gestalten erinnert, die gewissermaßen als Sendboten der orgiastischen Macht des »fremden Gottes« (Dionysos) in immer neuen Metamorphosen Aschenbachs Reise in den Abgrund begleiten[167] – wird das realistische Geschehen ›orchestriert‹ und ins Mythisch-Universale entgrenzt. Das symphonische Orchester Wagners ist, wie früher dargelegt, das musikalische Pendant des ›allwissenden Erzählers‹; als solches, als tönenden Zwilling seiner selbst beschreibt es auch der Erzähler in *Wälsungenblut*. Thomas Manns Erzählkunst ist gewissermaßen die Verifizierung der romantheoretischen Prämissen der Wagnerschen Dramaturgie. Wie das musikalische Drama ein übersetzter Roman, so ist Thomas Manns Erzählprosa das in seine literarischen Voraussetzungen zurückverwandelte musikalische Drama.[168]

3. Mythos * Mimus * Oper – Hofmannsthals Wagner- und Nietzsche-Rezeption

> »Das Drama ist die vornehmste Kunstform, weil darin am meisten verschwiegen wird.«
>
> Hugo von Hofmannsthal, Aufzeichnungen aus dem Nachlaß 1893/94.

Das Musiktheater von Richard Strauss ist zweifellos das bedeutendste und erfolgreichste Beispiel einer produktiven Rezeption der Formidee des »musikalischen Dramas«, wie sie Richard Wagner dem Modell der italienisch-französischen Oper entgegengesetzt hat. Produktive Rezeption – das bedeutet, daß Strauss sich nicht epigonal-nachahmend der Wagnerschen Formidee verschreibt, sondern ihr kritisch-frei gegen-übertritt und sich nicht scheut, auch Tendenzen des Musiktheaters wiederaufzugreifen, die Wagner selbst perhorresziert oder für überwunden erklärt hat.

In der Zusammenarbeit mit Hofmannsthal scheinen gerade diese antiwagnerischen Tendenzen zum Zuge gekommen zu sein, denn hat der Dichter des *Rosenkavalier* und der *Ariadne* Strauss nicht vom symphonischen Musikdrama zur Spiel- und Nummern-oper zurückzulocken versucht, von den beiden musikalischen Seelen seines Komponi-sten die Mozartische begünstigt? Das Wort von der »unleidlichen Wagnerischen Liebesbrüllerei« im Brief an Strauss vom 6. Juni 1910[169] läßt an Deutlichkeit ja nichts zu wünschen übrig. Der Kenner wird sich zudem schwerlich erinnern können, dem Namen Wagner oft bei Hofmannsthal begegnet zu sein. Abneigung oder Gleichgültig-keit mögen also sein Verhältnis zu dem ›Musikdramatiker‹ prägen, dem Richard Strauss wie keinem anderen verpflichtet bleibt, und die Mißverständnisse und Dissonanzen in der Beziehung zwischen Librettist und Komponist scheinen nicht zuletzt von dieser unterschiedlichen Distanz zu Wagner herzurühren.

So jedenfalls läßt sich das herrschende Hofmannsthal-Bild in diesem Punkt charakteri-sieren. Der wahre Sachverhalt ist indessen erheblich komplizierter und seine Analyse wesentlich ertragreicher, als es den Anschein hat.[170] In den Werken, Briefen und Aufzeichnungen Hofmannsthals ist freilich nicht allzu häufig von Wagner die Rede. Die relativ wenigen Äußerungen über ihn in den bisher publizierten Schriften und Aufzeichnungen sowie in den noch unveröffentlichten Teilen des Nachlasses[171] doku-mentieren jedoch, daß Hofmannsthal Wagner bereits vor der Freundschaft mit Strauss recht intensiv rezipiert und ihn im allgemeinen ohne Affekt – jedenfalls ohne sich auf den leidenschaftlichen Parteienstreit um ihn einzulassen – den großen Erscheinungen der europäischen Musik- und Theatergeschichte zugezählt hat.

Bemerkenswert ist – und das gilt nun vor allem für den Briefwechsel mit Strauss –, daß negative Äußerungen über Wagner sich fast nur auf seine Musik beziehen. Dem Schriftsteller und Szeniker begegnet Hofmannsthal meist mit großem Respekt. In dieser Hinsicht ist er, besonders sein Frühwerk, der Tradition des europäischen, zumal französischen ›Wagnerismus‹ in der Literatur des späten 19. Jahrhunderts verbunden. Die Wagner-Reminiszenzen in den ersten Gedichten sind kaum zu verkennen. Hier sei das Sonett »*Zukunftsmusik*« von 1891 zitiert, dessen Titel eines der Schlagwörter der Antiwagnerianer aufgreift, das Wagner selbst ja schon zum – ebenfalls in Anführungs-zeichen gesetzten – Titel einer programmatischen Abhandlung aus dem Jahre 1860 gemacht hat.

Das aus dem Nachlaß veröffentlichte Sonett ist eines der frühesten Zeugnisse für die (un-seres Erachtens vornehmlich von Nietzsche inspirierte) Sprachskepsis Hofmannsthals:

> »Heiligen Mitleids rauschende Wellen,
> Klingend an jegliches Herze sie schlagen;
> Worte sind Formeln, die könnens nicht sagen,
> Können nicht fassen die Geister, die hellen.
>
> Frei sind die Seelen, zu jubeln, zu klagen,
> Ahnungen dämmern und Kräfte erschwellen:
> Töne den Tönen sich zaubrisch gesellen:
> Gilt es dem Heute, den kommenden Tagen?

Wer will es deuten, – ein gärendes Wühlen,
Regellos göttlich, – wer will erlauschen
Heldenhaft höchstes und heißestes Fühlen,

Feuerlodern und Stromesrauschen...?
Doch es beherrscht das Titanengetriebe
Bebende Ahnung erlösender Liebe.«[172]

Musik als Ausdruck des Mitleids, die vermeintlich göttlich-regellos ›wühlende‹ Tonsprache – auf wessen Werk die Verse anspielen, bleibt auch ohne den Titel des Gedichts
nicht verborgen. Und wer dächte nicht bei Feuerlodern, Stromesrauschen, Titangetriebe
und erlösender Liebe an die *Ring*-Tetralogie? Ein Stabreimvers wie »Heldenhaft
höchstes und heißestes Fühlen« könnte von Wagner selbst stammen.

»Worte sind Formeln, die können's nicht sagen« – wie oft wird dieser Gedanke noch im
Werk Hofmannsthals wiederkehren! Was den Worten versagt bleibt, ist das Glück der
Musik. Das wird Claudio im Dramolett *Der Tor und der Tod* (dessen Titel, wie noch
zu zeigen sein wird, auf die *Walküre* anspielen dürfte) erfahren, als er den Klang der
Geige des Todes vernimmt. »Musik? Und seltsam zu der Seele redende!« Die durch die
Sprache verlorene Lebensunmittelbarkeit scheinen die Töne ihm wiederzugeben. Erst
die dionysische Musik vermag die »Historie« aufzuheben, an der die moderne Mensch-
heit krankt. Dieser Gedanke, der für den jungen Hofmannsthal von größter Bedeutung
und eng mit der Sprachproblematik verbunden ist, findet sich – schon vor der
Unzeitgemäßen Betrachtung: Vom Nutzen und Nachteil der Historie für das Leben – in
Nietzsches *Geburt der Tragödie*.[173] Daran scheinen die Verse Claudios zu erinnern:
»Des allzu alten, allzu wirren Wissens / Auf diesen Nacken vielgehäufte Last / Vergeht,
von diesem Laut des Urgewissens, / Den kindisch-tiefen Tönen angefaßt.«[174]
In diesem Laut des Urgewissens aber gibt sich der Tod kund. Er ist, mit Schopenhauer
zu reden, die »restitutio in integrum«,[175] bedeutet Befreiung von der Einseitigkeit der
Individualität, Aufhebung ihrer »Erdenform«[176]. Durch die Erlösung von der Individuation offenbart der Tod sich als Glied der »Sippe« des Dionysos.[177] Ihrer beider
Medium aber ist die Musik.[178] Die tönende Welt des Todes spült empor, was nach den
Worten Claudios »dem Bewußtsein so verschwiegen« ist, »wie Blumen im Geröll
verschüttet liegen«:[179] das nur jenseits oder im verborgenen Tiefengrund der Sprache
erfahrbare *Weltgeheimnis*. Dieses ist »in unsern Worten« eingekerkert wie der Edel-
stein im Kies, vor den achtlos der Fuß des Bettlers tritt.[180] Allein die Musik, die »Kunst
des tönenden Schweigens« (Richard Wagner),[181] befreit das Weltgeheimnis aus dem
Kerker des Worts.
Daß Hofmannsthal sich mit der poetischen und szenischen Konzeption der musikalischen Dramen Wagners immer wieder befaßt hat, daß sie ihm sämtlich präsent gewesen
sind, zeigen, wie gesagt, Aufzeichnungen schon aus der Zeit vor der Zusammenarbeit
mit Strauss (die natürlich ein intensiveres Wagner-Studium aus dramaturgisch-prakti-
schen Gründen zur Folge gehabt hat). Dafür einige markante Beispiele: »Wagners
szenische Bilder als sein Midasreich«, heißt eine Notiz aus dem Jahr 1893. Hier wird
die in der Poesie des Symbolismus und Fin de siècle so bedeutsame Chiffrierung der
Kunst durch den Mythos des Totenreichs[182] bis in die frühen Opern Wagners zurück-
verfolgt: »Das künstliche Reich ist eine Art Totenreich.«[183]
In einer Aufzeichnung von 1902 aus dem Nachlaß vergleicht Hofmannsthal die Sprache
Goethes und Wagners. In Goethes »stilisierten Dramen« (er denkt wohl an *Iphigenie*,

2.) „Zukunftsmusik"

Hugo von Hofmannsthal: Zukunftsmusik

Tasso und *Die natürliche Tochter*) seien die Figuren verallgemeinert, typisiert. Die Sprache sei durch »gleichbleibende Reflexionsfähigkeit« geprägt; diese bilde eine »Wurzel« der »Idealität«. Goethes Figuren »charakterisieren sich somit als apollinische epische Konzeptionen«.[184] Als solche, so dürfen wir folgern, bilden sie den Widerpart der zukünftigen dramatischen Figuren Hofmannsthals, die von seinem Mißtrauen gegenüber der Sprache geprägt sind, deren Worte eben nicht ›allgemeines‹ Gepräge haben sollen, sondern dem inkommensurablen, einmaligen mimischen Ausdruck anzunähern sind. Die Sprache, so heißt es in der eben zitierten Notiz aus dem Jahr des *Chandos*-Briefs, der heute wohl allgemein als das klassische literarische Dokument moderner Sprachskepsis gilt, fließe den Figuren Goethes »en relief aus dem Munde. Das eigentlich mimische, Affekt auslösende Element fehlt ganz. Wagners Sprache hiervon das gerade Gegenteil: bei ihm reden die Figuren so sehr aus sich heraus als möglich«.[185] Ihre Sprache ist also im Sinne des späteren *Helena*-Essays »Ausdruck«, drängt nicht wie die dialektische »das Ich aus der Existenz«.[186] (»Frei sind die Seelen, zu jubeln, zu klagen«, hieß es im Sonett *»Zukunftsmusik«.)
»Lernen Sie die Genüsse dessen kennen, der in der tragischen Atmosphäre steht und nicht das Wort im Munde hat«, lesen wir in einer Notiz aus dem Jahr 1906.

> »Ich weiß kaum etwas Wundervolleres als das Zuhören der Walküre [im zweiten Akt], als das Fortgehen der Duse als Hedda Gabler, indes die andern reden und sie zwischen der Lebensatmosphäre der andern herumflattert, nirgend findet, wo sie ruhen kann [...]. Manchmal finde ich den größeren Zauberer, der in der tragischen Atmosphäre stumm steht, als den, der die Mittel sich zu berauschen erst aus der Erregung seiner Rede zieht.«[187]

Wie tief Hofmannsthal hier gesehen hat, zeigt die Tatsache, daß Wagner selbst das »Zuhören der Walküre« als besonders bewegenden dramatischen Moment empfunden hat. »Hören Sie so zu«, schreibt er in einem Brief an Mathilde Wesendonk, »wie Brünnhilde dem Wotan zuhörte.«[188] Die Momente des Verstummens bilden immer wieder tragische Höhepunkte in den Musikdramen Wagners. Nach den Worten von Carl Dahlhaus »sind es gerade die entscheidenden dramatischen Augenblicke – Sentas Betroffenheit beim Anblick des Holländers, Elsas Zögern in der Münsterszene, Tristans Verstummen nach Markes Klage –, in denen sich die Handlung in ein Schweigen zurückzieht, das einzig die Musik, die ›Orchestermelodie‹, noch zu durchdringen und zu deuten vermag«.[189] – Die »redende Pause« bleibe das »Eigentum der Musik«, sagt Wagner am 21. März 1878 zu Cosima; im »gesprochenen Drama« sei sie – in der Ausdehnung, wie sie in seinen musikalischen Dramen vorkomme – schlechterdings »unmöglich« (CT II, 65 f.).
Die oben zitierte Äußerung Hofmannsthals über die *Walküre* stammt aus dem Jahr seines Besuchs der Bayreuther Festspiele, wo er neben *Tannhäuser* gerade eine Aufführung jenes Werks sah. Wenn er am 21. August 1906 an Eberhard von Bodenhausen über die »Zerrüttung« schreibt, »welche die sieben auf Bayreuth verschwendeten Tage mir brachten«, kann das ebenso ein umgestülptes Lob sein wie die später zu würdigende Bemerkung im Brief an Strauss vom 24. September 1913: die Lektüre von fünf Wagnerschen Textbüchern habe ihn »eher geschädigt als gefördert«. Das legen nicht nur die zitierte *Walküre*-Huldigung, sondern auch die bewundernden Worte über den Theaterzauberer Wagner in der Vorrede zu E. Gordon Craigs *Kunst des Theaters* im gleichen Jahre 1906 nahe: »An die unzähligen mit innigstem Drang von ihm ausgebildeten Herein- und Hinauszüge, mit Wundertönen begleiteten Wandlungen der Land-

schaft [etwa vom Venusberg zur Wartburg-Landschaft im ersten Aufzug des *Tannhäuser*], jenen Wechsel von links nach rechts, von oben nach unten, von Dunkel zu Hell, hier nur zu erinnern, erregt schon inneres Widerstreben: denn wozu soll das Schöne noch der Nothelfer bedürfen [...].«[190] – Der besonderen Vertrautheit Hofmannsthals mit der *Walküre* schon in jungen Jahren ist nach Ansicht von Rudolf Hirsch auch der Titel seines Dramoletts *Der Tor und der Tod* zu verdanken. Er scheint eine Reminiszenz an die Szene zu sein, als Brünnhilde, gewissermaßen in der Rolle des Hermes Psychopompos, Siegmund den Tod ankündigt:

> »So lange du lebst
> zwäng dich wohl nichts;
> doch zwingt dich Toren der Tod –
> ihn dir zu künden
> kam ich her.« (VI,51.)

Wiederholt hat Hofmannsthal Analogien zwischen den Figuren eigener und Wagnerscher Werke konstatiert. In einer Aufzeichnung aus dem Nachlaß des Jahres 1910 vergleicht er z. B. völlig zu Recht »die Figur der Marschallin im *Rosenkavalier* mit dem Hans Sachs in *Meistersingern*«: »Verzichtet und vermählt die Jungen«. (Hans Sachs liebt Evchen, entsagt zugunsten Stolzings; die Marschallin liebt Octavian, tritt zugunsten Sophies zurück.) Beide Figuren bilden jeweils »das geistige Band des Ganzen«, sind »Hauptfigur und doch nicht Held«.[191] – Die *Meistersinger* stehen Hofmannsthal gewiß von allen Werken Wagners am nächsten. In seinem Brief an Strauss vom 12. Juni 1913 schreibt er der *Ariadne* (mit dem Vorspiel) »eine entfernte rein geistige Analogie mit den *Meistersingern*« zu und vergleicht den »Ausbruch des Komponisten: ›Musik‹« mit Stolzings Preislied. Dazu paßt gut, daß Hofmannsthal dem Komponisten fast wörtlich einige Äußerungen Wagners in den Mund gelegt hat (»Ich habe nichts mit dieser Welt gemein!«).[192] Von einer »heimlichen Wagner-Karikatur« (Martin Stern)[193] läßt sich hier aber wohl nicht reden. Der Komponist trägt eher Züge Mozarts, und er drückt auch einmal seinen Zorn in Worten aus, die der wütende Beethoven an seinen Kopisten gerichtet hat.[194] Die Figur des Komponisten ist also eher ein Werk der Montage, wie Thomas Mann sie versteht: In eine fiktive Gestalt sind Züge und authentische Äußerungen wirklicher Personen verwoben, ohne daß sie jedoch als Gesamterscheinung im Sinne einer Schlüsselrolle mit einer historischen Gestalt identifiziert werden kann.

Offenkundiger ist die Analogie der *Meistersinger* zum *Rosenkavalier*, obwohl Hofmannsthal während der Entstehung des Werks seinen Komponisten davor warnt, dieser Analogie, was die Opernform betrifft, nachzugeben. Das Formmodell des neuen Werks soll ja die »alte Spieloper« sein – und nicht die *Meistersinger* (so im Brief vom 18. Oktober 1908). Daß der *Rosenkavalier* Wagners musikalischer Komödie schließlich ähnlicher geworden ist, als Hofmannsthal von seinen musikalischen Formvorstellungen her lieb war, ist wohl nicht zuletzt in der Verwandtschaft der poetischen Konzeption beider Werke – der szenisch-musikalischen Vergegenwärtigung eines bewußt mythisierten historischen Zustandes – begründet. Hier ist an Hofmannsthals großen *Meistersinger*-Brief – seine ausführlichste Äußerung über Wagner – zu erinnern, aus dem wir schon zitiert haben.

Ausgelöst wurde dieser Brief durch den Wunsch von Strauss, »auch noch ein Werk dieser Art [wie die *Meistersinger*] zu schreiben«. Dazu machte er seinem Librettisten detaillierte Vorschläge, die diesen ohne Zweifel das Fürchten gelehrt haben, sollte es doch um eine Persiflage der komponierenden Zeitgenossen gehen (16. Juni 1927). Hofmannsthal hat aus seiner Geringschätzung dieses Projekts keinen Hehl gemacht und betont, »daß ich in zufälligen Lebensumständen eines Künstlers und in seinem Kontrastieren mit anderen Zeitgenossen nichts finden kann, was meine Phantasie anregen [...] könnte«. Das »Selbstbiographische« sei nur in der Form einer »Übertragung« ins rein Poetische legitim, die das Partikuläre des privaten Erlebnisses zum Verschwinden bringe (16. Juli 1927).

Wie eine solche Übertragung aber auszusehen hat, das zeigt Hofmannsthal in seinem Brief vom 1. Juli 1927 an den von Strauss als Vorbild seines Plans herangezogenen *Meistersingern*, in denen das Autobiographisch-Zufällige gänzlich ins Dichterische aufgelöst sei:

»Worauf der große Reiz und die große Kraft der *Meistersinger* (rein als Dichtung genommen) beruhen, wodurch sich dieses Werk noch über alle anderen Werke dieses einzigartigen Mannes heraushebt, das ist nicht so schwer zu erkennen. Es mischen sich da freilich mehrere Elemente, und auch ein selbstbiographisches ist darunter, aber das eigentlich entscheidende Element, das alle anderen trägt, ist Nürnberg. Dieses Stadtganze, wie es in den dreißiger Jahren noch unverderbt dastand, die deutsche bürgerliche Geistes-, Gemüts- und Lebenswelt von 1500 nicht bloß widerspiegelnd, sondern wahrhaft vergegenwärtigend, das war eines der großen entscheidenden Erlebnisse der Romantik, von Tieck, Wackenroders *Herzensergießungen eines kunstliebenden Klosterbruders* mit der Dürergestalt im Hintergrund, über Arnims und E. T. A. Hoffmann zu dem Vollender der Romantik: Richard Wagner. Wie sehr es Nürnberg war, das Gewahrwerden deutschen Lebens und Wandels in diesem Stadtgebilde, das den Keim zu den *Meistersingern* in Wagners Seele legte, das erzählt er ja in der Selbstbiographie ganz genau und unvergeßlich. Sogar die nächtliche Prügelei und der Nachtwächter, der zur Ruhe überleitet, kommen in diesem wahrhaft dichterischen Erlebnis vor. Das nun gibt dieser Oper ihre unzerstörbare Wirklichkeit: daß sie eine echte geschlossene Welt wieder lebendig macht, die einmal da war [...]. Das ist das, so zu sprechen, Homerische an den *Meistersingern*, das, was sie mit *Hermann und Dorothea* in Verwandtschaft setzt und – cum grano salis – auch mit dem *Faust* I und sicher mit dem *Götz*, und was sie so fest und solid und frischbleibend macht. Auch für andere Elemente dieser schönen Dichtung ist leicht der Ursprung nachzuweisen. Das Geistige, das den Hans Sachs umwittert, und das Nationale zugleich, das Repräsentative, das dankt Wagner Goethes wunderbarer Interpretation der Sachs-Gestalt in dem Gedicht *Hans Sachsens poetische Sendung*. [...] Der Rest sind autobiographische Motive (der alternde, zwischen Verlangen und Resignation stehende Künstler) – das nationale Pathos ist das Geschenk eines national erhöhten Zeitmomentes (des fühlbaren *Werdens* der deutschen Einigung) – selbst eine solche pittoreske Einzelheit wie der Beckmesser-Hanslick ist nur möglich, weil eben in den alten, zu Grund liegenden Verhältnissen die Institution des Merkers vorgebildet lag. Dergleichen kann man nicht nachmachen wollen – höchstens sich entfernt zum Vorbild dienen lassen. Entfernt zum Vorbild aber dienen die *Meistersinger* einer einzigen mir bekannten einigermaßen erfolgreichen Operndichtung: dem *Rosenkavalier*.

Wie dort das Nürnberg von 1500, ist hier das theresianische Wien – eine wirkliche, darum glaubhafte ganze Stadtwelt mit hundert lebendigen Bezügen in sich: vom Faninal zum Ochs, vom Polizeikommissar und Wirt hinauf zur großen Dame, vom Palast durch die Lakaienwelt zum Bauernhof usf. usf. – der eigentliche Träger des Ganzen, und durch dieses Ganze werden die Figuren lebendig.«

Hofmannsthal spricht vom »Homerischen« der *Meistersinger*. Wie Thomas Mann betont er den epischen Charakter des Wagnerschen Musiktheaters. Als das Hauptmerkmal des Epos aber ist in der Ästhetik dieser Gattung von Hegel bis Lukács die

Totalität der dargestellten Welt bestimmt worden (im Unterschied zur spezifisch dramatischen Konzentration auf einen Kollisionsfall). Eine solche Totalität – die Ganzheit einer »geschlossenen Welt« – beschwören nach Hofmannsthal auch die *Meistersinger*. Und nicht weniger soll der *Rosenkavalier* die Vergegenwärtigung einer »ganzen Stadtwelt« sein. Wäre ein solches Totalgemälde jedoch in den Grenzen der Nummernoper möglich gewesen? Hätte es sich ohne das ›allwissende‹ epische Organ des Wagnerschen Orchesters, das Thomas Mann so schön als »die singende, sagende Flut zu den Füßen der Ereignisse« bezeichnet hat,[195] überhaupt verwirklichen lassen?

Die *Meistersinger* sind übrigens nicht das einzige Werk Wagners, dessen Spuren wir im *Rosenkavalier* begegnen. Die Oper beginnt gleich – poetisch wie musikalisch unverkennbar – mit *Tristan*-Reminiszenzen. Octavians zärtliche Reflexionen über Ich und Du spielen auf die liebestrunkenen Identitätszweifel Tristans und Isoldes an: auf deren Frage nach dem Sinn des »süßen Wörtleins: und« zwischen ihren Namen und den seligen Tausch derselben (»Tristan ich, nicht mehr Isolde« – »Isolde ich, nicht mehr Tristan«) im zweiten Aufzug (VII,46 f.). »Du, du – was heißt das ›du‹? Was ›du und ich‹? / Hat denn das einen Sinn?« fragt Octavian. »Das sind Wörter, bloße Wörter, nicht? Du sag! / Aber dennoch: Es ist etwas in ihnen: / ein Schwindeln, ein Ziehen, ein Sehnen, ein Drängen!«[196] Strauss hat sich hier die Gelegenheit einer Reminiszenz an die *Tristan*-Chromatik nicht entgehen lassen. Die ganze Eingangsszene spielt auf die Situation des mittelalterlichen Tagelieds an, die Wagner bekanntlich im zweiten *Tristan*-Akt ins Dramatische übersetzt: Die illegitim Liebenden treffen sich unter dem Schutz der Nacht, der anbrechende Tag reißt sie auseinander. Ihm gelten daher Haß und Unwille der sich Trennenden. »Warum den Tag? Ich will nicht den Tag! / Für was der Tag! Da haben dich alle!«[197] ruft Octavian trotzig. Die Tagelied-Situation des *Tristan* wird halb ernsthaft, halb parodistisch in die heitere Spielsphäre der Komödie hinübergespiegelt.

Der zitierte *Meistersinger*-Brief fällt gewiß aus dem Rahmen der sonst sparsamen Äußerungen Hofmannsthals über Wagner im Briefwechsel mit Strauss. Gleichwohl gibt es unter ihnen keine einzige, die dem Dichter und »großen Szeniker« Wagner (24. September 1926) Respekt versagte. In seinem Brief vom 1. Juli 1919 etwa spielt Hofmannsthal ihn gegen Meyerbeer und Puccini aus, die nur eine Serie »im Genre gleichartiger Werke« produziert hätten, während bei Wagner wie bei Mozart »jedes Werk [...] einmalig« sei. In einem anderen Brief (vom 23. Juli 1911) rühmt er vom poetischen Standpunkt aus »Gebilde von solcher Einfachheit, von so sicherem, theatralisch klugem Aufbau wie *Lohengrin* und *Tannhäuser*«, ihre »großlinige, dem Volksmärchen angelehnte, *einfache* Symbolik«. Er setzt sich zum Ziel, durch Erfüllung der »vollen und reinen Opernform« etwas den »Hervorbringungen Dapontes, Goethes oder Wagners« Ebenbürtiges zu schaffen (20. Januar 1913) – und gesteht wiederum deprimiert die Unerreichbarkeit des Wagnerschen Vorbilds: In seinem Brief vom 24. September 1913 entschuldigt er sich für die »schweren Stockungen in der Ausführung der *Frau ohne Schatten*«, deren Handlung er übrigens, wie eine jüngst publizierte Aufzeichnung verrät, teilweise »während einer Vorstellung des *Fliegenden Holländers*« im September 1911 konzipiert hat.[198] »Vielleicht«, so begründet er jene Stokkungen,

»hat mich im Mai die aufmerksame Lektüre von fünf Wagnerschen Textbüchern eher geschädigt als gefördert [...]. Die unnachahmliche Vortrefflichkeit, mit der in der Ausführung der Musik vorgewaltet ist – die unerreichbare Qualität: daß, wie die Flußläufe eine Landschaft bestimmen – so hier die poetische Landschaft durch die vom Dichter schon gewußten Ströme und Bäche der Melodie figuriert ist –, das hat mich wirklich niedergeschlagen.«

Ein frappierender Beweis, wie stark Hofmannsthal dem Modell des musikalischen Dramas poetisch-szenisch verpflichtet bleibt.

Die Idee des ›Vorwaltens‹ der Dichtung, das unvergleichliche Bild einer Figuration der poetischen Landschaft durch die vorgewußten, gewissermaßen vorgegrabenen Flußläufe der Melodie klingt bei Hofmannsthal öfter an. Im Brief vom 15. Mai 1911 bezeichnet er es als Haupttendenz seiner Operndichtung, daß »der Musik so vorgewaltet« sein möge, »daß sie nichts braucht, als in das Bette einzuströmen und Erde und Himmel in Strömen abzuspiegeln«. In seinem Essay über Goethes Opern und Singspiele (1913/14) vergleicht er dieselben »einem herrlichen Wasserwerk in einem alten Park, steinernen Schalen, Kaskadengebäuden, Zuläufen und Bassins von köstlicher Erfindung und Anordnung, denen die Fluten, die in ihnen hinströmen [...] sollten, ausgeblieben sind«. Und er behauptet gar: »Die Musik eines Mozart, eines Gluck, ja die eines Beethoven würde sich in diese von der reinsten und bescheidensten Poesie vorgegrabenen Bahnen mit herrlicher Feinheit ergossen haben.«[199]

Die referierten Äußerungen Hofmannsthals ergeben das überraschende Bild, daß er den dichterischen Rang der musikalischen Dramen Wagners ohne Vorbehalte würdigt – während er ihnen musikalisch wiederholt mit Skepsis begegnet. Er will die von ihm und Strauss geschaffenen Werke als Gegenmodell zum Wagnerschen Musiktheater verstanden wissen; Mozart und die alte Spieloper sollen ihr Vorbild sein. Besonders drastisch kommt die antiwagnerische Tendenz in zwei Briefen Hofmannsthals aus der *Rosenkavalier*-Zeit zum Ausdruck: »Zu einem eigentlich erotischen à la Wagnerischen Aufeinanderlosschreien möchte ich diese beiden jungen, naiven, gar nicht walküren- oder tristanartigen Geschöpfe womöglich nicht zwingen«, heißt es im Brief vom 2. September 1909 zu Sophie und Octavian. Und noch schärfer klingt der bereits erwähnte Brief vom 6. Juni 1910: Hofmannsthal betont hier die »Nummern«-Struktur des *Rosenkavalier*-Finales. »Für das allerletzte Duett, Quinquin-Sophie, war ich ja durch das von Ihnen gegebene Versschema sehr gebunden [...].« Er hatte hier also die von Wagner in *Oper und Drama* (III,232) verspottete Aufgabe, »der musikalischen Arienform den nötigen Wortversbedarf zu liefern« (während die poetische Sprache im musikalischen Drama nicht den vorgegebenen Schemata der absoluten Musik zu folgen hat, sondern umgekehrt den musikalischen Ablauf motivieren soll). Hofmannsthal ist die dienende Rolle der Poesie, die »Gebundenheit an eine Melodie«, indessen durchaus »sympathisch gewesen, weil ich darin etwas Mozartisches sehe und die Abkehr von der unleidlichen Wagnerischen Liebesbrüllerei ohne Grenzen, sowohl im Umfang als im Maß, – eine abstoßend barbarische, fast tierische Sache, dieses Aufeinanderlosbrüllen zweier Geschöpfe in Liebesbrunst, wie er es praktiziert«.

Diese sonderbar unmotivierte Haßtirade, die Hofmannsthal in der Erstausgabe des Briefwechsels (1926) unterdrückt hat, ist nur eine (von der Aufführungspraxis der Zeit her nicht ganz unverständliche) Augenblicksreaktion. Sie dürfte überdies weniger Wagner selbst als seinem Erben Strauss gelten, der das zarte Gespinst des *Rosenkavalier*-Librettos durch einen für Hofmannsthals Empfinden zu massiven Orchester- und Stimmaufwand zu erdrücken drohte. In seinem Brief vom 12. Juni 1909 hatte er im

Gegensatz zu dem soeben zitierten Brief den Deklamationsstil Wagners noch gegen den von Strauss (in diesem Falle gegen die musikalische Behandlung des von seinen Amouren berichtenden Ochs) ausgespielt: »Wie wundervoll *nuanciert* Wagner solche Dinge in der Deklamation.« Um solche »charakteristischen Nuancen« bittet Hofmannsthal auch seinen Komponisten. »Hier muß die Musik die Sänger direkt *zwingen*, gut und richtig zu *spielen*, wie dies auch bei Wagner so schön der Fall ist.« Nicht also die Deklamation, sondern vor allem der aufwendige Orchesterapparat Wagners ist es, von dem Hofmannsthal für die Vertonung seiner Libretti Abstriche wünscht. »Was mir vorschwebt, müßte in viel dünnere Musik getaucht werden« (21. September 1922). Diese und ähnliche Bemerkungen durchziehen den gesamten Briefwechsel mit Strauss. In den letzten Jahren der Freundschaft werden solche Forderungen immer energischer erhoben. Das wichtigste Dokument dafür ist der Brief vom 26. Juli 1928: »Wenn sich, als ein neuer Stilversuch, nicht absteigender, sondern gesteigerter Kunsteinsicht, zu einem *Weniger* von Musik gelangen ließe, wenn die Führung, die Melodie etwas mehr in die Stimme gelegt werden und das Orchester, mindestens auf große Strecken, begleitend und nicht sich in der Symphonie auslebend, sich der Stimme subordinieren würde [...] – so wäre [...] der Operette ihr Zauberring entwunden [...].« Das bedeutet, das Orchester aus der von Wagner in *Oper und Drama* ihm zugeschriebenen Rolle des »bewegungsvollen Mutterschoßes der Musik, aus dem das einigende Band des Ausdrucks erwächst« (IV,190), wieder zu verdrängen und es – vom Standpunkt Wagners aus – auf die Funktion einer »monströsen Guitarre zum Akkompagnement der Arie« (»*Zukunftsmusik*«, VII,130) zu reduzieren. Im Brief vom 14. September desselben Jahres kritisiert Hofmannsthal noch einmal, daß in den »Lustspielopern« von Strauss »die Stimme immer nur dem im Orchester zentrierten Leben des Ganzen sich einflicht, auftauchend, untertauchend, aber – wenn mein Gefühl mich nicht betrügt – nie ganz souverän, nie ganz *Träger*«.

Strauss hat Hofmannsthal gut verstanden. Immer wieder verspricht er, den »Wagnerschen Musizierpanzer« (16. August 1916)[200] abzustreifen und, was die Orchesterbehandlung betrifft, »über meinen eigenen Schatten zu springen« (26. Juli 1928). Daß er dazu letzten Endes doch nicht imstande gewesen ist, daß das Orchester immer wieder über seine dienend-begleitende Rolle hinausstrebt und sein Wagnersches Recht zurückerobert, ist jedoch keineswegs folgewidrig, sondern liegt nicht zuletzt in der Konsequenz der Hofmannsthalschen Libretti, seiner Art des dichterischen ›Vorwaltens‹. Nicht nur Strauss – auch Hofmannsthal kann sich vom Vorbild des Wagnerschen Musikdramas nicht lösen. Seine Libretti sind im allgemeinen keine Vorlagen für Spiel- und Nummernopern.

Selbst die spielopernhaft-leicht entworfenen Libretti der *Ariadne* und *Ägyptischen Helena* sind im Laufe der Entstehungszeit in der Imagination des Dichters immer schwerer geworden. Das hängt damit zusammen, daß Hofmannsthal den anfänglich historisierten bzw. ironisch-parodistisch verwerteten Mythos schließlich doch wieder mit höchstem symbolischem Ernst ins Überzeitliche erhebt und ihn in beiden Fällen sogar – davon wird noch die Rede sein – inhaltlich in die Nähe des *Tristan* rückt. Bezeichnenderweise wollte Hofmannsthal nach der Schlußapotheose der *Ariadne* und der hier erreichten »fast mystischen Höhe« nichts mehr von der komödiantisch-satirischen Rahmenhandlung wissen, die Strauss durchaus konsequent als poetischen Reif des Ganzen um das Finale der Oper schließen wollte (13. April 1916).

Hofmannsthal ist bekanntlich stolz gewesen, Strauss mit der von ihm anfänglich so lustlos akzeptierten *Ariadne* auf stilistisches Neuland gelenkt, »andere Seiten Ihrer produktiven Natur« (8. März 1912) in Tätigkeit gesetzt, ja ihm einen »bestimmten Stil« förmlich aufgedrängt zu haben (23. Juni 1912). Er konnte nicht ahnen, daß Strauss dieser Stil zwei Jahrzehnte zuvor schon von einem (genauer gesagt: einer) anderen nahegelegt worden war. 1895 griff Strauss den früher gefaßten Plan wieder auf, Goethes Singspiel *Lila* zu vertonen. (1878 waren bereits zwei ›Nummern‹ entstanden.) Aus diesem Grunde bat er eine ältere Freundin, ihm librettistisch zur Seite zu stehen. Beiden ging es darum, eine Musik zu schaffen, die, ohne archaisierend zu wirken, dem leichten Charakter des Singspiels entsprechen, also »fern jeder Überladung sich halten müßte, da der Stoff dies nicht zuläßt und eine unendliche Unschuld das Waltende sein müßte«. So die genannte Freundin. Und Strauss selbst betont, die Musik solle in der Tat »nur aufs Notwendigste beschränkt werden, äußerst diskret sein, und ein großer Reiz am Ganzen ist: das Problem von geschickt vermittelten Übergängen von Dialog zur Musik und daraus zurück – zwar zu lösen, aber zu lösen, als wenn ›die Werke‹ nicht geschrieben«. Natürlich meint Strauss mit ›den‹ Werken die Musikdramen Wagners. Die andere Seite seiner produktiven Natur ist also nicht erst von Hofmannsthal entdeckt, wenn auch gewiß aus längerem Winter- oder besser: Wagner-Schlaf geweckt worden. Um noch den Namen von Strauss' Mitarbeiterin an dem (leider nicht abgeschlossenen) *Lila*-Projekt zu nennen: es war Cosima Wagner.[201]

Hatte Strauss hier also an ein Singspiel ohne »archaisierende Musik« (Cosima)[202] gedacht, so vermochte er im Falle der *Ariadne* den Weg vom Musikdrama zur Spiel- und Kammeroper nur noch einzuschlagen, weil sich die Musik bei diesem Sujet historisch kostümieren, also ein zitathaft-parodistischer Kompositionsstil anwenden ließ. In einem ironisch-historischen Kontext vermochte Strauss musikalisch durchaus in ›Nummern‹ zu denken und das Orchester auf die Begleitung zu reduzieren. Sobald der Rahmen gesellschaftlicher Repräsentation jedoch entfällt (wie am Schluß der *Ariadne*) und der Mythos aus dem historischen in seinen eigentlichen – zeitlosen – Raum tritt, in dem Moment also, da auch die Musik wieder die Maske fallen läßt und zum spontanen Ausdruck des Komponisten wird, drängt das Orchester aus dem Kanal der Ironie und Historie in sein angestammtes symphonisches Flußbett zurück. Die Spieloper ist für Strauss eben, anders als einst bei *Lila*, keine ›lebendige‹ Form mehr; nur als historisches Kostüm, nicht als Kleid der eigenen Zeit bleibt sie für ihn verwendbar.

Der psychologische Facettenreichtum der Hofmannsthalschen Gestalten – mit ihren nicht unerheblichen Reminiszenzen an Wagnersche Figuren – findet überdies sein notwendiges Pendant in einer differenzierten Orchestersprache, die sich der Stimme nicht einfach begleitend unterordnen kann. Wagner hat im »Sprachvermögen« des Orchesters das Mittel gesehen, Personen und Handlung des Dramas von allen Seiten erscheinen zu lassen und dem dargestellten Menschen in seiner psychologischen Komplexität gerecht zu werden. In seinem hochbedeutsamen Brief an Joseph Gregor vom 8. Januar 1935 hat Richard Strauss die alles beherrschende Rolle des Orchesters bei Wagner und in seinen eigenen – gerade auch in den zusammen mit Hofmannsthal konzipierten – Werken in diesem Sinne nachdrücklich verteidigt:

»Ahnungslose Kritiker haben *Salome* und *Elektra* ›Symphonien mit begleitender Singstimme‹ genannt. Daß diese ›Symphonien‹ den Kern des dramatischen Inhaltes bewegen, daß nur ein symphonisches Orchester (statt des in der Oper meist nur den Gesang begleitenden) eine Handlung bis zum Ende entwickeln kann, [...] das alles werden vielleicht erst unsere Nachkommen voll und ganz begreifen. Auch nur mein so fein differenziertes Orchester mit seiner subtilen ›Nervenkontrapunktik‹ (wenn der gewagte Ausdruck gestattet ist) konnte in der Schlußszene der *Salome*, in Klytämnestras Angstzuständen, in der Erkennungsszene zwischen Elektra und Orest, im zweiten Akt der *Helena*, im Traum der Kaiserin (II. Akt, *Frau ohne Schatten*) sich in Gebiete vorwagen, die nur der Musik zu erschließen vergönnt waren.«

Daß die ständige Rückwendung von Strauss zum symphonischen Musikdrama nicht zuletzt durch die Konzeption der Libretti bedingt ist, läßt sich vor allem am Beispiel der *Ägyptischen Helena* belegen – der Wagner am nächsten stehenden Operndichtung Hofmannsthals. Als »kleine leichte Oper« war sie geplant (Brief Hofmannsthals vom 1. April 1923). Eine »politisch-satirisch-parodistische Operette« hatte Strauss sich am 5. Juni 1916 von seinem Librettisten gewünscht, »da meine tragische Seite ziemlich ausgepumpt ist und mir nach diesem Kriege Tragik auf dem Theater vorläufig ziemlich blöde und kindlich vorkommt«. Vorbilder sollten Lukian, Plautus und Offenbach sein. (»Ja ich fühle mich geradezu berufen zum Offenbach des 20. Jahrhunderts.«) Von diesen ursprünglichen parodistischen Intentionen läßt nur der erste, von Claudels Satyrspiel *Protée* inspirierte Akt[203] noch einiges spüren. Das abgeschlossene Werk ist von Lukian und Offenbach sonst denkbar weit entfernt; das liegt gleichermaßen am Komponisten wie am Dichter. Ein deutscher Künstler wird eben, wie Hofmannsthal anläßlich der entstehenden *Helena* an Strauss schreibt, »über jeder Arbeit schwerer als er sollte« (14. September 1923). Hatten Dichter und Komponist sich anfänglich, um Worte aus Nietzsches *Geburt der Tragödie* zu verwenden, als Nachfahren der »spöttischen Lukiane des Altertums« gefühlt, die »nach den von allen Winden fortgetragenen, entfärbten und verwüsteten Blumen« des Mythos haschten und den Tod der Tragödie noch einmal vorexerzierten, so suchten sie ihm schließlich doch eine Wiedergeburt in tragischem Geiste zu bereiten. »Noch einmal erhebt er [der Mythos] sich, wie ein verwundeter Held, und der ganze Überschuß von Kraft, samt der weisheitvollen Ruhe des Sterbenden, brennt in seinem Auge mit letztem, mächtigem Leuchten« (Nietzsche).[204] Die Erinnerung an die *Geburt der Tragödie* liegt nahe, da nicht nur Hofmannsthal, sondern auch Strauss (wie sein Brief vom 11. Juni 1916 belegt) sich in diesen Jahren wieder intensiv mit Nietzsches Essay befaßt haben.

»Die Hauptsache ist, daß das Ganze *leicht* bleibt«, schreibt Hofmannsthal am 16. Oktober 1923 an Strauss über die *Helena*. »Es ist ein heroischer Stoff, aber *lustspielhaft behandelt*; das muß den Stil durchaus bestimmen, auch dort, wo der Text« – das konzediert er immerhin – »verführen könnte (aber nur einen minderen als Sie), ins ›Musikdrama‹ hinüberzuleiten. Geschähe das, wäre *alles* verloren.« Wollte man Hofmannsthal hier folgen, müßte man das abgeschlossene Werk für einen völligen künstlerischen Fehlschlag halten, denn es ist ein ›Musikdrama‹ par excellence, in dem das Orchester wie eh und je dominiert. Von dem ursprünglich vorgesehenen Konversationsstil – Strauss dachte an einen gesprochenen Dialog, Hofmannsthal an ein von sparsamen Orchester-»Spritzern« begleitetes Parlando nach dem Vorbild von Verdis *Falstaff* (12. Februar 1925) – ist nur noch wenig zu spüren. Erneut siegt der »Wagnerische Sprechgesang«, vor dem Hofmannsthal im Falle der *Helena* ausdrücklich gewarnt hatte (9. August 1924). Um so merkwürdiger, daß seine Besetzungsvorstellungen ausschließlich an den Rollenfächern des Musikdramas orientiert sind. »Derjenige

Tenor, der einen Lohengrin *richtig* zu verkörpern versteht – das *zarte* Heldenhafte, wahrhaft Ritterliche dieser Figur –, der wird auch ein ausgezeichneter Menelas sein« (1. November 1923). Den Scheich wünscht er durch einen »ritterlichen Bariton, wie es ein guter Telramund wäre«, verkörpert, Da-ud durch einen Tenor »gleich dem David in den *Meistersingern*« (12. November 1923).

Obwohl die Partitur von Strauss schwerlich mit dem von Hofmannsthal postulierten Stil in Einklang steht, hat letzterer sich nach den ersten Hörproben überschwenglich zu der Vertonung geäußert: »Die Freude über diese *Helena*-Musik erfüllt mich stärker als je zuvor die Freude über irgendeine Ihrer Kompositionen« (27. März 1926). Ähnlich emphatisch klingen seine Worte noch wenige Monate vor der Uraufführung: »Das ist ja über alle Begriffe schön, so großartig im Stil, vielfach so neu, ich habe wirklich eine unendliche Freude« (27. März 1928). Hofmannsthal kannte das Werk zu diesem Zeitpunkt freilich erst vom Klavier her; über den Umfang des Orchesterapparats war er sich offenbar noch nicht im klaren. Wie er überzeugt war, daß sein Libretto, »speziell als Dichtung für Musik, als *Oper*, das Beste ist, was ich je gemacht habe« (14. Februar 1924), so hielt er die Vertonung für kongenial und zum erstenmal für völlig kongruent mit dem Text. Er und Strauss sahen in der *Ägyptischen Helena* überhaupt den Gipfel ihres Zusammenwirkens.

Hofmannsthal hat freilich verkannt, daß die Verwandtschaft von Dichtung und Musik im Falle der *Helena* gerade in der Nähe zur musikalischen Dramatik Wagners besteht, von der diese Oper doch ferngehalten werden sollte. Die zitathaften Reminiszenzen an *Tristan* und *Ring*-Tetralogie in der Partitur sind schon den Uraufführungskritikern aufgefallen. Der Dresdener Rezensent Karl Schönewolf führt die »huldigende Verbeugung vor Wagner« darauf zurück, daß bereits das Libretto mit Elementen der Wagnerschen Bühnendichtung arbeite: »Derselbe Hofmannsthal, der zur *Rosenkavalier*-Zeit noch vor Wagner warnte, gebraucht jetzt Wendungen und Stabreime, [...] wie nur Wagner es tut.«[205] Daß der Vergessens- und Erinnerungstrank unmittelbar durch die *Götterdämmerung* inspiriert sind, daß die dramatische Motivierung des letzteren zudem der Einführung des Liebestranks im ersten *Tristan*-Akt analog ist, liegt in der Tat auf der Hand.[206]

In seinem *Helena*-Essay von 1928 hat Hofmannsthal diese Zaubertränke mit Argumenten verteidigt, die ohne Zweifel aus *Oper und Drama* – Wagners theoretisches Hauptwerk hat er nachweislich studiert[207] – übernommen sind. Nach Wagner geht der Mythos, wie zitiert, auf einen bestimmten »Gestaltungstrieb des Volks« zurück, der dahin zielt, »den weitesten Zusammenhang der mannigfaltigsten Erscheinungen in gedrängtester Gestalt sich zu versinnlichen« (IV,32). Diese Strukturbestimmung des Mythos hat Nietzsche in der *Geburt der Tragödie* übernommen. Wer bezweifeln sollte, daß Hofmannsthal seine Dramaturgie des Wunders im *Helena*-Essay unmittelbar dem zweiten Teil von *Oper und Drama* verdankt, wird zumindest nicht leugnen können, daß er auf dem Umweg über Nietzsche von einer dramaturgischen Grundidee Wagners inspiriert worden ist. Nietzsche nennt den Mythos in Übereinstimmung mit *Oper und Drama* »das zusammengezogene Weltbild«; als »Abbreviatur der Erscheinung« könne er »das *Wunder* nicht entbehren«.[208] Wagner zufolge dient es der »Absicht des Dichters«, »die Erscheinungen des Lebens aus ihrer unübersehbaren Vielgliedrigkeit zu dichter, leicht überschaulicher Gestaltung« zusammenzudrängen. Was in der Wirklichkeit komplex und unüberschaubar bleibt, wird durch das poetische Wunder in einem

Nu begreiflich, zu einem »schnell verständlichen Bilde« vereinfacht (IV,81 ff.), das durch die Musik des Orchesters freilich motiviert und in seiner ganzen Bedeutungsfülle ausgelegt wird.

Nietzsche hat in seiner vierten *Unzeitgemäßen Betrachtung: Richard Wagner in Bayreuth* nicht zuletzt im Hinblick auf jene Dramaturgie des Mythos und Wunders von Wagner als dem genialen »Vereinfacher der Welt« gesprochen.[209] Seine Werke seien »Abkürzungen der unendlich verwickelten Rechnung des menschlichen Handelns und Wollens«.[210] In ebendiesem Sinne ist auch für Hofmannsthal die mythologische Oper ein abbreviiertes Weltbild: »Alle diese mythischen Elemente [...], alle diese kleinen Zaubereien sind ja nur Verkürzungen – der Trank, das Vergessen, das Wiedererinnern, lauter Verkürzungen für Seelenvorgänge.«[211]

Schon vor der Uraufführung der *Ägyptischen Helena* hat es Stimmen gegeben, die sich über die literarische Wagner-Nähe des Librettos mokierten. »Nach allem, was ich aus Laienmund und Regisseurmaul höre«, schreibt Strauss am 25. April 1928 an Hofmannsthal, »wird man Ihnen die verschiedenen ›Tränke‹ ankreiden, und da wäre es sehr gut, der Bande zu sagen, wo der Originaltrank zuerst vorkommt« (nämlich im vierten Gesang der *Odyssee*). »Könnten Sie nicht sonst noch einige ältere Quellen anführen, die beweisen, daß der Liebestrank des *Tristan*, der Vergessenstrank im ersten, der Erinnerungstrank im dritten Akt der *Götterdämmerung* keine Erfindung von Richard Wagner sind?« Hofmannsthal hat auf diesen Brief am 30. April recht ungnädig reagiert: »Was ist aber mit den *Tränken*? Ich verstehe gar nicht. Wagner hat ja doch um Gottes willen die Tränke nicht *erfunden*!! Der eine (Nibelungen) ist aus der Edda, der andere aus der Tristansage. In den Sagen und Mythen sind doch diese Tränke etwas *Stehendes*, längst vor Homer in den indischen Sagen, den keltischen, den germanischen, überall! Sind denn diese Menschen solche Botokuden?!« Hofmannsthal schlägt Strauss nun vor, in einem Interview mit einem einflußreichen Kritiker die gewünschte Quelleninformation selbst zu bieten. Strauss ist diesem Vorschlag tatsächlich gefolgt. In seinem Interview mit Ludwig Karpath verwendet er z. T. die Formulierungen Hofmannsthals aus dem zuletzt zitierten Brief.[212]

Dieser Brief erweckt den Eindruck, als hätte die Wagnersche Verwendung des Zaubertrankmotivs für Hofmannsthal kaum eine Rolle gespielt. Daß davon nicht die Rede sein kann, verrät aber schon der ausdrückliche Hinweis auf Wagners »Tetralogie« in einem (bisher unveröffentlichten) Entwurf zur *Ägyptischen Helena*. Dort findet sich auch die höchst bezeichnende, die Wagnernähe des Librettos unmißverständlich konzedierende Bemerkung: »Strauss ist über den Wagnerstil hinaus – muß jetzt hinter ihn zurück.« – Die *Helena* steht im übrigen *Tristan* zweifellos näher als der *Götterdämmerung*, in der die Einführung der Tränke psychologisch nur andeutungsweise motiviert ist. Im *Tristan* wie in der *Helena* wird der Trank demgegenüber – in Übereinstimmung mit Wagners Theorie des Wunderbaren – als Chiffre eines komplexen seelischen Vorgangs sowie eines metaphysischen Erkenntnisprozesses verwendet. Dadurch unterscheidet sich *Tristan* tiefgreifend von den mittelalterlichen Bearbeitungen des Stoffs und den diversen Zaubertranksagen. Der Hinweis auf deren Tradition war deshalb nur ein Ablenkungsmanöver; selbstverständlich verdankt Hofmannsthal das Trankmotiv der *Ägyptischen Helena* in erster Linie Richard Wagner.

Auch der Liebestrank des *Tristan* ist ja ein Trank der Erinnerung, der die verdrängte Leidenschaft Tristans und Isoldes ans Licht des Bewußtseins hebt. Nur der vermeintliche *Todestrank* ermöglicht das rückhaltlose Bekenntnis zur Liebe. Die mystische Verwandtschaft von Liebe und Tod, ihre Ermöglichung durch dessen geglaubte Nähe, hat auch in Hofmannsthals mythischer Phantasie eine bedeutende Rolle gespielt. Wer fühlte sich nicht an den Schluß der *Ariadne* erinnert: diese vertraut sich Bacchus-Dionysos an, »wie man sich nur dem Tod anvertraut«, schreibt Hofmannsthal in seinem großen *Ariadne*-Brief an Strauss von Mitte Juli 1911. »Sie gibt sich ihm, denn sie nimmt ihn für den Tod; er ist Tod und Leben zugleich.« Das ist das Geheimnis des Dionysischen als Erfahrung der Entgrenzung des Ichs. Tod und höchstes Leben, wie es sich im »Ungeheuerlichen des erotischen Erlebnisses« (Hofmannsthal) offenbart, werden eins. Wir erinnern an Wagners Äußerung zu Cosima über den »Liebeskuß«, der »die erste Empfindung des Todes« sei – »das Aufhören der Individualität, darum erschrickt der Mensch dabei so sehr« (CT I,140). Auch Semiramis in Hofmannsthals Fragment von 1909 kommt zur Einsicht, »daß nur der lebt, der den Tod in sich aufgenommen hat«. »Semiramis und der Tod: erst da sie weiß, daß sie stirbt, vermag sie Liebe zu fühlen, [...] nun erst *lebt* sie.«[213]

In einer Aufzeichnung aus Hofmannsthals *Buch der Freunde* heißt es: »Im Mythischen ist jedes Ding durch einen Doppelsinn, der sein Gegensinn ist, getragen: Tod = Leben, Schlangenkampf = Liebesumarmung. Darum ist im Mythischen alles im Gleichgewicht.«[214] Die Gleichung »Schlangenkampf = Liebesumarmung« findet eine bedeutende musikalische Bestätigung in der Umarmung Siegfrieds durch Brünnhilde nach ihrer Erweckung: bei ihren Worten »Wie mein Blick dich verzehrt« – »Wie mein Arm dich preßt« (VII,174) erklingt zweimal das Motiv des zuvor von Siegfried erlegten Lindwurms! Ein tiefgründiges musikalisches Symbol jener Gleichsetzung des Gegensinnigen, die nach Hofmannsthal die Signatur des Mythischen bildet. Wieder einmal zeigt sich, welche Deutungsmöglichkeiten des mythischen Geschehens das »Sprachvermögen« des Wagnerschen Orchesters und das mnemonische System der Leitmotive eröffnet.

Jene andere mythische Gleichung von Tod und Leben erfahren Ariadne und Semiramis – schließlich auch Helena und Menelas. Chiffre dieser Gleichung ist der Erinnerungstrank. Die Art seiner Einführung und seine symbolische Ambivalenz sind ohne die Inspiration durch das Trankmotiv des ersten *Tristan*-Akts gar nicht denkbar. Aïthra, in der Rolle Brangänes,[215] warnt Helena vor der Verwechslung des Vergessens- mit dem Erinnerungstrank, der ja quasi ein Todestrank – wie Isoldes vermeintlicher Todes- ein Erinnerungstrank – ist: wenn Helena ihn Menelas reicht, droht ihr der Tod. Und wie Tristan den Liebes- hält auch Menelas den Erinnerungstrank für einen »Todestrank«,[216] durch den seine Schuld (der Mord an Da-ud) gesühnt und alle Täuschung aufgehoben wird.[217] Wie am Schluß der *Ariadne* vollzieht sich – auf seiten Helenas und Menelas' – im Augenblick unmittelbarer Todesnähe die Wendung zum Leben in der höchsten Steigerung seines Sinnes. »Menelas meint, die Absolutheit, die der Trank erschließe, sei die des Todes; ähnlich wie Ariadne in Bacchus sich der Endgültigkeit des Todes anzuvertrauen glaubt, während es in Wahrheit die der Liebe ist« (Eva-Maria Lenz).[218]

In dem Moment, da Menelas das gegen Helena gezückte Schwert, von ihrem Blick getroffen, fallen läßt – eine Reminiszenz an das Racheschwert, das Isolde einst sinken ließ, als Tristan ihr in die Augen sah? –, ereignet sich zwischen ihm und Helena *Wahrheit*.[219] Das unheilvolle Vergangene ist nicht mehr durch die von Aïthra gereichte

Vergessensdroge verdrängt, sondern erkannt, anerkannt und bewältigt. Die Verse, die Menelas an Helena richtet: »Einzige du, / Ungetreue, / Ewig-Eine, / Ewig-Neue! / Ewig geliebte / einzige Nähe! / Wie ich dich fasse, / in dich vergehe!«,[220] sind in Stil und rhythmischer Struktur den Kurzversen Tristans und Isoldes im zweiten Aufzug zum Verwechseln ähnlich. Auch in anderen Passagen des Librettos finden sich sprachliche Wagner-Anklänge; es sei nur auf den häufigen Gebrauch des Stabreims verwiesen. (»Alliteration rührt ans Grundgeheimnis: Runen raunen«, hat Hofmannsthal einmal bemerkt.[221])

In der Hand eines französischen oder amerikanischen Autors wäre aus dem Stoff der *Ägyptischen Helena* leicht ein »psychologisches Konversationsstück« geworden, heißt es im *Helena*-Essay. »Durch ganz kleine Veränderungen wären alle diese mythischen Elemente zu beseitigen«, die ja nur Chiffren höchst moderner »Probleme« seien.[222] Daß bereits bei Wagner der Mythos der Chiffrierung moderner psychologischer, ästhetischer und gesellschaftlicher Gegebenheiten dient, hat er selbst in *Oper und Drama* und *Eine Mitteilung an meine Freunde* betont. Ebenso sucht Hofmannsthal die mythischen Chiffren seiner Oper in modernen Klartext zu übertragen. Aïthras Muschel gibt er ironisch als Telephon (Brief an Strauss vom 16. Oktober 1923) oder als »Mittelding zwischen Zeitung und Radio« aus,[223] die Elfen erklärt er als »Ausdrucksform für die Kritik des Unbewußten«,[224] der Vergessenstrank symbolisiert offenbar die Verdrängungsmechanismen, durch die man sich der Schuld und der Schrecken der Vergangenheit zu entledigen sucht, der Erinnerungstrank umgekehrt die Bereitschaft, diese Vergangenheit zu bewältigen und aus ihr die Perspektive für ein neues Leben zu gewinnen, für ein Leben ohne Selbstbetrug, ohne Flucht in den Schein, ohne Mittel des Rausches, der weder Vergangenheit noch Vergänglichkeit kennt. Helena ist zunächst eine Diva, die sich »irgendwo, wo es keine Publizität gibt«,[225] in deren Licht ihr Leben bisher allzusehr gestanden hat, ein aller Verantwortung und Sorge entrücktes Traumglück ersehnt. Menelas hingegen ist ein Kriegsheimkehrer, der mit dem Erlittenen nicht fertig wird, ein traumatisch verletzter Mensch, der durch das Opium des Vergessens immer tiefer psychisch verstört wird. »Er ist kein Wahnsinniger, aber er ist in dem Zustand völliger Zerrüttung, den man in so vielen Kriegslazaretten bei denen, die aus allzu furchtbaren Situationen kamen, tage- und wochenlang beobachtet hat.«[226] In einer verwandten, wenngleich von einer psychischen Katastrophe noch entfernten Situation befindet sich Kari Bühl im *Schwierigen* (ein Symptom für die Übertragbarkeit des Mythischen ins Konversationsstück). Auch er ist durch den Krieg – den Schock der Verschüttung – seelisch tiefgreifend verändert, wenngleich noch nicht erkrankt wie Menelas. Dessen Heilung ist nur dadurch möglich, daß das Verdrängte auf einem quasi – im Erinnerungstrank ›abgekürzten‹ – psychoanalytischen Wege ins Bewußtsein gehoben wird.

»Nehmen Sie überhaupt alles so, wie wenn es sich vor zwei oder drei Jahren irgendwo zwischen Moskau und New York zugetragen hätte«, rät Hofmannsthal Richard Strauss in dem fingierten Dialog über die *Ägyptische Helena*.[227] Diese ist schon in der Uraufführungskritik von Karl Schönewolf mit dem 1927 in deutscher Übersetzung erschienenen Roman *The private life of Helen of Troy* (1926) verglichen worden,[228] dessen Autor, der Amerikaner John Erskine, den antiken Mythos als modernen Roman erzählt, und zwar in eben dem lukianisch-offenbachischen Geist, von dem Hofmannsthal und Strauss sich mehr und mehr entfernt hatten. Bei der Münchener Erstaufführung 1928 kursierte das Buch unter den Sängern, die sich durch Analogien und Kontraste zwischen beiden Fassungen des mythischen Stoffes immer wieder inspiriert fühlten.[229]

Warum Hofmannsthal moderne Lebensprobleme in den Mythos hinüberspiegelt, statt des psychologischen Konversationsstücks die Oper als deren Ausdrucksmedium wählt, hat er folgendermaßen begründet: »Ich liebe es nicht, wenn das Drama sich auf der dialektischen Ebene bewegt. Ich mißtraue dem zweckvollen Gespräch als einem Vehikel des Dramatischen. Ich scheue die Worte; sie bringen uns um das Beste – «.[230] Aber hat Hofmannsthal sich nicht selbst in seinen Komödien *Der Schwierige* und *Der Unbestechliche* in der Gattung des Konversationsstücks versucht? Kein Zweifel, daß er seine Gesellschaftskomödien der im *Helena*-Essay kritisierten Gattung nicht zugezählt hat. Das Mißtrauen gegenüber dem »zweckvollen Gespräch« ist ja das Hauptthema des *Schwierigen*. Hier bleibt das Sprachproblem, das in der Oper gelöst werden soll, noch als Aporie bestehen. Die Gesellschaftskomödie verhält sich also bezüglich der dramatischen Rede komplementär zur mythologischen Oper. Die folgenden Sätze des *Helena*-Essays hätte Hofmannsthal, durch ein paar Wendungen mimisch individualisiert, beinahe Kari Bühl, dem »Schwierigen«, in den Mund legen können: »Aber ist Ihnen nie aufgefallen, daß im Leben durch Reden nie etwas entschieden wird? Man ist nie allein, so überzeugt von der Unlösbarkeit einer Situation, als nachdem man sie durch Reden zu lösen versucht hat. Die fälschende Gewalt der Rede geht so weit, daß sie den Charakter des Redenden nicht nur verzerrt, sondern geradezu aufhebt.«[231] Was hier theoretisch reflektiert wird – im Vorfeld der Oper, die dieses Problem hinter sich läßt –, ist im Falle der Gesellschaftskomödie das dramatische Thema selbst.
Richard Strauss, der fingierte Dialogpartner im *Helena*-Gespräch, wendet gegen Hofmannsthals Herabsetzung der Rede ein: »Aber der Dichter hat doch nichts anderes, um seine Figuren zur Existenz zu bringen, als daß er sie reden läßt. Für Sie sind doch die Worte, was für mich die Töne und für einen Maler die Farben sind.« Darauf der Dichter: »Gewiß! Die Worte ja. Aber nicht die zweckhafte, ausgeklügelte Rede. Nicht das, was man Kunst des Dialogs oder psychologischen Dialog nennt und was von Hebbel bis Ibsen und darüber hinaus so hoch im Kurs zu stehen schien, auch übrigens schon bei Euripides.«[232]
Hofmannsthal nähert sich hier bis in die Termini hinein der *Geburt der Tragödie*. Der Begriff des Dialektischen ist zweifellos so zu verstehen, wie ihn Nietzsche im Zusammenhang seiner – übrigens auch in diesem Punkt Wagner folgenden – Polemik gegen Euripides verwendet. Euripides habe sich für die Reden seiner Helden eine »sophistische Dialektik« zurechtgefeilt,[233] er und Agathon hätten den Mythos durch »psychologische Raffinements« zugrunde gerichtet und so auch die Musik ihrer fundamentalen Rolle in der Tragödie beraubt.[234] »Die sophistische Dialektik treibt mit der Geißel ihrer Syllogismen die Musik aus der Tragödie [...].«[235] Ohne die dionysische Musik kann der Mythos jedoch nicht zur Erscheinung kommen. Nietzsche spricht von einer »Inkongruenz zwischen Mythos und Wort«; ersterer finde »in dem gesprochenen Wort durchaus nicht seine adäquate Objektivation«.[236]
Hofmannsthal hat sich während der Entstehungszeit der *Ägyptischen Helena* wieder eingehend mit Nietzsche beschäftigt, angeregt vor allem durch Ernst Bertrams Buch, aus dem er sich für sein Projekt *Timon der Redner* Exzerpte angefertigt hat.[237] Der

Timon-Plan steht in enger Verbindung zur *Helena*-Oper; beide gehen auf Richard Strauss' Anregung zu einem »neuen Lukian« (7. Februar 1917), einer dramatischen Satire in spätgriechischem Gewand, zurück, für die der von seinen Verächtern als unliterarisch angesehene Strauss Hofmannsthal eine ganze Reihe konkreter Quellenhinweise gegeben hat.[238] Das *Timon*-Fragment ist eine Satire auf die sophistische Rhetorik, inspiriert durch die Dialoge Platons und Lukians *Rhetorenschule*, hinter der sich eine Abrechnung mit dem modernen Journalismus, seiner politischen Omnipräsenz und Omnipotenz verbirgt. Eine Komödie also über Macht und Ohnmacht der instrumentalisierten Sprache!

Die Gegenmacht zur Rhetorik ist für Hofmannsthal der Mimus, dem Hermann Reich 1903 sein großes wissenschaftliches Werk gewidmet hat, das für Hofmannsthal geradezu eine Fundgrube gewesen ist.[239] In *Die Mimin und der Dichter*, dem vorveröffentlichten Dialog aus dem *Timon*-Komplex, verhöhnt die Mimin Bacchis im Gespräch mit Agathon – der Name spielt natürlich auf den von Nietzsche herabgesetzten attischen Dramatiker an – die Werke des Euripides, auf den Agathon sich beruft:

> »Ich will aber nicht an Euripides und an das Advokatengeschwätz seiner Figuren denken! Wen überzeugt dieses Advokatengeschwätz? Nur Euch selber, Euch Wortmacher. [...] Eure Worte sind hurenhaft, sie sagen alles und nichts. Man kann sie heute zu dem brauchen und morgen zu jenem. Das Leben aber, von dem ihr schwatzt, ohne es zu kennen, ist in Wahrheit ein Mimus. Meine Gebärde: das bin ich – in einen Moment zusammengepreßt, spricht sie mich aus – und stürzt dann dahin in Nichts – wie mein Ich selber, unwiederholbar.«

Die Sprache Agathons hingegen sei nur eine »schwindelnde Übereinkunft«. Der »Wortkünstler« spiele »unter den Lebenden genau die Rolle wie der Eunuch im Harem«.[240] In einem anderen Dialog sagt Bacchis: »Wir sprechen davon, daß Worte nichts sind – und Töne alles.«[241] Hier ist die Brücke zur fast gleichzeitig entstehenden *Helena* geschlagen.

Die Kritik an Euripides beschränkt sich bei Hofmannsthal übrigens nicht auf den Essay zur *Ägyptischen Helena*, vielmehr ist die ganze Oper konzeptionell gegen ihn – gegen sein Helena-Drama nämlich – gerichtet. Dessen Grundidee, daß nur ein Phantom Paris nach Troja gefolgt sei, während die wahre Helena unbescholten in Ägypten gelebt habe, ist in der Oper nur ein Advokatenkniff Aïthras. Damit wird aber das gesamte Stück des Euripides auf das Niveau einer der wahren Lösung des menschlichen Problems zwischen Menelas und Helena ausweichenden dramatischen Finte hinabgedrückt.

Unter den Materialien zum *Timon*-Fragment finden sich, wie gesagt, mehrere Exzerpte aus Ernst Bertrams Nietzsche-Buch, und zwar namentlich solche, die mit Nietzsches Sprachskepsis zusammenhängen. Einiges aus diesen Exzerpten kehrt in Anklängen oder sogar fast wörtlich im *Helena*-Essay wieder, so die folgenden von Hofmannsthal zusammengezogenen Nietzsche-Äußerungen: »Das Wort macht das Ungemeine gemein. Wir verachten alles, was sich erklären läßt. Man glaubt nur den Stammelnden« – oder das Zitat aus dem Lehrbrief in Goethes *Wilhelm Meister*: »Das Beste wird nicht deutlich durch Worte.«[242] Im *Helena*-Essay heißt es: »Ich scheue die Worte; sie bringen uns um das Beste.«[243]

Doch was bleibt dem Dichter als das Wort? fragt der Komponist im fingierten Gespräch über die *Ägyptische Helena*. Wie bei Shakespeare, antwortet Hofmannsthal, müsse dasselbe »immer Ausdruck, niemals Mitteilung« sein. »Shakespeare hat in diesem Sinn lauter ›Opern‹ geschrieben, er ist ganz bei Aischylos und meilenfern von Euripides.« Das, was Hofmannsthal unter Ausdruck versteht, entspricht also dem Dionysisch-Musikalischen, das Nietzsche zufolge durch Euripides aus der Tragödie vertrieben wurde, es fällt zudem unter Hofmannsthals dramaturgischen Zentralbegriff des ›Mimischen‹. Dieses, die Gebärde, »spricht [...] mich aus«, sagt die Mimin Bacchis, während die dialektische Rede dem *Helena*-Essay zufolge »das Ich aus der Existenz drängt«.[244]

Auf die Bitte des Komponisten charakterisiert Hofmannsthal die »Kunstmittel« des Dichters unabhängig von der dialektischen Rede mit folgenden Worten: »Wie ich die Handlung führe, die Motive verstricke, das Verborgene anklingen lasse, das Angeklungene wieder verschwinden – durch Ähnlichkeiten der Gestalten, durch Analogie der Situationen – durch den Tonfall, der oft mehr sagt als die Worte.« Darauf Strauss: »Aber das sind ja meine – das sind ja die Kunstmittel des Musikers!«[245] In der Tat hat Hofmannsthal seit seinem frühen Mitterwurzer-Essay von 1895 nach den poetischen Mitteln gesucht, die aus der entwerteten Sprache in das Feld der Künste führen, »die schweigend ausgeübt werden« – von Musik und Tanz bis zu den »Künsten der Akrobaten und Gaukler«.[246]

Im *Helena*-Essay heißt es: »Ich behaupte, ein Dichter hat die Wahl, Reden zu schaffen, oder Gestalten!«[247] Das ist fast wörtlich eine Maxime Richard Wagners. »Gestalten will man, keine Reden«, stellt er im Gespräch mit Cosima am 29. April 1878 apodiktisch fest und weist darauf hin, »wie wenig die Worte zum Drama beitrügen« (CT II,88 f.). In einem Gespräch aus dem gleichen Jahr beklagt er sich über »diese immerwährend redenden Menschen in den Dramen; bei Shakespeare wäre die Rede, wenn sie noch so ausgeführt, immer Aktion [...] Goethe gibt Richard etwas Schuld, dieses Schönreden auf die Bühne gebracht zu haben«, berichtet Cosima (CT II,235). Das gemahnt an Hofmannsthals früher zitierte Aufzeichnungen über Goethes »stilisierte Dramen«. Die Tagebuchnotizen Cosimas können Hofmannsthal nicht bekannt gewesen sein, wohl aber das schon angeführte Wort von der »Kunst des tönenden Schweigens« im Briefwechsel mit Mathilde Wesendonk oder seine Bestimmung des Dramas als »das aus unsrem schweigenden Innern zurückgeworfene Spiegelbild der Welt« (X,319). Wagners Dramaturgie geht wie diejenige Hofmannsthals von einer Kritik der modernen Sprache aus. »Wir können nach unserer innersten Empfindung in dieser Sprache gewissermaßen nicht mitsprechen«, schreibt er in *Oper und Drama*, »denn es ist uns unmöglich, nach dieser *Empfindung* in ihr zu *erfinden*« (IV,98). Deshalb habe sich das Gefühl aus der Sprache in die Musik und in die Gebärde geflüchtet. Das Mimische spielt in der Wagnerschen Dramaturgie eine ebenso zentrale Rolle wie bei Hofmannsthal. »In Wahrheit ist die Größe des Dichters am meisten danach zu ermessen, was er verschweigt«, schreibt Wagner in »*Zukunftsmusik*«, »um uns das Unaussprechliche selbst schweigend uns sagen zu lassen; der Musiker ist es nun, der dieses Verschwiegene zum hellen Ertönen bringt« (VII,130). Bereits in *Oper und Drama* erklärt Wagner das »Sprachvermögen des Orchesters« als das »Vermögen der Kundgebung des *Unaussprechlichen*«. Durch sie verbindet sich die Orchestermelodie aufs innigste »mit einem anderen Unaussprechlichen – der *Gebärde*« (IV,173 f.). Sie ist vom Orchester »in der Weise zu tragen, zu deuten, ja gewissermaßen erst zu ermöglichen, daß das Unaussprechliche der Gebärde durch seine Sprache uns zum vollen Verständnisse gebracht würde« (IV,219).

Auf Wagners Theorie der dramatischen Gebärde bezieht sich eine Reihe von nachgelassenen Fragmenten Nietzsches aus dem Jahre 1871, die Hofmannsthals Bestimmung des Mimischen verblüffend vorwegnehmen. »Wir müssen erst wieder den Mimus haben, um zum Drama zu kommen.« »Ich wage zu behaupten, daß *Musik* und *Mimus* uns noch einmal wahrhaft befriedigen werden.«[248] »Im Mimus bleibt das Gefühl unausgedacht in der Tiefe und treibt nur zu Handlungen.«[249] »Die Musik in der Wagnerschen Oper bringt die Poesie in eine neue Stellung. Es kommt vielmehr auf das Bild an, das sich immer verändernde belebte Bild, dem das Wort dient. Dem Worte nach sind die Szenen nur skizziert. Die Musik drängt die bildliche Seite der Poesie heraus. Der Mimus.«[250] »Die Sprache ist nur des Mimus wegen da: Substrat des Gesanges.«[251] Hofmannsthal sind diese Äußerungen nicht bekannt gewesen; daß er zu fast identischen Anschauungen über den Mimus gelangen konnte, erklärt sich nicht nur aus seiner Vertrautheit mit dem Denken Nietzsches, sondern aus der parallelen Verbindung zur Dramaturgie Wagners.

Dieser begnügt sich nicht damit, Musik und Mimus gegen die rationale Sprache auszuspielen, sondern das musikalische Drama soll der Wortsprache ihre ursprüngliche (und den musikalischen Ablauf motivierende) Ausdruckskraft zurückgeben; das ist nach Wagner nur möglich durch die Integration von Wort, Ton und Gebärde, durch die Wiedergewinnung also der griechischen μουσική, des ›Gesamtkunstwerks‹ aus Dichtung, Musik und Tanz. – »Die Oper ist nun einmal ein Gesamtkunstwerk, nicht etwa seit Wagner«, bemerkt Hofmannsthal im Brief an Strauss vom 12. Februar 1919, »sondern seit ihrer glorreichen Entstehung [...] und kraft ihrer Grundtendenz: Wiedergeburt des antiken Gesamtkunstwerks zu sein.« Wagner hat freilich den Anspruch erhoben, die Integration der Künste und damit die Wiedergeburt des griechischen Gesamtkunstwerks der Tragödie allein verwirklicht zu haben, während die ältere Oper die Künste nur äußerlich und vielfach zum Zweck der Steigerung des Effekts verbunden – aber eben nicht vereinigt habe. Kein Zweifel, daß Strauss und Hofmannsthal Wagners spezifischer Idee des integrierten Gesamtkunstwerks verpflichtet sind, mag auch in dem zuletzt zitierten Brief die scherzhaft-ironische Bemerkung stehen, jener habe »nur alte Welttendenzen sehr kühn und frech subjektiviert«.[252]

In seiner vierten *Unzeitgemäßen Betrachtung* schreibt Nietzsche Wagner das historische Verdienst zu, ihm sei »zuerst die Erkenntnis eines Notstandes aufgegangen, der so weit reicht als jetzt überhaupt die Zivilisation die Völker verknüpft: überall ist hier die *Sprache* erkrankt, und auf der ganzen menschlichen Entwicklung lastet der Druck dieser ungeheuerlichen Krankheit«.[253] Dieses Epochenproblem hat niemand nach Nietzsche so deutlich empfunden und so bedeutend artikuliert wie Hofmannsthal. Die Sprachskepsis des jungen Dichters ist, wie erwähnt, tief geprägt von Nietzsches Kritik der ›Historie‹.[254] »Wenn wir den Mund aufmachen, reden immer zehntausend Tote mit«, heißt es im Mitterwurzer-Essay. Der »Ekel vor den Worten« ist der Ekel vor der Last der Historie, die das ›Leben‹ erstickt hat. Der Schauspieler Mitterwurzer habe indessen »seine Beredsamkeit das Schweigen gelehrt. Er hat die zehntausend Toten totgetreten, und wenn er redet, redet nur er. In seinem Munde werden die Worte wieder etwas ganz Elementares, der letzte eindringliche Ausdruck des Leibes [...], reine sinnliche Offenbarungen des inneren Zustandes.«[255]

Die Kraft der Sprache sei so erschöpft, konstatiert Nietzsche in *Richard Wagner in Bayreuth*, »daß sie nun gerade das nicht mehr zu leisten vermag, wessentwegen sie allein da ist: um über die einfachsten Lebensnöte die Leidenden miteinander zu verständigen«.[256] Das gemahnt an Claudios Sehnsucht nach der Mitteilungsfähigkeit der naiven Menschen: »Sie können sich mit einfachen Worten, / Was nötig zum Weinen und Lachen sagen. / Müssen nicht an sieben vernagelte Pforten mit blutigen Fingern schlagen.«[257] Nietzsche fährt fort:

> »Der Mensch kann sich in seiner Not vermöge der Sprache nicht mehr zu erkennen geben, also sich nicht wahrhaft mitteilen: bei diesem dunkel gefühlten Zustande ist die Sprache überall eine Gewalt für sich geworden, welche nun wie mit Gespensterarmen die Menschen faßt und schiebt, wohin sie eigentlich nicht wollen; sobald sie miteinander sich zu verständigen und zu einem Werk zu vereinigen suchen, erfaßt sie der Wahnsinn der allgemeinen Begriffe, ja der reinen Wortklänge [Sprachmagie!], und infolge dieser Unfähigkeit, sich mitzuteilen, tragen dann wieder die Schöpfungen ihres Gemeinsinns das Zeichen des Sich-nicht-Verstehens, insofern sie nicht den wirklichen Nöten entsprechen, sondern eben nur der Hohlheit jener gewaltherrischen Worte und Begriffe [...]. Wie in dem abwärtslaufenden Gange jeder Kunst ein Punkt erreicht wird, wo ihre krankhaft wuchernden Mittel und Formen ein tyrannisches Übergewicht über die jungen Seelen der Künstler erlangen und sie zu ihren Sklaven machen, so ist man jetzt, im Niedergange der Sprachen, der Sklave der Worte; unter diesem Zwange vermag niemand mehr sich selbst zu zeigen, naiv zu sprechen [...].[258]

Es braucht kaum erwähnt zu werden, wie weitgehend dieses Zitat die Sprachskepsis Hofmannsthals vorwegnimmt.

Der von der Sprache verlassenen, »solchermaßen verwundeten Menschheit« verheißt Nietzsche nun den Trost der Musik Richard Wagners: sie sei »die wiedergefundene Sprache der richtigen Empfindung«.[259] Die Musik als die wiedergeborene Lingua adamica, die ausdrückt, was die Zivilisationssprache nicht mehr vermag! Wagner habe »das Sprachvermögen der Musik ins Unermeßliche vermehrt«, wird Nietzsche noch im *Fall Wagner* konstatieren[260] – in Übereinstimmung mit dessen Selbstverständnis. Wagner hat freilich schon der Symphonie Beethovens diesen Sprachcharakter zugeschrieben. Auch Hofmannsthal nennt in seiner *Rede auf Beethoven* denselben den »Schöpfer einer Sprache über der Sprache. [...] Hier war ein Wort, aber nicht das entweihte der Sprache, hier war das lebendige Wort und die lebendige Tat, und sie waren eins.« Wenn Hofmannsthal überdies vom »gleichsam mit Menschenstimme sprechenden Orchester« redet,[261] macht er sich bewußt oder unbewußt das Beethoven-Bild Wagners zu eigen. Das »Sprachvermögen« des Beethovenschen Orchesters ist *Oper und Drama* zufolge ja die Bedingung der Möglichkeit des musikalischen Dramas. Die Sprachwerdung der Musik am Ende der *Neunten Symphonie* bildet den großen symbolischen Schritt auf dasselbe zu.

Aus dem Geist der Musik erklärt Nietzsche in der vierten *Unzeitgemäßen Betrachtung* auch die poetische Sprache Wagners, und er schildert sie mit Begriffen, die Hofmannsthals dramaturgischen Maximen fast vollkommen entsprechen: Die Wagnersche Sprache sei »Bild und Gefühl«, zeichne sich durch »Leiblichkeit des Ausdrucks«, durch die »Geschlossenheit und Kraft einer Gefühlsrede« aus, der dramatische Vorgang lebe in der »dreifachen Verdeutlichung durch Wort, Gebärde und Musik«[262] u. ä. All diese Ausführungen Nietzsches können Hofmannsthal nicht entgangen sein, und sie erklären wohl jene merkwürdige Notiz aus dem Jahr 1902, in der er den dramatischen Ausdruck Wagners der stilisierten Rede Goethes gegenüberstellt.

Hofmannsthal sehnt sich nach einer Sprache, in der »das Wort und die Tat eins« sind, wie es in seiner Beethoven-Rede heißt.[263] Natürlich spielt er hier auf den Zweifel Fausts an, ob das Wort es verdiene, an den Anfang aller Dinge gesetzt zu werden – weshalb er bekanntlich den ersten Vers des Johannesevangeliums mit den Worten übersetzt: »Im Anfang war die *Tat*« (V. 1237). In Hofmannsthals Sehnsucht nach der Einheit von Wort und Tat lebt die Erinnerung an die ursprüngliche Bedeutung von ›Mythos‹ fort: im Unterschied zu ›Logos‹ ist ›Mythos‹ das Wort, das noch Ereignis und Tat ist, das Wort von den uranfänglichen, göttlichen Dingen, die im ›Logos‹ nicht zu fassen sind.[264] »Ich kann mir keinen Gott denken, der spricht«, lautet eine Tagebuchnotiz Hebbels, die Hofmannsthal sich aus Bertrams Nietzsche-Buch exzerpiert hat.[265]

Das Wissen von der ursprünglichen Bedeutung des Wortes ›Mythos‹ lebt auch in den Schriften des frühen Nietzsche. In der *Geburt der Tragödie* redet er von der Inkongruenz zwischen Mythos und (rationalem) Wort, in *Richard Wagner in Bayreuth* betont er, daß Wagner den Mythos nur deshalb zur Sprache habe bringen können, weil er diese in einen vorbegriffichen »Urzustand« zurückgezwungen habe, wo sie noch unmittelbar mit Ton und Gebärde verbunden war. Nur so konnte der Mythos Wort werden.

> »Dem Mythus liegt nicht ein Gedanke zugrunde, wie die Kinder einer verkünstelten Kultur vermeinen, sondern er selber ist ein Denken; er teilt eine Vorstellung von der Welt mit, aber in der Abfolge von Vorgängen, Handlungen und Leiden. Der *Ring des Nibelungen* ist ein ungeheures Gedankensystem ohne die begriffliche Form des Gedankens.«[266]

Diese Bestimmung des Mythos ist auch für Hofmannsthal gültig. »Machen wir mythologische Opern, es ist die wahrste aller Formen«, heißt es am Schluß des *Helena*-Essays.[267]

Nietzsche hat in bezug auf den Mythopoeten Wagner und in Anknüpfung an seine Theorie von der »adstringierenden Kraft« des Mythos gesprochen.[268] Sie soll sich in der mythologischen Oper erneut bewähren. Ihr allein kann es nach Hofmannsthals Überzeugung gelingen, die ungeheure Weite des modernen Lebens widerzuspiegeln – eben in symbolischen Abbreviaturen. Mit »bürgerlichen Dialogen« sei da nichts auszurichten[269] – ebensowenig aber, möchte man ergänzen, mit Spiel- und Nummeropern. Soll der Mythos die Komplexität der modernen Wirklichkeit auffangen, bedarf er der Facettierungskunst, der »Hundertzüngigkeit« (Alfred Einstein)[270] des symphonischen Orchesters. – Anders als er selbst wahrhaben will, steht Hofmannsthal dem ›Musikdrama‹ nicht viel ferner als sein Komponist.

Die Analyse der Wagner-Rezeption Hofmannsthals bliebe unvollständig[271] ohne einen Blick auf seine Urteile über diese Rezeption im allgemeinen. Im *Buch der Freunde* konstatiert er: »Daß von einem Wesen wie Wagner, im Grunde einem Theatraliker höchsten Stils, ein Konflikt ausgehen konnte, der die ganze Kultur durchriß und auch heute nichts weniger als beruhigt ist, zeigt eine große Seite des deutschen Geisteswesens: daß ihnen wie den Griechen im Geistigen die Fächer und Abteilungen nichts gelten.«[272] Als »Theatraliker höchsten Stils« hat Wagner im deutschen Kulturbewußtsein gewissermaßen die Rolle übernommen, die zuvor Schiller gespielt hat. Diese rezeptionsgeschichtliche These einer Ablösung Schillers durch Wagner hat Hofmannsthal über Jahrzehnte hinweg immer wieder vertreten. In der Schiller-Rede von 1905 heißt es:

> »Und in Größe gesehen, haben die Deutschen dort, wo jahrzehntelang Karl Moors Trotz und Maria Stuarts große Fassung ihre Wahrheit – oder die Wahrheit ihrer Seele – war, nun eine andere Wahrheit ihrer Seele: Siegfried, der sich aus den Stücken von seines Vaters Schwert

singend Schwert und Schicksal schmiedet. Haben statt jenes Dranges diese Töne, statt jenes Greifens nach den Sternen dieses Wühlen in den Tiefen. Haben für Großes Größeres: denn zwischen beiden Welten liegt großes Geheimnis, liegt Schopenhauer, liegt ein Hereinlassen des Todes in die Welt, ein Nacktwerden und Großwerden der Seele, liegt jene Trunkenheit, um derentwillen die Romantiker ihr Selbst und ihre Kunst wie Perlen im Wein des Lebens zergehen ließen.«[273]

Zwanzig Jahre später, in der Einleitung zu *Schillers Selbstcharakteristik*, wertet Hofmannsthal diesen Vorgang der Ablösung Schillers durch Wagner wesentlich anders, nun unverkennbar zu Ungunsten Wagners. Das Publikum habe sich, als es »von Schiller abfiel«, auf die »Wagnersche Musikdichtung« geworfen; »hier konnte jeder das dumpfe Trachten seines Innern hineinlegen, und jene eigentümliche Mischung des einsam Schwelgerischen mit dem melancholisch Sehnsüchtigen, die vielen von uns innewohnt, ins Ungeheure erweitern und sich ihr ohne Verantwortung hingeben. Von einer Generation aber, für die dies wie jenes abgetan ist, hebt sich Schillers Gestalt neu und rein hervor, und sobald wir uns eine neue geistige Gegenwart aufrichten, können wir ihn nicht entbehren.«[274] Freilich redet Hofmannsthal hier ausdrücklich nur von dem Rezeptionsphänomen Wagner, nicht von seinem Werk selbst.

Zwischen Schiller und Wagner sind übrigens schon vor Hofmannsthal oft Parallelen gezogen worden. Nietzsches Polemik gegen Schiller setzt bezeichnenderweise gleichzeitig mit seiner Abwendung von Wagner ein.[275] (In der *Geburt der Tragödie* wird jener ja noch überaus positiv gewürdigt.) Wagner selbst hat seine geistige Nähe zu Schiller wiederholt bekundet und mit Cosima jedes Jahr dessen Geburtstag gefeiert.

Daß Hofmannsthal seine Idee der Salzburger Festspiele an der Bayreuther Idee gemessen hat, liegt auf der Hand. Die Zeugnisse dafür sind freilich spärlich, doch lassen sie erkennen, daß er die Salzburger nicht unbedingt als Gegenmodell zu den Bayreuther Festspielen aufgefaßt hat, sondern gleichsam als deren Erweiterung und ›Aufhebung‹ in einem traditionsgebunden Volksfestspiel. In seinem Aufsatz *Festspiele in Salzburg* (1921) zieht Hofmannsthal eine Parallele zwischen beiden Unternehmen:

»Ein Bergtal ist ein natürliches Theater, und sonderbar genug, der theatralische Trieb des südlichen deutschen Stammes folgt den Bergketten. [...] Die Nürnberger Landschaft gehört noch dazu, die Hügel von Bayreuth gehören dazu. Und sollte es ein Zufall sein, daß Wagner Bayreuth gewählt hat? In Bayreuth steht aus der Markgrafenzeit das prunkvolle Barocktheater, das ein süddeutscher Fürst geschaffen hat. Es ist nichts Zufall, alles geographische Wahrheit, tiefer Zusammenhang zwischen scheinbar nur Geistigem und scheinbar nur Physischem.«[276]

In dem Aufsatz *Das Publikum der Salzburger Festspiele* (1928) redet er »von einer Bayreuth verwandten Atmosphäre«,[277] allerdings nur im Rahmen des exklusiven Kunsttheaters, das bloß einen Teil der Festspiele bildet. Auf der anderen Seite betont er, daß Salzburg »dem ganzen klassischen Besitz der Nation« dienen will, während Bayreuth »*einem* großen Künstler« diene.[278]

Kein Zweifel, daß Hofmannsthal sich Wagner in den letzten Lebensjahren auf Distanz zu halten versucht hat, war er der Verführungskraft seiner »Musikdichtung« doch oft genug erlegen, obwohl die eigenen poetischen Intentionen in eine ganz andere Richtung zu gehen schienen. Nicht zuletzt ist es aber dieses – wie immer auch verleugnete oder unterdrückte – Wagnerische Element in Hofmannsthals Dichtung, das ihn mit Richard

Strauss verbunden hat. Im Gegensatz zu so mancher parteiisch-ungerechten Wertung darf man davon überzeugt sein, daß das Zusammenwirken von Strauss und Hofmannsthal unter guten Sternen gestanden hat. Einer dieser Sterne aber trägt den Namen Richard Wagner.

4. *Ein Satyrspiel zum Ausklang: Friedrich Huchs Wagner-Travestien*

> *Viktor Žmegač in Freundschaft*
>
> »Auf mythologischen Humor, auf Travestie ist alles zu stellen [...]. Parodie... Über sie sinn ich am liebsten nach. Viel zu denken, viel zu sinnen gibts beim zarten Lebensfaden, und bei allen Besinnlichkeiten, die die Kunst begleiten, ist diese die seltsamst-heiterste und zärtlichste. Fromme Zerstörung, lächelnd Abschiednehmen... Bewahrende Nachfolge, die schon Scherz und Schimpf. Das Geliebte, Heilige, Alte, das hohe Vorbild auf einer Stufe und mit Gehalten zu wiederholen, die ihm den Stempel des Parodischen verleihen und das Product sich späten, schon spottenden Auflösungsgebilden wie der nacheuripideischen Komödie annähern lassen...«
>
> Thomas Mann, *Lotte in Weimar* (7. Kap.).

Zu den auffallendsten Wirkungen des Wagnerschen Musiktheaters gehört, daß es von Anfang an zu Parodie und Travestie,[279] zu Karikatur und Satire provoziert hat.[280] Wie ist diese Parodie-Anfälligkeit Wagners zu erklären? Es gibt Autoren, die sich trotz ihres zu Widerspruch und Aggression reizenden Erfolgs nie wirkungsvoll parodieren lassen – denken wir an Goethe –, während die Werke anderer im Publikum sofort parodistische Schatten werfen, wie manche Gedichte und Dramen Schillers. Offenbar hängt das mit der latenten Komik zusammen, die in dem Widerspruch zwischen der Naivität des Stoffs und seiner sentimentalischen Aufbereitung, zwischen der Simplizität der mythischen Bilderwelt und der Komplexität der in ihr verkörperten Gehalte liegt. – Das Nebeneinander von naiver Drastik und Sensibilität, roher Physis und zarter Psyche, überliefertem Mythos und moderner Psychologie in Wagners Musikdramen hat immer wieder zu parodistischer ›Übersetzung‹ des heroischen Sagenstoffs ins Zeitgenössisch-Bürgerliche gereizt. Bereits Nietzsche, der auf »das Nebeneinander von Roheit und zartester Schwäche«[281] in der Wagnerschen Gestaltenwelt hinweist, erlaubt sich derartige Übersetzungsscherze. So im *Fall Wagner*:

»Aber der Gehalt der Wagnerschen Texte! ihr mythischer Gehalt! ihr ewiger Gehalt!‹ – Frage: wie prüft man diesen Gehalt, diesen ewigen Gehalt? – Der Chemiker antwortet: man übersetzt Wagner ins Reale, ins Moderne – seien wir noch grausamer! ins Bürgerliche! Was wird dabei aus Wagner? – Unter uns, ich habe es versucht. Nichts unterhaltender, nichts für Spaziergänge mehr zu empfehlen, als sich Wagner in verjüngten Proportionen zu erzählen: zum Beispiel Parsifal als Kandidaten der Theologie, mit Gymnasialbildung (– letztere als unentbehrlich zur reinen Torheit). Welche Überraschungen man dabei erlebt! Würden Sie es glauben, daß die Wagnerschen Heroinen samt und sonders, sobald man nur den heroischen Balg abgestreift hat, zum Verwechseln Madame Bovary ähnlich sehn! – wie man umgekehrt auch begreift, daß es Flaubert freistand, seine Heldin ins Skandinavische oder Karthagische zu übersetzen und sie dann, mythologisiert, Wagner als Textbuch anzubieten. Ja, ins Große gerechnet, scheint Wagner sich für keine andern Probleme interessiert zu haben als die, welche heute die kleinen Pariser décadents interessieren. Immer fünf Schritte weit vom Hospital! Lauter ganz moderne, lauter ganz großstädtische Probleme! zweifeln Sie nicht daran!«[282]

Eine solche Übersetzbarkeit des Mythischen ins Moderne, die Nietzsche hier mit satirischer Absicht expliziert, scheint die repräsentative Tendenz moderner Wagner-Inszenierungen geworden zu sein: Inszenierung als parodistische Aktualisierung des Mythos wie in Chéreaus Bayreuther *Ring* (1976). Schon Hofmannsthal hat anläßlich der *Ägyptischen Helena* von der modernen »mythologischen Oper« ihre Übersetzbarkeit ins Moderne gefordert. In seinem *Helena*-Essay exerziert er eine solche Übersetzung, die im Stil von der Parodie kaum zu unterscheiden ist, selbst vor – wie die *Ägyptische Helena* ursprünglich ja als lukianisch-offenbachisches Satyrspiel geplant war!

So ist es auch kein Zufall, daß der *Fliegende Holländer* und *Tannhäuser* durch Heinrich Heines parodistische Versionen der Stoffe inspiriert worden sind. Wagners »romantische Opern« sind gewissermaßen parodierte Parodien; die Negation der Negation ergibt eine neue Position. Dieser neue tragische Ernst hat die Erfahrung seiner komischen Negation hinter sich, es ist kein naiver, sondern ein sentimentalischer Ernst. Das wird verblüffend bestätigt durch eine noch nicht publizierte Entdeckung von Isolde Vetter: Aus der Pariser Zeit Wagners (1840) gibt es von seiner Hand seltsame parodistische französische Verse im Metrum der Senta-Ballade und eine ebenfalls französische Parodie des Matrosenchors, die dokumentieren, daß die tragischen Stoffe auch in seiner Imagination sofort parodistische Schatten warfen.[283] In unserer *Meistersinger*-Interpretation war bereits davon die Rede, wie substantiell das Element der Selbstparodie und Selbsttravestie hier zur dramatischen Eingebung Wagners gehört, wobei freilich die Parodie nie das letzte Wort behält, sondern ihrerseits wieder ironisiert wird (der Lehrbub David als der travestierte biblische David, Beckmessers Preislied usw.). Die Ironie der Ironie sanktioniert den Primat des Tragisch-Erhabenen.

Daß von diesem Erhabenen zum Lächerlichen nur ein Schritt ist, das ist geradezu eine Bedingung des Musikdramas, das den Mythos nicht als Gewesenes, sondern als Gegenwärtiges beschwört. Parodie und Travestie sind der Prüfstein der Modernität des mythisch-musikalischen Dramas. Daher auch die stets auf einer vagen Grenzlinie zwischen Ernst und Ironie angesiedelte Schilderung der *Walküre* in der Novelle *Wälsungenblut* von Thomas Mann, für den die Parodie zur höchsten Kunstform überhaupt wird, zum Komplement oder zur Inversion des Tragisch-Erhabenen, ohne diesem sein Recht streitig zu machen.

Die Lektüre der Tagebücher Cosimas zeigt, daß Wagner selbst ein geradezu besessener Parodist gewesen ist. Nicht nur fremde Dichtungen – Grillparzers *Sappho* etwa (CT II,762) oder Goethes *Iphigenie*, deren Sentenzen er durch die pathetische Deklamation von trivialen Sprichwörtern als Rede und Antwort parodiert (CT I,1027) –, sondern auch seine eigenen Werke werden immer wieder zum Gegenstand parodistischen Spotts. Die Musik zur Gralsprozession im *Parsifal* etwa bezeichnet er als »rechten Bademarsch« (CT I,1100 f.), und die Gestaltenwelt des *Ring* wird in den Gesprächen mit Cosima immer wieder ironisch modernisiert, so wenn er das *Rheingold* als »Bauernprozeß« parodiert (CT I,323) u. ä. »Man müsse mit dem Erhabensten scherzen können«, meint er bei solcher Gelegenheit (CT I,1099). – Gewiß ist der Spott Wagners über eigene und fremde Werke auch ein Kompensationsphänomen, erklärbar aus der zeitweiligen Ermüdung durch die ständige pathetische Anspannung bei der Dichtung und Komposition seiner vornehmlich tragischen Stoffe. Einer Notiz Cosimas vom 2. Dezember 1881 zufolge »bittet er den Himmel mit Händefalten um leichte Seiten! [...] Er habe die ekstatischen Wunder satt. – Auch das Wühlen im Schmerz mit den tiefen Klarinetten sei er müde [...].« (CT II,837.) Aus solchen Stimmungen entstehen Nebenwerke wie *Eine Kapitulation* (1871) oder der sonderbar alberne Lustspielentwurf im *Braunen Buch* (1868),[284] in denen er seinem Abgott Aristophanes zu huldigen wähnt. »Das ist meine Rettung, daß mir diese Fähigkeit gegeben war, augenblicklich das Ernsteste in Unsinn umzuschlagen, so konnte ich mich an dem Abgrund erhalten«, sagt er am 6. August 1878 zu Cosima (CT II,155). Wagner war in solchen Momenten bis in seine letzten Lebensjahre auch zu artistischen Späßen, zu Kopfständen und Luftsprüngen aufgelegt. (Nietzsche haben solche exzessiven Scherze stets befremdet. Um so größer das Erstaunen Cosimas, als Richard Strauss ihr später von seiner Philosophie des Lachens berichtet: »Gott: Nietzsche! Wenn Sie ihn gekannt hätten. Er hat nie gelacht und war immer durch unsern Humor wie überrascht. Dazu Kurzsichtigkeit bis zur Augenblödigkeit; armer Nachtvogel, der an allen Ecken und Enden anstieß, den als Prediger des Lachens anzutreffen, berührt seltsam.«[285]) Von den Wagner-Travestien des 19. Jahrhunderts[286] sind nur noch die »Zukunftsposse mit vergangener Musik und gegenwärtigen Gruppierungen in drei Akten«: *Tannhäuser* (1857) und die »Parodie in vier Bildern«: *Lohengrin* (1859) von Johann Nestroy lebendig geblieben; sie gehören freilich zu den schwächsten, nicht selten die Region des Albernen streifenden Stücken des Autors. *Tannhäuser* ist zudem nur die Bearbeitung des Studentenulks eines Breslauer Arztes. Weitaus höheren Rang als der Text hat die Musik von Karl Binder, deren parodistische Qualitäten auch Wagner geschätzt hat. (Er übersandte dem Komponisten als Dank für »gutes Amüsement« eine Krawattennadel.[287]) – Von größerer poetischer Bedeutung als Nestroys Travestien sind die so gut wie unbekannten »grotesken Komödien« von Friedrich Huch aus dem Jahre 1911: *Tristan und Isolde, Lohengrin* und *Der fliegende Holländer* – Inversionen der tragischen Opern Wagners, ohne daß diese jedoch satirisch ad absurdum geführt werden sollen. Daß Huch Wagner gleichwohl kritisch gegenüberstand, geht aus seinem ebenfalls 1911 erschienenen »musikalischen Roman« *Enzio* hervor. In einem Brief Richards an seinen Komponistenfreund Enzio findet sich eine Passage, in der wir zweifellos die Stimme des Autors hören:

> »Wagner ist ein Magier, ein Zauberer, sein Name schließt eine Welt in sich, die einzig dasteht. Aber um diese Welt liegt keine reine, himmlische Atmosphäre, es ist, als entstiegen aus allen ihren Poren narkotisierende, betäubende, süße Dämpfe, die die Seele einhüllen; sie knechtet die Empfindungen anstatt sie zu befreien. Und in diesem Geknechtetsein liegt die ganze Wollust ihres Zaubers, der etwas Verruchtes an sich hat. Der Venusberg des Tannhäuser ist mir ein Symbol für Wagners Kunst; es ist, als sei sie gleichsam unterirdisch angeschlossen, dumpf umwölbt von einer Riesenhöhle, die den Himmel nicht sehen läßt. Und der Tannhäuser selbst kommt mir vor wie einer, der sich gewaltsam aus dieser Welt, die ihn zu ersticken droht, befreit – es hat etwas Erschütterndes an sich, wie er wieder zum erstenmal die Hirtenflöte des freien Tales hört, wie wenn Wagner sich selbst den Rücken kehren möchte zu einer anderen Welt hin. Solche Töne der Natur hat er öfter getroffen und jedesmal wirken sie auf mich wie die Rufe eines Träumenden, der sich befreien möchte von dem Alpdruck seines Traumes, wie ein

visionärer Blick in ein verschlossenes fernes Paradies. Das Erlebnis ›Wagner‹ ist ganz anders als alle andern künstlerischen Erlebnisse. Es wirkt nicht rein als Kunst, es wirkt persönlich. Wie wenn man jahrelang unter dem Einfluß eines dämonischen Menschen gestanden hätte, bis man aus Selbsterhaltungstrieb diesen Einfluß endlich von sich abschüttelt. Und ist es gelungen, ist einmal der Bann gebrochen, dann sehen einen wieder wie aus der Ferne zwei Menschenaugen an, die zu fragen scheinen: Wo bist du geblieben? Dann kann es einem gehen wie dem Tannhäuser, der sich in die verlassene Welt zurücksehnt, der in sie zurückkehren würde, wenn ihn nicht andere, reinere Kräfte hielten. Das unterirdische Reich dauert weiter – so wie Wagners Kunst bestehen bleibt, auch wenn man sie negiert.«[288]

Eine solche ›Negation‹ des unterirdischen Reiches, der künstlichen Paradiese Wagners sind auch Friedrich Huchs »groteske Komödien«. »Wagner gegenüber muß man, wenn man sich selbst noch nicht gefunden hat, sich freiwillig in Fesseln schlagen, wie Odysseus sich an den Mast binden ließ, als er an der Insel der Sirenen vorbeifuhr«, fährt Richard fort.[289] Das Groteske, das Komische, die Parodie sind gewissermaßen die Fesseln, die der Dichter Friedrich Huch sich angelegt hat, um sich gegen die Verführungskraft der Wagnerschen Musik zu schützen.

Die weitaus gelungenste der drei Komödien ist die Travestie des *Fliegenden Holländers*. Dieser tritt als ein existenzmüder Décadent auf, der nicht nur an der Endlosigkeit seines Daseins leidet, sondern zugleich an dessen Wiederholung in der Literatur. »Ach wie ich diese ewige Komödie endlich satt habe!«[290] »Mein Schicksal kursiert bereits als falsche Münze durch die Hände der Leute.«[291] Wie Goethes Helena sieht und kennt er sich selbst als literarische Gestalt und empfindet voll Überdruß, daß ihm nichts begegnet, was er nicht längst schon als fiktive Gestalt erlebt hat.

> »Ein halb der Historie angehörendes Wesen, auf das man Balladen singt. Jedermann weiß: Seit Jahrhunderten bin ich verdammt, auf dem Meer zu fahren, bis mich ein Weib erlöst, das mir treu bis in den Tod bleibt. Ein jeder weiß, daß ich nur alle sieben Jahre landen darf. Ein sonderbares, fast gespenstisches Gefühl, sich so doppelt zu empfinden. Seit einiger Zeit habe ich die fixe Idee, als spielte sich mein ganzes Schicksal wie auf einer Bühne ab, als führte ich selbst alle sieben Jahre mein eigenes Passionsspiel auf.«[292]

So registriert er selbst die dramatische Handlung als Schauspiel, schaut sich als dessen Hauptakteur zu: »Des Daseins rätselhaft Gewirre – / In Akten sieht es stets mein Geist, / Der immer um dasselbe kreist.«[293] Er reflektiert darüber, ob das Bild, das Wagners Oper von ihm entworfen hat, die Wahrheit seines Charakters trifft: »Bin ich übrigens wirklich so unsympathisch, wie ich mir leider darin erschien? So passivanspruchsvoll? So blutsaugerisch-egoistisch? Ach es mag wohl stimmen!«[294] »Ein Mensch, der auf der Welt an nichts anderes zu denken hat als an seine Erlösung, wird egoistisch.«[295] Besorgt ist er darüber, daß der Moment, da er treue Liebe findet, seinen Tod bedeuten soll, wie es die Oper ihm vorschreibt. »Der Liebe Freuden möchte ich genießen, / Und muß doch übers Ziel zum Himmel schießen!«[296] Mary wirft ihm denn auch die Art seiner Liebe zu Senta als Inkonsequenz vor: »Dir kommt es nicht mehr auf Erlösung an, du willst leben!«[297] »Alle Resignation ist zum Teufel, und du willst ein Stückchen über die Resignation hinaus genießen.«[298] Wirklich will der Holländer »nichts von Apotheose, nichts von gemeinsamem Tod« hören.[299]

Daland, der nur »muskelfest und stark« ist und von der Doppelbödigkeit seiner Bühnenexistenz nichts wissen will, hält den ständig von »Motiven« und »Akten« redenden Holländer für verrückt[300] und denkt nicht daran, ihm seine Tochter zur Frau zu geben. Statt dessen führt er ihm die alte Mary zu. Als beide einander gegenübertreten, erstarren sie wie der Holländer und Senta in Wagners Oper – hier jedoch aus einem ganz anderen Grunde. Mary war nämlich die Geliebte des Holländers bei einem seiner früheren siebenjährlichen Aufenthalte. Sie ist nun fest entschlossen, den Holländer zu ›erlösen‹, d. h. ins Ehejoch zu zwingen. Alle Mittel der Überredung und Gewalt, die der Holländer anwendet, sie von ihrem Plan abzubringen, schlagen fehl, bis er am Ende, während der Hochzeit, mit Senta aufs Meer zurück flüchtet.

Senta hat sich wie in der »Oper«, von der ständig kritisch die Rede ist, in den Holländer verliebt. So groß auch seine Leidenschaft ist, geht es ihm doch empfindlich auf die Nerven, daß Senta ständig am Klavier »die Ballade aus dem Fliegenden Holländer« übt: »Horch! Senta übt meine Ballade in ihrem Zimmer! Armes liebes Kind! Sie kann sie nicht, sie ist Dilettantin! Sie soll aufhören, denn trotz meiner Liebe ertrage ich nicht gern schlecht vorgetragene Musik.«[301] Noch dazu, wo es sich um Musik aus der Oper handelt, die dem Holländer so gründlich mißfällt (»Wie malt sich in diesem Dichterkopf meine wirkliche Welt!«[302]). Um so unbehaglicher ist es ihm, daß er nun in genau dieselben Situationen hineingezogen wird, die er auf der Opernbühne gesehen hat. Wiederum ist sein Nebenbuhler der »sentimentale lyrische Tenor« Erik,[303] der freilich das unsichere Jägerhandwerk an den Nagel gehängt hat, weil Daland ihm nur unter der Bedingung eines Berufswechsels seine Tochter zur Frau geben will. Er ist nun Postbeamter geworden und hat es stets eilig, rechtzeitig zum Dienst zu kommen. Die abenteuerlustige Senta bringt er damit zum Gähnen. Erik: »Verschmähst du schlichter Liebe Kost?« Senta: »Zurück von mir, du riechst nach Post!«[304]

Der Holländer selbst sucht die Handlung der Komödie nach festen dramaturgischen Regeln in den Griff zu bekommen; er achtet auf sinnvolle Proportionen und Aktschlüsse und ist verärgert, wenn jemand gegen seine künstlerischen Vorstellungen verstößt. Als offenkundiger Anhänger des naturalistischen Dramas lehnt er die romantische Oper ab. So ärgert ihn sein unwahrscheinliches Konterfei über der Tür in Wagners *Fliegendem Holländer*: »Die Kunst will das Leben stets verbessern, aber die Natur übernaturt die Kunst.«[305] Statt des Bildes findet der Holländer zu seiner ästhetischen Befriedigung in Dalands Haus nun eine Uhr vor. »Wie natürlich! Halb drei ist es also jetzt! O, wieder in der Zeit zu leben! Zu wissen, daß es jetzt halb drei ist! Was für ein beglückendes, was für ein berauschendes Gefühl!«[306] Die Uhr als Gradmesser der Wirklichkeitstreue spielt im naturalistischen Drama (etwa in Holz/Schlafs *Familie Selicke*) eine wichtige Rolle, und so mißt auch der Holländer an ihr den Fortschritt der dramatischen Handlung. Als sie nach geraumer Zeit immer noch halb drei anzeigt, ist ihm das Beweis genug, daß die Handlung auf der Stelle tritt: »Was hätte längst geschehen, vorbereitet sein können! Und wir sind immer noch an dem gleichen Punkt!«[307] Und später: »So bin ich denn auf einen dramatisch vollkommen toten Punkt gekommen; ich weiß nichts mehr zu sagen, nichts zu tun. Ich bin ein Räderwerk, das abgelaufen ist.«[308] Die Uhr steht immer noch auf halb drei! Zu seiner Beschämung muß der Holländer schließlich feststellen, daß sie nur gemalt ist, daß also seine dramaturgischen Folgerungen aus der vermeintlich stillstehenden Zeit für die Katz sind.

Friedrich Huchs Wagner-Travestien weisen zurück auf Ludwig Tiecks Literaturkomödien *Der gestiefelte Kater* (1797) und *Die verkehrte Welt* (1800), die nach den Worten des Autors ebenfalls ein »Spiel mit dem Spiel« sind, »eine Zirkellinie, die zu nichts als zu sich selbst zurückführt«.[309] Richard Wagner hat diese Tieckschen Travestien beson-

ders geliebt und ihren aristophanischen Witz bewundert. Sind sie nicht die reinste
Verkörperung dessen, was er als fixierte Improvisation bezeichnet und dem Drama der
Zukunft als Stilideal vorgezeichnet hat? Die Fiktion der theatralischen Improvisation ist
ja das wesentlichste Kunstmittel der Parodie in diesen Stücken. In ihnen manifestiert
sich nach Wagners Überzeugung ein apokalyptischer Humor, wie er am Ende aller
großen Kulturen auftaucht. Bereits in *Die Kunst und die Revolution* hat Wagner die
Aristophanische Komödie als Signal des Zerfalls der griechischen Polis und des
Gesamtkunstwerks ihrer Tragödie gedeutet: »Auf den Trümmern der Tragödie weinte
in tollem Lachen der Komödiendichter Aristophanes« (III,12) – den Wagner für »das
größte griechische Genie« überhaupt gehalten hat (CT II,651). Etwas von dem Aristophanischen Endzeithumor scheint er in Tiecks *Gestiefeltem Kater* wiederzufinden, den
er am 2. Oktober 1878 Cosima voller Begeisterung über das »geniale Werk« vorliest
(CT II,189). Der Witz, der ihn hier wie an Aristophanes fasziniert, ist gewissermaßen
ein Götterdämmerungswitz: Als Wagner im Frühjahr 1877 den *Frieden* von Aristophanes vorliest, schreibt Cosima, »starr ob der Genialität« der Komödie, in ihr Tagebuch
(CT I,1035): »Lachend gingen die Athener zu Grunde.«

Anmerkungen

Die Zitate aus Wagners *Gesammelten Schriften und Dichtungen* werden im Text selbst mit eingeklammerter römischer Band- und arabischer Seitenzahl nachgewiesen (Bd. 1–10 nach der 2. Auflage, Leipzig 1888, die Bände 11–16 nach: Sämtliche Schriften und Dichtungen. Volksausgabe. Leipzig 1911). – *Die Tagebücher* Cosima Wagners (2 Bde., München 1976 f.) werden mit der Chiffre CT, *Mein Leben* (nach der Ausgabe von Martin Gregor-Dellin, München 1969) mit der Chiffre ML nachgewiesen. Briefe werden im allgemeinen nur mit Datum und Namen des Empfängers angegeben. Sämtliche Zitate sind in Orthographie und z. T. auch in der Zeichensetzung dem modernen Gebrauch angepaßt. Hervorhebungen in den Zitaten stammen stets vom zitierten Autor, sind aber nicht in allen Fällen berücksichtigt.

Vorwort

1 Peter Wapnewski: Der traurige Gott. Richard Wagner in seinen Helden. München 1978. S. 20.
2 Martin Gregor-Dellin in: Friedrich Nietzsche: Richard Wagner in Bayreuth. Der Fall Wagner. Nietzsche contra Wagner. Nachw. von Martin Gregor-Dellin. Stuttgart 1973. (Reclams Universal-Bibliothek. Nr. 7126[2].) S. 166 (Nachwort).
3 Friedrich Nietzsche: Sämtliche Werke. Kritische Studienausgabe in 15 Bänden. Hrsg. von Giorgio Colli und Mazzino Montinari. München 1980. Bd. 6. S. 46.
4 Ebd. Bd. 6. S. 30.
5 Ebd. Bd. 1. S. 487 f.
6 Richard Wagner an Mathilde Wesendonk. Tagebuchblätter und Briefe. Berlin 1904. S. 125.
7 Klaus Günther Just: Richard Wagner – Ein Dichter? In: Richard Wagner. Von der Oper zum Musikdrama. Hrsg. von Stefan Kunze. Bern/München 1978. S. 79–94. Zitat S. 94.
8 Brief Hofmannsthals an Richard Strauss vom 24. September 1913.
9 Thomas Mann: Wagner und unsere Zeit. Aufsätze. Betrachtungen. Briefe. Hrsg. von Erika Mann. Frankfurt a. M. 1963. S. 147.
10 Ebd. S. 76.
11 Ebd.
12 Nietzsche (Anm. 3) Bd. 1. S. 486 (Richard Wagner in Bayreuth).
13 Ebd. S. 502.
14 Ebd.
15 *Rheingold* Programmheft der Bayreuther Festspiele 1977. S. 44.

Der Künstler und die Öffentlichkeit

1 Die Pariser Feuilletons werden im folgenden mit den späteren Titeln der *Gesammelten Schriften* zitiert.
2 Hugo von Hofmannsthal: Gesammelte Werke in Einzelbänden. Hrsg. von Herbert Steiner. Lustspiele III. Frankfurt a. M. 1956. S. 26.
3 Martin Stern: Eine heimliche Wagner-Karikatur – Zum *Ariadne*-Vorspiel 1916. In: Neue Zürcher Zeitung. 26. 11. 1959. Vgl. auch Stephan Kohler: *Ariadne auf Naxos*. Text und Musik im Kontext der Opernbühne. In: Richard Strauss (1864–1949). Hamburg 1979. S. 78. Nach Fertigstellung des Manuskripts wurde mir von Manfred Hoppe, dem Herausgeber des (noch nicht erschienenen) *Ariadne*-Bandes der Hofmannsthal-Gesamtausgabe, bestätigt, daß Hofmannsthal sich durch Wagners Pariser Novellen bei der Konzeption des Vorspiels hat inspirieren lassen.

4 Vgl. Jürgen Habermas: Strukturwandel der Öffentlichkeit. Neuwied/Berlin ³1968. S. 181.
5 Ebd. S. 51.
6 August Wilhelm Schlegel: Über Literatur, Kunst und Geist des Zeitalters. Eine Auswahl aus den kritischen Schriften. Hrsg. von Franz Finke. Stuttgart 1964 [u. ö.]. (Reclams Universal-Bibliothek. Nr. 8898 [3].) S. 79 f.
7 Walter Benjamin: Das Kunstwerk im Zeitalter seiner technischen Reproduzierbarkeit. In: W. B.: Illuminationen. Ausgewählte Schriften. Hrsg. von Siegfried Unseld. Frankfurt a. M. 1961. S. 171 ff.
8 Ebd. S. 151 und 155.
9 Vgl. dazu neben der weiter unten im Text referierten Dresdener Rede Wagners Briefe an August Freiherrn von Lüttichau vom 18. Juni und an den König von Sachsen vom 21. Juni 1848. In bezug auf den letzteren Brief von krassem »Opportunitätsdenken« zu sprechen (Musikkonzepte 5: Richard Wagner. Wie antisemitisch darf ein Künstler sein? München 1978. S. 78) zeugt von völliger historischer Ahnungslosigkeit. Zu Wagners Idee der »monarchischen Republik« vgl. die Einleitung zu: Richard Wagner: Sämtliche Briefe. Bd. 2. Leipzig 1970. S. 36 ff. Wie sich Wagners Vorstellung eines republikanischen Königs in der Konzeption von *Siegfrieds Tod* spiegelt, weist Reinhold Brinkmann nach in: Richard Wagner. Von der Oper zum Musikdrama. Hrsg. von Stefan Kunze. Bern/München 1978. S. 68 f.
10 Vgl. etwa: Jakobinerschauspiel und Jakobinertheater. Hrsg. von Gerhard Steiner. Stuttgart 1973. S. 14 f. In den sog. Jakobinerdramen kehren oft ähnliche Denkfiguren wieder, wie sie Brinkmann (Anm. 9) für die Rolle des Göttervaters in *Siegfrieds Tod* nachweist. (Vgl. auch die ›Befreiung von oben‹ am Schluß von Beethovens *Fidelio*.)
11 Schiller: Sämtliche Werke. Hrsg. von Gerhard Fricke und Herbert G. Göpfert. Bd. 5. München ³1962. S. 593 und 588.
12 Ebd. S. 768.
13 Vgl. Dieter Borchmeyer: Höfische Gesellschaft und Französische Revolution bei Goethe. Adliges und bürgerliches Wertsystem im Urteil der Weimarer Klassik. Kronberg (Ts.) 1977.
14 Wagner hat übrigens auch später Politiker für seine Artikelserie zu interessieren versucht. Selbst Bismarck hat er sie zugeschickt (angesichts ihrer antipreußischen Tendenz freilich eine Zumutung); mehr Interesse zeigte zu Wagners Verblüffung der »ultramontane« Abgeordnete Ludwig Windthorst, der sich 1877 mit Wagner sogar auf eine Diskussion über die Artikel (die inzwischen in den *Gesammelten Schriften* erschienen waren) einließ; vgl. CT I,1056 f.
15 Vgl. hierzu Dieter Borchmeyer: Die Weimarer Klassik. Königstein (Ts.) 1980. S. 26 ff.
16 Thomas Mann: Gesammelte Werke. Frankfurt a. M. ²1974. Bd. 11. S. 1129.
17 Goethes Werke. Hamburger Ausgabe. Hrsg. von Erich Trunz. Bd. 10. Hamburg 1959. S. 52.
18 Ebd. Bd. 12. S. 240 f.
19 Weimar im Urteil der Welt. Hrsg. von Herbert Greiner-Mai [u. a.]. Berlin/Weimar 1977. S. 233 (Brief Liszts an den Großherzog Carl Alexander vom 3. Februar 1860).
20 Ebd. S. 236.
21 Ebd. S. 208.
22 Die wichtigsten Äußerungen Wagners über Keller und umgekehrt finden sich bei Adolf Muschg: Gottfried Keller. München 1977. S. 222 f. und 322 f. Hier S. 223. Vgl. ferner die umfassende Monographie von Max Fehr: Richard Wagners Schweizer Zeit. 2 Bde. Aarau/Leipzig 1934/54.
23 Muschg (Anm. 22) S. 223.
24 Gottfried Keller: Sämtliche Werke und ausgewählte Briefe. Hrsg. von Clemens Heselhaus. München 1958. Bd. 3. S. 1165.
25 Ebd. Bd. 3. S. 990.
26 Muschg (Anm. 22) S. 281.

27 Vgl. dazu Johann Ulrich Saxer: Gottfried Kellers Bemühungen um das Theater. Winterthur 1957. Im abschließenden Kapitel »Das Gesamtkunstwerk« (S. 162–181) konfrontiert Saxer Wagners und Kellers Theaterutopien.

28 Keller (Anm. 24) Bd. 3. S. 1123.

29 Vgl. Saxer (Anm. 27) S. 170.

30 Muschg (Anm. 22) S. 281. Der Begriff der »progressiven Universalpoesie« ist eine Kardinal-idee Friedrich Schlegels.

31 Keller (Anm. 24) Bd. 3. S. 992 f.

32 Ebd. S. 984.

33 Erinnert sei auch an jenen 7. Juli 1853, als Herwegh, Liszt und Wagner auf dem Rütli aus den drei Quellen Blutsbrüderschaft tranken und Liszt dem Freund die Unterstützung eines Bühnenfestspiels in Zürich zusicherte.

34 Richard Wagner: Sämtliche Briefe. Bd. 4. Leipzig 1979. S. 176.

35 Lessings Werke. Hrsg. von Georg Witkowski. Leipzig/Wien o. J., Bd. 5. S. 378.

36 Wagner (Anm. 34) Bd. 4. S. 176.

37 So am 12. Juli 1871 (CT I,413) und am 5. Januar 1873 (CT I,624).

38 Friedrich Nietzsche: Sämtliche Werke. Kritische Studienausgabe in 15 Bänden. Hrsg. von Giorgio Colli und Mazzino Montinari. München 1980. Bd. 6. S. 39.

39 Von der gleichen Beschämung redet er am 12. Januar 1879: »Viel von den Franzosen. Richard sagt: Er schäme sich, daß ihr Instinkt ihnen wahr betreffs der Deutschen gesagt hätte (z. B. Schuré) im Jahre 1870.« (CT II,288.)

40 Vgl. dazu Martin Gregor-Dellin: Richard Wagner. München/Zürich 1980. S. 770.

41 Thomas Mann: Wagner und unsere Zeit. Hrsg. von Erika Mann. Frankfurt a. M. 1963. S. 113 f. Vgl. dazu Reinhold Brinkmann: Über das Kern- und Schlußwort der *Meistersinger*. In: Programmheft zur Neuinszenierung der *Meistersinger* im Münchener Nationaltheater. München 1979. S. 82–91. Hier werden die zitierten Verse in ihrem (sich wandelnden) Kontext gewürdigt. Thomas Manns Deutung der Verse ist nach Brinkmann eine optimistische Überinterpretation.

42 Vgl. Borchmeyer (Anm. 15) S. 38.

43 Schiller (Anm. 11) Bd. 1. S. 473.

44 Ebd. S. 473–478.

45 Ebd. S. 477.

46 Nietzsche (Anm. 38) Bd. 5. S. 180.

47 Von einer solchen Wahlverwandtschaft, gerade im Hinblick auf den Glauben an ein metaphysisches Erwähltheitsprinzip, hat jüngst noch Nahum Goldmann in einem erstaunlichen Artikel gesprochen: Warum der Nazi-Schock nicht enden darf. Über die Schizophrenie und Wahlverwandtschaften zweier Völker. In: Die Zeit. Nr. 6 (2. 2. 1979) S. 16.

48 Th. Mann (Anm. 16) S. 1138.

49 Schiller (Anm. 11) Bd. 5. S. 697.

50 Vgl. Dieter Borchmeyer: Inspiration durchs Kasperltheater. Richard Wagners Idee des improvisatorischen Dramas. In: Euphorion 74 (1980) S. 113–133. Dieser Essay kehrt in dem vorliegenden und in den beiden folgenden Kapiteln in bearbeiteter und erweiterter Gestalt wieder.

51 Goethe (Anm. 17) Bd. 11. S. 78 (Italienische Reise). Zu Goethes Beziehungen zur italienischen Komödie vgl. Walter Hinck: Das deutsche Lustspiel des 17. und 18. Jahrhunderts und die italienische Komödie. Stuttgart 1965. S. 358 ff. Goethes Vorliebe für die extemporierte Komödie zeigt sich bereits vor Italien. Die Weimarer Liebhaberbühne widmete sich ihr mit besonderem Enthusiasmus. Siehe auch das ausgedehnte Gespräch über das Stegreiflustspiel, die Avantagen der Masken und des Extemporierens im Kapitel III,8 in *Wilhelm Meisters theatralische Sendung*. Gewiß hängt Goethes Vorliebe für das improvisierte Theater mit seinen bis in die Kindheit zurückreichenden Puppenspieleindrücken zusammen. Vgl.

dazu die Spekulationen Wagners über den Puppenspiel-Ursprung des *Faust* im folgenden Kapitel.

52 Vgl. CT I,40 f., 62, 179, 181, 299, 388 u. ö. Siehe auch Anm. 53.

53 Nietzsche war die Kasperlbegeisterung im Hause Wagner übrigens längst bekannt. Als Wagner wenige Tage vor Weihnachten 1869 durch den Bei von Tunis der Iftekhar-Orden übersandt wird, stellt er ihn gleich für die Dekoration des Kasperltheaters zur Verfügung – was ebenso von seiner Sympathie für das Puppenspiel wie von seiner Geringschätzung der »lächerlichen« Ordensverleihungen zeugt. Über die Vorbereitung des Heiligen Abends berichtet Cosima: »Professor Nietzsche kommt am Morgen und hilft mir, das Puppentheater mit Iftekhar herzurichten« (CT I,179, 181).

54 Th. Mann (Anm. 16) Bd. 10. S. 42.

55 Vgl. dazu Carl Dahlhaus: Richard Wagners Musikdramen. Hildesheim 1971. S. 10.

56 Vgl. Wolfgang Schadewaldt: Richard Wagner und die Griechen. In: Richard Wagner und das neue Bayreuth. Hrsg. von Wieland Wagner. München 1962. S. 149–174. Hier S. 161. – In seinem Aufsatz *Über musikalische Kritik* (V,53–65) hat Wagner sich ausführlich mit dem griechischen ›Musik‹-Begriff auseinandergesetzt.

57 Zur Bedeutung des Begriffs der ›Besonnenheit‹ bei E. T. A. Hoffmann, dessen Musikästhetik Wagner auch in diesem Punkt verpflichtet ist, vgl. Klaus Kropfinger: Wagner und Beethoven. Regensburg 1975. S. 54 f. – Am 16. Juni 1882 verzeichnet Cosima im Tagebuch: »Gestern betonte R. das Richtige des Ausspruchs von Jean Paul, daß das Wesen des Künstlers in der Besonnenheit läge, die Besonnenheit gäbe gewiß keinen Einfall, ›die heutigen Herren komponieren alle besonnen‹, aber sie sei notwendig, um den Einfall wiederzufinden.« (CT II,962.) – Zur Rolle der Bewußtheit im künstlerischen Schaffensprozeß vgl. bereits Wagners berühmten Brief an Eduard Hanslick vom 1. Januar 1847. In: Wagner (Anm. 34) Bd. 2. S. 538. Dazu: Curt von Westernhagen: Richard Wagner. Sein Werk. Sein Wesen. Seine Welt. Zürich 1956. S. 71 ff.

58 Berlin 1967.

59 Wagner stützt sich hier wohl auf August Wilhelm Schlegels *Vorlesungen über dramatische Kunst und Literatur*, deren 16. Vorlesung von Gozzi und Goldoni (Stegreiftheater contra ›literarisierte‹ Komödie) handelt: Ausgabe von Edgar Lohner. Stuttgart 1966. Bd. 1. Bes. S. 248.

60 Dieser produktive Prozeß ist unvergleichlich von Thomas Mann in seinem Vortrag *Richard Wagner und »Der Ring des Nibelungen«* (1937) beschrieben worden. In: Th. Mann (Anm. 41) S. 136 f. Vgl. dazu Dahlhaus (Anm. 55) S. 85 ff.

61 Vgl. Dieter Borchmeyer: Goethes *Faust* in der Sicht Richard Wagners. In: Akten des 6. Internationalen Germanistenkongresses Basel 1980. Jahrbuch für Internationale Germanistik. A, Kongreßbericht VIII/4. Bern 1980. S. 352–356. Die Grundgedanken dieses Vortrags kehren hier in veränderter und erweiterter Form wieder.

62 Vgl. Egon Voss: Richard Wagner und die Instrumentalmusik. Wilhelmshaven 1977. S. 66–87, 126 ff. u. ö.

63 Vgl. ebd. S. 119: »In der Entwicklung vom ersten Satz der ›Faust-Symphonie‹ über die ›Ouvertüre zu Goethes *Faust* I. Teil‹ zu ›Eine *Faust*-Ouvertüre‹ liegt unverkennbar die Zurücknahme eines Anspruchs.« Vgl. neuerdings (nach Abschluß des Manuskripts erschienen) John Deathridge: Richard Wagners Kompositionen zu Goethes *Faust*. In: Jahrbuch der Bayerischen Staatsoper 5 (1982) S. 90–99. Deathridge demonstriert an Wagners Kompositionsskizzen frappierend die unmittelbare Nähe der geplanten *Faust*-Symphonie zum *Fliegenden Holländer*. Auf einem Skizzenblatt verschlingen sich gar Gretchen- und Senta-Themen – ein Signal für ihre symbolische Verwandtschaft in Wagners Imagination!

64 Vgl. CT I,163; II,80, 491, 612, 682, 753, 1012 u. ö.

65 Richard Wagner: Briefe. Die Sammlung Burrell. Hrsg. und komm. von John N. Burk. Frankfurt a. M. 1953. S. 491 ff.

66 Ebd.
67 Ebd. S. 492.
68 Ähnliches sagt Wagner auch am 19. Dezember 1881 (CT II,853).
69 Vgl. CT I,653 ff.; II,67 u. ö.
70 Vgl. CT I,760 f.; II,224, 247, 612, 927. Die Mummenschanz empfindet er als zu höfisch-konventionell, den Helena-Akt offenbar als zu ›literarisch‹ (Helena, die über sich als Kunstgestalt reflektiert).
71 Vgl. CT I,760 f., 787; II,247, 250, 395, 927 u. ö.
72 Th. Mann (Anm. 41) S. 131 f.
73 Ebd. S. 132.
74 Vgl. Schadewaldt (Anm. 56) S. 166 ff.
75 Th. Mann (Anm. 41) S. 131 f.
76 Th. Mann (Anm. 16) Bd. 10. S. 42.
77 Goethe (Anm. 17) Bd. 11. S. 78.
78 Vgl. VII,295 (hier wird Raimund mit Johann Strauß verglichen); ferner CT I,348 (»er war gebannt in den Schranken des Wiener Volkstheaters, darin aber ist er genial über alle Maßen«), I,372; II,624, 626, 1102 (die letzte Raimund-Huldigung, wenige Tage vor Wagners Tod) u. ö. Daß Wagner für Nestroy weniger Sympathie empfunden hat (vgl. CT I,33), ist angesichts der *Tannhäuser*- und *Lohengrin*-Travestien nicht verwunderlich.
79 Schiller (Anm. 11) Bd. 5. S. 973.
80 Neuerdings sind die Parallelen zwischen beiden Dichtungen detailliert nachgewiesen bei Peter Wapnewski: Richard Wagner. Die Szene und ihr Meister. München 1978. S. 71 ff. Der Brief Hofmannsthals scheint Wapnewski nicht bekannt gewesen zu sein.
81 Zit. nach Gregor-Dellin (Anm. 40) S. 710.
82 Zit. nach Gregor-Dellin. Ebd. S. 721. Auch Emil Naumann (Musikdrama oder Oper? Eine Beleuchtung der Bayreuther Bühnenfestspiele. Berlin 1876) wundert sich über »die mehr realistische, an Puppentheater [!] und Guckkasten erinnernde Szene mit dem Drachen« (S. 40) im Werk eines so reflektierenden Künstlers wie Wagner.
83 Ähnlich CT II,169, 181, 199, 209, 229 u. ö.
84 Vgl. die bedeutsamen Erkenntnisse von Egon Voss (Anm. 62). Bes. S. 11 ff. und 153 ff.
85 CT II,71 f., 78 f., 115, 180, 234, 412, 576, 582, 685, 687, 714, 780, 831, 846, 1073, 1089, 1091, 1109 u. ö.
86 Johann Wolfgang Goethe. Gedenkausgabe der Werke, Briefe und Gespräche. Hrsg. von Ernst Beutler. Zürich ²1961 ff. Bd. 15. S. 1035.
87 Zu Goethes Begriff des Barbarischen vgl. Dieter Borchmeyer: Über eine ästhetische Aporie in Schillers Theorie der modernen Dichtung. Zu seinen »sentimentalischen Forderungen« an Goethes *Wilhelm Meister* und *Faust*. In: Jahrbuch der Deutschen Schillergesellschaft 22 (1978) S. 303–354. Hier S. 323 f.
88 Novalis. Werke. Hrsg. und komm. von Gerhard Schulz. München ²1981. S. 493. – Wagner kommt schon in *Oper und Drama* Novalis nahe, wenn er den Dichter den »absichtlichen Darsteller des Unwillkürlichen« nennt (IV,128). Auf diese Übereinstimmung hat bereits Werner Vordtriede (Novalis und die französischen Symbolisten. Stuttgart 1963. S. 172) hingewiesen.
89 Friedrich Schlegel: Kritische Schriften. Hrsg. von Wolfdietrich Rasch. München 1964. S. 502. Zu den Novalis- und Friedrich-Schlegel-Zitaten sowie zur Bedeutung der Chaos-Chiffre in der romantischen Poetik vgl. Wolfgang Preisendanz: Zur Poetik der deutschen Romantik. In: Die deutsche Romantik. Hrsg. von Hans Steffen. Göttingen 1967. S. 64 ff.
90 Vgl. Hinck (Anm. 51) S. 387. Eine umfassende Studie über die Rolle der Commedia dell'arte und des Puppenspiels für die Romantik hat am Beispiel E. T. A. Hoffmanns, mit dessen Werk Wagner seit früher Jugend vertraut war, Heide Eilert vorgelegt: Theater in der Erzählkunst. Eine Studie zum Werk E. T. A. Hoffmanns. Tübingen 1977. Bes. S. 11 ff. (Gozzi), S. 55–64 (Marionettentheater), S. 65–86 (Commedia dell'arte) u. ö.

91 Adam Heinrich Müller: Vermittelnde Kritik. Aus Vorlesungen und Aufsätzen ausgew. von Anton Krättli. Zürich 1968, S. 176 ff. (Ironie, Lustspiel, Aristophanes) und S. 215 (Italienisches Theater, Masken, Extemporieren). – »In der Tragödie gilt [...] die monarchische Verfassung [...]. Die Komödie hingegen ist demokratische Poesie.« So bemerkt auch A. W. Schlegel (Anm. 59) Bd. 1. S. 133 (11. Vorlesung).

92 Hinck (Anm. 51) S. 391 f.

93 Schlegel (Anm. 59) Bd. 2. S. 112 (25. Vorlesung).

94 »Nicht Originalität, sondern Variation des Bekannten gilt als Kunst. So teilt die Commedia dell'arte langhin ein Gesetz der Rhetorik: vorgegebene Themen und bereitgestellte Formen zur äußersten Wirkung zu führen.« So Hinck (Anm. 51) S. 6.

95 Justus Möser: Harlekin oder die Verteidigung des Groteske-Komischen. In: J. M.: Anwalt des Vaterlands. Ausgewählte Werke. Leipzig/Weimar 1978. S. 361–399. Vgl. Hinck (Anm. 51) S. 16.

96 Zur Auflösung des klassischen Periodenschemas, zumal im *Ring*, vgl. Dahlhaus (Anm. 55) S. 104 ff.

97 Allerdings redet Wagner auch einmal in bezug auf Aischylos vom Improvisationscharakter seiner Kunst: »Das Eigentümliche bei diesem ganz großen Wesen ist, daß man das Procédé so gar nicht merkt, es sieht aus, als wäre es gar keine Kunst, weil es eben noch etwas viel Höheres ist: die Improvisation.« (CT I,480.)

98 Vgl. dazu Stefan Kunze: Über den Kunstcharakter des Wagnerschen Musikdramas. In: Richard Wagner. Von der Oper zum Musikdrama (Anm. 9) S. 9–24. Hier bes. S. 14 ff.

99 In diesem Zusammenhang bemerkt Wagner: »Was ich für ein Stümper bin, glaubt kein Mensch [...]. Mendelssohn würde die Hände über dem Kopf zusammenschlagen, wenn er mich komponieren sähe.« (CT I,404 f.) Hier dokumentiert sich das nie ganz unterdrückte Inferioritätsgefühl des »Dilettanten« Wagner gegenüber dem Komponisten von Metier.

100 Das Gespräch ist angeregt durch A. W. Schlegels 15. Vorlesung über dramatische Kunst, die sich mit der Atellane und der römischen Kunstkomödie befaßt.

101 Th. Mann (Anm. 16) Bd. 10. S. 37.

102 Zit. nach Alfred Brendel: Vollender des Klavierspiels. Zum 30. Todestag von Ferruccio Busoni, 1954. In: A. B.: Nachdenken über Musik. München 1977. S. 151.

103 Das Musterbeispiel des mit Leichtigkeit schaffenden Formgenies ist für Wagner stets Mendelssohn. Vgl. Anm. 99.

104 Dahlhaus (Anm. 55) S. 87 f. und 112.

105 Vgl. Carl Dahlhaus: Wagners Begriff der »dichterisch-musikalischen Periode«. In: Beiträge zur Geschichte der Musikanschauung im 19. Jahrhundert. Hrsg. von Walter Salmen. Regensburg 1965. S. 179–187.

106 Das bedeutet, daß »der Dichter sich selbst vollständig verliert, um im Mimen nicht mehr als Dichter, sondern als das durch dessen Selbstentäußerung gewonnene höchste Kunstwerk sich kundzugeben«. Deshalb hält Wagner auch den »am Schlusse wie üblich ›herausgerufenen‹ und mit Verneigungen gegen das Publikum sich bedankenden Dichter« für eine ästhetische Absurdität. Der Applaus gebührt allein dem Mimen! Der »Austausch seiner wunderbaren Kunst gegen den unmittelbar sich kundgebenden Enthusiasmus, wie er sich im Beifalle des Publikums auszusprechen hat«, ist das »Naturgesetz« und »unentbehrliche Element« seiner Kunst (IX,226).

107 Thomas Mann: Leiden und Größe Richard Wagners. In: Th. M. (Anm. 40) S. 52 u. ö.

108 Nietzsche (Anm. 38) Bd. 1. S. 467 f.

109 Ebd. Bd. 3. S. 317.

110 Ebd. Bd. 6. S. 30.

111 »Prolog« zum *Wallenstein*. V. 137.

112 Ferruccio Busoni: Entwurf einer neuen Ästhetik der Tonkunst. Neue Ausg. mit einem Nachw. von Hans Heinrich Stuckenschmidt. Wiesbaden 1954. S. 22. Diese Auffassung

hat Arnold Schönberg in seinen Anmerkungen zu Busonis *Entwurf* vehement verworfen.

113 Ferruccio Busoni: Doktor Faust. In: Spectaculum. Texte moderner Opern. Hrsg. von Hans Heinrich Stuckenschmidt. Frankfurt a. M. 1962. S. 10 f. Vgl. dazu Ferruccio Busoni: Über die Möglichkeiten der Oper und über die Partitur des Doktor Faust. Wiesbaden 1967. Bes. S. 35 ff.

114 G. W. F. Hegel: Jenenser Realphilosophie. Bd. 2. Leipzig 1931. (Meiners Philosophische Bibliothek. 67.) S. 251.

115 Vgl. Borchmeyer (Anm. 15) S. 203 ff.

116 Schiller (Anm. 11) Bd. 5. S. 585.

117 Vgl. Borchmeyer (Anm. 15) S. 272 ff. (Schöne Öffentlichkeit – Schillers klassisches Drama).

118 Schiller (Anm. 11) Bd. 2. S. 820.

119 Karl Marx: Die Frühschriften. Hrsg. von Siegfried Landshut. Stuttgart 1964. S. 51.

120 Schiller (Anm. 11) Bd. 4. S. 811.

121 Karl Marx/Friedrich Engels: Die heilige Familie. Hrsg. von Irving Fetscher. Frankfurt a. M. 1967. S. 123 und 129.

122 Karl Marx/Friedrich Engels: Werke. Bd. 23. Berlin 1970. S. 375.

123 Martin Gregor-Dellin (Anm. 40) betont mit Recht, es sei undenkbar, daß Wagner, auch wenn er Marx nie erwähnt, durch seine revolutionären Freunde (zumal Bakunin, später Herwegh) nicht mehr oder weniger eingehend von Marx erfahren hat (S. 357).

124 Vgl. Borchmeyer (Anm. 13) S. 10 ff.

125 Marx/Engels (Anm. 122) S. 193 und 195.

126 Goethe (Anm. 17) Bd. 6. S. 374 f.

127 Zur Krise der Wagnerschen Idee des Gesamtkunstwerks unter dem Einfluß Schopenhauers vgl. Jack M. Stein: Richard Wagner and the Synthesis of the Arts. Detroit 1960.

128 Zum Begriff des Kommunismus vgl. Wagners Ausführungen in der Einleitung des dritten Bandes der *Gesammelten Schriften*, S. 5 f. – ferner das erste Kapitel der Skizzen *Das Künstlertum der Zukunft* (1849): »Zum Prinzip des Kommunismus« (XII, 254 ff.).

129 Th. Mann (Anm. 41) S. 73 (Leiden und Größe Richard Wagners).

130 Hans Sedlmayr: Der Verlust der Mitte. Salzburg 1951. S. 43 ff. und 80 ff.

131 Ebd. S. 42.

132 Vgl. dazu Dagobert Frey: Zuschauer und Bühne. Eine Untersuchung über das Realitätsproblem des Schauspiels. In: D. F.: Kunstwissenschaftliche Grundfragen. Wien 1946. S. 152–223. Hier S. 208 f.

133 Vgl. Heinz Kindermann: Bühne und Zuschauerraum. Ihre Zueinanderordnung seit der griechischen Antike. Wien 1963. (Österreichische Akademie der Wissenschaften. Phil.-hist. Kl. Sitzungsberichte. Bd. 242. Abh. 1.) S. 41

Oper – Schauspiel – Musikalisches Drama

1 Vgl. Carl Dahlhaus: Wagners Konzeption des musikalischen Dramas. Regensburg 1971. S. 25–33.

2 Wolfgang Schadewaldt: Richard Wagner und die Griechen. In: Richard Wagner und das neue Bayreuth. Hrsg. von Wieland Wagner. München 1962. S. 149–174.

3 Vgl. ebd. S. 153.

4 Vgl. dazu die Beiträge von Wolfgang Schadewaldt in den Bayreuther Programmheften 1963 und 1964: Richard Wagner und die Griechen. 2. und 3. Teil.

5 Dichter über ihre Dichtungen. Franz Grillparzer. Hrsg. von Karl Pörnbacher. München 1970. S. 117.

6 Friedrich Nietzsche: Sämtliche Werke. Kritische Studienausgabe in 15 Bänden. Hrsg. von Giorgio Colli und Mazzino Montinari. München 1980. Bd. 1. S. 436.

7 Vgl. Wladimir Weidlé: Die Sterblichkeit der Musen. Stuttgart 1958. S. 153 ff. (Der Tod des Stils).

8 Vgl. CT I,646, 1027 u. ö.

9 Nietzsche (Anm. 6) Bd. 8. S. 501.

10 Wir übernehmen hier einen Begriff, den Karl Löwith für Hegels Philosophie des absoluten Wissens geprägt hat. K. L.: Von Hegel zu Nietzsche. Stuttgart ⁵1964. S. 44 ff.

11 Als ihm Cosima einen Huldigungsartikel vorlesen will, weigert Wagner sich zuzuhören: »Es ist mir recht, wenn ich höre, daß ich nicht in Staub getreten werde und daß man nicht wie von einem Charlatan immer von mir redet, aber mein eigenes Lob so zu hören, ist mir schrecklich.« (CT I,324.) Zu seiner Abneigung gegen »Ovationen« vgl. CT I,519 (10./11. Mai 1872) und CT II,471 (1. Januar 1880), in diesem Zusammenhang auch seine Kritik am »Herausrufen« des Komponisten nach der Aufführung in der Abhandlung *Über Schauspieler und Sänger* (X,226). »R. wohnt der Lektüre [eines rühmenden Artikels über ihn] nicht bei, er sagt, er könne diese Lobreden auf sich nicht anhören, nur wenn er ganz vergäße, daß es sich um ihn handle, könne er sich der guten Gedanken freuen«, berichtet Cosima am 30. Mai 1878 (CT II,102). Ähnlich CT II,109 (unten). Zu einem regelrechten Skandal kommt es, als Wagner bei einer Ovation Angelo Neumanns nach dem Berliner *Ring* 1881 trotz der Anwesenheit der Kaiserfamilie verstimmt davonläuft (CT II,743); vgl. dazu Martin Gregor-Dellin: Richard Wagner. München 1980. S. 796 f. Siehe auch Wagners Ablehnung der Ehrendoktorwürde der Universität Oxford (CT II,932). In all diesen Fällen zeigt sich, daß Wagner weit weniger Schauspielernatur war als Nietzsche und Thomas Mann behauptet haben, welch letzterer im übrigen selbst eine entschiedene Tendenz zum Histrionischen hatte und z. B. bis ins hohe Alter jede Ehrung seiner Person genau registrierte.

12 Thomas Mann: Wagner und unsere Zeit. Hrsg. von Erika Mann. Frankfurt a. M. 1963. S. 129

13 Egon Voss weist darauf hin, daß Wagner Opernpartituren nie so intensiv studiert hat wie die klassischen Instrumentalwerke und daß er bezeichnenderweise im Alter nur noch als Konzert-, aber nicht mehr als Operndirigent hervorgetreten ist (E. V.: Richard Wagner und die Instrumentalmusik. Wagners symphonischer Ehrgeiz. Wilhelmshaven 1977. S. 17 ff. und 23 f.).

14 Neben den einschlägigen Äußerungen in den *Gesammelten Schriften* vgl. CT I,540, 552, 798 u. ö.

15 Neben den *Gesammelten Schriften* (bes. *Erinnerungen an Auber*, IX,42–60) vgl. namentlich CT II,87, 259 (Fußnote), 329 (Wagner spielt Auber gegen die »germanischen Nuppler« aus), 392.

16 CT I,919; II,107, 479 f., 970 u. ö.

17 Dahlhaus (Anm. 1) sieht in Wagners *Figaro*-Würdigung einen Beleg für seine These, daß das Musikdrama weit stärker der Tradition der Opera buffa als derjenigen der Opera seria verpflichtet ist (S. 23). – Das Zitat könnte übrigens den Eindruck erwecken, als habe Wagner Mozarts *Figaro* als »lieblose« Intrigenoper aufgefaßt. Eben diese Meinung hat Nietzsche am 12. Februar 1870 im Gespräch mit Wagner vertreten: »Mozart habe die Intrigenmusik erfunden«. Darauf Wagner jedoch: »Im Gegenteil, er hat die Intrigen in Melodie aufgelöst. Man muß nur das übrigens ausgezeichnete Stück von Beaumarchais mit den Opern Mozarts vergleichen, dort sind es schlaue, witzige, berechnende Wesen, die geistvoll miteinander handeln und reden, bei Mozart sind es verklärte, leidende, klagende Wesen.« (CT I,198.) Ähnlich äußert Wagner sich bei einem vergleichenden Studium des *Figaro* von Beaumarchais und Mozart Anfang Januar 1873: »Wir mußten abermals die Verklärung durch die Musik empfinden«, berichtet Cosima und gibt folgenden Ausspruch Wagners wieder: »In dem Stück sind es wie Käfer, die auf der Erde sich mühen, in der Oper wie Schmetterlinge, die in der Luft spielen.« (CT I,623).

18 Johann Wolfgang Goethe. Gedenkausgabe der Werke, Briefe und Gespräche. Hrsg. von Ernst Beutler. Zürich ²1961 ff. Bd. 11. S. 623.

19 Richard Wagner an Mathilde Wesendonk. Tagebuchblätter und Briefe. Berlin 1904. S. 193.

20 Vgl. dazu Cosimas Aufzeichnung am 11. März 1872: »Wie wir gestern abend noch von den Sentenzen der Helden Schillers redeten, sagte R., schließlich sprechen sie wie Sancho Pansa in Sprichwörtern.« (CT I,499.) Um die Sentenzen der Iphigenie, die ihm in der Form des verbalen Schlagabtausches, der Stichomythie, selbst in der griechischen Tragödie nicht behagen, zu verspotten, »deklamiert er pathetisch als Rede und Antwort die Sprichwörter: ›Es geht der Topf so lange zu Wasser, bis er bricht.‹ ›Aber die Kuh mag sehen, wo sie hinkommt.‹ ›Und doch, selber essen macht fett‹ etc.« (CT I,1027).

21 Vgl. Curt von Westernhagen: Richard Wagners Dresdener Bibliothek 1842–49. Wiesbaden 1966.

22 Franz Grillparzer: Tagebücher und Reiseberichte. Hrsg. von Klaus Geißler. Berlin 1980. S. 45.

23 Vgl. Wilhelm Roth: Schopenhauers Metaphysik der Musik und sein musikalischer Geschmack. Mainz 1951; ferner: Klaus Kropfinger: Wagner und Beethoven. Regensburg 1975. S. 150 f.

24 Lessings Werke. Hrsg. von Georg Witkowski. Leipzig/Wien o.J. Bd. 4. S. 309 f. – Auf dieses Fragment verweist bereits Houston Stewart Chamberlain: Richard Wagner. München ⁴1907. S. 274. Sehr erhellend ist ferner die Untersuchung von Peter Horst Neumann: Einige Bemerkungen über Oper und Volkslied und die Idee der Einheit von Musik und Dichtung von Lessings *Laokoon*-Fragmenten bis zu Richard Wagner und Heinrich Heine. In: Jahrbuch der Jean-Paul-Gesellschaft 7 (1972) S. 103–123, bes. S. 104–113. (Die Wagner-Passage bleibt freilich etwas unverbindlich.)

25 Eduard Hanslick: Vom Musikalisch-Schönen. Ein Beitrag zur Revision der Ästhetik der Tonkunst. Unveränd. Nachdr. der 16. Aufl. Wiesbaden 1980. S. 54.

26 Vgl. Dahlhaus (Anm. 1) S. 52–54.

27 Die Ansicht von Fritz Reckow (Zu Wagners Begriff der unendlichen Melodie. In: Das Drama Richard Wagners als musikalisches Kunstwerk. Hrsg. von Carl Dahlhaus. Regensburg 1970. S. 81–103), jener Begriff habe keinen satztechnischen Aspekt (dagegen schon die Diskussionsbeiträge von Martin Geck, ebd. S. 104 f.), ist durch die Äußerungen in den Tagebüchern Cosimas zweifellos widerlegt worden. Vgl. auch Klaus Kropfinger (Anm. 23) S. 133 ff.

28 Vgl. seine Äußerung vom 15. Januar 1872 über die Fugenexperimente von Mozart und Beethoven: »Was die Fuge betrifft, so sollen diese Herren sich verstecken gegen Bach.« (CT I,481.)

29 E. T. A. Hoffmann: Werke. Frankfurt a. M. 1967. Bd. 2. S. 257.

30 Ebd. S. 254 f.

31 Ebd. S. 257.

32 Vgl. Kropfinger (Anm. 23) S. 156.

33 Hoffmann (Anm. 29) Bd. 2. S. 256.

34 Carl Dahlhaus: Die Idee der absoluten Musik. Kassel 1978. Vgl. ferner Klaus Kropfinger (Anm. 23) S. 133 ff.

35 Hanslick (Anm. 25) S. 34.

36 Vgl. Helmut Kuhn: Die Ontogenese der Kunst. In: Festschrift für Hans Sedlmayr. München 1962. Wiederabgedr. in: Schriften zur Ästhetik. Hrsg. von Wolfhart Henckmann. München 1966.

37 Nietzsche (Anm. 6) Bd. 1. S. 263 f.

38 Ebd. Bd. 7. S. 22 und 57.

39 Ebd. Bd. 1. S. 518.

40 Ebd. Bd. 7. S. 22 und 56.

41 Ebd. S. 13.

42 Ebd. S. 154.
43 Ebd. S. 17, ähnlich S. 25.
44 Ebd. S. 26, ähnlich S. 57.
45 Ebd. S. 24.
46 Ebd. S. 367. Dieses von Jakob Knaus in seiner Anthologie *Sprache, Dichtung, Musik* (Tübingen 1973) abgedruckte Fragment interpretiert bereits Dahlhaus (Anm. 34) S. 35 ff. Die anderen nachgelassenen Aufzeichnungen Nietzsches über das Problem der absoluten Musik sind bei Dahlhaus noch nicht berücksichtigt.
47 Nietzsche (Anm. 6) Bd. 7. S. 766.
48 Ebd. S. 770.
49 Ebd. S. 756, 761, 787 u. ö.
50 Ebd. S. 766.
51 Ebd. S. 770.
52 Ebd. S. 360.
53 Ebd. S. 362.
54 Ebd. S. 770.
55 Ebd. Bd. 5. S. 345 f.
56 Ebd. Bd. 7. S. 187 f.
57 Ebd. S. 185 f.
58 Ebd. S. 188.
59 Ebd. S. 366.
60 Ebd. S. 191.
61 Ebd. S. 368 f.
62 Zit. nach: Wagner. Sein Leben, sein Werk und seine Welt in zeitgenössischen Bildern und Texten. Hrsg. von Herbert Barth, Dietrich Mack und Egon Voss. Wien 1975. S. 178.
63 Nietzsche (Anm. 6) Bd. 7. S. 275 f.
64 Ebd. S. 277.
65 Ebd. S. 303.
66 Ebd. S. 323 f.
67 Ebd. Bd. 8. S. 541.
68 Ebd. S. 229 und 329.
69 Ebd. Bd. 1. S. 479.
70 Voss (Anm. 13) S. 180.
71 Untertitel der Anm. 13 angegebenen Monographie.
72 Nietzsche (Anm. 6) Bd. 7. S. 185.
73 Ebd. Bd. 1. S. 50.
74 Ebd. Bd. 7. S. 771.
75 Dahlhaus (Anm. 34) S. 32.
76 Ebd. S. 134.
77 Richard Wagner: Sämtliche Briefe. Leipzig 1967 ff. Bd. 2. S. 358.
78 Bereits E. T. A. Hoffmann hat übrigens die Symphonie als eine Art »musikalisches Drama« aufgefaßt; vgl. Dahlhaus (Anm. 34) S. 17.
79 Vgl. CT I,70 (»bis zu Mozart sei die Musik im vegetabilischen Reich verblieben, von Mozart aber und namentlich von Beethoven an sei die ›anima‹ dazugetreten«), 123 (»In dieser ganzen Schöpfungsgeschichte verhält sich der alte Bach ungefähr wie das ganze Planetensystem, bevor es sich von der Sonne getrennt hatte.«), 356 (»Bachs Musik ist gewiß eine Idee der Welt« – die metaphysische Bestimmung der Musik nach Schopenhauer im Unterschied zu den anderen Künsten! –, »seine gefühllosen Figurationen sind wie die Natur selbst gefühllos, sterben und geboren werden, winden, stürmen, sonnen, all das geht vor sich wie solch eine Figuration [...]. Und die Orgel gehört dazu, die so gefühllos wie die Weltseele und dabei so mächtig ist.«), 547 f. (»eine Sphinx« – »Die Klage der Natur [Tiere und Pflanzen] hört man da.«); II,54

(»Darauf spielt R. aus dem Wohltemperierten Klavier das cis moll-Präludium zu unsäglichem Eindruck. Wie die ruhige Klage einer Sphinx oder verschwindender Götter oder einer Natur vor Menschenerschaffung erklingt es in uns!«), 113 (»Es ist wie ein Weltbau, der nach einem ewigen Gesetz sich bewegt, ohne Affekt, das Leiden der Welt ist wohl auch darin mit inbegriffen, aber nicht in derselben Weise wie in der andren Musik.«), 259 (»Musik eo ipso«), 307 f. (»Das ist wie die unverständige und unverstehbare Natur.«), 446 (»Da sind elementare Kräfte wie Planeten, psychisch belebt.« – »Das ist der Musiker katexochen.«), 807 (»Wie die vormenschliche Welt«).
80 Voss (Anm. 13) S. 129 ff.
81 Ebd. S. 143 f.
82 Th. Mann (Anm. 12) S. 144.
83 Nietzsche (Anm. 6) Bd. 8. S. 492.
84 Ebd. Bd. 6. S. 27 f.
85 Ebd. Bd. 3. S. 617.
86 Ebd. Bd. 6. S. 35 f.
87 Ebd. S. 30.
88 Th. Mann (Anm. 12) S. 72.
89 Vgl. Kropfinger (Anm. 23) S. 150 f.
90 Hanslick (Anm. 25) S. 37 ff.
91 Zit. ebd. S. 3.
92 Ebd. S. 2 f.
93 Ebd. S. 82 f.
94 Ebd. S. 81 f.
95 Ebd. S. 78.
96 Ebd. S. 1.
97 G. W. F. Hegel: Ästhetik. Hrsg. von Friedrich Bassenge. Frankfurt a. M. o. J. Bd. 1. S. 13. Hanslick bezieht sich in einer Fußnote S. 7 ausdrücklich auf Hegels Kritik an der Empfindungslehre.
98 Hanslick (Anm. 25) S. 5.
99 Ebd. S. 127.
100 Ebd. S. 59 und 5.
101 Ebd. S. 167.
102 Schiller: Sämtliche Werke. Hrsg. von Gerhard Fricke und Herbert G. Göpfert, Bd. 5. München ³1962. S. 362. Vgl. zu dem hier erörterten Problem: Dieter Borchmeyer: Tragödie und Öffentlichkeit. Schillers Dramaturgie. München 1973. S. 243–248 (Schiller und der Verfall der Affektenlehre).
103 Schiller (Anm. 102) Bd. 5. S. 640.
104 Ebd. S. 516.
105 Hanslick (Anm. 25) S. 124.
106 Ebd. S. VII.
107 Ebd. S. 131.
108 Ebd. S. 131.
109 Ebd. S. 132.
110 Kropfinger (Anm. 23) S. 157 ff.
111 Kant: Kritik der Urteilskraft. Hrsg. von Karl Vorländer. Hamburg 1924 [u. ö.]. S. 91.
112 Ebd. S. 99 und 94.
113 Hanslick (Anm. 25) S. 59 und 66.
114 Vgl. Wolfgang Preisendanz: Zur Poetik der deutschen Romantik. In: Die deutsche Romantik. Hrsg. von Hans Steffen. Göttingen 1967. S. 69; vgl. auch die umfassende Monographie von Karl Konrad Polheim: Die Arabeske. Ansichten und Ideen aus Friedrich Schlegels Poetik. München/Paderborn/Wien 1967.

115 Hanslick (Anm. 25) S. 59.
116 Ferruccio Busoni: Entwurf einer neuen Ästhetik der Tonkunst. Neue Ausg. mit einem Nachw. von Hans Heinz Stuckenschmidt. Wiesbaden 1954. S. 16.
117 Kant (Anm. 111) S. 70.
118 Ebd. S. 186.
119 Ebd. S. 66.
120 Ebd. S. 67.
121 Hanslick (Anm. 25) S. 66.
122 Schiller (Anm. 102) Bd. 5. S. 799 (Über das Erhabene). Auf dieses Zitat bezieht sich bereits Kropfinger (Anm. 23) S. 160.
123 Kant (Anm. 111) S. 90.
124 Ebd. S. 100 f.
125 Ebd. S. 122.
126 Vgl. Wagner (Anm. 19) S. 110.
127 Schiller (Anm. 102) Bd. 5. S. 734 f.
128 Hanslick (Anm. 25) S. 63.
129 Ebd. S. 87 ff.
130 Ebd. S. 90.
131 Ebd. S. 92.
132 Dazu und zum folgenden vgl. Dahlhaus (Anm. 34) S. 51 ff.
133 Zur Bedeutung dieser historischen ›Parteien‹ vgl. Hans Robert Jauss: Literarische Tradition und gegenwärtiges Bewußtsein der Modernität. In: H. R. J.: Literaturgeschichte als Provokation. Frankfurt a. M. 1970, S. 11–57.
134 Vgl. Dahlhaus (Anm. 34) S. 50.
135 Johann Mattheson: Der vollkommene Kapellmeister. Hamburg 1739. Repr. Kassel 1954. S. 82. Der Begriff der »Klangrede« ist heute die Parole von Nikolaus Harnoncourt bei seinen Bemühungen, die Aufführungspraxis alter Musik von den Elementen der romantischen Tradition zu befreien.
136 Nietzsche (Anm. 6) Bd. 1. S. 120 f.
137 Ebd. S. 124.
138 Ebd. S. 126.
139 Ebd. S. 123.
140 Zit. ebd. Bd. 7. S. 271.
141 Peter Hacks: Oper. München 1980. S. 246.
142 Hanslick (Anm. 25) S. 49 f.
143 Ebd. S. 54.
144 Eduard Hanslick: Grillparzer und die Musik (1876). In: E. H.: Musikalische Stationen. Berlin 1901. S. 331–361. – Ders.: Grillparzer als Musiker. In: E. H.: Musikalisches und Literarisches. Berlin ²1889. S. 267–278.
145 Zit. nach Hanslick (Anm. 25) S. 55; Grillparzer (Anm. 22) S. 46.
146 Vgl. Martin Gregor-Dellin: Richard Wagner. München 1980. S. 726.
147 Emil Naumann: Musikdrama oder Oper? Eine Beleuchtung der Bayreuther Bühnenfestspiele. Berlin 1876. S. 23 und 37.
148 Ebd. S. 7 f.
149 Ebd. S. 13 und 9.
150 Hanslick: Musikalisches und Literarisches (Anm. 144) S. 235.
151 Naumann (Anm. 147) S. 28 und 57.
152 Ebd. S. 5.
153 Ebd. S. 6 f.
154 Ebd. S. 14.
155 In dieser Abhandlung hat Wagner im Gegensatz zu zahllosen anderen Äußerungen von einem

»dramatischen« Charakter selbst der Beethovenschen Symphonie nichts wissen wollen. Vgl. bes. X,178 oben.

156 Goethe (Anm. 18) Bd. 15. S. 1035. Vgl. CT I,488 u. ö.
157 Vgl. Peter Wapnewski: Richard Wagner. Die Szene und ihr Meister. München 1978. S. 22. Eine Reproduktion des Sgraffittos findet sich auf dem Schutzumschlag von Wapnewskis Buch: Der traurige Gott. München 1978.
158 Richard Wagner: Briefe an August Röckel. Leipzig 1903. S. 38 (Brief vom 15. Januar 1854).
159 Ebd.
160 Vgl. Jauss (Anm. 133) S. 40.
161 Nietzsche (Anm. 6) Bd. 2. S. 180 f.
162 Friedrich Hebbel: Sämtliche Werke. Hrsg. von Hermann Krumm. Hamburg 1891. Bd. 10. S. 211.
163 Vgl. bes. CT II,100 f., 821 (»Er ist der Einzige.«), 822 (»eine Torheit, irgendeinen mit ihm vergleichen zu wollen«), 864 f., 918 (»er ist absolut unbegreiflich«), 948 (»Er ist mein einziger Geistesfreund«), 954 (»Das war doch der Größte von allen.«), 1000 (»Gegenüber der immer sich steigernden Bewunderung für Shakespeare will die frühere Vorliebe für Calderon eher abnehmen.«), 1090 u. ö.
164 Poetik 1456ᵃ11–19.
165 Ebd. 1449ᵇ12–16.
166 Ebd. 1459ᵃ17–20.
167 Ebd. 1451ᵇ33–39.
168 Schiller (Anm. 102). Bd. 1. S. 482. Wagner: »Schiller begann wie Goethe mit dem dramatisierten Romane unter dem Einflusse des Shakespeareschen Dramas.« (IV,23.)
169 Vgl. dazu Dieter Borchmeyer: Über eine ästhetische Aporie in Schillers Theorie der modernen Dichtung. In: Jahrbuch der Deutschen Schillergesellschaft 22 (1978) S. 347 ff.
170 Vgl. ebd. S. 325 ff.
171 Vgl. die häufige Erwähnung Walter Scotts in den Tagebüchern Cosimas, bes. CT II,40 ff. und 59 ff.
172 Schiller (Anm. 102) Bd. 5. S. 390.
173 Vgl. dazu Georg Lucács: Der historische Roman. In: G. L.: Werke. Bd. 6. Berlin/Neuwied 1964. S. 133 f. Anders als Wagner kritisiert Manzoni freilich in seiner Abhandlung über den historischen Roman (1844/45) diese Gattung wegen der Vorherrschaft der Erfindung. Das historische Drama ist demgegenüber für ihn noch eine durchaus legitime Gattung.
174 Schiller (Anm. 102) Bd. 1. S. 211–213.
175 Ebd. Bd. 5. S. 1042.
176 Hegel (Anm. 97) Bd. 1. S. 452.
177 Ebd. S. 567.
178 Ebd.
179 Wagner spielt hier natürlich auf Mephistos Wissenschaftssatire in der Schülerszene des *Faust I* an: »Wer will was Lebendigs erkennen und beschreiben, / Sucht erst den Geist herauszutreiben, / Dann hat er die Teile in der Hand. / Fehlt leider! nur das geistige Band.« (V. 1936 ff.)
180 Der christliche Todeskultus erfährt durch Wagners Schopenhauer-Rezeption natürlich eine radikale Umwertung. Welche dramaturgischen Folgen das hat – Wagner charakterisiert in *Oper und Drama* die christliche Lebensanschauung als ›undramatisch‹ –, wird sich beim *Tristan* zeigen. »Im griechischen Drama wächst die Bewegung vom Beginne an zu immer beschleunigterem Laufe, bis zum erhabenen Sturme der Katastrophe; das ungemischte, wahrhaftige christliche Drama müßte mit dem Sturme des Lebens beginnen, um die Bewegung zum schwärmerischen Ersterben abzuschwächen.« (IV,37.) Isoldes Liebestod!
181 Hegel (Anm. 97) Bd. 1. S. 567.

182 Schiller (Anm. 102) Bd. 5. S. 582 ff.
183 Georg Lukács: Die Theorie des Romans. Neuaufl. Darmstadt 1965. S. 87.
184 Ebd. S. 157.
185 Vgl. bes. CT I,471; II,82, 140, 147, 252, 645 u. ö.
186 Th. Mann (Anm. 12) S. 64.
187 Thomas Mann: Gesammelte Werke. Frankfurt a. M. 1974. Bd. 10. S. 361.
188 Hacks (Anm. 141) S. 228. Das Wagner-Zitat (IV,84) ist nicht ganz exakt wiedergegeben.
189 Zu Wagners Sprachtheorie vgl. Reinhard Gerlach: Musik und Sprache in Wagners Schrift *Oper und Drama*. In: Richard Wagner. Werk und Wirkung. Hrsg. von Carl Dahlhaus. Regensburg 1971. S. 9–39.
190 Th. Mann (Anm. 12) S. 145.
191 Vgl. Dahlhaus (Anm. 1) S. 50 ff.; Stefan Kunze: Über Melodiebegriff und musikalischen Bau in Wagners Musikdrama. In: Das Drama Richard Wagners als musikalisches Kunstwerk (Anm. 27) S. 115 ff.; Hermann Danuser: Musikalische Prosa. Regensburg 1975. S. 67 ff.
192 Zur Herkunft des Begriffs als Bezeichnung »taktfreier Musik« (Schlabrendorf) im 18. Jh. vgl. Danuser (Anm. 191) S. 51 ff.
193 Dahlhaus (Anm. 1) S. 61.
194 Zu Grillparzers Begriff des musikalischen Prosaisten vgl. Dahlhaus (Anm. 1) S. 57 f. und Danuser (Anm. 191) S. 33–50.
195 Hanslick (Anm. 25) S. 55 f.
196 Hanslick: Musikalisches und Literarisches (Anm. 144) S. 277 ff.
197 Vgl. seine berüchtigte Äußerung über die »polizeiwidrige« *Euryanthe*, die Strawinsky in seiner *Musikalischen Poetik* (Übers. von Heinrich Strobel. Mainz 1960. S. 58) als musikhistorische Kuriosität zitiert, ohne zu ahnen, daß sie aus der gleichen Verteidigung der »taktmäßig abgegrenzten Periode« resultiert, in deren Namen Strawinsky (ebd. S. 29) gegen die »unendliche Melodie« Wagners polemisiert, »die weder einen Grund hat anzufangen noch aufzuhören« (ebd. S. 43 – fast wörtlich so Grillparzer über den musikalischen Prosaisten!).
Übrigens dürfte Nietzsches Wagner-Kritik in manchen Punkten von Grillparzers Musikästhetik inspiriert sein, hat er doch in den siebziger Jahren dessen Tagebücher intensiv studiert und meist mit größter Zustimmung in seinen Aufzeichnungen zitiert.
198 Ihre Strukturgesetze werden von Dahlhaus (Anm. 1) S. 76 ff. analysiert.
199 Thrasybulos Georgiades: Musik und Sprache. Heidelberg 1954. S. 58.
200 Ebd. S. 80.
201 Vgl. zumal X,7 f. und vor allem X,156 ff. (Über das Opern-Dichten und Komponieren).
202 Vgl. dazu Egon Voss: *Die Meistersinger* als Oper des deutschen Bürgertums. In: *Die Meistersinger von Nürnberg*. Texte, Materialien, Kommentare. Hrsg. von Attila Csampai und Dietmar Holland. Reinbek bei Hamburg 1981. S. 26 f.
203 Stephan Kohler: »Warum singt der Franzose anders als er spricht?« Richard Strauss über Claude Debussy und seine Oper *Pelléas et Mélisande*. In: Jahrbuch der Bayerischen Staatsoper 2 (1978/79) S. 77–92.
204 Naumann (Anm. 147) S. 17 f.
205 Th. Mann (Anm. 187) Bd. 10. S. 27.
206 Ebd. S. 34.
207 Ähnlich verfährt er mit Nietzsche: »Ein Philologieprofessor hat mich darüber belehrt, daß das Wort ›Drama‹ dorischer Herkunft ist« (ebd. S. 47). Der Philologieprofessor heißt natürlich Nietzsche. Thomas Mann referiert hier eine Fußnote aus *Der Fall Wagner* (Nietzsche, Anm. 6, Bd. 6, S. 32). – Der Abhandlung *Über Schauspieler und Sänger* verdankt Thomas Mann neben seinen romantheoretischen Argumenten die Theorie vom Ursprung des Theaters aus dem Geist der Improvisation, die Polemik gegen die Usurpation des Schauspiels durch die »absolute Dichtung«, die das ursprüngliche Verhältnis zwischen beiden Gattungen umkehrt, und die Ideen zu einem antiillusionistischen Inszenierungsstil (auf dem Sprechthea-

ter) nach dem Modell der Shakespearebühne. Selbst da, wo er gegen Wagner polemisiert, bedient er sich seiner Argumente.

208 Th. Mann (Anm. 187) Bd. 10. S. 29.

209 Das folgende z. T. wörtlich nach Dieter Borchmeyer: *Tristan, Tasso* und die Kunst des »unendlichen Details«. Zu Richard Wagners musikalischer Dramaturgie. In: Jahrbuch der Bayerischen Staatsoper 3 (1979/80) S. 29 f.

210 Th. Mann (Anm. 187) Bd. 10. S. 31.

211 Vgl. Anm. 209 und das 5. Kapitel des folgenden Hauptteils.

212 Lessing (Anm. 24) Bd. 5. S. 7.

213 Vgl. Anm. 24.

214 Darauf hat bereits Konrad Burdach aufmerksam gemacht: Schillers Chordrama und die Geburt des tragischen Stils aus der Musik. In: K. B.: Vorspiel, Gesammelte Schriften zur Geschichte des deutschen Geistes. Halle a. d. Saale 1926. Bd. 2.

215 Es ist derselbe Scheibe, der durch seine heftige Polemik gegen Johann Sebastian Bach in der Zeitschrift *Critischer Musikus* (1737–39) in die Musikgeschichte eingegangen ist.

216 Burdach (Anm. 214) S. 177.

217 Lessing (Anm. 24) Bd. 5. S. 11.

218 Voss (Anm. 13) S. 144.

219 Carl Dahlhaus: Richard Wagners Musikdramen. Velber 1971. S. 88.

220 Hanslick (Anm. 25) S. 92.

221 Goethes Werke. Hamburger Ausgabe. Hrsg. von Erich Trunz. Bd. 4. Hamburg 1959. S. 598.

222 Vgl. Ernst Robert Curtius: Europäische Literatur und lateinisches Mittelalter. Bern/München ⁴1963. S. 138 ff. In unserer Interpretation des *Fliegenden Holländers* werden wir auf diesen Topos zurückkommen.

223 Nietzsche (Anm. 6) Bd. 1. S. 62.

224 Vgl. dazu Curt von Westernhagen: Richard Wagner. Sein Werk. Sein Wesen. Seine Welt. Zürich 1956. S. 132 ff. (Das Beispiel der griechischen Tragödie). Bes. S. 139 f.

225 Vgl. dazu Bruno Snell: Die Entdeckung des Geistes. Studien zur Entstehung des europäischen Denkens bei den Griechen. Hamburg ³1955. S. 101 ff. (Aristophanes und die Ästhetik). Bes. S. 183. Zu A. W. Schlegels Euripides-Kritik in den *Vorlesungen über dramatische Kunst und Literatur* (1808) vgl. ebd. S. 167 ff. – Trotz seiner scharfen Kritik an Euripides hat Wagner freilich dessen *Iphigenie in Aulis* zur Basis seiner poetisch-musikalischen Bearbeitung von Glucks gleichnamiger Oper (1847) gemacht. Die von Wagner neu konzipierte Schlußszene mit der Entrückung Iphigenies nach Tauris schafft zugleich – bis in die Sprachgebung hinein – eine Brücke zwischen Glucks Aulidischer und Goethes Taurischer *Iphigenie*. Vgl. dazu Dieter Borchmeyer: J. W. Goethe: *Iphigenie auf Tauris*. In: Deutsche Dramen I. Hrsg. von Harro Müller-Michaels. Königstein (Ts.) 1981. S. 52–86; zu Wagner ebd. S. 63 f. Im Geiste des sonst stets abgelehnten Euripides knüpft Wagner an Goethe an. Bemerkenswert übrigens, daß Wagner der Sokrates-Kritik Nietzsches nie gefolgt ist. Jener blieb für ihn – vor allem aufgrund seiner Rolle in den Platonischen Dialogen – stets eine verehrungswürdige Gestalt, die er nicht mit dem Untergang der Tragödie in Verbindung bringen wollte. Vgl. CT I,171 f. (»Über diese Moral konnte es das Christentum nicht bringen« – »Ich will wie Sokrates die Bremse sein, die immer aufstachelt«), 231 (»daß diese weise Besonnenheit, dieses absolute Beschauen, dem man nichts anhaben konnte, nur einmal in der Welt dagewesen sei«) u. ö.

226 Vgl. Snell (Anm. 225) S. 183.

227 Snell behauptet (ebd. S. 168), Nietzsche sei in seinem Urteil über Euripides »direkt von Schlegel abhängig«, was wohl schon deshalb unwahrscheinlich ist, da er ihn wegen seiner Chortheorie in der *Geburt der Tragödie* heftig attackiert.

228 Vgl. Schiller (Anm. 102) Bd. 2. S. 823.

229 Ebd. S. 821.

230 Ebd.

231 Nietzsche (Anm. 6) Bd. 1. S. 20.

232 Ebd. S. 25.

233 Der Versuch Westernhagens (Anm. 224) S. 145 ff. (Apollon und Dionysos), auch diesen Gedanken als spezifisch Wagnersche Idee zu reklamieren, leuchtet nicht ein. Die Polarität des Apollinischen und Dionysischen, wie Nietzsche sie als konstitutiv für die griechische Tragödie beschreibt, läßt sich als solche in Wagners Schriften nicht nachweisen. In der Abhandlung *Über die Bestimmung der Oper* (1871) hat er diese Idee zweifellos von Nietzsche übernommen (IX,137).

234 Vgl. das Nachwort von Giorgio Colli in: Nietzsche (Anm. 6) Bd. 1. S. 913, und den Kommentar ebd. Bd. 14. S. 41.

235 Ebd. Bd. 7. S. 373.

236 Ebd. Bd. 1. S. 59.

237 Vgl. Anm. 89 und Wilhelm Roth: Schopenhauers Metaphysik der Musik und sein musikalischer Geschmack. Mainz 1951.

238 Nietzsche (Anm. 6) Bd. 1. S. 62.

239 Ebd. S. 50.

240 Ebd. S. 126.

241 Schopenhauers sämtliche Werke. Hrsg. von Max Frischeisen-Köhler. Berlin o. J. Bd. 3. S. 464 f. (Die Welt als Wille und Vorstellung II. Kap. 39).

242 Ebd. Bd. 2. S. 300 f. (Die Welt... I. § 52).

243 Ebd. S. 296.

244 Ebd. S. 302; Nietzsche (Anm. 6) Bd. 1. S. 106 f.

245 Ebd. S. 62 f.

246 Ebd. S. 59 f.

247 Ebd. S. 59.

248 Karl Philipp Moritz hat in seinem *Versuch einer deutschen Prosodie* (1786) zum erstenmal den Unterschied zwischen dem quantifizierenden griechischen und dem akzentuierenden deutschen Vers analysiert. Wagners Verstheorie in *Oper und Drama* weist erstaunlich auf diese Schrift zurück, von deren Einsichten er wohl nur mittelbar (durch seinen Onkel Adolph Wagner?) Kenntnis erhalten hat.

249 Das zeigt sich tatsächlich in den griechischen metrischen Bezeichnungen: ἄϱσις und θέσις sind wörtlich die ›Hebung‹ und ›Senkung‹ des Fußes; ganz selbstverständlich spricht man auch vom Versfuß (πούς). Vgl. Thrasybulos Georgiades: Musik und Rhythmus bei den Griechen. Hamburg ⁵1958.

250 Nietzsche (Anm. 6). Bd. 1. S. 55 f.

251 Ebd. S. 33.

252 Ebd. S. 120 und 126.

253 Westernhagen (Anm. 224) S. 151 ff.

254 Nietzsche (Anm. 6) Bd. 1. S. 56.

255 Vgl. dazu die Darstellung der diversen Chordefinitionen in der Poetik des 18. (und 19.) Jh.s bei Borchmeyer (Anm. 102) S. 152–177 (Die Chortragödie als exemplarische Form); dort findet sich S. 163 f. auch schon eine knappe Auseinandersetzung mit Nietzsches *Geburt der Tragödie*.

256 Brief an Schiller vom 22. Oktober 1803.

257 Denis Diderot: Ästhetische Schriften. Hrsg. von Friedrich Bassenge. Frankfurt a. M. 1968. Bd. 1. S. 302. (Übers.: Lessing.)

258 Zit. nach Burdach (Anm. 214) S. 173.

259 Vgl. dazu die Nachweise bei Borchmeyer (Anm. 102) S. 172 f.

260 Carl Dahlhaus schreibt dem symphonischen Orchester im Musikdrama einen bedeutenden

Funktionswandel gegenüber seiner Stellung in der herkömmlichen Oper zu. In der musikalischen Sprache der Orchestermelodie rede »Wagner selbst«, greife »der Autor kommentierend in die Vorgänge ein«; sie sei »musikalische Anrede an die Hörer« – ein Pendant also zur auktorialen Leseranrede in der Erzählung. Bleibe die Musik in der Oper »Ausdruck der handelnden Personen«, so werde sie im Musikdrama ihrem orchestralen Anteil nach »Kommentar des Autors«. Dahlhaus' Schlußfolgerung: »Die Oper beruht als Werk in sich, das Musikdrama weist auf den Autor zurück.« (Dahlhaus, Anm. 1, S. 22.) Das scheint uns freilich (abgesehen von der unseres Erachtens zu rigorosen Kontrastierung von Oper und Musikdrama) von den Erkenntnissen der modernen Erzähltheorie her – welche die Person des Autors von der Rolle des Erzählers strikt getrennt hat – ein kaum mehr zulässiger Schluß zu sein, obwohl nicht zu leugnen ist, daß die Funktion des Orchesters weniger Rollencharakter hat als die des (auktorialen) Erzählers in fiktionalen Texten. Vgl. Karl Stanzel: Theorie des Erzählens. Göttingen 1979.

261 August Wilhelm Schlegel: Vorlesungen über dramatische Kunst und Literatur. Hrsg. von Edgar Lohner. Stuttgart 1966. Bd. 1. S. 64 (5. Vorlesung).

262 Ebd. S. 49 (4. Vorlesung).

263 Friedrich Schlegel: Kritische Ausgabe. Hrsg. von Ernst Behler. Paderborn 1958 ff. Bd. 11. S. 208 f.

264 Nietzsche (Anm. 6) Bd. 1. S. 52 f.

265 »Der griechische Chor einmal der lebendige Resonanzboden, sodann das Schallrohr, durch das der Akteur seine Empfindung kolossalisch dem Zuschauer zuschreit [beide Momente spielen auch in Friedrich Schlegels Chortheorie eine zentrale Rolle], drittens der lautgewordene, lyrisch gestimmte, leidenschaftliche, singende Zuschauer.« (Nietzsche, Anm. 6, Bd. 7, S. 20.) Ähnlich in *Das griechische Musikdrama* (ebd., Bd. 1, S. 525).

266 Ebd. Bd. 7. S. 41 f.

267 Ebd. Bd. 1. S. 524. Worin diese Grausamkeit besteht, das hat Grillparzer in seiner Studie über den griechischen Chor beschrieben: »Der Chor gab den Dramen der Alten einen Charakter der Öffentlichkeit. Ja! vielleicht um desto schlimmer. Ich meines Teiles würde eine Anstalt nicht lieben, die mich zwänge, alle Empfindungen und Situationen, die nicht den Charakter der Öffentlichkeit vertragen, aufzugeben.« (Sämtliche Werke. Hrsg. von Peter Frank und Karl Pörnbacher. Bd. 3. München 1964. S. 323 f. Vgl. dazu Lukács (Anm. 173) S. 162 (Das Problem der Öffentlichkeit).

268 Vgl. dazu Kap. 6 im ersten Hauptteil des vorliegenden Bandes.

269 Siehe Anm. 256.

270 Nietzsche (Anm. 6) Bd. 1. S. 54 (Schiller, Anm. 102, Bd. 2, S. 819). Die einfachen Anführungszeichen sind hier eingefügt, da Nietzsche Schiller wörtlich zitiert.

271 Schiller (Anm. 102) Bd. 2. S. 819 f.

272 Vgl. Nietzsche (Anm. 6) Bd. 7. S. 304 (Nachgelassene Fragmente von 1871); hier wird der Brief Schillers (an den Nietzsche auch in anderen Aufzeichnungen erinnert) auszugsweise zitiert. Zu Wagner vgl. die Ausführungen in Kap. 3 dieses Hauptteils.

273 Werner Vordtriede hat die Verwandtschaft dieser Reformidee mit der berühmten Maxime Mallarmés: »suggérer« statt »nommer« betont und Schiller aufgrund seines Symbolbegriffs sogar als »möglichen Vater der poésie pure« bezeichnet (W. V.: Novalis und die französischen Symbolisten. Zur Entstehungsgeschichte des dichterischen Symbols. Stuttgart 1963. S. 99).

274 Vgl. in diesem Zusammenhang auch Goethes Dialog *Über Wahrheit und Wahrscheinlichkeit der Kunstwerke* (1798), der ebenfalls eine Ästhetik der Oper enthält, die in Opposition zur naturalistischen Wahrscheinlichkeitsforderung auf eine Unterscheidung des »Kunstwahren« vom »Naturwahren« dringt. Goethes fingierter Dialog ist gewiß nicht zuletzt durch Schillers opernästhetische Reflexionen inspiriert.

275 Schiller (Anm. 102) Bd. 2. S. 815.

276 Ebd. S. 821.
277 Vgl. Dieter Borchmeyer: Glucks *Iphigenie* in Goethes Weimar. In: Blätter der Bayerischen Staatsoper 1979/80. H. 2.
278 Schiller (Anm. 102) Bd. 2. S. 819.
279 Goethe (Anm. 221) Bd. 7. S. 543 (Wilhelm Meisters Lehrjahre. Kap. VIII,5).
280 Schillers Gespräche. Hrsg. von Freiherrn von Biedermann. München o. J. S. 260. Zu Schillers Musikästhetik vgl. Hermann Fähnrich: Schillers Musikalität und Musikanschauung. Hildesheim 1977.
281 Nietzsche (Anm. 6) Bd. 1. S. 43.
282 Vgl. auch die Bemerkungen über Schillers »musikalische Stimmung« als »Geburtsstätte, die sich jetzt in Bildern ausspricht«, in den nachgelassenen Fragmenten (ebd., Bd. 7, S. 221).
283 Th. Mann (Anm. 187) Bd. 8. S. 378.
284 Novalis: Werke. Hrsg. und komm. von Gerhard Schulz. München ²1981. S. 493.
285 Thomas Mann an Bruno Walter, 15. September 1946: der »sternnebelhafte Urzustand eines Werkes« sei »ein musikalischer Zustand«.
286 Schiller (Anm. 102) Bd. 5. S. 734 f.
287 Vgl. Nietzsche (Anm. 6) Bd. 7. S. 184, 206, ferner S. 317 und 327 ff. (Theorie des Idyllischen) u. ö.
288 Th. Mann (Anm. 187) Bd. 9. S. 61 (Goethe und Tolstoi).
289 Nietzsche (Anm. 6) Bd. 7. S. 329.
290 Schiller (Anm. 102) Bd. 5. S. 722.
291 Ebd. S. 728.
292 Nietzsche (Anm. 6) Bd. 7. S. 327.
293 Schiller (Anm. 102) Bd. 5. S. 750.
294 Nietzsche (Anm. 6) Bd. 1. S. 57 ff.
295 Ebd. S. 55.
296 Ebd. S. 37.
297 Peter Szondi: Das Naive ist das Sentimentalische. Zur Begriffsdialektik in Schillers Abhandlung. In: P. S.: Lektüre und Lektionen. Frankfurt a. M. 1973. S. 47–99; Dieter Borchmeyer (Anm. 169).
298 Schiller (Anm. 102) Bd. 5. S. 694 und 698 f.
299 Nietzsche (Anm. 6) Bd. 1. S. 36.
300 Ebd. S. 531 f.

Wagners dramatische Dichtung

 1 Carl Dahlhaus: Richard Wagners Musikdramen. Velber 1971. S. 22 f.
 2 Vgl. Isolde Vetter: Der »Ahasverus des Ozeans« – musikalisch unerlöst? In: Programmheft zur Neuinszenierung des *Fliegenden Holländers* am 25. Januar 1981 an der Bayerischen Staatsoper. München 1981. S. 27–36. Hier S. 36.
 3 Das hat Isolde Vetter ebd. S. 35 f. dargelegt.
 4 Dieses Kapitel (und ein Teil des folgenden) ist die überarbeitete Fassung eines unter gleichem Titel erschienenen Beitrags in: Programmheft (Anm. 2) S. 16–23.
 5 Zit. nach: Balladenforschung. Hrsg. von Walter Müller-Seidel. Königstein (Ts.) 1980. S. 14 f.
 6 Goethes Werke. Hamburger Ausgabe. Hrsg. von Erich Trunz. Bd. 1. Hamburg ⁵1960. S. 400 ff.
 7 Friedrich Theodor Vischer: Ästhetik. Zit. nach: Balladenforschung (Anm. 5) S. 12.
 8 G. W. F. Hegel: Ästhetik. Hrsg. von Friedrich Bassenge. Frankfurt a. M. o. J. Bd. 2. S. 475.
 9 Richard Wagner: Sämtliche Briefe. Bd. 2. Leipzig 1970. S. 314 f.
10 Friedrich Theodor Vischer: Ästhetik. Zit. nach: Balladenforschung (Anm. 5) S. 12 f.

11 Siehe Anm. 6.

12 Das ist von der Forschung bisher noch nicht erkannt worden. Vgl. Emil Ernst Ploss [u. a.]: Alchimia. Ideologie und Technologie. München 1970. S. 138 f. Das Ei zeigt die Vereinigung der vier Elemente an. Das aus dem Ei neugeborene Hühnchen entspricht der alchimistischen »Quintessenz«.

13 Friedrich Theodor Vischer: Ästhetik. Zit. nach: Balladenforschung (Anm. 5) S. 11 f.

14 Balladenforschung (Anm. 5) S. 2.

15 Ernst Bloch: Das Prinzip Hoffnung. Frankfurt a. M. 1959. S. 370.

16 Heinrich Heine: Werke. Bd. 2. Hrsg. von Wolfgang Preisendanz. Frankfurt a. M. 1968. S. 533 (Aus den Memoiren des Herrn von Schnabelewopski). Vgl. dazu neuerdings Dieter Borchmeyer: Die Wandlungen Ahasvers. Der Fliegende Holländer. In: Programmheft zum *Fliegenden Holländer*. Bayreuth 1982. Hier wird Wagners Oper in Zusammenhang mit dem in der Weltschmerzdichtung des Vormärz überaus verbreiteten Ahasver-Motiv gedeutet. (Vgl. bes. die Ahasver-Gedichte von Nikolaus Lenau.) In Levin Schückings Novelle *Die drei Freier* (1851) treten Ahasver und der Fliegende Holländer gar zusammen auf.

17 Bloch (Anm. 15) S. 1628.

18 Von dieser Begegnung berichtet Wagner ausführlich in *Mein Leben*. Tieck kannte die Libretti sowohl des – nicht zuletzt durch seine eigene Erzählung im *Phantasus* angeregten – *Tannhäuser* als auch des *Lohengrin*, denen er nach Wagners Bericht sehr gewogen war. Trotz seiner nicht immer schmeichelhaften Äußerungen über Tieck, mit dessen Schriften und Dichtungen er sich gleichwohl bis in die letzten Lebensjahre immer wieder beschäftigt hat (vgl. die zahlreichen Belege in den Tagebüchern Cosimas), gesteht Wagner, wie wertvoll seine lange Unterhaltung mit Tieck für ihn gewesen sei. »Dem Gedicht meines *Lohengrin* erklärte er sich durchaus und vollständig geneigt; nur begriff er nicht, wie dies alles ohne eine gänzliche Umwandlung der bisherigen Basis der Oper in Musik zu setzen sein sollte [...]. Mich dünkte, daß ich ihn zu wirklicher Lebhaftigkeit erregte, als ich über die Lösung dieser scheinbaren Schwierigkeiten sowie überhaupt im Betreff meiner Ideen über das Ideal des musikalischen Dramas mich in meiner Weise ihm mitteilte.« (ML 359 f.) Man liest diese Begegnung Wagners mit dem letzten noch lebenden genialen Repräsentanten der klassisch-romantischen Literaturepoche, der Theorie und Werk Wagners noch so stark verpflichtet sind, nicht ohne Bewegung. Die Trauer Tiecks in diesem Gespräch, die »elegischen Akzente«, die er demselben setzte, rührten gewiß daher, daß er Wagners »ideale« Bestrebungen, in denen er eine Tendenz einer Wiedergewinnung der »wahrhaften poetischen Tendenz« der Literatur (im Gegensatz zur politisierenden Vormärzschriftstellerei) begrüßte, mit den Bestrebungen seiner eigenen Jugend, der frühromantischen Generation verglich, die zu in mancher Hinsicht verwandten musik- und opernästhetischen Einsichten gelangte.

19 Vgl. dazu Ernst Robert Curtius: Europäische Literatur und lateinisches Mittelalter. Bern 1948. S. 138 f. Ferner Rudolf Drux: Des Dichters Schiffahrt. In: Formen und Funktionen der Allegorie. Hrsg. von Walter Haug. Stuttgart 1979. S. 194–205.

20 Dichter über ihre Dichtungen. Franz Grillparzer. München 1970. S. 103. Zu *Sappho* vgl. die wichtigen Ausführungen von Werner Vordtriede, die Grillparzers Künstlerästhetik überzeugend in Beziehung setzen zur romantischen und symbolistischen Kunsttheorie (W. V.: Novalis und die französischen Symbolisten. Stuttgart 1963. S. 13–23).

21 Charles Baudelaire: Les Fleurs du Mal / Die Blumen des Bösen. Frz./Dt. Übers. von Monika Fahrenbach-Wachendorff, Anm. von Horst Hina, Nachw. und Zeittafel von Kurt Kloocke. Stuttgart 1980. (Reclams Universal-Bibliothek. Nr. 9973 [6].) S. 278 (Le voyage VIII). Zur Bedeutung des Wassers als Chiffre des Totenreichs vgl. Gaston Bachelard: L'eau et les rêves. Paris 1942; Emil Staiger: Das Spätboot. Zu Conrad Ferdinand Meyers Lyrik. In: E. S.: Die Kunst der Interpretation. Zürich 1955. S. 239–273.

22 Hugo von Hofmannsthal: Gesammelte Werke in Einzelbänden. Hrsg. von Bernd Schoeller in Beratung mit Rudolf Hirsch. Frankfurt a. M. 1979 f. Reden und Aufsätze III. S. 361.

23 Zur Tradition dieses Mythos vgl. Werner Vordtriedes Novalis-Buch (Anm. 20). S. 43–97. Hier ist zum erstenmal die Symbolik des Unterreichs und ihre zentrale Bedeutung für die Romantik umfassend erhellt worden.

24 Ebd. S. 49 und 53.

25 E. T. A. Hoffmann: Werke. Frankfurt a. M. 1967. Bd. 2. S. 292.

26 Ludwig Tieck: Erzählungen des Phantasus. Nürnberg 1946. S. 98.

27 Achim von Arnim: Sämtliche Romane und Erzählungen. Hrsg. von Walther Migge. München 1962. Bd. 1. S. 460–465.

28 Hoffmann (Anm. 25) S. 274.

29 Novalis: Werke. Hrsg. und komm. von Gerhard Schulz. München ²1981. S. 183 f.

30 Arnim (Anm. 27) S. 463.

31 Hoffmann (Anm. 25) S. 276 und 289.

32 Vgl. Hans-Jürgen Schings: Melancholie und Aufklärung. Stuttgart 1977. Bes. S. 41 ff. Die Aufklärung ist ihrem Begriff nach der Gemütsfarbe des Melancholikers feind. Umgekehrt erfährt die Melancholie in der Romantik aufgrund deren Sympathie mit der Nacht und im Zusammenhang mit der ästhetischen Symbolisierung der Elementenspekulation (als Chiffre des Dichtungsprozesses) eine Um- und Aufwertung, die in Beziehung zu setzen wäre zu der bis auf die pseudo-aristotelischen *Problemata* zurückgehenden These von der melancholischen Ingeniosität und zur Nobilitierung der Melancholie in der Renaissance.

33 Hoffmann (Anm. 25) S. 291.

34 Vordtriede (Anm. 20) S. 55.

35 Vgl. Vordtriede (Anm. 20) S. 57. – Charles Baudelaire: Gesammelte Schriften. Dreieich 1981. Bd. 2: Die künstlichen Paradiese. Übers. von Max Bruns. S. 11.

36 Hofmannsthal (Anm. 22) Dramen II. S. 173.

37 Tieck (Anm. 26) S. 69.

38 Charles Baudelaire: Avec ses vêtements ondoyants et nacrés. In: Baudelaire (Anm. 21) S. 56.

39 Tieck (Anm. 26) S. 70/72.

40 Siehe Anm. 18.

41 Vgl. dazu das Brouillon zur Fortsetzung des autobiographischen Gedichts *In weiter Kammer schlief ich und die Brüder.*

42 Dichter über ihre Dichtungen. Clemens Brentano. München 1970. S. 80.

43 Tieck (Anm. 26) S. 68 f.

44 Ebd. S. 61.

45 Ebd. S. 72.

46 Heine (Anm. 16) Bd. 2. S. 701.

47 Ebd. S. 696.

48 Vgl. dazu Dolf Sternberger: Ein geheimer Sängerkrieg zwischen Richard Wagner und Heinrich Heine. In: *Tannhäuser.* Programmheft der Bayreuther Festspiele 1973.

49 Zit. nach Richard Wagner: Tannhäuser. Hrsg. von Dietrich Mack. Frankfurt a. M. 1979. S. 128. (Übers.: Heinrich Steinitzer.)

50 Tieck (Anm. 26) S. 72.

51 Baudelaire (Anm. 21) S. 128 f. Vgl. dazu Vordtriede (Anm. 20) S. 55.

52 Tieck (Anm. 26) S. 60.

53 Ebd. S. 91.

54 Zit. nach Wagner (Anm. 49) S. 126.

55 Zit. nach Wagner (Anm. 49) S. 123.

56 Tieck (Anm. 26) S. 42 f.

57 Ebd. S. 70.

58 Heine (Anm. 16) Bd. 2. S. 835.

59 Ebd. S. 695.

60 Ebd. S. 843 ff.

61 In seiner programmatischen Erläuterung zur *Tannhäuser*-Ouvertüre aus dem Jahre 1852 hat Wagner Venus noch ganz anders gesehen: Hier läßt sie selbst sich in den bacchantischen Rausch hineinreißen. Es heißt dort, daß sie Tannhäuser »mit rasender Glut umschlingt und in unnahbare Fernen, bis in das Reich des Nichtmehrseins mit sich fortzieht« (V,178). Eine erstaunlich auf *Tristan* vorausweisende Formel.

62 Zit. nach: Wagner (Anm. 49) S. 129.

63 Hans Mayer: Tannhäuser und die künstlichen Paradiese. In: H. M.: Richard Wagner. Mitwelt und Nachwelt. Stuttgart/Zürich 1978. S. 198. In diesem (1962 zuerst publizierten) Aufsatz ist *Tannhäuser* zum erstenmal auf der Traditionslinie zwischen deutscher Romantik und französischem Symbolismus geortet worden. Erstaunlich freilich, daß Mayer in seinem profunden Aufsatz die zentralen Texte der Romantik, in denen das Unterreich als künstliches Paradies vergegenwärtigt wird, nicht berücksichtigt. Selbst *Die Bergwerke zu Falun* werden nicht erwähnt (weder die Hoffmannsche Erzählung noch das Wagnersche Fragment).

64 Sören Kierkegaard: Entweder-Oder. Übers. von Christoph Schrempf. Wiesbaden o. J. S. 51–56.

65 Vgl. dazu Peter Wapnewski: Der traurige Gott. Richard Wagner in seinen Helden. München 1978. S. 103 ff. (Maria und Tannhäuser).

66 Zit. nach Wagner (Anm. 49) S. 116.

67 *Rheingold*-Programmheft der Bayreuther Festspiele 1977.

68 Wilhelm Wackenroder / Ludwig Tieck: Herzensergießungen eines kunstliebenden Klosterbruders. Nachw. von Richard Benz. Stuttgart 1955 [u. ö.]. (Reclams Universal-Bibliothek. Nr. 7860 [2].) S. 50 f.

69 Georg Gottfried Gervinus: Geschichte der poetischen Nationalliteratur der Deutschen. Bd. 5. Leipzig ²1844. S. 732–735. Es sind die letzten Seiten des Werks, die Wagner mit Sicherheit gelesen hat.

70 Ebd. S. 734 f.

71 »Vor allem erscheint der Geist unserer heutigen Welt [...] als über die Stufe hinaus, auf welcher die Kunst die höchste Weise ausmacht, sich des Absoluten bewußt zu sein. Die eigentümliche Art der Kunstproduktion und ihrer Werke füllt unser höchstes Bedürfnis nicht mehr aus [...]. Der Gedanke und die Reflexion hat die schöne Kunst überflügelt. [...] Die schönen Tage der griechischen Kunst wie die goldene Zeit des späteren Mittelalters sind vorüber. [...] In allen diesen Beziehungen ist und bleibt die Kunst nach der Seite ihrer höchsten Bestimmung für uns ein Vergangenes.« (Hegel, Anm. 8, Bd. 1, S. 21 f.).

72 Wir folgen hier der Deutung von Reinhold Brinkmann: Über das Kern- und Schlußwort der *Meistersinger*. In: Programmheft zur Neuinszenierung an der Bayerischen Staatsoper. München 1979. S. 82 ff. – Freilich läßt sich der Bleistiftnachtrag nicht eindeutig datieren. Immerhin ist er wie der Marienbader Entwurf in deutscher Schrift abgefaßt, während Wagner 1851 bereits lateinisch schrieb.

73 Thomas Mann: Wagner und unsere Zeit. Hrsg. von Erika Mann. Frankfurt a. M. 1963. S. 113 f.

74 Vgl. Dietrich Mack in: Richard Wagner: *Die Meistersinger von Nürnberg*. Texte, Materialien, Kommentare. Hrsg. von Attila Csampai und Dietmar Holland. Reinbek bei Hamburg 1981. S. 162 f.

75 Schiller: Sämtliche Werke. Hrsg. von Gerhard Fricke und Herbert G. Göpfert. Bd. 1. München ³1962. S. 473–477.

76 Th. Mann (Anm. 73) S. 113.

77 Heinrich Heine: Gemäldeausstellung in Paris 1831. In: Die deutsche Literatur. Bd. 6. (19. Jahrhundert.) Hrsg. von Benno von Wiese. München 1965. S. 27 f.

78 Das haben bereits Theodor W. Adorno, Ernst Bloch (Paradoxa und Pastorale bei Wagner. In: Richard Wagner: Ausgewählte Schriften. Hrsg. von Dietrich Mack. Frankfurt a. M. 1974.

S. 22 f.) und Egon Voss (*Die Meistersinger* als Oper des deutschen Bürgertums. In: Wagner, Anm. 74, S. 9–31, hier S. 24) beobachtet.

79 Vgl. Friedrich Nietzsche: Kritische Studienausgabe in 15 Bänden. Hrsg. von Giorgio Colli und Mazzino Montinari. München 1980. Bd. 7. S. 311 f. u. ö.

80 Vgl. ebd. Bd. 8. S. 218.

81 Ebd. Bd. 7. S. 762; vgl. auch Bd. 8. S. 433.

82 Johann Wolfgang Goethe. Gedenkausgabe der Werke, Briefe und Gespräche. Hrsg. von Ernst Beutler. Zürich 1949. Bd. 12. S. 597.

83 Ebd. Bd. 13. S. 199.

84 Siehe Anm. 78.

85 Vgl. den Partiturtext in der Anm. 74 angegebenen Ausgabe, S. 94 ff.

86 Vgl. Voss in: Wagner (Anm. 74) S. 29.

87 Ebd. S. 13.

88 Ebd. S. 15.

89 Schiller (Anm. 75) Bd. 5 (1962) S. 982.

90 Walter Felsenstein / Joachim Herz: Musiktheater. Beiträge zur Methodik und zu Inszenierungskonzeptionen. Leipzig 1976. S. 245–248.

91 Wagner (Anm. 74) S. 249–257.

92 Ebd. S. 256 f.

93 Ernst Bloch: Über Beckmessers Preislied-Text. In: Wagner (Anm. 74) S. 257–262.

94 Zu Hanslicks Abstammung vgl. den ausführlichen Bericht von Peter Wapnewski in: Tristan der Held Richard Wagners. Berlin 1981. S. 33–49 (Wagner und sein Merker).

95 Schiller (Anm. 75) Bd. 5 (1962). S. 845.

96 Ebd. S. 1017.

97 Ebd. S. 846.

98 Wagner (Anm. 74) S. 133.

99 Hans Mayer: Parnaß und Paradies. Gedanken zu den *Meistersingern von Nürnberg*. In: Programmheft (Anm. 72) S. 23–38. Hier: S. 29 u. ö.

100 Ebd. S. 32.

101 Der Titel des Mannschen Essays von 1926.

102 Vgl. Michael Zeller: Bürger oder Bourgeois? Eine literatursoziologische Studie zu Thomas Manns *Buddenbrooks* und Heinrich Manns *Im Schlaraffenland*. Stuttgart 1976. S. 16 f.

103 Wolfgang Schadewaldt: Richard Wagner und die Griechen. In: Richard Wagner und das neue Bayreuth. Hrsg. von Wieland Wagner. München 1962. S. 167.

104 Das vorliegende Kapitel ist die erweiterte und revidierte Fassung eines Beitrags (Der Ödipus-Mythos und der Ring des Nibelungen) im *Rheingold*-Programmheft der Bayreuther Festspiele 1980.

105 Thomas Mann: Gesammelte Werke. Frankfurt a. M. 1960. Bd. 9. S. 929.

106 Baudelaire, zit. nach Wagner (Anm. 49) S. 133 f.

107 Nietzsche (Anm. 79) Bd. 1. S. 502.

108 Hans Pfitzner: Der Parsifalstoff und seine Gestaltungen (1914). In: H. P.: Gesammelte Schriften. Bd. 1. Augsburg 1926. S. 160.

109 G. B. Shaw: Ein Wagner-Brevier. Frankfurt a. M. 1973. S. 21.

110 Thomas Mann (Anm. 73) S. 137.

111 Nietzsche (Anm. 79) Bd. 1. S. 508.

112 Schiller (Anm. 75) Bd. 5. S. 584 f.

113 Friedrich Hölderlin: Sämtliche Werke. Hrsg. von Friedrich Beißner. Frankfurt a. M. 1961. S. 1014.

114 Karl Marx: Die Frühschriften. Hrsg. von Siegfried Landshut. Stuttgart 1964. S. 181 (Zur Judenfrage).

115 In einem Gespräch mit Cosima am 8. Mai 1874 bemerkt Wagner dazu: »Welche merkwürdige

Nacht muß das gewesen sein, wo Wotan die Erda bezwang; das ist ganz meine Erfindung – ich weiß nichts [Derartiges] von Zeus und Gäa etwa, oder in einem Dichter ist mir nichts aufgefallen, wie zuweilen ein Zug, welcher den meisten entgeht, unsereinem sehr auffällt. Diese Nacht, wo Brünnhild gezeugt wurde – er ist nur unter dem Begriff des Göttlichen sich vorzustellen; der Reiz, dieses warnende Weib zu bezwingen, um von ihr alles zu erfahren – in der Tierwelt habe ich solches Ausbrechen von Naturgewalt belauscht, wie wir für das Göttliche einzig ein Analogon in der Tierwelt haben.« (CT I,816.)

116 Marx (Anm. 114) S. 363.

117 Zu Wagners Auffassung der Sorge vgl. das Gespräch mit Cosima am 19. April 1869: »Wenn ein Mensch mit der Sicherheit der Wahrhaftigkeit verführe, nicht links noch rechts sähe, so könnte man ihm eigentlich nichts anhaben, und er wäre so sicher vor den Menschen wie das Vogelnest vor dem stärksten Sturmwind. Das Wort Christus': ›Sorget euch nicht, der Vater, der die Lilien bekleidet, die Haare auf eurem Haupte zählt, den Sperling auf dem Dache beschützt, wird auch für euch sorgen‹, sei schwer zu verstehen, aber von tiefer Wahrheit; der Mensch, der wahrhaftig nur seiner Bestimmung lebt, hat sich um nichts zu sorgen. In der Siegfried-Sage und in dem kleinen Däumling-Märchen habe das Volk den Typus eines solchen sicheren Menschen ausgeprägt.« (CT I,87.)

118 Goethes Werke. Hamburger Ausgabe. Hrsg. von Erich Trunz. Hamburg 1959. Bd. 12. S. 249.

119 Zu Wagners Auffassung Siegfrieds vgl. seine Äußerung im Gespräch mit Cosima vom 13. Oktober 1882: »Das sei doch merkwürdig, daß, während man für die Männer den Verstand vindiziere, in der Sage sie immer eigentlich dumm wären« – s. Siegfried (CT II,1023). – Am 4. Juli 1873 bemerkt Wagner, daß Siegfried »nicht tragisch sei, weil er nicht zum Bewußtsein seiner Lage kommt [...]. Wotan und Brünnhilde sind tragisch.« (CT I,703.)

120 Vgl. Anm. 117.

121 Vgl. dazu die grundlegende Untersuchung von Carl Dahlhaus: Über den Schluß der *Götterdämmerung*. In: Richard Wagner. Werk und Wirkung. Hrsg. von C. D. Regensburg 1971. S. 97–115.

122 Vgl. Joachim Herz: Die *Nibelungen* auf unserer Bühne. In: Felsenstein / Herz (Anm. 90) S. 249: »Die Legende vom Bruch«.

123 Dahlhaus (Anm. 1) S. 139. – Der Aporie des Schlusses der Tetralogie hat Patrice Chéreau folgendermaßen in seiner Inszenierung von 1976 gerecht zu werden versucht: »Das ›Erlösungsmotiv‹ richtet seine Botschaft an die ganze Welt, aber wie alle Wahrsagerinnen drückt sich das Orchester [Chéreau spielt darauf an, daß Wagner den Orchestergraben mit der rauchenden Felsspalte von Delphi verglichen hat] nicht ganz klar aus, und man kann seine Botschaft auf verschiedene Weise deuten. Auf diese Weise trage ich der Sackgasse Rechnung, in der sich Wagner wegen des Schlusses offensichtlich 25 Jahre nach Beginn der *Ring*-Konzeption befand: Was sollte enden und wie sollte es enden?« (*Siegfried*-Programmheft der Bayreuther Festspiele 1977. S. 37.) Im Gespräch mit Carlo Schmid bemerkt Chéreau: »Ich wollte einfach, daß die Anwesenden [die zuschauenden Menschen bei der Weltkatastrophe], diese ganze anwesende Menschheit, der Musik zuhört wie einem Orakel, das jeden selbst erreichen kann oder auch nicht erreichen kann, dessen Sinn man verstehen oder auch nicht verstehen kann. Ich wollte, daß diese Menschheit wie am Rande eines Abgrunds steht, und daß man dieses Orakel ausdeuten muß.« (*Rheingold*-Programmheft 1977. S. 29.)

124 Dahlhaus (Anm. 1) S. 97 f.

125 Marx (Anm. 114) S. 240.

126 Anläßlich der Ausführungen über die »Blutverwandtschaftsfamilie« in seinem Buch *Der Ursprung der Familie, des Privateigentums und des Staats* bezieht Friedrich Engels sich auf einen Brief von Karl Marx (1882) »über die im Wagnerschen Nibelungentext herrschende totale Verfälschung der Urzeit«. (Als ob Wagner allen Ernstes versucht hätte, sie authentisch auf die Bühne zu bringen!) Ein Musterbeispiel sind ihm die zitierten Verse. »Diesen ihre

Liebeshändel ganz in moderner Weise durch ein bißchen Blutschande pikanter machenden ›Geilheitsgöttern‹ Wagners« – ein Vorwurf, der nicht ihm, sondern seiner Rezeption durch die Décadence-Dichtung zu machen ist (vgl. noch Thomas Manns *Wälsungenblut*) – »antwortet Marx: ›In der Urzeit war die Schwester die Frau, und das war sittlich.‹« Durch einen befreundeten Wagnerianer veranlaßt, modifiziert Engels in einer späteren Auflage seines Werks diese Kritik und bemerkt: »Will man Wagner entschuldigen, so täte man vielleicht besser, statt der Edda Goethe heranzuziehen, der in der Ballade vom Gott und der Bajadere einen ähnlichen Fehler in Beziehung auf die religiöse Frauenpreisgebung macht und sie viel zu sehr der modernen Prostitution nähert.« Engels legt hier freilich an den, mit Hegel zu reden, »notwendigen Anachronismus« der Poesie immer noch den unangemessenen Maßstab historischer Authentizität an (Friedrich Engels: Der Ursprung der Familie, des Privateigentums und des Staats. Stuttgart 1910. S. 19 f.).
127 Richard Wagner: Die Musikdramen. München 1978. S. 609.
128 Th. Mann (Anm. 73) S. 69.
129 Zit. nach Herbert Marcuse: Triebstruktur und Gesellschaft. Frankfurt a. M. 1970. S. 167.
130 Ebd.
131 Sigmund Freud: Totem und Tabu. Frankfurt a. M. 1956. S. 23.
132 Th. Mann (Anm. 105) Bd. 7. S. 253.
133 Vgl. z. B. CT II,98, 102 f., 106, 115, 132, 173, 181 f., 208, 219, 249 f., 358, 394, 445, 475 u. ö.
134 CT II,716, 726, 867. Zu Wagners sozialistischen Anwandlungen vgl. auch CT I,197, 536 f., 1023 u. ö.
135 Eduard Fuchs / Ernst Kreowski: Richard Wagner in der Karikatur. Berlin 1907. S. 2 und S. 12.
136 Th. Mann (Anm. 73) S. 143.
137 Richard Wagner an Mathilde Wesendonk. Berlin 1904. S. 39.
138 Goethe (Anm. 6) Bd. 11. S. 85 f.
139 Wagner (Anm. 137) S. 124.
140 Vgl. dazu Mayer (Anm. 63) S. 60: »Sonderbare Übernahme klassischer Motive und Konflikte in diese romantische Oper! Muß man nicht sagen, der Künstler Tannhäuser versündige sich an der Fürstin Elisabeth in ähnlicher Weise wie der Künstler Tasso an der Prinzessin Leonore? Wirkt hier nicht Wolfram in der Art von Goethes Antonio, gibt es nicht Verbindungen zwischen Goethes Herzog und Wagners Landgrafen? Die Künstlertragödie in Wagners *Tannhäuser* wird in solcher Sicht ganz unmittelbar evident. Zugleich damit auch die sonderbare deutsche Konstellation des Tasso- wie des Tannhäuser-Konflikts.« – In seinem Aufsatz *Fürst und Künstler* im *Grenzboten* (1866) Nr. 1 hat übrigens Gustav Freytag einen intelligenten Vergleich der Beziehung Goethes zum Hof Ludwigs II. und der Stellung des Goetheschen Tasso am Hof zu Ferrara geboten. Er ist abgedruckt bei Martin Gregor-Dellin: Richard Wagner. München 1980. S. 878 f. – Zu Wagners Kritik an *Tasso* im Alter vgl. CT II,524 (oben), 598, 607, 819, 865. All diese Äußerungen dokumentieren, daß Goethes Drama Wagner in seinen letzten Lebensjahren gänzlich fremd geworden ist.
141 Wagner (Anm. 137) S. 124.
142 Th. Mann (Anm. 105) Bd. 12. S. 226.
143 Wagner (Anm. 137) S. 125.
144 Ferruccio Busoni: Über die Möglichkeiten der Oper. Neuaufl. Wiesbaden 1967. S. 28.
145 Ebd. S. 24 f.
146 Vgl. dazu vor allem Wapnewski (Anm. 65) S. 31 ff.
147 Wagner (Anm. 137) S. 125.
148 Ebd. S. 148.
149 Ebd. S. 125.

150 Ebd. S. 126.
151 Ebd.
152 Ebd. S. 125 f.
153 Arnold Schönberg: Stil und Gedanke. Hrsg. von Ivan Vojtěch. Frankfurt a. M. 1976. S. 42 und 96.
154 Nietzsche (Anm. 79) Bd. 1. S. 145.
155 Wagner (Anm. 137) S. 126.
156 Carl Dahlhaus: Wagners Konzeption des musikalischen Dramas. Regensburg 1971. S. 25 ff.
157 Francis Fergusson: The Idea of a Theater. Princeton University Press 1949. S. 80 f.
158 Mayer (Anm. 63) S. 119 f.
159 Th. Mann (Anm. 73) S. 68.
160 Zur Rolle des Wunders in den einzelnen Musikdramen vgl. den Aufsatz von Klaus Hortschansky: Das Wunder und das Wunderbare im Werk Richard Wagners. In: Das Drama Richard Wagners als musikalisches Kunstwerk. Hrsg. von Carl Dahlhaus. Regensburg 1970. S. 41–61.
161 Nietzsche (Anm. 79) Bd. 8. S. 193.
162 Das vorstehende Kapitel ist eine durchgreifende Bearbeitung meines Aufsatzes: *Tristan, Tasso* und die Kunst des »unendlichen Details«. In: Jahrbuch der Bayerischen Staatsoper 3 (1980) S. 23–32. Das folgende Kapitel ist die erweiterte und in einigen Teilen abgeänderte Fassung des unter gleichem Titel erschienenen Programmheftbeitrags zur Neuinszenierung des *Tristan* bei den Bayreuther Festspielen 1981.
163 Th. Mann (Anm. 73) S. 97.
164 Novalis (Anm. 29) S. 509.
165 Erst 1879 liest Wagner mit Bewunderung Carlyles Novalis-Essay von 1829, auf den wohl auch die Bekanntschaft der französischen Symbolisten mit dem bedeutendsten Dichter der Frühromantik zunächst zurückgeht: vgl. Werner Vordtriede (Anm. 20) S. 41 f. Die Äußerungen Wagners über Novalis seit dieser Lektüre im Gespräch mit Cosima (CT II,332 f., 352) lassen zwar vermuten, daß er ihn schon vorher gekannt hat, doch ist das keineswegs als selbstverständlich vorauszusetzen, war Novalis doch im späteren 19. Jahrhundert so gut wie vergessen.
166 Th. Mann (Anm. 73) S. 96; Novalis (Anm. 29) S. 42. Z. 26.
167 Friedrich Schlegel: Lucinde. Hrsg. und mit einem Nachw. vers. von Karl Konrad Polheim. Stuttgart 1963 [u. ö.] (Reclams Universal-Bibliothek. Nr. 320 [2]. S. 107 und 104 (3. Zeile von unten).
168 Novalis (Anm. 29) S. 43 f.
169 Ernst Robert Curtius: Gesammelte Abhandlungen zur romanischen Philologie. Bern 1960. S. 5.
170 Ausgabe der Werke Wolframs von Karl Lachmann. Neuaufl. Berlin/Leipzig 1926. S. 8.
171 Dazu überzeugend Wapnewski (Anm. 65) S. 51 ff.
172 Die folgenden Ausführungen wären ohne die Quelleninformationen von Stephan Kohler und das Gespräch mit ihm kaum entstanden.
173 Vgl. Curt von Westernhagen: Wagner. Zürich 1968. S. 29.
174 »L'Amour de Cassandre« V. Zu diesem Sonett und der Herkunft seiner Motivik von Petrarca vgl. Hugo Friedrich, in: Die Werkinterpretation. Hrsg. von Horst Enders. Darmstadt 1967. S. 294–311. – Das Narziß-Motiv erscheint auch in der Minnelyrik des deutschen Mittelalters. Ein Gedicht von Heinrich von Morungen beginnt mit den Versen: »Mirst geschên als eime kindelîne, / daz sîn schônes bilde in eime glase ersach / und greif dar nâch sîn selbes schîne / sô vil biz daz ez den spiegel gar zerbrach.« Der Dichter vergleicht nun das »ungemach« des Kindes mit dem, das ihm durch den Anblick seiner »frouwe« geschieht. Am Ende kehrt das Gedicht zu dem Spiegelmotiv zurück: »daz ich durch mîn ouge schouwe solche nôt, / sam ein

kint daz wîsheit unversunnen / sînen schaten ersach in einem brunnen / und den minnen muose unze an sînen tôt.« (Des Minnesangs Frühling. Neu bearb. von Carl Kraus. Leipzig 1964. S. 191.)

175 »L'Amour de Marie« IV.

176 Herbert Hunger: Lexikon der griechischen und römischen Mythologie. Reinbek bei Hamburg 1974. S. 265 f.

177 Vgl. dazu Staiger (Anm. 21) S. 250.

178 Vgl. Lawrence Marden Price: Die Aufnahme englischer Literatur in Deutschland 1500–1960. München 1961. Kap. 9.

179 Goethe: Frühes Theater. Hrsg. von Dieter Borchmeyer. Frankfurt a. M. 1982. (insel taschenbuch 675.) S. 402 f. und 432.

180 Th. Mann (Anm. 73) S. 97 f.

181 Zur englischen Tradition der Nachtliteratur vgl. Ulrich Broichs Nachwort zu: Edgar Allan Poe: Faszination des Grauens. 11 Meistererzählungen. München 1981. S. 182 ff. Broich bezieht sich ausdrücklich auf das *Tristan*-Programmheft (Anm. 162), in dem unsere diesbezüglichen Ausführungen zum erstenmal abgedruckt worden sind.

182 Dr. Eduard Youngs Klagen oder Nachtgedanken über Leben, Tod und Unsterblichkeit. In neun Nächten [...] mit dem nach der letzten englischen Ausgabe abgedruckten Originale hrsg. von J. A. Ebert. Braunschweig 1763 ff. Bd. 4.

183 Vgl. dazu Vordtriede (Anm. 20) S. 146 ff.

184 Novalis (Anm. 29) S. 42.

185 Zum folgenden vgl. Vordtriede (Anm. 20) S. 152.

186 Baudelaire (Anm. 21) S. 154.

187 Siehe Dr. Eduard Youngs Klagen...

188 Ebd. (Anm. 182) Bd. 1. S. 197.

189 Novalis (Anm. 29) S. 42.

190 Vgl. Curtius (Anm. 169).

191 Novalis (Anm. 29) S. 41 und 52.

192 Ebd. S. 47 f.

193 Ebd. S. 44 und 53.

194 Leo Spitzer: Drei Gedichte der Ekstase. In: Eine Methode Literatur zu interpretieren. München 1966. S. 9–51.

195 Zu den ›textimmanent‹ nicht aufzuschlüsselnden Chiffren des Textes vgl. Werner Vordtriede: Erläuterungen zu: Quirinus Kuhlmann: Aus dem *Kühlpsalter*. Berlin 1966. S. 69 f.

196 Novalis (Anm. 29) S. 43. Z. 16.

197 Th. Mann (Anm. 73) S. 97.

198 Schopenhauers sämtliche Werke. Hrsg. von Max Frischeisen-Köhler. Berlin o. J. Bd. 2. S. 374 (Die Welt als Wille und Vorstellung IV. § 60).

199 Ebd. Bd. 3.4. S. 484 (Über den Tod und sein Verhältnis zur Unzerstörbarkeit unseres Wesens an sich). Schopenhauer spielt hier natürlich auf Lessings Abhandlung *Wie die Alten den Tod gebildet* an, wo der Schlaf als Zwillingsbruder des Todes bezeichnet wird.

200 Ebd. Bd 3.4. S. 494.

201 Ebd. S. 525 f.

202 Ebd. Bd. 2. S. 373 und 422 (Die Welt als Wille... IV. § 6 und § 67).

203 Friedrich Rückert: Gedichte. Ausw. und Nachw. Johannes Pfeiffer. Stuttgart 1963 [u. ö.]. (Reclams Universal-Bibliothek. Nr. 3671.) S. 24.

204 Wolf Hartmut Friedrich: Vorbild und Neugestaltung. Sechs Kapitel zur Geschichte der Tragödie. Göttingen 1967. S. 57–87. Zu Wagner: S. 63 ff.

205 Der *Tristan*-Text der *Gesammelten Schriften* ist hier und im folgenden in einigen Fällen nach dem Partiturtext revidiert.

206 Nietzsche (Anm. 79) Bd. 6. S. 417 f.

207 Diese Passage (schon im *Tristan*-Programmheft der Bayreuther Festspiele 1981 abgedruckt) findet ihre Unterstützung in dem Aufsatz von Udo Zimmermann: Die Hirtenweise auf dem Felsen Kareol. Ein Komponist unserer Zeit über Richard Wagner. In: Programmheft zum 3. Aufzug von *Tristan und Isolde* (Konzertante Aufführung unter Leonard Bernstein am 8./ 10. November 1981 – Bayerischer Rundfunk): »Der Musikdramatiker Richard Wagner erreicht mich wesentlich da, wo kreatürliches Ausgeliefertsein und menschliches Leiden in der Sprache seiner Musik auf unwiederholbare Weise Klang geworden sind. In jenen großen Augenblicken des Schweigens, der lautlosen Katastrophen, des angehaltenen Atems [...].«

208 Schopenhauer (Anm. 198) Bd. 2. S. 421 f. (Die Welt als Wille... IV. §§ 66/67).

209 Zwischen Hebbel und Wagner, die sich persönlich kannten, herrschte eine unverhohlene Antipathie. Hebbel hat Wagners Wiener Konzert am 11. Januar 1863 ungnädig rezensiert und sich auch sonst wenig schmeichelhaft über ihn geäußert. Immerhin schreibt er nach einer Vorstellung von Bellinis *Somnambula* in Wien am 5. März 1863 in sein Tagebuch: »Soviel ist an Wagners lächerlicher Theorie richtig, daß die Oper ihre Stoffe immer aus der Mythe entlehnen sollte; wenn ein Schwanenritter singt, wird sich niemand wundern, denn ein Mensch, der den Ozean auf dem Rücken eines Vogels durchschneidet, kommt aus einer Welt, worin es anders hergeht wie in der unsrigen; aber wenn ein Notar sich in Rouladen erschöpft, während er einen Heiratskontrakt zu Papier bringt, klafft uns ein Widerspruch entgegen.« (Friedrich Hebbel: Sämtliche Werke. Hist.-krit. Ausg. Hrsg. von Richard Maria Werner. Tagebücher. Bd. 4. Berlin 1905. S. 274 f.) Wie dürftig (a falsch Hebbel Wagners Theorie ansonsten auffaßt, zeigt folgende Notiz vom 20. August 1853: »Die Musik kann nur das Allgemeine ausdrücken. Richard Wagner möchte das bestreiten.« Jedes anwesende Individuum werde beim Hören einer Beethovenschen Musik etwas anderes für den »Ideengang des Werks« halten (ebd. Bd. 3. S. 445). In einem Brief an Robert Schumann vom 21. Juni 1853 schreibt Hebbel: »Ohne Richard Wagners Buch [*Oper und Drama*] im Ganzen oder im Einzelnen irgend akzeptieren zu können, schwebt doch auch mir [...] die Möglichkeit einer Verschmelzung von Oper und Drama in ganz speziellen Fällen vor.« – Wagner macht in dem Bericht über seinen Besuch bei Hebbel während seines Wiener Aufenthalts 1861 kein Hehl aus seiner Abneigung gegen Person und Werk Hebbels und mokiert sich über sein Prestigebedürfnis, das sich in einer in falschem Französisch abgefaßten Visitenkarte verraten habe: »Hebbel, chevalier des [!] plusieurs ordres« (ML 680 f.). In den Tagebüchern Cosimas (die als Frau von Bülow mit Hebbel persönlich bekannt gewesen ist und seine *Maria Magdalena* ins Französische übersetzt, ja in der *Revue Germanique* mit einem eigenen Vorwort ausgestattet hat) gibt es fast nur negative Äußerungen über Hebbel, vor allem begreiflicherweise über die *Nibelungen* (vgl. bes. CT I,558 f.). Bemerkenswert freilich das differenzierte und teilweise von Bewunderung geprägte Urteil über *Herodes und Mariamne* nach der Lektüre des Werks am 7. Februar 1881 (CT II,685). Offenbar auf das Wiener Gespräch mit Hebbel 1861 geht Wagners Erinnerung an dessen Äußerung über Nestroy zurück (der Wagners *Tannhäuser* und *Lohengrin* wie Hebbels *Judith* traversiert hat): »Es ist ein so gemeiner Mensch, daß, wenn er eine Rose beriecht, so muß dieselbe stinken.« (CT I,33; auch VIII,253.)

210 Des Minnesangs Frühling (Anm. 174) S. 1.

211 F. Schlegel (Anm. 167) S. 106.

212 Im *Epilogischen Bericht* zum *Ring* vergleicht Wagner Tristan in dieser Hinsicht mit Siegfried: Ihnen gemeinsam sei, daß jeder »das ihm nach dem Urgesetze bestimmte Weib, im Zwange einer Täuschung, welche diese seine Tat zu einer unfreien macht, für einen anderen freit und aus dem hieraus entstehenden Mißverhältnisse seinen Untergang findet« (VI,268).

213 Novalis (Anm. 29) S. 284.

214 Clemens Brentano: Werke. Hrsg. von Friedhelm Kemp. München 1966. Bd. 4. S. 721.

215 Wapnewski (Anm. 65) S. 53.

216 Lessings Werke. Hrsg. von Georg Witkowski. Leipzig/Wien o. J. Bd. 6. S. 80.
217 Schiller (Anm. 75) Bd. 1. S. 166.
218 Novalis (Anm. 29) S. 47. Vgl. auch Anm. 199.
219 Schopenhauer (Anm. 198) Bd. 3.4. S. 516 f.
220 Vgl. ebd. Bd. 2. S. 373 (Die Welt als Wille... IV. § 60).
221 Zum erstenmal abgedruckt in: Programmheft zur Neuinszenierung des *Tristan* an der Bayerischen Staatsoper am 27. Juli 1980. München 1980. S. 29 f.
222 F. Schlegel (Anm. 167) S. 12 f.
223 Schopenhauer (Anm. 198) Bd. 3.4. S. 526 (Über den Tod...).
224 Zum Motiv des »Personentauschs« in Gottfried von Straßburgs *Tristan* vgl. Wapnewski (Anm. 65) S. 71 ff.
225 Im Partiturtext: »Wunderreich der Nacht«.
226 Egon Voss: Tristan ohne Mythos. In: Programmheft zur konzertanten Aufführung des ersten *Tristan*-Aufzugs unter Leonard Bernstein im Bayerischen Rundfunk am 11./13. Januar 1981. Seine problematische Auffassung des Liebesmotivs im *Tristan* wiederholt Voss auch in seiner (für dieses Werk überzeugenden) *Meistersinger*-Interpretation in: Wagner (Anm. 74) S. 11.
227 Programmheft (Anm. 221) S. 29.
228 Nietzsche (Anm. 79) Bd. 7. S. 324. Zu den Reminiszenzen an den Hades-Mythos vgl. Hans Mayer: Tristans Schweigen. In: Mayer: Richard Wagner (Anm. 63) S. 220 f.
229 Nietzsche (Anm. 79) S. 70. Siehe auch die ähnliche Äußerung Brentanos, die diesem Kapitel als Motto vorangestellt ist (Lebenswelt der Romantik. Gesammelt von Richard Benz. München 1948. S. 295).
230 Novalis (Anm. 29) S. 42.
231 Zu Cosimas Stifter-Übersetzungen vgl. das erste Kapitel des folgenden Hauptteils.
232 Adalbert Stifter: Gesammelte Werke. Hrsg. von Max Stefl. Bd. 2. Frankfurt a. M. 1959. S. 102 f.
233 Ebd. Bd. 6. S. 587.
234 Ebd. S. 592.
235 Ebd. S. 594 f.
236 Zum Vorstehenden vgl. Werner Vordtriede (Anm. 20) S. 168 ff.
237 Nietzsche (Anm. 79) Bd. 1. S. 479 (Richard Wagner in Bayreuth).
238 Zu Appia vgl. Curt von Westernhagen: Richard Wagner. Sein Werk. Sein Wesen. Seine Welt. Zürich 1956. S. 190 ff.
239 Vgl. Fritz Strich: Deutsche Klassik und Romantik. Bern/München ⁵1962. S. 121.
240 Baudelaire, vgl. Wagner (Anm. 49) S. 114 f. Die Passage ist in unserem Text jedoch anderslautend übersetzt.
241 Nietzsche (Anm. 79) Bd. 11. S. 476 (Nachlaß von 1885). Nietzsche hat wiederholt eine Parallele zwischen Wagner und Baudelaire gezogen, am ausführlichsten in seinem Brief an Peter Gast vom 26. Februar 1888. Hier zitiert er auch Wagners französischen Brief an Baudelaire (Nietzsche: Werke. Hrsg. von Karl Schlechta. München ⁶1969. Bd. 3. S. 1280), von dem er bis dahin nichts gewußt hat. (Offenbar hat in seinen Gesprächen mit Wagner Baudelaire nie eine Rolle gespielt.) Vgl. Karl Pestalozzi: Nietzsches Baudelaire-Rezeption. In: Nietzsche-Studien 7 (1978) S. 158–188.
242 Baudelaire (Anm. 21) S. 18 f.
243 So in der Partitur.
244 Spitzer (Anm. 194) S. 47.
245 Partiturtext.
246 Programmheft (Anm. 221) S. 29.
247 Text nach der Partitur revidiert.
248 Wapnewski (Anm. 65) S. 89 ff.

249 Wagner liebte es überhaupt, Cosima als Madonna zu sehen: vgl. CT II,938 u. ö.
250 Zur Bedeutung Marias in *Faust II* vgl. den in vielen Punkten überraschend an Wagner gemahnenden Aufsatz von Ilse Graham: ›Fiat mihi‹. Der *Faust*-Schluß in mittelalterlicher Sicht. In: Akten des VI. Internationalen Germanistenkongresses I. Bern 1981. S. 85 bis 113.
251 Novalis (Anm. 29) S. 50.
252 Dieser Teil des Schopenhauerschen Systems mußte Wagner ein ständiges Ärgernis sein, entlarvt der Philosoph doch voller Sarkasmus das hohe Gefühl der Liebe als Illusion, als bloße List des Willens, als »Mittel zu seinen Zwecken« (Anm. 198, Bd. 3.4, S. 570), zu dem Zweck nämlich, die menschliche Gattung aufrechtzuerhalten. – Einige Passagen der Schopenhauerschen *Metaphysik der Geschlechtsliebe* haben gleichwohl *Tristan* unmittelbar inspiriert, so wenn es in bezug auf die *Große Zenobia* Calderons (Wagners dramatisches Vorbild bei der Konzeption des *Tristan*) heißt: »Hier wird die Ehre, welche bisher jedes Interesse überwog, aus dem Felde geschlagen, sobald die Geschlechtsliebe, d. i. das Interesse der Gattung, ins Spiel kommt und einen entschiedenen Vorteil vor sich sieht: denn dies ist gegen jedes auch noch so wichtige Interesse bloßer Individuen unendlich überwiegend. Ihm allein weichen daher Ehre, Pflicht und Treue, nachdem sie jeder andern Versuchung, nebst der Drohung des Todes, widerstanden haben.« (Ebd. S. 571.) Für Schopenhauer ist freilich dieses ›Amor vincit omnia‹ lediglich die List des Willens, also das Mittel der Gattungserhaltung!
253 Wagner (Anm. 137) S. 79 f.
254 Nietzsche (Anm. 79) Bd. 4. S. 191.
255 Zit. nach Westernhagen (Anm. 238) S. 180 und 532 f.
256 Dieses im Bayreuther *Tristan*-Programmheft 1981 zum erstenmal veröffentlichte Faksimile ist mir von Stephan Kohler zur Verfügung gestellt worden.
257 Das ist von Lotte Eskelund bekannt gemacht worden: »Groß durch Verstand und Willen« – Andersens Begegnung mit Richard Wagner in Zürich. In: Neue Zürcher Zeitung. Nr. 176 (2./3. August 1975). Vgl. auch Martin Gregor-Dellin: Richard Wagner. München/Zürich 1980. S. 403 f. – *Der Garten des Paradieses* wird im folgenden zitiert nach: Die schönsten Märchen Andersens. München o. J. S. 204 ff.
258 Vgl. seine Kritik an Wolzogens Aufsatz *Bühnenweihfestspiel*: Wolzogen gehe zu weit, wenn er »*Parsifal* ein Abbild des Heilandes nennt: ›Ich habe an den Heiland dabei gar nicht gedacht‹«. (CT II,205.) Damit revidiert er die früher hergestellte Analogie. Jedenfalls erweist sich schon angesichts dieser Gesprächsäußerung die Unhaltbarkeit der Unterstellung von Hartmut Zelinsky, Wagner habe mit dem *Parsifal* ein antisemitisches Schlüsseldrama schaffen wollen, in dessen Mittelpunkt die Idee des »arischen Jesus« stehe (H. Z.: Die »feuerkur« des Richard Wagner oder die »neue religion« der »Erlösung« durch »Vernichtung«. In: Musikkonzepte [Juli 1978] S. 98 ff.) Die Argumentation Zelinskys ist allein schon deshalb philologisch kaum tragbar, weil die von ihm herangezogenen »antisemitischen Begleittexte zum *Parsifal*« (S. 98) sämtlich erst nach Abschluß der Dichtung und der Kompositionsentwürfe des *Parsifal* entstanden sind, dessen Konzeption in den wesentlichen inhaltlichen Momenten spätestens 1865 (Prosaentwurf) feststeht. Aus diesem Grunde ist auch die von ähnlichen Intentionen wie das Pamphlet von Zelinsky geprägte *Parsifal*-Interpretation von Robert Gutmann in seiner etwas effektsüchtigen Biographie (Richard Wagner. Der Mensch, sein Werk, seine Zeit. München 1970) zu verwerfen. – Zu dem methodisch an die mittelalterliche Bibel-Allegorese gemahnenden Versuch Zelinskys, auch die *Ring*-Tetralogie zum antisemitischen Schlüsseltext zu machen, sei an dieser Stelle nur bemerkt, daß Wagner unter dem Einfluß der Rassenlehre Gobineaus, die er erst zwei Jahre vor seinem Tod, nach Vollendung seines Lebenswerks, kennengelernt hat, in der Tat »die Gestalten des *Rings des Nibelungen* [...] vom Gesichtspunkt der Racen aus« durchging, wie Cosima am 18. November 1882 berichtet: »die Götter, die weiß, die Zwerge die Gelben (Mongolen), die Schwarzen die Äthiopier; Loge der métis« (CT II,1051). Von Juden ist also nicht die Rede.

Im übrigen muß Wagner, geht man von Zelinskys Prämissen aus, am *Ring* zeitweilig mit recht philosemitischen Empfindungen gearbeitet haben, berichtet er Cosima doch am 2. März 1878, »daß er einst völlige Sympathie mit Alberich gehabt, der die Sehnsucht des Häßlichen nach dem Schönen repräsentiere« (CT II,51). Wie soll man im übrigen mit einem Wagner-Kritiker diskutieren, dessen Zelotentum so weit geht, daß er behauptet, »das Judenproblem [sei] *das* zentrale Problem seines [Wagners] Lebens« und »integraler und entscheidender Ausdruck [...] seines Kunstsystems« gewesen (wie ist dann aber zu erklären, daß in keiner seiner ›kunstsystematischen‹ Hauptschriften das Judenproblem eine Rolle spielt, das Wort »Jude« z. B. in *Oper und Drama* nur in einem unverfänglichen Rossini-Zitat vorkommt?), oder daß »der Wagnersche Antisemitismus den zentralen Hintergrund [!?] seines *Rings des Nibelungen* und seines Bühnenweihfestspiels *Parsifal* bildet« (S. 81), »daß die Geschlossenheit seines [Wagners] Charakters [...] in diesem Antisemitismus besteht« (S. 82), »daß das Judenthema, im Grunde Wagners einziges Thema überhaupt [!], als die zentrale Spur die Cosima-Tagebücher durchzieht« (S. 97)? In einer wirklich nur noch zu bestaunenden Obsession versteigt Zelinsky sich zu der Behauptung, das heutige Wagner-Interesse zeuge von der »zunehmenden Anfälligkeit und Sympathie für ›diktatoriale‹ Erlösungsversprechen«. »Wie konnte es geschehen, daß ein sächsischer Sektengründer und ein österreichischer Dekorationsmaler als furchtbare Genies mit furchtbaren Begabungen eine ganze Welt bis an den Rand der völligen Vernichtung bringen konnte?« Mit dieser aberwitzigen Frage und der Feststellung, Wagners Werk sei »kaum ein Fall für Musikwissenschaftler, viel eher ein Fall für den Psychiater« (S. 111), hat Zelinsky sich selbst eine Abseitsfalle gestellt. Die Zitate mögen als Exempel für die nicht enden wollenden polemischen Exzesse stehen, zu denen der Name Wagner bis heute aufreizt. Scheint der Altwagnerianismus gegenwärtig glücklicherweise auf verlorenem Posten zu stehen, so erfreut sich sein polemisches Komplementärphänomen nicht zu unterschätzender Resonanz. – Ohne prinzipiell neue Aspekte, allenfalls in ihrer sektiererischen Obstination noch weiter gehend, hat Zelinsky seine *Parsifal-*›Interpretation‹ jüngst in *Musikkonzepte* 25 (Mai 1982) S. 74 ff. sowie in diversen Presseveröffentlichungen erneut vorgetragen, die philologischer Disziplin gänzlich entraten sind.

259 Bereits Hans Mayer (Anm. 63) bezeichnet, in Anspielung auf Leverkühns »Zurücknahme« der *Neunten Symphonie* in Thomas Manns *Doktor Faustus, Parsifal* als Werk der »Zurücknahme« (S. 170). Unter das Zeichen der »Rücknahme« stellt neuerdings auch Peter Wapnewski (Anm. 94) Wagners »Weltabschiedswerk« (S. 173 ff.).
260 Casanova: Memoiren: Reinbek bei Hamburg 1958. Bd. 1. S. 304 (Nachwort).
261 Schopenhauer (Anm. 198) Bd. 2. S. 420 f. (Die Welt als Wille... IV. § 66).
262 Vgl. zumal Mayer (Anm. 63) S. 243 f.
263 Wagner (Anm. 137) S. 144.
264 Wapnewski (Anm. 94) S. 173.
265 Siehe Anm. 39.
266 Nietzsche (Anm. 79) Bd. 7. S. 75.
267 Wapnewski (Anm. 65) S. 244.
268 Goethe (Anm. 82) Bd. 5. S. 553.
269 Dahlhaus (Anm. 1) S. 142.
270 Richard Wagner und das neue Bayreuth. Hrsg. von Wieland Wagner. München 1962. S. 176.
271 Vgl. Dieter Borchmeyer: Die Weimarer Klassik. Königstein (Ts.) 1980. S. 324 ff.
272 Richard Wagner und das neue Bayreuth (Anm. 270) S. 176.
273 Adorno: Ebd. S. 177.
274 Mayer (Anm. 63) S. 251.
275 Bloch (Anm. 78) S. 36 f.
276 Richard Wagner. Von der Oper zum Musikdrama. Hrsg. von Stefan Kunze. Bern/München 1978. S. 62.
277 Vgl. Dahlhaus (Anm. 1) S. 184 f.

278 Th. Mann (Anm. 105) Bd. 10. S. 54.

279 Ebd. S. 47 f. – Die Äußerung des »Philologieprofessors«, auf die Thomas Mann sich stützt, ist eine Fußnote in Nietzsches *Fall Wagner* (Bd. 6. S. 32).

280 Ebd. S. 53 f.

281 Ebd. S. 54.

282 Wolfgang Schadewaldt: Hellas und Hesperien. Gesammelte Schriften zur Antike und zur neueren Literatur. Zürich/Stuttgart 1960. S. 253 und 584 f.

283 Vgl. Dieter Borchmeyer: Tragödie und Öffentlichkeit. Schillers Dramaturgie. München 1973. S. 174 f.

284 Schiller (Anm. 75) Bd. 2. S. 823.

285 Es sei hier nur an die Anrufung Parsifals durch Kundry im 2. Akt erinnert. Vgl. dazu Harald Fricke: »Wie mein Nam und Art«. Zur Zentralstellung der Personennamen im Werk Richard Wagners. *Lohengrin*-Programmheft der Bayreuther Festspiele 1981. S. 14 ff.

286 Vgl. die Szene Wanderer – Mime im *Siegfried*. Rätsel-Wettkämpfe haben eine lange, in den Orient zurückreichende Tradition (s. den Rätselwettstreit Salomos und der Königin von Saba in der Bibel). Die genannte Szene des *Siegfried* ist ein Musterbeispiel des sogenannten »Halslösungsrätsels«, bei dem es um Leben und Tod geht (vgl. die Rätsel-Szene in Gotzi/Schillers *Turandot*, die Wagner natürlich bekannt gewesen ist und ihn inspiriert haben mag).

287 Schadewaldt (Anm. 103) S. 172 f.

288 Adorno in: Richard Wagner und das neue Bayreuth (Anm. 270) S. 176.

289 Vgl. Werner Diez: Prometheus, Luzifer und die Gralsutopie. In: *Parsifal*-Programmheft der Bayreuther Festspiele 1972. S. 12 ff.

290 Vgl. Wapnewski (Anm. 65) S. 256.

291 Zit. nach Diez (Anm. 289) S. 61/64.

292 Vgl. Hunger (Anm. 176) S. 394. Bisher habe ich nur bei Franz Muncker einen Hinweis auf diese mythische Parallele gefunden (F. M.: Richard Wagner. Bamberg 1909. S. 148). Vgl. freilich auch Hans Pfitzner (Anm. 108), der jedoch nicht erkannt zu haben scheint, daß die zitierten *Tasso*-Verse sich ebenfalls auf den Telephos-Mythos beziehen.

293 Die Schenkelwunde mag freilich auch eine Anspielung darauf sein, daß bei Wolfram von Eschenbach der Speer im Falle des Gralskönigs »durch die heidruose sîn« trifft, also seinen Genitalapparat verletzt. Vgl. Wapnewski (Anm. 65) S. 220.

294 Hegel (Anm. 8) Bd. 1. S. 110.

295 Ebd. S. 577.

296 Ebd. S. 579.

297 Am 27. April 1879 »ärgert« er sich erneut, »daß Malwida sich gegen die religiösen Akte ausspricht [...]; das begriffe er nicht, wie man sich gegen die Taufe wehre [...]. Ihm sei der Pfaff das Unausstehlichste, was er kenne, aber das habe mit der Taufe und mit dem Symbol der Erlösung nichts zu tun.« (CT II,337.) – Daß Wagner selbst zum Abendmahl geht, ist CT I,587 ff.; II,928 (»begibt er sich zum Abendmahle«) und mittelbar CT II,526 bezeugt (Wagner will mit Hermann Levi das Abendmahl nehmen, um ihn durch das Blut Christi vom Judentum zu erlösen). Zu Wagners positiver, um nicht zu sagen: gläubiger Einstellung zum Christentum vgl. CT I,744, 823 f., 881, 918 (»man müsse die vier Evangelien annehmen, wie man solch eine Lavabildung akzeptiert, nichts sei daran zu rühren oder zu verändern«), II,114 (»Die Esel, die nicht an Gott glauben und die denken, daß eine solche Erscheinung wie die Jesu von Nazareth und des großen schaffenden Genius auf dem gewöhnlichen natürlichen Prozeß vor sich geht!«), 115, 117–120 (»daß das Christentum noch für die kommenden Zeiten zu retten sei« – Wagners lebhafte Anteilnahme an Blandinens »Kommunion« [!] – bewegte Stellungnahme zu »der Anerkennung Christus' durch Petrus« usw.), 122, 129, 133, 176, 204, 330, 348, 475, 526 u. ö.

298 Vgl. einige der Äußerungen ebd., ferner CT II,231, 242, 382 (»Für mich ist das Christentum

noch nicht in das Leben getreten, und wie die ersten Christen erwarte ich eine Wiederkunft von Christus«), 490 (»Das Buch von Renan gibt ihm wieder Veranlassung, über das ›Gräßlichste in der Geschichte‹: die Kirche zu sprechen und über den Sieg des Judaismus über alles; ›ich kann nicht zwei Zeilen von Goethe lesen, ohne den jüdischen Jehovah zu erkennen; Jesus ist ihm eine problematische Erscheinung, aber Gott ist ihm klar wie Kloßbrühe‹.«). Die zuletzt angeführte Äußerung zeigt, daß Wagner sich zu einem Schopenhauerianisch-buddhistischen Christentum mit antijudaischen Zügen bekennt. Von diesem Christentum erwartet er eine Reinigung vom Alten Testament (CT II,228) und von der jüdischen Gottesvorstellung (CT II,490). Wenn er am 20. September 1879 bemerkt: »An Gott glaube ich nicht, aber an das Göttliche, welches sich im sündelosen Jesus offenbart« (CT II,411, Fußnote), so kann man daraus nicht, wie Martin Gregor-Dellin in seiner Wagner-Biographie, auf seinen heimlichen Atheismus schließen (im Jahre zuvor hat er ja alle, »die nicht an Gott glauben« und den »großen schaffenden Genius« als Selbstentfaltung der Natur entmythologisieren wollen, als »Esel« bezeichnet: CT II,114), sondern dieser Unglaube bezieht sich nur auf den ihm verhaßten ›Jehovah‹.

299 Vgl. dazu Wagners Bekenntnisse zu einem die bisherigen Kirchen transzendierenden Christentum: Anm. 297 f. Dieses Christentum ist für ihn die Gegenwelt zum Fatalismus der Rassenlehre Gobineaus, die er zwei Jahre vor seinem Tod kennengelernt hat. Entgegen der weithin vertretenen Meinung hat Wagner sich diese Rassenlehre keineswegs völlig zu eigen gemacht. Vgl. z.B. seine Äußerung am 23. April 1882: »Er wirft es Gobineau vor, daß eine ganz außer acht gelassen zu haben, was einmal der Menschheit gegeben wurde, einen Heiland, der für sie litt und sich kreuzigen ließ!« (CT II,936.) Das Christentum vermag alle Rassenunterschiede aufzuheben. »Eines ist aber sicher, die Racen haben ausgespielt, nun kann nur noch, wie ich es gewagt habe auszudrücken, das Blut Christi wirken.« (CT II,850.) Daher will er auch mit Levi zum Abendmahl gehen (CT II,526). »Gedenkt man des Evangeliums«, bemerkt Wagner einen Tag, nachdem er Gobineaus *Essai sur l'inégalité des races humaines* kennengelernt hat (14. Februar 1881), wisse man, »daß es auf etwas andres ankommt als auf Racenstärke.« (CT II,690.) Zum Vorläufer des nationalsozialistischen Rassenwahns läßt Wagner sich also trotz seines unleugbaren Antijudaismus durchaus nicht machen.

300 Heinrich Zimmer: Abenteuer und Fahrten der Seele. Mythen, Märchen und Sagen aus keltischen und östlichen Kulturbereichen. Darstellung und Deutung. Neuausg. Düsseldorf/Köln 1977. S. 63 f. Zu den Wagner-Passagen in dem genannten Buch vgl. Dieter Borchmeyer: Eine Betrachtung zu Heinrich Zimmers *Abenteuer und Fahrten der Seele*. In: Blätter für Christiane Zimmer zum 14. Mai 1982, gesammelt von Leonhard M. Fiedler. Frankfurt a.M. 1982.

301 Vgl. hierzu Adolf Nowak: Wagners *Parsifal* und die Idee der Kunstreligion. In: Richard Wagner – Werk und Wirkung. Hrsg. von Carl Dahlhaus. Regensburg 1971. S. 161–174.

Wirkungen des Wagnerschen Musiktheaters

1 Vgl. dazu die profunde, recht kritische Untersuchung von Michael Karbaum: Studien zur Geschichte der Bayreuther Festspiele (1876–1976). Regensburg 1976; ferner: Hartmut Zelinsky: Richard Wagner – Ein deutsches Thema. Eine Dokumentation zur Wirkungsgeschichte Richard Wagners 1876–1976. München 1976. Die Einleitung zu dieser Dokumentation läßt die zelotische Verengung des Blickwinkels, die Zelinskys späteres Wagner-Pamphlet prägt – s. Anm. 258 des vorigen Hauptteils –, zwar noch nicht erkennen, doch der Autor versteift sich – abgesehen von einigen scharfsinnigen Passagen – schon hier auf abwegige Thesen, so von Wagners angeblichem Hegelianismus und von der zunehmenden Ausschaltung des ›Bewußtseins‹ aus seiner Ästhetik. Das Studium der Wagnerschen Spätschriften (mit ihrer Betonung der »Besonnenheit« im künstlerischen Schaffensprozeß) zeigt eine genau entgegen-

gesetzte gedankliche Entwicklung. Die Abhandlung von Hans Mayer: Richard Wagner in Bayreuth 1876–1976 (Stuttgart/Zürich 1976), fußt zum großen Teil auf der von Karbaum zusammengestellten Quellendokumentation, freilich mit wesentlich anderer Wertung.

2 Eduard Fuchs / Ernst Kreowski: Richard Wagner in der Karikatur. Berlin 1907. Bes. S. 2 f., 12 u. ö.

3 Michael Georg Conrad: Wagners Geist und Kunst in Bayreuth. München-Schwabing ²1906. S. 8 f.

4 Ebd. S. 19.

5 Theorie des Naturalismus. Hrsg. von Theo Meyer. Stuttgart 1973 [u. ö.]. (Reclams Universal-Bibliothek. Nr. 9475 [4].) S. 58 f.

6 Conrad (Anm. 3) S. 25.

7 Ebd. S. 22.

8 »Wenn mir nun von edleren und tieferen Menschen ein Zeichen kömmt«. Ein unveröffentlichter Brief Stifters. In: Adalbert-Stifter-Institut des Landes Oberösterreich. Vierteljahrsschrift 28 (1979) S. 76 ff. Auf diesen Brief bezieht sich mein Aufsatz: Adalbert Stifter als geheimer Anti-Wagnerianer, ebd. S. 83–92, der, in einigen Teilen stark überarbeitet, in das vorliegende Kapitel eingegangen ist. Eine Kurzfassung unter dem Titel dieses Kapitels erschien am 2./3. August 1980 in der *Süddeutschen Zeitung.*

9 Über Theater und Musik. Historisch-kritische Studien von Alfred Freiherrn von Wolzogen. Breslau 1860. (Die genannten Artikel erschienen zunächst in der Beilage zu den Nummern 353 bis 355 vom 19. bis 21. Dezember 1857 der *Augsburger Allgemeinen Zeitung.*)

10 Vgl. dazu das von Stephan Kohler zusammengestellte Programmheft zur Neuinszenierung der *Feuersnot* am Münchener Nationaltheater (11. Juli 1980), München 1980, bes. S. 28 ff.

11 Vgl. Allgemeine Deutsche Biographie. Bd. 24. Leipzig 1898. S. 199–202.

12 Die *Musikalischen Leiden* werden im folgenden in der Regel ohne Zitatnachweise nach dem Erstdruck in der *Augsburger Allgemeinen Zeitung* wiedergegeben. Nur bei langen Zitaten wird auf den Wiederabdruck in *Über Theater und Musik* verwiesen.

13 Daß die Poetik des Biedermeier – das gilt auch und gerade für Stifter – die »heteronomen«, moralisch-didaktischen Zielsetzungen der vorkantischen Kunsttheorie wieder eingeführt hat, die nun in ein merkwürdiges Spannungsverhältnis zur klassischen Ästhetik treten, darauf hat namentlich Friedrich Sengle hingewiesen: Biedermeierzeit. Bd. 1. Stuttgart 1971. Bes. S. 83 ff.

14 Vgl. Hermann Kunisch: Adalbert Stifter. Mensch und Wirklichkeit. Studien zu seinem klassischen Stil. Berlin 1950. Bes. S. 19 ff.

15 Wolzogen (Anm. 9) S. 235 f.

16 Ebd. S. 237.

17 Nach Hans von Bronsart (Musikalische Pflichten. Leipzig 1858. S. 253) ist das die »Devise« der »Konservativen« vom Schlage Wolzogens.

18 In seinem zweiten Artikel redet Wolzogen von dem »alle Künste in sein Zukunftswerk verschlingenden und sie so in einen charmanten Urbrei auflösenden Richard Wagner«.

19 Besonders in *Oper und Drama* (Teil 1). Hier steht auch Wagners berühmte Definition des »Effekts« als einer »Wirkung ohne Ursache« (III,301).

20 Hector Berlioz: *Fausts Verdammung* (1846), Franz Liszt: *Faust-Symphonie* (1857), Wagner: *Eine Faust-Ouvertüre* (1855).

21 Wolzogen (Anm. 9) S. 229.

22 Hanslick wird in den *Musikalischen Leiden* noch nicht erwähnt; im Wiederabdruck derselben in *Über Theater und Musik* jedoch erscheint sein Name plötzlich (S. 241) unter den Kritikern, die »die heilige Flamme bewachen, welche uns die ewigen Priester des Schönen vermacht haben«.

23 Ebd. S. 240 f.

24 Bronsart (Anm. 17).

25 Wolzogen (Anm. 9) S. 226.
26 Ebd. S. 235 (Die Zukunftsmusik).
27 Ebd. S. 257.
28 Ebd. S. 231 f.
29 Ebd. S. 252 (Zur Musikfrage).
30 Die Rettung des klassischen Repertoires für das deutsche Theater. Ebd. S. 189–210.
31 Wagner-Chronik. Daten zu Leben und Werk. Zusammengest. von Martin Gregor-Dellin. München 1972. S. 141. Hans von Wolzogen hat übrigens 1863 auch ein biographisches Erinnerungsbild von seinem Vater veröffentlicht. Vgl. Allgemeine Deutsche Biographie (Anm. 11) Bd. 24. S. 202.
32 Wolzogen hat sich auch auf anderen Gebieten vom Laudator temporis acti zum Fürsprecher der Moderne gewandelt. So hat er noch Ibsens *Brand* selbst übersetzt und für die Bühne bearbeitet.
33 Die Spezialliteratur zu diesem Thema ist in den Anmerkungen 32 ff. zu meinem Stifter-Aufsatz (Anm. 8) S. 92 angeführt.
34 Adalbert Stifter: Gesammelte Werke. Hrsg. von Max Stefl. Bd. 6. Frankfurt a. M. 1959. S. 247 (Wiener Salonszenen).
35 Brief an Gustav Heckenast vom 20. Juli 1857.
36 Die Äolsharfe (die bei Novalis, Brentano u. a. als Symbol der Poesie und Existenzsymbol des Dichters erscheint) wurde um 1800 eine Art Mode-Instrument. Von Justinus Kerner wird berichtet, daß er in seinem Garten eine Äolsharfe aufgehängt hatte, deren unheimliche Klänge seine Gäste oft erschreckten. Dieses Unheimlich-Erschreckende hat auch der Klang der Äolsharfe in der *Narrenburg* und in *Prokopus* von Stifter.
37 Vgl. bes. George C. Schoolfield: The Figure of the Musician in German Literature. The University of North Carolina Press 1956. S. 73 f.
38 Stifter (Anm. 34) Bd. 2. S. 592 f.
39 Diese Entdeckung ist Konrad Kienesberger zu danken: Cosima von Bülow und die *Zwei Schwestern*. In: Adalbert-Stifter-Institut des Landes Oberösterreich. Vierteljahrsschrift 23 (1974) S. 37–52.
40 Vgl. ebd.
41 Vgl. Konrad Kienesberger: Zu Stifters *Abdias* in französischer Übersetzung. In: Adalbert-Stifter-Institut (Anm. 39) 22 (1973) bes. S. 25.
42 Dorothea Sieber: Stifters *Nachsommer*. Jena 1927. S. 34.
43 Stifter (Anm. 34) Bd. 4. S. 323.
44 Zum Stellenwert dieses ersten Kapitels im Roman vgl. Dieter Borchmeyer: Ideologie der Familie und ästhetische Staatskritik in Stifters *Nachsommer*. In: Zeitschrift für deutsche Philologie 99 (1980) S. 226–254.
45 Stifter (Anm. 34) Bd. 3. S. 151 f.
46 Ebd. Bd. 4. S. 267.
47 Ebd. S. 752.
48 Ebd. S. 767 f.
49 Ebd. S. 466.
50 Ebd. S. 397 u. ö.
51 Ebd. Bd. 1. S. 78.
52 Friedrich Gundolf: Adalbert Stifter. Halle a. d. S. / Burg Giebichenstein 1931. S. 5 f. Vgl. dazu Dieter Borchmeyer: Adalbert Stifter im Urteil Gundolfs. In: Euphorion 75 (1981) S. 142–158.
53 Ernst Bertram: Nietzsche, die Briefe Stifters lesend (1925). In: E. B.: Möglichkeiten. Ein Vermächtnis. Pfullingen 1958. S. 201–221. Zitat S. 204.
54 Vgl. ebd. S. 213.
55 Friedrich Nietzsche: Kritische Studienausgabe. Hrsg. von Giorgio Colli und Mazzino Montinari. München 1980. Bd. 6. S. 35.

56 Bertram (Anm. 53) S. 205 ff. (Schiller), S. 213 (Einfachheit der Antike), S. 215 (falsche Kraft), S. 217 (Gespreiztheit, Verfall).

57 Nietzsche (Anm. 55) Bd. 6. S. 16.

58 Bertram (Anm. 53) S. 201 f.

59 Vgl. Ernst Bertram: Nietzsche. Versuch einer Mythologie. Berlin 1922. S. 238 ff.

60 Bertram (Anm. 53) S. 202 und (Anm. 59) S. 244; ferner Walther Rehm: Nachsommer. Zur Deutung von Stifters Dichtung. Bern/München ²1966. S. 113 f.

61 Nietzsche (Anm. 55) Bd. 2. S. 419 f.

62 Briefe an Heckenast vom 13. Mai 1854, vom 21. Juni 1855 und 13. Dezember 1855.

63 Nietzsche (Anm. 55) Bd. 3. S. 351 f.

64 Ebd. Bd. 6. S. 438 f.

65 Hofmannsthals berühmtes Aperçu im *Buch der Freunde*: »Die Tiefe muß man verstecken. Wo? An der Oberfläche« (Gesammelte Werke. Reden und Aufsätze. Bd. 3. Frankfurt a. M. 1980. S. 268) ist ohne Zweifel eine Reminiszenz an Nietzsche. Vgl. H. Jürgen Meyer-Wendt: Der frühe Hofmannsthal und die Gedankenwelt Nietzsches. Heidelberg 1973. S. 136.

66 Nietzsche (Anm. 55) Bd. 6. S. 290.

67 Ebd. S. 291.

68 Ebd. S. 417 (Der Fall Wagner).

69 Vgl. namentlich Roger Bauer: Paul Claudel und Richard Wagner. In: Richard Wagner und das neue Bayreuth. Hrsg. von Wieland Wagner. München 1962. S. 53–60. Bauer zitiert hier aus André Gides autobiographischem Werk *Stirb und Werde*, wo von dem Wagner-Kult im Kreis um Stéphane Mallarmé die Rede ist, aus dem auch Claudel hervorgegangen ist (vgl. dessen *Richard Wagner – Träumereien eines französischen Dichters*, 1926): »Jeder setzte seinen Stolz darein, die Musik zu lieben [...], allerdings möchte ich fast glauben, daß Mallarmé und alle, die mit ihm verkehrten, sogar noch in der Musik die Literatur suchten. Wagner war ihr Gott.« (S. 53.) Der Einfluß Wagners auf den französischen Symbolismus ist von Werner Vordtriede (Novalis und die französischen Symbolisten. Stuttgart 1963. S. 158–183: Richard Wagner als Vermittler) problemgeschichtlich nahezu erschöpfend analysiert worden. Vgl. auch Anm. 149.

70 Heide Eilert: Im Treibhaus. Motive der europäischen Décadence in Theodor Fontanes Roman *L'Adultera*. In: Jahrbuch der Deutschen Schillergesellschaft 22 (1978) S. 496–517.

71 Hans-Heinrich Reuter: Fontane. München 1968. S. 31. Weitere Hinweise auf Wagner ebd. S. 329, 466 f., 470, 625, 652 und 718 f.

72 Der Ausdruck (vgl. ebd. S. 470) fällt in *L'Adultera*, die im folgenden zitiert wird nach: Theodor Fontane. Sämtliche Werke. Hrsg. von Walter Keitel. Darmstadt 1962. Bd. 4. Hier S. 30 (Kap. 5).

73 Der Ausdruck fällt im *Oceane*-Entwurf (vgl. Reuter, Anm. 71, S. 718).

74 Vgl. ebd. S. 466 f. und 652.

75 Vgl. ebd. S. 718 f.

76 Vgl. dazu auch den Brief an Emilie vom 28. Juni 1881: der *Ring* dokumentiere »Wagners persönliche Hauptleistungen«: »Goldgier und Liebesgier. Er ist ganz Wotan, der Geld und Macht haben, aber auf ›Lübe‹ nicht verzichten will und zu diesem Zweck beständig mogelt.« Bismarck sei vom alten Fontane auf ganz ähnliche Weise charakterisiert worden, bemerkt Reuter ebd. S. 652.

77 Vgl. dazu Fontanes Aufzeichnung über den Roman *Das rote Gold* von Theodor Hermann Pantenius: »Mit der wachsenden Gier wachsen die Warnungen davor. Und man darf füglich sagen: die Warnstimme vor dem roten Gold ist ein modernes Lieblingsthema geworden. Es ist das Thema von Richard Wagners Tetralogie, es ist der Inhalt der *Sturmflut*, es ist der Inhalt dieses neuesten Panteniusschen Romans.« (Zit. ebd. S. 625.)

78 Fontane: Briefe. Hrsg. von Kurt Schreinert. Bd. 4. Frankfurt a. M. / Berlin 1971. S. 76 bis 79.

79 Thomas Mann: Wagner und unsere Zeit. Frankfurt a. M. 1963. S. 72.
80 Vgl. Dichter über ihre Dichtungen. Theodor Fontane. München 1973. Bd. 2. S. 471 (Brief an Carl Robert Lessing vom 8. Juni 1896).
81 Fontane (Anm. 72) Bd. 1. S. 378.
82 Vgl. Vincent J. Günther: Das Symbol im erzählerischen Werk Fontanes. Bonn 1967. S. 37. Der Brief an Zöllner vom 13. Juli 1881, auf den Günther sich beruft, bietet für seine These keinen Anhaltspunkt.
83 Carl Dahlhaus: Wagners Konzeption des musikalischen Dramas. Regensburg 1971. S. 20.
84 Fontane (Anm. 72) S. 11 (Kap. 2).
85 Ebd. S. 30 (Kap. 5).
86 Eilert (Anm. 70) S. 498.
87 Erwin Koppen: Dekadenter Wagnerismus. Studien zur europäischen Literatur des Fin de siècle. Berlin / New York 1973. S. 217.
88 Eilert (Anm. 70) S. 502.
89 Fontane (Anm. 72) S. 76 (Kap. 13).
90 Auch Spinell in *Tristan* ist von Physiognomie und Herkunft (Lemberg) her offensichtlich Jude. Darauf hat Wapnewski (Tristan der Held Richard Wagners. Berlin 1981. S. 158) aufmerksam gemacht.
91 Fontane (Anm. 72) S. 96 f. (Kap. 17).
92 Eilert (Anm. 70) S. 514 f.
93 Zu diesem Motiv vgl. auch Roger Bauer: Das Treibhaus oder der Garten des Bösen. Ursprung und Wandlung eines Motivs der Dekadenzliteratur. Akademie der Wissenschaften und Literatur Mainz. Wiesbaden 1979. Diese Studie greift auf manche Quellennachweise Heide Eilerts (Anm. 70) zurück.
94 Richard Wagner: Das braune Buch. Tagebuchaufzeichnungen 1865–1882. Zürich 1975. S. 42 und 44.
95 Eilert (Anm. 70) S. 510.
96 Fontane (Anm. 72) S. 43 (Kap. 7).
97 Thomas Mann (Anm. 79) S. 101 (Leiden und Größe Richard Wagners).
98 Vgl. Koppen (Anm. 87) S. 242 ff. In meinem Aufsatz *Die Wandlungen Ahasvers* (Anm. 16) habe ich neuerdings (nach Abschluß dieses Manuskripts) gezeigt, wie stark die Gestalt Kundrys von dem in der Literatur des 19. Jahrhunderts weit verbreiteten Herodias-Mythos geprägt ist. Die ewige Jüdin Herodias, die oft – so bei Heine und Mallarmé – mit der Gestalt ihrer Tochter Salome verschmilzt – ist das weibliche Pendant Ahasvers (den sie in Eugène Sues Erfolgsroman *Le juif errant* von 1844 ruhelos durch die Geschichte begleitet, bis sie wie Kundry Erlösung findet).
99 Wolfdietrich Rasch: Fin de siècle als Ende und Neubeginn. In: Fin de siècle. Zu Literatur und Kunst der Jahrhundertwende. Hrsg. von Roger Bauer [u. a.]. Frankfurt a. M. 1977. S. 33.
100 Vgl. CT I,163; II,80, 612, 682, 753, 1012 u. ö. – Zur Umwertung des Begriffs ›décadence‹ bei Baudelaire vgl. den instruktiven Aufsatz von Wolfdietrich Rasch: Die Darstellung des Untergangs. Zur literarischen Décadence. In: Jahrbuch der Deutschen Schillergesellschaft 25 (1981) S. 414–434.
101 Die folgenden Ausführungen über Thomas Mann greifen in einigen Passagen wörtlich zurück auf mein Kapitel: Thomas Mann und die décadence. In: Geschichte der deutschen Literatur vom 18. Jahrhundert bis zur Gegenwart. Bd. 2. Hrsg. von Viktor Žmegač. Königstein (Ts.) 1980. S. 344–369.
102 Thomas Mann: Gesammelte Werke. Frankfurt a. M. ²1974. Bd. 8. S. 397.
103 Fuchs / Kreowski (Anm. 2) S. 58, 95 und 111. Vgl. dazu ebd. S. 138: Wagner sei wiederholt als »Judenknecht« verspottet worden. Fuchs zitiert in diesem Zusammenhang folgenden Witz: »Richard Wagner veranstaltet zum Besten der aus Rußland ausgewiesenen Juden eine

Extravorstellung des ›Nibelungenringes‹, in der nur koschere Walküren auftreten und die Lohe unter Aufsicht des Bayreuther Oberrabbinates wabert.«

104 Vgl. Martin Gregor-Dellin: Richard Wagner. München / Zürich 1980. S. 606 f. Freytag: »Im Sinne seiner Broschüre erscheint er [Wagner] selbst als der größte Jude.« Zit. ebd. S. 606.

105 Vgl. den Fontane-Forschungsbericht von Wolfgang Paulsen im Jahrbuch der Deutschen Schillergesellschaft 25 (1981) S. 501 f.

106 Fontane (Anm. 81) Abt. 1. Bd. 4. S. 103.

107 Th. Mann (Anm. 102) Bd. 8. S. 405.

108 Ebd. S. 399 f.

109 Ebd. S. 387.

110 Ebd. S. 395.

111 Ebd. Bd. 10. S. 38.

112 Ebd. Bd. 8. S. 398. Zum parodistischen Verfahren Thomas Manns vgl. die grundlegende Studie von Viktor Žmegač: Konvention, Modernismus, Parodie. In: Thomas Mann und die Tradition. Hrsg. von Peter Pütz. Frankfurt a. M. 1971.

113 Th. Mann (Anm. 102) Bd. 8. S. 398.

114 Ebd. S. 405.

115 Ebd. S. 398.

116 Ebd. S. 409.

117 Ebd. S. 223.

118 Ebd. S. 380.

119 Ebd. S. 385.

120 Ebd. S. 394.

121 Übrigens dürfte auch diese Szene durch die Treibhaus-Szene in Zolas Roman *La curée* beeinflußt sein: auch hier ein Inzest auf einem Bärenfell! Vgl. Eilert (Anm. 70) S. 506.

122 Th. Mann (Anm. 102) Bd. 8. S. 398.

123 Ebd. S. 408.

124 Ebd. S. 410.

125 Zit. nach: Dichter über ihre Dichtungen. Thomas Mann. Bd. 1. München 1975. S. 224.

126 Th. Mann (Anm. 102) Bd. 8. S. 410.

127 Otto Mann: Der Dandy. Ein Kulturproblem der Moderne. Heidelberg 1962. S. 40 f.

128 Th. Mann (Anm. 102) Bd. 8. S. 404.

129 Vgl. Wolfdietrich Rasch: Claudio. Zur Darstellung der Lebensferne in der Dichtung um 1900. In: Jahrbuch der Deutschen Schillergesellschaft 22 (1978) S. 552–571.

130 Th. Mann (Anm. 102) Bd. 8. S. 229.

131 Rasch (Anm. 99) S. 39.

132 Th. Mann (Anm. 102) Bd. 8. S. 392.

133 Ebd. Bd. 1. S. 494 ff.

134 Nietzsche (Anm. 55) Bd. 6. S. 423 f.

135 Th. Mann (Anm. 102) Bd. 8. S. 234.

136 Wolfdietrich Rasch: Thomas Manns Erzählung *Tristan*. In: W. R.: Zur deutschen Literatur seit der Jahrhundertwende. Stuttgart 1967. S. 146–185. Hier S. 152 ff.

137 Th. Mann (Anm. 102) Bd. 8. S. 222.

138 Ebd. S. 254.

139 Vgl. dazu Wolfdietrich Rasch: Thomas Mann und die Décadence. In: Thomas Mann 1875 bis 1975. Frankfurt a. M. 1977. S. 271–284. Hier S. 273 f.

140 Th. Mann (Anm. 102) Bd. 8. S. 221.

141 Stifter (Anm. 34) Bd. 2. S. 592 f.

142 Th. Mann (Anm. 102) Bd. 8. S. 240 f.

143 Ebd. Bd. 9. S. 270 f. Vgl. auch: Erläuterungen und Dokumente. Thomas Mann: Tristan.

Hrsg. von Ulrich Dittmann. Stuttgart 1971 [u. ö.]. (Reclams Universal-Bibliothek. Nr. 8115.) S. 85 f.

144 Th. Mann (Anm. 102) Bd. 8. S. 253 f.

145 Wapnewski (Anm. 90) S. 161.

146 Ernst Robert Curtius: Die Wegbereiter des neuen Frankreich. Potsdam 1923. S. 48. Vgl. dazu Rasch (Anm. 99) S. 36.

147 Vgl. dazu die Ausführungen über *Wälsungenblut* am Schluß des Kapitels »Ödipus und *Der Ring des Nibelungen*«.

148 Th. Mann (Anm. 102) Bd. 8. S. 245.

149 Unter diesem Titel erschienener Aufsatz in: Euphorion 52 (1958) S. 378–395.

150 Vgl. das Kapitel »Tödliches Venedig« bei Koppen (Anm. 87) S. 214 ff.

151 Th. Mann (Anm. 102) Bd. 8. S. 464.

152 Ebd. S. 500.

153 Ebd. S. 467.

154 Ebd. S. 503.

155 Ebd. S. 481.

156 Ebd. S. 514.

157 Ebd. S. 500.

158 Vordtriede (Anm. 149) S. 385.

159 Daß Pentheus in den Euripideischen *Bacchen* der mythische ›Typus‹ Aschenbachs ist, hat vor allem Manfred Dierks in *Studien zu Mythos und Psychologie bei Thomas Mann* (Thomas Mann-Studien II. Bern / München 1972) nachgewiesen. Pentheus ist nach Nietzsches Worten der Gegner des Dionysos, der »unvermutet von ihm bezaubert« wird und »mit dieser Verzauberung in sein Verhängnis läuft« (Anm. 55, Bd. 1. S. 82).

160 Th. Mann (Anm. 102) Bd. 8. S. 500.

161 Ebd. S. 513.

162 Th. Mann (Anm. 79) S. 29 f.

163 Siehe Anm. 100.

164 Nietzsche (Anm. 55) Bd. 6. S. 266.

165 Dafür ein signifikantes Beispiel: Im *Fall Wagner* (ebd. S. 27) hält Nietzsche Wagner vor, daß bei ihm, dem typischen Décadent, der Teil über das Ganze siege. (Gilt das nicht ebenso für Nietzsches aphoristische Philosophie?) Von diesem Strukturmerkmal der Wagnerschen Musik als einem »Zeichen der Auflösung« ist schon in Nietzsches Brief an Carl Fuchs vom Winter 1884/85 die Rede, hier aber ohne abwertende Tendenz: »Das aber ist décadence, ein Wort, das, wie sich unter uns von selbst versteht, nicht verwerfen, sondern nur bezeichnen soll«. Einige Zeilen später heißt es, es gebe »an der décadence eine Unsumme des Anziehendsten, Wertvollsten, Neuesten, Verehrungswürdigsten« (Nietzsche, Anm. 55, Bd. 1, S. 82).

166 Th. Mann (Anm. 102) Bd. 11. S. 611.

167 Das ist von der Thomas-Mann-Forschung detailliert nachgewiesen worden; vgl. bes. Manfred Dierks (Anm. 159). Es sei hier noch auf eine merkwürdige Parallele zu Heinrich Heines Essay *Die Götter im Exil* aufmerksam gemacht, von dem im *Tannhäuser*-Kapitel die Rede war: Nach einer ostfriesischen Sage leitet Hermes in der Gestalt eines »jugendlichen Greises« (vgl. die entsprechende Gestalt auf dem Schiff, das Aschenbach nach Venedig bringt) die Überfahrt der Seelen ins Totenreich (Heine: Werke. Bd. 2. Hrsg. von Wolfgang Preisendanz. Frankfurt a. M. 1968. S. 844).

168 Eine summarische Darstellung der Wagner-Rezeption Thomas Manns bietet Martin Gregor-Dellin: Wagner und kein Ende. Richard Wagner im Spiegel von Thomas Manns Prosawerk. Bayreuth 1958.

169 Der Briefwechsel wird nach der dritten Auflage der Gesamtausgabe von Willi Schuh (Zürich 1964) zitiert.

170 Das vorliegende Kapitel ist die gekürzte und teilweise revidierte Fassung der Untersuchung:

Der Mythos als Oper. Hofmannsthal und Richard Wagner. In: Hofmannsthal-Forschungen 7 (voraussichtlich 1982).

171 Mein Dank gilt hier Rudolf Hirsch für seine Mitteilungen aus dem Hofmannsthal-Nachlaß und Karl Konrad Polheim, der mir das Manuskript eines Vortrags über Hofmannsthal und Wagner überlassen hat, der erscheinen wird in: Drama und Theater im 20. Jahrhundert. Festschrift für Walter Hinck. Göttingen 1982. Obwohl Polheim die kritischen Akzente der Wagner-Rezeption Hofmannsthals stärker betont, als das in diesem Kapitel geschieht (vor allem in der Konfrontation der Salzburger und Bayreuther Festspielkonzeption), kommt auch er zu dem Resultat: »Die unmittelbaren Aussagen Hofmannsthals über Richard Wagner sind relativ gering, aber nur ihrer Zahl, nicht ihrer Bedeutung nach. Hofmannsthal hat das Phänomen Wagner intensiv empfunden und sich lebhaft damit auseinandergesetzt.«

172 Hugo von Hofmannsthal: Gesammelte Werke in Einzelbänden. Hrsg. von Bernd Schoeller in Beratung mit Rudolf Hirsch. Frankfurt a. M. 1979 f. Gedichte, Dramen I. S. 115 f.

173 Nietzsche (Anm. 55) Bd. 1. S. 146.

174 Hofmannsthal (Anm. 172) Gedichte, Dramen I. S. 287 f.

175 Schopenhauers sämtliche Werke. Hrsg. von Max Frischeisen-Köhler. Berlin o. J. Bd. 3.4. S. 526. (Über den Tod und sein Verhältnis zur Unzerstörbarkeit unseres Wesens an sich.)

176 Hofmannsthal (Anm. 172) Gedichte, Dramen I. S. 289.

177 Ebd. S. 288.

178 Zu dieser – überaus wagnernahen – Verbindung von Tod und Musik vgl. Martin Erich Schmid: Symbol und Funktion der Musik im Werk Hugo von Hofmannsthals. Heidelberg 1968. S. 54 f.

179 Hofmannsthal (Anm. 172) Gedichte, Dramen I. S. 297.

180 Ebd. S. 20.

181 Richard Wagner an Mathilde Wesendonk. Tagebuchblätter und Briefe. Berlin 1904. S. 68.

182 Die Verbindung zwischen Midasreich und Totenreich: die Verwandlung der Dinge in Gold bedeutet ihre Vertotung. (Die Erstarrung des Lebendigen zu Stein und Metall ist für Hofmannsthal stets ein Symbol der hermetisch-ästhetizistischen Haltung: vgl. die Versteinerung des Kaisers in der *Frau ohne Schatten*.)

183 Hofmannsthal (Anm. 172) Reden und Aufsätze III. S. 361. Vgl. dazu die sowohl von Wagner als auch von Hofmannsthal bearbeitete Erzählung *Die Bergwerke zu Falun* von E. T. A. Hoffmann; s. die obigen Ausführungen im Kapitel »Totenreich und Venusberg«; ferner: E. F. Lorenz: Die Geschichte des Bergmanns von Falun bei Richard Wagner und Hugo von Hofmannsthal. In: Imago 3. Wien 1914.

184 Goethe »sucht in dramatischen Gestaltungen nicht den dionysischen Genuß, gibt den Figuren vielmehr Idealität durch die Maske der stilisierten Sprache, entfernt sie von sich, verhangt ihnen ihr Gesicht« (Hofmannsthal, Anm. 172, Reden und Aufsätze III. S. 437).

185 Ebd.

186 Ebd. Dramen V. S. 511.

187 Ebd. Reden und Aufsätze III. S. 481.

188 Wagner (Anm. 181) S. 244.

189 Dahlhaus (Anm. 83) S. 37.

190 Hofmannsthal (Anm. 172) Reden und Aufsätze I. S. 495.

191 Ebd. Reden und Aufsätze III. S. 504.

192 In einem Entwurf zum Vorspiel der *Ariadne* (1913) hat Hofmannsthal dem Komponisten folgende Passage aus *Eine Mitteilung an meine Freunde* (1851) zugedacht: »Was endlich konnte diese Liebessehnsucht, das Edelste, was ich meiner Natur nach zu empfinden vermochte, wieder anderes sein als das Verlangen nach dem Hinschwinden aus der Gegenwart, nach dem Ersterben in einem Elemente unendlicher, irdisch unvorhandener Liebe, wie es nur mit dem Tode erreichbar schien?« (IV,279.)

193 Martin Stern: Eine heimliche Wagner-Karikatur – Zum *Ariadne*-Vorspiel 1916. In: Neue Zürcher Zeitung vom 26. November 1959. Vgl. demgegenüber Willi Schuh: Umgang mit Musik. Zürich 1970. S. 192 ff. – Nach Auskunft von Manfred Hoppe wird der *Ariadne*-Band der Kritischen Hofmannsthal-Gesamtausgabe noch mehr Wagner-Reminiszenzen im Vorspiel zutage fördern.

194 »Eselsgesicht! sehr unverschämter frecher Esel!« (Hofmannsthal, Anm. 172, Dramen V, S. 188.) Wie dem Komponisten hier sind auch Wagner oft (nach seinem eigenen Bericht) bei Wutausbrüchen entscheidende melodische Einfälle gekommen.

195 Th. Mann (Anm. 102) Bd. 10. S. 31.

196 Hofmannsthal (Anm. 172) Dramen V. S. 11.

197 Ebd.

198 Programmheft zur Wiederaufnahme der *Frau ohne Schatten* an der Bayerischen Staatsoper am 9. Juli 1981. Zusammengest. von Stephan Kohler und Klaus Schultz. München 1981. S. 5. Zu fragen wäre übrigens nach dem Einfluß von Wagners erster Oper *Die Feen* auf die *Frau ohne Schatten*. Das gemeinsame Vorbild Gozzi und die thematisch-motivischen Übereinstimmungen legen einen solchen Einfluß nahe. Jedenfalls hat Hofmannsthal Wagners Bericht über sein Jugendwerk in *Eine Mitteilung an meine Freunde* (die er nachweislich studiert hat: Anm. 192) gelesen: »Eine Fee, die für den Besitz eines geliebten Mannes der Unsterblichkeit entsagt, kann die Sterblichkeit nur durch die Erfüllung harter Bedingungen gewinnen, deren Nichtlösung von seiten des irdischen Geliebten sie mit dem härtesten Lose bedroht.« Der Geliebte besteht die Prüfung nicht. Während die Fee bei Gozzi (*La donna serpente*) in eine Schlange verwandelt wird, von deren Gestalt der Kuß des Geliebten sie wieder befreit, änderte Wagner nach seinen Worten den Schluß dahin, »daß die in einen Stein verwandelte [!] Fee durch des Geliebten sehnsüchtigen Gesang entzaubert [...] wird« (IV,252 f.). Das Thema der Liebe zwischen einem Wesen der Geisterwelt und einem Menschen sowie dessen Prüfung durch ein Gebot verbindet Wagners *Feen, Fliegenden Holländer* und *Lohengrin* (die ihrerseits von Heinrich Marschners *Hans Heiling* inspiriert sind) eng mit der *Frau ohne Schatten*.

199 Hofmannsthal (Anm. 172) Reden und Aufsätze I. S. 245.

200 Eine unpassende Metapher, dient das Orchester bei Wagner im Prinzip doch nicht der ›Panzerung‹, sondern der symphonischen Differenzierung und Facettierung des Ausdrucks. Daß diese durch die Größe des Orchesterapparats anderseits immer wieder bedroht zu werden schien, hat Wagner im Alter oft schmerzlich empfunden, wie seine ständigen Bemerkungen Cosima gegenüber zeigen, er habe im *Tristan* oder im *Parsifal* »zu dick instrumentiert« (CT II,846, 853: *Tristan*; 859, 980: *Parsifal*).

201 Cosima Wagner – Richard Strauss. Ein Briefwechsel. Hrsg. von Franz Trenner. Tutzing 1978. S. 211–217. Zitate S. 217 und 215. Vgl. dazu jetzt (nach Abschluß des Manuskripts erschienen) Stephan Kohler: »Glück auf zum Veralteten, Modernden, Rokokohaften!« Richard Strauss und Cosima Wagner als Bearbeiter von Goethes Singspiel *Lila*. In: Jahrbuch der Bayerischen Staatsoper 5 (1982) S. 100–119 (mit Auszügen aus Cosima Wagners Libretto-Entwurf).

202 Ebd. S. 217.

203 Zum Einfluß Claudels vgl. Eva-Maria Lenz: Hugo von Hofmannsthals mythologische Oper *Die ägyptische Helena*. Tübingen 1972. S. 43 ff.; Stephan Kohler im Programmheft zur Neuinszenierung der *Ägyptischen Helena* am 29. Juli 1981 an der Bayerischen Staatsoper. München 1981. S. 13 ff.

204 Nietzsche (Anm. 55) Bd. 6. S. 74.

205 Programmheft zur *Ägyptischen Helena* (Anm. 203) S. 77.

206 Um so merkwürdiger, daß in der einzigen Monographie zur *Ägyptischen Helena* von Eva-Maria Lenz (Anm. 203) der Name Wagner nicht ein einziges Mal vorkommt.

207 Nach Mitteilung von Rudolf Hirsch haben sich aus Hofmannsthals Bibliothek eine von Fritz Groß herausgegebene Ausgabe von *Oper und Drama* (Berlin o. J.), die Erstausgabe von *Mein Leben* (München 1911), zwei Ausgaben mit ausgewählten Schriften (aus dem Insel- und

E. W. Siegel-Verlag) sowie die Glasenappsche Wagner-Biographie in der dritten Auflage erhalten.

208 Nietzsche (Anm. 55) Bd. 1. S. 145.

209 Ebd. Bd. 1. S. 447.

210 Ebd. S. 452.

211 Hofmannsthal (Anm. 172) Dramen V. S. 510.

212 Programmheft (Anm. 203) S. 65 f. Hier heißt es: »Aber ich glaube nicht, daß es nötig ist, die gebildete Lesewelt darauf aufmerksam zu machen, daß Tränke des Vergessens und des Erinnerns ebensowenig von Homer, wie der Todes- und Liebestrank im *Tristan* von Richard Wagner erfunden worden sind. Sie sind uralte Requisiten der Dichter, Abkürzungen dramatischer Situationen [Strauss kannte diesen Gedanken aus seinem eigenen intensiven Studium von *Oper und Drama* ganz genau] und finden sich vor Homer und der Edda in den ältesten indischen, keltischen und germanischen Sagen.«

213 Hofmannsthal (Anm. 172) Dramen III. S. 565.

214 Ebd. Reden und Aufsätze III. S. 257 f.

215 Das hat schon der Dresdener Uraufführungskritiker Karl Schönewolf bemerkt (Programmheft zur *Ägyptischen Helena*, Anm. 203, S. 77).

216 Hofmannsthal (Anm. 172) Dramen V. S. 487.

217 Richard Strauss hat in seinem Brief an H. F. Schaub vom 30. Oktober 1928 diese »Parallele« zwischen *Tristan* und *Helena* bereits angedeutet: s. Programmheft (Anm. 203) S. 71.

218 Lenz (Anm. 203) S. 99.

219 Helenas Entscheidung für die Wahrheit trotz der tödlichen Gefahr – und das glückliche Paradox der Abwendung dieser Gefahr eben durch die rückhaltlose Wahrheit bilden eine deutliche Parallele zu Goethes *Iphigenie*.

220 Hofmannsthal (Anm. 172) Dramen V. S. 488.

221 Nach Lenz (Anm. 203) S. 64.

222 Hofmannsthal (Anm. 172) Dramen V. S. 510.

223 Ebd.

224 Ebd.

225 Ebd. S. 508.

226 Ebd. S. 506.

227 Ebd. S. 503.

228 Programmheft (Anm. 203) S. 76.

229 Das berichtet Max See: Die Münchner Erstaufführung der *Ägyptischen Helena*. Erinnerungen eines Zeitgenossen. In: Jahrbuch der Bayerischen Staatsoper 4 (1981) S. 36. Vgl. auch Stephan Kohler (Anm. 203) S. 12.

230 Hofmannsthal (Anm. 172) Dramen V. S. 510.

231 Ebd. S. 511.

232 Ebd. S. 510.

233 Nietzsche (Anm. 55) Bd. 1. S. 75.

234 Ebd. S. 113.

235 Ebd. S. 95.

236 Ebd. S. 109 f.

237 Vgl. Hugo von Hofmannsthal: Sämtliche Werke. Krit. Ausg. Bd. 14: Dramen 12. Hrsg. von Jürgen Fackert. Frankfurt a. M. 1975. Bes. S. 139 und 580 f. (Ernst Bertram: Nietzsche. Versuch einer Mythologie. Berlin 1918.)

238 Vgl. Hofmannsthal (Anm. 237) S. 521 ff.

239 Vgl. ebd. S. 527 ff. (Hermann Reich: Der Mimus. Berlin 1903.)

240 Hofmannsthal (Anm. 172) Dramen IV. S. 557 f. Zum Versagen des Worts vor dem ›Leben‹ vgl. die immer noch grundlegende Untersuchung von Karl Pestalozzi: Sprachskepsis und

404 *Anmerkungen zu S. 351–355*

Sprachmagie im Werk des jungen Hofmannsthal. Zürich 1958. Bes. S. 9–27 (Leben). Zur Bedeutung des Mimischen bei Hofmannsthal vgl. Wolfram Mauser: Bild und Gebärde in der Sprache Hofmannsthals. Wien 1961.

241 Hofmannsthal (Anm. 237) Bd. 14. S. 82.

242 Ebd. S. 139; s. dazu die Nachweise im Kommentar S. 581. Zu Hofmannsthals Nietzsche-Rezeption vgl. auch H. Jürgen Meyer-Wendt: Der frühe Hofmannsthal und die Gedankenwelt Nietzsches. Heidelberg 1973.

243 Hofmannsthal (Anm. 172) Dramen V. S. 510. Daß Hofmannsthal auch durch die bedeutenden sprachskeptischen Äußerungen Schillers – das berühmte Distichon *Die Sprache* (»*Spricht die Seele, so spricht ach! die Seele nicht mehr.*«) findet sich ebenfalls unter den *Timon*-Materialien – inspiriert worden ist, habe ich in der Anm. 170 angegebenen Untersuchung nachgewiesen.

244 Hofmannsthal (Anm. 172) Dramen V. S. 511.

245 Ebd. S. 512.

246 Ebd. Reden und Aufsätze I. S. 479.

247 Ebd. Dramen V. S. 511.

248 Nietzsche (Anm. 55) Bd. 7. S. 276 f.

249 Ebd. S. 294.

250 Ebd. S. 303.

251 Ebd. S. 307.

252 Vgl. auch die Bemerkung im Aufsatz »*Denkmäler des Theaters*« (1924), im Vergleich mit dem barocken sei »Wagners Gesamtkunstwerk nur das matte, in einer kunstmatten Spätzeit gewaltsam heraufbeschworene Gespenst« (Reden und Aufsätze II. S. 327).

253 Nietzsche (Anm. 55) Bd. 1. S. 455.

254 Das zeigt schon das weitschweifige Gedicht *Gedankenspuk* des Sechzehnjährigen, dem ein Motto aus der zweiten *Unzeitgemäßen Betrachtung* vorangestellt ist. Vgl. Pestalozzi (Anm. 240) S. 43 ff.; Meyer-Wendt (Anm. 242).

255 Hofmannsthal (Anm. 172) Reden und Aufsätze I. S. 480.

256 Nietzsche (Anm. 55) Bd. 1. S. 455.

257 Hofmannsthal (Anm. 172) Gedichte. Dramen I. S. 282.

258 Nietzsche (Anm. 55) Bd. 1. S. 455.

259 Ebd. Bd. 1. S. 456.

260 Ebd. Bd. 6. S. 30.

261 Hofmannsthal (Anm. 172) Reden und Aufsätze II. S. 84 f.

262 Nietzsche (Anm. 55) Bd. 1. S. 485 ff.

263 Hofmannsthal (Anm. 172) Reden und Aufsätze II. S. 84.

264 Walter F. Otto: Gesetz, Urbild und Mythos. In: W. F. O.: Die Gestalt und das Sein. Darmstadt 1955. S. 25 ff.

265 Friedrich Hebbel: Sämtliche Werke, Hist.-krit. Ausg. Hrsg. von Richard Maria Werner. Bd. 14. Berlin 1913. S. 139.

266 Nietzsche (Anm. 55) Bd. 1. S. 485.

267 Hofmannsthal (Anm. 172) Dramen V. S. 512.

268 Nietzsche (Anm. 55) Bd. 1. S. 485.

269 Hofmannsthal (Anm. 172) Dramen V. S. 512.

270 Alfred Einstein: Verdi und Wagner. In: Melos 18 (1951) S. 41. Der Ausdruck bezieht sich auf die Orchestersprache Verdis.

271 Auf eine komplette Zusammenstellung aller Äußerungen Hofmannsthals über Wagner wird hier freilich verzichtet, zumal die Untersuchung von Karl Konrad Polheim (Anm. 171) weiteres Quellenmaterial sichtet. Karl Pestalozzi machte mich darauf aufmerksam, wie stark Hofmannsthals Opernästhetik überdies mittelbar, nämlich durch seine intensive und zustimmende Lektüre des Goethe-Buches von Chamberlain (bes. des Abschnitts über Goethes

Operndichtungen) der Wagnerschen Dramaturgie verpflichtet ist (Houston Stewart Chamberlain: Goethe. München 1912. S. 544 ff.)

272 Hofmannsthal (Anm. 172) Reden und Aufsätze III. S. 279.

273 Ebd. Reden und Aufsätze I. S. 354 f. – Zur Schiller-Wagner-Parallele vgl. auch: Zur Krisis des Burgtheaters. In: Reden und Aufsätze II. S. 243 f.

274 Ebd. Reden und Aufsätze III. S. 70.

275 Vgl. Nietzsches Bemerkungen über »das Schillersche an Wagner« (Anm. 55, Bd. 13, S. 495; nachgelassene Notiz 1888). Bereits in einem Fragment von 1880 heißt es: »Was auf jetzige Deutsche wie *berauschend* wirkt, das sehe man aus den Themata Wagners; was auf frühere, aus Schillers Themata.« (Ebd. Bd. 9. S. 167.)

276 Hofmannsthal (Anm. 172) Reden und Aufsätze II. S. 265 f.

277 Ebd. Reden und Aufsätze III. S. 185.

278 Ebd. Reden und Aufsätze II. S. 260.

279 Zur terminologischen Unterscheidung von Parodie und Travestie vgl. Theodor Verweyen / Gunther Witting: Die Parodie in der neueren deutschen Literatur. Eine systematische Einführung. Darmstadt 1979. Bes. S. 155 ff. Beide Gattungen lassen sich nicht streng voneinander abgrenzen. Die herkömmliche Unterscheidung: Parodie = komische Nachahmung eines literarischen Werks in gleicher Form, aber mit unpassendem Inhalt; Travestie = komische Nachahmung eines literarischen Werks mit gleichem Inhalt, aber unpasser Form, kennzeichnet nur zwei Idealtypen, die sich mit kaum einem konkreten literarischen Werk decken. Obwohl sich auf den ersten Blick sagen läßt, daß die *Beggars Opera* eine *Parodie* der Opera seria Händels und Nestroys *Tannhäuser* oder *Lohengrin Travestien* der Wagnerschen Opern sind (im ersteren Falle wird das hohe Personal der heroischen Oper gegen ein niedriges ausgetauscht, in letzterem Falle bleibt das Personal erhalten, wird aber durch die Form seiner Darstellung ins Lächerliche gezogen), gibt es doch in den genannten Werken ständige Übergänge zwischen beiden Gattungen, so daß sich fragt, ob man nicht Travestie und Parodie im engeren Sinne als Untergattungen der Parodie im weiteren Sinne verstehen sollte, zumal der alte Parodiebegriff (Nestroys *Lohengrin*!) oft die Travestie meint.

280 Vgl. dazu die unentbehrliche Dokumentation von Fuchs / Kreowski (Anm. 2).

281 Nietzsche (Anm. 55) Bd. 8. S. 492.

282 Ebd. Bd. 6. S. 34.

283 Isolde Vetter wird diese Entdeckung in ihrer Dissertation: *Der fliegende Holländer* von Richard Wagner. Entstehung. Bearbeitung. Überlieferung (Diss. der TU Berlin – im Druck) vorlegen.

284 Wagner (Anm. 94) S. 189 ff.

285 Cosima Wagner – Richard Strauss (Anm. 201) S. 215 (Brief Cosimas an Strauss vom 3. November 1901).

286 Auf eine Reihe von ihnen nehmen Fuchs und Kreowski (Anm. 2) Bezug. Vgl. zumal die Auszüge und Abbildungen aus den Travestien und Parodien *Lohengrin. Humoreske in 3 Gesängen* von Julius Stettenheim (1859), S. 22–25; *Der Hülsen-Baum an der deutschen Dramenenge des Dichtungstodes. Große heroische Zukunftsoper mit Ballett, Evolutionen, Tableaux und Maschinerien* von Gabriel Mephisto. Musik von *Wagla Waglawai* (1870), S. 50 ff.; *Tannhäuser* von Nestroy (1857), S. 82 ff.; *Die Vögel* von Eduard von Bauernfeld (1870/71), S. 88 ff.; *Morgenständchen eines neudeutschen Komponisten* (1865), S. 98 ff.; *Tristanderl und Süßholde* (zwölf Tage vor der *Tristan*-Uraufführung im Münchener Volkstheater über die Bühne gegangen, 1865), S. 102 ff. u. a.

287 Siehe ebd. über. S. 84.

288 Friedrich Huch: Enzio. Ein musikalischer Roman. München 1911. S. 214 f.

289 Ebd. S. 215.

290 Tristan und Isolde. Lohengrin. Der fliegende Holländer. Drei groteske Komödien von

Friedrich Huch. München 1911. S. 126. Den Hinweis auf Friedrich Huchs Parodien verdanke ich Viktor Žmegač, dem dieses Kapitel gewidmet ist.
291 F. Huch (Anm. 290) S. 149.
292 Ebd. S. 123 f.
293 Ebd. S. 131.
294 Ebd. S. 125.
295 Ebd. S. 147.
296 Ebd. S. 169.
297 Ebd. S. 171.
298 Ebd. S. 155.
299 Ebd. S. 195.
300 Ebd. S. 127 ff.
301 Ebd. S. 185.
302 Ebd. S. 160.
303 Ebd. S. 156.
304 Ebd. S. 193.
305 Ebd. S. 141.
306 Ebd. S. 141 f.
307 Ebd. S. 159.
308 Ebd. S. 165.
309 Ludwig Tieck: Der gestiefelte Kater. Hrsg. von Helmut Kreuzer. Stuttgart 1965. S. 76 (Zitat aus *Phantasus*).

Literaturhinweise

In die folgende Bibliographie sind nur die wichtigsten, Wagner unmittelbar betreffenden Quellen, Dokumentationen und Abhandlungen aufgenommen. Für die allgemeine literatur- und musikhistorische sowie weitere Spezial-Literatur wird auf die Anmerkungen verwiesen.

Richard Wagner: Gesammelte Schriften und Dichtungen. 10 Bde. Leipzig ²1888.
Richard Wagner: Sämtliche Schriften und Dichtungen. Volksausgabe. Leipzig 1911.
Richard Wagner: Sämtliche Werke. In Zusammenarbeit mit der Bayerischen Akademie der Schönen Künste, München. Hrsg. von Carl Dahlhaus. Mainz 1970 ff.
Richard Wagner: Ausgewählte Schriften. Mit einem Essay von Ernst Bloch. Hrsg. von Dietrich Mack. Frankfurt a. M. 1974.
Richard Wagner: Schriften. Ein Schlüssel zu Leben, Werk und Zeit. Ausgew., komm. und eingel. von Egon Voss. Frankfurt a. M. 1978.
Richard Wagner: Die Musikdramen. Mit einem Vorw. von Joachim Kaiser. München 1978.
Richard Wagner: Mein Leben. Hrsg. von Martin Gregor-Dellin. München 1963 (1969. 1976).
Richard Wagner: Sämtliche Briefe. Hrsg. im Auftrage des Richard Wagner-Familienarchivs Bayreuth von Gertrud Strobel und Werner Wolf. Leipzig 1967 ff.
Richard Wagner: Briefe. Die Sammlung Burell. Hrsg. und komm. von John N. Burk. Frankfurt a. M. 1953.
Richard Wagner: Das braune Buch. Tagebuchaufzeichnungen 1865–1882. Hrsg. von Joachim Bergfeld. Zürich / Freiburg i. Br. 1975.
Cosima Wagner: Die Tagebücher, 1869–1883. 2 Bde. Hrsg. von Martin Gregor-Dellin und Dietrich Mack. München 1976/77.
Richard Wagner an Mathilde Wesendonk. Tagebuchblätter und Briefe. Berlin 1904.
König Ludwig II. und Richard Wagner. Briefwechsel. Bearb. von Otto Strobel. 3 Bde. Karlsruhe 1936.
Briefwechsel zwischen Wagner und Liszt. Hrsg. von Erich Kloss. 2 Bde. Leipzig 1910.
Briefe an August Röckel von Richard Wagner. Eingef. von La Mara. Leipzig 1894.

Wagner-Chronik. Daten zu Leben und Werk. Zusammengest. von Martin Gregor-Dellin. München 1972.
Wagner. Sein Leben, sein Werk und seine Welt in zeitgenössischen Bildern und Texten. Hrsg. von Herbert Barth, Dietrich Mack und Egon Voss. Vorw. von Pierre Boulez. Wien 1975.
Richard Wagner. Leben und Werk in Daten und Bildern. Hrsg. von Dietrich Mack und Egon Voss. Frankfurt a. M. 1978.
Martin Geck: Die Bildnisse Richard Wagners. München 1970.
Curt von Westernhagen: Richard Wagners Dresdener Bibliothek 1842–49. Wiesbaden 1966.
Helmut Kirchmeyer: Situationsgeschichte der Musikkritik und des musikalischen Pressewesens in Deutschland. T. 4: Das zeitgenössische Wagner-Bild. Bd. 1: Wagner in Dresden. Regensburg 1972. Bd. 2: Dokumente 1842–45. Regensburg 1967. Bd. 3: Dokumente 1846–1850. Regensburg 1968.
Michael Karbaum: Studien zur Geschichte der Bayreuther Festspiele (1876–1976). Regensburg 1976.
Hartmut Zelinsky: Richard Wagner – Ein deutsches Thema. Eine Dokumentation zur Wirkungsgeschichte Richard Wagners 1876–1976. Frankfurt a. M. 1976.

Richard Wagner: Tannhäuser. Hrsg. von Dietrich Mack. Frankfurt a. M. 1979. [Quellendoku-
mentation.]

Richard Wagner: Lohengrin. Hrsg. von Michael Soden. Frankfurt a. M. 1980. [Quellendokumen-
tation.]

Richard Wagner: Die Meistersinger von Nürnberg. Texte, Materialien, Kommentare. Hrsg. von
Attila Csampai und Dietmar Holland. Reinbek bei Hamburg 1981.

Internationale Wagner-Bibliographie. Hrsg. von Herbert Barth. Bayreuth 1956 ff.

Adorno, Theodor W.: Versuch über Wagner. Frankfurt a. M. 1952.

Bekker, Paul: Wagner. Das Leben im Werke. Stuttgart [u. a.] 1924.

Borchmeyer, Dieter: Inspiration durchs Kasperltheater – Richard Wagners Idee des improvisatorischen Dramas. In: Euphorion 74 (1980) S. 113–133.

Boucher, Maurice: Les idées politiques de Richard Wagner. Exemple de nationalisme mythique.
Paris 1948.

Chamberlain, Houston Stewart: Richard Wagner. München [4]1907.

Conrad, Michael Georg: Wagners Geist und Kunst in Bayreuth. München-Schwabing 1906.

Dahlhaus, Carl: Wagners Konzeption des musikalischen Dramas. Regensburg 1971.

– Richard Wagners Musikdramen. Velber 1971.

Donington, Robert: Richard Wagners *Ring des Nibelungen* und seine Symbole. Musik und
Mythos. Stuttgart 1976.

Das Drama Richard Wagners als dramatisches Kunstwerk. Hrsg. von Carl Dahlhaus. Regensburg
1970.

Einstein, Alfred: Verdi und Wagner. In: Melos 18 (1951).

Fehr, Max: Richard Wagners Schweizer Zeit. 2 Bde. Aarau / Leipzig 1934/54.

Fries, Othmar: Richard Wagner und die deutsche Romantik. Zürich 1952.

Fuchs, Eduard / Kreowski, Ernst: Richard Wagner in der Karikatur. Berlin 1907.

Gautier, Judith: Richard Wagner et son œuvre poétique. Paris 1882.

Glasenapp, Carl Friedrich: Das Leben Richard Wagners in sechs Büchern. Leipzig 1905–11 (4.,
neu bearb. Ausg.).

Gregor-Dellin, Martin: Richard Wagner – Die Revolution als Oper. München 1973.

– Richard Wagner. Sein Leben. Sein Werk. Sein Jahrhundert. München / Zürich 1980.

Gutman, Robert W.: Richard Wagner. Der Mensch, sein Werk, seine Zeit. München 1970.

Hanslick, Eduard: Richard Wagners Bühnenfestspiel in Bayreuth. In: Musikalisches und Literarisches. Berlin [2]1889.

Hildebrandt, Kurt: Wagner und Nietzsche. Ihr Kampf gegen das neunzehnte Jahrhundert.
Breslau 1924.

Jäckel, Kurt: Richard Wagner in der französischen Literatur. 2 Bde. Breslau 1931/32.

Koppen, Erwin: Dekadenter Wagnerismus. Studien zur europäischen Literatur des Fin de siècle.
Berlin / New York 1973.

Kropfinger, Klaus: Wagner und Beethoven. Regensburg 1975.

Kurth, Ernst: Romantische Harmonik und ihre Krise in Wagners *Tristan.* Bern / Leipzig
1920.

Loos, Paul Arthur: Richard Wagner. Vollendung und Tragik der deutschen Romantik. München
1952.

Lorenz, Alfred: Das Geheimnis der Form bei Richard Wagner. 4 Bde. München 1924–33.

Mack, Dietrich: Bayreuther Festspiele. Die Idee. Der Bau. Die Aufführungen. Bayreuth 1974 (2.,
erg. Aufl.).

Mann, Thomas: Wagner und unsere Zeit. Aufsätze. Betrachtungen. Briefe. Hrsg. von Erika
Mann. Mit einem Geleitw. von Willi Schuh. Frankfurt a. M. 1963.

Mayer, Hans: Richard Wagner. Mitwelt und Nachwelt. Stuttgart / Zürich 1978.

Mendès, Catulle: Richard Wagner. Paris 1886.

Muncker, Franz: Richard Wagner. Eine Skizze seines Lebens und Wirkens. Bamberg 1909.

Naumann, Emil: Musikdrama oder Oper? Eine Beleuchtung der Bayreuther Bühnenfestspiele. Berlin 1876.

Newman, Ernest: The Life of Richard Wagner. 4 Bde. New York 1933–46.

– Wagner as Man and Artist. New York 1960.

Nietzsche, Friedrich: Richard Wagner in Bayreuth. Der Fall Wagner. Nietzsche contra Wagner. Nachw. von Martin Gregor-Dellin. Stuttgart 1973. (Reclams Universal-Bibliothek Nr. 7126 [2].)

Porges, Heinrich: Die Bühnenproben zu den Bayreuther Festspielen des Jahres 1876. Leipzig 1896.

Richard Wagner und das neue Bayreuth. Hrsg. von Wieland Wagner. München 1962.

Richard Wagner – Werk und Wirkung. Hrsg. von Carl Dahlhaus. Regensburg 1971.

Schüler, Winfried: Der Bayreuther Kreis von seiner Entstehung bis zum Ausgang der Wilhelminischen Ära. Wagnerkult und Wagnerreform im Geiste völkischer Weltanschauung. Münster 1971.

Schuré, Edouard: Erinnerungen an Richard Wagner. Leipzig 1900.

Shaw, George Bernard: The Perfect Wagnerite. A Commentary on the Nibelung's Ring. London / New York 1898. (Dt.: Ein Wagner-Brevier. Kommentar zum Ring des Nibelungen. Vorw. von Joachim Kaiser. Frankfurt a. M. 1973.)

Stein, Herbert von: Dichtung und Musik im Werk Richard Wagners. Berlin 1962.

Stein, Jack M.: Richard Wagner and the Synthesis of Arts. Detroit 1960.

Von der Oper zum Musikdrama. Hrsg. von Stefan Kunze. Bern / München 1978.

Vordtriede, Werner: Richard Wagners Tod in Venedig. In: Euphorion 52 (1958) S. 378–396.

Voss, Egon: Richard Wagner und die Instrumentalmusik. Wagners symphonischer Ehrgeiz. Wilhelmshaven 1977.

Walzel, Oscar: Richard Wagner in seiner Zeit und nach seiner Zeit. München 1913.

Wapnewski, Peter: Richard Wagner – Die Szene und ihr Meister. München 1978.

– Der traurige Gott. Richard Wagner in seinen Helden. München 1978.

– Tristan der Held Richard Wagners. Berlin 1981.

Westernhagen, Curt von: Richard Wagner. Sein Werk. Sein Wesen. Seine Welt. Zürich 1956.

– Vom Holländer zum Parsifal. Neue Wagner-Studien. Zürich 1962.

– Wagner. Zürich 1968.

Wolzogen, Hans von: Erinnerungen an Richard Wagner. Leipzig 1892.

– Thematischer Leitfaden durch die Musik zu Richard Wagners Festspiel *Der Ring des Nibelungen*. Leipzig 1876.

Generell sei hier verwiesen auf die Programmhefte der Bayreuther Festspiele seit 1951, auf die wissenschaftlich ergiebigen Programmhefte der Bayerischen Staatsoper München, bes. zu *Lohengrin* (1978), *Die Meistersinger von Nürnberg* (1979), *Tristan und Isolde* (1980) und *Der fliegende Holländer* (1981), ferner auf das Jahrbuch der Bayerischen Staatsoper, Bd. 1 ff. München 1978 ff.

Zeittafel

	Lebensdaten	Theorie und Prosa	Kompositionen und dramatische Dichtungen
1813	Am 22. Mai in Leipzig geb. Tod des Vaters im selben Jahr		
1814	Mutter heiratet Ludwig Geyer († 1821)		
1822	Besuch der Dresdener Kreuzschule		
1828	Wechsel an das Leipziger Nicolai-Gymnasium Unterricht in Harmonielehre		
1829	Erste Kompositionen Wagner erlebt Wilhelmine Schröder-Devrient in *Fidelio*		*Leubald und Adelaide.* Trauerspiel
1830	Übertritt in die Thomas-Schule (bis 1831)		Sonaten in d-Moll und f-Moll, Quartett in D-Dur (sämtl. verschollen)
1831	Unterricht beim Thomaskantor Theodor Weinlig		Ouvertüre B-Dur. Ouvertüre zu Schillers *Braut von Messina.* Ouvertüre C-Dur (sämtl. verschollen) Auff. der B-Dur-Ouvertüre in Leipzig
1832	[Tod Goethes] Reisen nach Wien und Prag		*Sieben Kompositionen zu Goethes »Faust«* Klaviersonaten B-Dur und A-Dur Klavierfantasie fis-Moll Konzertouvertüre d-Moll (in Leipzig aufgef.) Ouvertüre zu Raupachs *König Enzio* Konzertouvertüre C-Dur Symphonie C-Dur (in Prag uraufgef.)

1832		Dichtung und Kompositionsskizze der ersten Oper *Die Hochzeit* (von Wagner vernichtet)
1833	Chordirektor in Würzburg. Beginn von Wagners praktischer Theatertätigkeit	Textbuch und Komposition der romantischen Oper *Die Feen* (bis 1834). Urauff. einiger Nummern in Würzburg (Gesamturauff.: 1888 in München)
1834	Musikdirektor in Magdeburg. Wagner erlebt Wilhelmine Schröder-Devrient in Bellinis *Capuleti ed i Montecchi*. Erste theoretische Schriften: *Die deutsche Oper* / *Pasticcio*	Dichtung der Oper *Das Liebesverbot*
1835	Erste Begegnung mit Bayreuth	Ouvertüre zu Apels *Christoph Columbus* / *Das Liebesverbot* (Kompositionsentwürfe)
1836	Eheschließung mit Minna Planer. Wagner in Berlin und Königsberg. *Aus Magdeburg*	Partitur und Urauff. (Magdeburg) von *Das Liebesverbot* / Prosaentwurf einer Oper *Die hohe Braut* (für die Pariser Grande Opéra) / *Polonia*-Ouvertüre (auf den polnischen Freiheitskampf von 1830/31)
1837	Musikdirektor in Königsberg und Riga. *Der dramatische Gesang* / *Bellini. Ein Wort zu seiner Zeit*	*Rule Britannia*-Ouvertüre / Prosaentwurf zu *Rienzi, der letzte der Tribunen* / Textbuch der komischen Oper *Die lustige Bärenfamilie*
1838		Textbuch und Beginn der Komposition von *Rienzi*
1839	Verlust der Stellung	*Eine Faust-Ouvertüre* (bis 1840; Umarbeitung 1855)

	Lebensdaten	Theorie und Prosa	Kompositionen und dramatische Dichtungen
1839	Flucht vor den Gläubigern: Seereise von Pillau über Norwegen (Anregung zu *Der fliegende Holländer*) und London nach Paris. Begegnungen mit Meyerbeer und Heine		Kompositionen auf französische Texte (von Victor Hugo, Reboul, Ronsard u. a.)
1840	Veröffentlichung einer Reihe von Aufsätzen in der *Gazette Musicale*. Brotarbeit für den Musikverleger Maurice Schlesinger	*Über deutsche Musik* *Der Virtuos und der Künstler* *Eine Pilgerfahrt zu Beethoven*	Abschluß der Partitur des *Rienzi* Prosaentwurf zu *Der fliegende Holländer*; Komposition der Ballade Sentas und des Matrosenchors
1841	Berichte aus Paris für die *Dresdener Abendzeitung*	*Das Ende zu Paris* *Der Künstler und die Öffentlichkeit* *Ein glücklicher Abend* *Der Freischütz*	Textbuch und Partitur von *Der fliegende Holländer* Entwurf zu *Die Sarazenin* (Textbuch 1843)
1842	Rückkehr nach Deutschland (Dresden)		Dresdener Urauff. von *Rienzi, der letzte der Tribunen* Prosaentwurf zu *Die Bergwerke zu Falun* Entwürfe zu *Tannhäuser*
1843	Königlich-Sächsischer Hofkapellmeister	*Autobiographische Skizze*	Urauff. von *Der fliegende Holländer* (unter Wagners Leitung) *Das Liebesmahl der Apostel* Texbuch zu *Tannhäuser*
1844	Wagner dirigiert den *Holländer* in Berlin Begegnung mit Mendelssohn Wagner dirigiert die Hamburger Erstauff. des *Rienzi*	*Rede an Webers letzter Ruhestätte*	Grabgesang für Männerstimmen und Trauermusik (anläßlich der Überführung der sterblichen Überreste Carl Maria von Webers von London nach Dresden)
1845	Sommerreise nach Marienbad		Partitur und Urauff. von *Tannhäuser und der Sängerkrieg auf der Wartburg* (Dresden)

1845			Prosaentwurf zu *Die Meistersinger von Nürnberg* Prosaentwurf und Textbuch zu *Lohengrin*
1846	Wiedererweckung von Beethovens Neunter Symphonie durch Wagners Auff. am Palmsonntag	*Die Königliche Kapelle betreffend* *Programm zur Neunten Symphonie*	Bearbeitung von Glucks *Iphigenie in Aulis* Kompositionsentwürfe zu *Lohengrin* Prosaentwurf zu *Friedrich I.*
1847	Wagner studiert in Berlin *Rienzi* ein Begegnung mit Ludwig Tieck, dem »König der Romantik« (Hebbel)		Urauff. von Wagners Bearbeitung der *Iphigenie in Aulis* (unter seiner Leitung)
1848	Tod der Mutter Auf die Wiener Aufstände reagiert Wagner mit dem Gedicht *Gruß aus Sachsen an die Wiener*. Revolutionäre Aktivität (im republikanischen Vaterlandsverein), verstärkt durch Freundschaft mit Friedrich August Röckel und Begegnung mit Michail Bakunin Wagner wirbt in Wien für seine Theaterreformpläne Begegnungen mit Eduard Hanslick und Franz Grillparzer	*Entwurf zur Organisation eines deutschen Nationaltheaters für das Königreich Sachsen* *Wie verhalten sich republikanische Bestrebungen dem Königtume gegenüber* *Die Wibelungen, Weltgeschichte aus der Sage* *Deutschland und seine Fürsten*	Partitur des *Lohengrin*. Konzertante Auff. des Finales des 1. Akts bei 300-Jahr-Feier der Königlichen Kapelle Bearbeitung von Palestrinas *Stabat Mater* (Auff. unter Wagners Leitung) *Die Nibelungensage (Mythus)* Textbuch zu *Siegfrieds Tod*
1849	Dresdener Revolution. Wagner schreibt (wie im Vorjahr) Artikel für Röckels revolutionäre *Volksblätter*. Die herbeigerufenen preußischen Truppen schlagen den Aufstand nieder. Wagner, steckbrieflich verfolgt, flüchtet in die Schweiz (Zürich)	*Die Kunst und die Revolution* *Das Kunstwerk der Zukunft*	Entwurf zum Drama *Jesus von Nazareth*
1850	Wagner macht das Zürcher Musikpublikum mit Beethoven bekannt Reise nach Paris	*Kunst und Klima* *Das Judentum in der Musik*	Urauff. des *Lohengrin* in Weimar (unter Leitung von Franz Liszt) Prosaentwurf zu *Wieland der Schmied*

	Lebensdaten	*Theorie und Prosa*	*Kompositionen und dramatische Dichtungen*
1850	Liebesaffäre mit Jessie Laussot in Bordeaux		Komposition von *Siegfrieds Tod* (abgebrochen bei der 2. Szene)
1851	Wagner bezieht von Julie Ritter eine jährliche Rente (bis 1859)	*Oper und Drama* / *Ein Theater in Zürich* / *Ein Brief an Franz Liszt über die »Goethe-Stiftung«* / *Eine Mitteilung an meine Freunde*	Textbuch zu *Der junge Siegfried* / Erste Entwürfe zu *Rheingold* und *Walküre*
1852	Bekanntschaft mit Mathilde und Otto Wesendonk / Aufführungen des *Holländers* am Züricher Theater unter Wagners Leitung	*Über musikalische Kritik* / *Über die Aufführung des »Tannhäuser«* / *Bemerkungen zur Aufführung der Oper »Der fliegende Holländer«*	Textbücher zu *Das Rheingold* und *Die Walküre*
1853	Privatdruck der *Ring*-Tetralogie in 50 Exemplaren. Wagner liest die Dichtung an vier Abenden öffentlich vor / Reise mit Liszt und Herwegh an den Vierwaldstätter See / Reise mit Liszt nach Paris / Erste Begegnung mit Cosima		*Eine Sonate für das Album von Frau M. W.* (Mathilde Wesendonk) / Textbuch zu *Der Ring des Nibelungen* (*Das Rheingold, Die Walküre, Der junge Siegfried, Siegfrieds Tod*)
1854	Liebe zu Mathilde Wesendonk / Durch Vermittlung Herweghs lernt Wagner Schopenhauers Hauptwerk *Die Welt als Wille und Vorstellung* kennen	*Glucks Ouvertüre zu »Iphigenie in Aulis«*	Partitur des *Rheingold* / Kompositionsentwürfe zur *Walküre*
1855	Wagners letztes Konzert in der Zürcher Allgemeinen Musikgesellschaft / Acht Konzerte in London. Empfang bei Königin Victoria		Arbeit an der Partitur der *Walküre*

Jahr			
1855	Hans Christian Andersen besucht Wagner in Zürich		Abschluß der Partitur der *Walküre*
1856	Bekanntschaft mit Gottfried Keller Wasserkur in Mornex		Prosaskizze zu *Die Sieger*. Titeländerung im zweiten und dritten Teil der Tetralogie: jetzt *Siegfried* und *Götterdämmerung* Poetische Konzeption eines von Schopenhauer inspirierten Schlusses der *Götterdämmerung* Kompositionsentwürfe zu *Siegfried* Erste musikalische Skizzen zu *Tristan*
1857	Wagner zieht in das »Asyl« neben der Wesendonk-Villa	*Über Franz Liszts symphonische Dichtungen*	Prosaentwurf und Textbuch zu *Tristan und Isolde*; Kompositionsskizze des ersten Akts Unterbrechung der Arbeit am *Siegfried* nach Abschluß der Kompositionsskizze des zweiten Akts
1858	Ehekrise Wagners Reise nach Paris. Gespräche mit Berlioz Auszug aus dem »Asyl« Reise nach Venedig		Arbeit am *Tristan* (2. Akt) Fünf Lieder auf Texte von Mathilde Wesendonk (z. T. 1857)
1859	Venedig. Luzern. Paris, wo Wagner und Minna wieder zusammenleben		Abschluß der Partitur des *Tristan*
1860	Konzerte im Théâtre Italien in Paris mit eigenen Werken Pariser Proben zu *Tannhäuser* Teilweise Amnestierung Wagners	»*Zukunftsmusik*«	Neuer Schluß der *Holländer*-Ouvertüre Partitur der neuen »Venus«-Szene des *Tannhäuser*
1861	*Tannhäuser*-Skandal in Paris Wagner sieht in der Wiener Hofoper zum erstenmal den *Lohengrin*		Partitur des neuen Venusberg-Bacchanals Erstauff. der Pariser Fassung des *Tannhäuser* Zweiter Prosaentwurf zu den *Meistersingern*

	Lebensdaten	Theorie und Prosa	Kompositionen und dramatische Dichtungen
1861	Scheitern des *Tristan*-Projekts in Wien Begegnung mit Hebbel		
1862	Übersiedlung nach Biebrich Volle Amnestie Hans von Bülow und Cosima besuchen Wagner in Biebrich Studium des *Tristan* mit dem Ehepaar Schnorr von Carolsfeld Letzte Begegnung zwischen Wagner und Minna in Dresden	Vorwort zur Herausgabe der Dichtung des Bühnenfestspiels *Der Ring des Nibelungen*	Textbuch zu *Die Meistersinger von Nürnberg*; Komposition des Vorspiels und dessen Urauff. im Leipziger Gewandhaus (unter Wagners Leitung)
1863	Konzertreise nach Petersburg und Moskau. Zahlreiche Konzerte in anderen Städten Wagner läßt sich in Penzing bei Wien nieder Wagner und Cosima schwören, sich »einzig gegenseitig anzugehören«	*Das Wiener Hof-Operntheater*	Erste öffentliche Ausgabe des *Ring*-Textes
1864	Ludwig II. wird König von Bayern und beruft den vor seinen Gläubigern aus Penzing geflohenen Wagner nach München Bülows übersiedeln Wagner nach München Plan eines Festtheaters	*Über Staat und Religion*	*Huldigungsmarsch* für Ludwig II. Beginn der Partitur des zweiten Aktes des *Siegfried*
1865	Wagners und Cosimas erstes Kind Isolde wird geboren Wagner muß Bayern verlassen	*Bericht an Seine Majestät den König Ludwig II. von Bayern über eine in München zu errichtende deutsche Musikschule* *Mein Leben* (Diktatbeginn; b. 1880) *Was ist deutsch?* (bis 1878)	Urauff. von *Tristan und Isolde* (unter Leitung von Hans von Bülow) Erster Prosaentwurf zum *Parsifal (Parzival)*
1866	Wagner zieht in das Landhaus Tribschen bei Luzern. Cosima folgt mit ihren Töchtern nach		Partitur des ersten Aktes der *Meistersinger*

1866	Tod Minna Wagners		
1867	Wagners zweite Tochter Eva wird geboren Cosima kehrt nach München zurück		Abschluß der *Meistersinger*
1868	Scheitern des Münchener Theaterprojekts Wagner und Cosima offenbaren ihr Verhältnis. Cosima zieht endgültig nach Tribschen Erste Begegnung mit Nietzsche in Leipzig	*Deutsche Kunst und Deutsche Politik* (seit 1867) *Erinnerungen an Ludwig Schnorr von Carolsfeld* *Eine Erinnerung an Rossini*	*Urauff. der Meistersinger von Nürnberg* (unter Leitung von Hans von Bülow) Skizze zum Schauspiel *Luther*
1869	Beginn der Tagebücher Cosimas Besuche Nietzsches in Tribschen Wagners Sohn Siegfried wird geboren Besuch von Catulle Mendès und Judith Mendès-Gautier in Tribschen	*Über das Dirigieren*	Abschluß der Partitur des zweiten und Kompositionsskizze des dritten *Siegfried*-Akts Urauff. des *Rheingold* in München gegen Wagners Willen
1870	Erste Überlegung, Bayreuth zur Festspielstadt zu machen Scheidung Cosimas. Wagner läßt sich mit ihr in der protestantischen Kirche von Luzern trauen	*Beethoven* *Mein Leben* (Privatdr. von Bd. 1)	Urauff. der *Walküre*, wiederum gegen Wagners Willen *Siegfried-Idyll*
1871	Deutschland-Reise mit Cosima. In Berlin Empfang durch Bismarck Entschluß zum Bau des Bayreuther Festspielhauses Heidelberger Kasperltheatererlebnis	*Über die Bestimmung der Oper* *Über die Aufführung des Bühnenfestspiels »Der Ring des Nibelungen«* *Erinnerungen an Auber* *Epilogischer Bericht über die Umstände und Schicksale, welche die Aufführung des Bühnenfestspiels »Der Ring des Nibelungen« bis zur Veröffentlichung der Dichtung desselben begleiteten*	Partitur des Dritten *Siegfried*-Akts *Kaisermarsch* *Eine Kapitulation. Lustspiel in antiker Manier*

	Lebensdaten	Theorie und Prosa	Kompositionen und dramatische Dichtungen
1871	Nietzsches *Geburt der Tragödie* Grundsteinlegung des Bayreuther Festspielhauses mit Auff. der Neunten Symphonie im Markgräflichen Opernhaus unter Wagners Leitung Umzug von Tribschen nach Bayreuth Deutschlandreise zur Anwerbung von Künstlern	*Gesammelte Schriften und Dichtungen* (Bd. 1–9: 1871–73; Bd. 10: 1883)	
1872		*Über Schauspieler und Sänger* *Über die Benennung »Musikdrama«* *Ein Einblick in das heutige deutsche Opernwesen* *Brief über das Schauspielerwesen an einen Schauspieler*	Kompositionsentwurf der *Götterdämmerung*
1873	Wagner liest in Berlin die *Götterdämmerung* vor Bruckner in Bayreuth (Widmung seiner 3. Symphonie an Wagner)	*Das Bühnenfestspielhaus zu Bayreuth - Nebst einem Berichte über die Grundsteinlegung desselben* *Zum Vortrag der Neunten Symphonie Beethovens* *Einleitung zu einer Vorlesung der* *Götterdämmerung in Berlin*	Abschluß der Partitur des ersten Aktes der *Götterdämmerung*
1874	Wagner bezieht Haus Wahnfried Abschluß der Arbeit am *Ring* nach 26 Jahren. Erste Proben		Vollendung der Partitur der *Götterdämmerung*
1875	Konzerttätigkeit Proben in Bayreuth Einstudierung von *Tannhäuser* und *Lohengrin* an der Wiener Hofoper		
1876	Berliner Erstauff. des von Wagner einstudierten *Tristan*		*Großer Festmarsch zur Feier des 100jährigen Jubiläums der amerikanischen Selbständigkeit*

1876	Erste Bayreuther Festspiele mit drei *Ring*-Zyklen in Anwesenheit des Kaisers und zahlreicher Fürstlichkeiten. Katastrophales Defizit. Reise durch Italien; in Sorrent letzte Begegnung mit Nietzsche		Urauff. von *Siegfried* und *Götterdämmerung* im Rahmen der ganzen Tetralogie
1877	Konzerte in London-zur Deckung des Festspieldefizits. Empfang bei Königin Victoria		Zweiter Prosaentwurf und Textbuch zu *Parsifal*; Beginn der Komposition
1878	Erste Nummer der *Bayreuther Blätter*	Modern / Publikum und Popularität / Das Publikum in Raum und Zeit / Ein Rückblick auf die Bühnenfestspiele des Jahres 1876	Privatauff. des *Parsifal*-Vorspiels in Wahnfried; Fortsetzung der Kompositionsarbeit
1879	Wagner mit seiner Familie in Italien	Wollen wir hoffen? / Über das Dichten und Komponieren / Über das Opern-Dichten und Komponieren im Besonderen / Offenes Schreiben an Ernst v. Weber, Verfasser der Schrift »Die Folterkammern der Wissenschaft« / Über die Anwendung der Musik auf das Drama	Beginn der Niederschrift der *Parsifal*-Partitur
1880	Italien / In der Villa Angri, Neapel, trägt Wagner die *Orestie* von Aischylos vor / Letzte Begegnung mit Ludwig II.	Religion und Kunst / Was nützt diese Erkenntnis?	
1881	*Ring*-Auff. im Berliner Viktoria-Theater (Angelo Neumann) in Anwesenheit Wagners / Graf Gobineau in Bayreuth	Erkenne dich selbst / Heldentum und Christentum	Abschluß der Partitur des ersten und zweiten *Parsifal*-Akts

	Lebensdaten	*Theorie und Prosa*	*Kompositionen und dramatische Dichtungen*
1882	Italien (dort wird Wagner von Renoir gemalt) Zweite Bayreuther Festspiele mit 16 *Parsifal*-Aufführungen. Festspielbesucher: Bruckner, Mahler, Liszt, Saint-Saëns und der Begründer des Münchener Naturalismus: Michael Georg Conrad Nach den Festspielen wieder nach Italien. Zu Weihnachten dirigiert Wagner im Teatro la Fenice die wiederaufgefundene C-Dur-Symphonie von 1832	*Das Bühnenweihfestspiel in Bayreuth 1882* *Bericht über die Wiederaufführung eines Jugendwerkes*	Vollendung und Urauff. des *Parsifal*
1883	Am 13. Februar stirbt Wagner gegen 15.30 Uhr infolge eines schweren Herzanfalls. Überführung nach Bayreuth	*Über das Weibliche im Menschlichen* (Fragment)	

Die vorliegende Zeittafel stützt sich vor allem auf Dietrich Mack und Egon Voss: Richard Wagner. Leben und Werk in Daten und Bildern. Frankfurt a.M. 1978; ferner auf Martin Gregor-Dellin: Wagner-Chronik. Daten zu Leben und Werk. München 1972.

Namenregister

Das Register bezieht sich vornehmlich auf den Haupttext. Die Anmerkungen sind nur in wichtigeren Fällen, d. h. sofern sie über Literaturnachweise hinausgehen, berücksichtigt. Autoren von Forschungsliteratur sind lediglich einbezogen, wenn ihr Name im Haupttext erscheint. Briefadressaten und Gesprächspartner sind nur berücksichtigt, wenn sie im zitierten Zusammenhang eine selbständige Rolle spielen.

Richard-Wagner-Werkregister

Kompositionen und dramatische Dichtungen

Theorie und Prosa

Sachregister

Abbildungsnachweis